imaginist

想象另一种可能

理
想
国

imaginist

北京大学通识教育
核心课程配套教材

经济学原理

Principles of Economics

张维迎 著

西北大学出版社

图书在版编目(CIP)数据

经济学原理 / 张维迎著. —西安：西北大学出版社，2015.8（2023.1 重印）

ISBN 978-7-5604-3703-3

Ⅰ. ①经… Ⅱ. ①张… Ⅲ. ①经济学—高等学校—教材 Ⅳ. ① F0

中国版本图书馆 CIP 数据核字（2015）第 203344 号

经济学原理

张维迎　著

西北大学出版社出版发行

（西北大学内　邮政编码：710069　电话：029-88302601　88305287）

新华书店经销

山东临沂新华印刷物流集团有限责任公司

（临沂高新技术产业开发区新华路　邮政编码：276017）

开本：787毫米×1092毫米　1/16　印张：32.5

2015年8月第1版　2023年1月第7次印刷

字数：822千字

ISBN 978-7-5604-3703-3　定价：68.00元

前言

Preface

本书的特色

经济学是社会科学的基础学科之一。经济学原理不仅是经济学专业学生的必修课程,也是大学人文社科通识教育的核心课程之一。已出版的经济学原理教科书版本不少,既有从外文翻译而来的,也有中国学者撰写的。我之所以再撰写这本《经济学原理》,是因为我长期在教学第一线了解到,不少教科书讲授的市场理论是有缺陷的,有些方面甚至是误导的。与已有经济学原理教科书不同,本书试图将"奥地利学派经济学"的基本思想融入经济学课程,并对"主流"经济学进行批判性反思,从而帮助读者真正理解什么是市场经济。

具体来讲,本书有如下特色:

第一,本书贯穿人文主义精神。在传统经济学教科书里,经济学被定义为"研究稀缺资源配置的科学"。这一定义将经济学变成了一门计算科学,市场仅仅被当作资源配置的机制。本书将经济学定义为研究人类如何通过合作而发展的科学,将市场理解为人类通过分工和交换进行合作的制度。本书假定,人的最终目标是追求幸福,幸福是指人的潜能的实现和全面发展,而不仅仅是物质财富的增加。理性人追求的是一生的幸福,而不是一时的快乐。市场的逻辑是,一个人要自己幸福,首先要给他人创造价值。这也是"君子爱财,取之有道"的含义。市场经济的本质是尊重人的自由和权利,尊重人的自主性,在平等和自愿交换的基础上实现共同繁荣。本书的这一视角或许有助于纠正传统经济学的物质主义倾向。

第二,本书将市场经济制度作为演化的结果。传统经济学教科书通常从消费和生产的两分法开始,直接分析消费者的最优选择和生产者的最优选择,然后分析价格机制如何实现市场均衡。(或者倒过来,先分析市场供求均衡,然后再分别分析消费者选择和生产者选择。)这样的分析结构给读者一个印象,似乎市场是天然存在的,而不是演化而来的，从而使读者看不清市场制度的价值所在。本书从消费选择和生产选择合一的“鲁滨孙经济”开始，首先讨论这样的自然经济中个人如何决策，并引入经济学的一些基本概念，然后研究交换和分工如何提高社会的生产可行性边界，并实现双赢，再转向研究市场经济下的消费者决策和生产者决策。这样的分析结构有助于读者理解市场作为人类的自愿合作制度的价值所在。市场首先是创造价值的制度，其次才是分配价值的制度。

第三，本书突出了企业家在市场过程和经济发展中的作用。企业家是市场竞争和经济发展的主要驱动力量，正是由于企业家的套利行为和创新活动，市场才趋于均衡，新产品和新技术才不断涌现，才有了经济的持续增长和人们生活水平的不断改善。但在传统经济学教科书中，我们见不到企业家的踪影。之所以如此，是因为传统经济学的分析框架假定世界是确定的，人的偏好和生产技术是给定的，每个人拥有完全的信息和完美的计算能力。在这些假设下，传统经济学关注的是市场的均衡和稳定。在均衡时，人们只需循规蹈矩地行动，企业家自然没有用武之地。但真实世界是，市场充满了不确定性，没有人拥有完全信息。在不确定的世界里，如何预测未来，如何获得和加工信息，就成为做出有效决策的关键。企业家就是那些最善于判断未来和对信息最警觉的人。本书不仅描述了作为均衡状态的市场，而且把市场作为一个由不均衡趋向均衡的过程、一个不断用新的均衡代替旧的均衡的过程，把企业家的套利和创新作为这个过程的驱动力量。在我所概括的“斯密-熊彼特增长理论”中，企业家是经济增长的“国王”。

第四，本书澄清了传统经济学中“市场失灵”的理论误区。在传统经济学教科书中，市场的有效性建立在完全竞争模型的假设上，任何偏离完全竞争的假设都会导致所谓的“市场失灵”。完全竞争模型的基本假设是，每个企业都很小，不足以影响价格，个体行为没有外部性，并且交易双方的信息是对称的。由此，传统经济学给出了三种市场失灵：垄断导致的市场失灵，外部性导致的市场失灵，非对称信息导致的市场失灵。并且，传统经济学认为，政府干预可以纠正市场失灵。本书则证明：传统经济学所谓的“完全竞争”，实际上是没有竞争；所谓的“垄断”，实际上是真实市场中的竞争手段；外部性本质上是个产权界定问题；信息不对称是以分工为基础的市场经济的基本特征，市场本身是解决信息不对称的有效机制。因此，所谓的市场失灵，实际上是传统市场理论的失灵，不是市场本身的失灵；所谓的垄断、外部性和信息不对称的存在，都不构成政府干预市场的正当理由。

第五，本书系统介绍了奥地利学派的商业周期理论。传统教科书中宏观经济学部分的经济波动理论，实际上就是凯恩斯主义经济学。本书对凯恩斯主义经济波动理论和政策主张也做了系统介绍。但在我看来，凯恩斯主义宏观经济理论并不是我们理解经济波动的正确理论，运用凯恩斯主义货币政策和财政政策干预经济，实际上会导致更严重的经济波动。相比之下,以哈耶克为代表的奥地利学派的商业周期理论,对经济的周期性波动更有解释力,哈耶克由此获得1974年的诺贝尔经济学奖。但非常遗憾的是,传统经济学教科书对奥地利学派的商业周期理论只字不提,了解这一理论的专业经济学家也寥寥无几。我相信,理解奥地利学派的商业周期理论,可以避免(至少减少)宏观经济政策的失误。

本书的目的是使得读者学会运用经济学的理论和思维分析现实经济-社会问题,理解我们生活于其中的市场是如何运行的。为此,本书把抽象的理论叙述与现实的案例分析相结合,希望读者能通过具体的案例更好地理解经济学理论。特别值得一提的是,本书大量引用的中国本土案例,将一扫经济学教科书惯常给人们的隔靴搔痒的感觉,有助于读者的阅读和理解。这也可以说是本书的特色之一。

如何教授本书

本书内容涵盖微观经济学(第2—11章)和宏观经济学(第12—16章)两大部分,既可以作为经济学专业本科生的经济学原理教材,也可以作为大学本科生通识教育的经济学原理教材,长度适合一学期讲授(16周,每周3—4课时)。授课教师可以根据自己的偏好和授课对象(专业还是非专业)调整技术性分析(主要是几何图形)和文字性描述(包括案例)的比重。每章的延伸阅读有两个目的:一是通过阅读其他好的版本的教科书加深对内容的理解,二是引导学生读一些经典的文献。有些经典文献包括在注释中,学生可以根据自己的时间和个人的兴趣做选择。

本书各章的"思考和练习"一部分是问题分析式的,目的是检验学生对所学内容的理解,并培养学生将所学内容运用于分析现实问题的能力;另一部分是技术性的,目的是训练学生掌握经济学模型化方法。授课教师可以根据授课对象选择具体的题目,但对于经济学专业学生来说,做一些技术性的练习题是必要的。

致谢

本书是在我的"经济学原理"讲义的基础上整理和修改完成的。这门课既是面向北京大学本科生的通识教育核心课程,也是北京大学国家发展研究院的经济学双学位必修课程。这本书的写作,得益于许多人的帮助。我要特别感谢陈永伟、张琥、史宇鹏和段颀,他们四人分工合作,将我的PPT讲义稿和课堂录音速记稿整理成初稿,然后再由我修改完成。他们付出的不仅是时间,还有智慧,他们的整理工作比我预料的还要出色。特别值得一提的是陈永伟博士，他一直是这门课的助教，不仅负责了近一半章节的整理工作，而且编写了全部的“思考和练习”题目。由于授课时间的限制，原讲义中宏观经济学部分浓缩在两章中，他将其扩展成独立的五章，增加了不少新的内容，其中第16章几乎是重新撰写的。可以毫不夸张地说，没有他们的帮助，这本书是不可能按计划完成的。当然，本书的任何错误和不足责任都在我，与他们无关。

我还要感谢参与本书前期筹划和编辑的林君秀女士和张燕女士。她们见证了本书的整个撰写过程，安排了课程录音和录像，并多次参与讨论书稿的结构安排。同时感谢“理想国”的编辑陈凌云、赵雪峰，以及西北大学出版社的编辑郭学功、王岚和琚婕，本书能够迅速出版，得益于他们高效、细致的工作。

最后要说的是，为了方便读者学习这门课程，我在学生的帮助下，制作了一个微信公众号“经济学原理”(jingjixue_yuanli)，它既是本课程的配套微信，也是本教材的移动端配套。读者可以通过这个微信公众号了解关于这门课程更加丰富的内容。读者可以在微信中搜索关注，或扫描下面的二维码。

张维迎

2015年8月20日于北京大学

目 录

Contents

第 9 章 竞争与垄断

第 10 章 外部性和公共产品

第 11 章 非对称信息与市场

第12章 宏观经济学导论

第13章 经济增长

第14章 经济波动

第 15 章 宏观经济政策分析

第 16 章 奥地利学派宏观经济理论

专栏目录

知识拓展

迷你案例

学术经典

政策透视

第 1 章
经济学的思维方式

本章导读

本章是全书的开篇,我们将向大家介绍六个方面的问题:(1) 为什么要学习经济学;(2) 经济学研究什么;(3) 经济学家应该怎样思考;(4) 市场的逻辑;(5) 经济学与其他学科的关系;(6) 经济学的历史和未来。

1.1 为什么要学习经济学

我们为什么要学习经济学呢? 简单来说,原因主要有如下五个方面:

第一,学习经济学有助于我们更好地理解人类世界的历史。

作为万物之首,人类是世界上唯一对自身感到好奇的动物,不断思考着自己的历史、现状,并试图预测自己的未来。

先让我们回顾一下人类的历史。

早在250万年前,地球上就出现了我们称之为"人类"的动物。大约在距今20万年前,现代人类的祖先"智人"开始出现在非洲东部。在10万年前或最晚7万年前开始,智人开始走出非洲,向东北方向迁徙,首先到达了现在的中东地区。到大约4万年前,智人的足迹已踏遍了整个欧亚大陆,并通过海路到达了澳大利亚大陆和巴布亚新几内亚岛屿。在距今约15 000年至12 000年之间,智人沿着西伯利亚冰川草原,越过白令海峡,来到美洲繁衍生息。距今1万年前,世界上所有适宜居住的地区基本都已有了人类居住和开拓。[1]

我们知道,从体力和生物机能上看,很多野兽都要比"智人"和现代人类强壮,如果单打独斗,人类根本不是它们的对手。但为什么弱小的人类最终却能成为地球的主宰? 或如荀子所言:"人力不若牛,走不若马,而牛马为用,何也?"迫使人类最早走出非洲,踏上征服世界征程的原动力又是什么? 这些都是引人深思的问题。

走出非洲的人类在世界各地定居下来后,文明的历程就开启了。如果把发明文字作为文明的开端,那么人类的文明史大约已有五千多年了。但奇怪的是,在人类历史的绝大部分时间里,人类社会的进步一直都很缓慢,直到工业革命之后,才出现了飞跃式的增长。

根据加州大学伯克利分校的德隆(J. Bradford DeLong)教授的估算,在工业革命前,世界的人均 GDP 是长期停滞的。[2] 在公元前 13 000年(也就是新石器时代)时,世界人均 GDP(gross domestic product)为 90 国际元。[3] 到了公元前 1000 年,世界人均 GDP 才达到 150 国际元。也就是说,经过一万多年,世界人均 GDP 才上涨了 2/3。到 1750 年,也就是距今两百多年前,世界人均 GDP 才上升到了 180 国际元,也就是说,在这近三千年的时间里,世界人均 GDP 才增加了 20%。

但在工业革命之后,情况就发生了很大变化。从图 1-1 可以看到,在工业革命至今的两百多年时间里,世界人均 GDP 几乎呈现出直线上升的趋势。公元 2000 年的时候,世界人均 GDP 已经达到 6600 国

图 1-1　世界人均 GDP 变化史(公元前 250 万年—公元 2000 年)

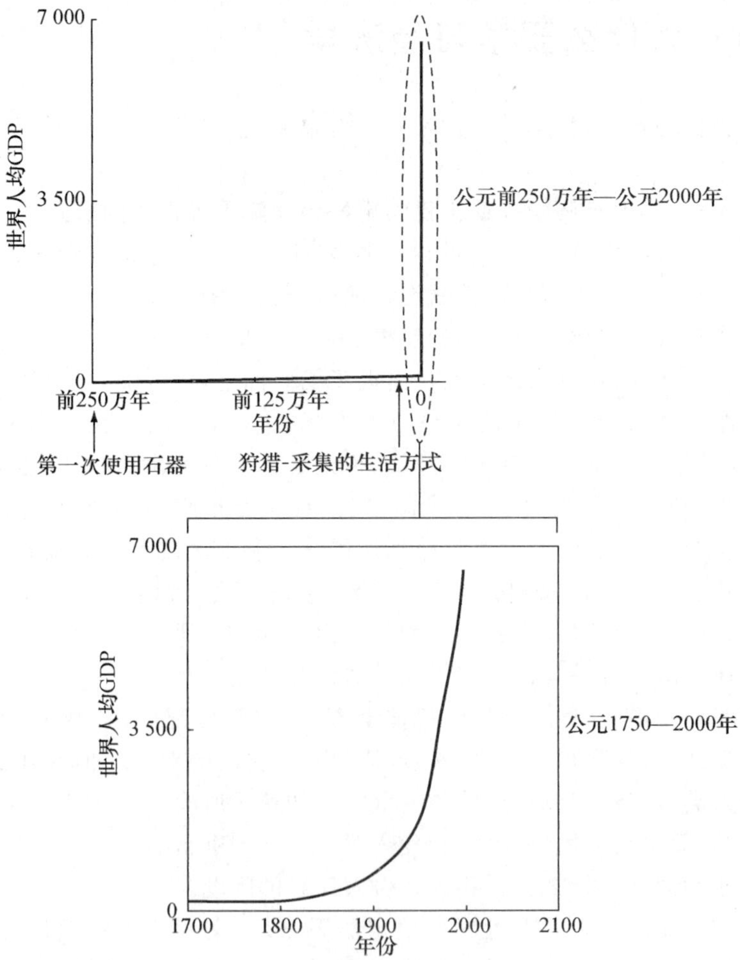

资料来源:J. Bradford DeLong 数据。引自 Eric D. Beinhocker (2006)。

际元,是 1750 年的 36.7 倍！从工业革命到公元 2000 年的 250 年,只不过是人类 250 万年漫长历史的万分之一,但为什么就在这万分之一的时间里,人类能够完成生活质量的飞跃,实现从“大停滞”走向“大增长”的转变呢？显然,我们不能将其归因于人类基因变化所带来的智力提升——我想没有读者敢自认为自己的智力比柏拉图、亚里士多德、老子这些两千多年前的智者还强。事实上,有证据显示,自采集时代以来,智人的脑容量其实是逐渐缩小的！既然“大增长”不是由人本身的智力变化带来的,它又来自何方呢？这又是一个值得深思的问题。

在看了全世界的基本走势后,我们再来看一下各个地区发展趋势的差别。在漫长的历史中,世界各地基本的生产和生活水平并没有什么大的差异,这一点我们在图 1-2 中可以很直观地看到。根据安格斯·麦迪森教授的估算,直到公元 1500 年,世界上最富有的国家的人均 GDP,也只是最穷国家的大致三倍左右。但在工业革命后,世界各国的发展水平差异迅速增大,例如现在挪威的人均 GDP 大约是海地的上百倍。在经济史的文献中,以上这种各国发展差异变大的现象被形象地称为“大分流”[4]。为什么会有“大分流”的出现？这又是一个大问题。学界对此已经有了不少解释,但还没有公认的答案。[5]

图 1-2　世界各国的人均 GDP 差异:最富与最穷之比

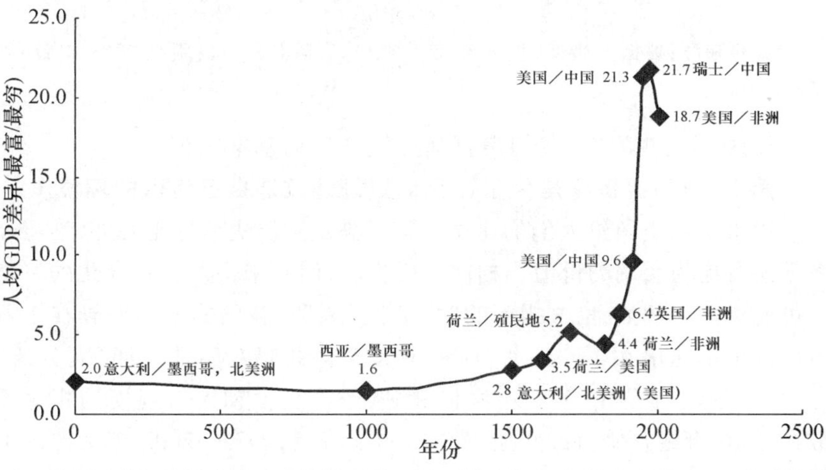

资料来源:根据麦迪森《世界经济千年史》(北京大学出版社 2003 年版)数据计算。

在工业革命之后,世界各国的人均 GDP 差异迅速增大。

我们也可以换个角度来看各国经济差异的变化。在古时候,国家的富强是和人口的繁盛密切相关的,因此人口规模和经济规模之间的相关度非常高。如图 1-3 所示,在公元 1000 年,即我国宋代的时候,全世界各地区人口规模和经济规模的相关系数是 0.997 9,几乎是完全相关。到了公元 1500 年,相关系数仍然是 0.987 3,公元 1820 年是 0.942 3。但是我们看到,从公元 1820 年开始,相关系数就迅速下降。到1870年,相关系数已经下降到了0.64,到1913年,又进一步下降到了0.34。到1973年时,人口规模和经济规模之间的相关性就只有0.148了。这意味着经济规模与人口规模几乎没有什么相关性,一个人口规模很大的国家(如中国、印度),可能是很小的一个经济体;而一个人口规模很小的国家(如英国、法国),则可能是一个很大的经济体。究竟这种现象为什么会发生?这也是一个有待回答的问题。

人口规模与GDP规模之间的相关系数自1820年起迅速下降,1973—2003年又转向上升。

图1-3　人口规模与GDP规模的相关系数(1000—2003)

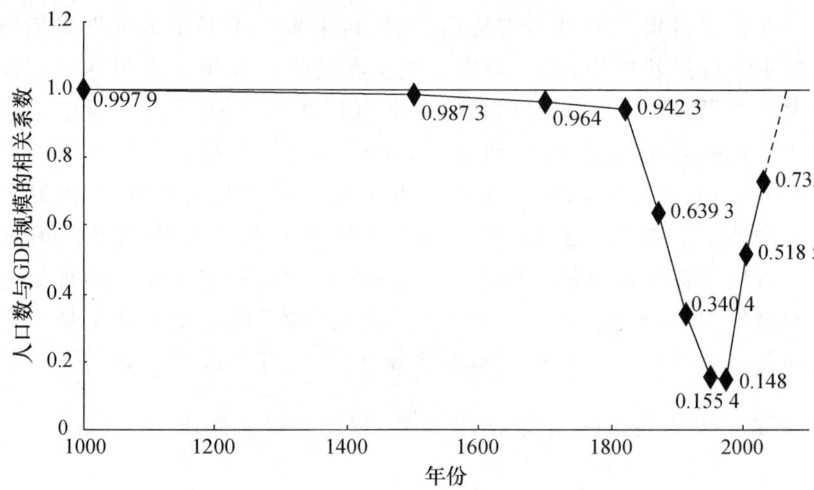

资料来源:根据麦迪森《世界经济千年史》(北京大学出版社2003年版)数据计算。

要理解这些问题,我们需要掌握经济学的基本知识。

第二,学习经济学是为了让我们更好地改造自己生活的环境。

以上是历史留给人们的迷思。除了满足对历史的好奇心外,学习经济学还有更为实用的价值。相比于历史,人们对未来发展和变化的好奇心可能更大。例如,前文提到的"大分流"表明,各国的发展差异在工业革命以来迅速增大了。但是,这种增大会持续吗?还是会从"大分流"走向"大趋同"?从图1-3中我们看到,经济规模和人口规模的相关系数在从16世纪开始持续了近500年的下降后,1973—2003年又转向上升,这个新的趋势会继续下去吗?我们说到中、印这些人口大国曾经被英、法这些人口小国远远甩在身后,那么在未来,人口大国能重新成为经济大国吗?再如,对于世界各国的民众来说,为了让自己的国家更好地发展,究竟应该采用怎样的制度、运用怎样的政策?

虽然相比于祖先,当今人类的各项福利已经有了巨大的改善,但是我们面临的麻烦似乎一点也不比祖先们少。例如,人们对于收入分配状况似乎总是很不满,对于环境的恶化总是很担忧,对于失业、通货膨胀等问题总是充满了恐惧。

自 1978 年以来,通过改革开放,中国经济取得了举世瞩目的成就,中国经济规模在世界上的排名从第 13 位上升到第 2 位,民众的生活水平有了大幅度的提高。但今天的中国,似乎面临着更大的挑战。中国的高速增长可持续吗?中国会陷入所谓的"中等收入陷阱"吗?为了保持持续的经济增长和社会进步,中国在经济体制和政治体制方面需要什么样的改革措施?中国能否在不牺牲效率的同时改善收入分配状态?能否在保持较高经济增长速度的同时解决严重的环境污染问题?中国的经济体制应该与世界发达国家的经济体制趋同,还是永远保持自己的特色?中国有没有可能从现在的经济大国变成真正的创新大国?对中国民众来说,这些问题无疑是非常重要的。

要想解开历史和我们未来面临的这么多问题,我们就需要从人自身的经济激励去进行思考,而在这个过程中,经济学将会给我们提供很大的思维帮助。这是我们需要学习经济学的重要理由。

第三,学习经济学有助于我们理解现实世界是如何运转的。

经济学是一门科学。科学是什么?是一种思考问题的方式。如同天文学家通过观测天体现象来归纳天体运行规律一样,经济学家通过观测现实经济现象归纳经济规律。经济学家有自己的语言和思维方式。诸如需求、供给、弹性、消费者剩余、机会成本、比较优势、外部性、信息不对称、均衡等等,是经济学的基本语言。掌握了这些经济学语言,你就可以更好地思考你周围的世界是如何运行的。

我们每个人都生活在现实世界中。你的生活状况不仅取决于你自己的决策,而且依赖于其他人的决策,以及周围环境的变化。理解你周围的世界如何运行,自然有助于改进你的决策。你可能对生活中的许多事情感到惊奇。比如说,当你想买一台电视机的时候,只要支付必要的价格,就可以把它从商场搬回家;当你在大街上走得饥肠辘辘的时候,走进一家饭馆就可以指挥别人给你上菜,而无须回家自己做饭。事实上,你事前并没有告诉电视机的生产厂家为你生产一台电视机,也没有通知饭馆的老板为你准备饭菜。那么,是什么因素使你得到你想要的东西?

经济学是有关人们之间的决策如何相互作用的科学。学了经济学,你就可以明白市场这只"看不见的手"如何使自利的个人为他人服务。你也可以明白,为什么一个流行歌手演出一晚上可以赚好几万元甚至几十万元,而一个建筑工人一个月却只能赚几千元;为什么利率一上升股票价格就下跌;为什么中国经济增长这么快,而大学毕业生找工作还那么难;为什么权力越大的政府部门,腐败越严重;为什么限制"三公"消费会导致高档餐馆和奢侈品价格的下跌等等。

第四,学习经济学有助于我们对政府政策的优劣做出评价。

每个社会都离不开政府。当今世界,政府不仅直接消耗掉国民财富的相当部分,而且通过各种各样的政策和法律干预我们的生活,影响我们每个人的决策。学习了经济学,你会明白我们为什么需要政府,什么是政府应该做的,什么是政府不应该做的。传统上讲,我们需要政府,是因为在存在诸如外部性、公共产品这样的场合,依靠市场不能达到资源的有效配置。比如说,如果没有政府的干预,自私自利的企业家也许会使你喝太多的污水;如果没有政府,私人部门也许不会为你提供诸如路灯这样的公共产品。特别地,我们需要政府来提供市场交易所需要的规则和秩序这样一类公共产品,需要政府保护我们的个人财产和人身安全。但经济学也会告诉我们,政府对市场的过多干预常常导致供给不足、价格扭曲、资源浪费、垄断横行。政府的政策选择不仅影响整个社会的资源配置效率,而且影响包括你我在内的每个公民的福利。所以当你希望政府制定某种政策的时候,你必须谨慎考虑这种政策的不利后果。经济学常识有助于你更理性地思考这样的问题。比如说,如果你是一个打工仔,你也许会认为政府应该制定一个“最低工资法”保护你的利益,或者向富人多征税来补贴你,而经济学原理会告诉你,这样做的后果也许是你根本就找不到工作。再比如,作为消费者,你也许会认为政府应该对商品的价格做出限制,而经济学会告诉你,这样做的后果是你也许再也买不到这种商品。常识可能会误导你,经济学会使你能够对政府政策的优劣做出客观评价。

第五,学习经济学是为了让我们生活得更幸福。

经济学不仅关注国计民生,而且对于我们规划自身的前景也很重要。在我们的生活中,会不断遇到各种各样的选择,例如,选修经济学课程还是哲学课程,毕业后继续读书还是就业,这些问题都会困扰我们。而学习经济学,对于我们训练选择的能力是大有好处的,它有助于让我们的事业更为成功、生活更加美满。

此外,经济学本身也充满了美感。抽象思维是人类区别于其他动物的基本特征。对于爱好抽象思维的人来说,学习经济学、寻找经济运行背后的逻辑本身也是一种幸福。亚里士多德曾经指出,生活分成三个层次:享乐的生活、政治的生活以及沉思的生活。而享乐的生活、政治的生活远不如沉思的生活幸福,因为只有沉思的生活是自足的。当读者对经济学的精妙之处有所感觉后,一定会享受到用经济学思想沉思所带来的幸福。

1.2 经济学研究什么

通过上一节的论述,我们知道,无论是为了满足人类自身的好奇心、改善生活环境、理解现实世界的运行,抑或是为了追求个人幸福，学习经济学都颇有意义。那么，经济学到底是一门怎样的学问呢？它究竟研究些什么呢？我们不妨先来看看前辈先贤们的定义。

1776 年，“经济学之父”亚当·斯密出版了《国富论》，标志着经济学作为一门学科的产生。在《国富论》中，斯密认为经济学是“研究国民财富增长和分配的科学”。在斯密看来，在决定国民财富增进的过程中，市场机制所起的作用是最重要的。哪些国家充分利用了市场机制，它们的发展就更好。从这个意义上讲，要理解国民财富的增进，关键就是要理解市场是怎么运作的，因此经济学作为一门研究国民财富的科学，很大程度上也就是一门研究市场运作的科学。

其他古典经济学家们对于经济学的理解大体是和斯密类似的。但从 19 世纪后期开始，经济学关注的问题就逐渐从宏观的经济发展、市场运行转向了更为微观的资源配置层面。到 20 世纪 30 年代，伦敦经济学院的莱昂内尔·罗宾斯教授出版了《经济科学的性质与意义》一书，其中就明确提出“**经济学是研究稀缺资源如何有效配置的科学**”。[6]时至今日，这依然是关于经济学的最为通行的定义。但当我们将罗宾斯的定义和斯密的古典定义进行比较，就不难发现前者虽然更为“科学化”，但却过于狭窄了。虽然“资源配置”本身可以涵盖很多问题，但它过于静态化了，这让不少本应属于经济学的话题都无法被涵盖在内。事实上，经济发展中很多事情不能被理解为静态意义上的配置问题。例如，石油在地底下储存了四五千万年，但直到一百多年前，它才变成我们的资源。虽然现在怎么用石油在很大程度上是一个配置问题，但发现石油作用的过程就很难被概括为资源配置问题。

经济学：
研究稀缺资源如何有效配置的科学（狭义）；研究人类如何进行合作的学问（广义）。

除了将经济学理解为研究经济运行或者资源配置的学问外，还有一些学者主张从人的角度来理解经济学。例如，一些经济学家主张把经济学定义为“**研究理性人如何决策的科学**”。在他们看来，经济学所要探讨的问题，主要是“理性人”怎样在各类约束下追求自身效用最大化的问题。此外，还有一支被称为“奥地利学派”的经济学家，主张经济学是“人类行为学”（praxeology），它**研究有目的的人是怎样行动的**。

在笔者看来，上述种种关于经济学的定义都有各自的道理，但也有各自的缺陷。笔者更倾向于认为，**经济学是一门研究人类如何进行合作的学问**。人类实际上是如何合作的？人类应该如何合作？为什么有些地方人的合作精神高，有的地方人的合作精神低？这些都是经济学关注的核心问题。

在人类发展过程中，有很多不可思议之处，而其中的大部分都可以从“合作”这个角度来寻找答案。在上一节中，我们曾问道为什么是人类而不是其他动物成为地球的主宰，其答案就在于合作。两千多年前，荀子就问道："人力不若牛，走不若马，而牛马为用，何也？"他的答案是："人能群，彼不能群也……一则多力，多力则强，强则胜物。"所谓的"群"，就是"合作"；正是合作，才让人类拥有了改造自然的能力。

人类的文明是怎么逐渐演进、逐步发展的呢？我们依然可以从"合作"的视角来思考。人类的进步不仅来自个人之间的合作，而且来自不同民族、文化之间的合作。举例来说，青铜器最初产生在中东的"两河领域"，后来才传到了东亚；玉米、土豆这些作物本身是美洲的，却被传播到了欧亚大陆广泛种植。这些极大促进了人类文明进步的发明创造的传播，本质上就是不同文明之间合作的结果。正如亚当·斯密在《国富论》中所指出的，如果"没有成千上万人的帮助与合作，一个文明国度里的微不足道之人，即便按照我们的虚幻想象过他最普通简陋的生活，也无法获得日常用的供给"。

既然合作对于人类的发展如此重要，那么在现实中，究竟是什么促进了合作，又是什么破坏了合作呢？其因素有很多，但最重要的是制度。在上一节中我们看到，在最近的两百多年里，人类社会摆脱了长达数千年的"大停滞"，开始了"大增长"，这在很大程度上就是因为人类找到了市场经济这种能够极大促进合作的制度。而我们最为熟悉的中国最近三十多年的"增长奇迹"，其产生的原因也是由于摆脱了束缚合作的计划经济制度，转而走向了鼓励合作的市场经济。从这个意义上讲，一旦我们理解了怎样的制度能促进合作，我们也就同时找到了促进国民财富增长的源泉——在这一点上，以合作为观察视角的经济学是与斯密倡导的经济学殊途同归的。

1.3 怎样像经济学家一样思考

在明确了经济学的定义后，我们来看看经济学家怎样思考。著名经济学家约翰·梅纳德·凯恩斯曾经说过："经济学理论并不是一些现成的可以用于政策分析的结论。它不是教条，而是一种方法，一种智力工具，一种思维技巧，有助于拥有它的人得出正确的结论。"经济生活总在变，在不同的条件下，人们处理经济问题、促进合作的方法总是在变，因此对于各位学习经济学的读者来说，最重要的并不是记住某项具体结论，而是要学会正确思考经济问题的思维方式。

那么，究竟怎样才能像经济学家一样思考问题呢？在我看来，经济学的思维方式可以归纳为以下十个方面：

1.3.1 人的行为是有目的的[7]

在现实中，人的各种行动是为了达成某种目的(end)，其实现目的的愿望就是行动的动机(motive)。因此，行动就是改变现状，而之所以要改变现状就是由于对现状不满,其中必然有对于某种价值的追求。

经济学关注人的行动,不仅要关注人究竟采取了怎样的行动,而且更重要的是要关注他们为什么采取这样的行动。只有这样,我们对于整个经济现象才能有更为深刻的理解。当然,在很多情况下,"目的"和"后果"之间可能并不完全一一对应,例如人由于无知,可能做错事。但即使如此,我们也应当从中去找寻人的行动目的,因为"目的"是行动的"基据"(datum),离开了目的是不可能理解人的行动的。

1.3.2 只有个体才有能力决策

经济学假定,只有个体,也就是有血有肉、有灵魂、有意识的生命体,才有目的和行动能力。人要行动,就必须思考,就需要搜集信息,并进行分析判断,然后做出决策,而这些活动只有个体才能完成。集体是不会思考的,它本身也不可能有行动。

有一点需要提醒大家注意的是,我们常常使用群体、集体、政府、国家等概念,说它们做了某某事,这让我们以为集体似乎也是能行动的。但这种说法只有在隐喻意义上才是对的。事实上,集体本身不可能行动,只有集体里面的人才能行动!一些经济学家在分析问题时,习惯于把集体、国家作为一个独立的分析单位,并把它们想象为没有自身利益诉求、完全大公无私的。如果是这样,很多问题就很难被理解,例如为什么政府会有腐败,为什么所谓的集体决策经常没有效率等。而一旦我们摒弃了这种集体主义的分析角度,用方法论的个人主义来重新审视这些问题,那么一切困惑就自然迎刃而解了。

1.3.3 世界上没有免费的午餐

经济学家米尔顿 · 弗里德曼曾说过,如果要用一句话概括经济学,那就是"没有免费的午餐"。这里,要为午餐所付的那个"费",就是机会成本。

我们知道,人类无论是在动物性上还是社会性上,都有很多的欲望。但不幸的是,相对于人们的欲望,在任何时间点上,用来满足欲望的资源却总是稀缺的。例如我们在前文提到,10 万年前,人类的祖先要走出非洲,其根本动因就是生存资源已不能满足族群生存繁衍的需要,因此相对于族群需要而言,生存资源是稀缺的。再如,我们常说的钱不够花,就是指拥有的钱不足以支撑花费,因此相对于花费而言,我们拥有的钱就是稀缺的。也许有人会说,那些大富翁们,例如比尔 · 盖茨、马云,他们总该不受稀缺的困扰了吧?其实不然。尽管他们并不缺钱,但他们的时间是有限的,因此也受稀缺性的约束。

因为稀缺性的存在,人们在行动时就必须有选择,为了得到一样

机会成本：
人们为了达到某种目的所必须放弃的最大的价值。

东西就得放弃另一样东西。所谓**机会成本**，就是你为了达成某项目的所要放弃的最大的价值。举例来说，如果你现在面临两个工作机会，一个是年薪10万元的大学教职，另一个是年薪50万元的投行交易员，那么在不考虑非货币利益的前提下，选择去大学任教的机会成本就是50万元。当然，在现实中情况可能会比较复杂，人们在选择时还必须要考虑很多不能用货币衡量的因素，例如亲情、友情、自由、尊严等。从这个意义上讲，机会成本在更大程度上是一种主观的判断。

需要强调的一点是，虽然人们在个人决策时比较容易理解“没有免费的午餐”，但在考虑公共福利提供等问题时，却很容易忘记这一点。很多人总希望政府能够多建设公共设施，增加公共福利，仿佛这些都是无需成本的，但事实上这种观点无疑是大错特错了。政府为了增加公共福利，就必须获得收入，要做到这点无非是通过三个途径：征税、发行货币以及举借公债。无论是哪一种途径，这些成本最终还是会被转嫁到老百姓身上，减少个人可获得的资源和产品。由于相对于私人，政府在提供公共服务时效率往往更低，因此那些本想获取“免费午餐”的人们最终得到的往往是一份更加昂贵的午餐。

1.3.4 人们是在边际上做选择

边际：
对现有行动进行的微小调整。

所谓“**边际**”（marginal），指的是对现有行动进行的微小调整，这些微小调整所带来的成本和收益分别被称为“边际成本”和“边际收益”。经济学所要关注的问题，通常不是极端的非此即彼，而是“多一点”还是“少一点”的比较，也就是对“边际成本”和“边际收益”的权衡。

举例来说，我们需要考虑如何在购置食品和购置衣物上分配收入。一般来说，我们不会只买衣服不吃饭，也不会只吃饭不买衣服，而会考虑是多买些食物而少买些衣服，还是多买些衣服而少买些食品，这样的选择就是边际选择。值得一提的是，“边际”概念的引入破解了经济史上的一个著名难题——水和钻石的悖论。

知识拓展

水和钻石的悖论

19世纪的经济学家们曾一直困惑于一个问题：为什么对于人类生存至关重要的水价值很低，而对人类生存可有可无的钻石则有很高的价值？对于这个问题，古典经济理论并没能给出很好的解释，而从“边际”的概念入手，这个问题则很容易回答。这是因为，物品的价值是由它带给人的边际效用决定的——虽然水很重要，但是由于它很多，因此在边际上多一滴、少一滴对效用的影响不大；而钻石虽然无关紧要，但由于它很稀少，因此在边际上多一颗、少一颗对效用的影响很大。正是由于这个原因，钻石的价值要远远高于水。

1.3.5 自由交换是互利的

人们在资源占有上可能有丰寡之别，在个人特质上可能有各自差异。这些差异性的存在，给通过交易改进彼此的收益创造了巨大的空间。

自由交易是正和博弈，不是零和博弈。举例来说，我手里有一瓶水，并且我认为这瓶水对我而言值 1 元钱，而你却认为这瓶水对你而言值 2 元钱。那么，如果我用 1.5 元把水卖给你，我们双方就都相当于赚了 0.5 元钱。也就是说，这场交换活动让我们双方都获益了。当然，交易自由是双方都获益的前提，如果我强买强卖，非要用 5 元钱把水卖给你，那就是在增加我的收益的同时，减少了你的收益。

这里需要澄清一个概念问题。我们常说，市场经济下是“等价交换”，但这种认识是错误的。事实上，在市场经济下的自由交换，大部分都不是等价的。如果一件商品对你我的价值都一样，那么交换发生的可能性就很小。只有我们对某件商品的评价存在差异，自由交易才会发生，交易一旦发生，就为双方都创造了价值。从这个意义上说，自愿交换一般都不会是等价的，而是伴随着价值的创造，也就是财富的创造。

上述道理，在考虑个人交换时是显而易见的，但在考虑区域之间、国家之间的交换时就不那么明显了。事实上，所谓的区域贸易、国际贸易，本质上都是个人之间的交换。同一地区内个人间的自愿交换能促进交易各方福利的增进，地区之间、国家之间的交换就更是如此。那些阻碍贸易自由的政策壁垒，很多都是打着维护“公众利益”“国家利益”的旗号，事实上却剥夺了公众改进福利的机会。

课堂思考 为什么自由交易是互利的？

1.3.6 分工是进步的源泉

分工是和交易相联系的。如果没有分工，人类的交易也许会有，但是很少。只有有了精细的分工，人与人之间的交易才能更加频繁地开展。

关于分工的思想，很多先哲都有过阐述。例如，古希腊的柏拉图就认为，在一个理想的国度里，君王是国家的统治者，士兵是国家的保卫者，人民是国家的劳动者，所有的人都遵守这种分工，各司其职，才能保证社会正义。大卫·休谟曾指出，人类的欲望和个人的能力之间是不匹配的，只有通过协作提高能力、分工增加才能、互助减少风险，才能让人满足尽可能多的欲望。当然,这些先哲关于分工的论述都很简单,只有到亚当·斯密那里才对分工展开了较为完整的论述。

在《国富论》的开篇,亚当·斯密就用很大的篇幅说明了分工的重要性。斯密指出,分工有三方面的好处:第一,它有助于手的技巧的完善,提高人的劳动熟练程度和判断力;第二,它节约了在不同工作环节之间转换劳动的时间;第三,它增加了发明新工具的可能性。正是由于有了这些好处,人们才得以通过分工合作大幅提升自身的力量,完成仅靠单个人难以完成的事情。

知识拓展

亚当·斯密的制针工厂

《国富论》是亚当·斯密最重要的著作,但这部伟大的作品并没有选择从对国家大事的论述开始,而是选择描述了一段扣针的制造经过。

扣针制造,几乎是一项被人遗忘的产业,但是正如斯密所指出的,"一个劳动者,如果对于这职业没有受过相当训练,又不知怎样使用这职业上的机械,那么纵使竭力工作,也许一天也制造不出一枚扣针,要做二十枚,当然是绝不可能了"。而如果工人们有了分工,"一个人抽铁线,一个人拉直,一个人切截,一个人削尖线的一段,一个人磨另一端,以便装上圆头……",如此分工之下,一个十人的小厂,一天就可以生产十二磅的针。十二磅是什么概念?就是四万八千根,也就是平均每个工人生产了四千八百根针。由此可见,即使在扣针制造这样一个小小的产业,只要利用分工,生产的效率也能提升成百上千倍。

从这个看似平凡的制针的例子中,竟得到了令人吃惊的结果。正因为如此,它已经成为经济学中最为著名的例子之一。

资料来源:亚当·斯密:《国民财富的性质和原因的研究(上卷)》,郭大力、王亚南译,商务印书馆 2009 年版,第 6 页。

既然分工可以很大地改善效率,那么分工究竟是由什么决定的呢?斯密认为,它是市场规模扩大的结果。如果没有市场就不会有分工,只能自给自足。

在斯密看来,市场的扩大促进了分工的细化,分工的细化导致了技术进步与创新,进而促进了经济发展,而经济发展反过来又使得市场进一步扩大……如此反复,就是经济良性发展的整个过程。为什么我国在改革开放后迎来了经济发展的奇迹?一个重要的原因就是市场的扩大。一方面,各项改革措施废除了所谓的"投机倒把"等罪名,为国内贸易扫除了障碍;另一方面,对外开放则开启了巨大的国际市场，这两方面都让市场规模急剧扩大了。随着市场的扩大，斯密所预言的良性循环就启动了，“中国奇迹”产生的奥秘就在于此。

1.3.7 结果比动机更为重要

人的行动既有动机，也有结果，而结果和动机之间往往存在着不一致。那么，当我们评价人的行动时，应该更看重动机，还是更看重结果呢？在经济学家看来，应该更看重结果。

在现实中，人们通常不习惯于经济学家的这种评价方式，常常以某项行为的出发点来判断某项行动的好坏：如果行动的出发点是利人的，且最终也达到了利人的后果，那固然最好；而如果行动的结果是损人的，只要其出发点是利人的，那似乎也是情有可原的。但经济学家们的看法则与此迥然不同。

经济学家认为，即使一项行动的出发点是利己的，只要它的结果是利人的，那么这项行动就符合市场道德，因而是值得肯定的。亚当·斯密曾在《国富论》中对此有过精彩论述：“我们每天所需的食物和饮料，不是出于屠户、酿酒师或烙面师的恩惠，而是出于他们的自利的打算。”[8]这里，屠夫、酿酒师和烙面师虽然有着利己之心，但客观上做出了利人之行，因此是值得赞许的。

相比之下，那些利人的动机导致的损人后果倒是十分值得重视。例如，政府希望实现充分就业，让所有愿意工作的人都有工作可干，这个目标当然是善意的。但是，如果政府为了达到这一目的，规定所有企业一旦雇用职员就不能解雇，这个由善意出发的法规就可能引起与其初衷相悖的结果。因为当企业预测到了这点时，雇用员工就会更加慎重，从而让更多的人难以找到工作。诺贝尔经济学奖得主哈耶克曾说过：“通往地狱的道路通常是由善意铺就的。”这一忠告我们应时刻谨记。

课堂讨论 著名电视节目主持人柴静女士拍摄的《穹顶之下：雾霾调查》节目自 2015 年 2 月 28 日在各大网站播出后，得到许多好评，也受到不少质疑。一些批评者怀疑柴静拍摄这个片子的动机，认为她的目的是博得个人名声和赚钱。你认可这样的批评吗？为什么？

经济学家经常需要对政策进行评价。根据以上“结果重于动机”的原则，我们可以归纳出以下三条政策评价的准则：

其一，要看政策的结果与目标是一致还是相反。一个政策之所以是“坏”的，不是因为经济学家不喜欢它希望达到的政策目标，而是因为它的结果与政策制定者自己的政策目标不一致，甚至相反。因此，对于一个"善意"的政策,只有当它的结果和目标一致时,才能被称为是好政策。

其二,要看同样的目标是否有成本更低的替代方案。如果达成既定目标还有更低成本的方案,那么现有的政策就不是最好的。例如,北京的交通过于拥堵了,应该用什么政策来缓解拥堵呢?现在的做法是限行,规定特定尾号的车辆某些日子不能上街。这种政策的成本很高,能不能有成本更低的方法呢?一个办法是在道路高峰时段收费,在物联网技术发达的今天,这种政策要比限行更容易执行,其成本也更低,因此就是更好的政策。

其三,要看政策是否承认"消费者主权"。在市场经济中,消费者是真正的"老板",企业决策的基础是预测消费者的决策,因此就需要更好地考虑消费者的偏好。而某些政府主导的产业政策则会在一定程度上干扰企业行为,因为享受政策的企业家需要更多关心的将不是消费者偏好,而是政府偏好。在这种情况下,即使政府的出发点是好的,其结果也往往很糟糕。

1.3.8 自由竞争是件好事情

我们在前面指出"利己之心"可以产生"利人之行",达成这点所需的条件是什么呢?最重要的就是要有自由竞争。

自由竞争使得"利己之心"可以产生"利人之行"。

如果没有自由竞争,那么"利己之心"就只能导致"利己之行"。中国农村有句老话,叫"匠人要发,房子快塌",意思是工匠要发财,就必须把房子的质量盖得差一点。只有房子一盖起就塌,才能不断有生意,不断有钱赚。但这个发财"秘诀"只可能在没有竞争的情况下才有用。如果有竞争,那些盖房质量差的工匠就不会有生意。在自由竞争的情况下,为了争夺生意,工匠们必须提高建筑质量,让消费者满意。当然,自由竞争是有前提的,这个前提就是自由和平等,没有暴力的威胁。弄虚作假、强买强卖都不能算作自由竞争。

尽管自由竞争是好事,但在现实中却频频遭受非难。经济学大师阿尔弗雷德·马歇尔曾说过:"'竞争'这个名词背负恶名,而且还包含某种利己心和对他人的福利漠不关心的意思。"[9]为什么会这样呢?这是因为它颠覆了传统社会的模式。在传统社会中,人们和熟人生活在一起,所有的生意、交往只有在熟人之间才能发生,这看起来很有人情味。而自由竞争让人们对于邻居和陌生人差不多一视同仁,这似乎大大冲淡了社会的人情味,因而会招致一些人的厌恶。对此,我们必须看到传统社会的所谓"人情",其实是局限在一个狭小的圈子里的,超出这个圈子时,人们往往相互敌视。恰恰是自由竞争改变了这一切,让平等的观念深入人心。从这点上看,自由竞争本身对于推动人与人之间的平等对待也起到了不可估量的作用。

1.3.9 制度比人强

制度是一种游戏规则、一种激励机制,它在很大程度上决定着选择与结果之间的关系。在长期的历史中,宗教和传统道德哲学多以改变人性为目的,但在经济学家看来,作为人类,我们的人性是很难改变的,但我们可以通过改变制度来改变人的行为。

人性和制度是相互影响的。可以通过改变制度来改变人的行为。

例如,在人民公社时代,人们的劳动积极性很低,种植的农作物经常歉收。而在实行了家庭联产承包责任制之后,人还是那些人,地还是那些地,但粮食产量却大幅度增加。这是为什么呢?答案就在于制度变了,而不是人性变了。家庭联产承包责任制这种新制度给人们提供了新的激励,使被人民公社制长期束缚的生产力充分释放了出来。

有一些人说,经济学家只重制度,而不重人性。这种说法并不正确。事实上,人性和制度是相互影响的。在制度不健全的国度,往往也伴随着各类腐败的盛行;而在制度健全的国度,腐败就相对较少。这说明,有些看上去是人性的问题,其实归根到底是制度的问题。

那么最重要的制度是什么?就是产权制度和个人自由。只有个人财产得到有效保护,人们才有积极性创造财富,才有技术创新;而只有在个人享有充分自由的前提下,人们才会将个人的善变成社会的善。一个制度如果缺少了这两项要素,就不能算是好制度。

1.3.10 世界是不确定的,企业家是重要的

人的行动是有目的的,但行动与结果之间的关系受许多非行动者控制的因素的影响,其中许多因素是我们不了解的,其关系的复杂性是我们没有办法完全理解的。这就是世界的不确定性。

世界的不确定性创造了我们对企业家精神的需求。企业家就是那些最善于对未来做出判断并愿意为此冒险的人。如果没有不确定性,每个人都有决策所需要的全部信息,决策就只是一个计算程序,就没有企业家的用武之地。但在一个不确定的世界里,如何判断未来,如何收集和加工信息,就成为人们做决策的首要任务。正是由于那些最善于判断未来并愿意承担风险的企业家发现了没有满足的市场,创造了各种各样的新产品和新技术,过去两百多年的经济进步才成为可能。这一点对理解市场经济的运行和经济增长的奥秘尤为重要。

世界的不确定性创造了我们对企业家精神的需求。

经济学家总是试图解释过去,也在试图预测未来。但总体来说,在前一项工作中,他们做得比较成功,而在后一项工作中则经常犯错。尤其是对于一些重大危机,经济学家们似乎总是难以预见——1929 年的"大萧条"没有人预见到,2008 年的经济危机也没有人预见到。

事实上,正如哈耶克所指出的,经济学家至多只能进行"模式预测"(pattern prediction),而不可能精确地预见未来。

1.4 市场的逻辑[10]

经济学家关注市场,因为市场是最有利于人类合作、能为人类提供最大利益的制度。

人类从诞生以来,就一直在追求着自身的幸福。从整个人类历史来看,追求幸福的方式可以划分为两种。

第一种是通过使别人不幸福,自己变得幸福,如偷、抢、掠夺、战争;第二种是通过使别人幸福,让自己变得幸福,也就是给别人创造价值,给别人创造财富,然后自己获得收入,过更好的生活。第一种方式可称之为"强盗的逻辑",第二种方式可称之为"市场的逻辑"。

人类的历史是在"强盗的逻辑"和"市场的逻辑"的不断作用下演进的。

人类的历史大致来讲就是在这两种逻辑的不断作用下演进的。总体来说,在近代之前,强盗的逻辑相对占据优势,无论是罗马帝国的征服,还是秦帝国的统一,靠的都是强盗的逻辑。虽然市场的逻辑在历史上也一直存在(例如司马迁在《史记》中就曾描述过他所处的时代商业的繁盛),但总体来说并不占主导。在强盗的逻辑占主导的环境下,整个社会的发展就比较缓慢。到近代之后,市场的逻辑已经开始主导这个世界,强盗的逻辑开始衰落,由此带来了工业化和人类生活的大幅度改善。当然,这个过程中也有反复。日本、德国发动了第二次世界大战,妄图用强盗的逻辑使本国富有,但都失败了。第二次世界大战之后,它们转而采用市场的逻辑,想方设法使其他国家的人民通过买它们的东西感到幸福,就很快变得富强起来。

市场不仅有"一只看不见的手",还有"一只隐形的眼睛"。

那么,为什么市场的逻辑会有如此大的力量呢?这是因为它激活了潜藏于经济中的"一只看不见的手"和"一只隐形的眼睛"。"一只看不见的手"就是竞争,而"一只隐形的眼睛"就是声誉机制。在市场逻辑的指引下,看不见的手指引人们做正确的事情,隐形的眼睛则监督人们把事情做好。正是这只看不见的手和这只隐形的眼睛,使得远隔千里、素不相识的陌生人之间可以进行分工合作,相互提供服务,整个社会的活力和"正能量"就由此被充分发掘了出来。

有一点需要提醒读者:虽然现在市场的逻辑已成为主流,但强盗的逻辑仍然潜藏在很多人的潜意识里。不少人本身不是强盗,但由于深受强盗的欺凌,所以反而习惯了用强盗的逻辑思考问题。举例来说,在很多发展中国家,人们很怕和发达国家进行贸易,认为这样会被剥削、被欺诈。在他们的字典里,要么"赢",要么"输","双赢"是难以被理解的。显然,在类似思想的影响下,这些国家的市场很难发展起来,经济也很难搞好。对此,我们必须引以为戒。

课堂讨论 过去三十多年中国经济成功的关键是什么?

学术经典

司马迁论自由市场

司马迁是汉代的伟大史学家,也是在世界上最早倡导自由放任市场的人。在他的巨著《史记》中,他不仅描述了帝王将相的生平,也记录了当时市场的繁盛及其运作的规律。

作为市场经济的倡导者,司马迁的第一个贡献是提出了著名的"善因论",认为当政者应该顺应经济规律去治理国家。他指出:"耳目欲极声色之好,口欲穷刍豢之味,身安逸乐,而心夸矜势能之荣使。俗之渐民久矣,虽户说以眇论,终不能化。故善者因之,其次利道之,其次教诲之,其次整齐之,最下者与之争。"可见,在司马迁看来,治国的最高境界是顺应人性,给人们追求幸福的自由,而不是与民争利。只有人民有了追求幸福的自由,社会才会和谐发展。

司马迁的第二个贡献是指出了商人阶层在社会中的重要性。他指出:"待农而食之,虞而出之,工而成之,商而通之。"这里,他将商人和农、虞(指管理山泽的人)、工等职业相提并论,指出了其在经济生活中的不可或缺性,这在当时是十分可贵的。

司马迁的第三个贡献是总结了市场运作的一些规律。例如,他指出:"物贱之征贵,贵之征贱,各劝其业,乐其事,若水之趋下,日夜无休时,不召自来,不求而民出之。岂非道之所符,而自然之验邪?"这一思想是和经济学中的供求规律不谋而合的。

司马迁的第四个贡献是总结了企业家的特质,并记录了企业家的行动。他指出,企业家应该"时用则知物""择人而任时""富无经业,则货无常主,能者辐凑,不肖者瓦解"。这和现代奥地利学派经济学中关于企业家的论述有着很多契合。另外,他还描述了当时企业家的生活,指出"千金之家比一都之君,巨万者乃与王者同乐",由此我们可以一窥企业家在当时社会中的重要性。

除此之外,司马迁还提出了很多其他有价值的论述。例如他指出"是以廉吏久,久更富,廉贾归富",这其实就是现代的声誉理论。

资料来源:本专题中的史料都引自《史记》中的《货殖列传》。

学术经典

亚当·斯密:市场是一种"看不见的手"

"人类几乎随时随地需要同胞的协助,但要想仅仅依赖他人的恩惠,那一定是不行的。他如果能够刺激他们的利己心,使有利于他,并告诉他们,给他做事,是对他们自己有利的,他要达到的就容易得多。不论是谁,如果他要和旁人做买卖,他首先就要这样提议。请给我以所要的东西吧,同时,你可以获得你所要的东西:这句话是交易的通义。我们所需要的相互帮忙,大部分是依照这个方法获得的。我们每天所需的食物和饮料,不是出于屠户、酿酒师或烙面师的恩惠,而是出于他们的自利的打算。我们不说唤起他们利他心的话,而说唤起他们利己心的话。我们不说自己有需要,而说对他们有利。"(《国富论(上)》,第12页)

"他所盘算的也只是他自己的利益。在这场合,像其他许多场合一样,他受一只看不见的手的指导,去尽力达到一个并非他本意想要达到的目的。也并不因为事非出于本意,就对社会有害。他追求自己的利益,往往使他能比在真正出于本意的情况下更有效地促进社会的利益。我从来没有听说过,那些假装为公众幸福而经营贸易的人做了多少好事。"(《国富论》(下),第30页)

资料来源:译文选自亚当·斯密,《国民财富的性质和原因的研究》,商务印书馆2009年版。

1.5 经济学与其他学科的关系

下面让我们来看一看经济学和其他学科之间的关系。

经济学是一门社会科学。所有的社会科学都是为了理解人,理解人的行为,理解人类生存制度环境的变化,理解人类如何从过去走到现在,又从现在走到未来。但是每一个学科在方法、假设、具体的着眼点上存在着很大的差异。

经济学秉承的是从个人到社会、从微观到宏观的研究思路。

社会学秉承的是从社会到个人、从宏观到微观的研究思路。

简单来说,经济学秉承的是从个人到社会、从微观到宏观(from micro to macro)的研究思路。正如我们前面所说的,它坚持方法论的个人主义,关注的主要是个人的行为。在经济学看来,只有有血有肉、有思想意识的个人才能决策,才能行动。和经济学正好相反,社会学秉承的是从社会到个人、从宏观到微观(from macro to micro)的研究思路。它首先假定一种制度是存在的,一种组织是存在的,一种习惯是存在的,在此基础上考察这种习惯、这种制度怎么约束人的行为。还有一门和经济学关系比较密切的学科是心理学。它是用观察、实验的方法看人们实际上是怎么行为的。

应该看到，无论是社会学、心理学，抑或是其他社会科学，对于经济学都有反驳或挑战，但这并不说明这些学科之间是互相排斥的。相反，它们之间相互促进，推动了彼此的发展。有很多交叉学科，如经济社会学、行为经济学等，就是在学科的相互碰撞、争鸣中产生的。

这里需要重点说明一下经济学和数学的关系。现代的经济学已经是高度数学化了的。如果大家翻翻经济学的专业刊物或高级教科书，就会发现通篇都是公式。为什么会这样呢？因为经济学中有很多关系和数学很契合，例如需求与价格的关系可以用需求函数表示，边际效用、边际成本与数学上的导数就是相互对应的，因此使用数学进行推演可以大大简化文字叙述，并避免文字叙述容易产生的一些逻辑错误。

数学本来是经济学研究的工具，但现在经济学却有了变成数学奴隶的危险。有一种倾向是，所有经济问题都以数学上可处理来设定，如果数学上不能处理，就避而不谈。亚当・斯密的分工交易、规模经济等重要理论长期以来被很多经济学家们放弃了，只剩下均衡和资源配置，就是因为数学上没办法处理分工和技术进步。企业家是市场经济最主要的协调者和推动力，但在主流经济学中看不到企业家的身影，也是因为没办法用数学来模型化企业家的决策。

保罗・克鲁格曼曾警告说，过去一百多年，“经济学是沿着数学阻力最小的方向前进”。这是一针见血。现在很多人做经济学研究，你问他为什么那么假设，他说不这样假设数学上没法处理。这就是本末倒置、削足适履。数学固然要用，但使用数学是为了研究经济学，而不是为了让经济学去迎合数学。经济学要真正进步，一定不能被数学所束缚。

学术经典

马歇尔论数学在经济学中的应用

马歇尔是一名数学专业出身的经济学大师。对于数学在经济学中的应用，他有自己独到的见解。他指出：“数学训练是有用的，因为数学能通过异常简练准确的语言来清楚表达一些一般关系和一些经济推理的简短过程，虽然这的确可以用日常语言来表达，但不会有同样清晰的轮廓。”

在一封写给钟爱的学生鲍利的信中，马歇尔曾这样传达使用数学的六步“秘诀”：“(1) 把数学作为速记语言，而非调查工具；(2) 坚持使用数学直到研究完成;(3)把数学语言翻译成文字;(4)通过真实生活中的重要事例来解释说明;(5)去掉数学;(6)如果不能成功做到(4),那就尽量做到(3)。最后一步是我经常做的。"在自己的论著中,马歇尔严格遵守了自己提出的"秘诀"。例如在他的巨著《经济学原理》中,数学推导全被放到了附录中,正文没有一个数学公式。但由于正文中的文字推导都是由数学推理得到的,所以其严谨性十分令人称道。正是这种论证上的严谨,加上马氏优美的文风,让《经济学原理》一书至今还是经济学者们必读的经典。

资料来源:罗纳德·科斯,"马歇尔论方法",见罗纳德·科斯,《论经济学和经济学家》,格致出版社等2010年版,第216页。

1.6 经济学的历史和未来[11]

1.6.1 经济学的历史

尽管从数千年前起,人们就开始考虑经济问题,但作为一门学科出现,经济学只有两百多年的历史。

亚当·斯密《国富论》的出版,被公认为是经济学脱离道德哲学,成为独立学科的开始。在《国富论》中,斯密对经济运行的特征及其背后动因的深刻见解,远远超过前人。斯密之后,李嘉图及其追随者成为古典经济学的代表。相比于斯密,李嘉图学派有两个重要转变:一是将经济学的主要关注点从动态的经济增长转向了静态的收入分配;二是用更为形式化的论述代替了斯密基于经验的论证。在李嘉图的后继者中,马克思是一个代表。他在李嘉图学说的基础上强化了阶级斗争的重要性,发展出了马克思主义政治经济学。到了约翰·密尔时代,整个古典经济学的体系已经十分完备,以至于密尔在其著作《政治经济学原理》中甚至宣称以后的经济学理论只会有小修小补的进步。但他没有料到的是,其实这时的经济学已经到了巨大变革的前夜。

近代经济学的第一次重大变革是"边际革命"。在这场思想革命中,门格尔、杰文斯、瓦尔拉斯等经济学家所倡导的边际价值学说替代了古典经济学所信奉的劳动价值论,成为经济学研究的全新范式。随后,英国经济学家马歇尔在边际主义的基础上构建出了一整套完整的经济分析体系,这就是所谓的"新古典经济学"。直至今日,新古典经济学仍然是现代经济学的主流。

近代经济学的第二次重大变革是"凯恩斯革命"。在李嘉图之后,直到马歇尔,经济学主要是从微观角度来看各类经济问题,而对于宏观经济的运行则相对忽视。在《就业、利息与货币通论》一书中，凯恩斯提出了分析宏观经济问题的一整套框架。自此，整个经济学分成了**微观经济学**和**宏观经济学**两个领域。

微观经济学： 经济学的一个分支领域，研究家庭和企业的决策和市场交易行为。

宏观经济学： 经济学的一个分支领域，研究整体经济的运行。

在最近的几十年，微观经济学和宏观经济学都有很多发展，诞生了很多的流派。例如，博弈论与信息经济学的兴起就对经济学的整体结构产生了不小冲击。至于详细情况，感兴趣的读者很容易通过学习其他课程或阅读其他书籍得到，此处就不再赘述。在此我只想强调一点，即要警惕"科学的辉格主义"。

学术经典

警惕"科学的辉格主义"

"科学的辉格主义"认为科学总是在进步的，今天的理论要比昨天的好，明天的理论要比今天的好。这是不正确的。[12] 例如，早在公元前二三百年，古希腊的天文学家阿里斯塔克就提出"日心说"，认为地球围绕太阳做圆周运动，但他的理论不被接受，托勒密体系的"地心说"统治人类思想一千八百多年，直到哥白尼 1543 年发表《天体运行论》，"日心说"才得到确立。在这里，"地心说"比"日心说"提出得晚，但它却是错误的，而"日心说"虽旧，却是正确的。

在经济学中，新理论不如旧理论正确的情况更多。例如，李嘉图将经济学的关注点从发展转向分配，其实就放弃了斯密经济理论中很多正确的东西；而凯恩斯让经济学没有了"微观基础"，其实也是放弃了古典经济学中的正确认识。令人担忧的是，用错误的新理论否认正确的旧理论的现象在当今尤其严重。一方面，由于现在的经济学对数学的依赖程度过于严重，因此不少经济学家为了追求数学的严密性，抛弃了传统经济学中很多有价值的东西。例如，斯密关于市场过程的讨论、熊彼特笔下的企业家等，由于数学上很难处理，所以就很少有人讨论了。另一方面，由于维持既得利益的需要，一些人故意固守错误的新理论。例如，凯恩斯的宏观经济理论已经被证明了有很大的问题，但由于它能为政府干预经济提供理论支持，因此在政策制定者们当中，它就比更为正确的自由经济理论有更大的市场。由于以上原因，在经济学的学习过程中，我们不仅要看最新的文献、学最新的理论，而且应该适时回到经典，回到亚当·斯密，去挖掘一些被历史遗忘的真知灼见。正如罗纳德·科斯指出的："与亚当·斯密相比，我们的分析越来越复杂，但是，我们并没有显示出关于经济体系运行的更高明的洞见。而且，在某些方面，我们的方法还不如亚当·斯密。"[13]

1.6.2 经济学的发展方向

当然,未来的经济学还要发展,其发展方向可能有哪些呢?以下的方向是值得注意的:

一是用**有限理性**(bounded rationality)替代完全理性。在现代的主流经济学中,"理性"一直是一个基本假设,人一直被假定可以完全根据自己的理性精确地做出判断。但这显然是不对的,人的大脑在知识加工能力、记忆力等方面都是很有限的,因此表现出的只能是有限理性。诺贝尔经济学奖得主赫尔伯特·西蒙早就提出过这一点[14],经济学的学习者应该对此有所关注。

二是用生物学的演化方法替代物理学均衡论的方法。现代的经济学是仿照物理学的范式建构起来的,在其中大量运用了静态、均衡等概念。这让我们很难分析人与人之间的互动,也很难从动态上厘清经济发展的动力。因此,用生物学中演化的思想替代物理学中的均衡观点可能是引导经济学向前发展的一条可行之路。

三是更多采用实证和实验的分析方法。前面已经指出,在李嘉图之后,经济学开始更重视形式上的推演,而对于现实中的现象则关注得越来越少。事实上,经济学是一门和现实联系很紧密的科学,要发现新的问题、提出新的理论,都需要对现实有更多的了解。这就需要我们做更多的实证研究,为理论发展提供更多的经验支持。同时,计算机和信息化也使得经济学家可以在实验室中模拟现实经济问题,这为经济学研究提供了新的路径。[15]

四是奥地利学派经济学的复兴。一百多年前,奥地利学派曾经是主流经济学的一部分,并对主流经济学做出了巨大贡献。但由于其方法论的独特(特别是对数学化的拒绝),以及过于具有斗争精神,因此在现代逐渐被边缘化了。但是,奥地利学派的经济学中,有很多值得现代经济学吸收和借鉴的东西。例如,奥地利学派关于市场过程、企业家、经济周期等问题的论述与真实世界更为一致。今后,经济学家应该更加积极地发掘奥地利学派经济理论中有价值的东西,来弥补主流经济学的不足。

1.6.3 重视理念的力量

在结束本章前,我还想向读者提出一些建议,即无论是在学习还是在工作中,都要更为重视理念的力量。经济学也许可以被定义为有关"利益"的科学,但如同两百多年前英国启蒙思想家、经济学家大卫·休谟所指出的,尽管人是由利益支配的,但利益本身以及人类的所有事务,是由观念支配的。理念之所以会影响人的行为,是因为理性人必须为自己的决策找到正当性理由,而一种行为是否正当,与人们持有的理念有关。

凯恩斯曾经有段名言：

> 经济学家和政治学家的思想，不论它们正确与否，都比一般所想象的更有力量。的确，世界就是由它们统治的。实用主义者自认为他们不受任何学理的影响，其实他们经常是某个已故经济学家的俘虏。自以为是的当权者，他们的狂乱想法不过是从若干年前某个拙劣的作家的作品中提炼出来的。我确信，和思想的逐步侵蚀相比，既得利益的力量被过分夸大了……或迟或早，不论好坏，危险的东西不是既得利益，而是思想。[16]

无独有偶，凯恩斯的论敌米塞斯也专门强调了思想和理念的重要性，他指出：

> 人所做的一切，是支配其头脑的理论、学术、信条和心态之结果。在人类历史上，除开心智之外，没有一物是真实的或实质性的。[17]

两位论敌在理念重要性这个问题上持有相同的观点，正是对理念作用的最好诠释。

经济学之所以重要，就是因为它可以改变人的理念。经济学家从很早开始，其实就是在完成这样的任务，就是改变人的观念。两百多年前亚当·斯密让我们认识到市场是人类最有效的合作制度，人的自利行为对社会本身并不是一件坏事，如果我们有真正的私有财产制度和充分的竞争的话。中国的经济学家过去三十多年对我们的社会或者说对人类做的主要贡献，就是让中国人开始接受两百多年前亚当·斯密已经提出来的市场经济的理念。中国经济学家使我们破除了对人民公社的迷信，破除了对计划经济的迷信，使我们不再相信铁饭碗、大锅饭的平均主义制度是一个好制度。中国经济学家也使我们中国的民众相信，自由竞争、自由价格、私有产权、企业家精神，这些对任何一个经济的进步都是不可或缺的。由此才推动了我们的改革，使得中国经济取得了飞速发展。

经济学家要完成这样一个任务，就必须有真正的独立精神，因为正如米塞斯所讲的，尽管人类可以合作行动，但是人类只能个人思考，社会不会思考，人类的新思想总是从一些少数人开始的。[18]或者可以这样讲，我们之所以说一种观念、一种思想是新的，就是因为它是绝大多数人所不认同的。大多数人是根据已有的传统的思想在思考。经济学家必须保持心灵的自由！

本章要点总结

之所以要学习经济学，是因为经济学能帮我们更好地理解世界，改造自己生活的环境，生活得更为幸福。经济学也改变人的理念。

经济学的通行定义是研究稀缺资源如何有效配置的科学。从广义来看,经济学也是一门研究人类如何进行合作的学问。

经济学的十大思维方式:(1) 人的行为是有目的的。(2) 只有个人才有能力决策;(3) 世界上没有免费的午餐;(4) 人们是在边际上做选择;(5) 自由交换是互利的;(6) 分工是进步的源泉;(7) 结果比动机更为重要;(8) 自由竞争是件好事情;(9) 制度比人强;(10) 世界是不确定的,企业家是重要的。

数学是经济学有用的分析工具,但经济学不应该受数学的束缚。

本章重要术语

经济学　机会成本　边际　微观经济学　宏观经济学

延伸阅读

保罗·海恩等《经济学的思维方式(修订第 12 版)》(世界图书出版公司 2012 年版)第 1 章讲的经济学的思维方式非常有启发性;曼昆《经济学原理》(第 7 版):微观经济学分册》(北京大学出版社 2015 年版)第 1 章总结了经济学的十大原理,第 2 章分析了经济学家如何用经济模型思考问题,值得一读。罗伯特·墨菲《第一本经济学》(上海财经大学出版社 2011 年版)第 1—2 课是基于奥地利经济学派视角的经济学导论。读一读阿尔弗雷德·马歇尔《经济学原理》(商务印书馆 1964 年版)第一篇"导论",可以了解一百年前的杰出经济学家是如何理解经济学的本质和研究方法的。科斯的"经济学和相邻学科"一文分析了经济学家进入其他社会学科的原因和前景,"经济学家和公共政策"一文讨论了经济学家在公共政策制定中所发挥的作用,对于理解经济学家能做什么和不能做什么很有价值(这两篇文章都收录于科斯《论经济学和经济学家》,格致出版社等 2010 年版)。

思考与练习

1. 我们为什么要学习经济学? 请说说你的理由。
2. 在你看来,经济学是什么? 它研究的主要内容是什么?
3. 我们在分析经济问题时,应该采取怎样的思维方式? 说说你的看法。
4. 请问在以下行动中,你需要进行怎样的权衡取舍?

(1) 花 8 000 元购买一台崭新的 MacBook;

(2) 周日组织同学玩一天三国杀;

(3) 半夜看一场酣畅淋漓的西甲联赛;

(4) 大吃一顿海底捞。

5.《倚天屠龙记》中张无忌和金花婆婆第一次相遇是在蝴蝶谷。当时金花婆婆对张无忌说:"乖孩子,好孩儿,你将谢逊的所在说出来,婆婆会医好你的寒毒,再传你一身天下无敌的功夫。"请问在这时,张无忌有哪些选择? 各种选择的机会成本是什么?

6. 有人说,世界的发展是不确定的,没有任何一个经济学家准确地预言过任何一次经济危机的到来,他们只是在危机发生后才能在经济运行的种种迹象中发现危机的蛛丝马迹,因此有没有经济学家都无所谓。你是否认同这种观点？为什么？

本章注释

［1］关于人类历史的演化史，参阅尤瓦尔·赫拉利：《人类简史：从动物到上帝》，林俊宏译，中信出版社 2014 年版。

［2］Beinhocker（2006），pp. 9—11．英国格罗宁根大学的安格斯·麦迪森教授和他的团队曾对公元后两千年世界各国的历史 GDP 进行过整理和估算，见麦迪森：《世界经济千年史》，伍晓鹰等译，北京大学出版社 2003 年版。

价单位，1“国际元”的价值相当于 1990 年的 1 美元。

”的历史学家肯尼斯·彭慕兰（Kenneth Pomeranz）。

世界经济的发展》，史建云译，江苏人民出版社 2007

四种流行的解释：（1）地理决定论。它的著名代表人物

戴蒙德（Jared Diamond）以及经济学家杰弗里·萨克

戴蒙德：《枪炮、病菌与钢铁：人类社会的命运》，谢延

人种决定论或社会达尔文理论。（3）文化决定论。其

韦伯（Max Weber），现代的代表人物是格里高利·克

参考韦伯：《新教伦理与资本主义精神》，阎克文译，上

读点经济史》，李淑萍译，中信出版社 2009 年版。（4）

斯·诺斯（Douglas North）、达隆·阿西莫格鲁（Daron

斯：《制度、制度变迁与经济绩效》，杭行译，格致出版社

2013）。

科学的性质与意义》，朱泱译，商务印书馆 2000 年版，第

：《人的行动：关于经济学的论文》，余晖译，上海人民出

质和原因的研究》，郭大力、王亚南译，商务印书馆 2009

济学原理（上卷）》，朱志泰译，商务印书馆 1964 年版，第

的逻辑（修订版）》，上海人民出版社 2013 年版。

济学（上、下）”，《经济观察报》，2014 年 4 月 29 日和 5 月 6 日。

和经济学家》，格致出版社、上海三联书店和上海人民出

［14］Simon（1991）．

［15］参阅道格拉斯·D. 戴维斯、查理斯·A. 霍尔特：《实验经济学》，连洪泉、左聪颖译，中国人民大学出版社 2013 年版。

[16] 约翰·梅纳德·凯恩斯:《就业、利息与货币通论》,高鸿业译,商务印书馆 1981 年版,第 396 页。

[17] 米塞斯:《货币、方法与市场过程》,戴忠玉、刘亚平译,新星出版社 2007 年版,第 295 页。

[18] 参阅米塞斯:《人的行动:关于经济学的论文》,余晖译,上海人民出版社 2013 年版,第 196 页。

第 2 章 偏好与选择

本章导读

选择是为实现某个目标而采取特定的行动。本章我们首先讨论目标与手段的关系，以及幸福的时间维度和空间维度，并定义经济学上的价值概念。在此基础上，我们把个人选择的目标简化为偏好的满足，分析反映偏好的效用函数的基本特征及选择面临的四个约束条件。然后，我们以孤岛上的鲁滨孙经济为模型，讨论一个消费者和生产者合二为一的个体如何选择生产、消费、储蓄和投资。我们还将讨论消费者的无差异曲线和生产可行性边界，并给出最优产品组合的条件。通过对鲁滨孙经济的讨论，我们可以学到经济学分析的一些基本概念，这些概念不仅适用于个人决策，而且适用于整体经济。

2.1 幸福与价值

2.1.1 目的与手段

在前一章中，我们曾说过，经济学的第一个假说是人的行动是有目的的，行动只是实现某种目的的手段。生活中，人们做不同的事有不同的目的。比如说，买电视机是为了欣赏娱乐节目和获得信息；买私人轿车是为了减少徒步的劳累、避免搭乘公共交通带来的不便，或者只是为了在他人面前长脸；上大学是为了找一个好的工作，赚更多的钱养家糊口；参加社交活动是为了交流信息，或建立人脉关系和加强友谊；陪爱人逛街是为了购置一些家庭需要的生活资料，或者是为了增进夫妻感情；闭门读书是为了获得知识，提高自己的文化修养；如此等等。可以说，没有目的的行动是不存在的。

行动总是为了实现某种直接的目的，但通常来说，某种行动的直接目的可能只是实现某种更高目的的手段，而不是行动的最终目的。比如说，一个人炒股票的目的是赚钱，但赚钱本身不是最终目的，只是享受更好生活的手段。再比如，家长让孩子上重点小学的目的是将来能上重点中学，上重点中学的目的是将来能上重点大学，上重点大学的目的是将来有一份好的工作。这里，前一个目的都只是后一个目的的手段。事实上,找一个好的工作本身也不是最终目的。找到一个好工作的目的可能是赚较多的钱,那赚钱又是为什么呢?显然不是为了钱本身。

幸福:
个人的全面发展,既包括个人生理性欲望和社会性欲望的满足,也包括个人潜能的开发。

那么,人行动的最终目的究竟是什么呢?简单说,就是生活得幸福!**幸福**是人行动的最终目的,意味着其他目的都只是实现幸福的手段,而幸福本身不能是任何其他目的的手段,为了任何其他目的而牺牲幸福都是非理性的。人的最终目的是幸福,这是概念上的真理。也就是说,追求幸福就是为了幸福本身,因此我们不能再问这样的问题:那幸福又是为什么呢?

学术经典

亚里士多德论幸福

两千多年前,古希腊哲学家亚里士多德把人的目的定义为实现eudaimonia,这个词翻译成英文是happiness,再转译成中文就是"幸福"。但它的真实含义比通常理解的"幸福"要更深一些,意思是每个人都希望自己的生活朝着一个好的方向发展,都希望自己的聪明才智、自己的潜力能够得到最好的发挥;或者简单地说,就是个人的全面发展。

亚里士多德指出,人有三种生活:第一种是享受的生活,第二种是政治的生活,第三种是沉思的生活。所谓享受的生活,是指人的生理欲望的满足,如吃好的、穿好的、看美的、听悦耳的,等等。政治的生活是指追求权力和荣誉。沉思的生活是指运用理性追求真理的生活,想要理解世界,通过独立思考,企图弄清楚一些道理。前两种生活都依赖于别人,因而不是自足的,只有沉思的生活是自足和自得其乐的。比如,权力和荣誉是别人给的,别人可以给予你,也可以从你身上夺走。只有沉思的生活不依赖于别人,是他人不能夺走的。

亚里士多德认为,在人的三种生活中,沉思的生活是最高贵的。所以,他建议,每个人在物质生活得到基本满足之后,都应该追求一定程度的沉思的生活。

资料来源:参阅亚里士多德,《尼各马可伦理学》,商务印书馆2009年版,第一卷。

当然,幸福是一个主观概念,不同的人对它有不同的理解。比如说,有人认为有钱就是幸福,有人认为有权有名就是幸福,还有人认为活得自由自在才是幸福,所以不同的人有不同的追求。限于篇幅,我们在此不对这个问题做进一步的讨论。但需要指出的是,至少对大部

分人来说，幸福并不是享乐主义，不是物质欲望的、肉体上的满足。当然，我们也知道，如果一个人连最基本的物质生活需要也不能得到满足，那么他不大可能是一个幸福的人。

2.1.2 幸福的时间维度和空间维度

我们可以从时间维度和空间维度两方面对幸福做进一步的考察。首先，我们来看一下幸福的时间维度。人与动物不同。动物大概不会规划自己的一生应该怎么过，但人会。幸福作为人生的目的，并非指某个特定时刻的幸福，而是指一生的幸福。在人的一生中，我们几乎每时每刻都在做选择，其中有些选择对个人生活只有短期的影响，另一些选择则可能对个人生活有长远的影响，甚至影响到人的一生。当人们决定是否采取某个特定行动的时候，通常会权衡这一行动的长远后果，而不只是它的短期功效。比如说，当你决定选修经济学原理这门课而不是其他课程的时候，显然并不是因为上这门课期间能得到更大的快乐——至少不完全是这样，而是因为想到这门课可能对自己未来的职业生涯更有价值。即使像“今天晚上吃什么饭”这样的日常决策，我们也不得不考虑不同食物对身体健康状况的影响。吃红烧肉很解馋，喝甜饮料很爽口，但许多人拒绝吃红烧肉，不喝甜饮料，因为他们害怕得肥胖病，害怕得脂肪肝和糖尿病。一般来说，越是理性的人，越是注重行动的长远后果。正是由于人们追求的是一生的幸福，而非短期的快乐，人们才愿意选择“先苦后甜”的生活方式。

幸福的时间维度是指，人们追求的不是某个特定时刻的幸福，而是一生的幸福。

人的目的是一生的幸福，而不是及时行乐，这一点对人的行为和社会合作有重要的影响。正因为如此，人们才有可能为了一个好名声而牺牲眼前利益，愿意帮助他人，讲诚信，讲道德，而不是采取损人利己的机会主义行为。建立一个好的名声也许意味着吃点眼前亏，但却有助于自己的一生幸福。相反，损人利己的机会主义行为也许可以给自己带来一时的享受，但却可能损害自己的长远利益。这样的人其实是不理性的。

幸福的时间维度甚至不局限于一生一世。比如说，对信仰基督教的人来说，死后进入天堂也许比现在的享受更重要；佛教徒积德行善，是为了来世的善报。即使一个无神论者，他所追求的幸福也超出他的一生。大部分中国人并不信仰宗教，但他们仍然非常注重自己身后的名声，也总是想方设法给子孙留下点遗产（而不是负债），因为后人拥有的财富，也能在一定程度上影响着自己的福利。即使没有子女的人，也不大可能完全不关心自己身后的事情。设想一下：如果现在预期你死后没有人给你送葬，没有人参加你的遗体告别仪式，你将会感到多么地悲伤！为了避免这个悲惨的局面，那你从现在就开始积点德行吧！

但是，人类也有一个基本的倾向，就是我们对未来的、远处的东西看得轻，对眼前的、近处的东西看得重。如果你让一个人在现在拿到一元钱和一年之后拿到一元钱之间做选择，他一定会选择现在拿到一元钱，而不是一年之后拿到一元钱（假定币值的实际购买力不变）。这种偏向于现在的本性，部分来自现在是未来的前提，如果今天不能活下去，那明天是没有意义的；部分来自未来的不确定性，因为生活总是变化莫测，我们甚至不能保证自己的生命明天不出意外。这两个因素当然都与个人的心理相关。这种偏向于现在的本性意味着人们在做决策的时候，会对未来的收入、未来的幸福打一个折扣，经济学上称之为"时间的贴现"，它可以用贴现因子或贴现率来度量。贴现因子是指下一期时点的一单位收入相当于当前收入的数值，贴现率则是现在的一单位收入比下一期一单位货币折现到当前多出的比率。二者存在着此消彼长的换算关系：一个人越看重未来，他的贴现因子越大，对应的贴现率越小；反之亦然。

如果我们用 r 表示贴现率，δ 表示贴现因子，那么，二者的关系满足如下等式：

$$\delta = \frac{1}{1+r}$$

尽管每个人都更看重现在，但不同的人对未来的贴现率是不同的。贴现率的大小对人的行为具有重要影响。一个贴现率较低的人更愿意为了未来的收益而放弃眼前的短期利益，因而也更具有合作精神，更值得他人信任；反之，一个贴现率较高的人，更不容易抵住短期诱惑，因而更可能采取损人利己的机会主义行为。

幸福的另外一个维度是空间。空间维度指的是，人的幸福取决于多种因素，而非单一因素。人既有生理的需要，也有心理的、社会的和精神的需要。作为生物性的存在，人要活着，首先必须有基本的物质生活条件，如食品、衣着、住宅，一个饥肠辘辘、衣不遮体、无家可归的人不可能是一个幸福的人。并且，人对物质生活的追求也是不断提高的。因此，物质财富始终是决定一个人幸福与否的重要因素。但人是社会的动物，幸福不幸福，不仅取决于物质享受的多寡，也取决于自己和别人之间的关系是否和谐。每个人都渴望得到别人的尊重而不是鄙视，而一个人能否得到别人的尊重，很大程度上取决他的所作所为是否满足人们的普遍预期，这些预期是由社会习惯、道德规范和法律所规定的。因此，追求幸福意味着我们要遵守基本的社会行为规范，建立一个好的名声，并且有朋友相伴。一个没有朋友的人不可能是幸福的人，即便他腰缠万贯。

幸福的空间维度是指，人的幸福取决于多种因素，而非单一因素。

人也有攀比的心理，有高人一等的欲望。因此，社会地位也是决定一个人幸福与否的重要因素。作为理性的存在者，人还有精神的需求。人有自由意志，有思辨能力，有对平等相待的诉求，有人格尊严。如果一个人的基本自由得不到保证，不能自由地思考，不能自由地表达自己的所思所想，不能得到他人的平等对待，活得就没有尊严，他就不可能是一个幸福的人。

幸福的不同方面并不总是相互排斥的。事实上,在许多情况下,它们是相互加强的。从古到今,人们都在追求物质财富,一个主要原因是财富可以满足人们多方面的诉求。较多的财富不仅能使其持有者过上较好的物质生活,也可以提高他的社会地位,让他有资源乐善好施因而受人尊重,还可以保证他有自由时间从事沉思性活动,活得更有尊严。

但是,毋庸置疑的是,幸福的这些不同方面并不能完全相互替代。比如说,一个物质富有但精神空虚的人不可能是一个真正幸福的人;同样,一个贫困潦倒的思想家也不大可能感到自己是幸福的。进一步讲,有时,决定幸福的不同因素之间还存在着冲突。比如说,一个人也许可以通过坑蒙拐骗赚取更多的钱,从而获得更富裕的物质享受,但即便他这样做的时候没有受到法律的惩罚,他也损毁了自己的名声,得不到人们发自内心的敬重,也就不可能成为真正幸福的人。儒家告诫人们"君子爱财,取之有道",就是因为取之无道的财富不可能给人带来真正的幸福。

当然,不同的人对幸福的不同方面有着不同的诉求,有些人更看重物质享受,有些人更看重名节,有些人更看重社会地位,还有些人更在乎自由和独立。在相同的社会环境下,不同的人做出不同的选择,很大程度上与他们对幸福的不同诉求有关。但无论个人的诉求是什么,利也好,名也好,权也好,只有"取之有道",才能给自己带来真正的幸福。只可惜,由于人类的无知,现实中,人们经常会犯这样那样的错误,最后是"聪明反被聪明误"。

迷你案例

为什么学术剽窃是不理性的

通常来说,一个爱"名"的人,会很在乎自己的声誉,有动机选择更有利于合作的行为,可能不会干那么多的坏事。但如果一个人过分追求名声,就可能做沽名钓誉的事情,最后反倒会损害自己的声誉。以学术剽窃为例。剽窃者的目的是"名",但实际上,如果稍加分析,我们就可以看出,剽窃这种行为是非常不理性的。如果剽窃的文章发表以后,该文章没有给读者留下任何印象,对提高剽窃者的知名度就没有发挥任何作用,这样的剽窃显然是没有意义的。反之,如果剽窃的文章发表以后,引起很多人的注意,剽窃者很快出名了,那么他反而要倒霉了。因为出名后公众会对该文章产生研究、调查的兴趣,剽窃行为又怎么可能不败露呢?

2.1.3 价值的概念

价值：
对幸福这一最终目标的边际贡献。

经济学上讲的**价值**是与人的目的相关的一个概念，是对实现某种目的的贡献的度量。比如说，如果一个高中生的目的是考上大学，那么，刻苦读书对他实现自己的目的就是有价值的。因为人的最终目的是幸福，所有其他目的都只是实现追求幸福的手段，因此，任何物品和行动的价值最终都来自它们对幸福这个终极目的所做的贡献。如果一件物品或一个行动能增加人的幸福感，我们就说它是有价值的，否则，就是没有价值的。我们说金钱、声誉、社会地位、自由等是有价值的，因为它们可以增加人的幸福感。经济学上的"财富"是根据价值来定义的。有价值的东西就是财富，没有价值的东西就不是财富，甚至是负财富。

一个物品或行动的价值量是由其对幸福的边际贡献决定的。所谓"边际贡献"，是指工具变量（物品或行动）变化一个单位会对目的变量造成的影响。如果某种物品增加一点或减少一点对我们的幸福水平没有影响，我们就说它的边际贡献是零，因而价值为零。这样的物品就不构成财富。比如说，阳光和空气虽然对我们的生命必不可少，但由于它们的存量如此之大，以至于多一点或少一点对我们的幸福并没有影响，因而，我们并不把它们计入我们的财富。如果某种物品增加一点会提高我们的幸福水平，减少一点会降低我们的幸福水平，我们就说它的边际贡献是正的，因而价值为正。所谓稀缺品，指的就是价值大于零的物品。

幸福是一种主观判断，因而价值也是一个主观概念。

由于幸福是一种主观判断，同样的物品或行动对不同的人具有不同的价值，因而价值也是一个主观概念。日常生活中，我们通常用"价值观"一词指代人们对事物和行为的看法，原因就在于此。如果两个人对幸福的理解不同，对实现幸福的手段的判断不同，我们就说他们的"价值观"不同。

2.2 个人偏好和约束条件

2.2.1 个人偏好

偏好：
对某种物品或行动的喜爱或厌恶倾向。

人的行动，是指选择手段来满足自己的目标。经济学家用**偏好**（preference）这个概念来定义目标与手段之间的关系。简单地说，所谓偏好，就是个人对满足目的的手段的评价。给定人的最终目的是幸福，直接服务于这个最终目的的手段也就成为人们选择行动的目的。因此，经济学家讲的"偏好"，也泛指后一类目的；所谓"满足偏好"，就是满足这样的目的。

人们偏好某一个东西，就是指它可以满足人的某种欲望。偏好本身是因人而异的。例如有人偏好钱，有人偏好权力。这并不是说这两个人一个人追求幸福，另一个人不追求幸福。两人都是在追求幸福，但是对第一个人而言，金钱在满足他幸福方面的价值更高；而对另一个人来说，权力在满足他幸福方面的价值更高。

偏好本身是因人而异的。

学术经典

自由是手段还是目的

有些东西既是目的，也是手段，比如说自由。物质主义者认为，自由只是手段而已，自由不能当饭吃。他们认为凡是不能满足生理需要的物品，都不能成为目的。但按照康德的观点，人之所以是人，就是因为我们有自由意志，有自主性。所以当我们否定了某个人的自主性，就相当于把他变成冷冰冰的物体来对待了，因为这让他失去了做人本身的尊严。以此来看，自由不仅仅是实现其他目的的手段，它也是目的本身。剥夺了人的自由，本身就是剥夺了人追求幸福的权利，即使给他再多的钱，也不一定能够补偿他的痛苦。这也是为什么从古至今惩罚人的一种办法就是剥夺自由。有些人愿意为了自由而交押金来保释，为什么？自由的价值更高。那么，民主是手段还是目的呢？我们可以说：民主和自由相比，首先是手段。民主的目的就是保证自由，如果民主变成了侵害自由的手段，那么民主就没有任何价值了。

人的行动，通常由过程和结果两部分组成。个人偏好的满足，既来自结果，也来自过程本身。比如说，一份好的工作，不仅给你带来收入（结果），也让你在工作的过程中得到满足，如同事的友谊、工作本身的成就感、个人价值的实现，等等。但非常遗憾的是，人类有一种认知偏差，就是对看得见的东西比看不见的东西更重视，因而，人们总是倾向于对结果给予更多的关注，而相对忽略了过程本身的价值。例如，一些学生毕业后找工作，只问工资多少，不问工作环境如何，和什么样的人一起工作等。确实，对一个传统社会的农民来说，种地本身是一种痛苦，之所以要下地干活，就是为了打粮食、有饭吃，但显然，对一个大学教授来讲，虽然工资也很重要，但教学和研究本身也应该是一个自得其乐的过程。或许，人类进步的一个重要方面，就是使得在行动过程当中得到的幸福的比例越来越大，而从结果中得到的幸福的比例越来越小。

个人偏好的满足，既来自结果，也来自过程本身。

知识拓展

功利主义幸福观

功利主义：一种道德哲学思想，认为人的行为的目标就是最大化自己的效用，或者也可以说是最大化个人的快乐、最小化个人的痛苦。

经济学的幸福观是功利主义幸福观。“功利”在英文中对应的单词是utility，这个词在经济学中通常翻译为“效用”，而utilitarian被翻译为“**功利主义**”。功利主义由英国哲学家杰里米·边沁(Jeremy Bentham)[1]在18世纪末19世纪初建立，后来由另一位经济学家约翰·密尔(John Mill)[2]做了进一步发展，从此变成经济学的一种基本哲学。现在的主流经济学仍然建立在这样一个功利主义的基础上。它的含义是人们追求的是情感和欲望的满足，所以快乐越多越好，痛苦越少越好，也就是我们中国人讲的“趋利避害”。人的行为的目标，就是最大化自己的效用，或者也可以说是最大化个人的快乐、最小化个人的痛苦。

功利主义有个人功利主义和社会功利主义之分。个人功利主义，是指个体选择某种手段追求效用最大化。因此，手段的价值，完全是由其对个人效用的贡献决定的。社会功利主义，是指社会的目的是社会总福利的最大化，或者说“最大多数人的最大幸福”。按照社会功利主义的观点，一种政策或制度的好坏，完全由这一政策或制度对社会总福利的影响决定，增加社会总福利就是好的，减少社会总福利就是坏的。因此，功利主义完全是后果主义的：重要的是结果，而不是动机和手段；只要目的是正当的，有利于实现目的的任何手段都是正当的。

虽然个人功利主义为经济学分析个体行为提供了有价值的哲学基础，但社会功利主义是值得怀疑的，因为它忽视了人的基本权利，为专制主义和集体主义提供了借口。举例来说，假如一个团体有500个人，其中有5个人长得特别难看，其他495人看到就难受。按照功利主义的观点，把这5个人关起来是正当的，因为这样可以增加社会总福利。但我们想一想，这符合社会正义吗？为了这495个人福利的提高，就应该牺牲那5个人的自由吗？

经济学面临的一个重要转型是如何从功利主义转向权利主义。

经济学面临的一个重要转型是如何从功利主义转向权利主义。权利主义意味着个体的基本权利必须得到尊重，任何以“集体利益”的名义剥夺个人权利的行为都是不正当的，目的的正当性不能证成手段的正当性。

为了分析个人行为，我们必须对个人的偏好做一些基本的假设。经济学认为，如果一个人是理性的，他的偏好必须满足两个公理，即完备性公理和一致性公理。

完备性公理 任何两个可选择的方案之间都是可以比较的。假定 A 和 B 是两个不同选择，一个理性人一定认为：要么 A 比 B 好，要么 B 比 A 好，要么二者无差异。不存在两种没有办法比较的选择方案。

偏好必须满足完备性公理和一致性公理（传递性公理）。

一致性公理（传递性公理） 简单地说，如果一个人认为 A 比 B 要好，而他同时也认为 B 比 C 要好，那么在他一定会认为 A 比 C 要好。如果不满足这个假设，比如说，一个人认为 A 比 B 好、B 比 C 好，但又认为 C 比 A 好，就说明这个人是不理性的。

需要指出的是，我们这里假定上述比较是在同一时点进行的，所以偏好没有发生改变。如果你去年认为 A 比 B 好，也认为 B 比 C 好，但你今年认为 C 比 A 好，这并不意味着你是不理性的。为什么？因为可能你的偏好发生改变了。

人的偏好具有主观性。一个人的偏好与他的生理、心理、家庭出身、社会环境、个人经验等因素有关，也受观念、哲学、意识形态等因素的影响。所谓“情人眼里出西施”，说的就是偏好的主观性。

偏好给定是经济学分析个人行为的出发点。尽管现实中，一个人的偏好可能会随着时间而变化，但经济学不分析人的偏好是如何形成和变化的。当然，经济学会分析偏好的变化如何影响人们的选择。

2.2.2 效用函数

人的选择多种多样。比如说，一个人既要选择购买什么样的商品，也要选择和什么样的人交朋友，和什么样的人结婚，参加什么样的组织，从事什么样的职业，把选票投给谁，等等，不胜枚举。为了叙述的方便，下面我们将个人作为消费者，将个人偏好定义在“商品组合”上，以商品组合的选择代表一般性选择。

为了分析偏好如何影响个人决策，经济学家引入了“效用”这个概念。**效用**（utility）是消费者赋予某个特定商品组合在目标上的数值（可以理解为个人的幸福指数），它的值域是实数。较高的效用值代表较大的偏好满足。比如说，如果对某个消费者而言，商品组合 A 优于商品组合 B，那么我们可以用 $u(A)$ 表示 A 的效用值，$u(B)$ 表示 B 的效用值，且满足 $u(A) > u(B)$。其中，商品组合 A 可能包括 2 个苹果和 3 个梨，商品组合 B 可能包括 1 个苹果和 2 个梨。

效用：
偏好满足程度的度量。

更为一般地，我们可以构造一个**效用函数** $u(x)$，其中，自变量代表商品组合变量。[3]

效用函数：
偏好与满足偏好的手段之间的关系，表明消费变化如何影响所带来的价值量变化。

需要指出的是，偏好是一种排序，对应的效用函数值是序数（ordinal）概念，而不是基数（cardinal）概念。比如说，$u(A) = 4$，$u(B) = 2$，表示消费者偏好于组合 A 而不是组合 B，并不表示 A 的效用是 B 的效用的 2 倍。事实上,我们可以用 $u(A)=3$ 和 $u(B)=2$ 表示同样的偏好排序。唯一的限制是在偏好排序上更高的组合在效用函数上必须被赋予更高的数值。

知识拓展

词典式偏好排序

效用函数的存在要求偏好不仅要满足完备性和一致性假设,还要满足连续性假设。有些偏好类型也许会导致非常合理的选择,但不满足连续性假设,因而不能用效用函数来表述。其中最著名的例子就是"词典式偏好排序"(lexicographic ordering)。举例来说,设想只有酒和面包两种消费品,对一个酗酒成性的人来讲,只要组合 A 包含了比 B 更多的酒,A 就严格好于 B,而不论 A 和 B 中的面包为多少;只有当两个组合具有同等数量的酒时,他才偏好于包含更多面包的组合。显然,该消费者对不同消费束的偏好排序是完全依照类似词典编纂的原则进行的。在这种情况下,每一个消费组合除了它自身就不存在与之无差异的点,因而不可能画出一个连续的无差异曲面或一条连续的无差异曲线(我们将在下一节引入无差异曲线的概念)。

2.2.3 边际效用递减法则

现在,我们讨论只有一种消费品的情况。对于大部分商品而言,在其消费量达到饱和之前,人们总是偏好于较多的消费量而不是较少的消费量。这意味着,效用水平随着消费量的增加而增加。但是,一般来说,随着消费量的增加,人们对再增加的一单位消费的欲望随之降低。这意味着,新增加一单位消费所增加的效用会小于前一单位消费所增加的效用。经济学家把增加一个单位消费对应的效用增加值称为"**边际效用**"(marginal utility)。我们发现,随着消费量的增加,边际效用在递减,这被称为"**边际效用递减法则**"。如表 2-1 所示。

边际效用: 增加一单位产品的消费所带来的效用的增量。

边际效用递减法则: 随着消费量的增加,产品的边际效用是递减的。

表 2-1 效用与边际效用

数量	效用	边际效用
0	0	—
1	5	5
2	9	4
3	12	3
4	14	2

在这个例子中,直到第4个单位的消费,边际效用仍然为正。但可以设想,如果消费量继续增加下去,总会到达边际效用为零的点;再继续增加消费,边际效用就会变为负的。当边际效用为零时,我们说消费饱和了。理性人不会把消费增加到边际效用小于零的数量。

边际效用递减法则反映了理性人行为的一个基本特征。人们在做选择的时候,总是先满足最迫切的用途,再满足次迫切的用途,然后再满足更不迫切的用途,如此等等。比如说,如果生活中只有一盆水,你首先要保证饮用的数量,然后水的数量继续增多,就可以用来洗洗脸,再多一些,就可以用来洗澡、洗衣服,再多一些就可以用来浇花园。理性人不会把仅有的一瓶水拿去浇花园。这就是边际效用递减法则的行为学基础。

图2-1是表2-1情况的图形表述。我们用横坐标代表消费品的数量,纵坐标代表效用水平,包括总效用和边际效用。由此我们可以更直观地看出,总效用函数可以近似看作消费数量的一个递增的凹函数[4],边际效用则是消费数量的一个递减函数。

图2-1　总效用曲线和边际效用曲线

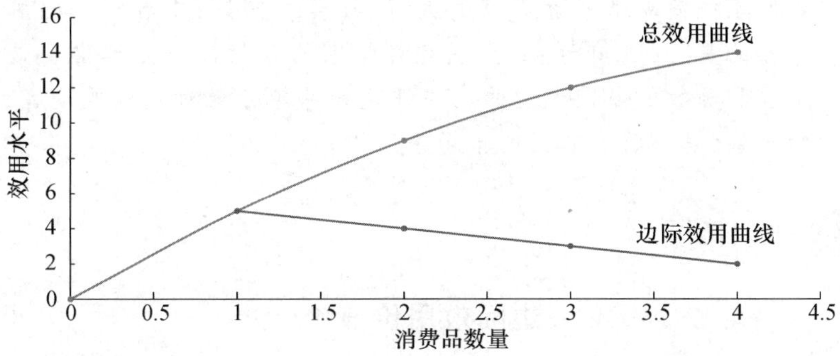

总效用函数可以近似看作消费数量的一个递增的凹函数,边际效用则是消费数量的一个递减函数。

迷你案例

先吃哪个煎饼

佛教《百喻经》[5]中讲了这样一个故事:有个人感觉很饥饿,于是去买煎饼吃。他吃了一个,感觉不饱;又买了一个,可还是吃不饱;总共吃了六个煎饼,还是不饱;于是他买了第七个煎饼,吃下去后,他就饱了。他于是拍着自己的脑袋说:我真蠢!早知道是第七个煎饼能让我吃饱,何必买前面那六个呢?他不明白的是,如果把前面六个去掉,第七个煎饼就成了第一个煎饼了。在达到"吃饱"这个目标之前,每一个煎饼的积累都让这个人的效用增长,当然增长的幅度是递减的。

知识拓展

效用的不可加总性

由于效用是主观的,不同人之间的效用不可比较,因而是不可加总的。

经济学家用效用函数表达个人偏好后,容易产生一种误导,即让人们以为不同人之间的效用是可以加总的。事实上,由于效用是主观的,效用值也具有任意性,不同人之间的效用不可比较,因而是不可加总的。

社会功利主义试图通过加总个人效用得到社会福利函数。按照社会功利主义的观点,如果你有1万元,而我只有100元,根据边际效用递减法则,把你的收入给我一部分,社会总效用就会增加。因此,为了实现社会福利最大化,政府应该从高收入的富人那里征税转移给穷人。这种思维是不对的。如果社会福利可以由个人福利加总得到的话,应该把财富交给谁才能增加效用?交给最贪婪的守财奴!因为对守财奴来说,他的每一分钱都有很高的效用,丢一分钱都痛苦得要命,把钱交给他之后福利增长的幅度一定高于其他人。但这显然很不合理。

我们不能简单地描述国家的偏好、社会的偏好,或者社会福利函数。遗憾的是,到目前为止,很多经济学家的政策建议是建立在最大化社会福利函数的基础之上的。这种政策可能带来对人权的侵害、对自由的损害,是不符合真正的市场原则的。

知识拓展

边际效用价值论

边际效用理论是一种价值理论。它是英国经济学家杰文斯、奥地利经济学家门格尔和法国经济学家瓦尔拉斯于19世纪70年代各自独立提出的。[6]边际效用价值理论解决了传统的效用价值论无法解释的“水与钻石”的悖论(见第1章),成为经济学分析的一个基本工具。边际效用价值理论的本质是稀缺价值理论,即中国人讲的“物以稀为贵”。

当然,物品的稀缺性与其生产成本有关。如果一种商品可以低成本地大量生产,一定不稀缺,所以它的价格也卖得很低。为什么电脑、汽车、手机等技术密集型产品的价格越来越便宜?因为随着科技的进步,它们的生产成本越来越低,它们越来越不稀缺。

司马迁在《货殖列传》里边讲述了一个故事:在秦国末年的时候,楚汉争霸,天下大乱。战争造成当地居民的逃亡,很多达官贵人携带和储藏金银财宝,只有任氏的祖先不要金银财宝,只储藏粮食。结果楚汉相战僵持不下,农民没法种粮食,粮食的价格暴涨,最后,任氏的祖先把储备的粮食卖出去,所有富贵人家的金银财宝也都流转到他手里去了。这就是边际效用价值(或者说稀缺性价值)规律作用的结果。战争中粮食稀缺,没有吃的不行,所以粮食的价值远远高过于任何金银财宝。

2.2.4 选择的约束条件

人的选择既依赖于偏好,也依赖于约束条件。

人类之所以需要选择,是因为人类欲望的无限性和满足欲望的资源的有限性之间的矛盾。如果没有资源有限性的约束,我们的任何需要都可以满足,也就没有选择的必要。虽然人类的进步就是不断地突破资源约束,但是人类的欲望也在不断增加,我们永远不可能解决资源的有限性问题。资源有限性的约束也直接或间接导致了其他形式的人为约束。

概括起来,个人在做选择时面临的约束条件包括如下几个方面:

第一类是**技术性约束**。技术性约束是指有些选择在技术上是不可能的。例如,时间就是一个技术性约束,一天只有24个小时,一年只有12个月,这个约束是没有办法突破的,对于所有人都是一样的。在一天24个小时内,为了保证基本的健康,我们还必须留出足够的睡眠时间,可用于其他活动的时间就更少了。一定的投入只能生产一定数量的最大产出,这也是技术性约束。有些技术性约束会随着技术进步而被突破,但在任何一个时点上,总是存在一些技术性约束。一百多年前,即使你再富裕也不可能飞上天空,飞机的发明突破了这个约束,但目前我们仍然没有办法飞到火星上去。人类长期以来就梦想造出一个永动机,但至今我们仍然没有永动机。人类也一直梦想长生不老,但我们至今仍然没有发明出能使人长生不老的药。这些都是技术性约束。

技术性约束: 有些选择在技术上是不可能的。

第二类是**制度性约束**。与技术性约束不同,制度性约束是人类自己施加的约束。比如说,产权就是一个制度性约束。有了飞机,飞上天不再面临技术性约束,但如果你没有钱买机票或你没有足够高的官职,你仍然没有可能飞上天。如果你不买票强行登机,不仅不能成功,而且还会面临牢狱之灾。你的汽车可能没油了,不是因为地球上没有可以使用的汽油了,而是由于你没钱买。这就是制度性约束。在市场经济下,对个人来说,制度性约束主要表现为收入约束。即使两个人的偏好相同,如果他们的收入不同,选择也会不同。有特权的人可能不受收入约束的限制,但他们仍然要面临其他的制度性约束。

制度性约束: 人类通过制度规则而施加的约束。

道德性约束：人类通过道德规则而施加的约束。

第三类是**道德性约束**。广义上讲，道德性约束是制度性约束的一部分，因为道德本质上也是人为的制度规则。有些东西可能你可以拿来享用，法律不会惩罚你，但是道德上说不过去，你也许就不会那样做。比如说，你有钱买下车厢的整排座位，供自己独自乘用，但在火车票紧张的情况下，你在道德上不能这样做；你有钱点上一席昂贵的饭菜，然后一口不吃全部倒掉，但这样做是不道德的。人们之所以自愿接受道德约束，是因为一般来说，违反道德规则会引起他人的愤怒和自己心理上的愧疚，因而有损于个人的幸福。当然，这一点并不总是成立，也不是对所有人都成立。

信息约束：由于缺乏足够的信息而带来的约束。

第四类是**信息约束**。信息约束，是指由于我们掌握的信息非常有限，有些时候不知道我们自己真正需要什么，需要的东西在哪里可以买到，或者哪些东西值得我们信赖，因而，即使前面三个约束都不存在，我们仍然无法采取正确的行动。在现实市场上，有些想买的东西买不到，有些想卖的东西卖不了，不是因为没有真实的供给和需求，而是因为当事人没有足够的信息。再举个或许不太恰当的例子：人们在找对象时就面临很多的信息约束，最终导致社会上存在很多剩男剩女。这里面的信息约束包括：不知道世界上真正合适的对象在哪里，不知道自己爱的人是否也爱自己。但事实上，合适的对象一定是存在的。

传统上，经济学最关注的是技术性约束和制度性约束（即本章将要讨论的收入预算约束和下章将要讨论的生产函数）。近二三十年来，随着经济学的发展，经济学家也开始关注信息约束。经济学至今仍然没有对道德约束予以足够重视，但这并不意味着道德约束是不重要的。

学术经典

荀子论欲望和制度约束的关系

“礼”是传统中国社会的一种基本制度，介于法律和社会规范之间，也可以说是法律和社会规范的结合。荀子在《礼论》里对礼的起源做了精彩的解释：“礼起于何也？曰：人生而有欲；欲而不得，则不能无求；求而无度量分界，则不能不争；争则乱，乱则穷。先王恶其乱也，故制礼义以分之，以养人之欲，给人以求。使欲必不穷乎物，物必不屈于欲，两者相持而长。是礼之所起也……故礼者，养也……君子既得其养，又好其别。”

通俗地讲，为什么需要礼这种制度？因为人生下来就有好多的欲望，如果欲望不能得到满足就要追求；如果追求没有得到限制约束，人与人之间就会发生争斗；争斗就会引起混乱，混乱会使所有人都变穷。古代的圣王因为不喜欢这种混乱局面，所以才制定了礼义来区分人的等级，调节人的欲望，满足人的需求。由此，财物和欲望相互协调，不断持续增长，我们才能有一个和谐的社会。这就是礼的起源。

这说明，制度本身就来自技术约束。

2.3 鲁滨孙经济学

2.3.1 劳动与休闲之间的选择

人的行动是在社会中进行的。但个人决策的基本原理甚至整个社会的基本经济问题都可以通过对一个孤立的个体的经济行为的分析得到。经济学家喜欢用鲁滨孙·克鲁斯的故事来讨论一个人既是消费者又是生产者的情形。鲁滨孙·克鲁斯是英国小说家丹尼尔·笛福的《鲁滨孙漂流记》中的主人公，因出海遇险，漂流到一个荒无人烟的小岛上，并坚持在岛上生活若干年，最后回到文明社会。

鲁滨孙经济： 生产者和消费者合二为一的个体经济，没有交换介入。

流落到荒岛上的鲁滨孙需要解决生存问题：如果没有食物，他很快就会饿死。好在岛上有丰富的自然资源，例如有好多的椰子树，椰子可以用来充饥。但要把椰子从树上摘下来，需要花费劳动。鲁滨孙面对的约束就是他的时间有限，一天总共24个小时，他要劳动也要休息。鲁滨孙的决策就是如何分配时间，如果他花更多时间去摘椰子，那就必须减少休闲的时间，睡觉就得少一点。经济学把能够直接带来快乐的时间称为休闲。一项行动属于休闲还是劳动，与肢体运动无关。例如人们下班后去卡拉OK唱歌，满头大汗，但觉得快乐，这就属于休闲。站岗的武警在那儿站着几个小时动都不动，却属于工作，不是休闲，因为这个过程没有给他带来快乐。经济学有关劳动和休闲的定义的划分，就在于人们行动的主要目的是过程本身还是获得的结果。当然在现实中，二者很难严格区分。

表2-2给出了鲁滨孙工作1～11个小时对应的总产量、总效用和总成本，以及对应的边际效用和**边际成本**。这里，产量按椰子的个数计算，效用指消费椰子带来的满足，成本是指劳动带来的负效用（也即减少休闲所带来的效用损失）。边际效用和边际成本分别表示增加1单位产品（椰子）对应的效用增加值和成本增加值。从这个表中我们看到，椰子本身是好东西（good），因此多多益善，即总效用数值随着椰子产量的上升而上升。同时，劳动本身是坏东西（bad），以效用损失衡量的为生产椰子放弃的休闲时间的成本，也是椰子产量的增函数。不过二者对应的边际数值呈现出增减不一致的情况。边际效用随着椰

边际成本： 增加一单位产品的生产（或消费）所付出的代价或放弃的收益。

子产量的增加而递减，边际成本随着椰子产量的增加而递增。

表 2-2　椰子生产的效用和成本

工作时间（小时）	椰子产量（个）	总效用	总成本	边际效用	边际成本
1	1	19	1	19	1
2	2	37	3	18	2
3	3	54	6	17	3
4	4	70	10	16	4
5	5	85	15	15	5
6	6	99	21	14	6
7	7	112	28	13	7
8	8	124	36	12	8
9	9	135	45	11	9
10	10	145	55	10	10
11	11	154	66	9	11

第一个原因被称为“边际生产率递减法则”，我们将在后面的章节中讨论。在上面的例子中，我们假定不论劳动时间多长，多工作 1 个小时就可以多采摘 1 个椰子，即鲁滨孙的劳动生产率是不变的，实际排除了第一个原因。现实中，这个原因是很重要的。

边际效用随产量的增加而递减来自我们上一节讨论过的“边际效用递减法则”。为什么边际成本会递增呢？有两个可能的原因：第一，随着产量的增加，采摘更多的椰子变得越来越困难（理性的鲁滨孙一定会从最容易采摘的椰子开始采摘）；第二，随着劳动时间的增加，单位劳动时间的疲劳程度会随之增加（包括体能的消耗和厌烦），或者说随着休闲时间的减少，单位时间休闲的价值越来越高。

鲁滨孙应该花费多少工作时间采摘多少椰子呢？从表 2-2 中可以看出，他应该会选择花 10 个小时采摘到 10 个椰子。原因就在于，该产量值对应的边际效用等于边际成本，从而恰好使得他的净效用最大化。实际上，以幸福为目的的决策人最关心的既不是总收益，也不是总成本，而是净收益（或净效用）的大小。在这个例子中，总收益表示为总效用，净收益由总效用减去总成本得到，边际净收益（即每增加 1 单位椰子带来的净效用的变化）等于边际效用减去边际成本。当椰子产量少于 10 个时，边际效用大于边际成本，此时增加椰子产量会使净收益增长。当椰子产量大于 10 个时，边际效用小于边际成本，此时降低椰子产量会使净收益增长。只有在椰子产量为 10 个时，无论增加还是减少椰子的产量都不能使净收益变大了，因此实现了净收益目标的最大化。

一般地，我们有如下最优决策规则：

最优决策规则　最优选择在边际效用等于边际成本时达到。

图 2-2 给出了更为直观的描述。图中我们分别画出了边际效用

曲线和边际成本曲线。当椰子产量等于 10 个的时候，边际效用等于边际成本，净收益达到最大。

图 2-2　边际效用和边际成本

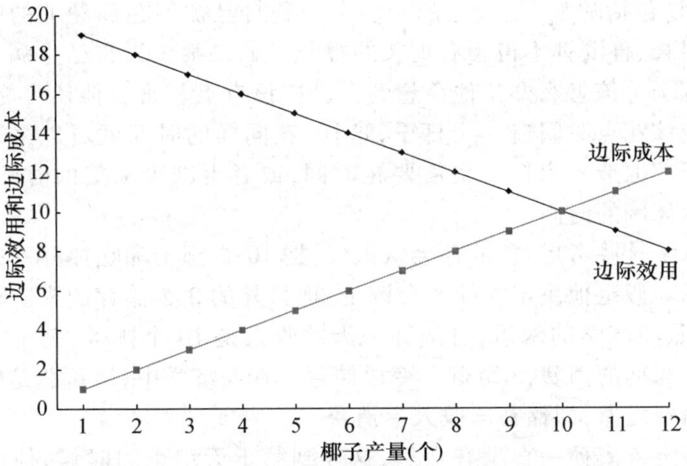

图 2-3 描述的是更为一般的情况。图中，横坐标代表产量（或劳动时间），纵坐标表示总效用和总成本。总效用曲线和总成本曲线之间的距离代表净收益。总效用曲线的斜率是对应产量下的边际效用，总成本曲线的斜率是对应产量下的边际成本。最优产量在净收益最大点达到，此时，总效用曲线的斜率和总成本曲线的斜率相等，也即边际效用等于边际成本。

图 2-3　总效用和总成本

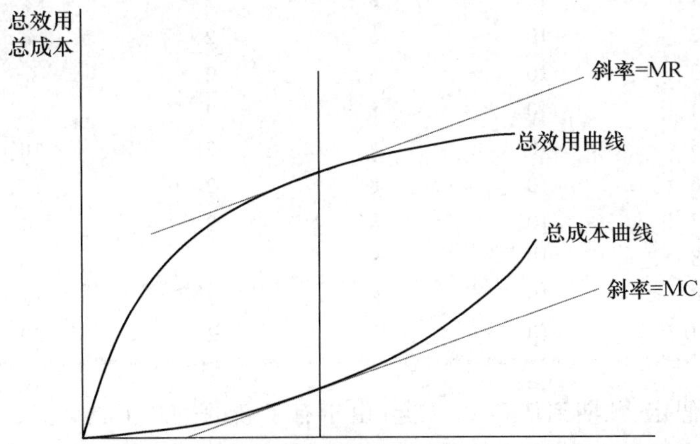

最优产量在总效用曲线和总成本曲线之间的距离最大时达到，此时边际效用等于边际成本。

2.3.2 储蓄与投资

上面例子讲述了鲁滨孙在椰子和休闲两种消费上的决策。就一天的事务而言,工作 10 个小时采摘 10 个椰子,把余下的 14 个小时用于休闲(包括睡眠)是合适的。但考虑到自己被困在孤岛上的时间可能会很长,鲁滨孙不得不有更长的视野。如果某一天自己生病了不能采摘椰子了该怎么办?他会想到自己应该有点积蓄。他还可能想到,或许应该花点时间造一个杆子,这样,花同样的时间就可以采摘更多的椰子。但造一个杆子也需要花时间,或者得减少采集的时间,或者得减少休闲的时间。

有了这些考虑,鲁滨孙会认识到,把 10 个椰子都吃掉并不是最好的选择。假定他决定吃掉 8 个椰子,把另外的 2 个储存起来。这样的话,按照经济学的术语,鲁滨孙一天的收入是 10 个椰子,其中 8 个椰子用于当期的消费,2 个椰子变成储蓄。在经济学中,储蓄总是等于收入与消费之差,即**储蓄 = 收入 - 消费**。

假定鲁滨孙一直没有生病,这样到第十天结束的时候,他已经积累了 20 个椰子了(见表 2-3),这意味着他一天不工作也不会挨饿了。但他知道,如果制作一个杆子就可以提高摘椰子的效率,使得每小时工作可以摘到 2 个椰子。所以,他决定在第十一天花 10 个小时制作工具——杆子,而不是继续摘椰子。在经济学上,这个杆子,就是作为生产要素的**资本品**。

收入: 一定时期内生产的可用于消费和投资的产品总量。

消费: 直接满足个人偏好的产品消耗。

储蓄: 为了投资和防患于未然而不用于消费的收入。

资本品: 人创造的、不能直接由大自然赐予的生产要素。

生产要素: 生产产品所需要的各种投入,包括劳动、资本品、土地和其他自然资源。

投资: 将储蓄转化为资本品的活动,目的是提高未来的生产率。

本例中杆子就属于资本品。制作杆子的过程可以看作通过消耗储蓄的椰子来换取生产能力的提高,即"投资"。

表 2-3 杆子制作前的情形

时间(天)	收入(个)	消费(个)	储蓄(个)	累积储备(个)
1	10	8	2	2
2	10	8	2	4
3	10	8	2	6
4	10	8	2	8
5	10	8	2	10
6	10	8	2	12
7	10	8	2	14
8	10	8	2	16
9	10	8	2	18
10	10	8	2	20

再假定,预期到从第 12 天起,由于有了新的生产工具,每天工作 10 个小时可以采摘到 20 个椰子,收入(产量)比原来翻了一番,鲁滨孙决定在第 11 天把积累的 20 个椰子吃掉 10 个,并且从第 12 天开始,每天吃 15 个椰子,储蓄 5 个。表 2-4 给出从第 11 天开始鲁滨孙的经济境况。到第 21 天的时候,他的总储蓄达到 60 个椰子,活得更踏实了。

表 2-4　杆子制作时与制作完成后的情形

时间(天)	收入(个)	消费(个)	储蓄(个)	累积储备(个)
11	0 + 杆子	10	-10	10 + 杆子
12	20	15	5	15
13	20	15	5	20
14	20	15	5	25
15	20	15	5	30
16	20	15	5	35
17	20	15	5	40
18	20	15	5	45
19	20	15	5	50
20	20	15	5	55
21	20	15	5	60

不过,杆子在使用过程中是会发生磨损的。在经济学上,这种磨损被称为资本品的“**折旧**”。

折旧：
资本品在使用过程中因磨损导致的价值损失。

假定杆子最多只能用 10 天。那么到了第 22 天,鲁滨孙又需要决定是否再生产一个杆子了。由于此时积累的椰子数量达到 60 个,他既可以按照第 11 天的情形,在第 22 天制作出同样一根杆子(等同于修复旧杆子),也可以选择花更长的时间(2 天),做一个更大的投资——生产一个更高质量的杆子,这个高质量的杆子可以让鲁滨孙 1 个小时摘到 5 个椰子。如果选择后者,由于工作效率的提高,鲁滨孙从第 24 天开始可以将工作时间减少到每天 6 个小时,采摘到 30 个椰子,这不仅增加了休闲时间,同时还可以把每天消费的椰子增加到 24 个,储蓄增加到 6 个。表 2-5 和表 2-6 给出了这两种情形的对比。

表 2-5　简单重复生产一根杆子的情形

时间(天)	收入(个)	消费(个)	储蓄(个)	累积储备(个)
22	0 + 修杆子	15	-15	45 + 杆子
23	20	15	5	50
24	20	15	5	55
25	20	15	5	60
26	20	15	5	65
27	20	15	5	70
28	20	15	5	75
29	20	15	5	80
30	20	15	5	85
31	20	15	5	90
32	20	15	5	95

表 2-6　生产出更高质量杆子的情形

时间(天)	收入(个)	消费(个)	储蓄(个)	累积储备(个)
22	0 + 造杆子	15	-15	45
23	0 + 造杆子	15	-15	30 + 杆子
24	30	24	6	36
25	30	24	6	42
26	30	24	6	48
27	30	24	6	54
28	30	24	6	60
29	30	24	6	66
30	30	24	6	72
31	30	24	6	78
32	30	24	6	84

假定权衡之后,鲁滨孙决定选择后者。这个新的高质量杆子花了2天时间,在制造的时候其价值等于40个椰子。无论从收入、消费、财富(总储蓄)、资本品哪一方面衡量,鲁滨孙的经济状况都大大改进了。这就是经济学家讲的**由资本积累(投资)导致的经济增长**。图2-4给出了鲁滨孙生活变化的轨迹。

经济增长:
单位时间内生产率的提高和可用于消费的产品的持续增加。

图 2-4　鲁滨孙的生活变化

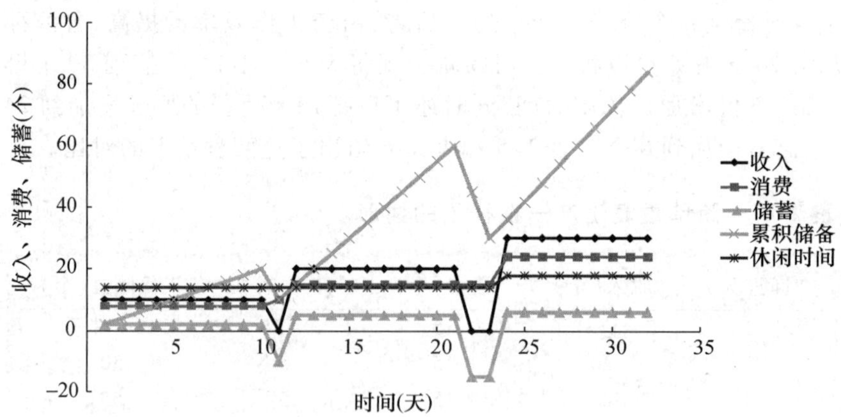

知识拓展

关于鲁滨孙经济的补充说明

在前面的讨论中,我们在计算鲁滨孙的收入时,只计算了每天生产的椰子的数量。由于这个原因,当他花时间制造杆子即从事投资活动时，他当期的收入为零、储蓄为负，累计储蓄也下降了。但按照现代经济学的定义，资本品的价值也应计算在收入之内。这样，在第 11 天制造第一个杆子的时候，他当期的收入应该是相当于 10 个椰子（即杆子的价值等于 10 个椰子，因为如果他不制造杆子，同样的时间可以采摘 10 个椰子），他的储蓄是零；在第 22 天和 23 天制造第二个杆子的时候，他每天的收入相当于 20 个椰子，每天的储蓄是 5 个。

另外，鲁滨孙也不一定集中时间制造杆子。比如说，他可以从第一天开始每天花 1 个小时制造杆子、9 个小时采摘椰子，这样到第 10 天的时候他就有了生产工具。他也可以从开始使用杆子的那天起每天从采摘中抽出 1 个小时维修杆子，这样到第 21 天时杆子仍然完好如初。此时，每天 1 个小时相当于补充资本品的折旧。

在现代经济学中，储蓄的椰子算作"存货投资"，所以"储蓄"总是等于"投资"。

2.4 鲁滨孙经济的多元化

2.4.1 无差异曲线

上面的例子是围绕一种消费品——椰子进行讨论的，实际上鲁滨孙可以选择的食物并不局限于一种。例如他可以花费一些劳动时间去海边捕鱼而不是摘椰子。按照边际效用递减法则，在有很多椰子而没有鱼吃的时候，椰子的边际效用一定比较低，而鱼的边际效用则比较高，因此把原来用于采摘椰子的时间抽出一小部分用于捕鱼一定是划算的。表 2-7 给出了假设的椰子和鱼的消费量的不同组合，这些不

表 2-7 无差异的消费组合

鱼（条）	椰子（个）
10	1.0
9	2.0
8	3.5
7	5.5
6	8.0
5	11.0
4	14.5
3	18.5
2	23.0
1	28.0

同组合使鲁滨孙得到同样程度的满足(即相同的效用水平)。比如说,对鲁滨孙来说,9个椰子加2条鱼给他带来的效用与5个椰子加11条鱼给他带来的效用是一样的。这样的组合被称为**无差异组合**。如果这样的组合足够多并且连续,我们可以在一个二维坐标中,将这些商品组合连接成一条曲线,称为**无差异曲线**(indifference curve),如图2-5所示。

无差异曲线: 给定相同效用水平的所有产品组合点的连线,反映了不同产品在偏好上的可替代性。

对于边际效用为正的商品,其无差异曲线向下倾斜。

图2-5 无差异曲线

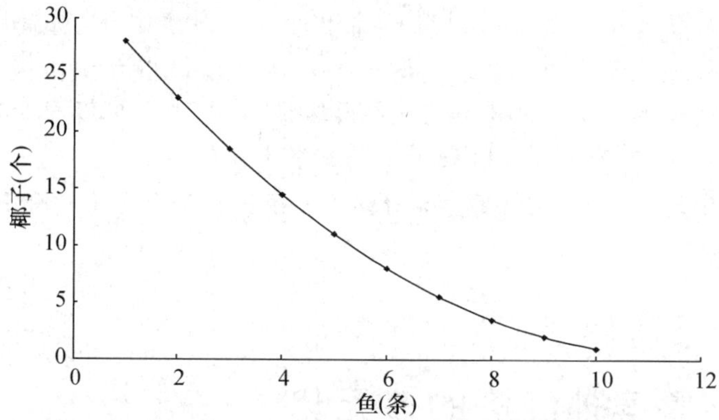

图2-5中,横坐标代表鲁滨孙消费鱼的数量,纵坐标代表他消费椰子的数量。由于二者都是好的商品(goods),因此在同一条无差异曲线上,它们的数量存在着此消彼长的关系。这说明,要让鲁滨孙的福利保持不变,增加一种产品的消费,就必须减少另一种产品的消费。此外,还有一个规律是:随着鲁滨孙对鱼的消费量的增加,在同一条无差异曲线上增加一单位鱼的消费可替代的椰子的消费量在递减。换句话说,在保持鲁滨孙福利不变的前提下,鱼对椰子的替代随着鱼的消费数量的增加而递减。这个规律称为**边际替代率递减法则**。图2-6给出了更为清晰的数据对比。

边际替代率递减法则: 在维持同一效用水平的前提下,随着某种商品消费量的增加,该产品能够替代的其他商品的消费量将随之递减。

图2-6 边际替代率递减法则

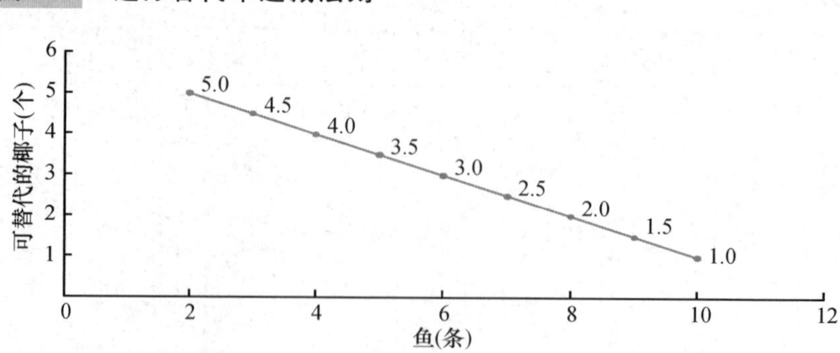

欲望的无止境意味着每个人的无差异曲线有无穷多条,不同的无差异曲线代表不同的效用水平。需要注意的是,同一个人的不同无差

异曲线是不能相交的,或者说,同一个商品组合不能属于两条不同的无差异曲线。这是因为,如果组合 A 和组合 B 无差异,又和组合 C 无差异,则按照偏好的一致性假设,组合 B 和组合 C 一定是无差异的。

图 2-7 显示了一个典型的消费者的不同无差异曲线。由于 X、Y 两种产品都是好的商品,因此,越往右上方的无差异曲线对应的消费者效用越高,越被消费者偏好。

图 2-7　一般性的无差异曲线

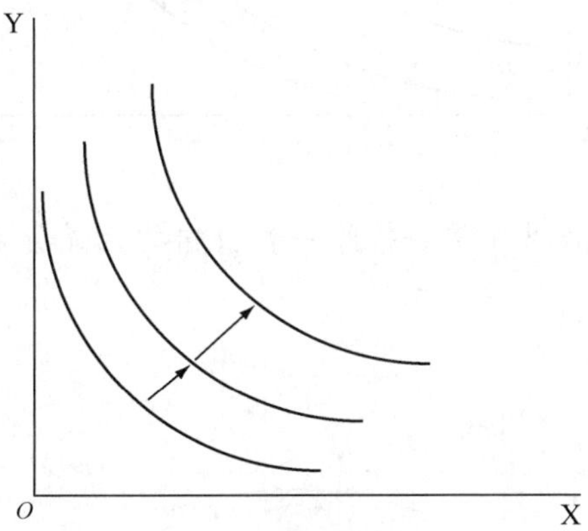

越往右上方的无差异曲线对应的消费者效用越高。

知识拓展

关于无差异曲线的补充说明

无差异曲线是经济学中最重要的分析工具之一。如果一个人的偏好可以用无差异曲线表示,则意味着不同消费品在偏好上是可以替代的。也就是说,为了达到同样的满意度,减少一定量的某种消费品引起的效用损失可以通过增加一定量的另一种消费品来弥补。

当然,并不是所有的偏好都可以用无差异曲线表示,比如说前面第 2.2 节中提到的词典式偏好就没有无差异曲线。

也并不是所有的无差异曲线都是向下倾斜的。在鲁滨孙的例子中,因为鱼和椰子的边际效用都是正的,无差异曲线才向下倾斜。事实上,我们也可以画出劳动—收入坐标的无差异曲线。此时,由于劳动的边际效用为负,收入的边际效用为正,为了维持同样的效用水平,如果劳动时间增加,必须有更高的收入水平才能补偿由于劳动增加带来的效用减少。因此,无差异曲线是向上倾斜的。给定劳动时间,较高的收入带来较高的效用,因此较高的无差异曲线代表较高的效用水平,如图 2-8 所示。

图 2-8　一种是好物品(good)、一种是坏物品(bad)的情形

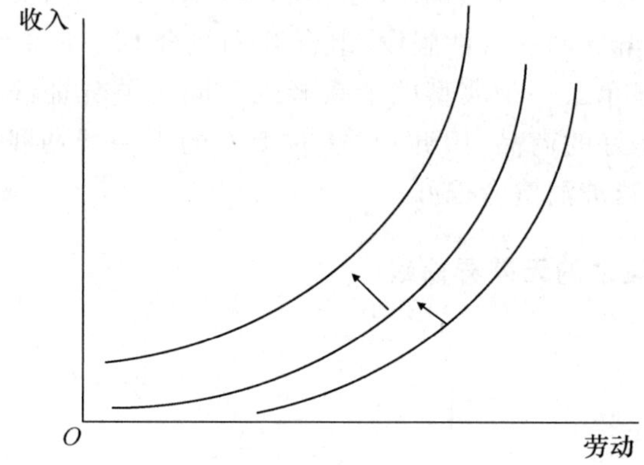

经济学初级教材通常会排除一种极端的无差异曲线——极乐点，如图 2-9 所示。

图 2-9　极乐点

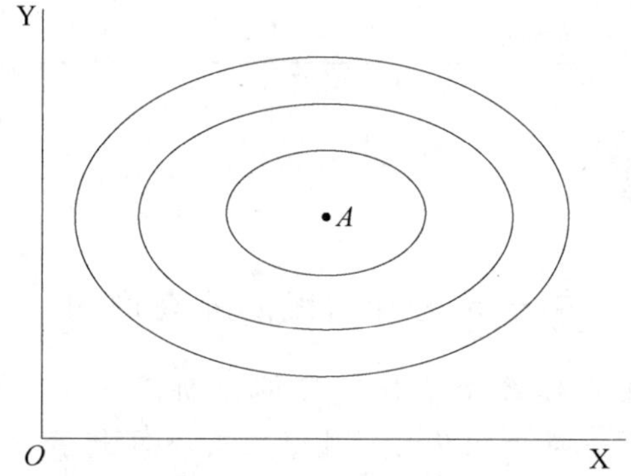

在上图中，有一个商品组合对应的福利水平最高，越接近这个点的无差异曲线，对应的福利就越高；越远离这个点的无差异曲线，对应的福利就越低。如果排除这种情形的存在，那么称该行为人的偏好满足非饱和性。

还有一类特殊的无差异曲线被称为列昂惕夫无差异曲线，如图 2-10所示。这样的无差异曲线意味着两种商品是绝对互补的：给定一个固定比例，除非两种商品同时增加，否则，再增加其中任何一种商品的数量都不会增加效用水平。比如对于一位肢体健全的人而言，左脚的鞋和右脚的鞋是完全互补的，二者构成的无差异曲线就是列昂惕夫曲线。

图 2-10　列昂惕夫曲线

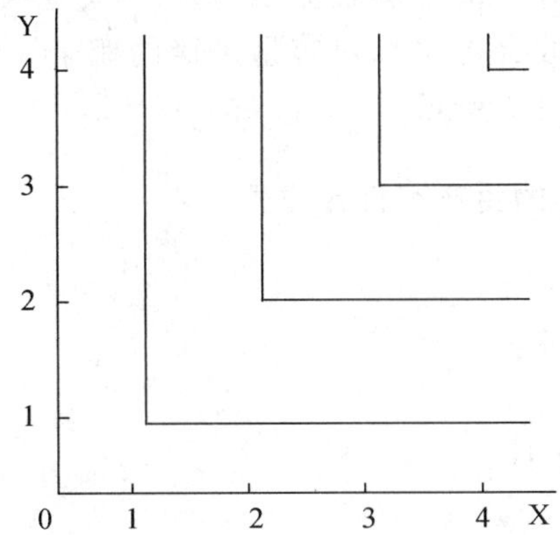

2.4.2　生产可行性曲线

以上分析是从消费的角度来看的,从生产角度看,鱼和椰子也有替代性。给定工作时间,鲁滨孙如果去摘椰子,就不能同时去捕鱼了;如果他去捕鱼,就不能同时去摘椰子了。鲁滨孙为多捕一条鱼而放弃的椰子的产量,就是生产鱼的(边际)机会成本。所谓**机会成本**,其本质不是成本,而是损失的其他收益!如果鲁滨孙只能够进行摘椰子或者捕鱼这两种工作,那么这两种工作的产量就互为机会成本。

机会成本:
为了某个特定的行动而放弃的其他行动的最大收益。

假定,如果鲁滨孙将全部 10 个小时都用来采摘椰子,他总共能采摘到 30 个椰子;如果他把全部 10 个小时都用于捕鱼,他可以捕到 10 条鱼。在两个极端之间,他也可以把一部分时间用于采摘椰子,其他的时间用于捕鱼。比如说,如果他用 9 个小时采摘椰子、1 个小时捕鱼,椰子的产量是 27,鱼的产量 1;如果他用 8 个小时采摘椰子、2 个小时捕鱼,椰子的产量是 24,鱼的产量是 2;如此等等,我们可以找出他可能生产的鱼和椰子两种产品的所有组合。将这些组合画在坐标上,就形成了如图 2-11 所示的向下倾斜的直线,其中横坐标表示鱼的产量,纵坐标表示椰子的产量。这条直线称为**生产可行性边界**。给定 10 个单位的工作时间,边界上及边界以内的生产组合都是可行的生产组合,即实际上可以达到的生产组合;边界以外的生产组合是不可能实现的。

生产可行性边界:
给定资源和技术情况下可能实现的最大生产组合的集合。它反映了个体或社会面临的资源约束。

图 2-11 中,我们假定生产鱼的边际机会成本是不变的,即:不论鱼的产量为多少,每增加 1 条鱼需要放弃 3 个椰子(或者说,每增加 1 个椰子的机会成本是 1/3 条鱼),因此我们得到的是一条向右下方倾斜的直线。但一般来说,机会成本是随产量递增的。这是因为,在生产的不同阶段,生产不同产品的效率不同。比如说,在捕第一条鱼

时，鲁滨孙可以选择最容易捕获的地方捕鱼，同时只需要放弃少量不容易采摘的椰子；但如果想捕获更多的鱼，他就必须到更为困难的地方捕鱼，同时需要放弃更多相对容易采摘的椰子。因此，一般的生产可能性曲线如图 2-12 所示。

图 2-11　鲁滨孙的生产可行性边界

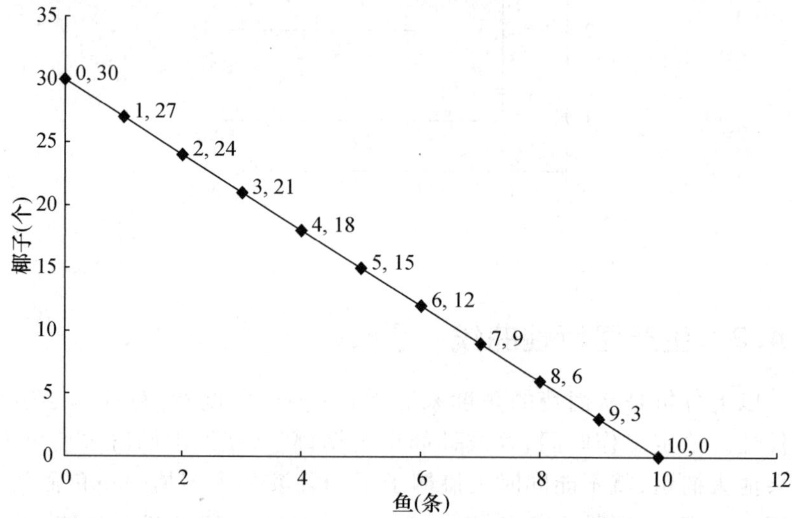

图 2-12　生产可行性边界的一般形式

生产可行性边界代表最大可能生产组合的集合。

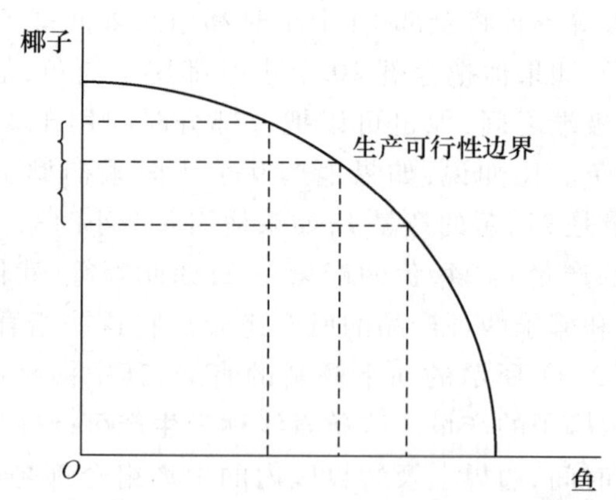

2.4.3　最优生产组合

那么，鲁滨孙应该生产多少鱼、多少椰子呢？答案取决于他的偏好。图 2-13 中，我们把鲁滨孙的无差异曲线和生产可能性边界放到同一个坐标系中。注意，我们画出了三条无差异曲线，事实上他有无穷多条无差异曲线，但他的生产可行性边界只有一条。从图中可以看出，鲁滨孙的最优选择是点(X',Y')，即生产X'单位的鱼和Y'单位的椰子，达到的效用是u_2。他当然渴望实现更高的效用水平（如u_3），但这在技术上是不可能的。他当然可以选择生产可行性边界上除(X',Y')之外的任何一点，甚至可以选择边界之内的任何一点，但如果那样做，他能实现的效用水平就小于u_2。

图 2-13　鲁滨孙的最优选择

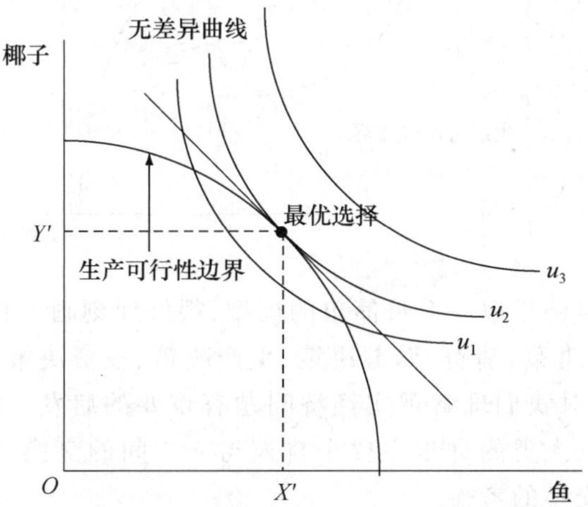

(X',Y')是鲁滨孙的最优选择点，在该点，无差异曲线与生产可行性边界相切。

从图 2-13 可以看出，在最优选择点(X',Y')，无差异曲线和生产可行性边界相切；或者说，无差异曲线的斜率和生产可行性边界的斜率相等。无差异曲线的斜率是两种产品在偏好上的**边际替代率**，生产可行性边界的斜率是两种产品在生产上的**边际转换率**（即边际机会成本）。因此，最优选择在边际替代率等于边际转换率的点达到。这实际上是边际效用等于边际成本的另一种表达。

最优选择条件： 偏好上的边际替代率 = 生产上的边际转换率。

2.4.4　经济扩展

鲁滨孙既是生产者又是消费者，最优的生产组合意味着他在给定技术条件下实现了自己的幸福最大化。如我们前面讨论过的，如果他想不断提高自己的生活水平，就得将一部分收入用于储蓄，并把储蓄变成投资，改进生产工具（如制造更高质量的杆子和更高质量的捕鱼工具）。随着资本的积累和生产工具的改进（技术的进步），鲁滨孙的生产可行性边界会逐渐向外移动，他能同时消费更多的鱼和更多的椰子，生活水平不断提高，如图 2-14 所示。这就是鲁滨孙经济的增长。

当然，在鱼和椰子的消费达到一定量后，鲁滨孙还可以抽出一些时间生产其他产品，如打野鸡，种植草莓，等等。他的消费结构就会不断改善。在物质生活水平达到一定程度后，他也许愿意抽出一些时间思考哲学问题，开始过亚里士多德所说的“沉思的生活”。

图 2-14　鲁滨孙经济的增长路径

随着资本的积累和技术的进步，鲁滨孙的生产可行性边界会逐渐向外移动。

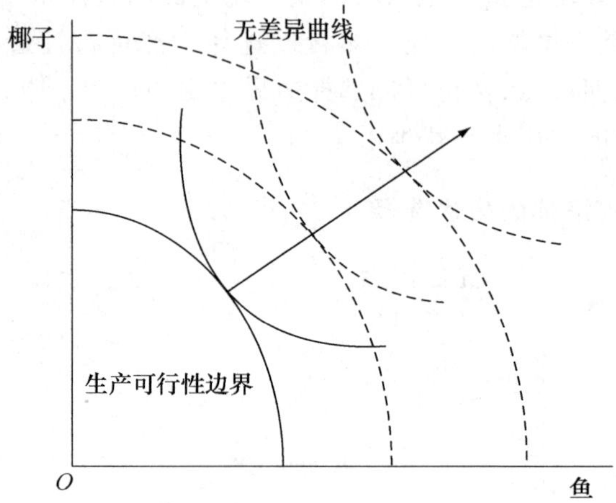

鲁滨孙经济学以一个最简单的模型，很好地刻画了我们日常遇到的劳动-休闲决策、消费-储蓄决策、生产决策、投资决策、技术进步等经济学问题，对我们理解现实经济问题有重要的启发。但是，纵观历史，横看世界，人类的进步主要来自人与人之间的交换。下一章我们就将转向对交换的考察。

本章要点总结

人的最终目的是幸福，幸福有时间维度和空间维度。理性人追求的是一生的幸福，而非眼前欲望的满足。一种产品或行动的价值由其对幸福目标的边际贡献决定。

个人偏好反映的是目标与手段之间的关系，理性人的偏好可以用效用函数来代表。无差异曲线是分析个人选择的重要工具。

个人选择就是如何在满足资源约束条件下最大化效用函数。最优选择的基本条件是边际效用等于边际成本。在多产品的情况下，这一条件表现为产品在偏好上的边际替代率等于其在生产上的边际转换率。

通过减少短期消费而进行的储蓄和投资，可以增加资本品和改进生产技术，从而推动生产可行性边界向外移动。经济增长表现为由投资和生产技术改进带来的消费水平的不断提高。

本章重要术语

幸福　价值　偏好　功利主义　效用　效用函数　边际效用　鲁滨孙经济　边际成本　收入　消费　储蓄　投资　资本品　生产要素　经济增长　无差异曲线　生产可行性边界　边际效用递减法则　边际生产率递减法则　边际替代率递减法则

延伸阅读

罗伯特·墨菲《第一本经济学》第 3 课对个人偏好特征和行动选择的讨论非常通俗易懂，第 4 课讲述了鲁滨孙经济学的基本问题，对理解本章的内容很有帮助。关于边际效用递减法则和人类劳动本质的更缜密的分析，可以参阅米塞斯的经典著作《人的行动》(上海人民出版社 2013 年版)第七章。阿尔弗雷德·马歇尔《经济学原理》第三篇对欲望、满足和效用的分析，仍然值得一读。

思考与练习

1. 什么是经济学中所说的理性? 谈谈你对这一概念的理解，并指出它的不足。

2. 什么叫作偏好? 什么叫作效用函数? 是否任何偏好都能有对应的效用函数? 请举例说明。

3. 为什么水对于人来说这么重要，却这么便宜；而钻石对于人来说毫无用处，却这么昂贵? 请结合本章内容对此进行说明。并思考，除了本章提供的解释外，是否还有其他可行的解释。

4. 请问人在进行选择时，会遇到哪些约束? 试举例说明。

5. 卢梭说："人生而自由，却无往而不在枷锁中。"请结合本章内容谈谈你对卢梭以上论述的理解。并谈谈人应该怎样在枷锁中寻找自由。

6. 为什么有时候人们不会将产出直接用于消费，而会将其用于投资? 人们从事这种"迂回"生产的目的是什么?

7. 如果张三的效用函数形式为 $U = XY$，这里 X 和 Y 分别代表苹果和香蕉。请问：

(1) 当 $X = 40, Y = 5$ 时，他得到的效用为多少? 过点(40,5)的无差异曲线是什么?

(2) 如果张三给李四 25 个苹果，李四给张三 15 个香蕉。如果进行这个交换，张三所得到的效用是否会比组合(40,5)更高?

(3) 如果李四希望用 15 个香蕉同张三交换苹果，张三为了使自己的效用和(40,5)相同，最多会愿意给李四多少个苹果?

8. 已知张三的效用函数为 $U = X^a + Y^a$，参数 $a > 0$。求 $X = 10, Y = 5$ 时的边际替代率 MRS_{XY}。

9. 小明总共有 40 个小时可用于复习两门功课：语文和数学。对小明来说，他在语文上每提高 1 分，需要花 20 分钟，而在数学上每提高 1 分，只需要花 15 分钟。对于任何一门课，如果他不花时间准备，都将得 0 分。两门课的满分都是 100 分。请回答以下问题：

(1) 请画出小明复习的"预算约束线"。

(2) 如果小明只关心两门课的总分，请画出小明的无差异曲线。并说明，此时小明将在语文和数学的复习上各花多少时间? 其得分状况又如何?

(3) 如果小明的目标是让两门课中较高分的那门课得分更高，请画出小明的无差异曲线。并说明，此时小明将在语文和数学的复习上各花多少时间? 其得分状况又如何?

本章注释

［1］杰里米·边沁(1748—1832)，英国法理学家、功利主义哲学家、经济学家和社会改革者。他是一个政治上的激进分子，亦是英国法律改革运动的先驱和领袖，并以功利主义哲学的创立者、动物权利的宣扬者及自然权利的反对者而闻名于世。他还对社会福利制度的发展有重大的贡献。

［2］约翰·密尔(1806—1873)，英国著名哲学家和经济学家，19世纪颇具影响力的古典自由主义思想家。他支持并发展了边沁的功利主义。

［3］实际上，并非所有的偏好都可以对应一个效用函数。只有满足传递性、完备性和连续性的偏好才可以对应效用函数。这部分的内容属于高级微观经济学的知识，超出了本书范围，在此不做详细论述。

［4］凹函数是指二阶导数为负数的连续可导函数，其递增部分的增幅是随着自变量增加而递减的。这里由于数据是离散的，因此效用函数可近似看作凹函数。

［5］《百喻经》，全称《百句譬喻经》，由古天竺僧伽斯那撰，南朝萧齐天竺三藏法师求那毗地译。《百喻经》称"百喻"，就是指有一百篇譬喻故事，但现存的譬喻故事只有九十八篇；之所以称之为"百"，有两种说法：一就整数而言，二是加上卷首引言和卷尾偈颂共为百则。《百喻经》全文两万余字，结构形式单一，每篇都采用两步式：第一步是讲故事，是引子；第二步是比喻，阐述一个佛学义理。它从梵文译成汉文，距今已经有一千五百多年的历史。

［6］边际效用价值论创立后，目前发展为两个支流：一支是以奥地利的门格尔及其学生维塞尔和庞巴维克为代表的心理学派，另一支是以瓦尔拉斯及其继承者帕雷托为代表的数理学派。在帕雷托等人用无差异曲线分析效用后，边际效用价值论又分为基数效用论和序数效用论。

第 3 章
交换、分工与货币

本章导读

本章首先分析最简单形式的交换，即以物易物（直接交换）；在直接交换的框架下，我们将证明分工和交换如何发挥比较优势，增加社会的总财富；之后，我们将分析以货币为媒介的间接交换，以及货币如何使得交易变得更为便利；最后，我们给出一个简单的市场经济的循环流模型，并对价格的功能做简要说明。

交换是指人们在自愿的基础上进行的有关产品所有权的转让以及其他形式的相互合作。交换可以在两人之间进行，也可以在多人之间进行。比如说，一件商品的买卖是两人之间的交换，而企业组织的形成是多人之间的交换。在本节中，我们只讨论产品的交换，但由此得出的基本结论也适用于其他形式的交换，如婚姻家庭的形成、合伙组织、股份公司等。

交换：
人们在自愿的基础上进行的有关产品所有权的转让以及其他形式的相互合作。

人们之所以自愿进行交换，是因为交换给所有当事人带来好处，即交换是一个双赢或者多赢的活动。如果有任何一方预期自己在交换过程中会受损，那么交换就不可能发生。交换不仅给人们带来直接的好处，而且通过对分工和专业化的促进，提高每个人的生产力，推动知识的增长，从而使得整个社会的生产可行性边界不断向外移动。没有交换，就不可能有社会分工和专业化，不可能有技术创新，因而也就不可能有人类的进步。

现代市场经济是一个复杂的交换体系，绝大部分交换是借助于货币进行的间接交换。但人类最初的交换是直接交换。我们的讨论就从直接交换开始。

3.1 直接交换

直接交换：
不借助于货币的物物交换，即以物易物。

所谓**直接交换**，是指不借助于货币的物物交换，即以物易物。在直接交换中，参与交换的双方都既是卖者，也是买者，交换得来的物品通常也是为了直接享用，交换的比例就是某种物品用另一种物品衡量的相对**价格**。如一个人用 3 斤苹果换另一个人的 1 斤鸡蛋，我们就说

价格：
产品之间交换的比例。

1 斤苹果的价格是 1/3 斤鸡蛋,或者说 1 斤鸡蛋的价格是 3 斤苹果。

3.1.1 交换的好处

让我们回到鲁滨孙的故事。在《鲁滨孙漂流记》的故事中,鲁滨孙后来在某一个周五救起了一个野人,他给这个野人起名为“星期五”。在荒岛上有了两个人之后,他们之间就可以直接交换了。交换的一种方式是星期五给鲁滨孙打工,鲁滨孙给星期五发实物工资(如每天几个椰子);另一种方式是每个人独立从事生产活动,然后交换各自生产的产品。我们现在看后一种交换如何能使双方受益。

表 3-1 给出了鲁滨孙和星期五各自对椰子和鱼的消费组合的偏好排序,其中字母 A 代表椰子,字母 B 代表鱼。这样,比如说,组合(3A,2B)表示消费 3 个椰子和 2 条鱼,组合(1A,4B)表示消费 1 个椰子和 4 条鱼。我们假定两个人的偏好完全相同,对于越排在上面的组合越偏好,比如说鲁滨孙和星期五的偏好排序中,(4A,4B)排在第 1 位,(4A,3B)排在第 2 位,意味着鲁滨孙和星期五都更喜欢(4A,4B),而不是(4A,3B)。

表 3-1　鲁滨孙和星期五的偏好排序相同的情况

偏好排序	鲁滨孙		星期五	
1	(4A,4B)		(4A,4B)	
2	(4A,3B)		(4A,3B)	
3	(3A,4B)		(3A,4B)	
4	(3A,3B)		(3A,3B)	
5	(4A,2B)		(4A,2B)	
6	(2A,4B)		(2A,4B)	
7	(3A,2B)		(3A,2B)	
8	(2A,3B)		(2A,3B)	
9	(4A,1B)		(4A,1B)	
10	(1A,4B)		(1A,4B)	
11	(2A,2B)		(2A,2B)	
12	(3A,1B)		(3A,1B)	
13	(1A,3B)		(1A,3B)	
14	(2A,1B)		(1A,1B)	
15	(1A,2B)		(1A,2B)	
16	(4A,0B)	初始状态	(4A,0B)	
17	(1A,1B)		(1A,1B)	
18	(0A,4B)		(0A,4B)	初始状态
19	(3A,0B)		(3A,0B)	
20	(0A,3B)		(0A,3B)	
21	(2A,0B)		(2A,0B)	
22	(0A,2B)		(0A,2B)	
23	(1A,0B)		(1A,0B)	
24	(0A,1B)		(0A,1B)	
25	(0A,0B)		(0A,0B)	

假定鲁滨孙只采摘了 4 个椰子,星期五只捕到 4 条鱼。因此,鲁滨孙的初始禀赋是(4A,0B),即拥有 4 个椰子但没有鱼;星期五的初始禀赋是(0A,4B),即没有椰子但有 4 条鱼。那么,如果没有交换,各自消费自己所拥有的物品,鲁滨孙的偏好满足程度排在第 16 位,星期五的偏好满足程度排在第 18 位。设想鲁滨孙向星期五建议,用 2 个椰子换星期五的 2 条鱼,星期五会同意吗?答案是肯定的。因为,这样交换的结果是每人都可以消费 2 个椰子和 2 条鱼,两人的偏好满足程度都可以上升到第 11 位。因此,交换使双方的效用水平都提高了。这就是交换带来的好处。

课堂讨论 中国在实行计划经济的年代,农民必须把自己生产的粮食按政府规定的价格卖给国家。你认为这是一种交易吗?

事实上,1:1 的交换比例并非唯一可能的交换比例。即使鲁滨孙用 1:3 的比例与星期五交换,双方也可以受益。此时,交换的结果是鲁滨孙的偏好满足程度上升到第 4 位(消费 3 个椰子和 3 条鱼),星期五的偏好满足程度上升到第 17 位(消费 1 个椰子和 1 条鱼),与不交换相比,双方也都受益。类似的,如果交换的比例是 1:2,鲁滨孙的偏好满足程度上升到第 7 位(消费 3 个椰子和 2 条鱼),星期五的偏好满足程度上升到第 15 位(消费 1 个椰子和 2 条鱼);如果交换比例是 2:1,鲁滨孙的偏好满足程度上升到第 14 位(消费 2 个椰子和 1 条鱼),星期五的偏好满足程度上升到第 8 位(消费 2 个椰子和 3 条鱼)。无论哪种情况,交换对双方来说都比不交换好。

但是,如果星期五提出要用 4 条鱼换鲁滨孙的 4 个椰子,鲁滨孙会同意吗?显然不会,因为按照这样的比例交换,虽然星期五的偏好满足程度可以上升到第 16 位,但鲁滨孙的偏好满足程度将下降到第 18 位。这就是交易必须出于自愿的原因。如果交易不自愿,一方可以强迫另一方做交易,被迫的一方就会受到损害。

以上我们假定两人具有相同的偏好但不同的初始禀赋。这当然是一个简化,交换的好处并不依赖于这个假设。事实上,许多交换之所以发生,正是因为交换双方的偏好不同。为了说明这一点,我们现在假定鲁滨孙和星期五具有如表 3-2 所示的词典式排序偏好:鲁滨孙更偏好于椰子,较多椰子的组合总是排在较少椰子组合的前面,不论鱼的数量为多少;星期五更偏好于鱼,较多鱼的组合总是排在较少鱼组合的前面,不论椰子的数量为多少。尽管,给定椰子的数量,鲁滨孙也喜欢更多的鱼;给定鱼的数量,星期五也喜欢更多的椰子。

表 3-2 鲁滨孙和星期五的偏好排序不同的情况

偏好排序	鲁滨孙		星期五	
1	(4A,4B)		(4A,4B)	
2	(4A,3B)		(3A,4B)	
3	(4A,2B)		(2A,4B)	
4	(4A,1B)		(1A,4B)	
5	(4A,0B)		(0A,4B)	
6	(3A,4B)		(4A,3B)	
7	(3A,3B)		(3A,3B)	
8	(3A,2B)		(2A,3B)	
9	(3A,1B)		(1A,3B)	
10	(3A,0B)		(0A,3B)	
11	(2A,4B)		(4A,2B)	
12	(2A,3B)		(3A,2B)	
13	(2A,2B)	初始状态	(2A,2B)	初始状态
14	(2A,1B)		(1A,2B)	
15	(2A,0B)		(0A,2B)	
16	(1A,4B)		(4A,1B)	
17	(1A,3B)		(3A,1B)	
18	(1A,2B)		(2A,1B)	
19	(1A,1B)		(1A,1B)	
20	(1A,0B)		(0A,1B)	
21	(0A,4B)		(4A,0B)	
22	(0A,3B)		(3A,0B)	
23	(0A,2B)		(2A,0B)	
24	(0A,1B)		(1A,0B)	
25	(0A,0B)		(0A,0B)	

进一步,假定每个人的初始禀赋都是 2 个椰子和 2 条鱼,即(2A,2B),偏好排序上都处于第 13 位。显然,如果鲁滨孙用 2 条鱼交换星期五的 2 个椰子,他们各自的偏好满足程度都可以上升到第 5 位。即便是 1 条鱼交换 2 个椰子,他们的偏好满足程度也可以分别上升到第 4 位和第 10 位;或者,如果用 2 条鱼换 1 个椰子,鲁滨孙的偏好满足程度上升到第 10 位,星期五的偏好满足程度上升到第 4 位。无论哪种情况,交换给双方都带来了好处。

交换的好处或者来自初始禀赋的不同,或者来自偏好的不同,或者二者兼而有之。

一般地,交换的好处或者来自初始禀赋的不同,或者来自偏好的不同,或者二者兼而有之。注意,如果他们的偏好如表 3-1 所示,给定(2A,2B)的初始禀赋,交换就无利可图。

从前面的讨论中我们看到,在只有两个人的交换中,能保证双方受益的交易价格不是唯一的;尽管交易使双方受益,但受益的程度会随交易价格的不同而不同。实际的交易采取哪一个价格,依赖于各自讨价还价的相对能力。但容易证明,如果参与交易的人数增加,交易价格的可行范围将不断缩小。比如说,在表 3-1 所示的例子中,如果鲁滨孙提出以 1∶3 的比例与星期五交换,但假如有一个罗宾斯在场,提出以 2∶2 的比例交换,则星期五显然更愿意与罗宾斯交换。这就是自由竞争的好处。自由竞争会使交易条件变得更为公平。

交易条件取决于交易各方讨价还价的能力。自由竞争会使交易条件变得更为公平。

知识拓展

纳什讨价还价解

在一个二人合作博弈的框架内,约翰·纳什(1994 年诺贝尔经济学奖得主)证明,如果两个人的讨价还价能力是相同的,交易带来的好处将在二人之间平均分配。在上面的例子中,1∶1 的交换比例就是纳什讨价还价解。

3.1.2 交换的无差异曲线分析

下面,我们用前面学过的无差异曲线对直接交换的好处做更精致的分析。

回顾一下,无差异曲线是产品坐标上刻画的个人在两种产品之间的偏好。把两个人的无差异曲线放在一起,可以给我们分析交换的好处提供一个非常直观的图解。图 3-1 是两个消费者、两种商品的埃奇沃思盒状图(Edgeworth Box)。左下角是鲁滨孙的坐标原点,右上角是星期五的坐标原点,二者拥有的两种商品的总量构成了盒子的边界,其中横坐标度量鱼的总量,纵坐标度量椰子的总量。

图 3-1　埃奇沃思盒状图

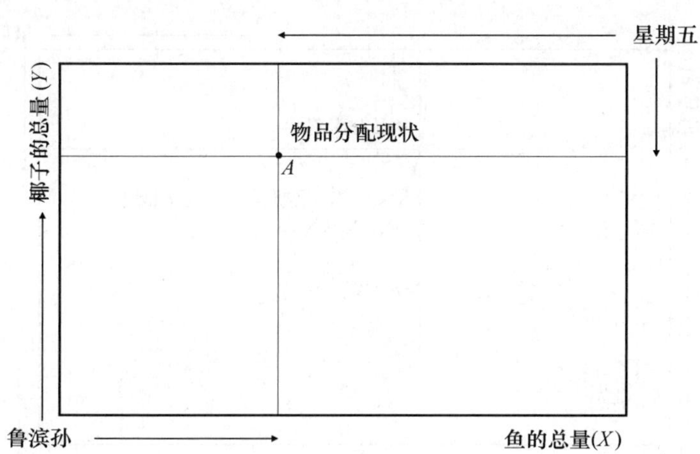

盒中的任意一点,对应的是两种产品在两个人之间的可行分配。

盒中的任意一点,对应的是两种产品在两个人之间的分配,这些分配点在技术上都是可行的。每个分配点对应的下方横轴从左到右度量鲁滨孙拥有鱼的数量,左侧纵轴从下到上度量鲁滨孙拥有椰子的数量;上方横轴从右到左度量星期五拥有鱼的数量,右侧纵轴从上到下度量星期五拥有椰子的数量。由于两种商品总量固定,两个人拥有的商品数量存在此消彼长的特性(总量减去鲁滨孙的消费量就是星期五的消费量)。因此,当分配点向右移动时,鲁滨孙拥有的鱼的数量增加,同时星期五拥有的鱼的数量下降;当分配点向下方移动时,鲁滨孙的椰子数量下降,星期五的椰子数量增加。由于两种产品都是好的物品,对每个人来说都是多多益善,因此,离各自坐标原点越远的组合构成的无差异曲线,代表越高的效用水平。

在图 3-1 中,初始状态点 *A* 是否为一个稳定的状态?换句话说,两个人有没有动机通过交换让分配点发生移动?这取决于两个人的无差异曲线的形状,即两个人的偏好特征。

在图 3-2 中,我们画出了两个人的无差异曲线。可以看出,初始状态点 *A* 是鲁滨孙和星期五的两条无差异曲线(实线)的交点,而这两条无差异曲线包裹的面积中的任何一个点,其所处的位置在鲁滨孙的那条实线无差异曲线的右上方,同时在星期五的那条实线无差异曲线的左下方。这说明从初始点 *A* 向这个区间内任何一点移动,鲁滨孙和星期五的福利都会增加。因此,双方都有动机通过交易实现双赢的结果。根据这个逻辑,交易的终点一定满足经过两个人的两条无差异曲线的相切点,如 *B* 点。一旦到达两条无差异曲线的切点,任何进一步的交易都不可能使得双方都继续受益,交易就会停止,分配达到均衡状态。当然,这样的切点不是唯一的,图中两条实线无差异曲线之间的任何两条无差异曲线的切点都是分配的均衡点,至于实际均衡点在哪里,依赖于双方的讨价还价能力。这就是两人交易中交易条件的不唯一性。

图 3-2　交换的机理

A 点是初始状态点。交易的终点一定是两个人的无差异曲线的切点,如 *B* 点。

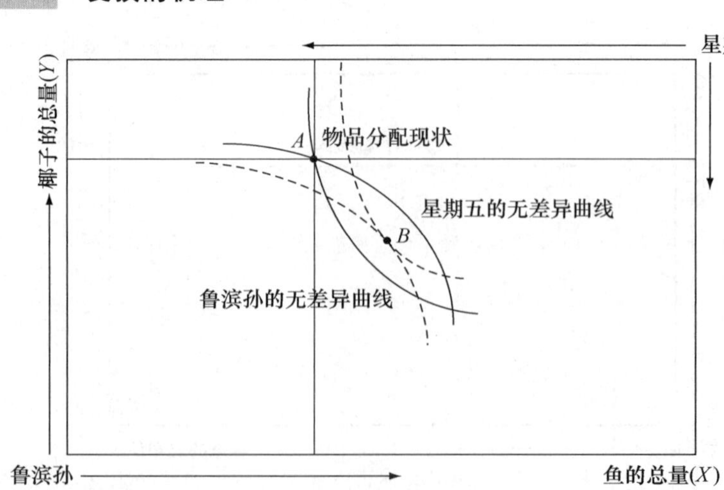

我们知道,无差异曲线上某一点切线的斜率为两种产品在偏好上的边际替代率,代表在该点位上一种产品(鱼)对另一种产品(椰子)的替代关系。而我们上面描述的交易终点,既然是两条无差异曲线的切点,那么它一定满足这样一个条件:对于两个人来说,在该点的边际替代率是相等的。在埃奇沃思盒状图中,这样的终点有无穷多个,它们都是交易的终点,因此构成的集合(轨迹)被称为**契约曲线**(contract curve)。

契约曲线:
所有无差异曲线的切点构成的轨迹。

3.2 分工和比较优势

以上我们分析的是给定产品的交易情况。但事实上,交易的出现与社会**分工**密切相关。分工和专业化使得每个人都选择生产自己擅长的产品,从而提高所有产品的总量,最终通过交换实现多赢的结果。

分工:
不同人专业化于不同产品的生产。

3.2.1 绝对优势和比较优势

经济学家区分了"绝对优势"和"比较优势"(或称"相对优势")。所谓**绝对优势**(absolute advantage),是指一个人在某种产品的生产上绝对生产率大于其他人的情况。比如,鲁滨孙每天可以捕到20条鱼,如果他全天改去采摘椰子,可以摘到10个椰子。星期五恰好相反,他是野人,捕鱼的技术性对他来说太复杂,因此每天只能捕到10条鱼,但是如果让他爬树摘椰子,他非常擅长,每天可以摘到20个椰子。这样一来,我们就说鲁滨孙在捕鱼方面具有绝对优势,而星期五在摘椰子方面具有绝对优势。如果两个人的分工是让鲁滨孙全天捕鱼,让星期五全天摘椰子,则两人每天总共可以消费20条鱼和20个椰子。如果让他俩互换工作,则两人每天只能总共消费10条鱼和10个椰子。给定上述绝对优势的情况下,后面这种安排显然不合理。

绝对优势:
一个人(国家)在某种产品的生产上的绝对生产率大于其他人(国家)。

图3-3中我们分别画出了鲁滨孙和星期五的生产可行性边界。绝对优势意味着他们的生产可行性边界是相交的。如果没有分工和交换,两个人各自的消费都不能超出各自的生产可行性边界。有了分工和交换,鲁滨孙专业化于捕鱼,每天捕到20条鱼;星期五专业化于采摘椰子,每天采摘到20个椰子。如果他们以1∶1的比例交换鱼和椰子,则每个人的消费可行性曲线都比各自的生产可行性边界高——比如说,每个人都能吃到10条鱼和10个椰子。显然,如果没有交换,没有人会选择专业化生产,因为此时每个人只能消费自己生产的东西,不是最优的(读者可以自己画出无差异曲线证明这一点)。此时,如果鲁滨孙想吃到10个椰子,就没有鱼吃;类似的,如果星期五想吃到10条鱼,就无椰子可吃。这就是绝对优势导致的分工和交换带来的好处。

图 3-3 绝对优势导致的分工和变换

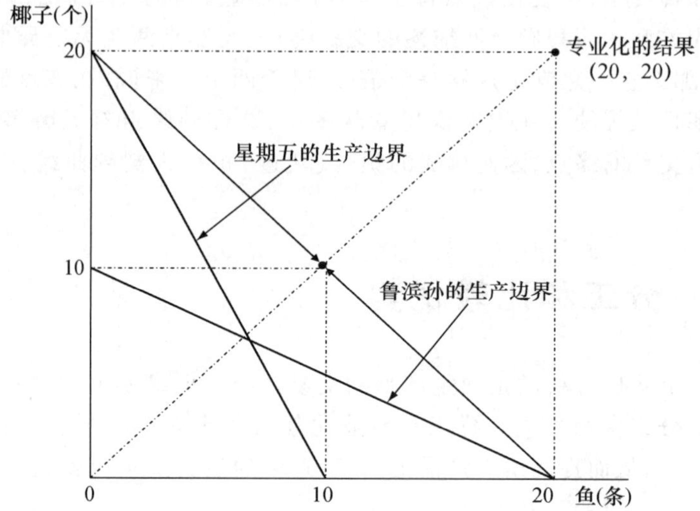

如果星期五无论在采摘椰子方面还是捕鱼方面都比鲁滨孙的生产效率高,是不是分工和交换就没有好处呢?答案依赖于鲁滨孙是否有比较优势。所谓**比较优势**(comparative advantage),是指一个人尽管在所有产品的生产上都没有他人生产率高,但他在某种特定产品的生产效率上劣势相对较小。生产上相对劣势较小的产品,就是具有比较优势的产品。

比较优势: 一个人(国家)在某种特定产品的生产效率上劣势相对较小,或者说,机会成本较小。

假定鲁滨孙每天可以捕到 20 条鱼,如果他全天改去摘椰子,可以摘到 10 个椰子。星期五由于身体条件好,最多每天能捕到 30 条鱼,如果让他爬树摘椰子,最多每天可以摘到 30 个椰子。在这种情况下,星期五在生产鱼和椰子方面都具有绝对优势。不过通过进一步分析我们发现,鲁滨孙捕 1 条鱼的时间,相当于其采摘 1/2 个椰子的时间;星期五捕 1 条鱼的时间,相当于其采摘 1 个椰子的时间。换言之,鲁滨孙捕 1 条鱼的机会成本是 1/2 个椰子,星期五捕 1 条鱼的机会成本是 1 个椰子。因此,我们说鲁滨孙在捕鱼方面具有比较优势,星期五在摘椰子方面具有比较优势。根据上面的分析,此时如果鲁滨孙将所有时间用来捕鱼,星期五将所有时间用来摘椰子,最后二者按照某个比例进行交换,就可以实现双赢的结果。

图 3-4 给出了鲁滨孙和星期五的生产可行性边界,星期五的生产可行性边界在鲁滨孙的生产可行性边界外侧意味着,无论在捕鱼上还是采摘椰子上,星期五都比鲁滨孙有绝对优势。但鲁滨孙的生产可行性边界的形状更为平坦,意味着鲁滨孙在捕鱼上仍然有比较优势,星期五在生产椰子上有比较优势(如果两个人的生产可行性边界是平行的话,则没有比较优势)。在这个例子中,只要鱼和椰子的交换比例介

于1:0.5 和1:1 之间(即高于鲁滨孙的机会成本但低于星期五的机会成本),专业化和交换就可以改进双方的福利。比如说,假定交易比例是1:0.8。鲁滨孙专业化于捕鱼,总共捕到 20 条鱼;星期五专业化于采摘椰子,总共摘到 30 个椰子。然后鲁滨孙用 10 条鱼换了星期五的 8 个椰子,最终鲁滨孙拥有 10 条鱼和 8 个椰子,星期五拥有 10 条鱼和 22 个椰子。如果没有分工和交换机制,根据生产可行性边界,鲁滨孙要消费 10 条鱼,就只能消费 5 个椰子;而星期五要消费 10 条鱼,就只能消费 20 个椰子。显然在分工合作后,两者的福利都得到了提高。这就是比较优势导致的分工和交换带来的好处。

图 3-4　比较优势导致的分工和变换

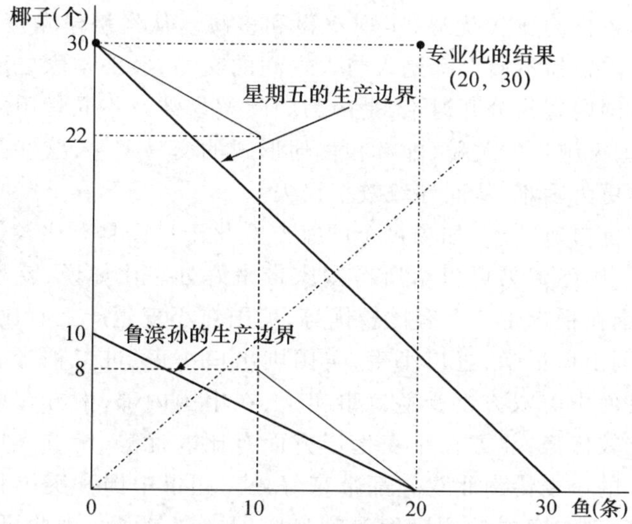

迷你案例

盲人说书

盲人说书是中国北方地区过去非常流行的一种曲艺表演,表演形式为一人自弹自唱,伴奏乐器为三弦或琵琶,此外,还有绑在小腿上以两块竹板制成的甩板,以及绑在手腕上称作"嘛喳喳"的一串小竹板。说书的内容通常为传说故事。说书通常在晚上进行,农村人晚上没有什么事情做,男女老少围在一起听说书就成为重要的娱乐活动。

之所以称为"盲人说书",是因为表演者都是盲人。盲人说书而不是视力健全的人说书,并不是因为视力健全的人不能说得比盲人好,而是因为盲人在说书方面有比较优势。视力健全的人可以从事正常的农活或其他生产活动,但盲人没有办法从事这些活动。因此,相对于视力健全的人，盲人说书的机会成本更低。所以专业化于说书是他们较好的谋生方式，他们通过提供说书服务与其他人进行交换，实现了双赢。当然，现代科学也告诉我们，由于盲人可以把一般人用于看的神经元挪用于记忆，他们的记忆比一般人要好。

类似的，盲人在按摩方面也比视力健全的人有比较优势。所以，过去从事按摩职业的也主要是盲人。

3.2.2 比较优势与国际贸易

尽管我们这里讨论的是两个人的情形，但其基本原理可以推广到地区之间的区域贸易和国际贸易。贸易的最大好处就是通过分工和交换发挥各自的比较优势，实现双赢和多赢。从经济学角度看，国际贸易和国内贸易本质上都是人与人之间的交易，经济学家之所以把国际贸易与国内贸易分开讨论，是因为国际贸易涉及不同货币之间的换算，主权国家施加的关税、配额和其他形式的交易壁垒，这些因素使得交易变得更为困难，从而导致效率损失。

比较优势意味着，如果每个国家专业化于自己具有比较优势的产品的生产，国际贸易可以给所有国家带来好处。

比较优势意味着，如果每个国家专业化于自己具有比较优势的产品的生产，国际贸易可以给所有国家带来好处。比如说，就粮食生产而言，中国在稻米生产上有比较优势，美国在小麦生产上有比较优势，因此，中国出口稻米、进口小麦，美国则出口小麦、进口稻米。这样的国际贸易使中美双方都受益。事实上，在中国内部，南方在稻米生产方面有比较优势，北方在小麦生产方面有比较优势，南方人用稻米交换北方人的小麦给南北双方都带来好处。如果中国和美国将来变成一个国家，现在双方的国际贸易就变成国内贸易了。由此可见，国内贸易与国际贸易并没有本质的区别。导致区别的是政治原因，不是经济原因。

一个国家的比较优势通常取决于其资源禀赋。这是因为，不同的产业使用的要素投入比例不同。劳动力相对多的国家在劳动密集型产业具有比较优势，土地资源相对丰富的国家在土地密集型产业具有比较优势，资本富裕的国家在资本密集型产业具有比较优势，技术发达的国家在技术密集型产业有比较优势。因此，国际贸易的基本格局是：劳动力相对多的国家主要出口劳动密集型产品，土地资源相对丰富的国家主要出口土地密集型产品，资本富裕的国家主要出口资本密集型产品，技术发达的国家主要出口技术密集型产品。不难理解，中国的出口产品以劳动密集型为主，美国的出口产品以技术密集型为主。

当然，分工和专业化本身也创造比较优势，而不仅仅是利用本来存在的比较优势。即便一国最初在任何方面都没有比较优势，但只要它专业化于某一特定的产业，日积月累，就可以在这个产业上形成自己的比较优势。日本就是一个典型的例子。

学术经典

李嘉图与比较优势理论

19 世纪初，英国朝野内外展开了一场关于国际贸易的大辩论。当时，英国政府迫于土地贵族阶级的利益而实行了《谷物法》，对进口的谷物强制征收关税。

《谷物法》颁布后，英国的粮价迅速上涨，地租也随之开始猛增。这种现象虽然有利于地主，却大大提高了工人的生存成本，导致了工资暴涨。企业的利润随之降低，英国的工业竞争力受到了严重削弱。为了废除《谷物法》，新兴的资产阶级展开了多方面的努力，极力宣传自由贸易的好处。而得益于《谷物法》的地主阶层则辩称，贸易的原因就是互通有无，既然英国能够自己生产粮食，并且效率还高于其他国家，因此根本不需要从国外进口粮食。一时之间，资产阶级和地主阶级谁也未能说服对方。

就在双方争执不下时，一位经济学家的横空出世让论战出现了转折。这位经济学家就是大卫·李嘉图。在其 1817 年出版的《政治经济学及赋税原理》中，李嘉图提出了著名的比较优势原理(law of comparative advantage)。根据比较优势原理，即使一国在所有商品生产上较之另一国均处于绝对劣势，但只要处于劣势的国家在各种商品生产上劣势的程度不同，也可以在劣势较小的商品生产方面具有比较优势，而处于优势的国家则在优势较大的商品生产方面具有比较优势。如果每个国家专业化生产和出口其具有比较优势的商品，进口其处于比较劣势的商品，则两国都能从贸易中得到利益，共同提升本国福利水平。

李嘉图的上述观点一经提出，就完全重塑了人们对贸易的理解，也为反对《谷物法》的人找到了理论依据。不过，这套理论在实践领域的成功却要晚得多。直到 1846 年，《谷物法》才被最终废除。

李嘉图的比较优势理论，至今仍然是国际贸易的主要理论基础。

3.2.3 垂直分工

垂直分工：从原材料到最终产品生产过程中不同生产环节的分工。

以上我们讨论的是水平分工，也就是最终产品生产上的专业化分工。事实上，现代经济最重要的分工是垂直分工。所谓**垂直分工**，是指从原材料生产到最终产品生产的整个链条上的分工，不同的生产者专业化于特定阶段产品的生产,每一个上游产品都作为下游产品的投入,直到最终生产出消费者需要的产品。

在垂直分工中,除了少数天然原材料的生产外,分工主要是源于专业化和技术进步导致的内生比较优势,而不是每个人(或国家)天然的比较优势。即便所有人在所有产品的生产上具有同等的效率,一些人专业化于化肥或农具的生产,另一些人专业化于小麦的种植,再有一些人专业化于面粉加工,还有一些人专门制造烤面包机,最后再有人专门从事烤面包的工作,面包的总产量仍然会大大提高,每个人都可以吃到更多、更好的面包。

在当今全球化的时代,垂直分工是全球化的,几乎任何一种最终产品的价值链都是全球分布的,我们很难找到哪一种产品的全部生产过程是在一个单一的国家内完成的。正是由于每一个国家都专业化于自己最具比较优势的某个生产环节,生产的全球化才使每个国家受益。

迷你案例

"苹果"究竟哪国产

据说,有三个苹果改变了人类历史的进程。第一个是伊甸园的苹果,它让亚当和夏娃明白了善恶;第二个是牛顿后院的苹果,它启发牛顿悟出了万有引力;而第三个就是苹果公司,它为人类开启了移动互联时代。

目前,苹果已经成为世界上最有价值的电子品牌,它的 iPhone、iPad、Macbook 等产品备受消费者的青睐。但是,当人们愉快地使用着手中的苹果产品时,恐怕很少会关注以下问题:这些"苹果"到底是怎么被生产出来的? 而它们带来的利润又是如何被分配的?

事实上,苹果虽然是一个美国品牌,但是我们却很难说任何一件苹果产品是美国产品。以 iPhone6 手机为例,它的处理器可能是由中国台湾地区的供应商提供的,屏幕可能来自中国大陆,而摄像头则由日本供应商提供,产品的组装在中国进行,而设计和销售则在美国。

CompareCamp 曾在 2014 年对苹果的供应商进行过一次统计,结果显示,苹果公司在全球的供应商多达近 800 家,其中中国大陆 349 家,日本 139 家,美国 60 家,中国台湾地区 42 家,韩国 32 家,另有两百多家供应商散布在世界各地。可以毫不夸张地说,任何一件苹果产品都是世界产品,是全球范围内垂直分工的产物。

那么,苹果公司为什么要兴师动众地组织如此巨大的国际分工呢? 一个目的是为了节约生产成本。以组装环节为例,如果将 iPhone

的组装放回到美国进行,那么每部手机的成本就会增加 4 美元。另一个目的是为了避税。如果苹果公司选择在美国制造所有部件,并对产品进行组装,就需要支付 35% 的所得税,而选择海外供应商、利用海外代工厂进行组装,就能规避掉税收负担的一大块。

资料来源:How & Where iPhone Is Made: Comparison of Apple's Manufacturing Process, http://comparecamp.com/how-where-iphone-is-made-comparison-of-apples-manufacturing-process/.

3.3 间接交换与货币

间接交换是指以货币为媒介进行的交换。在间接交换中,出售一种商品得来的不是将被直接使用的另一种商品,而是货币;同样,购买一种商品需要支付的不是另一种商品,而是货币。间接交换把交易中的买方和买方区别开来,用货币购买商品的一方被称为"买方",出售商品获得货币的另一方被称为"卖方",交换就是商品从卖方转移到买方和货币从买方转移到卖方的过程。今天,人与人之间的交换基本上都是间接交换。

间接交换: 以货币为媒介的交换。

3.3.1 货币的出现

历史上,间接交换之所以取代直接交换出现并成为交换的主流方式,是因为间接交换克服了直接交换的不便,从而使得交换可以以更大的规模在更大的范围内进行。直接交换的最大不便是交换双方的需求和供给的不吻合。比如说,张三想用自己捕的鱼换李四采摘的椰子,但李四想要的是鸡蛋而不是鱼;王五手里有鸡蛋想出售,但他需要的是猪肉而不是椰子;赵六手里有猪肉,但他想要的是一把菜刀而不是鸡蛋;如此等等。显然,任何两人之间的交换都不可能使双方的需求得到满足。理论上讲,通过多次的直接交换,每个人的需求最终可以得到满足。比如说,设想有一个叫孙七的人有一把菜刀想出售,同时想买鱼吃。此时,孙七说服张三同意用鱼换菜刀;张三拿到菜刀后再说服李四同意用椰子换菜刀;李四再说服王五用鸡蛋换菜刀;到这一步,王五和赵六的需求和供给就很容易匹配了,王五换得自己想要的猪肉,赵六得到自己想要的菜刀。但现实中这样的连环交换很不容易进行,因为张三如果一开始不确定李四是否愿意接受菜刀,他就不会同意用鱼换孙七的菜刀。他的这种担心是很自然的,因为李四真正需要的毕竟是鸡蛋而不是菜刀。

直接交换不仅有质的不便,也有量的不便,因为好多商品在量上是不容易分割的。比如说,孙七只想要两条鱼,但他认为自己的菜刀值4条鱼,如果他把菜刀劈成两半,半个菜刀就没有任何价值,张三不可能接受半把菜刀,交换就没有办法进行。

货币:
被广泛接受的交换媒介,能与任何商品交换,是所有产品的价格尺度。

货币的出现,解决了直接交换的不便。**货币**是人们普遍愿意接受的支付手段,人们愿意接受它,是因为他们相信其他人会接受它。因此,货币作为交换媒介,完全是基于人们的共同信念。理论上讲,任何物品,只要人们普遍相信其他人都会接受它作为支付手段,都可以变成货币。比如说,在前面的例子中,如果所有人都相信菜刀是货币,菜刀就是货币。此时,每个人都愿意接受菜刀作为支付手段,因为他知道有了菜刀,就可以买到任何自己想要的商品,因而就没有必要只接受自己想要直接消费的商品。

货币的出现还统一了商品的价格尺度,减少了价格的数量,从而使得经济核算变得更容易。在直接交换的情况下,如果有N种商品,每种商品就有$N-1$种价格,因而总共有$N\times(N-1)$个价格。这么多个价格使得核算变得很不方便,要把不同产品的价格加总几乎不可能。有了货币,所有商品的价格都用一种尺度度量,N种商品就只有N个价格,不同商品之间价值的比较就非常容易,加总也很容易。如果你知道自己每种商品拥有多少,每种商品的价格是多少,你就知道自己的总财富是多少了!

交易成本:
为了完成交易而必须支付的成本,包括寻找交易对象、谈判价格、签订合同、执行合同等过程中支付的成本等。

总之,与直接交换相比,货币的出现大大降低了**交易成本**,推动了分工和专业化,使得人类的大范围合作成为可能。有人说,货币是除文字外人类的第二大发明!所谓交易成本,是指为了完成交易而必须支付的成本,包括寻找交易对象、谈判价格、签订合同、执行合同等过程中支付的成本。交易成本的概念是罗纳德·科斯在1937年发表的一篇论文中提出的。传统经济理论只考虑生产成本,忽略了交易成本的存在。如今,交易成本已经成为经济学的核心概念之一。

3.3.2 货币的演化

谁发明了货币?没有任何特定的人!货币本身不是人为设计出来的,而是在交易实践中逐渐演化而来的。历史上很多物品充当过货币的角色,如烟草、糖、食盐、青铜、贝壳、茶叶等等。苏格兰在二三百年前还使用铁钉作为货币,新疆在古代曾经以丝绸作为货币。在第二次世界大战期间的战俘营里,香烟也曾充当过货币的角色。但是在众多的候选者中,金、银等稀缺的贵金属在竞争中最终胜出,成为在世界各地的主导货币。之所以如此,是因为贵金属具有充当货币的最佳特征:(1) 单位价值高;(2) 耐用,不易磨损;(3) 运输方便;(4) 质地均匀,易分割;(5) 容易识别,不易伪造。因此,贵金属作为货币,最好地克服了直接交换存在的质的不便和量的不便。

货币不是任何人发明的,而是交易不断演化的结果。

贵金属成为货币后,为了交易的方便,人们又把它制成了具有特定形状的标准单位,并刻上制造者的标志,这就是“铸币”。有了铸币,人们在交易中只需要数数量,不再需要称重量,也无须每次都验证它的真伪。随着社会经济的进一步发展,在贵金属的基础上,衍生出来了信用货币——纸币。纸币与贵金属的最大不同在于,它本身没有价值,不能直接用于消费和生产,它唯一的价值来自其交易功能。

今天的世界,在绝大部分国家,纸币是由政府垄断印制的,纸币的信用来自政府的信用。例如现在我们日常接触到的人民币、美元、欧元、日元、英镑等等,都是政府印制的纸币。只要政府允许或要求人们用纸币纳税,人们就愿意把纸币作为交易媒介。也正因此,纸币也为政府掠夺民间的财富提供了方便。因为纸币的生产成本很低,如果政府多印纸币,就可以把民间的财富转移到政府手里。但是,如果纸币发行过滥,就会引起恶性通货膨胀,政府就失去了信用,人们就会寻求其他交易媒介。

据史料记载,人类最早使用纸币的历史可以追溯到中国古代的北宋初年,当时四川境内出现了一种叫作“交子”的纸币。到了南宋时期,政府正式接管了交子的货币发行权,设立了国立交子货币局。此后,纸币迅速发展起来,到了元代和明代初期,纸币已经成为中国社会上流通的重要货币形式。西方国家发行纸币,则是非常近代的事情。

在现代银行制度下,人们可以拿在手里的纸币又被称为“现金”,在现金的基础上形成了人们在银行的存款。这种存款也被称为货币,大量的交易是通过银行间的存款完成的。

在信息化时代,又出现了像“比特币”这样的电子货币。但电子货币将来是否能取代纸币,现在还不清楚。

知识拓展

纸币简史

世界上最早的纸币是中国北宋时期四川成都的“交子”。宋王应麟《困学纪闻·评文》:“按范淳父为《郭子皋志》,言交子云:纸币之设,本与钱相权。元祐间已有此语矣。”

首次在欧洲使用的纸币是 1661 年由瑞典银行发行的,不过那时发行纸币只是权宜之计,并不是作为真正的货币。1694 年,英格兰银行创立,开始发行银单。银单最初是手写的,后来才改为印刷品。

目前世界上共有两百多种纸币,流通于世界 193 个独立国家和地区。作为各国货币主币的纸币,其中当前比较重要的包括美元、欧元、人民币、日元和英镑等。

据历史考证,"交子"最早在成都万佛寺内印制。纸币出现在北宋并不是偶然的,它是社会经济和政治发展的必然产物。宋代商品经济发展较快,商品流通中需要更多的货币,而当时铜钱短缺,满足不了流通中的需要量。当时的四川地区通行铁钱,铁钱值低量重,使用极为不便。当时一铜钱抵铁钱十,每千铁钱的重量,大钱25斤,中钱13斤。买一匹布需铁钱两万,重约500斤,要用车载。此外,宋朝政府经常受辽、夏、金的攻打,军费和赔款开支很大,也需要发行纸币来弥补财政赤字。种种原因促成了纸币——"交子"的产生。

最初的交子由商人自由发行。北宋初年,四川成都出现了专为携带巨款的商人经营现钱保管业务的"交子铺户"。存款人把现金交付给铺户,铺户把存款人存放现金的数额临时填写在用楮纸制作的卷面上,再交还存款人,当存款人提取现金时,每贯付给铺户30文钱,即付3%的保管费。这种临时填写存款金额的楮纸券便谓之"交子"。这时的交子,只是一种存款和取款凭据,而非货币。

随着商品经济的发展,交子的使用也越来越广泛,许多商人联合成立专营发行和兑换交子的交子铺,并在各地设交子分铺。由于交子铺户恪守信用,随到随取,所印交子图案讲究,隐作记号,黑红间错,亲笔押字,他人难以伪造,所以交子赢得了很高的信誉。商人之间的大额交易,为了避免铸币搬运的麻烦,直接用随时可变成现钱的交子来支付货款的事例也日渐增多。正是在反复进行的流通过程中,交子逐渐具备了信用货币的品格。后来交子铺户在经营中发现,只动用部分存款,并不会危及交子的信誉。于是他们便开始印刷有统一面额和格式的交子,作为一种新的流通手段向市场发行。这种交子已经是铸币的符号,真正成了纸币。但此时的交子尚未取得政府认可,还是民间发行的"私交"。

宋仁宗天圣元年(1023),政府设益州交子务,由京朝官一二人担任监官主持交子发行,并"置抄纸院,以革伪造之弊",严格其印制过程。这便是我国最早由政府正式发行的纸币——"官交子"。它比美国(1692)、法国(1716)等西方国家发行的纸币要早六七百年,因此也是世界上发行最早的纸币。

元朝沿袭金代钞法并进一步完备,是中国古代纸币制度最盛行的时期。元廷统一发行纸币(通称"钞"),不限年月,全国通行;元代大部分时期,不铸造铜钱并禁止行用前代铜钱,除少数地区外,纸钞是唯一通用的法定货币。

明朝以白银作为法定的流通货币,白银和铜钱组成了货币主体。但明代初期曾用钞不用钱,后改为钞钱兼用,以纸币为主,明朝只发行一种"大明宝钞"纸币。

清代印刷的户部官票和大清宝钞,多为木版或铜版印刷,与宋、元、明代时相仿。票面呈竖方形,尺幅较大,虽为二色或三色套印,但色彩单调,印刷技术并不复杂。民间多能仿制。当时的官府既要防止民间伪造,又无技术措施,只好在票面上加盖官府印鉴,用以保证信誉和增强可靠性。这在中国印钞史上,尚属早期、简单的防伪措施。与此同时,政府还制定了维护钞票信誉的法律,通过对伪造者和揭发报官者分别进行惩罚和奖励的法律条款,来防止和制裁伪造者,以保证钞票的流通和信誉。

资料来源:Richard von Glahn,"中国纸币的起源",见威廉·N.戈兹曼、K.哥特·罗文霍斯特(编),《价值起源(修订版)》,万卷出版公司 2010 年版。

知识拓展

比特币

2013 年 11 月,一种被称为比特币的电子货币开始被各大媒体竞相报道。这种在 2010 年时用 1 万枚才能买一个比萨的货币,此时已经疯涨到了每枚近 7 000 元。那么,这种"野蛮生长"的比特币究竟是什么呢?

从本质上讲,比特币是一种 P2P 形式的数字货币,是一种去中心化的支付系统。它的概念最早是由一名叫中本聪的神秘人物在 2009 年提出的。与大多数货币不同,比特币不依靠特定货币机构发行,它依据特定算法,通过大量的计算产生。比特币经济使用整个 P2P 网络中众多节点构成的分布式数据库来确认并记录所有的交易行为,并使用密码学的设计来确保货币流通各个环节的安全性。P2P 的去中心化特性与算法本身可以确保无法通过大量制造比特币来人为操控币值。基于密码学的设计可以使比特币只能被真实的拥有者转移或支付。这同样确保了货币所有权与流通交易的匿名性。比特币与其他虚拟货币最大的不同,是其总数量非常有限,具有极强的稀缺性。该货币系统曾在 4 年内只有不超过 1 050 万个,之后的总数量将被永久限制在 2 100 万个。

目前,比特币已经被多个国家承认为货币,可以被用于交易。同时,它还实现了和很多国货币的相互兑换。不过,我国目前仍不承认比特币的货币地位。

3.4 市场经济

3.4.1 生产者和消费者的分离

第 2 章讲到的鲁滨孙经济当中,鲁滨孙既是消费者也是生产者,这是典型的自然经济的特征——自给自足。在人类历史上,最初人类在采集狩猎的时候,也在做类似的事情。后来人类进入了农业社会,出现了家庭,变成了以家庭为单位从事生产和消费。在家庭的内部,出现了一些简单的分工,这些分工完全取决于当时的自然条件以及人们的年龄和性别等等。这就是所谓的男耕女织,男人干一些重活,女人和儿童干一些轻活。这是个自然形成的过程。此时,消费选择和生产选择是一回事。

这是一个简单的经济,即生产满足消费,消费决定生产。个人或家庭有自己独特的偏好,面对各式各样的可获得性资源约束,个人偏好和资源禀赋决定着生产计划。当然,人类面临着很多的自然灾害,导致很多计划无法实现。当不确定性造成生产结果与计划不一致的时候,消费就要适应结果而调整,最终使个体消费出现较大幅度的波动。

简单的产品交换自古以来就存在。但在长期的农业社会,人们生产产品主要是为了自己消费,生产者和消费者是一体的,交换只是互通有无、调剂余缺。

随着交换和分工的发展,出现了市场经济,生产者和消费者发生了分离。

但随着交换和分工的发展,出现了我们现在所谓的"市场经济",生产和消费分离了。在市场经济中,生产者生产的产品主要不是为了自己消费,而是为了在市场上出售;消费者消费的产品通常也不是自己生产出来的,而是要从市场上购买。由此,产品变成了"商品"。在市场上,同一种商品通常有多个生产者和众多的消费者,同一个生产者通常只生产少数几种产品甚至专业化于一种商品的生产,同一个消费者要向不同的生产者购买不同的商品;生产者之间要为出售商品而竞争,消费者之间要为购买商品而竞争。进一步,生产者通常并不拥有从事生产所需要的所有投入(生产要素),他们需要从市场上购买生产要素,而这些生产要素的出售者是作为要素所有者的消费者。

在自给自足的自然经济中,家庭既是生产单位,也是消费单位。而在现在的市场经济中,生产单位变成了"厂商"(企业),不过消费通常还是以家庭为单位的,尽管家庭规模变小了很多。与家庭不同,企业不是由血缘关系维系的,而是通过市场合约组织起来的。当然市场经济中也存在一些家族企业,这些家族企业既具有生产者的特点,也兼有家庭的特点,但它们生产的产品仍然是为了出售,而不是自己消费。

3.4.2 经济循环流模型

市场不是狭隘地指代某个交易的物理场所,它的本质是承载买卖双方之间的契约关系。经济学家把市场分为两大类:第一类是产品市场,第二类是要素市场。图 3-5 展示了一个简单的产品市场与要素市场构成的**经济循环流模型**。厂商和家庭在两个市场上的角色正好相反:在产品市场上,家庭是买方,厂商是卖方;在要素市场上,家庭是卖方,厂商是买方。在两个市场上,产品和要素的流向与货币的流向正好相反:产品和要素由卖方流向买方,货币由买方流向卖方。这样,家庭在要素市场上出售生产要素(劳动、资本、土地等),以要素价格的形式获得货币收入,再在产品市场上支出货币买到他们需要的产品;厂商在要素市场上支出货币购入生产要素,然后组织生产,再在产品市场上向家庭出售产品,获得货币收入。在产品市场上,家庭的货币支出构成厂商的货币收入;在要素市场上,厂商的货币支出变成家庭的货币收入。正因为如此,货币的流动就成为市场经济中生产活动和消费活动的基本表现。

经济循环流模型:
反映家庭和厂商之间在产品市场和要素市场上的支出和收入关系的模型。

图 3-5　产品市场与要素市场的循环流模型

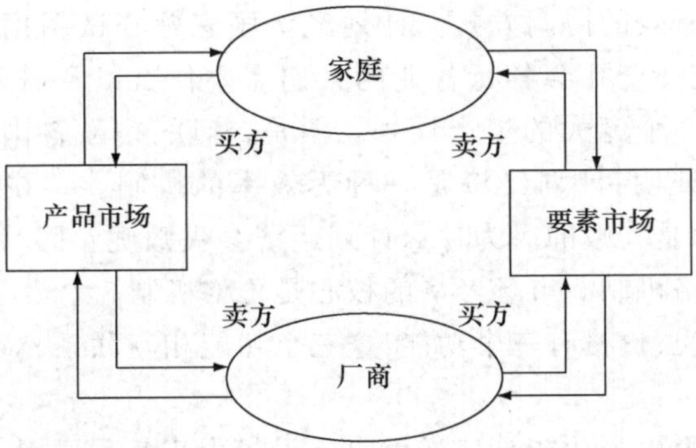

厂商和家庭在两个市场上的角色正好相反:在产品市场上,家庭是买方,厂商是卖方;在要素市场上,家庭是卖方,厂商是买方。

当然,这个循环流是现实经济的一个高度简化。现实中,不仅产品市场五花八门,要素市场也多种多样,一个特定家庭在要素市场上的买方与产品市场上的卖方通常并不相同。比如说,一个人受雇于一家玩具厂家,但他并不在玩具市场上购买玩具,即使购买玩具也不一定是购买他自己工作的那个厂家的玩具。这意味着单个厂商在要素市场上的支付与其在产品市场的收入并不是对应的。这一点对于理解厂商的运营非常重要。

另外需要补充的一点是,由于垂直分工,现实中的产品市场并不只是消费品市场,还包括原材料和中间产品市场。原材料和中间产品的交易是在生产者之间的交易,而不是生产者与消费者之间的交易,消费者并不会购买原材料和中间产品。经济的专业化和分工越深、越细,原材料和中间产品市场的比重就越大。事实上,衡量分工程度的一个主要指标是原材料和中间产品交易额在总交易中的比重。在大部分现代经济体中,原材料和中间产品的交易额相当于最终产品交易额的3倍左右。这一点对于理解货币与实体经济的关系非常重要,因为原材料和中间产品市场也是以货币为媒介的间接交易。凯恩斯主义经济学的总量分析之所以有问题,一个重要的原因是它忽略了中间产品的交易。

3.4.3 价格的功能

在市场经济中,不仅生产者和消费者分离,而且他们通常也互不认识,每个人都是自主的,没有任何人有权力直接命令他人生产什么和消费什么。那么,生产者和消费者是通过什么机制协调他们的生产决策和消费决策呢?价格!

价格是协调生产和消费的主要机制。市场经济的核心是价格机制。

在市场经济中,价格是以货币表示的交换比例,每种产品都有价格,每种生产要素也都有价格。并且,价格是在竞争中形成的,不是由任何单一的权威机构规定的。价格不仅决定生产什么和如何生产,而且决定收入分配(为谁生产)。价格机制自发地协调着生产和消费,被认为是人类最伟大的创造之一。在人类交易的过程中,再也找不到比价格机制更有效的协调方式。计划经济国家曾经试图用一个中央集权机构,去统计全社会各行各业的人们需要什么以及需要多少数量,并以此制定一个庞大的生产计划。但是,苏联、东欧各国以及中国等国家的实践证明:计划经济是一种无效率的机制。它在协调人类生产、消费方面是失败的。为什么计划经济会失败呢?因为这种经济体制消灭了价格机制。市场经济的核心是价格机制。

具体来说,价格有三个功能,这三个功能相互联系,对市场的运行至关重要。

价格有三个功能:传递信息、提供激励、决定收入分配。

价格的第一个功能是**传递信息**。设想由于某种原因,消费者对汽车的需求增加了,汽车的价格就会上涨,汽车生产厂家就会增加汽车的生产;为了增加汽车产量,汽车厂家就需要订购更多的零部件,这又会推动零部件价格的上涨,诱使零部件厂家增加生产;零部件产量的增加又会推动钢材、橡胶、玻璃等原材料价格的上涨,诱使钢材和橡胶产量的增加;钢材产量的增加又会推动铁矿石价格的上涨和产量的增加;如此等等。在这个过程中,消费者并没有命令厂家多生产汽车,较高的价格足以传递需求增加的信息。反过来,如果由于某种原因铁矿石的成本上升了,就会导致铁矿石价格的上涨;铁矿石价格的上涨会导致钢材价格的上涨,进一步导致零部件价格的上涨,最后导致汽车价格的上涨;汽车价格的上涨会导致消费者减少对汽车的需求。在这个过程中,厂家也没有命令消费者减少对汽车的需求,价格上涨本身足以诱使消费者这样做。

价格的第二个功能是**提供激励**。事实上,价格之所以能有效地传递信息,是因为它能同时给生产者和消费者提供激励。厂家的利润等于产品价格与生产成本之间的差额,如果厂家不根据产品价格和要素价格的变化调整产出和投入,它的利润就会减少。价格还会激励厂家寻找替代品和开发新技术。比如说,如果牛皮的价格上涨,汽车厂家就更愿意选择人造革作为替代;如果汽油的价格上涨,汽车厂家就更有积极性开发电动汽车。类似地,消费者偏好的满足程度依赖于产品的价格,如果消费者不根据产品价格的变化调整消费需求,他的效用就会降低。

价格的第三个功能是决定收入分配。价格之所以有激励功能,是因为它决定每个人的收入。工资作为劳动力的价格决定劳动力所有者的所得,利息作为资本的价格决定资本所有者的所得,地租作为土地服务的价格决定土地所有者的所得,利润作为产品价格和产品的差额决定企业家和企业所有者的所得。因此,价格的变化一定会引起收入的变化。比如说,汽车价格的上涨不仅会导致汽车厂家利润的增加,而且会导致汽车工人工资的上涨。

本章要点总结

自由交换给交易双方带来好处,因而增加社会总财富。

交换之所以发生,或者是由于个人偏好不同,或者是由于资源禀赋不同,或者是二者兼而有之。

交换促进了社会分工和专业化。分工和专业化使得每个人的绝对优势和相对优势得到发挥,并推动技术进步,从而使得社会总的生产可行性边界向外移动,每个人都可以消费更多的产品。

国际贸易遵循的基本原理是比较优势。每个国家专业化于自己具有比较优势的产业,国际贸易使所有国家的人受益。

比较优势既与资源禀赋有关,也有内生性。当今世界,垂直分工产生的内生性比较优势成为国际贸易增加的重要原因。

货币的出现克服了直接交换的不便,降低了交易成本,使得更大规模和更大范围内的交换成为可能。

货币是交易不断演化的结果,不是任何人发明的,更不是政府发明的。

市场经济中,消费者和生产者分离,消费者不生产自己消费的产品,生产者不消费自己生产的产品,价格是协调生产和消费的主要机制,货币成为度量经济活动的基本工具。

本章重要术语

直接交换　价格　绝对优势　比较优势　分工　垂直分工　间接交换　货币　交易成本　经济循环流模型

延伸阅读

关于比较优势和贸易的关系,保罗·海恩等《经济学的思维方式》第 2 章和曼昆《经济学原理:微观经济学分册》第 3 章做了较详细而通俗的讨论。罗伯特·墨菲《第一本经济学》第

6—8 课对直接交换、分工和货币的讨论非常引人入胜，更容易引导读者入门。阿尔弗雷德·马歇尔《经济学原理》第四篇第 9 章对分工的分析可以给读者更多的历史感。

思考与练习

1. 人们通常认为只有生产活动创造价值，而交换活动则不创造价值。但经济学家茅于轼教授却强调，交换是创造价值的。请谈谈你对茅于轼教授这一观点的理解。

2. 人为什么要进行分工？交换是如何促进分工的？

3. 货币的出现对于促进交换有什么作用？货币必须是政府发行的吗？如果货币由私人发行会怎么样？

4. 价格有哪些功能？政府对价格的管制会产生怎样的后果？

5. 什么叫比较优势？有经济学家认为，为了在国际竞争中胜出，就需要通过政府的扶持来确立一些主导产业的比较优势。对于这种观点，你有什么看法？

6. 在《政治经济学和赋税原理》[1]中，李嘉图曾经作出过如下论述：

> 英国的情况可能是生产布匹需要 100 个人一年的劳动，而如果要酿制葡萄酒则可能需要 120 个人劳动同样长的时间，因此英国看到了进口葡萄酒的利益并通过出口布匹来购买葡萄酒。葡萄牙生产葡萄酒可能仅需要 80 个人一年的劳动，而生产布匹则需要 90 个人一年的劳动。因此，出口葡萄酒换取布匹对它来说是有利可图的。即使葡萄牙进口的商品所需的劳动少于英国，这种交易也可能发生。虽然它能用 90 个人的劳动生产布匹，但它仍会从需要 100 个人的劳动生产布匹的国家进口布匹。因为它宁愿把资本投在葡萄酒的生产上并以此从英国换取更多的布匹，也不愿意挪用种植葡萄的一部分资本去生产布匹。

根据李嘉图的上述论述，请回答如下问题：

(1) 如果两国都是封闭经济，那么两国生产布匹和葡萄酒的成本是多少？在你讨论的过程中，使用的是什么样的“成本”概念？

(2) 从劳动生产率(即每个劳动力的产出)的角度看，两国在生产两种商品上的“绝对优势”如何(即哪个国家在生产商品时有更高的劳动生产率)？有人指出，葡萄牙无论是在布匹还是葡萄酒的生产上都较英国更有优势，因此完全可以自给自足，不需要贸易，这种观点是正确的吗？

(3) 让我们进行一些数值化的讨论。假设英国有 120 万劳动力，葡萄牙有 72 万劳动力。

A. 请分别画出两国在自给自足的条件下的生产可行性边界。

B. 请画出在自由贸易的条件下，两国的生产可行性边界。

C. 请画出在自由贸易的条件下，布匹的“供给曲线”，其中纵轴为布匹和葡萄酒的相对价格，横轴是两国布匹的总供给量。(注意，这个供给曲线是什么形状的?)根据这条供给曲线讨论，在各种相对价格条件下，两国的专业化状况。(例如，在布匹和葡萄酒的相对价格为 2 时，哪个国家会生产布匹，哪个国家会生产葡萄酒。)

D. 对于比较优势，李嘉图进一步做了如下论述：

> 英国将以 100 个人的劳动换取 80 个人的劳动产品。这种交易不会发生在同一国家的个人之间。100 个英国人的劳动不能与 80 个英国人的劳动交换，但是 100 个英国人的

劳动产品却能与80个葡萄牙人、60个俄国人或120个东印度人的劳动产品进行交换。

在你看来,李嘉图的上述论述是正确的吗?它在什么条件下可能是正确的(或基本是正确的)?

E. 你认为,在解释贸易的过程中,李嘉图的理论可能存在什么问题?该理论可以进行怎样的改进?

本章注释

[1] 大卫·李嘉图:《政治经济学及赋税原理》,郭大力、王亚南译,商务印书馆1987年版。

第4章 消费者选择与需求曲线

本章导读

本章我们讲授市场经济中的消费者决策和需求曲线。在经济学中，消费者决策简化为在满足收入约束的条件下，消费者如何选择不同产品的消费组合，实现个人效用的最大化问题。影响消费决策的因素主要包括个人偏好、产品价格和个人收入。我们首先利用无差异曲线和预算约束线推导出最优消费组合必须满足的条件和消费者对某种产品的需求曲线；然后分析需求如何随收入、价格和偏好等因素变化，如何用需求弹性度量需求对价格和收入的敏感性；最后，我们讨论如何将个人需求曲线加总，得到市场的总需求曲线。

4.1 最优消费组合选择

在市场经济中，对产品的需求来自消费者的选择。即使消费者并不直接购买原材料和中间品，对原材料和中间品的需求也间接来自消费者对最终产品的需求。如果没有消费者对汽车的需求，也就没有汽车厂商对零部件的需求，从而也就没有对用于零部件生产的钢材、玻璃、橡胶等原材料的需求。因此，理解消费者如何决策，对于理解市场经济的运行至关重要。

4.1.1 无差异曲线

下面我们来分析一个理性的消费者的决策行为。显然，对任何一个追求幸福的消费者而言，他的需要多种多样，并且在大部分情况下是永不满足的。他需要食品提供生存所需要的能量，并且需要不同品种的搭配保持营养的平衡；他还需要衣着御寒、遮羞；他也需要寓所来遮风挡雨和保证生命的安全；如此等等。在基本的生存需要得到满足后，他还想改善自己的生活，吃饱之后想吃好，御寒之后想穿得更美，有栖身之地后想住得更宽敞。他还想活得更自由，更有尊严，更受人尊重，有朋友和知己，个人的才智得到提升，有展示自己才华的舞台。他想看电影，听音乐，读书，周游世界，满足自己的好奇心，等等，举不胜举。

为了满足自己的需要，消费者必须从市场购买相应的产品。但他的收入是有限的，并不足以支付所有他想要的东西。即使对一个禁欲主义者来说，也很少不受到收入的约束。因此，他必须做出选择：什么欲望应该满足，什么欲望不应该满足；买什么，不买什么。一个人财富再多，如果不精心选择，早晚会变成穷光蛋。这就是俗话讲"穿不穷，吃不穷，计划不周一世穷"的含义。

为了分析的方便，让我们假定只有两种消费品的情况。[1] 我们假定消费者的偏好有一个很好的排序，并且可以用**无差异曲线**来表示。进一步，假定这两种产品对他来说都是多多益善，但他的收入有限。那么，为了最大化自己的效用，他每一种产品应该购买多少呢？具体我们以苹果和香蕉两种商品为例。图 4-1 中，横坐标代表苹果的消费数量，纵坐标代表香蕉的消费数量，对应的苹果和香蕉组合的无差异曲线如图所示。由于这两种商品都是多多益善，因此越向右上方的无差异曲线代表的效用水平越高。

无差异曲线： 能给消费者带来相同效用水平的两种商品的所有组合。

图 4-1　两种商品组合的无差异曲线

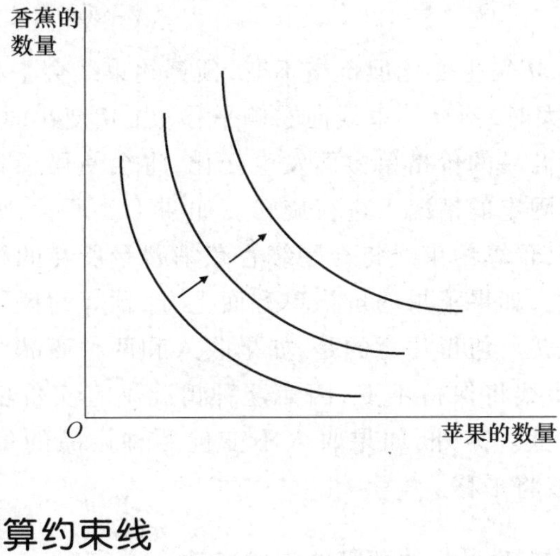

越向右上方的无差异曲线代表的效用水平越高。

4.1.2　预算约束线

因为用来支出的货币是有限的，所以消费者面临着一个约束：他消费苹果和香蕉的总支出不能够超过自己的总收入。如果我们用 p_a 表示苹果的价格，x_a 表示苹果的消费量，p_b 表示香蕉的价格，x_b 表示香蕉的消费量，M 表示他的货币收入，那么，他对苹果和香蕉的需求满足如下预算约束条件：

$$p_a x_a + p_b x_b \leqslant M$$

即总支出不能超过总收入。由于每种产品对他来说都是越多越好，他一定会把所有收入都花完，即预算约束的等式成立。这表明在给定总收入 M 的前提下，苹果和香蕉的最大消费数量之间存在着此消彼长的

预算约束线：用于购买商品的总支出等于总收入。

线性关系。如果他想增加苹果的消费，就必须减少香蕉的消费；反之亦然。图 4-2 给出了两种商品组合的**预算约束线**。这条预算约束线的斜率就等于香蕉的价格与苹果的价格的比率(负值)，即 $-p_a/p_b$；两个截距值分别代表将所有支出 M 都购买苹果或者都购买香蕉时对应的最大消费数量，即分别为 M/p_a 和 M/p_b。预算约束线上的所有消费组合都是可行的。

预算约束线上的所有消费组合都是可行的。

图 4-2　两种商品组合的预算约束线

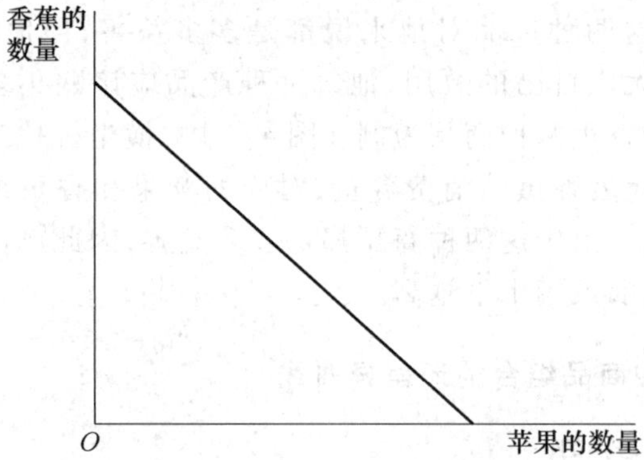

如果收入 M 发生变化但价格不变，预算约束线会平移。如图 4-3 所示，当 M 变大时，预算约束线向右侧平移；当 M 变小时，预算线向左侧平移。某种商品的价格单方面发生变化，将会使得预算约束线在另一商品的截距固定的情况下进行旋转。如图 4-4 所示，如果苹果的价格单方面下降，预算约束线将会围绕香蕉消费量所在的纵轴截距值向外侧旋转；反之，如果苹果的价格单方面上升，预算约束线将会围绕同一点向内侧旋转。值得注意的是，如果收入和两种商品的价格同比例变动，预算约束线将保持不变，因为这种情况下真实价格和真实收入都没有发生改变。另外，如果收入不变但两种产品的价格同比例变化，预算约束线将平移。

图 4-3　收入变动引起的预算约束线变动

收入变动但价格不变时，预算约束线将平移。

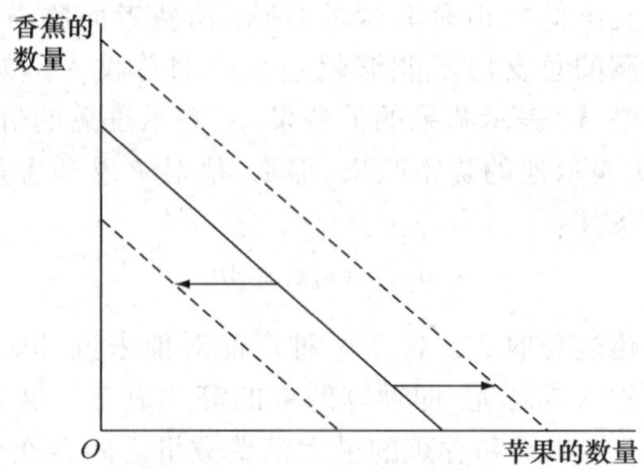

图 4-4　苹果价格单方面变动引起的预算约束线变动

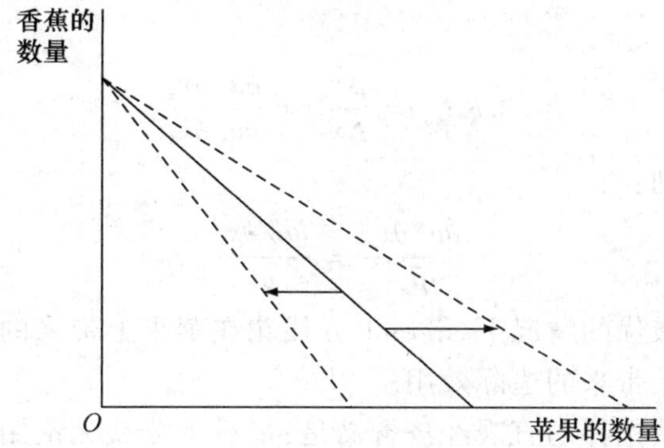

某种商品的价格单方面变动时，预算约束线将发生旋转。

4.1.3　最优消费组合

给定消费者的偏好(无差异曲线的形状)、预算约束和价格，消费者需要作出的选择是购买多少苹果和香蕉才能实现最大的效用水平。在图 4-5 中，我们同时画出了预算约束线和三条无差异曲线。无差异曲线 u_2 代表较高的效用水平，但超出了预算约束线，因而是不可行的；无差异曲线 u_1 满足预算约束因而是可行的，但没有达到最大可能的效用水平。从图中可以看出，满足预算约束的最大可能的效用水平是无差异曲线 u_0，并且这个最大效用水平只有在消费者选择 A 点时达到，满足预算约束的所有其他消费组合都只能位于较低的无差异曲线上。

图 4-5　最优消费选择

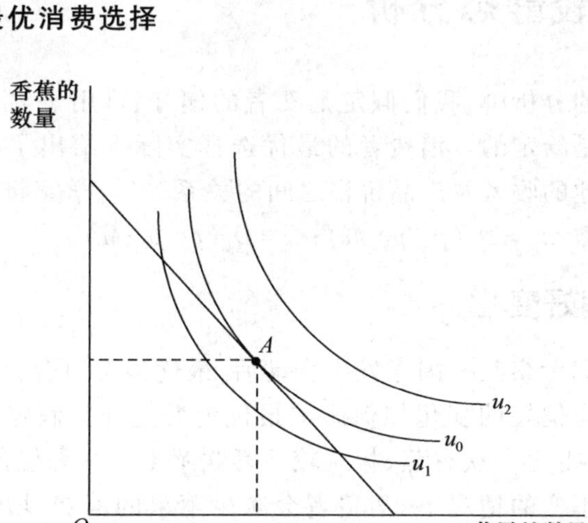

最优消费选择位于无差异线曲线和预算约束线的切点。

直观上来看，最优的消费组合 A 点满足这样一个条件：经过它的无差异曲线与它所在的预算约束线相切。由于预算线的斜率的绝对值是两种商品的价格之比，p_a/p_b，而无差异曲线的切线的斜率为边际替代率：

$$MRS_{ab} = \frac{\Delta x_b}{\Delta x_a} = \frac{\partial u/\partial x_a}{\partial u/\partial x_b}$$

由此可以得到：

$$\frac{\partial u/\partial x_a}{p_a} = \frac{\partial u/\partial x_b}{p_b}$$

这意味着在最优的情况下，最后1分钱花在苹果上带来的边际效用等于花在香蕉上带来的边际效用。

最优消费选择的直观经济含义是：最后1分钱无论用于哪种商品的消费，给消费者带来的满足程度是一样的。如果这个等式不成立，那么说明消费者可以在相同的预算下，通过变换消费结构，降低单位边际效用低的商品消费，增加单位边际效用高的商品消费，从而让自己的福利进一步提高。这说明当前状态就不是效用最大化状态了。

消费者的最优选择满足单位货币的边际效用在所有产品上都相等，这一结论可以扩展到N种产品的决策问题。也就是说，无论偏好中包含的是食品、衣服、住宅，还是旅行工具、娱乐手段、知识产品（如图书），花在不同产品上的最后1分钱都必须带来相同的边际效用。当然，现实的消费者选择很难满足这个条件，因为人们并不拥有完全信息，也没有那么高的计算能力，并且，好多产品在量上是不可分割的。

4.2 比较静态分析

在前面的分析中，我们假定消费者的偏好、可用于支出的收入和产品的价格是给定的。消费者的最优选择实际上给出了他对某种产品的需求与他的收入及产品价格之间的关系，经济学家将这种关系定义为**需求函数**：$x_a = D_a(p_a, p_b; M)$；$x_b = D_b(p_a, p_b; M)$。

需求函数：
需求量与价格、收入的关系。

4.2.1 偏好变化

本节我们考察某一因素发生变动后，最优消费组合会出现何种变化。首先考虑偏好的变化如何影响最优消费选择。假定由于某种原因，消费者变得更喜欢香蕉，相对较不喜欢苹果。容易想象，在预算收入和价格都不变的情况下，消费者会减少苹果的消费，增加香蕉的消费。我们可以用图4-6证明这一点。如图所示，当消费者变得相对更加喜欢香蕉时，无差异曲线会变得较为平坦，这是因为，相对原来偏好下的任何一点消费组合，消费者愿意用较少的香蕉替代1单位的苹果,因而无差异曲线的斜率(绝对值)变小了。在新的偏好下,原来的最优选择就不再是最优的了,因为最后 1 分钱花在苹果上的边际效用小于花在香蕉上的边际效用,消费者会减少苹果的消费同时增加香蕉的消费,直到两种产品上的边际效用相等为止(注意,每种产品的边际效用都是递减的)。比较新的最优点 B 和原来的最优点 A,香蕉的消费量增加了,苹果的消费量降低了。

图 4-6　不同偏好对应的不同选择

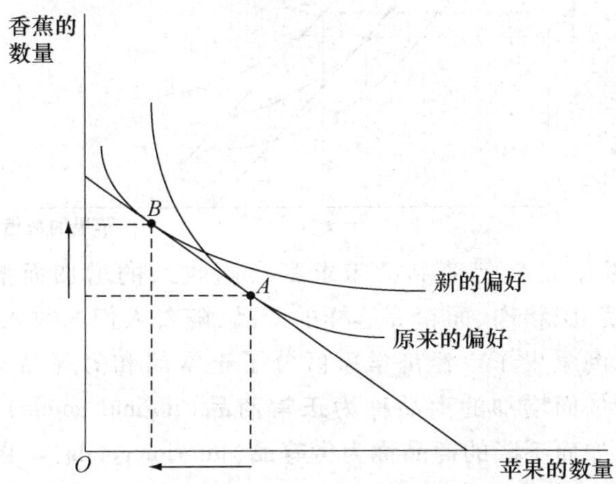

如果消费者变得更喜欢香蕉,香蕉的消费将增加,苹果的消费将减少。

经济学家通常不研究人的偏好如何变化和为什么变化,但现实表明,人的偏好确实会随时间变化,并且变化的原因有时也是显而易见的。比如说,当一个人体检时被发现血糖太高,他就会变得不喜欢含糖量高的商品;有些产品消费多了会上瘾,消费者对它的偏好就会增加;生活在社会中,人们也有跟随时尚的习惯,因此,当一种产品变得时尚时,消费者就会更偏好于它。新的知识和新的观念也会改变人的偏好。比如说,中国人过去习惯于喝白酒而不是葡萄酒,但当人们认识到葡萄酒比白酒更有利于身体健康时,许多人就开始用葡萄酒替代白酒。

4.2.2　收入变化

接下来我们固定消费者的偏好,考察随着预算约束线的变动,最优消费组合如何变动。根据前面的讨论,预算约束线的变动主要是由收入和价格变动造成的。我们先考察由收入变动引起的预算线变动如何影响最优消费选择。

前面已经指出,在价格不变的情况下,收入的变化引起预算约束线的平移。图 4-7 显示的是收入增加后对消费决策的影响。如图所示,随着收入的增加,预算约束线向右移动,消费者可以达到更高的效用水平。最优消费组合由 A 点移动到 E 点,对应的两种商品消费数量都增加了。

图 4-7　收入增加对正常商品组合的影响

对正常商品组合而言，收入的增加使最优消费组合由 *A* 点移动到 *E* 点，两种商品的消费量都增加了。

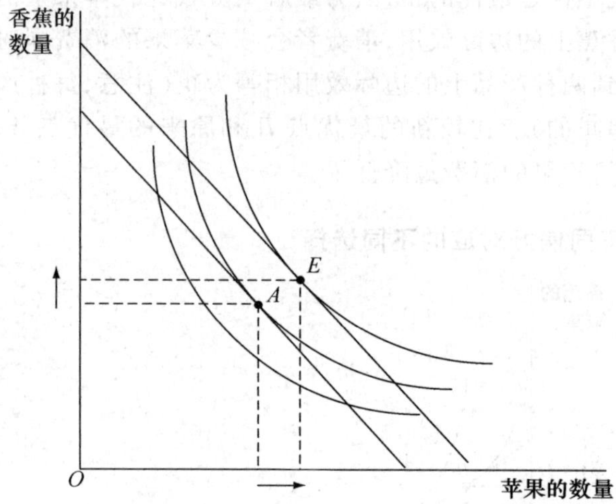

正常商品： 需求量随收入的增加而增加。

劣等品： 需求量随收入的增加而减少。

当然，并不是任何商品的需求都会随收入的增加而增加。事实上，像大白菜、肥猪肉、面粉等这样的产品，随着人们的收入提高，对它们的消费反倒减少了。经济学家区分了正常品和劣等品。消费数量随着收入增加而增加的商品称为**正常商品**（normal goods）；消费数量随着收入增加而下降的商品称为**劣等品**（inferior goods）。图 4-7 展示的是两种商品都是正常商品的情况，图 4-8 展示了其中一种商品（肥猪肉）是劣等品的情形。

图 4-8　一种商品是劣等品的情况

当一种商品是劣等品时，收入的增加使最优消费组合由 *A* 点移动到 *E* 点，正常品的消费量增加，劣等品的消费量减少。

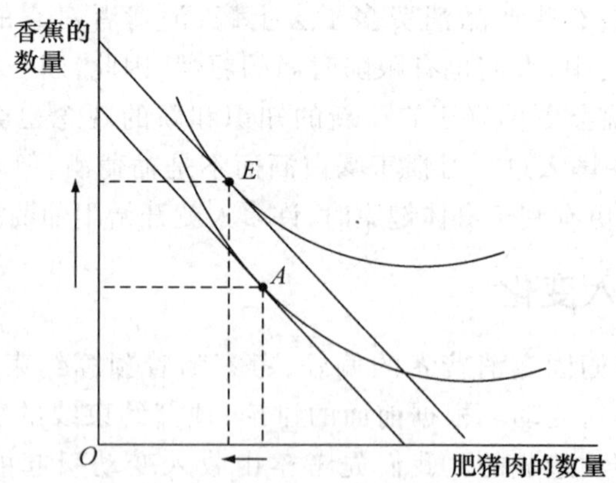

4.2.3　价格变化

接下来我们假定偏好和收入不变，看看价格的变化如何影响消费选择。如果香蕉的价格不变，苹果的价格下降时，给定的收入可以买到更多的苹果，因而预算约束线会向外侧旋转，如图 4-9 所示。此时，消费者可以达到更高的无差异曲线，最优的消费组合从 A 点移动到 B 点，即苹果的消费量由 a_1 增长到 a_2；香蕉的消费量由 b_1 下降到 b_2。也就是说，消费者对相对价格下降的商品（苹果）的需求增加了，对相对价格上升的商品（香蕉）的需求减少了。

图 4-9　苹果价格下降的情况

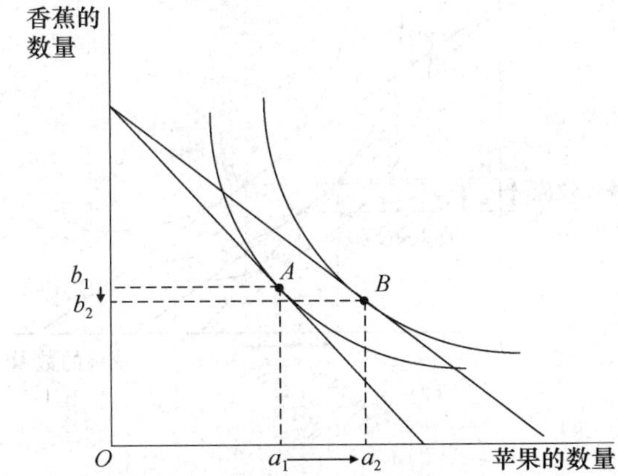

苹果价格的变化使最优消费组合由 A 点移动到 B 点，对苹果的消费量增加了，对香蕉的消费量减少了。

读者可能会问：是不是所有商品的需求都随自身价格的下降而增加呢？答案是否定的，尽管就绝大部分我们所知道的产品来说，答案是肯定的。为了了解这一点，我们需要把价格变动的收入效应和替代效应区别开来。当香蕉价格不变而苹果价格下降时，一方面，相对于香蕉而言，苹果的相对价格下降了；另一方面，在名义收入数值不变的情况下，消费者的真实收入增加了。这两种因素导致的苹果消费数量的变动分别被称为替代效应和收入效应。[2]

我们可以用图 4-10 来说明这一点。首先，我们将经过 B 点的新的预算约束线向左侧平行移动，让这条平行线与经过 A 点的原来的无差异曲线相切于 C 点。这样，C 点就是在新价格下维持与原价格下相同的效用水平的最优消费组合，也就是维持真实收入不变的新的最优消费组合。A 点与 C 点的横坐标之差，相当于真实收入不变的情况下单纯由于比价下降造成的苹果消费数量的变动，因而称为**替代效应**（substitution effect）。从 C 点到 B 点的变动，则是相当于比价不变的情况下，由于真实收入增加造成的苹果消费数量的变动，因而称为**收入效应**（income effect）。苹果价格下跌引起的从 A 点到 B 点的变动是这两种效应之和，统称为**价格效应**。

替代效应：
在真实收入不变的情况下，由相对价格变化引起的需求的变化。

收入效应：
由于收入变化引起的需求的变化。

价格效应：
由价格变化引起的收入效应和替代效应之和。

从上一节最优化条件我们知道，给定收入，达到一定无差异曲线的最优选择只与相对价格（即价格比率）有关，这意味着价格变动的替代效应一定是使得对某种商品的需求随该商品的价格下降而上升。

而本节前面有关收入变动对需求的影响表明,正常商品的收入效应是正的,而劣等品的收入效应是负的。

图 4-10　替代效应与收入效应

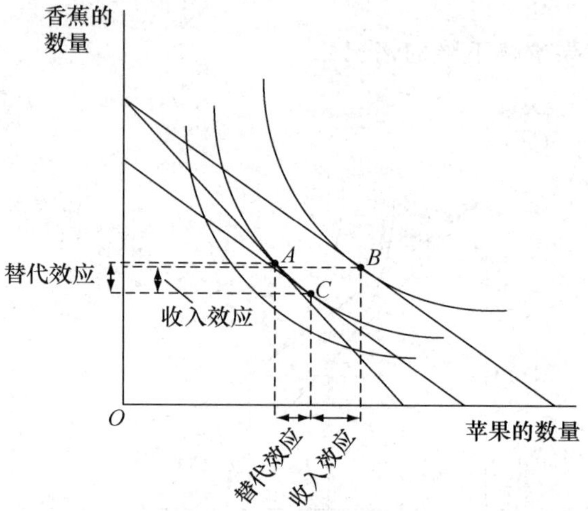

从 *A* 点到 *C* 点的变动是替代效应,从 *C* 点到 *B* 点的变动是收入效应。

在图 4-10 中,收入效应和替代效应方向相同,这说明苹果是正常商品。如果收入效应和替代效应方向相反,对应的商品就是我们前面提到的劣等品。在劣等品中,理论上讲存在着一种极为特殊的商品,它的收入效应的绝对值大于替代效应,被称为**吉芬商品**(Giffen goods)。吉芬商品随着其自身价格下降,消费者对它的需求反而减少,因为价格下降导致的负收入效应大于替代效应。反过来,吉芬商品越贵,其对应的消费量越多。

吉芬商品:
需求随价格的下降而下降的商品。

知识拓展

吉芬商品

吉芬商品是指随着商品的价格上升,消费者对其需求量反而增加的商品。19 世纪英国人吉芬统计了 1845 年爱尔兰发生灾荒期间,当地土豆价格和消费数量的数据。实际上,吉芬本人并没有在此数据上建立相关的理论,也没有把数据结果与经济学知识联系到一起。第一个注意到吉芬商品的是剑桥大学教授、经济学家马歇尔。后者从吉芬的数据中发现:随着爱尔兰土豆价格的上涨,土豆的需求量反而增加了。这一现象与传统的经济学需求理论直观背离,在当时被称为"吉芬难题"。此后,在经济理论中,这类需求量与价格呈同方向变动的特殊商品被称作吉芬商品。

但是吉芬发现的爱尔兰土豆并不完全符合马歇尔给出的吉芬商

品的定义。按照马歇尔的观点,吉芬商品的特殊性在于:它的收入效应与替代效应方向相反且其幅度超过替代效应。在这个过程中,需要假定除了商品价格外其他因素保持不变。但是 1845 年爱尔兰饥荒的存在本身不满足上述条件,因为当时人们的偏好等其他因素也在变化。例如,下雨天雨伞价格上涨,但是雨伞的消费量反而增加。但我们不能说雨伞是吉芬商品,因为雨伞本身连劣等品都不是。之所以雨伞的消费量上升,不是因为其价格上涨,而是因为下雨改变了人们的偏好。由此可见,爱尔兰土豆并不能算是严格意义上的吉芬商品。此外,有人认为股票是吉芬商品,因为股票价格上涨通常伴随交易数量的增加。这显然是不成立的,因为股票是用来投资的对象,根本不是用来消费的商品,自然也不是吉芬商品。

对于吉芬商品的存在与否,学术界一直存在着争议。一些学者(如张五常等)认为不存在吉芬商品,但没有严格证明这个命题。另一些学者(如汪丁丁等)则认为存在吉芬商品,但没有找到一个令人信服的吉芬商品。[3]

以上我们讨论的是一种商品价格的变化如何影响对该种商品的需求。但我们同样可以用图 4-9 和图 4-10 分析一种商品价格的变化对其他产品需求的影响。一般来说,如图所示,一种商品(如苹果)价格的下降会减少替代品(如香蕉)的需求;反之亦然。对互补品而言,情况正好相反。

对于特殊的无差异曲线,有可能出现一些极端的情况。图 4-11 给出了两种完全互补商品(A 和 B)的无差异曲线。当一种商品的价格下降时,该商品的消费数量增加,但是其替代效应却为零,所有的消费变化都是由收入效应造成的。

图 4-11　互补品的替代效应与收入效应

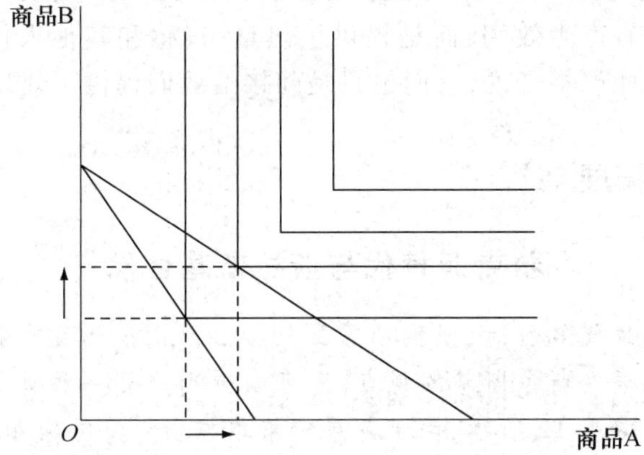

对互补品而言,相对价格的变化会带来收入效应,但替代效应为零。

4.2.4 间接效用函数

在前面的讨论中,我们把消费者的偏好定义在产品上,这样定义的效用函数被称为**直接效用函数**(direct utility function)。我们把产品价格和收入作为消费者选择的参数,它们通过预算约束影响消费者的选择。但消费者的最优选择表明,给定偏好,影响效用水平的产品消费组合完全是由价格和收入决定的。因此,我们也可以把效用函数定义在价格和收入水平上,其办法是把需求函数代入直接效用函数,由此构造出一个复合效用函数。这样定义的复合效用函数被称为**间接效用函数**(indirect utility function)。之所以称为间接效用函数,是因为自变量收入和价格对效用的影响是通过对消费组合的影响而间接发挥作用的。

在数学上,直接效用函数可以表示为:$u(x_1, x_2, \cdots, x_N)$。而间接效用函数则表示为:

$$v(p_1, p_2, \cdots, p_N, M) = \max u(x_1, x_2, \cdots, x_N)$$

$$s.t. \quad \sum_{i=1}^{N} p_i x_i = M$$

直接效用函数中,效用水平的高低依赖于物品和服务的消费。间接效用函数中,效用水平取决于你有多少钱可以花,这容易产生日常生活中人们把幸福等同于钱的幻觉。事实上,人们之所以喜欢钱,并不是因为它给我们带来直接的效用,而是因为它能买到我们喜欢的东西,这些东西才是我们需要的。金钱本身只是手段,不是目的。我们可以通过花费金钱购买商品来间接获得效用。当然,如果金钱可以买到任何我们想要的东西,把金钱等同于幸福也没有大错。但事实上,即使在市场经济中,与我们的幸福相关的许多东西也无法用金钱买到,尽管确实有许多东西可以用金钱买到。这是我们必须记住的一点。

其实,直接效用函数本身也不是绝对意义上的"直接",比如苹果和香蕉并没有产生效用,而是提供了热量、口感和其他人体需要的营养物质。因此严格来说,它们也只是间接给我们提供了效用。

知识拓展

希克斯替代与斯拉斯基替代

在探讨替代效应时,我们通常最初接触到的是希克斯提出的替代效应。但是根据斯拉斯基的观点,还可以得到另外一种计算替代效应的口径。如图 4-12 所示,由于苹果价格单方面下降导致预算线 *RS* 向外旋转至虚线线段 *RT*。不同于希克斯的做法,斯拉斯基将该预算线

向左平移到穿过 A 点的位置就结束了。由此得到的新预算线和消费者的某一无差异曲线 U_1' 相切于 D 点，A 点与 D 点的横坐标差 F_1E 即为斯拉斯基替代效应。希克斯替代要求预算线回归到最优的消费组合恰好与 A 点对应的效用相同；斯拉斯基替代要求预算线回归到恰好可以购买 A 点的消费组合的位置。

图 4-12　斯拉斯基替代效应

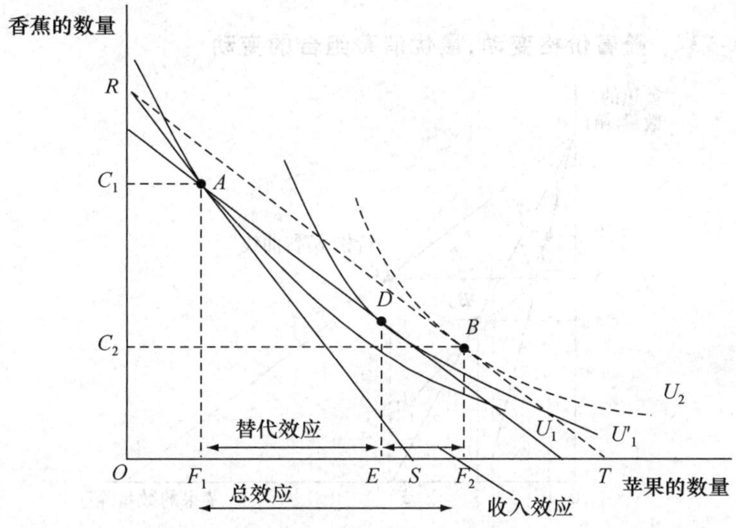

注：约翰·希克斯(John Hicks)，1972 年诺贝尔经济学奖获得者，英国著名经济学家。欧根·斯拉斯基(Eugene Slutsky)，乌克兰、苏联著名经济学家、数学家、统计学家，以斯拉斯基方程、斯拉斯基替代闻名于世。

4.3　个人需求曲线与需求法则

4.3.1　需求曲线

根据前面的比较静态分析，一种商品如果不是吉芬商品，那么随着它的价格下降，消费者将会增加对它的消费量。这样我们可以构建出一个以其价格为自变量、以需求量为因变量的个人需求函数，在几何图形上，这个需求函数就是一条向下倾斜的**需求曲线**。

需求曲线：消费者对产品的需求量与该产品价格之间的关系。

在图 4-13 中，我们标出了对应苹果的三个不同价格水平的三条预算约束线(假定香蕉的价格不变)。随着苹果价格单方面下降，最优的消费组合分别是 A、B、C 三个点。对应的消费者的三个效用水平分别为 U_1、U_2、U_3，苹果消费数量分别为 1、3、5 箱。图 4-14 中，我们用纵坐标代表苹果的价格，横坐标代表苹果的需求量，由此得到一条向下倾斜的需求曲线,即价格与需求量的对应关系。三个最优消费组合对应的苹果需求点位分别是 A'、B'、C'三个点。这里,需求是因变量,价格是自变量。注意,需求曲线上自变量和因变量在坐标上的安排不同于一般数学坐标系的习惯安排。数学上,自变量通常用横坐标表示,因变量用纵坐标表示。经济学家用横坐标表示需求量(因变量),纵坐标表示价格(自变量),是沿用了英国经济学家马歇尔最初的做法。

图 4-13　随着价格变动,最优消费组合的变动

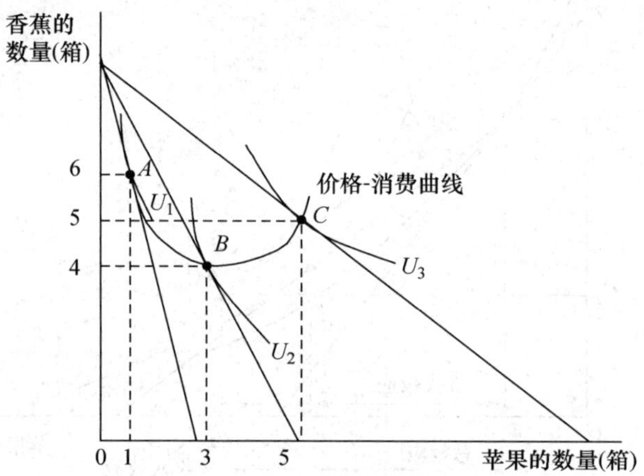

图 4-14　对应的苹果的需求曲线

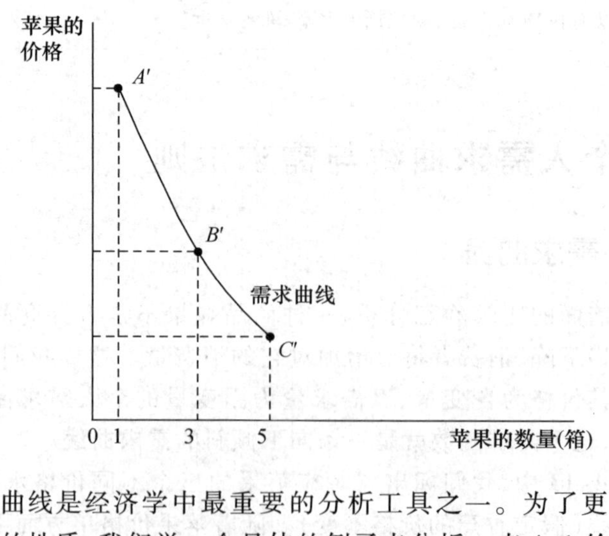

需求曲线是经济学中最重要的分析工具之一。为了更好地了解需求曲线的性质,我们举一个具体的例子来分析。表 4-1 给出了某消费者的需求表,即苹果的购买量与价格之间的关系。

表 4-1　苹果的需求表

价格(元/箱)	购买量(箱)
500	1
450	2
400	3
350	4
300	5
250	6
200	7
150	8
100	9

从表中可以看出,如果苹果的价格是 500 元/箱,消费者会买 1 箱。如果价格降低到 450 元/箱,他会买 2 箱。以此类推,随着价格下降,需求量不断增加,一直到价格降低到 100 元/箱,消费者会买 9 箱。该表反映出了需求量与价格之间的负相关关系。

如果我们把表 4-1 用图形表示,就得到图 4-15 所示的苹果的需求曲线。从图中可以看出,需求量随着价格的下降而增加,随着价格的上升而减少,需求曲线是向右下方倾斜的直线。当然在经济学中,需求曲线并不一定是线性的,但只要不是吉芬商品,商品的价格和需求量之间必然存在着负相关关系。

图 4-15　苹果的需求曲线

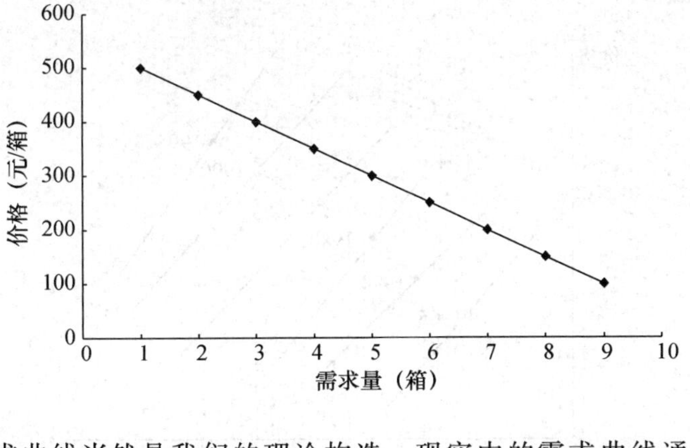

需求曲线当然是我们的理论构造。现实中的需求曲线通常是不易观察到的,我们能观察到的是实际的价格数据和人们的实际购买量,并不是我们这里讲的需求曲线。图 4-16 是假想的某个消费者对某商品在不同年代的购买数量及支付的价格。[4] 从中我们可以看到：虽然价格在不断上升，商品的购买量却在不断增长。这貌似与图4-15所示的需求曲线形状相悖。这是什么原因呢？它和我们讲到的需求理论冲突吗？

图 4-16　不同时期的价格与购买量变化

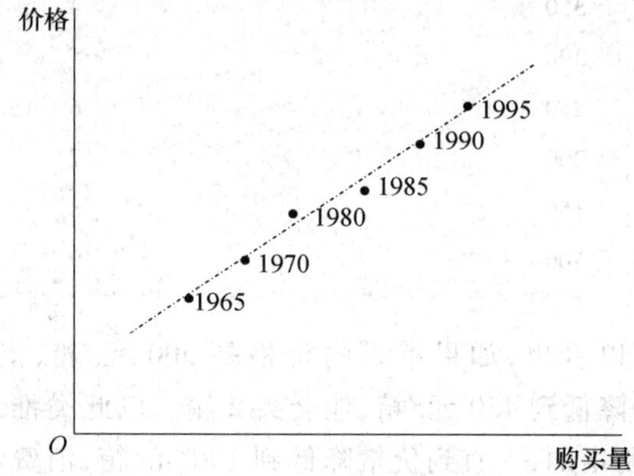

其实并不冲突。因为需求曲线反映的是在其他因素不变的情况下，消费者对某种商品的需求如何随该商品的价格变化而变化。但在现实中，随着时间的推移，收入、其他商品的价格甚至偏好都在变化。图 4-16 中的购买量是所有这些因素共同作用的结果。实际上，它是不同时点上不同需求曲线上的点的连线，其中每个点对应的是特定年份的向下倾斜的需求曲线，如图 4-17 所示。

图 4-17　不同时期的需求曲线

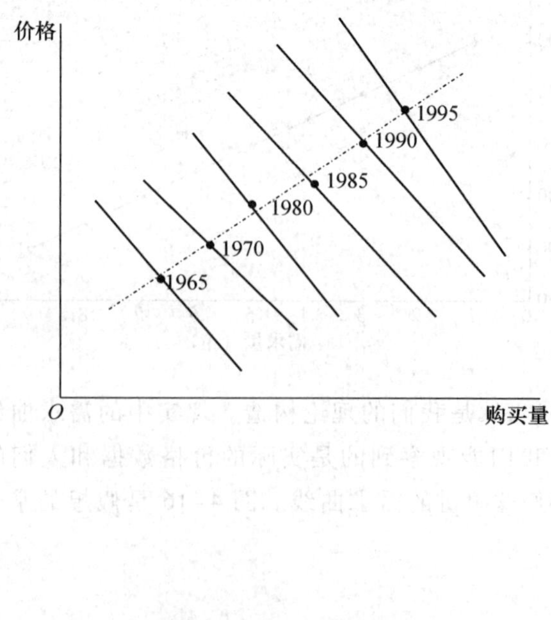

4.3.2 需求曲线的移动

初学经济学的人容易把需求量沿着需求曲线的变化与需求曲线本身的移动相混淆。需求曲线是向下倾斜的,但需求曲线本身可能随着时间而移动。现实中观察到的价格和购买量之间的关系是两种变动共同作用的结果。

需求曲线反映的只是需求量与该商品价格之间的关系。为什么需求曲线会移动？因为影响需求的因素不只是该商品的价格,还有收入水平、消费者的偏好、其他商品的价格、法律和社会规范、外部环境以及价格预期等等。由此可见,需求量本身是一个多元函数,其对应的函数形式可以写为：$x = D(p, M, u, p_1, p_2, \cdots)$。其中,$p$ 为本商品价格,M 为总收入,u 代表消费者偏好,p_1、p_2 等代表其他商品的价格。需求曲线是在假定其他因素不变的情况下推导出的。如果其他因素方生变化,需求曲线就会移动,如图 4-18 所示。

图 4-18　其他因素的变化导致需求曲线移动

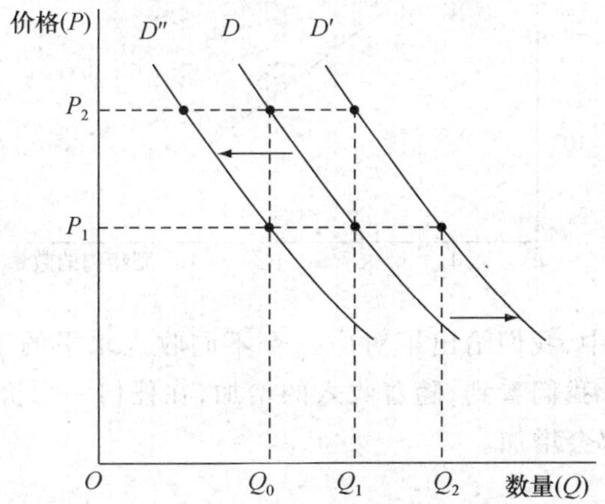

现在我们就来分析一下其他因素变化导致的需求曲线的移动。首先看收入变化如何引起需求曲线的移动。在无差异曲线和预算约束线的坐标图中,收入的变化表现为预算约束线的平移。对于正常商品而言,给定价格和偏好,如果消费者的收入增加,他对商品的需求就会增加(参见图 4-7);如果消费者的收入减少,他对商品的需求就会减少。对于劣等品而言,情况正好相反(参见图 4-8)。

如果我们用纵坐标表示消费者收入的变化值,用横坐标代表消费者最优消费组合对应的苹果消费的数量,那么我们就可以得到关于苹果的收入-消费变动曲线,这一曲线被称为**恩格尔曲线**(参阅专栏文章“恩格尔系数和恩格尔曲线”)。图 4-19 和图 4-20 分别显示了正常商品和劣等品的需求如何随消费者收入变化而变化的情况。

图 4-19　正常商品的恩格尔曲线

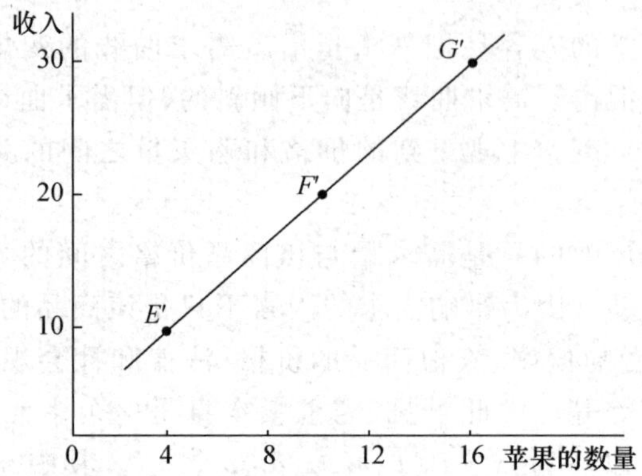

图 4-20　劣等品的恩格尔曲线

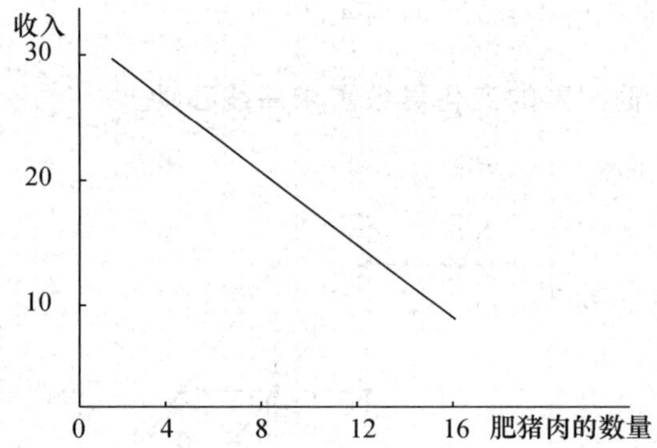

图 4-21 中，我们给出了对应三个不同收入水平的正常商品的三条需求曲线。我们看到，随着收入的增加，在任何一个价格水平下，消费者的需求都会增加。

图 4-21　收入增加引起的需求曲线移动

收入增加，需求曲线向右移动。

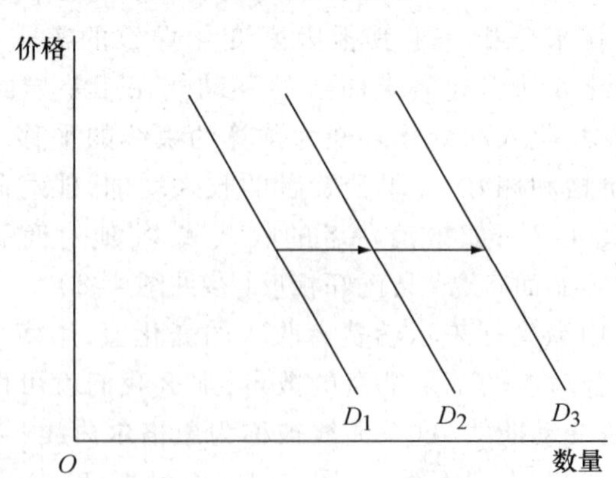

在给定其他条件不变的情况下，一种商品的价格发生变动也会影响其余商品的需求，比如说，苹果价格的变化会影响香蕉的需求。如果一种商品价格上涨导致另一种商品的需求上升，则称二者为**替代品**。如果替代品的价格上升，那么原商品的需求就会增加；如果替代品的价格下降，那么原商品的需求就会减少。为什么长期以来北京市的公共交通价格很低？有一个原因是鼓励大家选择公共交通出行替代私家车消费。同理，研究飞机市场离不开火车、长途汽车市场，这些都是飞机的替代品。

替代品：
一种商品价格上涨导致另一种商品的需求上升。

与替代品相对应的一类商品是互补品。如果一种商品的价格上涨导致另一种商品的需求下降，则称二者为**互补品**。汽车和汽油、隐形眼镜和护理液、游泳衣和泳镜等都是互补品。有一些东西无法定义互补还是替代。举一个制度的例子：法律和社会规范一方面可以说是替代的，如果大家都遵守社会规范，法律就不需要了；另一方面，也可以说它们是互补的，从历史上看，社会规范好的地方，法律制度也很健全。

互补品：
一种商品的价格上涨导致另一种商品的需求下降。

图 4-22 和图 4-23 分别给出了需求曲线如何随替代品和互补品价格的上升而移动的情况。其中，替代品价格的上升导致需求曲线向右移动，互补品价格的上升导致需求曲线向左移动。注意，其他产品价格变化引起的需求曲线的移动不一定是平行移动，因为不同价格水平下价格变化对需求的影响可能是不同的。

图 4-22　替代品价格上升引起的需求曲线移动

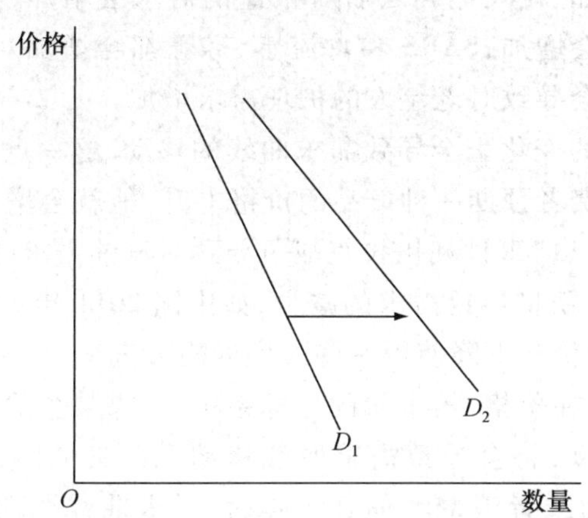

替代品价格上升，需求曲线向右移动。

图 4-23　互补品价格上升引起的需求曲线移动

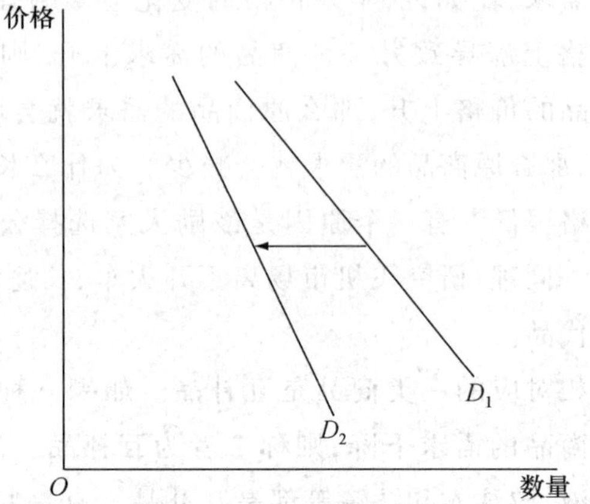

互补品价格上升，需求曲线向左移动。

除了收入和其他产品价格的变化外，偏好的变化也会引起需求曲线的移动。人的偏好可能随外在的风俗发生变化。比如，随着人们生活水平的提高，国民消费习惯逐渐与西方融合，品红酒风气渐渐兴起，红酒的需求曲线就向右移动。人的偏好也可能是因为内在的个人的消费经验发生变化。有的消费可能会让人上瘾，比如香烟。吸烟越多，人对香烟的偏好越强；而对于从没有吸过烟的人而言，他对香烟的偏好就很低。

社会规范和法律的变化也会引起需求曲线的变化。比如，保护野生动物的法律出台和社会规范的形成，会影响到对象牙、皮草和鱼翅的需求量。关于环境保护的法律和文化会减少我们对一些产品的需求，比如在公共场合禁烟会减少对烟的需求量。外部环境的变化也会影响需求。比如，在大地震之后对帐篷的需求会增加，洪水泛滥时期对舟船的需求会增加；SARS 和禽流感、雾霾都会增加对口罩的需求；独生子女政策会导致对老年人的护理需求增加。

预期价格的变化也会导致需求曲线的移动，这一点对耐用品尤为显著。如果消费者预期一种产品的价格上升，他就会增加对这种产品的需求，如“9 · 11”事件和伊拉克战争导致对汽油需求的突然增加；相反，预期价格下跌将导致需求的减少，如中国 2011 年 11 月加入 WTO 之后，预期汽车价格下降使得一些人推迟购买汽车。

综上所述，在价格-需求量的坐标系中，如果某个除自身价格以外的因素发生变动，将会导致需求曲线移动。在其他因素不变的情况下，当收入增加或者消费者偏好增强时，需求曲线会向右侧移动；反之，当收入减少或者消费者偏好降低时，需求曲线会向左侧移动。此外，其他商品的价格变化也会影响需求曲线的位置。如果替代品价格单方面上涨，将导致本商品的需求曲线向右侧移动，也就是对本商品的需求增加了;如果互补品价格单方面上涨,将导致本产品的需求曲线向左侧移动,也就是对本商品的需求减少了。

4.3.3 消费者剩余

价格变化如何影响消费者的福利?要回答这个问题,我们需要引入一个重要的概念:**消费者剩余**(consumer surplus)。消费者剩余,是消费者宁愿付出而不愿意得不到此物的最大价格与消费者为此物实际支付的价格之间的差额。比如,我愿意为一箱苹果最多支付 500 元,但实际上根据商家标价支付了 200 元,中间的 300 元差额就是我在这次交易中获得的消费者剩余。消费者宁愿付出而不愿意得不到此物的最大价格可以理解为他从消费此物中得到的收益。在市场当中,交易都是自愿的,每个消费者付出的代价不会大于他得到的收益,否则交易就不可能进行,也就是说,交易一定会给消费者带来至少大于零的消费者剩余。在前面苹果的例子中,根据表 5-1,如果价格是每箱 500 元,消费者刚好愿意购买 1 箱,此时没有消费者剩余。如果苹果的实际价格是每箱 300 元,消费者愿意购买 5 箱,此时获得了 500 元剩余,如图 4-24 所示。

消费者剩余: 消费者宁愿付出而不愿意得不到此物的最大价格与消费者为此物实际支付的价格之间的差额。

图 4-24　消费者剩余

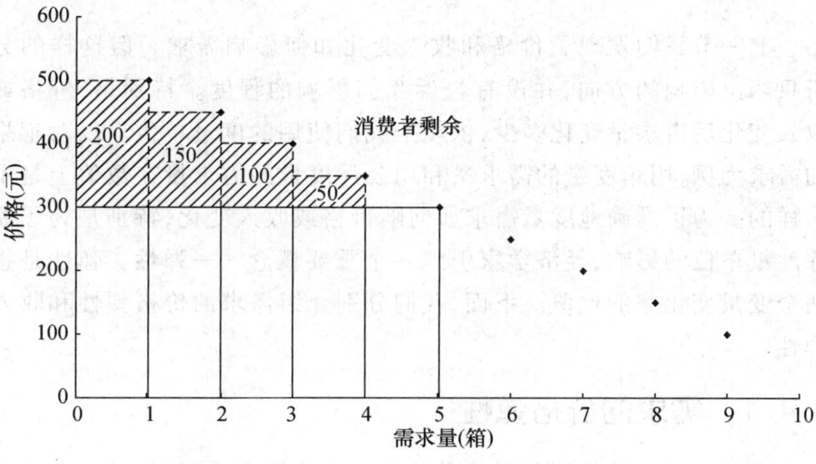

如果需求曲线是连续的,我们可以得到消费者剩余的一般形式。如图 4-25 所示,消费者剩余是纵坐标、需求曲线和价格水平线围成的区间,即图中的阴影部分。

从图中可以看出,价格下跌会增加消费者剩余,价格上升会减少消费者剩余。生产者之间的竞争,本质上就是为消费者创造剩余的竞争。在市场中,谁给消费者带来的消费者剩余多,谁就能够获胜。企业的直接目标是利润,但是前提是要给消费者带来幸福。这就是为什

图 4-25　消费者剩余的一般形式

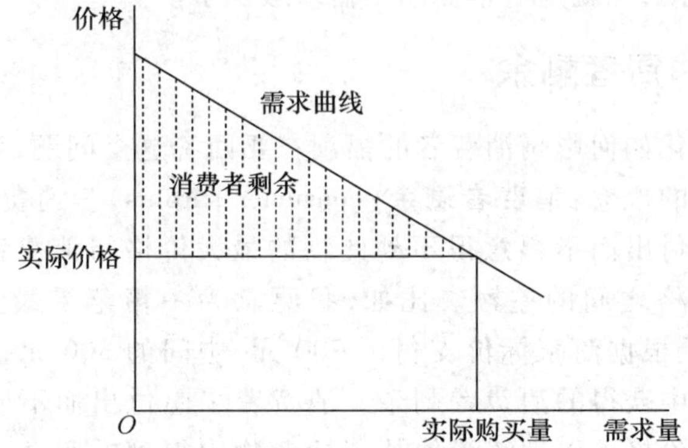

消费者剩余是纵坐标、需求曲线和价格水平线围成的区间。

么可以把市场的逻辑概括成一句话:你要过得幸福,首先要给别人带来幸福。[5]我们不能把生产者和消费者对立起来。企业为了在竞争中胜出,就必须努力增加自己产品给消费者带来的消费者剩余。为此,它们就必须不断创新,生产更为价廉物美的产品。因此,市场经济的最大受益者是广大的消费者。

4.4　需求弹性

上一节我们发现了价格和收入变化如何影响需求。但这样的分析只给出影响的方向,并没有告诉我们影响的程度。特别是,价格或收入变化后需求量变化多少,依赖于我们使用的度量单位。以对苹果的需求为例,用箱度量的需求量和用公斤度量的需求量在数值上是不一样的。为了准确地度量需求如何随价格或收入变化,特别是为了剔除度量单位的影响,经济学家引入一个重要概念——**弹性**。弹性是指两个变量变化率的比值。下面,我们分别介绍需求的价格弹性和收入弹性。

4.4.1　需求的价格弹性

商品需求的**价格弹性**是当价格变动一个百分点时,导致的需求量变化的百分比。具体的公式表示为:

$$需求价格弹性 = \frac{需求变化的百分比}{价格变化的百分比} = \frac{\Delta D/D}{\Delta p/p}$$

需求价格弹性: 需求量变化的百分比与价格变化的百分比的比值。

比如,价格上升20%导致需求减少30%,我们就说需求的价格弹性是-1.5。

因为消费者对某种产品的需求不仅依赖于该产品的价格,也依赖于其他产品的价格,因此,我们需要区分两种不同的价格弹性。衡量自身价格变化的需求弹性被称为“**自价格弹性**”；衡量其他产品（替代品或互补品）价格变化的需求弹性被称为“**交叉价格弹性**”。比如，如果香蕉的价格上升 10% 后，苹果的需求上升了 5%，我们就说苹果对香蕉的交叉价格弹性是 0.5。

自价格弹性： 衡量自身价格变化的需求弹性。

交叉价格弹性： 衡量其他产品（替代品或互补品）价格变化的需求弹性。

根据弹性的定义，对于非吉芬商品而言，自价格弹性的数值是负的，因此，经济学家习惯于用绝对值描述自价格弹性。绝对值大意味着弹性大，绝对值小意味着弹性小。此外，为了叙述的方便，在不引起误解的情况下，需求理论中通常讲的价格弹性是指自价格弹性。

一般来说，我们把需求价格弹性大于 1 的商品称作富有弹性的，把需求弹性小于 1 的商品称作缺乏弹性的。对于需求价格弹性大于 1 的商品，降价可以增加企业的总收入；对于需求弹性小于 1 的商品，降价可以降低企业的总收入。图 4-26 给出了弹性和需求曲线的直观关系。(a) 图中的需求曲线较为平缓，价格变化导致较大的需求变化，意味着其弹性较大；(b) 图中的需求曲线较为陡峭，价格变化导致较小的需求变化，意味着其弹性较小；(c) 图中的需求曲线是垂直线，需求与价格无关，因而完全无弹性；(d) 图中的需求曲线是水平线，意味着弹性无穷大。

图 4-26　需求价格弹性的直观图示

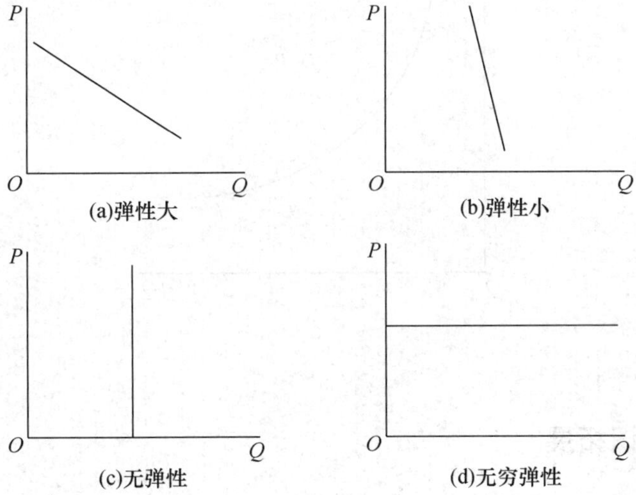

值得注意的是，根据需求价格弹性的定义，它不仅取决于需求曲线的斜率，而且还取决于曲线中不同点的位置。在同一需求曲线的不同位置上，对应的需求价格弹性可能是不同的。对于一条线性的需求曲线而言，其任何一点对应的斜率是相同的，但是每一点的弹性是不同的。从左至右，弹性从无穷大逐渐下降至零。如图 4-27 所示。图中需求函数为 $D=a-bP$，E_P 表示需求价格弹性。

图 4-27 同一需求曲线上不同的需求价格弹性

在如图所示的线性需求曲线上，从左至右，价格弹性从无穷大逐渐下降至零。

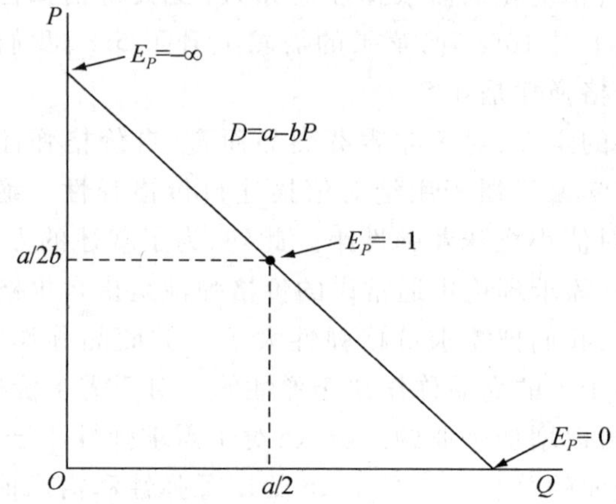

当然，如果需求曲线是一条指数幂函数曲线 $D = P^{-\lambda}$，价格弹性 λ 与价格水平无关。如图 4-28 所示。(图 4-26 中两种极端情况(c)和(d)下的价格弹性也是不变的。)

图 4-28 价格弹性不变的需求曲线

在如图所示的需求曲线上，价格弹性保持不变。

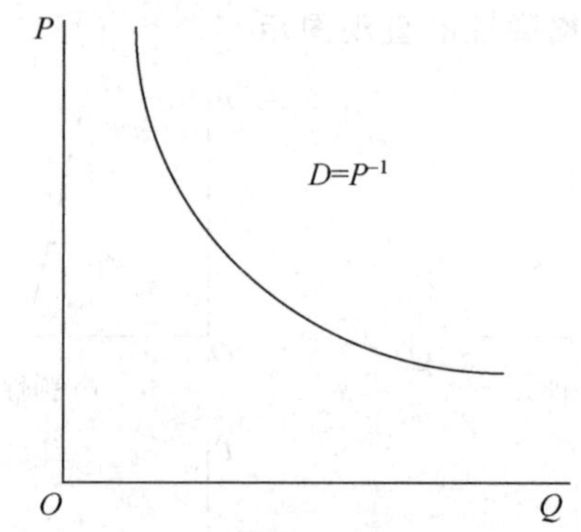

知识拓展

弧弹性与价格弹性的中点法

有时候，我们需要计算需求曲线上某个区间上的价格弹性，这个弹性数值被称为**弧弹性**，而前文提到的需求的价格弹性也被称为**点弹性**。计算弧弹性的过程涉及的不再是需求曲线上的一个点位，而是若干个不同的点。如果直接利用传统的点弹性公式：需求价格弹性 $=\dfrac{\Delta D/D}{\Delta p/p}$，将无法计算出准确、可信的结果。

例如，当某地区苹果价格从6元/斤下降到3元/斤的时候，根据需求曲线我们可以预期该地区苹果的需求量将会从50吨上升到75吨，此时价格下降了50%，需求上升了50%，根据点弹性的公式，计算出的弹性值为1；反之，当苹果价格从3元/斤上涨到6元/斤时，其需求量将会从75吨下降到50吨，此时价格上涨了100%，需求下降了33%，计算出的弹性值为0.33。这样，在需求曲线的同一区间上得出了两个不同的弹性值。

之所以出现这个问题，主要是因为在上例中的两种情况下，点弹性计算所选取的需求量D和价格p是不同的，因而得到的数值也不相同。在经济学中，计算弧弹性需要用到中点法。中点法规定，需求量D和价格p分别为区间两端的需求量与价格水平的平均值。[6]即

$$\text{需求价格弧弹性} = \frac{\Delta D/\bar{D}}{\Delta p/\bar{p}} = \frac{(D_2 - D_1)/[(D_1 + D_2)/2]}{(p_2 - p_1)/[(p_1 + p_2)/2]}$$

其中，(D_1, p_1)、(D_2, p_2)分别为需求曲线区间两个端点的坐标。根据这个公式，我们可以计算出上文例子中苹果的弧弹性的绝对值为0.6。在经济学中，如果没有特别注明，价格弹性通常是指点弹性。不过弧弹性在现实应用中是非常重要的。

影响需求价格弹性的因素有哪些？首先，价格弹性的大小取决于该产品支出在总收入中所占的比例。这个比例越小，需求的价格弹性越小。由此，可以得出一个推论：对于同样一种商品而言，富人比穷人对价格更不敏感。其次，价格弹性的大小取决于替代品的多少。通常替代品越多，商品涨价将导致消费者转而选择其替代品，因此商品对应的需求弹性越大；反之，替代品越少，需求弹性越小。再次，价格弹性取决于产品的耐久性。商品耐久性越高，价格弹性越大。这是因为，对耐久性商品而言，消费者会更愿意根据价格变化的预期调整购买时点。此外，商品的属性也会影响其价格弹性的大小。必需品的价格弹性比较小，奢侈品的价格弹性比较大。这里，必需品和奢侈品是根据收入弹性定义的。

迷你案例

第一刚需商品——盐

食盐，作为人类生存最重要的物质之一，是日常烹饪中必备的调味料。盐的主要化学成份是氯化钠（NaCl），它占食盐比重99%。中国盐业起源，已经无法精确追溯，我们只能从相关资料中窥见一二。许慎《说文解字》中对盐的解释是："卤咸也。从卤，监声。古者，宿沙

初作煮海盐。”由于食盐几乎没有替代品且需求量巨大，导致其需求弹性极小，因此，对盐业经营实行管制甚至由政府直接垄断，就成为政府获取财政收入的重要手段。

中国早在周朝就有对盐征消费税的记载。春秋时期，管仲在齐国的经济改革中创立了食盐专卖。此后除了隋朝和唐朝初期之外，历代政府为确保政府财政收入，对盐业生产大都实行征税或专卖制度。

西汉汉武帝即位以后，盐业专卖变得非常严苛。汉武帝时，对民间私自贩盐执行严格的处罚。西汉昭帝时期，废除了铁、酒专营的限制，但是仍旧保留了盐业专卖。到了东汉光武帝时期，食盐专卖被废止，改为征税。此后直到唐朝中期前，政府对食盐交易的管制相对比较宽松。

从宋朝以后，政府和盐业商人处于半合作、半竞争的状态。盐商们需要从政府获得经营盐业的特许权，向政府交纳盐课，赚得比普通商人更高的利润。由于高利润的诱惑，尽管有严酷的刑法惩罚，民间私盐贩卖还是屡禁不止。明朝洪武时期，国家设立九边进行北方防御。为了支撑防御的补给，洪武帝朱元璋与山西商人达成了协议，要求山西商人向大同、居庸关等几大边关要塞输送粮食。作为回报，朝廷赋予山西商人合法贩卖“官盐”的资格。由此，山西商人获得了河东盐池和两淮的盐引。清代政府对盐业的管制，大致与明代类似。鸦片战争之后，日俄等国染指中国盐业，且国内私盐盛行，专卖制度形同虚设。

抗战时期，中华民国政府曾实行食盐专卖。在计划经济制度下，中华人民共和国政府对盐业实行直接的垄断经营。改革开放以来，中国食盐管理体制不断变迁，但盐业专卖制度一直延续到今。2014 年 10 月 29 日，国家发改委主任办公会议通过盐业体制改革方案，决定从 2016 年起废止盐业专营，2017 年放开所有盐产品市场价格。

资料来源：维基百科词条“盐业专卖”。

与自价格弹性不同，需求的交叉价格弹性可能为正，也可能为负，依赖于商品之间在需求上是替代性的还是互补性的。替代品的交叉价格弹性为正数，互补品的交叉价格弹性为负数。例如，汽油和汽车是互补品，汽油价格的上升会引起汽车需求的减少；牛肉和羊肉是替代品，牛肉价格的上升会导致羊肉需求的增加。

4.4.2 需求的收入弹性

收入弹性：需求量变化的百分比与收入变化的百分比的比值。

下面我们探讨需求的收入弹性。**收入弹性**是需求变化率与收入变化率的比值，反映的是需求对消费者的收入变化的敏感度。计算公式如下：

$$需求收入弹性 = \frac{需求变化的百分比}{收入变化的百分比} = \frac{\Delta D/D}{\Delta M/M}$$

不同商品的需求收入弹性是不同的。一般来说,收入弹性大于 1 的是奢侈品,小于 1 的是必需品。因此,随着人们收入的增加,尽管所有正常品的需求都会增加,但必需品需求的增长幅度小于收入的增长幅度,而奢侈品需求的增长幅度大于收入增长幅度。比如说,食盐的消费量与收入水平几乎没有关系,而化妆品的消费增长远快于收入的增长。

由于这个原因,我们可以用必需品支出占总消费支出的比重衡量一个人的富裕程度或一个社会的整体富裕程度。一个人越富裕,一个社会越发达,必需品支出占总支出的比重越低。经济学家通常用**恩格尔系数**衡量家庭和社会的富裕程度。食品是人类最重要的必需品,恩格尔系数是食品支出占总的家庭支出的比重。图 4-29 给出了自 1980 年以来中国农村和城市的恩格尔系数。从中可以看出,总体来看,1980 年以来中国城乡恩格尔系数的走势是不断下降的,意味着中国居民的富裕程度在不断提高,也体现了改革开放以来中国经济的不断增长。中国农村的恩格尔系数高于城市,意味着农村居民的富裕程度低于城市居民,这也是一个众所周知的事实。

恩格尔系数: 食品支出在总支出中所占的比重。

图 4-29　中国城乡恩格尔系数(1980—2013)

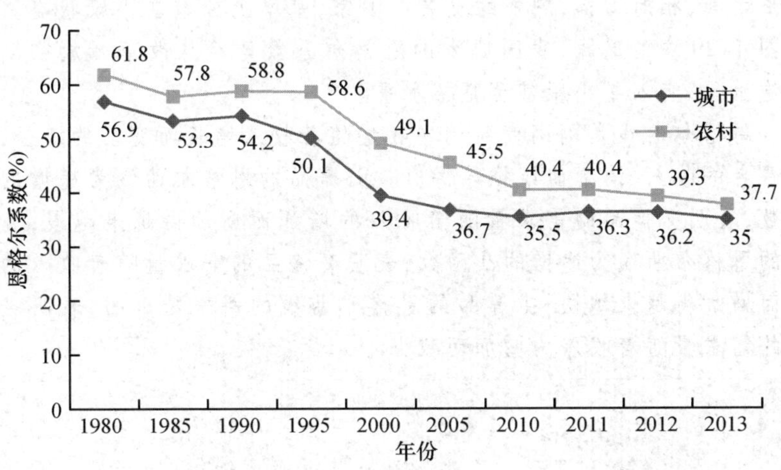

当然,一种商品究竟是必需品还是奢侈品,对于不同的消费者可能是不同的。另外,必需品和奢侈品的划分也随时间而变化。比如说,手机在 20 世纪 90 年代刚进入消费市场时,只是一种奢侈品,但今天,手机对大部分人而言,可以说已经变成生活的必需品了。

知识拓展

恩格尔系数与恩格尔曲线

恩斯特·恩格尔(Ernst Engel)是19世纪德国统计学家和经济学家,以恩格尔曲线和恩格尔系数闻名。恩格尔根据统计资料,对消费结构的变化得出一个规律:一个家庭收入越少,家庭收入中用来购买食物的支出所占的比例就越大;随着家庭收入的增加,家庭收入中用来购买食物的支出所占比例则会下降。推而广之,一个国家越穷,每个国民的平均收入中用于购买食物的支出所占比例就越大;随着国家的富裕,该比例呈下降趋势。这就是恩格尔定律。而食品支出总额占个人消费支出总额的比重即恩格尔系数。

恩格尔系数用来衡量一个国家和地区人民生活水平的状况。

恩格尔曲线用来刻画商品消费数量随着收入增长而变动的路径。

国际上常常用恩格尔系数来衡量一个国家和地区人民生活水平的状况。根据联合国粮农组织提出的标准,恩格尔系数在59%以上为贫困,50%~59%为温饱,40%~50%为小康,30%~40%为富裕,低于30%为最富裕。按此划分标准,20世纪90年代,恩格尔系数在20%以下的只有美国,达到16%;欧洲、日本、加拿大的恩格尔系数一般在20%~30%之间,是富裕状态;东欧国家的恩格尔系数一般在30%~40%之间,相对富裕;剩下的发展中国家,基本上分布在小康状态。根据图4-29中的数据,我国城乡的恩格尔系数已经从改革开放初期的温饱水平,步入了小康甚至富裕水平。

恩格尔曲线是刻画商品消费数量随着收入增长而变动的路径,由消费者的收入-消费曲线推导得出。必需品的恩格尔曲线为递增的凹函数,表明必需品的需求量随着收入的增加而增加得越来越慢;奢侈品的恩格尔曲线为递增的凸函数,表明奢侈品的需求量随着收入的增加而增加得越来越快;劣等品的恩格尔曲线的斜率是负的,表明劣等品的需求量随着收入的增加而减少。

4.5 需求的加总和市场需求曲线

前面我们得到的需求曲线,是在一个消费者决策的基础上得到的个人需求曲线。而在一个市场当中,通常存在众多的消费者,他们的偏好可能相同,也可能不同。虽然前文已经提到过偏好的不可加总性,但幸运的是,需求是可以加总的。要研究一个市场的需求,必须要将所有消费者的个人需求曲线加总,得出市场的总需求曲线。在此基础上,结合供给曲线探讨均衡的价格和总交易量。

4.5.1 市场需求曲线

首先我们来看一个简单的例子。假设某种商品市场上存在着 N 个消费者,他们的偏好和收入都相同,因此他们的个人需求曲线也是相同的。假设每个人对于该商品的需求函数为 $d(p)=a-bp$。那么对于任意给定的价格,市场的总需求量为 $D=Nd=N(a-bp)$。这就是加总后的**市场需求曲线**。

市场需求曲线: 个体需求曲线的水平加总;总需求量随价格的下降而上升。

由此我们可以进一步放松同质性假设,讨论更为一般的情形。假定这些消费者的需求函数是不同的,其中第 i 个消费者的个人需求函数为 $d_i(p)$,那么市场的总需求函数变成 $D=\sum_{i=1}^{N} d_i(p)$。可见,所有的市场总需求都可以通过个人需求的水平加总得到。图4-30给出了市场上存在着三个具有不同偏好的消费者的需求加总的一个例子。

图4-30 需求曲线的加总

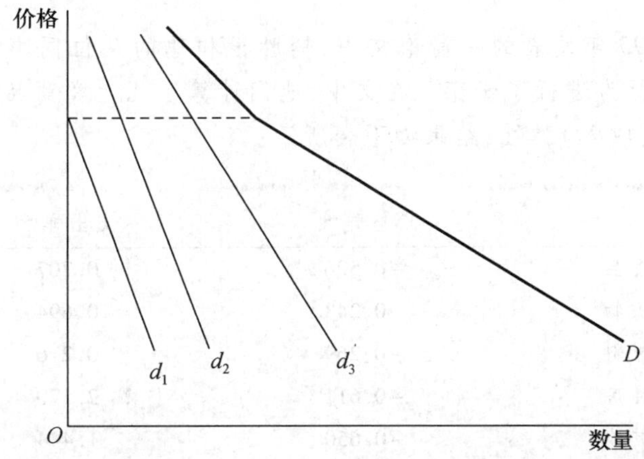

市场需求曲线可通过个体需求曲线的水平加总得到;市场需求曲线更加平坦。

在一个市场上,随着商品价格的下跌,市场总需求将会增加。这种增加分为两类:(1) 当商品价格下跌时,原有消费者根据各自的个人需求曲线增加个人的消费数量。(2) 商品价格下跌,可能使市场上的消费者数量增加。有些人本来不会消费该商品,但是由于其价格的下降,转而开始选择消费该商品。

后一点意味着,即便单个消费者的需求是不连续的,甚至只是一个点,但市场的需求曲线仍然可能是连续的。比如说,即使汽车价格很低,大部分家庭只买一辆车或两辆车,因此,我们没有办法画出单个家庭的汽车需求曲线。但我们知道,在价格很高时,只有少数特别富有的家庭会买车;随着价格降得越来越低,买车的家庭会越来越多。因此,我们仍然可以得到一条光滑的向下倾斜的汽车市场的总需求曲线。

由此可见,如果商品对于所有消费者而言都不是吉芬商品,那么价格的变动将导致所有消费者决策向着同一个方向移动,进而可以推断出市场总需求对于价格的变动将更加敏感。通常来说,市场需求的价格弹性要大于消费者个体需求的价格弹性,也就是市场的总需求曲线更加平坦。

我们前面有关收入变化、偏好变化及其产品价格变化引起的单个消费者需求曲线的移动的结论,以及需求的价格弹性和收入弹性等概念,同样可以推广到市场需求曲线,这里不再重复。需要指出的是,任何市场需求的变化,都是个体消费者需求变化的结果,这也是我们在第 1 章讲的“只有个人才能行动”的含义。因此,理解市场需求,必须理解消费者的行动。

迷你案例

有关市场需求弹性的一项实证研究

在 1995 年发表的一篇论文中,樊胜根和他的几位同事对中国农户的消费行为进行了研究。在文中,他们计算了几大类商品的价格弹性和支出(收入)弹性,结果如下表所示:

	价格弹性	支出弹性
食品	-0.526	0.707
衣物	-0.248	0.694
燃料	-0.269	0.216
住房	-0.611	2.170
其他	-0.650	1.444

由上表可知,在各大类商品中,衣物和燃料的价格弹性是相对较低的,而其他三类商品的价格弹性则相对较高。这表明,农户在衣物和燃料上的支出受其价格波动的影响是较小的,而他们在食品、住房等商品上的支出则会较多地受到价格的影响。同时,从支出弹性(即收入弹性)上看,住房的支出弹性很大,而其余各大类商品的支出弹性则相对较少。这表明,农户对于住房条件的改善是最为重视的,在增加的支出中,他们会将更多份额放在改善住房条件上,而在食品、衣服和燃料上花费的份额则相对较少。

进一步地,几位作者还对食品大类内各细分类别的价格弹性(包括自价格弹性和交叉价格弹性)和支出弹性进行了研究。他们发现,大米和粗粮之间的交叉价格弹性较大,为 0.302。这表明,当大米价格上升时,农户会选择用粗粮来对大米进行替代。此外,他们还发现,当时，所有类别食物的支出弹性都是正的，但大米、小麦的支出弹性要远远高于粗粮。这说明，虽然从定义上看，各类食品都属于正常品，但当农户支出增加时，他们更愿意在细粮上花费更大的支出比例。

资料来源：Fan et al. (1995).

4.5.2 经济发展的度量

尽管本章关注的是消费者的需求曲线，但我们仍然可以在此对一个经济的整体发展做些评论。经济发展意味着什么？简单地说就是，原来只有少数人买得起、少数人消费的东西，随着时间的推移，越来越多的人可以买得起，越来越多的人可以消费。因此，经济发展可以理解为奢侈品越来越必需品化。[7] 奢侈品的必需品化来自两个因素：一是收入水平的提高，二是价格的下降。而这两个因素又来自一个共同因素的作用，这就是创新和技术进步。创新和技术进步不断提高劳动生产率，一方面降低了生产成本，导致价格下降，另一方面增加了消费者的收入。这个道理和我们第 2 章讨论的鲁滨孙经济是一样的。鲁滨孙原来只能吃 10 个椰子，后来随着资本积累及伴随而来的技术进步（杆子和更高质量的杆子），同样的时间内可以采摘到更多的椰子，他还可以吃到鱼，消费品也多样化了。并且，原来每天工作 10 个小时，现在工作时间少了，休闲时间多了。

哈耶克说："在一种新商品成为一种公众需要并构成一种生活必需品之前，通常只是少数人的玩物。因此，今日的奢侈品乃是明日之必需品。"[8] 这句话的含义是：限制当前少数人的奢侈品消费，就等于阻止多数人今后的必需品消费。哈耶克还指出："富有者购买此类新商品支付的费用，有一部分被用来支付试验新产品的费用（尽管富有者的目标并不在此），而作为这一进程的结果，这些物品便可以在晚些时候为贫穷者所享用。"

例如，小轿车在 20 世纪 90 年代价格很贵，在中国只有少数富人能够消费得起，但是到了现在，它逐渐变成了很多人买得起的必需品。原因在于：一方面，随着中国国民经济不断增长，家庭的收入日益提高；另一方面，随着技术的不断进步和关税的降低，汽车的生产成本和市场价格不断下降。这导致了中国汽车家庭保有量出现了大幅增长。图 4-31 给出了 1990—2010 年桑塔纳轿车的价格变化（注意，我们并没有剔除通货膨胀因素，如果剔除通货膨胀因素，实际的价格下降幅度会更大）。图 4-32 描述了 1997—2011 年中国每百户家庭汽车保有量的变迁。

图 4-31　1990—2010 年桑塔纳轿车的价格变化

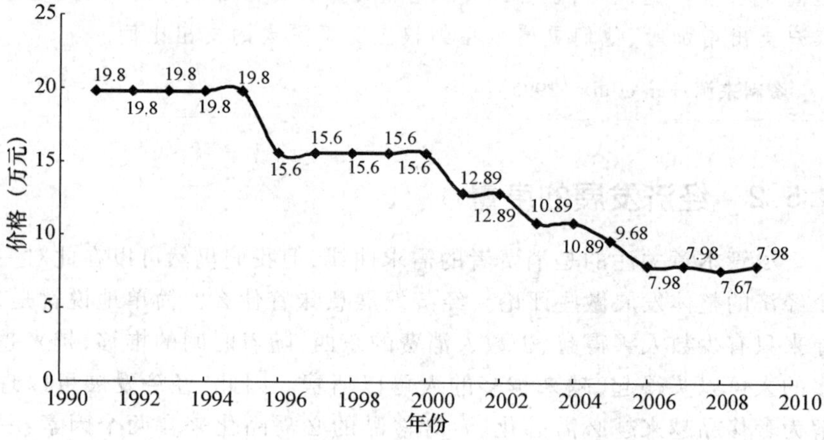

图 4-32　1997—2011 年中国汽车保有量的变迁

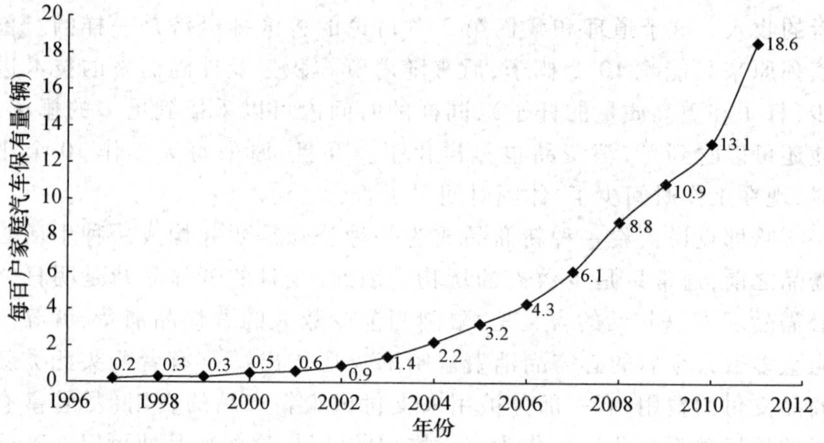

本章要点总结

消费者通过选择消费组合在满足预算约束的条件下最大化效用。最优消费组合的基本条件是：最后 1 分钱的支出不论用于何种商品的消费，得到的边际效用相等。

最优消费组合意味着，对一种商品的需求随消费者的偏好、收入和商品价格的变化而变化。

需求曲线是一条向下倾斜的曲线。当一种商品的价格下降时，消费者对它的需求量会沿着需求曲线而增加（吉芬商品除外）。替代品价格的下降会导致需求量的减少，互补品价格的下降会导致需求量的增加。价格效应是替代效应和收入效应共同作用的结果。

需求曲线因偏好、收入和其他商品价格的变化而移动。

市场需求曲线是个体需求曲线的水平加总，因而更可能是一条光滑的向下倾斜的曲线。

正常品的需求量随消费者收入的上升而上升，劣质品的需求量随收入的上升而下降。随着人们收入的增加,用于必需品的支出在总收入中的比例不断下降。

由于技术进步导致的收入增加和价格下降,经济进步表现为奢侈品的必需品化。因此,限制当前少数人的奢侈品消费,就等于阻止多数人今后的必需品消费。

本章重要术语

预算约束线　需求函数　正常商品　劣等品　替代效应　收入效应　价格效应　吉芬商品　需求曲线　消费者剩余　价格弹性　收入弹性　恩格尔系数　市场需求曲线

延伸阅读

保罗・海恩等《经济学的思维方式》第 3 章对需求曲线的分析简单明了;曼昆《经济学原理:微观经济学分册》第 21 章可以作为本章的对照读物。阿尔弗雷德・马歇尔《经济学原理》第三篇有关需求的分析可以加深读者对本章内容的理解。

思考与练习

1. 请分别用数学方法和直观论证解释消费者最优选择的"等边际法则"。

2. 什么是需求曲线? 需求曲线一定是向右下方倾斜的吗?

3. 什么叫互补品? 什么叫替代品? 有没有这样的可能:A 是 B 的互补品,而 B 是 A 的替代品?

4. 什么叫吉芬商品? 你能否举出一些现实中吉芬商品的例子?

5. 如果不考虑限购,那么房价的上升对于市场上的住房需求会产生怎样的影响? 其中收入效应和替代效应分别是什么?

6. 某公司的专家说:"要了解市场需求,最好的办法就是让数据自己说话。"他找来了最近几年市场上的汽车价格和销售量的数据(如下表所示),经过计算后说:"我发现市场的需求曲线是 $P=0.016Q-6\,000$,据此可以制定公司战略。"

年份	汽车价格(美元)	汽车销量(台)
2007	14 000	500 000
2008	15 600	600 000
2009	17 200	700 000
2010	18 800	800 000
2011	20 400	900 000
2012	22 000	1 000 000

你认为这位专家的上述观点是正确的吗? 为什么?

7. 假设某个经济体由甲、乙两人组成。他们对商品 X 的需求函数分别为:

$$Q_1 = \frac{P_Y + k_1 I_1}{P_X};\ Q_2 = \frac{k_2 I_2}{P_X}$$

其中 Q_1、Q_2 分别为甲乙两人对商品 X 的需求量,P_X、P_Y 分别是商品 X 和商品 Y 的价格,I_1、I_2 分别是两人的收入,k_1、k_2 是两个大于 0 的常数。

（1）试写出商品 X 的市场需求曲线；

（2）请计算商品 X 市场需求的自价格弹性和交叉价格弹性。

（3）如果保持两人的总收入 $I=I_1+I_2$ 不变，政府通过税收和转移支付政策将乙的一部分收入转移给了甲，请问这会对商品 X 的市场需求产生怎样的影响？

8. 假设某俱乐部有 100 个偏好相同的会员，它的运营每年需要 10 万元的固定开支，而会员聚餐的成本是每人每次 50 元。现在俱乐部考虑两种收费方式以保证预算平衡。第一种是：每次聚餐向会员收取价格 P，且 $100(P-50)=100\,000$；第二种是：对每个会员先收取 1 000 元会员费，然后每次聚餐收 50 元。请问，如果每个会员的无差异曲线都是凸且平滑的，那么对于会员来说哪一种方案更好？

9. 假定某人的效用函数为 $U=Q^{0.5}+2(I-PQ)$，Q 为消费量，I 为总收入，P 为价格。试求：

（1）此人的需求曲线；

（2）当 $P=0.05$，$Q=25$ 时的消费者剩余。

10. 某消费者的效用函数为 $U=XY$，其中商品 X 和商品 Y 的价格为 $P_X=1$，$P_Y=2$，其收入为 $I=40$，现在 P_Y 突然下降到 1 元，即 $P_Y=1$。试问：

（1）商品 Y 价格下降的替代效应使他买更多还是更少的商品 Y？

（2）商品 Y 价格下降对商品 Y 需求的收入效应相当于他增加或减少多少收入的效应？收入效应使他买更多还是更少的商品 Y？

（3）商品 Y 价格下降的替代效应使他买更多还是更少的商品 X？收入效应使他买更多还是更少的商品 X？商品 Y 价格下降对商品 X 的需求的总效应是多少？对商品 Y 的需求的总效应是多少？

本章注释

[1] 通常经济学教科书都会先研究消费者对于两种商品的消费决策问题，主要是为了图形表述的方便。在此基础上，高级经济学教科书会将消费组合的维度拓展到 n 维空间。

[2] 关于替代效应和收入效应的划分具有主观性。本书中提到的是最为常见的一种划分，称为希克斯（Hicks）替代效应；此外还有斯拉斯基（Slutsky）替代效应等。见本节专栏文章“希克斯替代与斯拉斯基替代”。

[3] 美国学者 Jensen 和 Miller 2008 年曾经发表实证论文，发现对于某些中国消费者而言，大米和小麦是吉芬商品。但是他们的结论遭到很多学者质疑，此外，即使他们的理论成立，也只能停留在个体选择的层面上，即个人需求曲线可以向右上方倾斜，但不能推广到市场总需求曲线。详细论文参见 Jensen & Miller（2008）。

[4] 这里纵坐标的价格为真实价格，因此屏蔽了通货膨胀的因素。

[5] 关于这部分内容的详细论述，参见张维迎：《市场的逻辑（增订版）》，上海人民出版社 2013 年版。

[6] 这个构建出来的中点可以不在原需求曲线上。

[7] 这方面的详细论述参见肯尼斯·彭慕兰：《大分流：欧洲、中国及现代世界经济的发展》，史建云译，江苏人民出版社 2007 年版，第三章。

[8] 弗里德里希·冯·哈耶克：《自由秩序原理》，邓正来译，三联书店 1997 年版，第三章“进步的常识”。

第 5 章 生产与供给曲线

本章导读

任何一个市场都有买方和卖方。在产品市场上，买方即为消费者，他们代表了市场的需求；卖方即为生产者，他们决定了市场的供给。前面我们介绍了消费者的消费抉择、需求与市场价格的关系，本章我们来讨论供给方面的问题。首先我们分析生产技术问题。与消费者的偏好类似，这也是一个与市场、价格、货币无关的概念。在此基础上，我们分析面对给定的产出，生产者如何选择要素投入实现生产成本的最小化。此后，我们讨论企业如何选择产量实现利润最大化。最后，我们分析供给函数与供给曲线。

5.1 生产技术

在本节，我们先暂时离开市场，把注意力放到生产领域。这与我们前面分析消费者个人偏好问题时不考虑交易、价格、市场的情况是类似的。生产过程是指从投入到产出的转换，其中投入的物品被称为要素投入，产出的物品被称为产品。对于一位生产者而言，他要生产出某些数量的产品，可以选择的要素投入组合并非是固定的。例如控制员工数量、机械化程度、原材料的选取等等都可以组成不同的组合来生产相同数量的产品。现实中企业生产的产品可以是多样的，像前文提到的生产可行性边界就是说明了企业多元产品选择的问题。例如联想生产的产品就包括台式电脑、笔记本电脑、平板电脑、手机等多种产品。不过在本章中，为了简化起见，我们只讨论一种产品作为产出的情形。

5.1.1 生产函数

我们首先引入**生产函数**的概念，它反映了要素投入数量与最大产量之间的关系：

生产函数： 投入与产出之间的关系。

$$y = f(x_1, x_2, \cdots, x_n)$$

这里，y 代表某种产品的产量，x_i 代表第 i 种要素的投入量。例如，我们用 y 代表玉米的产量，用 x 代表化肥的用量，生产函数反映的就是玉米产量如何随化肥投入的变化而变化。生产函数通常被认为是技术性的，但这种技术关系不仅与物质形态的技术有关，还受到企业内部管理制度和外部环境的影响。这就是为什么现实生产中同样的要素投入用量、同样的机械设备，在不同的企业中可能生产出不同的产量。

虽然生产者可以调整各种要素投入的数量，但是不同的要素，调整需要的周期是不一样的。比如，当农作物播种完成后，种子、土地甚至机械数量都是在一段时期内不能更改的，而化肥的投入量和灌溉相对而言可以灵活变更。再比如，一家企业突然接到一笔较为紧急的订单，决策者没有时间去改变厂房、机器设备的投入，通常他只能采取增加劳动投入，让工人们加班加点赶出产品。但如果订单的增加成为一种新常态，那么生产者可能会考虑增加厂房和机械设备的投入。

短期： 只有一种或部分要素投入可变的时间跨度。

长期： 所有要素投入都可以改变的时间跨度。

由此经济学划分出“短期”与“长期”两个概念。所谓**短期**，是指至少有一种要素投入没有办法改变的时间跨度。所谓**长期**，则是指所有要素投入都可以调整的时间跨度。可见，经济学中的长期、短期是不能够简单用日历概念“年、月、日”来划分的，尽管要素投入的调整必须在自然时间内完成，时间越长，可调整的要素投入的种类越多。

下面我们首先考察一个简单的短期生产决策问题，假定只有单一要素投入可变的情形。随后，我们会放宽这一假定，讨论长期中多种要素投入可变的情形。每一步的目的是引入一些基本概念，分析厂商的经济行为。

5.1.2 短期生产函数

表 5-1 显示了一个农业企业的玉米亩产出和化肥投入之间的关系，其中第一列为化肥的投入量，第二列为玉米的产量。我们假定，当化肥投入为 0 时，玉米产量为 300 公斤[1]；随着化肥投入量的增加，玉米产量先增后减，在化肥投入达到 80 公斤时，玉米产量达到最大，为 660 公斤；此后，产量开始逐渐降低，这是因为用化肥过度，可能造成化学成分过高，烧死部分作物。图 5-1 直观地给出了玉米的总产量曲线。

表 5-1　化肥投入与玉米产量的对应关系　　单位:10 千克

化肥投入	玉米产量
0	30
1	38
2	45
3	51
4	56
5	60
6	63
7	65
8	66
9	65
10	63
11	60

图 5-1　玉米与化肥的投入–产出关系图

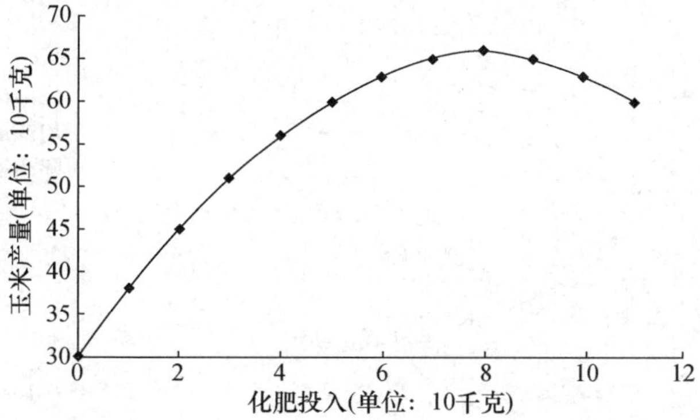

单一要素投入的总数量称为投入总量,单一产品的产出总量称为总产量,分别为我们前面提到的 x 和 y。总产量除以投入总量称为要素的**平均产量**,记为 $AP = y/x$。每增加一单位的要素投入所增加的产出量称为要素的**边际产量**,记为 $MP = \mathrm{d}y/\mathrm{d}x$。根据表 5-1,我们可以计算出化肥–玉米的平均产量和边际产量,如表 5-2 所示。

平均产量: 总产量与要素投入量之比。

边际产量: 投入增加一单位所带来的产量的增加。

图 5-2 给出了平均产量曲线和边际产量曲线,其中横坐标代表投入量,纵坐标代表产出量。我们看到:不仅边际产量在下降,平均产量也随着要素投入的增加不断下降。事实上,平均产量下降是边际产量下降的结果,这是因为新投入带来的产出数量低于原来的平均值,因此新的平均值被拉低了。[2] 在本例中出现的这个结果不是偶然现象,

它就是经济学上讲的**边际生产率递减法则**的表现。

表 5-2　总产量、平均产量和边际产量　　单位:10 千克

化肥投入	玉米产量	平均产量	边际产量
0	30		
1	38	38.00	8
2	45	22.50	7
3	51	17.00	6
4	56	14.00	5
5	60	12.00	4
6	63	10.50	3
7	65	9.29	2
8	66	8.25	1
9	65	7.22	-1
10	63	6.30	-2
11	60	5.45	-3

图 5-2　平均产量和边际产量图示

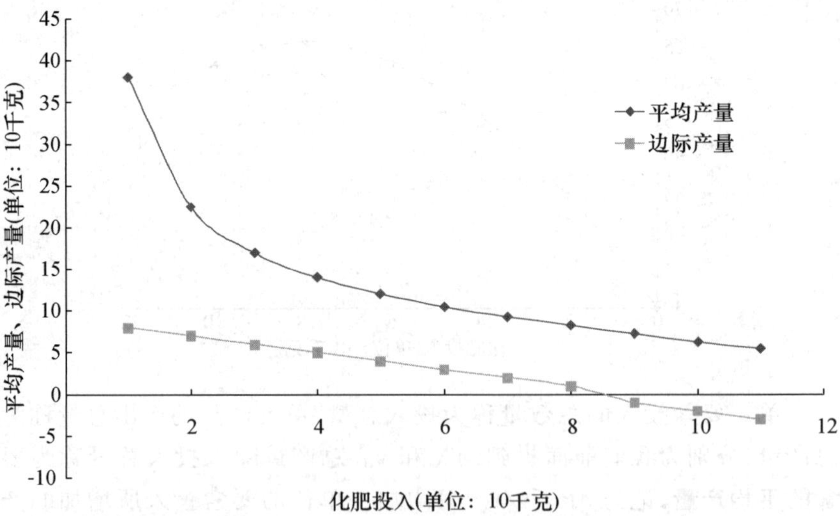

边际生产率递减法则：在其他要素投入不变、只有一种要素投入可变的情况下,可变要素投入超过一定的临界值后,其对应的边际产量随着投入的增加而下降。

在前面的例子中,可变要素是化肥。在土地等其他要素投入固定的情况下,随着化肥投入的增加,每单位新增化肥所增加的玉米产量随着化肥投入的增加而递减。边际生产率递减法则适用于所有的要素投入,包括劳动、资本、土地等。中国实施城镇化战略,大量农民离开土地进入城市,土地上工作的劳动力数量大大减少,但粮食产量并没有减少,一个重要原因是原来的农业生产中,劳动力的边际生产率

为零,甚至是负的。

知识拓展

马尔萨斯陷阱

两百多年前,英国经济学家马尔萨斯提出了一个著名的观点:由于边际生产率递减法则的作用,随着人口增多,人均粮食产量会越来越少,人类永远只能生活在生存线上,生活水平不可能提高。这被称为马尔萨斯陷阱。马尔萨斯的理论基本上适用于马尔萨斯之前的时代,但不适用于马尔萨斯之后的时代。事实上,过去两百多年不仅是世界人口增长最快的时期(世界人口 1800 年不到 10 亿人,2000 年达到 60 多亿人),也是人类生活水平改善最快的时期(人均 GDP 从 1750 年的 180 国际元增加到 2000 年的 6 600 国际元)。为什么马尔萨斯的悲观预测没有出现?因为经济不仅受边际生产率递减法则的支配,也受技术进步的支配。如果技术进步速度足够快,边际生产率递减法则就不会表现为人均产出的减少,因为技术进步可以提高边际生产率。这正是过去两百多年发生的情况。反过来说,如果没有技术进步或技术进步的速度不够快,人类就会陷入马尔萨斯陷阱。事实上,一些第三世界国家至今仍然生活在马尔萨斯陷阱中。

5.1.3 长期生产函数

长期来讲,所有要素投入都是可以改变的,企业可以通过调整不同要素的组合来实现所希望的产出。经济学家特别关注两种生产要素:资本和劳动。在只有资本和劳动两种要素的情况下,生产函数变为:

$$y = f(K, L)$$

这里 K 代表资本, L 代表劳动。资本在物质形态上表现为厂房、机器设备、中间品、原材料等。但经济学上讲的资本一般指货币(价值)形态的资本,其原因在于,上述物质形态的资本都可以在市场上用货币形态资本购得或租赁得到。劳动指劳动者的体力、知识、智力的投入。劳动必须与资本结合才能生产出产品,否则就成了"巧妇难为无米之炊"。当然,从人类历史的发展来看,财富最初都来自于劳动,随着社会的发展,劳动所得积累成了资本,如我们在鲁滨孙经济中看到的。

在固定一种要素的投入量时,产出是另一要素投入量的增函数,

即 $\frac{\partial y}{\partial K}, \frac{\partial y}{\partial L} > 0$ 。这里，$\frac{\partial y}{\partial K}$ 和 $\frac{\partial y}{\partial L}$ 分别是资本和劳动的边际生产率（或称边际产出、边际产量），即增加一单位资本（劳动）带来的产出的增加。一般来说，要素投入在生产上具有可替代性。也就是说，同样的产出数量，可以由不同的要素组合来生产。比如说，可以多用资本、少用劳动，也可以少用资本、多用劳动。当然，在不同的产业和技术中，这种替代性通常是不同的。尽管通常来说，技术进步表现为资本对劳动的替代，但这种替代本身也是企业选择的结果，如企业可以选择劳动密集型、资本密集型、土地密集型、技术密集型等不同的生产方式。当一个企业选择用一种要素替代另一种要素时，通常意味着它在选择不同的生产技术。当然，在给定的技术下，劳动和资本之间也有一定的可替代性。

下面我们用具体例子来介绍要素投入的替代性。表 5-3 给出了两种要素的 9 种不同组合，它们生产出相同的产量。从表中可以看出，随着劳动的增加，要保持产出水平相同，资本的投入就可以相应减少，二者存在着此消彼长的替代关系。我们可以把生产相同产量的所有不同要素投入组合描述在一个坐标系中，如图 5-3 所示。图中，两个坐标轴对应的是两种要素投入的数量。

表 5-3　生产相同产出量的不同要素投入组合

投入组合	劳动投入	资本投入
1	1	9.0
2	2	7.0
3	3	5.6
4	4	4.5
5	5	3.6
6	6	2.8
7	7	2.1
8	8	1.5
9	9	1.0

等产量曲线： 生产相同产量的要素投入的不同组合，表明要素相互之间有可替代性。

图 5-3 中的曲线被称为“**等产量曲线**”（isoquant），表示某一固定产出下对应的所有投入组合的连线。这条曲线类似于消费者行为理论中的无差异曲线。不同的是，无差异曲线给出的是相同的效用水平，等产量曲线给出的是相同的产出水平。资本与劳动的可替代程度取决于等产量曲线的形状，是由技术决定的，与要素价格无关。

图 5-3　等产量曲线

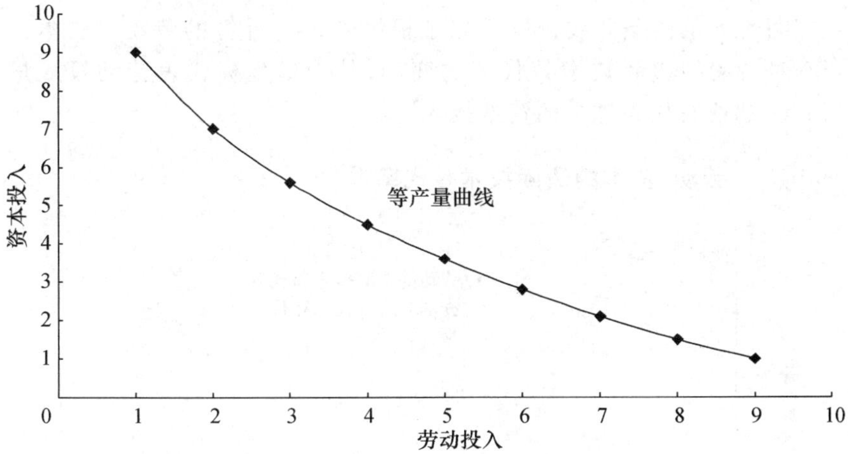

沿着等产量曲线,每单位劳动可替代的资本投入被称为劳动对资本的**边际技术替代率**,即 $MRTS_{LK} = -\frac{\Delta K}{\Delta L}$。大多数的等产量曲线都是凸向原点的,表示随着劳动投入的增加,劳动对资本的边际替代率逐渐下降,即每单位劳动能替代的资本越来越少。类似地,资本对劳动的边际技术替代率也是随着资本投入数量的增加而递减的。这个规律被称为**边际技术替代率递减法则**,它实际上是要素的边际生产率递减法则的表现。

边际技术替代率: 在产量不变的前提下,增加一单位某种要素投入可以替代的另外一种要素的数量。

边际技术替代率递减法则: 随着一种要素投入的增加,该要素可替代的其他要素的数量不断递减。

图 5-4 给出了对应三种产出水平的三条等产量曲线,其中越往右边的等产量曲线代表越高的产出水平,即 $q_1 < q_2 < q_3$。这是因为,由于要素的边际生产率是正的,给定任何其他要素投入,任何一种要素投入的增加都会导致产量的增加。从图中可以看出,沿着等产量曲线 q_2,

图 5-4　边际替代率递减法则

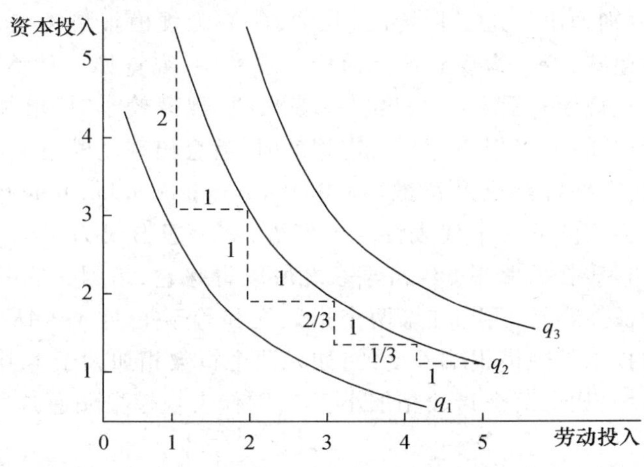

劳动对资本的边际替代率从 2 下降到 1,再下降到 2/3,再下降到 1/3。这就是边际替代率递减的含义。

图 5-5 的两条曲线分别给出了根据表 5-3 计算的劳动对资本和资本对劳动的边际技术替代率的变动,其中横坐标代表劳动投入量(因此,越往右代表越少的资本投入)。

图 5-5　劳动、资本的边际技术替代率

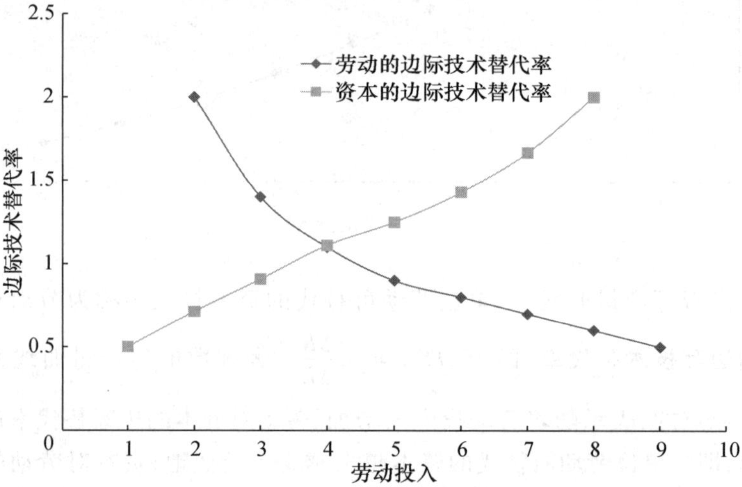

5.1.4　规模报酬

规模报酬: 当所有要素同比例增加时,产量如何变化。

接下来我们引入一个重要的概念:**规模报酬**。长期中,所有的要素都可以调整,我们关心当所有的投入品都以相同的比例增加时,产出是否会同比例增加? 当所有投入增加一倍时,产出也增加一倍,则称该生产技术为规模报酬不变的;当所有投入增加一倍时,产出增加小于一倍,则称该生产技术为规模报酬递减的;当所有投入增加一倍时,产出增加大于一倍,则称该生产技术为规模报酬递增的。图 5-6 中,我们分别列出了这三种情况,其中,(a) 为规模报酬不变,(b) 为规模报酬递减,(c) 为规模报酬递增。现实中,究竟哪一种情况出现,通常依赖于规模达到什么程度。一般来说,规模较小时,增加投入有规模报酬递增;但当规模大到一定程度时,就会出现规模报酬递减。

柯布-道格拉斯生产函数: $y = AK^{\alpha}L^{\beta}$

柯布-道格拉斯生产函数(Cobb-Douglas production function)是经济学家最为青睐的一个代表性生产函数,其一般形式为 $y = AK^{\alpha}L^{\beta}$,其中系数 A 代表技术水平。经济学家之所以青睐它,是因为它具有一些重要的特征。容易证明,如果两个指数之和等于 1,即 $y = AK^{\alpha}L^{1-\alpha}$,则它对应的技术是规模报酬不变的;如果两个指数相加大于 1,则代表规模报酬递增;如果两个指数相加小于 1,则代表规模报酬递减。

图 5-6　规模报酬的三种情况

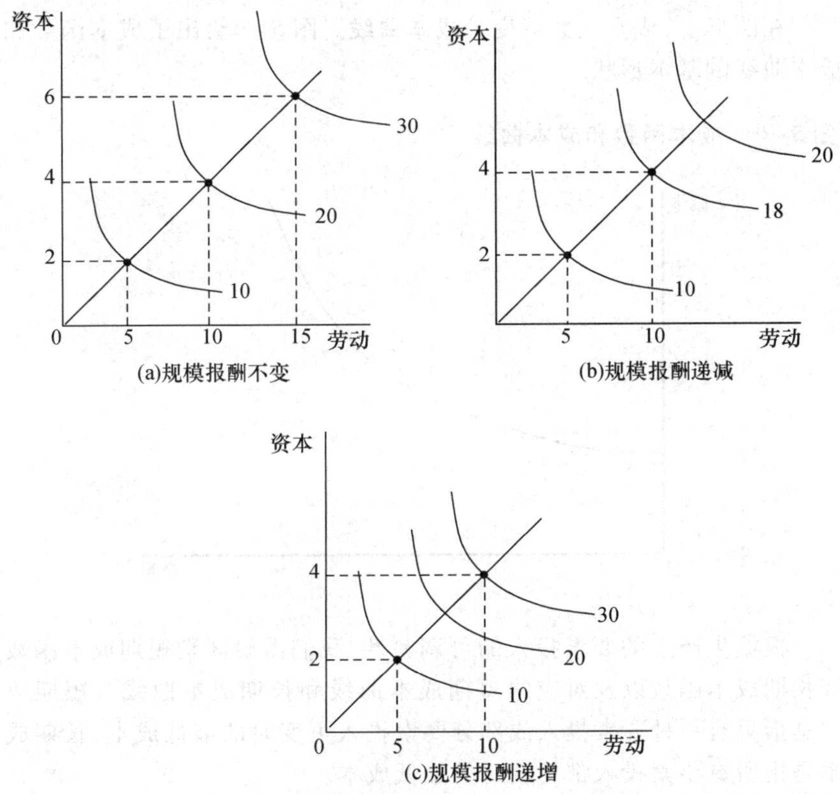

本节我们讨论了生产的技术问题,这为后面企业决策者提供了约束条件。企业决策者将根据现有的技术条件,结合市场的具体情况,选择等产量线上的最优要素投入组合。

5.2　生产成本

5.2.1　成本函数和成本曲线

如上一节所述,企业要生产出产品,必须有相应的要素投入。生产成本是指企业为要素投入支付的代价,它不仅依赖于要素投入的数量,而且依赖于要素的价格。经济学上,产量与为生产该产量而必须支付的最低成本之间的关系,被称为**成本函数**,记为 $C = C(y)$,其中 y 表示产量。一般来说,生产成本随产量的增加而增加。这是由生产技术的性质决定的:随着产量的增加,相应的要素投入量也必须增加。此外,如果企业使用的要素价格随投入量增加而上升,成本会进一步上升。当然,如果要素价格随投入量增加而下降(如企业得到供应商

成本函数:
总成本与产量之间的关系。

的价格折扣),会部分抵消由投入增加导致的成本上升,但不会改变成本随产量而上升的基本特征。

成本曲线: 用图形表示的总成本与产量之间的关系。

在图形上,成本函数就变为**成本曲线**。图 5-7 给出了成本函数和成本曲线的基本形状。

图 5-7　成本函数和成本曲线

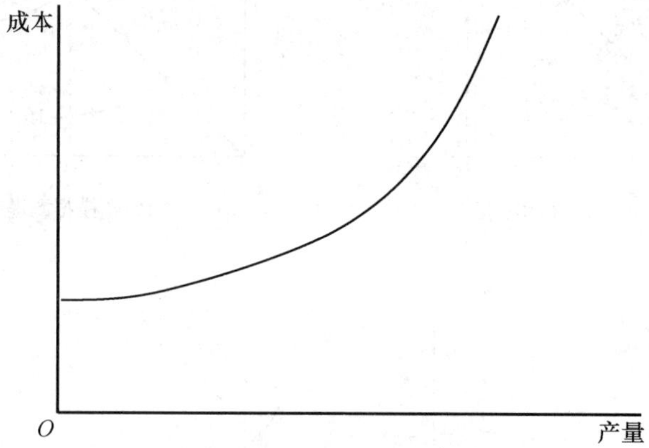

根据生产上的要素投入的可调整性,我们需要区别短期成本函数和长期成本函数以及对应的短期成本曲线和长期成本曲线。短期成本是指只有一种要素投入或部分要素投入可变时的最低成本,长期成本是指所有要素投入都可变时的最低成本。

5.2.2　短期成本曲线

固定成本: 不随产量变化的成本;等于固定生产要素的支出。

可变成本: 随产量增减而变化的成本;等于可变生产要素的支出。

在短期内,由于有一部分要素投入的数量给定的,这些要素投入对应的成本不随产量而变化,因而被称为**固定成本**(FC)。相应的,可变要素的投入量随着产量的改变而变化,对应的成本被称为**可变成本**(VC)。固定成本和可变成本之和构成了**总成本**(TC)。

如果只有一种要素是可变的,这种要素的投入量和产量的关系是由生产技术决定的,因而是唯一的。给定产量和要素价格,生产成本也是唯一的。如果存在两种及两种以上要素可变,企业就可以通过改变不同可变要素的组合实现最低成本。这种情况在理论分析上与长期成本一样,我们将在下一小节给出。

表 5-4 中给出了一个假想的玉米种植的产量、固定成本、可变成本和总成本。图 5-8 给出了直观的成本曲线。

表 5-4　玉米种植的固定成本、可变成本和总成本

玉米产量	固定成本	可变成本	总成本
30	100	0	100
38	100	20	120
45	100	40	140
51	100	60	160
56	100	80	180
60	100	100	200
63	100	120	220
65	100	140	240
66	100	160	260
65	100	180	280
63	100	200	300
60	100	220	320

图 5-8　固定成本、可变成本和总成本曲线

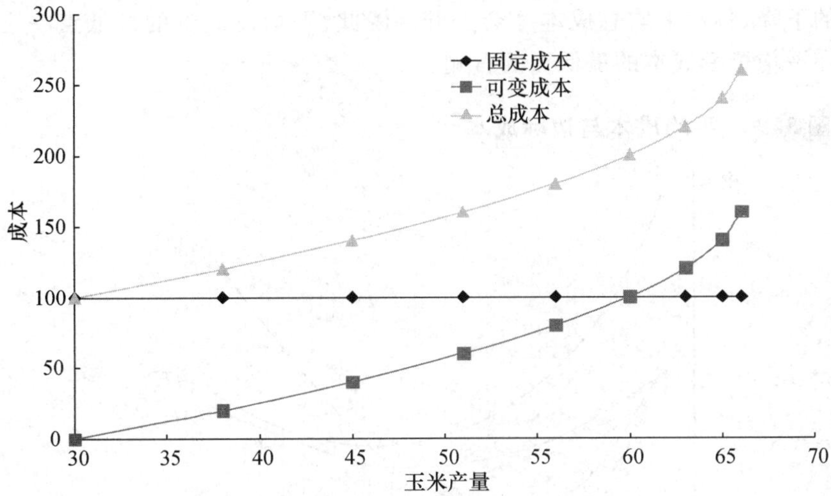

固定成本和可变成本的相对比例在不同产品中是不同的。一般来说，资本密集型产品的固定成本比重较大，而劳动密集型产品的可变成本比重较大。这是因为，机器设备、厂房等固定资产都是固定成本，而劳动成本、原材料投入是可变成本。当然，如果企业没有解雇工人的自由，劳动成本也就成为固定成本了。

注意，根据定义，固定成本和可变成本的区别只对短期有意义。从长期看，因为所有要素投入都是可变的，所以所有成本都是可变成本。

除了固定成本和可变成本外，平均成本和边际成本也是分析企业决策的重要概念。**平均成本**是总成本与总产量之比，记作 $AC = TC/y$。

平均成本：
总成本与总产量之比。

对应于固定成本和可变成本，平均成本分为平均固定成本和平均可变成本，分别是固定成本和可变成本与总产量之比，记作 $AFC = FC/y$ 和 $AVC = VC/y$。

边际成本： 产量增加一单位导致的成本的增加额。

边际成本是增加一单位产出所增加的总成本，记作 $MC = \Delta TC/\Delta y$。由于固定成本不随产量而增加，即边际固定成本是零，因此，边际成本等于边际可变成本。

图 5-9 描绘了平均成本和边际成本如何随产量而变化。从图中可以看出，根据定义，平均固定成本总是随着产量的增加而下降。但平均可变成本和边际成本如何随产量变化，依赖于短期生产函数。给定要素价格，如果要素的边际生产率随着要素投入的增加而递增，边际成本就随产量的增加而递减；反之，如果要素的边际生产率随要素投入的增加而递减，边际成本就随着产量的增加而递增。这一点是容易理解的，因为，在边际生产率递增的情况下，增加一单位产量需要的要素边际投入量随产量增加而减少；在边际生产率递减的情况下，增加一单位产量需要的要素边际投入量随产量增加而增加。由于平均固定成本总是递减的，只有当平均可变成本的上升抵消平均固定成本的下降之后，平均总成本才会上升。因此，平均总成本的最低点一定在平均可变成本的最低点的右侧。

图 5-9　平均成本与边际成本

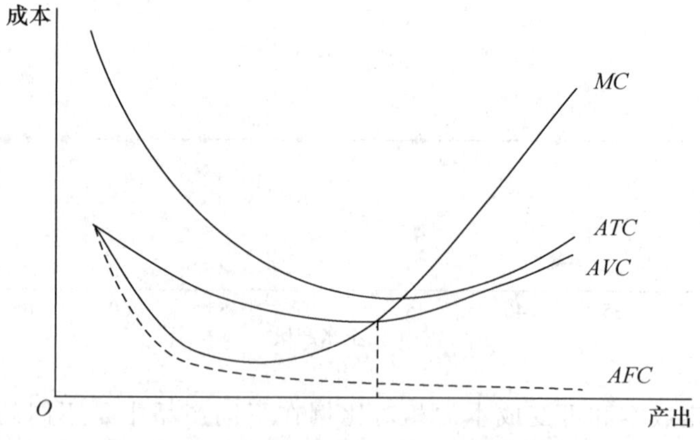

当平均成本高于边际成本时，平均成本随着产量的增加而降低；当平均成本低于边际成本时，平均成本随着产量的增加而上升。

平均成本和边际成本之间的关系是：当平均成本高于边际成本时，平均成本随着产量的增加而降低；当平均成本低于边际成本时，平均成本随着产量的增加而上升。这就如同在一个足球队里，如果新队员的身高低于原来的平均身高，新队员的加入就会降低平均身高；反之，平均身高就会上升。因此，边际成本曲线与平均总成本曲线和平均可变成本曲线一定相交于平均总成本曲线和平均可变成本曲线的最低点。

5.2.3 长期成本曲线

与短期不同,在长期中,所有的要素投入都是可变的。对于任何给定的产量,企业可以选择不同的要素组合生产它;给定要素的价格,不同的要素投入组合会产生不同的成本。因此,企业可以通过选择特定的要素投入组合实现成本最小化。

分析长期成本函数有两个步骤:第一步,给定产量目标,企业如何选择成本最低的要素投入组合;第二步,最低成本如何随产量而变化。

显然,给定产量的最低成本与要素价格有关。因此,企业在选择投入组合时,必须考虑要素的相对价格。下面,我们假定要素投入分为资本和劳动两大类,因此成本由这两部分要素的支出构成:$C = Kr + Lw$, 其中 K 和 L 分别表示资本投入和劳动投入,r 和 w 分别表示资本的价格和劳动力的价格。

表 5-5 是与表 5-3 中的 9 种可能的投入组合相对应的生产成本。表中第二列的第一个数字是劳动投入,第二个数字是资本投入。这样,投入组合(1:9)表示使用 1 单位的劳动和 9 单位的资本,投入组合(2:7)表示使用 2 单位的劳动和 7 单位的资本,如此等等。在这 9 种可能的组合中,哪一个组合能实现成本最低呢?依赖于要素价格。表中我们假定资本的价格为 1,第三列和第四列分别给出了两种不同的劳动力价格下 9 种组合的生产成本。从表中可以看出,当劳动力价格为 1.2 时,最优劳动-资本组合是 3:5.6;而当劳动力价格下降为 0.8 时,最优资本-劳动组合是 5:3.6。

表 5-5　不同价格下的最优投入组合

投入组合	要素比例	$w/r=1.2$	$w/r=0.8$
1	1:9	10.2	9.8
2	2:7	9.4	8.6
3	3:5.6	**9.2**	8.0
4	4:4.5	9.3	7.7
5	5:3.6	9.6	**7.6**
6	6:2.8	10	7.7
7	7:2.1	10.5	7.8
8	8:1.5	11.1	8.1
9	9:1	11.8	8.2

一般地,劳动的价格相对于资本的价格越低,最优投入组合中劳动的量越大,资本的量越小;反之亦然。图 5-10 描述了随着工资-利率比例的变动,对应的劳动力最优投入量。因为给定产量的投入组合

中劳动和资本是一一对应的,读者也可以画出资本的投入量曲线。

图 5-10　最优劳动投入随要素价格而变动

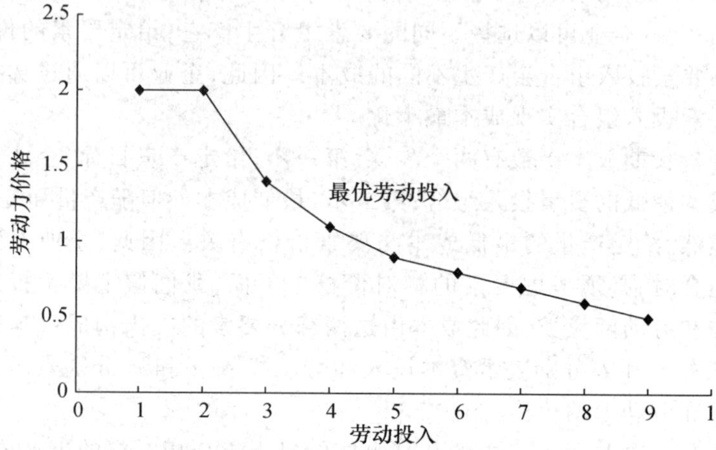

上面是一个具体的例子,现在我们转向更为一般的分析。上一节我们讲过,在要素投入的坐标系中,我们可以画出对应不同产量的一系列等产量曲线。因为 $C = Kr + Lw$,对于任意给定的成本,我们也可以在要素投入坐标中画出等成本曲线,即给出相同成本的不同要素组合点的连线。等成本曲线的斜率(绝对值)是劳动价格和资本价格的比例。如同等产量曲线类似于消费者理论中的无差异曲线一样,等成本曲线在形式上类似于消费者理论中的预算约束线。不同的是,在消费者行为理论中,消费者要解决的问题是如何在给定的预算约束线下,通过选择产品组合实现效用最大化;而在这里,企业面临的问题是如何在给定的产量下,通过选择投入组合实现成本最小化。在本节中,我们关心的是如何在等产量线上选择最优的要素投入组合。

图 5-11(a)给出了三条等成本曲线,越靠近原点的等成本线对应的成本越低;反之,越远离原点的等成本线对应的成本越高。由于要素价格是给定的,不同的等成本曲线一定是平行的。图 5-11(b)给出了当产量为 y 时的等产量曲线。把等产量曲线和等成本曲线放在一起,我们就得到了图 5-11(c)。企业的问题是:如何选择投入组合,用最低的成本生产出给定的产量 y。

从图 5-11(c)中可以看出,生产产量 y_1 成本最低的要素投入组合点是 A 点。过 A 点的等成本曲线上的其他组合给出相同的成本,但生产不出所要求的产量 y_1;这条等成本曲线以内的组合给出更低的成本,但同样生产不出所要求的产量 y_1;这条等成本曲线以外的组合有可能生产出所要求的产量 y_1,但不是成本最低的组合。

从图中可以看出,最优组合点 A 满足这样的条件:等产量曲线的要素边际替代率(绝对值)等于要素价格比率,即

图 5-11　成本最小化问题

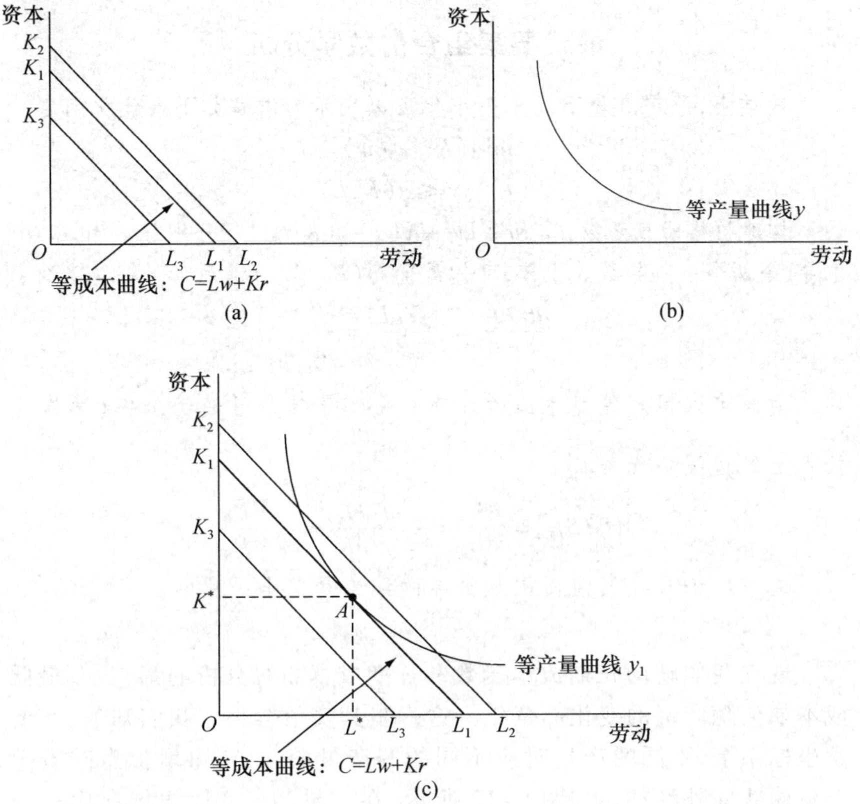

A 点（L^*，K^*）是生产产量 y_1 的成本最低的要素投入组合点。

$$\frac{\Delta K}{\Delta L}=\frac{\partial y/\partial L}{\partial y/\partial K}=\frac{w}{r}$$

或改写为

$$\frac{\partial y/\partial K}{r}=\frac{\partial y/\partial L}{w}$$

最优组合要求最后一单位的成本支出不论花在资本投入上还是劳动投入上，其边际产量是相同的。

换言之，最优组合要求最后一单位的成本支出不论花在资本投入上还是劳动投入上，其边际产量是相同的。如果不是这样，企业就可以通过调整投入的比例降低成本。比如说，如果对于最后一单位成本支出来说，资本的边际生产率大于劳动的边际生产率，通过用资本替代劳动就可以降低成本支出。

上述最优化条件意味着，成本最低的要素组合依赖于要素的相对价格，如我们在图 5-10 看到的。

知识拓展

最优要素组合的数学分析

数学上，给定产量下成本最小化可以表示为求解如下最优化问题：

$$\min(Kr + Lw)$$

$$s.t. \quad y \leqslant f(K,L)$$

构建拉格朗日函数：$l = Kr + Lw + \lambda(y - f(K,L))$。分别就 K 和 L 对 l 求导，令两个一阶导数等于零，可知最优解(K^*, L^*)满足如下一阶条件：

$$\frac{\partial f/\partial K}{r} = \frac{\partial f/\partial L}{w} = \frac{1}{\lambda}$$

由此可以得到等成本线的斜率 $-\frac{w}{r}$ 等于等产量线的斜率（要素在技术上的边际替代率）：

$$MRTS_{LK} = \frac{\mathrm{d}K}{\mathrm{d}L} = -\frac{\partial f/\partial L}{\partial f/\partial K} = -\frac{MP_L}{MP_K}$$

这一结论与我们前面图形推导的结论是完全一致的。

现在我们转向长期成本函数和长期成本曲线分析的第二步：最低成本如何随产量的变化而变化。这一步其实很容易。我们知道，在要素坐标系上，不同的产量对应不同的等产量曲线，产量增加意味着等产量曲线向外移动。如图 5-12 所示，在产量为 y_1 时，根据前面的分析，对应的最优点是 A 点，最优投入组合为(L^*, K^*)；当产量增加到 y_2 时，对应的最优点是 B 点，最优投入组合为(L^{**}, K^{**})。类似的，我们还可以得出其他产量水平下的最优组合。从图中可以看出，当产量增

图 5-12　产量变动前后的最优要素投入组合

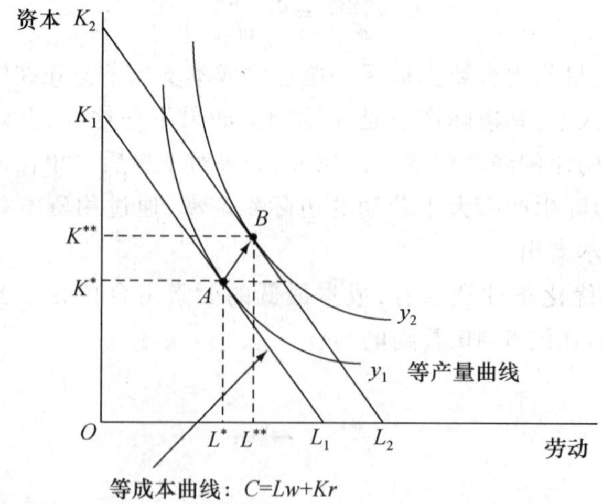

加时，新的对应的等成本曲线必须相应地外移，因此，最低生产成本随产量的增加而增加。把每一个产量的最低成本点连接起来，我们就得到了长期成本函数和长期成本曲线：

$$C = C(K(y), L(y)) = C(y)$$

至于长期成本函数和长期成本曲线的具体形状，依赖于生产函数的特征和要素价格如何随产量变化。如果成本的增长慢于产量的增长，则长期成本函数是递增的凹函数；如果成本和产量按照固定的比例增加，则长期成本函数是递增的线性函数；如果成本的增长快于产量的增长，则长期成本函数是递增的凸函数。在经济学上，前两种情况统称为**规模经济**，第三种情况称为**规模不经济**。

规模经济： 成本增长幅度等于或小于产量增长幅度。

图 5-13 中的三条成本曲线分别描述了上述三种情况下成本如何随产量的变化而变化。

图 5-13　总成本与规模经济

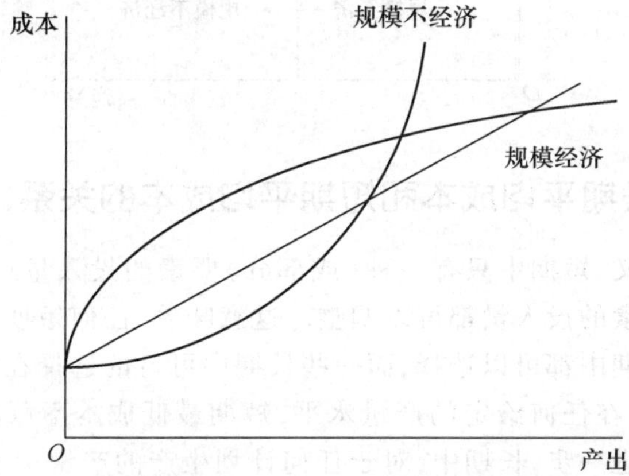

值得一提的是，规模经济与规模报酬递增是两个相关但并不完全相同的概念。一个明显的特征是：规模经济的概念涉及成本问题，而规模报酬递增是纯技术问题。规模报酬递增是形成规模经济的一种主要因素，但既不是必要因素也不是充分因素。即使技术上生产函数为规模报酬非递增的，但如果劳动力价格 w、资本价格 r 随着产出增加而下降，那么成本上升的速度仍然可能低于产量增长的速度，从而形成规模经济；反之，即使技术上生产函数为规模报酬递增的，但如果劳动力价格 w、资本价格 r 随着产出增加而递增，那么成本上升的速度仍然可能高于产量增长的速度，从而形成规模不经济。当然，如果要素价格与产量无关，像我们一直假定的那样，则规模经济和规模报酬概念是对应的。

长期平均成本： 长期成本与产量之比。

如同短期成本的情形一样，我们也可以定义**长期平均成本**（LAC）

长期边际成本：增加一单位产量导致的长期成本的增加值。

和**长期边际成本**(LMC)。长期平均成本是长期成本与产量之比;长期边际成本是增加一单位产量导致的长期成本的增加值。现实中,在产量较小时,企业通常具有规模经济,但随着产量超出某一水平,企业就面临规模不经济,因此,长期平均成本是先递减然后转向递增,长期平均成本曲线(*LAC*)和长期边际成本曲线(*LMC*)相交于长期平均成本曲线的最低点。如图 5-14 所示。

长期平均成本曲线和长期边际成本曲线相交于长期平均成本曲线的最低点。

图 5-14　从规模经济到规模不经济

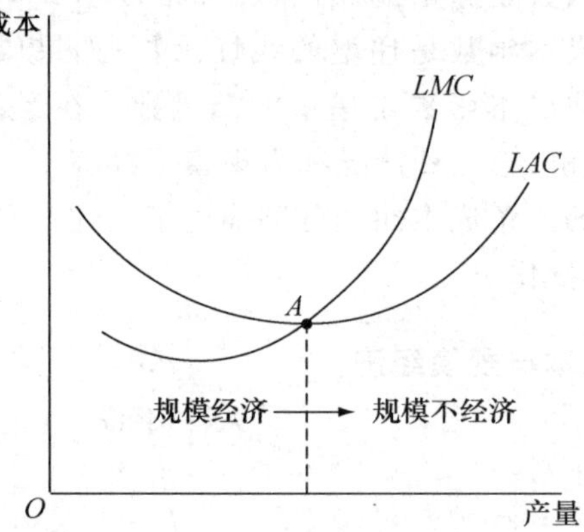

5.2.4　长期平均成本和短期平均成本的关系

根据定义,短期中只有一种(或部分)要素的投入量可以调整,长期中所有要素的投入量都可以调整。这意味着,任何短期可选择的投入组合在长期中都可以选择,而一些长期中可行的选择在短期内并不可行。因此,在任何给定的产量水平,短期最低成本不可能低于长期最低成本。进一步,长期中,对于任何计划生产的产量 y,企业总是选

图 5-15　短期成本与长期成本曲线

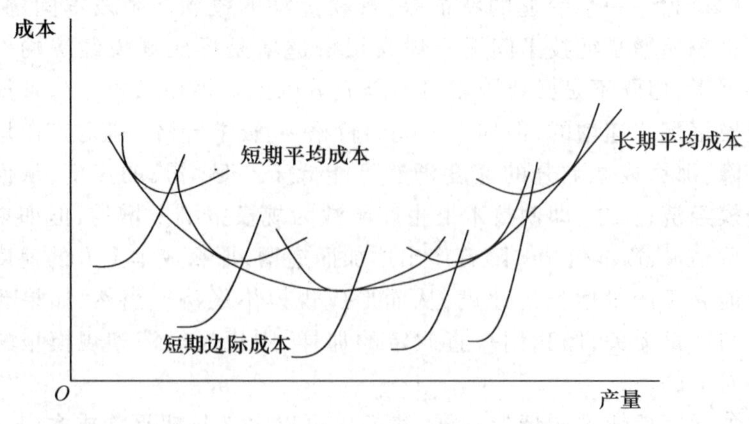

择成本最小的要素投入组合,这也是选择平均成本最小的要素投入组合;短期内,企业只有在生产该计划产量时,短期平均成本才是最低的。如果短期产量偏了长期计划产量,其成本就一定高于长期计划产量的成本。因此,长期平均成本是对应给定计划产量的短期成本的组合,即 $LAC(y) = \min_{i \in R} SAC_i(y)$;长期平均成本曲线是短期平均成本曲线的下方包络线。如图 5-15 所示。

5.3 利润最大化

5.3.1 企业的目标

前两节我们讨论了生产函数和给定产量的最低生产成本,没有涉及企业决策的最终目标。要理解企业如何对市场做出反应,我们必须研究企业的目标。经济学假定,企业的目标是利润最大化。事实上,企业之所以要最小化成本,也是出于利润的考虑。一方面,企业如果不最大化利润,也就没有必要最小化成本;另一方面,如果成本不是最小的,利润就不可能最大化。

但是进一步分析我们会发现,利润最大化目标也存在问题。首先,利润这个目标是从私有制企业推出来的。在私有企业中,所有者最关心的当然是利润。而在现实情况中,并非所有企业都是私有企业,还存在很多国有企业,后者通常并不以利润最大化为目标。其次,即使是私有股份制企业,也普遍存在着所有权与控制权分离的现象,这将产生委托-代理问题。[3]有可能出现决策者追求做大规模、管理更多的人、扩大自己的权限等符合代理人自己的利益而不符合委托人目标最大化的决策。最后,利润有长期和短期之别,真正的企业家会注重长期利润,宁愿短期亏损也不愿意损害企业的长期利益。因此,企业可能也不是以当前利润最大化为目标的。此外,还有一些社会性因素约束利润目标。当下流行着一个很时髦的词叫作“企业社会责任”,要求企业要为消费者和社会公众考虑。如果企业利润与社会责任存在冲突,企业有时候也不得不放弃利润最大化的目标。传统的经济学通常不考虑企业目标与社会责任之间存在的矛盾,但在非经济学领域,很多学者却在论证、研究二者之间的矛盾。

尽管利润最大化目标的假设存在上述缺陷,但在市场经济中,它仍然是我们在理论上可以接受的一个假设。因为,从长期看,如果一个企业持续不能赚钱,它是没有办法生存下去的。并且,企业决策者其他目标的实现,也在很大程度上依赖于利润。因此,在本书中,我们仍然遵循传统经济学的做法,假定企业的最终目标是利润最大化。

在上一章消费理论中,消费者的目标——效用具有很强的主观色彩,是很难度量的。但在本章中,生产者的目标——利润通常是可以客观度量的。

利润:
销售收入减去生产成本。

销售收入:
价格与销售量的乘积。

会计上,企业的**利润**可以表示为销售收入和成本之差。**销售收入**可以表示为价格与产量的乘积[4],成本是为生产该产量而必须支付的要素投入的支出。如果我们用 π 表示利润, R 表示收入, C 表示成本, y 表示产量,我们有如下等式:

$$\pi(y) = R(y) - C(y)$$

需要强调的是,经济学上讲的利润是经济利润,不是会计利润。

知识拓展

经济利润与会计利润

会计利润和经济利润的区别在于二者对成本的定义不同。经济学中的成本是为生产而付出的所有机会成本,而会计账面成本不包括隐形的机会成本。比如说,一个私人企业主用自己的房屋从事生产活动,他在核算利润时并没有把房屋的机会成本算作成本,他也没有把自己工作的机会成本算作成本。这里,房屋的机会成本是如果该房屋出租可以得到的租金,或用作其他活动可以得到的最大收入;他自己工作的机会成本是他从事其他活动时可得到的最大收入(如受雇于别的企业时的工资)。如我们曾经指出的,机会成本本质上不是成本,而是放弃的收益,即将资源投入当前生产所放弃的其他机会最大可能的收益。有些机会成本是无法从账目中观察到但却对决策者有影响的隐性成本。

比如,很多国有企业占用大量的土地以及很多其他资源,这些资源本来可以通过市场拍卖,产生相应的收益,从经济学的视角看是一笔巨额的机会成本。这些资源免费投入国企中,但对应的机会成本没有计算在企业财务报表之内。因此,会计上盈利的国有企业在经济上可能是亏损的。

沉没成本:
已经支付的、无法挽回的成本。

与机会成本相对应的另一种成本是**沉没成本**(sunk cost)。沉没成本是指已经支付的、无法挽回的成本。这类成本是可以从财务报表中看得到,但却不会影响当前决策的成本。

知识拓展

沉没成本:一个例子

让我们设想一个关于沉没成本的例子:一家企业需要购买 100 亩土地建工厂,企业决策人经人介绍,找到了心仪的土地,售价为 1 亿元，于是该决策人签署了购买意向书并交纳了 500 万元的定金。随后决策者又发现了一块与所签协议的土地完全无差异的另一块土地，总售价为 9 800 万元。这时候决策者该如何选择？选择签约土地，将付出总价为 1 亿元的支出；选择新土地，总支出为 9 800 万元。可是他仍然会坚持购买签约土地，因为虽然从账面上看，总支出为 1 亿元，但是其中包含了 500 万元沉没成本（定金）。这笔定金是无论如何都无法收回的，因此在决策人眼中，购买签约土地的经济成本为 9 500 万元。

通过前面的描述我们可以得到这样一个结论：在经济学中，我们提到的经济成本与会计成本是不同的，二者的关系满足：**经济成本 = 会计成本 + 隐性机会成本 - 沉没成本**。对应的经济学中的利润也是不同于财务报表中的会计利润，二者的关系满足：**经济利润 = 会计利润 - 隐性机会成本 + 沉没成本**。

值得一提的是，在短期内经济学上通常把固定成本看作沉没成本。这种做法在有些情况下并不成立。例如，购买到的机械设备虽然在短期内无法转让，属于固定成本，但是它并不是沉没成本。因为如果停止生产，机械设备对应的成本至少是部分可以变现的。再如，很多专用性芯片购买后，其对应的成本即变成了沉没成本，但它们通常是按比例与产品匹配生产，因而应该被视作可变成本。

5.3.2 利润最大化条件

上一节讨论成本时，我们假定产量是给定的。此时，利润最大化等价于成本最小化。现在我们转向讨论企业的最优产量决策。作为市场上的生产者一方，企业的产量决策对理解市场的运行至关重要。

如前所述，利润等于销售收入减去生产成本。无论销售收入还是生产成本，都是产量的函数。因此，我们将利润函数定义为利润与产量的关系：$\pi = \pi(y)$。利润函数在产量-利润坐标图上，就是利润曲线。

图 5-16 给出了一条可能的利润曲线。当产量小于 y_0 时，企业的利润为零（实际上可能是负的）；当产量大于 y_0 时，利润随产量的增加而上升；当产量为 y^* 时，利润达到最大；之后，利润随产量的增加而下降，最后趋于零。利润最大化目标意味着企业的最优产量是 y^*。

利润曲线的变化轨迹是总收入曲线和总成本曲线共同作用的结果。当产量很小时，由于固定成本和最小经济规模的原因，成本大于收入，企业发生亏损。在产量超过一定点后，收入就超过成本，企业开始盈利。由于收入的增加快于成本的增加，随着产量的增加，企业赚的利润越来越多。但当产量超过某个水平时，成本的增加快于收入的增加，利润逐渐下降。

图 5-16　利润曲线

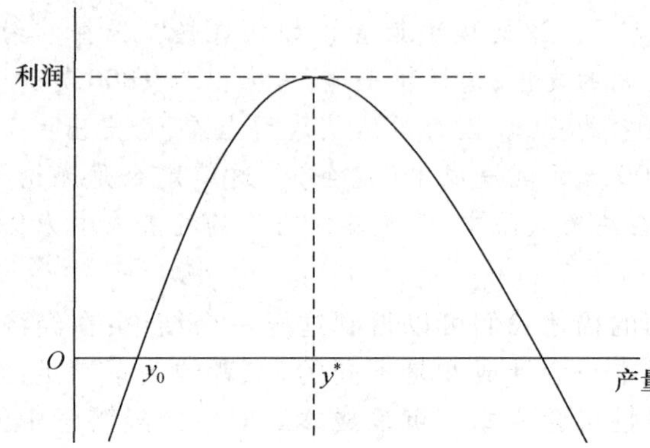

图 5-17 给出了总收入曲线和总成本曲线。从图中可以看出，总收入曲线与总成本曲线距离最大之点即利润最大之点，对应的产量就是最优产量。

总收入曲线与总成本曲线距离最大之点即利润最大之点，对应的产量就是最优产量。

图 5-17　利润最大化

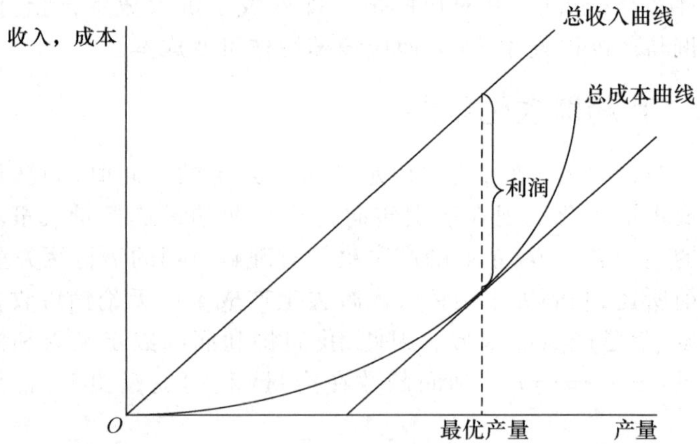

进一步，从图 5-17 中还可以看出，最大利润在总收入曲线的斜率等于总成本曲线的斜率时达到。总收入曲线的斜率是经济学上定义的产量的**边际收益**，即增加一单位产量所带来的收入的增加；总成本曲线的斜率是边际成本。由此，我们得到利润最大化产量的基本条件：

边际收益：
产量增加一单位带来的销售收入的增加额。

$$边际收益 = 边际成本$$

数学上，这一点很容易证明。因为 $\pi(y) = R(y) - C(y)$，根据最优化的一阶条件，最优产量满足：[5]

利润最大化条件：
边际收益 = 边际成本

$$\frac{d\pi}{dy} = \frac{dR}{dy} - \frac{dC}{dy} = 0$$

即
$$\frac{dR}{dy}=\frac{dC}{dy}$$

直观地讲，如果边际收益大于边际成本，增加产量可以提高利润；如果边际收益小于边际成本，降低产量可以提高利润。因此，只有在边际收益等于边际成本时，再调整产量才不会增加利润，因而产量是最优的。

通常来说，企业能销售多少产量与它索取的价格有关，因此，价格从两个方面影响企业收入。但在本章中，我们假设产品市场是完全竞争市场，也就是产品价格是市场竞争给定的，不受单个企业的影响。在此假设下，因为 $R(y)=py$（这里 p 是产品价格），因此 $\frac{dR}{dy}=p$，即边际收益等于价格。因此，利润最大化产量的条件是，价格等于边际成本：$p=MC(y)$。如果价格大于边际成本，增加产量可以增加利润；如果价格小于边际成本，减少产量可以增加利润；只有当价格等于边际成本时，利润达到最大值。如图 5-18 所示。

图 5-18　边际收益与边际成本

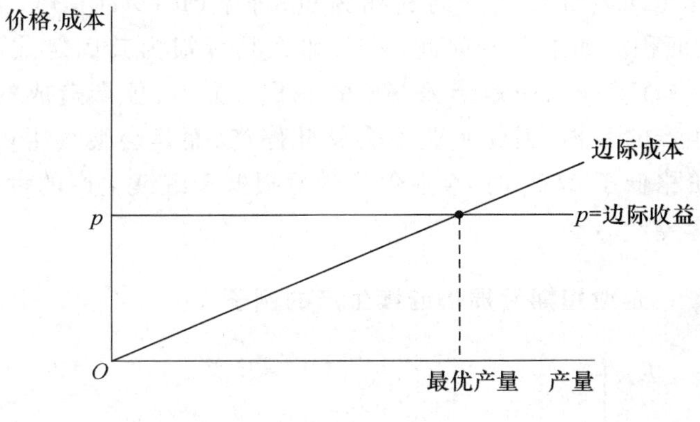

5.3.3　短期利润与生产决策

利润最大化产量的最优条件既适用于短期决策，也适用于长期决策。但短期利润和长期利润是不同的，有必要分别予以讨论。

在短期内，平均总成本与平均可变成本是不同的，但边际总成本与边际可变成本相同，与固定成本无关，因此，最优产量与固定成本无关。但固定成本与利润有关。本章第 5.2 节我们已经证明，边际成本曲线与平均总成本曲线的交点为平均总成本的最低点；边际成本曲线与平均可变成本曲线的交点为平均可变成本的最低点。图 5-19 中，这两个最低点分别为 ATC_0 和 AVC_0。因此，当市场价格高于 ATC_0 时，企业最大化利润一定是大于零的；当市场价格低于 ATC_0 时，企业最大化利润一定是小于零的。

图 5-19　短期利润的决定

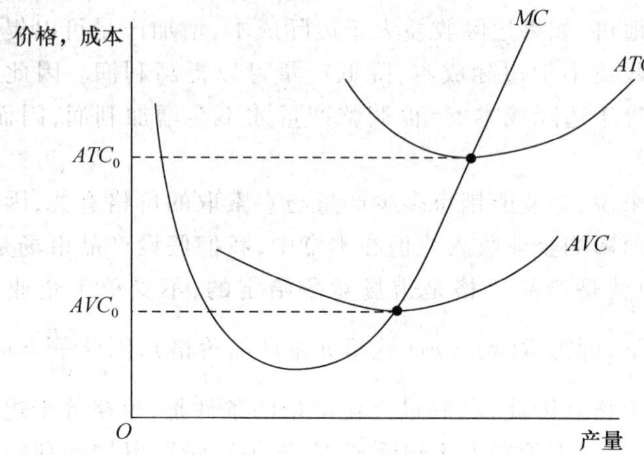

当价格大于平均总成本时，生产可以带来利润。但如果短期利润小于零，企业是否应该选择停产呢？答案取决于市场价格与平均可变成本的比较。如果价格低于 ATC_0，但高于 AVC_0，如图 5-20 所示，那么企业选择短期内继续生产的利润为负，等于 $(p - ATC_{y^*})y^*$，即矩形 $ABCD$ 的面积。如果企业就此停产，那么其亏损为其固定成本，等于 $(ATC_{y^*} - AVC_{y^*})y^*$，即矩形 $BCFE$ 的面积。显然，停产造成的亏损大于继续生产的亏损，因此企业不会就此停产，而是会继续生产。只有当市场价格低于 AVC_0 时，企业停产的亏损低于继续生产的亏损，企业才会选择停产。

图 5-20　企业短期亏损仍继续生产的例子

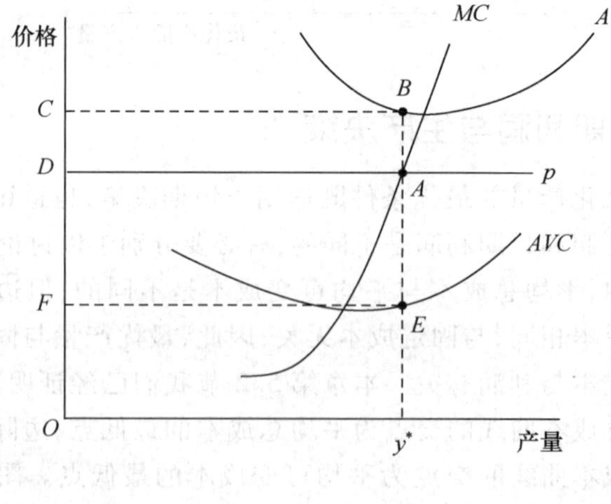

迷你案例

为什么航空公司会提供超低票价

当小王打开“去哪儿”网页的那一刻,他惊呆了。想坐飞机从西安回北京过春节的他,本来已经为可能的高票价做好了心理准备,但在打开网页的那一刻,进入他眼帘的却是10元的超低票价。而在其他的时间,最低票价更是低到了4元!

我们可以为航空公司算一笔简单的账:以波音737为例,这种飞机的每小时飞行成本大约为3万元,而从西安到北京的飞行时间约为1小时40分钟左右,因此单程飞行成本为5万元左右。这种机型的座位数大概为150个,因此每个座位的平均成本至少也在330元左右。那么问题就来了:既然每个座位的成本这么高,那么航空公司为什么又会提供10元的超低票价呢?

要回答这个问题,我们需要分析一下航空公司的成本结构。在飞行过程中,燃油费、折旧费等固定成本项构成了成本的主要部分,而多一个乘客带来的边际成本却接近于0。对于航空公司而言,重要的不是固定成本,而是边际成本。这是因为,不管飞机上是坐满了人还是空无一人,只要飞机一起飞,就必须支付相应的固定成本,但只要能以高于边际成本的价格多卖出一张票,他们就能多赚一份钱(或者少亏一份钱)。从这个角度看,那些远远低于平均成本的超低票价就变得容易理解了。事实上,小王选择的乘机时间在春节前几天,这个时间从西安飞往北京的旅客非常少,相关航线的飞机经常会出现大量空置。为了尽可能地减少由于空置带来的亏损,航空公司就要努力用低票价吸引旅客,于是低至10元的票价就应运而生了。

5.3.4 长期利润与生产决策

上面分析的是短期利润最大化的生产决策,下面我们来讨论长期利润最大化的生产决策。如图5-21所示,在短期内,企业会选择短期边际成本SMC与价格p相等时对应的产出y_1,此时企业获得的短期利润为矩形$(p-SAC_{y_1})y_1$,即矩形$ABCD$的面积。但长期看,企业可以任意选择各类要素投入的数量,实现长期平均成本LAC和长期边际成本LMC,此时企业会把产量定为y_2,长期边际成本LMC与价格p相交,企业利润为$(p-LAC_{y_2})y_2$,即矩形$DEFG$的面积。显然,随着企业调整要素投入的自由度的增加,利润变得更大了。

图 5-21　短期与长期的对比

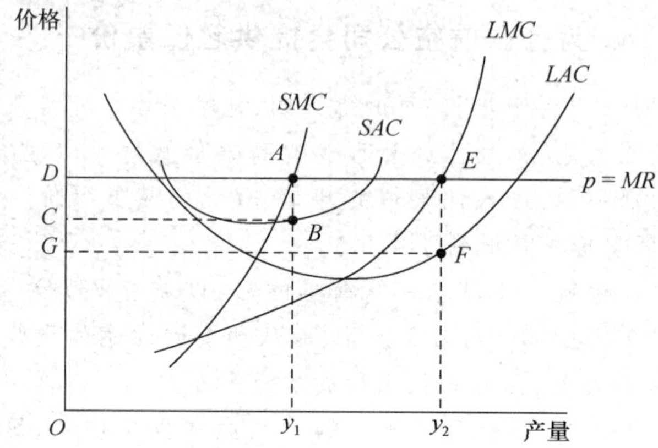

这里的长期平均成本和长期边际成本都是建立在上一节"长期"的概念基础上的,即时期足够长,所有要素投入都可以进行调整。前面我们指出,短期内,即使发生亏损,只要价格大于平均可变成本,企业仍然会选择生产。但长期内,如果发生亏损,企业一定会停止生产。只有利润不小于零时,企业才会生产。

那么,企业能否持续地赚取利润呢? 可以设想,如果没有进入壁垒,如果所有的技术和生产要素对所有的企业都可以以同等的条件(价格)获得,企业不可能持续地赚取利润。这是因为,利润的存在会诱使新企业的进入,竞争会降低市场价格,直到价格等于平均成本为止。因此,长期均衡结果一定是市场价格处于与长期平均成本最低点相等的水平。此时,$p = MR = LAC = LMC$,利润为零,如图 5-22 所示。这里的利润是指经济利润,即扣除了所有机会成本的利润,而不是会

长期均衡:
价格等于最低长期平均成本。

图 5-22　长期均衡的结果

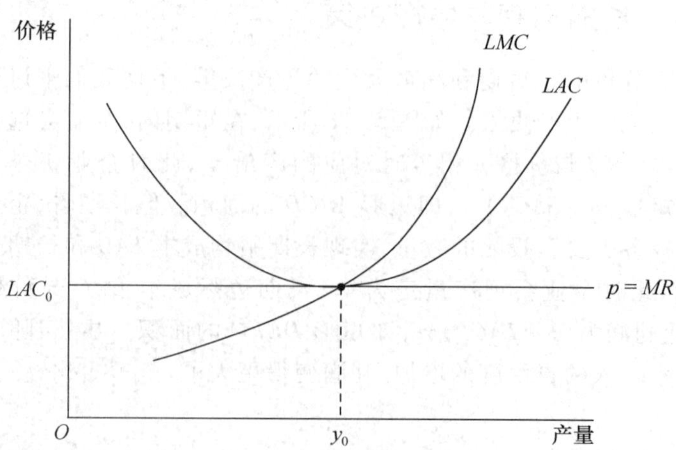

计利润。当然,在均衡的情况下,要素市场的竞争将把任何机会成本都变成会计成本。

这也意味着,在没有法定准入限制的情况下,一个企业想持续赚取利润,就必须通过不断创新,获得别的企业难以获得的技术和资源。创新意味着长期均衡是不存在的。对一个企业来说,最重要的并非我们在前面分析的给定技术和产品情况下如何选择要素组合和产量,而是创造新的技术和产品。这就是企业家的功能,我们将在第 8 章详细分析。

5.4 供给曲线

5.4.1 单个企业的供给曲线

消费者的选择决定了需求函数和需求曲线,生产者的选择决定了供给函数和供给曲线。供给函数或供给曲线,是指在不同价格水平下企业愿意生产的产量,记为 $y=S(p)$。前面我们证明,利润最大化的产量条件是价格等于边际成本。这一条件实际上给出了企业的供给曲线。在短期内,由于固定要素的存在,至少在产量达到某个水平之后,由于边际生产率递减法则的作用,边际成本就开始上升。比如说,假设资本投入无法变更,只有劳动投入可以变化,边际成本 $MC=\frac{\mathrm{d}C}{\mathrm{d}y}=\frac{\mathrm{d}(wL)}{\mathrm{d}y}=\frac{w}{\mathrm{d}y/\mathrm{d}L}=\frac{w}{MP_L}$,其中 w 是劳动力的价格,MP_L 是劳动的边际产出。根据边际生产率递减规则,劳动的边际产出 MP_L 会随产量的增加而下降,边际成本会随产量的增加而不断上升。由此可见,随着价格的上涨,满足利润最大化条件 $p=MC(y)$ 的最优产出 y 会增加。

根据上一节的分析,**短期供给曲线**就是短期平均可变成本最低点以上的边际成本曲线。因此短期供给函数表示为:

短期供给曲线: 短期平均可变成本最低点以上的边际成本曲线。

$$y=S(p)=\begin{cases}MC^{-1}(p) & \text{如果 } p\geqslant AVC_0\\ 0 & \text{如果 } p<AVC_0\end{cases}$$

这里,$MC^{-1}(p)$是 $p=MC(y)$的反函数。举个具体的例子:假定成本函数为 $C(y)=a+by^2$,边际成本则为 $MC(y)=2by$,供给曲线为 $S(p)=\frac{p}{2b}$。

从图 5-23 中我们看到,当价格低于 AVC_0 时,企业不会生产,供给量为零；当价格为 p_0 时，产量为 y_0；当价格为 p_1 时，产量为 y_1；当价格上涨为 p_2 时，产量为 y_2。

图 5-23　短期供给曲线

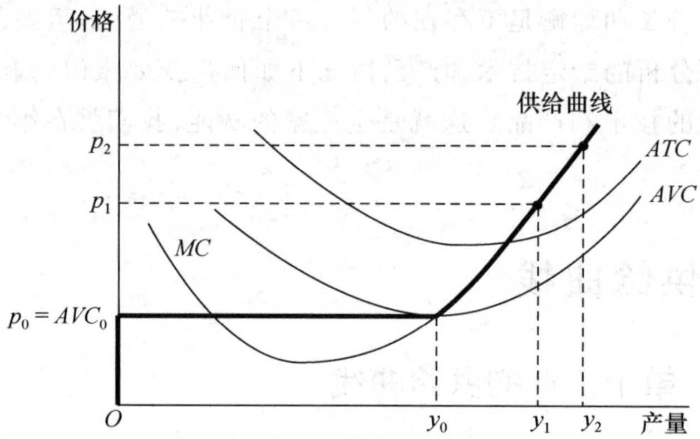

长期供给曲线： 长期平均成本曲线最低点以上的长期边际成本曲线部分。

类似的，**长期供给曲线**是长期平均成本曲线最低点以上的长期边际成本曲线部分。读者很容易从图 5-22 中看出，这里不再赘述。

下面我们来看一个具体的例子。表 5-6 中第一列表示玉米的产量，第二列表示玉米的边际成本。假设在此区间内，企业的平均可变成本最小值 AVC_0 等于 2.5。那么，我们可以根据边际成本得到图 5-24中的短期供给曲线。

表 5-6　玉米的产量与边际成本

玉米产量	边际成本
38	2.50
45	2.86
51	3.33
56	4.00
60	5.00
63	6.67
65	10.00
66	20.00

图 5-24 玉米的短期供给曲线

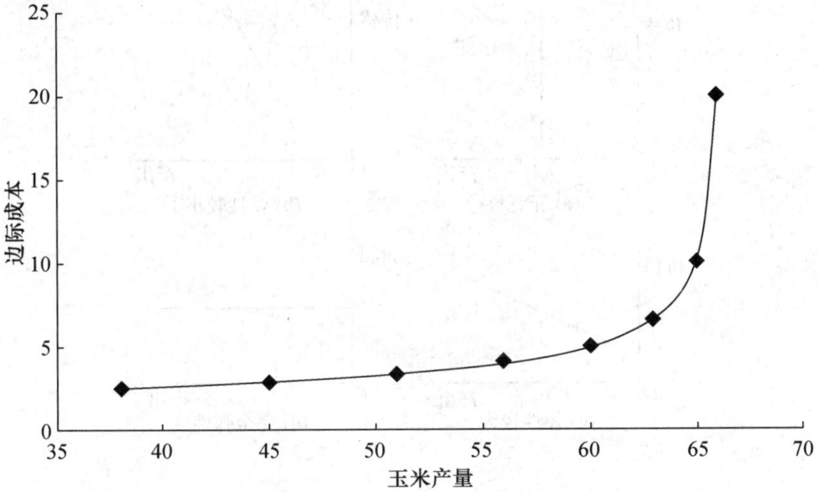

5.4.2 供给价格弹性

与消费者理论中用需求弹性度量需求对价格的敏感度类似，在生产理论中，我们用供给价格弹性度量企业产量对价格的敏感度。**供给价格弹性**是指供给量变化率与价格变化率的比值：

供给价格弹性：供给量变化率与价格变化率的比值。

$$\text{供给价格弹性} = \frac{\text{供给变化的百分比}}{\text{价格变化的百分比}} = \frac{\Delta S/S}{\Delta p/p}$$

图 5-25 给出了具有不同供给价格弹性的供给曲线。图中，(a) 中的供给曲线弹性始终为零，这意味着不论价格如何变化，供给量始终不变(例如短期内的土地供给量)；(b) 中的供给曲线弹性比较小，表明当价格大幅变化时，供给量仅仅出现小幅变动；(c) 中的供给曲线弹性比较大，表明当价格小幅变化时，供给量会出现大幅变动；(d) 中的供给曲线是水平线，其对应的供给弹性无穷大。

根据我们前面的描述，生产过程分为短期和长期。短期内企业调整产量的自由度较小，但是随着时间的推移，企业可以更加灵活地改变生产方案。因此短期供给弹性小于长期供给弹性。比如说，假如粮食价格涨了一倍，粮食的供给量不会马上发生巨大的变化。但是一年之后，粮食的供给量就会出现明显的增长。

图 5-25　具有不同供给弹性的供给曲线

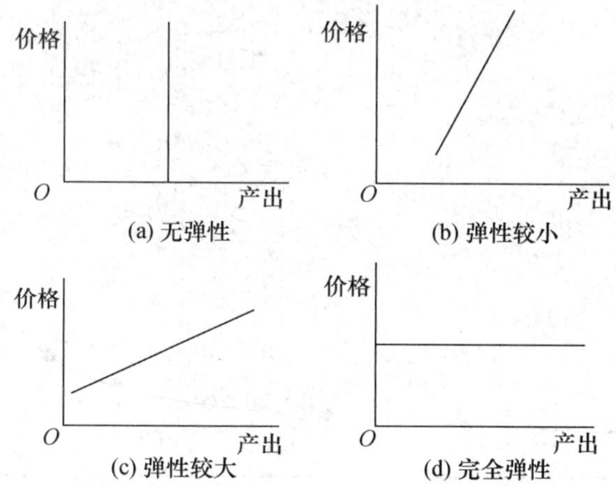

5.4.3　市场供给曲线

市场供给曲线： 由所有生产企业的供给曲线横向加总得到。

通常，同一种产品由多个企业同时生产，市场总供给量是所有企业供给量的加总。当产品价格发生变化时，所有生产该产品的企业都会调整自己的产量。假设第 i 个企业的供给函数为 $s_i(p)$，那么市场的总供给函数为 $S = \sum_{i=1}^{N} s_i(p)$ 。**市场供给曲线**又称**产业供给曲线**，在产量-价格坐标图上，它是由所有生产企业的供给曲线横向加总得到的。从图 5-26 中可以看出，市场供给曲线要比单个生产者的供给曲线更平缓，表明市场供给的弹性要更大。

图 5-26　市场的总供给曲线

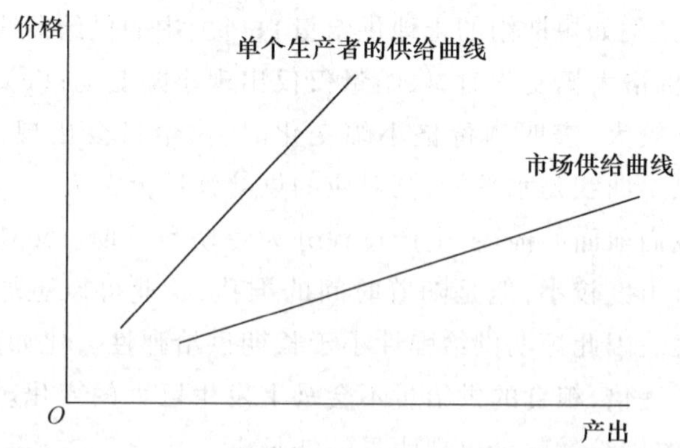

在一个市场上，商品的价格上涨通常会引发市场总供给的增长。这种增长来自两个方面：第一，当商品价格上涨时，原有生产企业根据各自的供给曲线增加自己的产量。第二，商品价格上涨可能诱使生产者的数量增加。在原来的价格下,有些企业不会生产该商品,但当价格上涨到超过其最低的平均可变成本时,它们就会开始选择生产该商品。一般来说,一种产品的价格越高,生产该产品的企业的数量越多。

5.4.4 供给曲线的移动

如同消费者的需求曲线会移动一样,企业的供给曲线也会移动。在推导供给曲线时,我们假定“其他因素”是不变的,这些其他因素包括生产技术、其他产品的价格、要素价格等。从长期来看,供给曲线的移动主要是由技术变化、其他产品价格变动以及投入品价格变动等因素导致的边际成本的变化引起的。图 5-27 中,(a) 描述了技术进步和要素价格下跌引起边际成本降低,导致供给曲线向右侧移动;(b) 描述了生产中竞争品价格上升导致供给曲线向左侧移动;(c) 描述了生产中互补品价格上升导致供给曲线向右侧移动;(d) 描述了企业因预期未来产品价格上升而降低当前供给,导致供给曲线向左侧移动。

图 5-27 供给曲线的移动

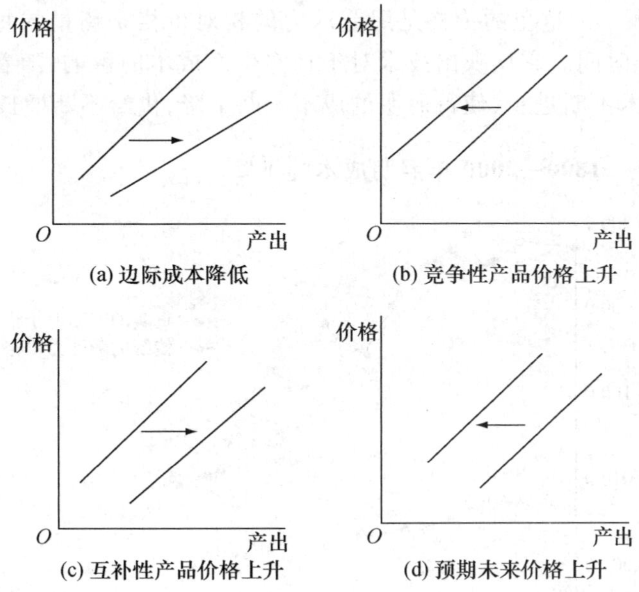

这里,需要对生产中的竞争品和互补品概念作点解释。同样的要素可以用于不同产品的生产,一个企业通常不止生产一种产品。如果同样的投入品用于 A 产品的生产,就不能用于 B 产品的生产,或者一种产品产量的增加会提高另一种产品生产的边际成本,那么,A 产品和 B 产品就是竞争品。比如,企业内同样的人力可以用于计算机的生产,也可以用于手机的生产,则计算机和手机就是竞争品。因此,如果手机价格上升,生产计算机的机会成本就会上升,意味着在计算机价格不变的情况下,企业会减少计算机的产量。这就是图 5-27(b)中描述的情况。我们将在最后一小节进一步讨论这种情况。

如果同样的要素投入可以同时生产两种产品,或者一种产品产量的增加可以降低另一种产品生产的边际成本,则这两种产品就是生产上的互补品。比如,牛肉和牛皮就是典型的互补品。当牛肉的价格上升时,农场主就会增加牛肉的供应。此时,即使牛皮的价格不变,牛皮的产量也会增加,也就是说,牛皮的供给曲线会向右移动。这就是图 5-27(c)中描述的情况。

尽管有多种因素在推动供给曲线的移动,但从历史上看,技术进步导致的成本下降,是供给曲线向右移动的主要原因。比如,20 世纪 90 年代早期,一个砖头大的手机(俗称"大哥大")售价在 3 万元人民币以上,而现在一个普通手机的售价只有几百元,而其功能是"大哥大"手机的数百倍。这就是技术进步导致的价格下跌。下面这个实例来自诺德豪斯(William Nordhaus),他测定了 1800—2000 年的照明成本的变化。根据他的计算,从 1800 年到 2000 年,单位照明的真实价格下降了三个数量级,即 2000 年的价格是 1800 年的千分之一,如图 5-28所示。这里的价格是用劳动力的相对价格来衡量的每流明消耗的工作时间。它反映出技术对于真实生产成本的影响:随着时间的推移,技术不断进步,使得照明的成本不断下降,供给不断增长。

图 5-28　1800—2000 年照明成本的下降

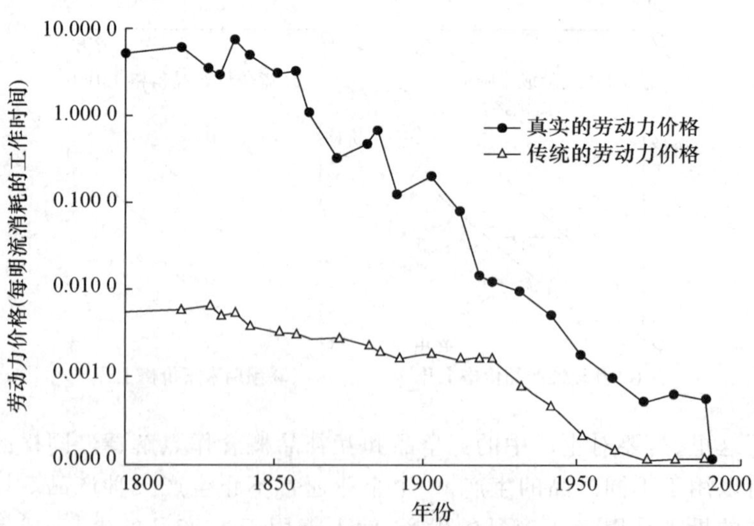

资料来源:布鲁斯纳、戈登,《新产品经济学》,芝加哥大学出版社 1997 年版;转引自戴维·沃尔什,《知识与国家财富》,中国人民大学出版社 2010 年版,第 262 页。

5.4.5 从机会成本看供给曲线

本章的最后，我们用机会成本分析一下供给曲线。设想一个农业企业，它的土地和人力资源可以用于生产两种竞争性产品：大豆和玉米。表 5-7 给出了这两种产品可能的产量组合，图 5-29 是对应的生产可行性边界。

表 5-7 大豆和玉米的产量组合

大豆产量（单位）	14.5	13.5	12.4	11.2	9.9	8.5	7.0	5.4	3.7	1.9	0
玉米产量（单位）	0	1	2	3	4	5	6	7	8	9	10

图 5-29 大豆和玉米的生产可行性边界

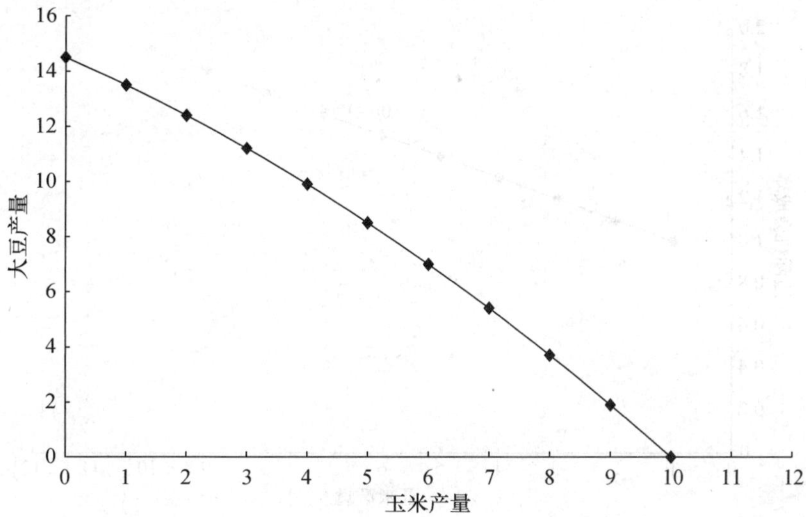

如我们所知，在这样一个框架内，生产玉米的机会成本可以用放弃的大豆的数量来表示。我们首先假定大豆的价格是 1 元。那么，用货币表示的玉米的机会成本如表 5-8 所示。由此，我们得到玉米的供给曲线 $y = 10p - 9$，如图 5-30 所示。玉米产量随价格而上升，这是供给曲线的基本特征。比如说，当玉米的价格为 1.2 元时，玉米的产量为 3 单位（对应的大豆产量是 11.2 单位）；当玉米的价格上升到 1.5 元时，玉米的产量为 6 单位（对应的大豆产量是 7 单位）。特别的，当玉米价格上升到 1.9 元时，农场主将把所有资源用于生产 10 个单位的玉米，不再生产大豆。

表 5-8　玉米的边际机会成本(假定大豆的价格为 1 元)

玉米产量	边际机会成本
1	1.0
2	1.1
3	1.2
4	1.3
5	1.4
6	1.5
7	1.6
8	1.7
9	1.8
10	1.9

图 5-30　玉米的供给曲线(边际机会成本曲线)

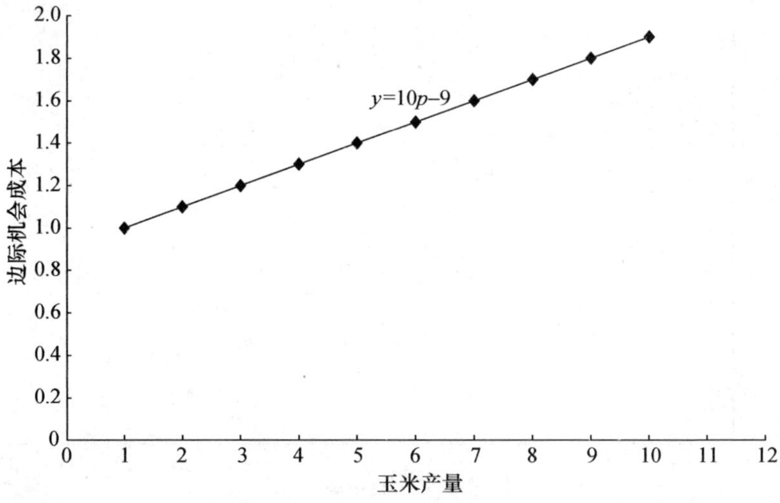

现在假定大豆的价格下降到 0.8。此时,用货币表示的玉米的机会成本在所有产量下都同比例下降,即玉米生产的边际机会成本曲线向右移动。由此,玉米的供给曲线也向右移动,即在每种价格下企业都会生产更多的玉米。如图 5-31 所示,供给曲线变为 $y = 12.5p - 9$ 。同理,如果大豆的价格上升,玉米的供给曲线将向左移动。

上述分析表明,玉米的供给曲线向上倾斜和移动都是由玉米的边际机会成本递增决定的。这一结论具有一般性。事实上,所有的生产成本都是机会成本或机会成本的某种变形。企业为生产任何产品支付的要素投入的成本,实际上是放弃生产其他产品的收益,也就是说,企业如果不生产 A 产品而是选择生产 B 产品将得到的收入。因为不

图 5-31　玉米供给曲线的移动

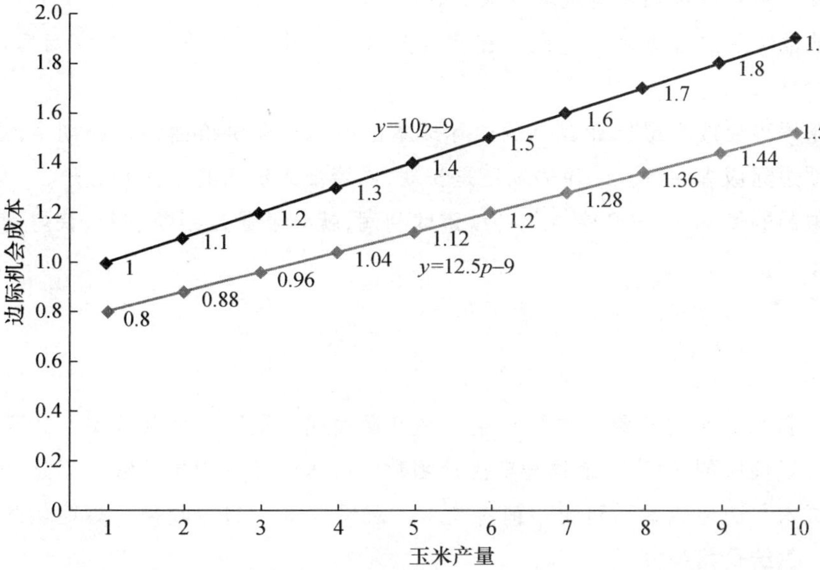

论生产什么产品，最优化意味着价格等于边际成本，因此，生产 A 产品的边际成本就是同样的边际要素投入用于生产 B 产品得到的边际产出乘以 B 产品的价格。在我们前面的例子中，生产玉米的边际成本就是放弃的大豆的边际产出乘以大豆的价格。因此，B 产品价格的上升也就是 A 产品的边际成本的上升。当然，我们也可以设想企业只能生产一种产品。此时，企业为生产该产品而支付的要素投入成本本身就可以理解为机会成本，也就是说，这种成本是为生产该产品而放弃的现金额。市场经济的优点之一，就是它把大部分机会成本都现金化了，从而为经济核算提供了方便。这样，当一个汽车企业生产汽车时，它不需要费心计算如果将同样的资源用于生产计算机能得到多少收入，而只需要比较这些投入的成本和汽车的价格就可以了。

本章要点总结

生产是指从投入到产出的转换，生产函数是要素投入量与产品产出量之间的数量关系。

在短期内，只有一种或部分要素的投入可变；在产量超过一定水平后，可变要素的边际生产率会递减。但长期来看，所有要素的投入量都可以改变，生产函数可以表现出规模报酬递增、不变、递减三种情况。

当所有要素投入可变时，企业选择最优要素组合使得生产成本达到最小。成本最小化的条件是：要素在生产上的边际替代率等于要素价格之比；或者说，最后一元钱的成本支出无论用于哪种要素，对产出的边际贡献相等。因此，成本最小化要素组合随要素价格的变化而变化。

企业选择最优的要素组合相当于选择某种特定的生产技术。短期成本不可能低于长期成本。

边际成本曲线与平均成本曲线在平均成本的最低点相交。

最优产量在边际收益等于边际成本时达到。在完全竞争的市场上,对单个生产者而言,边际收益等于产品的价格。

短期供给曲线是平均可变成本最低点以上的边际成本曲线。长期供给曲线是长期平均成本最低点以上的长期边际成本曲线。无论短期还是长期,供给量随价格的上升而上升。

在没有法定准入限制的情况下,一个企业想持续赚取利润,就必须通过不断创新,获得别的企业难以获得的技术和资源。

本章重要术语

生产函数　短期　长期　平均产量　边际产量　等产量曲线　边际技术替代率　边际技术替代率递减法则　规模报酬　柯布-道格拉斯生产函数　成本函数　成本曲线　固定成本　可变成本　平均成本　边际成本　利润　销售收入　沉没成本　边际收益　短期供给曲线　长期供给曲线　供给价格弹性

延伸阅读

本章的内容可以参阅保罗·海恩等《经济学的思维方式》第 4 章,曼昆《经济学原理:微观经济学分册》第 5 章、第 13 章和第 14 章。阿尔弗雷德·马歇尔《经济学原理》第四篇第 11 章和第 13 章对理解规模经济和产业发展很有帮助。

思考与练习

1. 在研究企业行为时,我们指的“长期”和“短期”分别是什么？在长期和短期,企业的选择会有哪些不同?

2. 什么叫机会成本？你认为上大学或者读研究生的机会成本是什么？你又是如何通过权衡利弊选择上大学或者读研究生的?

3. 企业实现成本最小化的必要条件是什么？请分别用数学推导和直观对此进行说明。

4. 举例说明日常生活中哪些商品的供给缺乏弹性,哪些商品的供给富有弹性。

5. 经济学历史上有一段著名公案。芝加哥学派的先驱雅各布·维纳(Jacob Viner)曾让绘图员画一张长期平均成本曲线的图。他要求图中的长期平均成本曲线恰好经过每条短期平均成本曲线最下方。绘图员立即就反驳说,这是不可能的,这让当时的维纳十分不高兴。那么,如果你是绘图员,你能向维纳解释为什么他的要求是做不到的吗?

6. 假设老王是一家挖掘机企业的工头,他通过雇用挖掘机司机劳动来赚取收入。为了经营这项生意,他用每周 1 800 元的费用租了一台挖掘机,并以每小时 50 元的工资雇用挖掘机司机。已知,挖掘机工人的生产技术如下表所示:

挖土数量（吨）	需要的时间（小时）
0	0
1	6
2	11
3	15
4	21
5	31
6	45
7	63

请计算出挖土的总成本（TC）、固定成本（FC）、可变成本（VC）、平均成本（AC）、平均可变成本（AVC）和边际成本（MC），且画出 *TC* 曲线、*AC* 曲线和 *MC* 曲线。并回答，当挖土数量为多少时，老王的企业面临最低的平均成本。

7. 已知某厂商的生产函数为 $Q=L^{3/8}K^{5/8}$，且劳动价格为 $P_L=3$，资本价格为 $P_K=5$。

（1）求产量 $Q=10$ 时的最低成本支出和使用的 L 与 K 的数量。

（2）求产量 $Q=25$ 时的最低成本支出和使用的 L 与 K 的数量。

（3）求总成本为 160 元时厂商均衡的 Q、L 与 K 的值。

8. 已知某企业的生产函数为 $Q=2L^{0.6}K^{0.2}$，试计算：

（1）该生产函数的规模报酬情况。

（2）假如 L 与 K 都按照其边际产量获取报酬，那么企业还能获取多少利润？

9. 已知某企业生产函数为 $Q=aA^{0.5}B^{0.5}C^{0.25}$，$Q$ 为产量，A、B、C 为三种要素投入；它们的价格分别为 $P_A=1$，$P_B=9$，$P_C=8$。

（1）试推导出该企业的长期总成本函数、长期平均成本函数和长期边际成本函数。

（2）在短期内，C 为固定生产要素，A 与 B 是可变要素，请推导出厂商的短期总成本函数、短期平均成本函数和短期边际成本函数。

10. 某企业使用两种要素 A 和 B 生产一种产品 Q，可以选用的生产函数有两种：

（a）$Q=aA^{0.25}B^{0.75}$；（b）$Q=aA^{0.75}B^{0.25}$。

已知生产要素 A 的价格为 1 元，生产要素 B 的价格为 P_B，试求解：

（1）B 的价格为多少时，两种生产方法对企业无区别？

（2）假如 B 的价格超过了以上值，企业将选择哪种技术？

本章注释

[1] 由于还有土地、种子、灌溉设施等其他的要素投入，所以化肥投入为零，对应的玉米数量仍然不为零。

[2] 数学推导：如果 $MP(x)<AP(x)$，那么 $\frac{dAP}{dx}=\frac{d(TP/x)}{dx}=\frac{(xMP-TP)}{x^2}=\frac{(MP-AP)}{x^2}$

<0。

[3] 这里的委托–代理问题不是狭隘的法律上的关系，而是从信息经济学的角度定义的。通常我们把信息缺失、不直接参与决策的一方称为委托人；把具有信息优势、直接参与决策的一方称为代理人。

[4] 严格起见，收入应等于价格与销量的乘积。为了简化起见，本节我们假设产量和销量相同。

[5] 数学上，还要求利润函数是凹函数，即满足二阶条件$\frac{d^2\pi}{d^2y}\leqslant 0$。我们假定二阶条件是满足的。

第 6 章 供求与价格

本章导读

市场上，需求和供给主要是通过价格调节的。本章首先分析需求曲线和供给曲线如何共同决定均衡价格和均衡产量，为什么市场处于均衡状态时社会总剩余达到最大，买者和卖者之间的竞价如何使得非均衡状态向均衡调整。然后，我们分析拍卖机制和股票市场定价机制如何实现供求均衡。在此基础上，我们将集中讨论一下价格的信号传递功能，解释为什么用计划经济替代价格机制会失败。我们也将讨论政府限价和税收如何扭曲市场，导致效率损失。最后，我们将简要介绍一下一般均衡理论，并讨论市场中的非价格机制。

6.1 市场与均衡

市场将消费决策和生产决策分开，消费者不生产自己消费的产品，生产者也不消费自己生产的产品。但市场又通过交换将消费者和生产者联系起来。市场通常被理解为买卖双方交易的场所，比如传统的庙会、集市，现代的购物中心、百货商店等等，都是市场。但市场又不仅仅是这些看得见、摸得着的实体场所。市场的本质是一种交易关系，它是一个超越了物理空间的概念。随着信息时代的到来，电商已经成为交易的一种新的形式，很多交易是在互联网上依托电商服务器完成的，在这里我们看不到具体的交易场所，但是这些网络虚拟的交易场仍然是在我们经济学研究的市场中进行的。市场的类型多种多样，不仅有物质产品和服务产品的交易市场，也有作为投入品的要素市场。还有很多无形的标的物也可以成为市场的交易对象，比如专利市场、思想市场等等。

无论什么市场，都存在买者和卖者两方。市场交易是一个竞争的过程，不仅有买者和卖者之间的竞争，而且有买者之间的竞争和卖者之间的竞争。比如，生产者之间为获得客户、销售产品而竞争，消费者之间为获得产品而竞争。竞争，意味着每个人都有自由选择的权利，即向谁买、买什么和卖给谁、卖什么的自由。只有在各方都有自由选择权利的制度下，才可以谈得上交易，才能够称之为市场。

6.1.1 均衡价格

经济学分析市场的一个基本工具是均衡。均衡分析有一百多年的历史,至今仍然是一个强有力的分析工具。均衡分析最初是经济学家从物理学上借用过来的,它是一种分析不同力量相互作用的方法。在宇宙空间中存在着各种各样的力量,各种力量相互作用,达到一种稳定的状态,被称为均衡状态。在均衡状态下,没有任何事物会发生新的变化。市场上,供给和需求是两种基本的力量。经济学中的**市场均衡**,就是指供求和需求的平衡状态。

市场均衡:
供给和需求的平衡状态。

市场均衡的核心是价格。根据前面两章的分析,需求和供给都受价格影响,都是价格的函数。但需求和供给对价格做出反应的方向不同:需求量随着价格的下跌而上升,供给量随着价格的上升而上升。因此,需求量和供给量不可能在任何价格下都相等。但需求和供给的反向变化也意味着,使得需求量和供给量相等的价格是存在的。在经济学上,我们把使得需求量和供给量相等的价格称为"**均衡价格**"(equilibrium price),对应的需求量(供给量)称为"**均衡产量**"(equilibrium output)。也就是说,在均衡价格下,所有的需求量都能得到满足,所有愿意在这个价格下出售的产品都可以卖出去。

均衡价格:
需求量等于供给量时的价格,由需求曲线和供给曲线的交点决定。

均衡产量:
均衡价格下的需求量和供给量。

图 6-1 中,横坐标代表交易量,纵坐标代表商品价格。根据我们前面的知识,需求曲线是向右下方倾斜的[1],表明价格越低,需求量越大;而供给曲线是向右上方倾斜的,表明价格越高,供给量就越大。如果需求曲线和供给曲线有一个交点[2],这个交点对应的纵坐标就是均衡价格,横坐标是均衡产量。

图 6-1　均衡价格和均衡产量图示

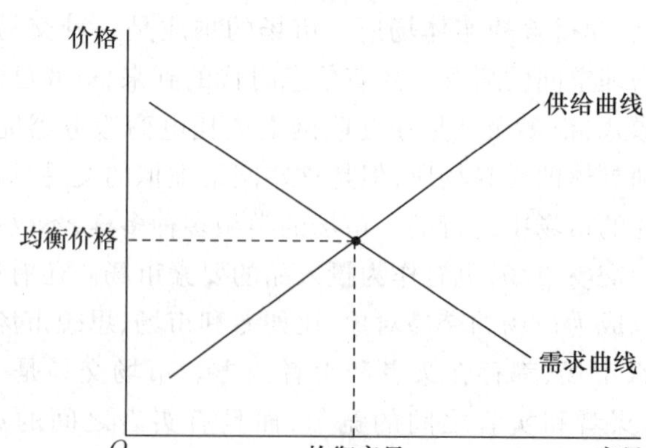

类似于第 5 章中供给曲线与边际成本曲线重合,其实需求曲线与消费者的边际效用曲线也是重合的。[3]需求曲线上的价格代表了消费

者的最高支付意愿,也就是厂商要把某一固定产量的商品全部销售出去,可以卖出的最高价格。为什么随着产量的增加,消费者愿意付的钱越来越少?因为边际效用是递减的。也就是说,每个人一开始总是满足最迫切的需要,他愿意为最迫切的需要付出的代价最大;迫切的需要满足之后,对于不那么迫切的需要,愿意付出的代价相对较小。

供给曲线与生产者的边际成本曲线重合,它可以理解为厂商愿意接受的最低价格。只有消费者愿意付出的价格高于或至少不低于生产者愿意接受的价格时,交易才会给双方带来好处,产品才有可能成交。假设一件商品买家最高只愿意出 10 元钱,但卖家最低只能接受 12 元钱,那么交易就不会出现。因此,有效率的交易只会出现在均衡点的左侧,即需求曲线高于供给曲线的部分。

根据前面的论述,均衡价格也可以看作消费者的边际效用等于生产者的边际成本时对应的价格水平。这是因为消费者的最优选择意味着他愿意接受的市场价格等于其边际效用,生产者的最优选择意味着他愿意接受的市场价格等于其边际成本。这样一来,价格就把生产者和消费者联系在一起,均衡实现了双方最优。这个原理可以表示为:

边际效用 = 均衡价格 = 边际成本

可见价格是一个杠杆,它在消费者和生产者分离的情况下实现了鲁滨孙经济中消费者和生产者一体化情况下的最优选择条件:边际效用 = 边际成本。

图 6-2 展示了交换带来的社会福利增加总额:**总剩余**(total surplus)。总剩余包括两部分:一部分是消费者剩余,另一部分是生产者剩余。我们在第 3 章中讲到,消费者剩余就是消费者支付的价格和他最大愿意支付的价格之间的差额。假如市场处于均衡状态,价格等于

图 6-2　总剩余 = 消费者剩余 + 生产者剩余

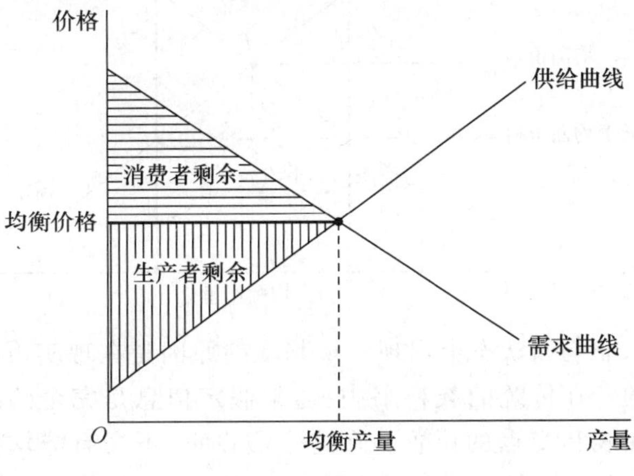

均衡价格,横线上的阴影部分就是消费者获得的好处加总,即**消费者剩余**(consumer's surplus)。均衡价格以下的平行四边形是生产者获得的总收入,供给曲线下方的面积代表的是生产者的总成本,总收入和总成本之间的差值就是生产者获得的**生产者剩余**(producer's surplus),也就是我们上一章定义的利润。

均衡不是现实,而是现实发生变化背后的引力。

容易证明,只有在均衡条件下,总剩余才能达到最大,此时的市场效率是最大的。如果市场处于均衡状态的左侧,有一部分价值没有办法实现;如果市场处在均衡状态的右侧,消费愿意支付的价格小于生产者愿意接受的最低价格,由此会出现亏损,造成社会福利的损失。所以均衡本身对应的是经济学上讲的“最大效率”,偏离均衡就会带来效率损失。当然,现实生活中我们不可能总是达到最大效率这种状态。更准确地说,均衡不是现实,而是现实发生变化背后的引力。下面我们分析一下非均衡状态如何向均衡状态调整。

6.1.2 非均衡状态及其调整

图6-3中描述了两类非均衡状态:实际价格低于均衡价格,或实际价格高于均衡价格。如图所示,当价格低于均衡价格时,消费者愿意购买的数量大于生产者愿意出售的数量,出现了供不应求的现象;当价格高于均衡价格时,消费者愿意购买的数量小于生产者愿意出售的数量,出现了供大于求的现象。无论哪种情况,都有一方的意愿不能实现,从而导致效率损失。

图6-3 非均衡状态

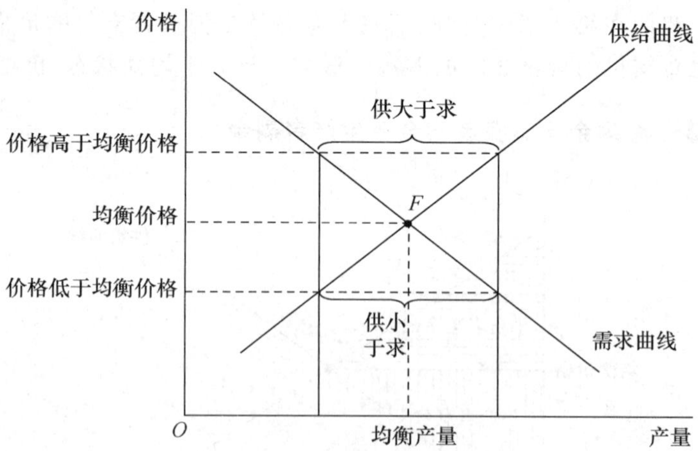

为什么非均衡状态会出现?最基本的原因是在现实市场中,信息是不完全的。在传统的教科书中,通常假定信息是完全的,每个人都知道供求曲线和交点的位置。在这个假设下,不会有非均衡,这与现实是有出入的。市场通常由若干买家和卖家组成,他们当中每一个个体的决策都会影响整个市场，但没人知道市场的需求曲线和供给曲线具体是什么形状，消费者甚至连自己的需求曲线都画不出来，生产者也画不出自己的供给曲线，更没有人能准确知道其他人的需求和供给，因此，没有人确知均衡点究竟在哪里。但实际交易就是在这种情况下发生的。尽管出于自身利益的考虑，消费者会寻找合适的卖方，生产者也会寻找合适的买方，并希望获得对自己最有利的交易条件，但这又会带来交易成本和等待的成本。因此，交易不可能从均衡价格开始。不均衡状态还可以理解为一种后悔的状态：当消费者按照商家的标价购买一件商品后，过一段时间发现该商品价格下降了，那当初消费者实际支付的价格就是非均衡价格，这就表现出消费者的“后悔”。同样，当生产者把产品卖出后如果发现价格上涨了，也会感到“后悔”。

买者之间和卖者之间的竞争使价格从不均衡趋向均衡。

但是，尽管现实不可能处于均衡状态，但现实交易总是有向均衡状态调整的趋势。这种调整是买者和卖者竞争的结果。现在我们就来分析一下可能的调整过程。

首先考虑价格低于均衡价格的情况。设想由于某种原因，企业预期的价格低于均衡价格。此时，市场上供给的产品数量将少于消费者愿意购买的数量。当一部分消费者发现自己的购买意愿难以实现时，他们就愿意支付更高的价格；企业看到奇货可居，也会提高价格。随着价格的上升，一方面，消费者会减少需求，有些消费者甚至会完全退出市场；另一方面，企业会修正自己的预期，看到价格上升就会增加供给。如此这般，只要供给小于需求，价格就会向上调整，需求量随之减少，供给量随之增加，直到均衡为止。图 6-4 展示了在供不应求的情况下价格、需求量及供给量的调整过程。

图 6-4　供不应求的调整过程

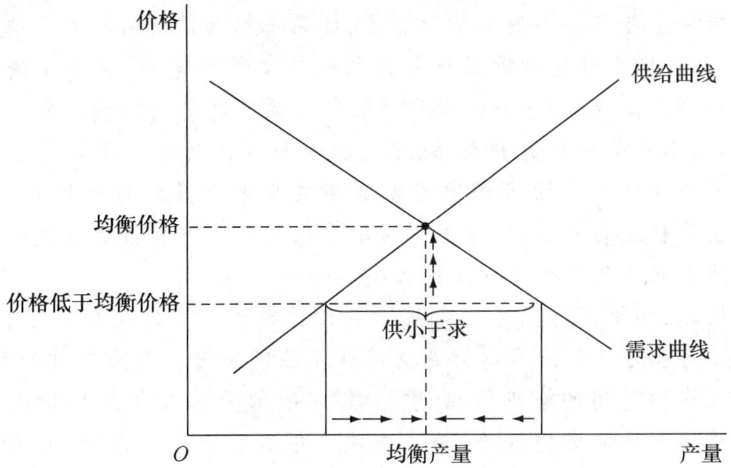

现在考虑价格高于均衡价格的情况。如图 6-5 所示,如果市场价格高于均衡价格水平,企业会选择较高的产量,但在市场上的需求量低于产出量,造成部分商品生产出来后卖不出去。此时,由于销售困难,部分厂商会选择降价销售,以便清理库存,结果市场价格逐渐下降。随着价格的下降,企业相应地减少产量,部分原来的生产者退出了市场,导致市场供给量下降;同时,随着价格的走低,部分潜在消费者进入了市场,需求量增加。如此这般,只要供给大于需求,价格就会向下调整,需求量随之增加,供给量随之减少,直至均衡为止。

图 6-5　供过于求的调整过程

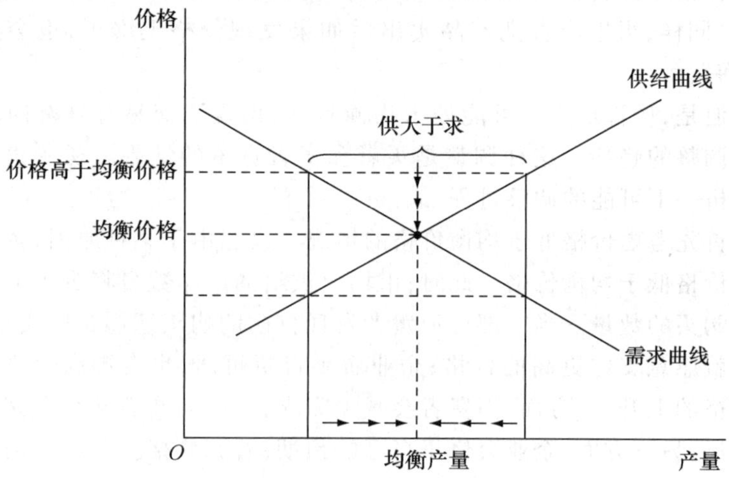

学术经典

亚当·斯密论价格调整过程

市场上任何一个商品的供售量,如果不够满足对这种商品的有效需求,那些愿支付这种商品出售前所必须支付的地租、劳动工资和利润的全部价值的人,就不能得到他们所需要的数量的供给。他们当中有些人,不愿得不到这种商品,宁愿支付较大的价格。于是竞争便在需求者中间发生。而市场价格便或多或少地上升到自然价格以上。价格上升程度的大小,要看货品的缺乏程度及竞争者富有程度和浪费程度所引起的竞争热烈程度的大小。……

反之,如果市场上这种商品的供售量超过了它的有效需求,这商品就不可能全部卖给那些愿意支付这商品出售前所必须支付的地租、劳动工资和利润的全部价值的人,其中一部分必须售给出价较低的人。这一部分价格的低落,必使全体价格随着低落。这样,它的市场价格,便或多或少降到自然价格以下。下降程度的大小,要看超过额是怎样加剧卖方的竞争,或者说,要看卖方是怎样急于要把商品卖出。……

如果市场上这种商品量不多不少,恰够供给它的有效需求,市场价格便和自然价格完全相同,或大致相同。所以,这全部商品量都能以自然价格售出,而不能以更高价格售出。各商人之间的竞争使他们都得接受这个价格,但不使他们接受更低的价格。

注:斯密这里讲的"自然价格",类似于我们现在讲的(长期)均衡价格。

资料来源:引自亚当·斯密,《国民财富的性质和原因的研究》,商务印书馆2009年版,第50—51页。

当然,无论供不应求还是供过于求,现实中的调整都比我们上面描述的要复杂一些。比如,在供不应求的情况下,市场价格也许会短期内冲到消费者可接受的最高点,然后再随着供给量的增加逐步回落,经过一段时间的震荡后,逐步趋于均衡;在供过于求的情况下,市场价格也许会短期内跌落到消费者愿意支付的最低点,然后随着供给量的减少逐步回升,经过一段时间的震荡后,逐步趋于均衡。

调整过程需要多长的时间,在不同产品市场是不同的。特别是,由于需求很容易及时调整,调整的快慢主要取决于产品的生产周期。生产周期越长的产品,调整的速度越慢。例如,农作物的生产周期是以年计算,调整至少需要一年的时间;而服装的生产周期很短,调整相对快一些。

容易设想,如果需求曲线和供给曲线不随时间而变化,则不论调整的时间多长,市场价格最终一定会收敛于均衡水平。现实中,尽管绝大部分产品市场达不到经济学意义上的均衡,但仍然可以达到日常生活意义上的均衡,即:在现行的价格下,消费者的意愿需求总可以得到满足,生产者也可以售出自己计划生产的产品。实际价格的相对稳定性就证明了这一点。

现实市场之所以达不到经济学意义上的均衡,是因为需求曲线和供给曲线都随时间而变化。

知识拓展

均衡价格的一个简单实验

近年来,一些经济学家开始用实验的方法验证市场均衡理论的有效性。这里我们给出道格拉斯·戴维斯和查理斯·霍尔特做的一个简单实验。实验的设计是这样的:假定市场有6个买者(用B1,…,B6表示)以及6个卖者(用S1,…,S6表示)。每个买者或卖者最多能进行两次交易。在每次交易中,卖者赚得某单位产品交易价格和成本之间的差额；与此相反，买者赚得单位价值和交易价格之间的差额。这里，单位价值代表买者对某个产品单位的最大支付意愿，单位成本代表卖者的最低接受价格。

表6-1给出了卖者和买者的个体成本和估价信息。每个买者都有一个高价值单位和一个低价值单位(B1除外，他有不变的价值)。提供给买者多单位但限制他们先选择最高价值的单位，这是个体需求曲线向下倾斜的假设。水平加总个体需求曲线，就得到如图6-6所示的向下倾斜的市场需求曲线。图中梯形上的标签显示了该阶梯上拥有那一价值的买者身份。相应地，表6-1中的卖者都有一个低成本单位和一个高成本单位的产品。要求卖者先出售低成本单位的产品，然后再出售高成本单位的产品，这是个体供给曲线向上倾斜的假设。水平加总个体供给曲线，就得到如图6-6所示的市场供给曲线。

表6-1　市场实验的参数　(单位:美元)

买者价值			卖者成本		
买者	单位1	单位2	卖者	单位1	单位2
B1	1.40	1.40	S1	1.30	1.40
B2	1.50	1.30	S2	1.20	1.50
B3	1.60	1.20	S3	1.10	1.60
B4	1.70	1.10	S4	1.00	1.70
B5	1.80	1.00	S5	0.90	1.80
B6	1.90	0.90	S6	0.80	1.30

图6-6　市场实验的需求曲线和供给曲线

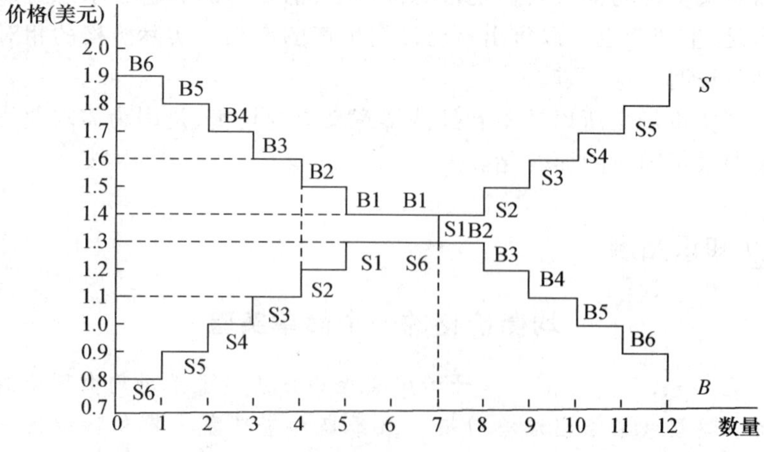

从图6-6中可以看出，预期的均衡价格在1.30美元和1.40美元之间，均衡成交量是7个单位。同时可以计算出，在均衡的情况下，总

剩余是 3.70 美元，其中买者和卖者各分享 50%。

实验者邀请 12 个学生参与了以上述参数为特征的一个短期的市场回合。该回合包括两个“交易时期”。在每一时期开始时，分配给 12 个参与者每人如表 7-1 中的一个成本或价值表，6 个参与者是买方，另外 6 个参与者是卖方。然后通过上面提及的双向拍卖交易规则，给予他们 10 分钟协商交易：卖者出价，它可以被任一买者所接受；同时买者喊出竞价，它可以被任一卖者所接受。第一期的交易价格按照时间顺序如下，其中下面划线的价格表示属于均衡价格：

时期 1： 1.60 美元，1.50 美元，1.50 美元，1.35 美元，1.25 美元，1.39 美元，1.40 美元。

参与者在第一期结束后计算他们的收益，然后在第二个交易期开始时，协商持续 7 分钟。第二期的交易价格如下：

时期 2： 1.35 美元，1.35 美元，1.40 美元，1.35 美元，1.40 美元，1.40 美元，1.35 美元。

因此我们看到，尽管第一期只有 2 个单位的产品在均衡价格下交易，但到第二期时，所有 7 个单位的产品都按照均衡价格成交。另外，两期都有 7 个单位产品成交，这个数量正是均衡成交量，说明总剩余达到了最大，交易是有效率的。

资料来源：道格拉斯·戴维斯、查理斯·霍尔特，《实验经济学》，中国人民大学出版社 2013 年版，第 7—12 页。

6.1.3 均衡的移动和调整

如我们在前面两章指出的，无论供给曲线还是需求曲线，都受到很多因素的影响，这些因素是随时间变化的。一方面，偏好、收入、替代品和互补品的价格，或者其他制度性的、文化的因素的变化，使需求曲线发生移动；另一方面，生产技术、要素价格和原材料价格、要素供给量的变化，使得供给曲线发生移动。这样，均衡点就随时间变化而变化，价格和供求的调整过程就像追踪一个移动的靶子，而不是一个固定的目标。

价格和供求的调整过程就像追踪一个移动的靶子，而不是一个固定的目标。

图 6-7 中，原来的需求曲线和供给曲线分别是 *DD* 和 *SS*，均衡点是 *E*。由于价格高于原来的均衡价格，供求力量的作用导致价格向下调整。但在市场调整过程中，由于技术进步使得边际成本降低，供给曲线从 *SS* 移动到 *S′S′*，同时需求曲线也发生变化，从 *DD* 移动到 *D′D′*，最终导致均衡点从 *E* 向 *E′* 移动。这样，在原来的调整过程完成之前，实际价格就会由下降转向上升，供给由减少转向增加，向新的均衡点 *E′* 调整。可以设想，在达到均衡点 *E′* 之前，均衡点有可能变成了 *E″*，如此等等。从动态角度看，市场总是处于调整当中，现实经济总是

处于非均衡状态。

图 6-7　均衡点的变化过程

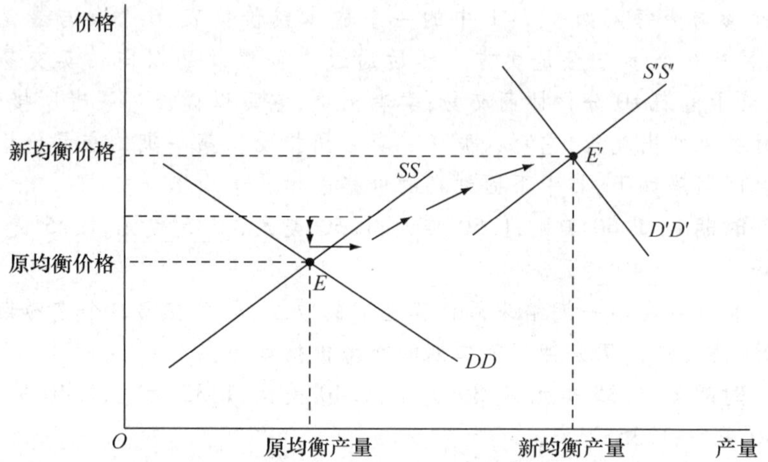

图 6-8 描述了价格的动态调整过程。如图所示,现实中的价格总是和理论上的均衡价格不完全一样,但市场价格总是围绕随时间变化的均衡点不断调整。这就是均衡分析的意义所在。

图 6-8　均衡点随时间变化和相应的调整过程

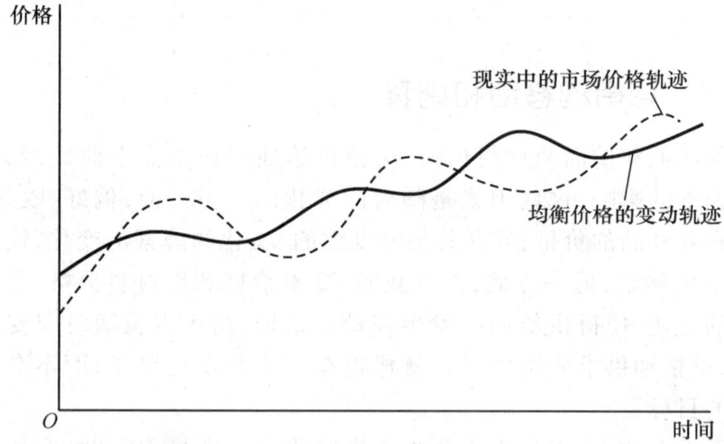

最后需要指出的一点是,前面我们把均衡点的变化和调整过程当作一个非人格化的过程。事实上,在现实市场中,均衡点的变化和调整主要是通过企业家活动实现的。企业家是善于判断未来、发现不均衡并组织生产、从事创新活动的人。尽管企业家也会犯错误,但正是他们的存在,使得市场经济不仅有序,而且在不断发展。我们将在第 8 章讨论企业家的功能。

迷你案例

电子商务与虚拟市场

电子商务通常是指在互联网的环境下,基于浏览器软件和服务器终端,买卖双方不谋面地进行各种商贸活动,实现消费者的网上购物、商户之间的网上交易以及在线电子支付等等的新型的商业运营模式。电子商务可分为:企业对企业(business-to-business,B2B)、企业对消费者(business-to-consumer,B2C)、个体对个体(consumer-to-consumer,C2C)、企业对政府(business-to-government,B2G)、线上对线下(online-to-offline,O2O)、企业对家庭(business-to-family,B2F)、供给对需求(provide-to-demand,P2D)、门店在线(online-to-partner,O2P)等模式。

2014 年,中国网络购物交易额占社会消费品零售总额的比重达到 7.9%;2015 年,中国电子商务市场总规模有望达到 3.3 万亿元。预计到 2015 年年底,中国电商规模将超过美国,成为全球第一。目前,C2C 模式是最为广泛的。如淘宝、京东等电商平台,都是著名的 C2C 企业。其中,淘宝网是全球最大的网络零售电商,该公司由阿里巴巴集团在 2003 年 5 月 10 日投资创立,目前其业务跨越 C2C 和 B2C 两大部分,用户数量已经超过 5 亿人。京东商城是中国最大的自营式电商企业,2014 年 5 月,京东在纳斯达克上市,成为仅次于阿里巴巴、腾讯、百度的中国第四大互联网上市公司。

资料来源:戴建中,《电子商务概念(第二版)》,清华大学出版社 2012 年版;贝恩资讯、艾瑞资讯 2013—2015 年报告。

6.2 均衡的实例分析

尽管现实市场的大部分交易不是在均衡价格下进行的,但确实存在一些市场机制,使得实际交易是在均衡价格下完成的。下面我们介绍两个具体的例子。

6.2.1 拍卖市场

我们首先要介绍的是拍卖市场。**拍卖**是通过买方或卖方竞价而达到均衡价格的过程。一块土地要卖多少钱,一幅字画要卖多少钱,或是像我们选课要付出多少点数,都可以通过拍卖而实现均衡。对于这种供给量固定的产品,单方的拍卖就可以实现均衡。在这个时候,最普遍的规则是买方竞价,出价最高者得标。

拍卖:
通过买方或卖方竞价而达到均衡价格的定价机制。

图 6-9 展示了一个一单位产品拍卖的例子。当供给量固定为只有 1 个单位的时候,供给曲线就是图中的垂直线。这时候的供给是没有弹性的。但是需求曲线是不一样的,它是与价格相关的:当价格为 9 元时,需求量为 1 个单位;当价格为 8 元时,需求量为 2 个单位,如此等等,直到价格为 5 元时,需求量为 5 个单位。这样形成了一条阶梯式的需求曲线。在相邻的两个价位之间,需求曲线是毫无弹性的。如果卖家知道只有一个人付 9 元,其他人出价都等于或小于 8 元,那卖家找到出价为 9 元的这个人,就可以完成交易。但通常卖家并不知道谁愿意出 9 元,甚至不知道最高意愿出价是多少,那怎么来发现这个价格呢?一个办法是采用竞价拍卖。卖家一开始出一个保留价格。如果保留价是 5 元,有 5 个人会愿意购买这个产品。显然 1 个单位的供应量无法满足 5 个人的需求,因此出现了供不应求,此时无法成交。卖家随之提高出价。当涨到 6 元时,5 个买家中有一个人会选择放弃交易,结果剩下 4 个单位的需求量。但这样仍然是供不应求。这导致价格继续往上涨,直到涨到 8 元以上的时候,市场上只剩下 1 个单位的需求量了,于是实现了供求平衡。

图 6-9　一单位产品拍卖

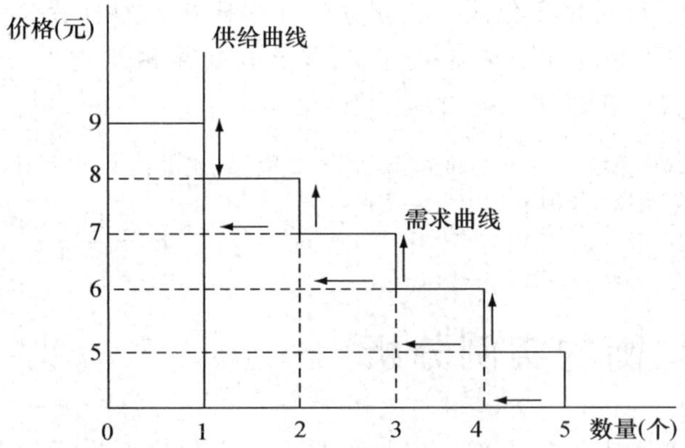

在价格为 8 元和 9 元之间时,需求曲线和供给曲线是重叠的,意味着在此区间内的任何一个价格都是均衡价格,所以这个例子中的均衡价格并不是唯一的。8.1 元是均衡价格,8.9 元也是均衡价格。在这个区间内,存在若干个均衡价格。

图 6-10 展示了一个多单位产品拍卖的例子。假定供给量固定在 4 个单位,供给曲线是图中供给量等于 4 的垂直线。需求曲线与前面的例子相同。类似于一单位产品拍卖的例子,可以发现均衡价格在 5 元和 6 元之间,在此区间内的任何价格都可以达到供求相等。

图 6-10　多单位产品拍卖

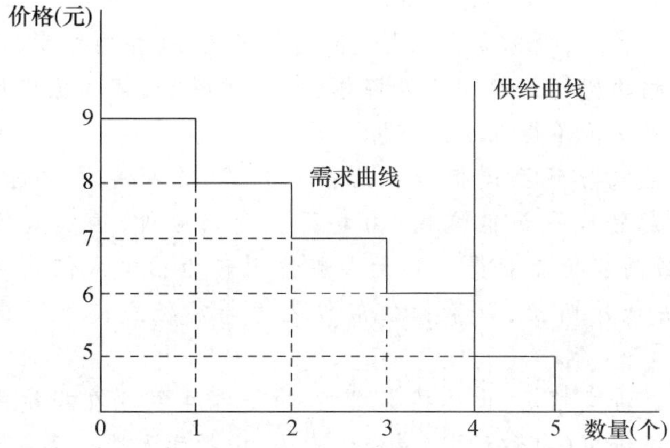

现实中有很多的多单位产品拍卖的典型例子,如汽车牌照的拍卖。随着交通拥堵现象越来越严重,很多城市开始限制汽车的拥有量,其办法是对有限的汽车牌照实行公开拍卖,比如新加坡、上海、香港等地就采取这种做法。假设政府决定每个月发放2万张汽车牌照,那么最终谁会拿到牌照呢?就看谁愿意为这个牌照支付等于或高于均衡价格的价格。在牌照拍卖中,每个想买汽车的人报出自己愿意支付的最高价格,如果某个价格及以上的需求量加总等于2万辆,该价格就是均衡价格,也是实际支付的牌照价格。比如,愿意支付10万元的有10个人,愿意支付9万元的有200个人,如此等等,到5万元的时候累积的需求量刚好等于2万辆,那么5万元就是当月牌照的均衡价格,任何人只要支付5万元,就可以得到一个牌照。由于需求曲线会随着时间而移动,拍卖的价格每个月都会有波动,比如5月份的价格是5万元,6月份的价格是4万元,等等。但就每个月的交易而言,成交价格都是供求相等的均衡价格。

知识拓展

拍卖简介

拍卖是商业中的一种买卖方式,最初盛行于西方国家,近年来随着中国市场经济的深化、人们收入的增加,在中国也出现了很多拍卖市场。拍卖是由两个以上的买家通过竞购方式,最终由出价最高的人获得商品。拍卖的类型包括英格兰式拍卖、荷兰式拍卖、密封递价式拍卖、维克瑞式拍卖、反向拍卖、定向拍卖等等。

英格兰式拍卖,也称增价拍卖或低估价拍卖,是指在拍卖过程中,拍卖人宣布拍卖标的的起拍价及最低增幅,竞买人以起拍价为起点,由低至高竞相应价，最后以最高竞价者以三次报价无人应价后，响槌成交。但成交价不得低于保留价。

荷兰式拍卖，也称降价拍卖或高估价拍卖，是指在拍卖过程中，拍卖人宣布拍卖标的的起拍价及降幅，并依次叫价，第一位应价人响槌成交。但成交价不得低于保留价。

英格兰式与荷兰式相结合的拍卖方式，是指在拍卖过程中，拍卖人宣布起拍价及最低增幅，由竞买人竞相应价，拍卖人依次升高叫价，以最高应价者竞得。若无人应价则转为拍卖人依次降低叫价及降幅，并依次叫价，以第一位应价者竞得。但成交价不得低于保留价。

密封递价式拍卖，也称招标式拍卖，是指由买主在规定的时间内将密封的报价单（也称标书）递交拍卖人，由拍卖人选择买主。这种拍卖方式，和上述两种方式相比较，有以下两个特点：一是除价格条件外，还可能有其他交易条件需要考虑：二是可以采取公开开标方式，也可以采取不公开开标方式。拍卖大型设施或数量较大的库存物资或政府罚没物资时，可能采用这种方式。

维克瑞式拍卖，也称第二价格密封拍卖。这种拍卖方式与首价密封拍卖基本相同，区别仅在于胜出者需要支付的价格是第二高的报价，而不是他自己的报价。这与易趣网所使用的代理人竞价系统相似，在这个系统中，胜出者需要支付第二高的报价，再加上一个报价的增额（如10%）。

反向拍卖，也称拍买，常用于政府采购、工程招标等。由采购方提供希望得到的产品的信息、需要服务的要求和可以承受的价格定位，由卖家之间以竞争方式决定最终产品提供商和服务供应商，从而使采购方以最优的性价比实现购买。

定向拍卖，是一种为特定的拍卖标的物而设计的拍卖方式，有意竞买者必须符合卖家所提出的相关条件，才可成为竞买人参与竞价。

资料来源：刘树林、王明嘉，《拍卖基本理论与扩展》，科学出版社2011年版。

还有一种常见的定价模式：**一口价**（take-it-or-leave-it）。在这个模式中，卖方出价，买方没有什么砍价的余地，要么选择购买，要么选择离开。图6-11为一口价的图示。在现实生活中，很多市场上都是采取这种定价模式。通常来说，越是规范的市场，一口价的模式越是普遍。例如理发店，理一次发20元钱，不愿接受这个价格就走人，通常没有谁会讨价还价。

图 6-11　一口价

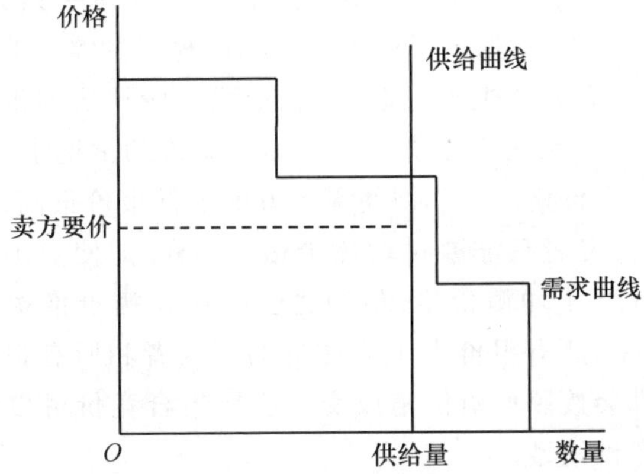

在一口价的情况下,通常卖方报出的价格是一个经验估值,并非都是均衡价格。所以有时当我们去买某种商品的时候,可能会发现该商品都已经卖完了。如果老板事先知道这个结果,就会把价格提高一些。当然,也可能出现定价太高卖不出去的情况,那么很快卖方就会调整定价。总的来说,调整的方向还是一样的:卖得好的商品涨价,卖不出去的商品降价。长期来看,价格还是会趋于均衡价格。在现实当中,由于需求总在不断地波动,好多企业会备有存货,存货就是为了应对这些波动。如果存货低于预期,商家就会补充存货;如果存货高于预期,商家就少进货。调整存货的过程,是对定价偏离均衡价格的缓冲,其背后的力量就是均衡价格的引导。

6.2.2　股票交易市场

股票是企业所有权的权证,代表相应的分享权和控制权。与普通商品不同,股票本身不能直接用于消费,通常也不直接与商品进行交换。对个人来说,买股票是投资,不是消费。不过股票市场与商品市场也有很多相通之处,其价格也是由供求决定的。股票发行上市也称"首次募股上市"(initial public offering,IPO),它是指一家股份公司第一次将其股份向公众出售。上市公司的股份是根据招股书中约定的条款通过经纪商或做市商进行销售。一般来说,一旦首次公开上市完成后,这家公司的股票就可以在证券交易所挂牌交易。

在证券交易所的报价系统中,包含两类股票定价方式:一类是集合竞价,另一类是连续竞价。简单地说,集合竞价是一个特定的时间区间内供给和需求相等的均衡价格;连续竞价是每一笔买卖及时形成的均衡价格。

集合竞价是一个特定的时间区间内供给和需求相等的均衡价格;连续竞价是每一笔买卖及时形成的均衡价格。

图 6-12 展示了股票集合竞价的情形。每天股市开始交易的第一

次报价,是由集合竞价生成的。在中国的证券交易所内,每个交易日上午 9 点 25 分之前买卖双方自由报价。对于任意一只股票,所有买方的需求加总起来,就形成了前文提到的阶梯形的需求曲线。对卖出也一样的,所有卖方的供给加起来,就形成了阶梯形的供给曲线。这两条曲线的交点,就是均衡价格。在集合竞价的情况下,所有的交易最终都在同一个价格成交。即使买入方的最低报价很高,只要高于均衡价格,那么投资者只需要付均衡价格。同样,即使卖出方愿意卖出的最低价格远低于均衡价格,他们也会按照均衡价格卖出自己的股票。图 6-12 中,所有报价高于成交价的买入者和所有报价低于成交价的卖出者都会按照均衡价格成交。股票集合竞价可以看作一个双边多单位的竞价模型。

在集合竞价的情况下,所有的交易最终都在同一个价格成交。
股票集合竞价可以看作一个双边多单位的竞价模型。

图 6-12　集合竞价

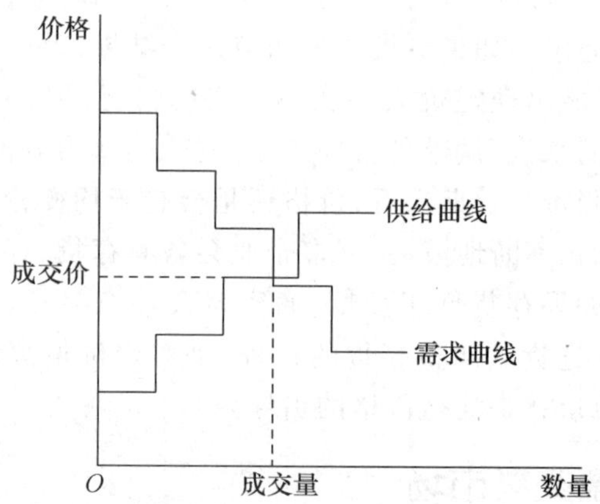

集合竞价结束后,股票当天的第一笔报价就产生了,此后进入连续竞价环节。[4] 连续竞价与集合竞价不同,它随时在撮合交易。只要买方出价高于卖方要价,双方就可以成交。现在多数证券交易所都实现了自动化撮合交易。[5] 连续竞价有两个原则:价格优先和时间优先。价格优先是指:如果买入价高于卖出价,但是买入量高于卖出量,价格高的买方可以和卖方优先成交。时间优先是指:如果买入价高于卖出价,且所有买入价格相同,这时候无法根据价格优先判断,那么看买家谁先报价,谁就可以优先成交;买入申报高于卖出申报时,或卖出申报低于买入申报时,申报在先的价格即为成交价格。类似的,如果买入价高于卖出价,但是卖出量高于买入量,则根据价格优先的原则,卖价低的卖方优先成交;如果卖方价格相同,则根据时间优先的原则,最早报入的卖家优先成交。所以在股票交易的过程中,有时候买入股票的成交价格比买方下单时的价格便宜;有时候卖出股票的价格比卖方下

连续竞价有两个原则:价格优先和时间优先。

单时的价格贵。图6-13展示了一个具体的连续竞价的例子,其中(1)是买方申报在先,(2)是卖方申报在先。[6]

图6-13　连续竞价

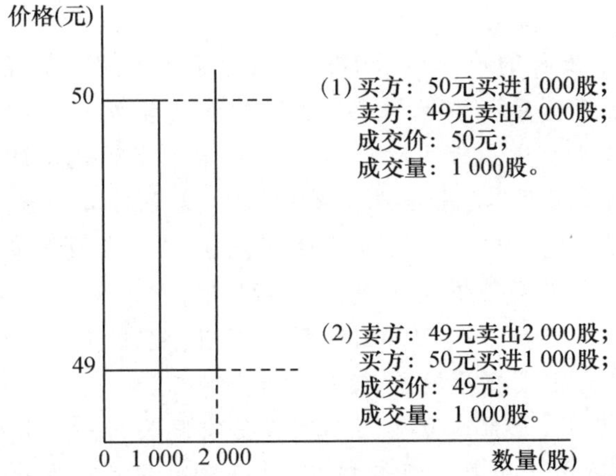

知识拓展

证券市场发展史

证券是债券、股票等有价票证的总称。证券市场的最初萌芽可以追溯到16世纪初资本主义原始积累时期的西欧。当时法国的里昂、比利时的安特卫普已经有了债券交易活动。1602年,在荷兰的阿姆斯特丹成立了世界上第一家股票交易所。1773年,英国的第一家证券交易所在"乔纳森咖啡馆"成立,1802年获得英国政府的正式批准。这家证券交易所即伦敦证券交易所的前身。1790年,美国第一家证券交易所——费城证券交易所宣布成立,从事政府债券等有价证券的交易活动。1792年5月17日,24名经纪人在华尔街的一棵梧桐树下聚会,商定了一项名为"梧桐树协定"的协议,约定每日在梧桐树下聚会,从事证券交易,并确定了交易佣金的最低标准及其他交易条款。1817年,这些经纪人共同组成了"纽约证券交易会",1863年改名为"纽约证券交易所",这便是著名的纽约证券交易所的前身。纽约证券交易所的成立标志着证券市场已基本形成。

早在一千多年前的唐代,中国就出现了兼营银、钱业的邸店、质库等;到了宋代,已有了专营银、钱、钞行交易的钱馆、钱铺。明中期产生了证券市场的早期形态——钱业市场。从清代开始,随着大量银元从国外涌进,各地开始使用银元、银两、制钱和铜元等多种货币,于是以银元、银两兑换制钱、铜元成为当时钱庄的主要业务之一。到清代中叶,这种钱业市场在江浙两省各地普遍发展起来。其中,上海、杭州、宁波和苏州等地发展很快,逐渐成为全国早期钱业市场的中心。这些市场同当地民族工商业有着极为密切的关系,生命力很强,它们不仅是我国证券市场的最初形态,而且是旧中国金融市场的重要组成部分。

中国最早发行的债券始于1894年,为了应付甲午战争费用,清政府发行了"息债商款"债券,此后,政府公债大量发行。1914年,北洋政府颁布了《证券交易所法》,证券交易开始走上正轨。1918年,经北洋政府批准,成立了"北平证券交易所",这是全国第一家由中国人创办的证券交易所。1920年,经北洋政府批准,"上海股票商业公会"正式改组为"上海华商证券交易所"。1921年,北洋政府又批准成立了"天津证券物品交易所"。1946年5月,国民党政府决定设立上海证券交易所,成为正式交易股票、债券的市场。

1984年9月,北京成立了第一家股份有限公司——天桥百货股份有限公司,并发行了股票。同年11月,由上海电声总厂发起成立的上海飞乐音响股份有限公司向社会公开发行股票。之后,上海延中实业股份有限公司也面向社会发行了股票。全国其他一些城市也相继发行了股票。在政府的引导下,随着股份制试点企业的增加,我国股票发行规模不断扩大,股票发行涉及境内人民币普通A股、供境内外法人和自然人购买的人民币特种股票B股,还有在境外发行的H股和N股等。

1990年11月26日,国务院授权中国人民银行批准的上海证券交易所宣告成立,并于1990年12月19日正式营业,成为我国第一家证券交易所;1991年4月11日,我国另一家由中国人民银行批准的证券交易所——深圳证券交易所也宣告成立,并于同年7月3日正式营业。两家证券交易所的成立,标志着我国证券市场由分散的场外交易转为了集中的场内交易。

如今,证券市场已经成为全球重要的资本市场和融资渠道,在整个金融体系中起到举足轻重的作用。

资料来源:中国证券业协会(编),《证券市场基础知识》,中国金融出版社2012年版。

6.3 价格的信号传递功能

从前面的分析中看到,供给和需求是通过价格协调的,这就是价格的信号传递功能。我们曾在第3章简要叙述了价格的信号传递功能,下面我们对此作进一步的讨论。

6.3.1 价格如何协调消费和生产

市场运行的基本原理是：供求决定价格，价格调节供求。为什么价格可以调节供求呢？因为价格有信号传递（signaling）的作用，它传递着生产者的成本信息和消费者的需求信息。尽管每个消费者都不知道成本信息，但只要生产者愿意以某个价格出售自己的产品，就意味着成本不会高于这个价格；同时，尽管生产者不知道消费者的需求信息，但只要消费者愿意购买该产品，就说明产品给消费者带来的好处不会低于其愿意支付的价格。

价格传递生产者的成本信息和消费者的需求信息。

在市场中，信息是特别分散的。每个人通常只知道自己的信息，并在主观预期的基础上进行判断。厂商的成本也存在主观性，因为愿意支付的成本也是受预期价格影响的。例如，很多房地产商愿意为土地支付高价格，是因为他们预期房子的价格会更高，结果造成盖房子的成本很高。无数的生产者和消费者存在于市场中，消费者每天都要进行很多次的消费，商家每天都会卖出很多商品，在没有事先约定或者提前下单的情况下，很多交易能够即时完成，正是因为价格起到了协调信息的功能。如果一种商品变得稀缺了，价格就会上升，从而传递给消费者一个信息：该商品现在稀缺了，应该节省使用；反过来，如果一种商品的价格大幅下跌，也会传递给消费者一个信息：现在生产该商品的成本降低了，可以增加消费。

价格还有一个功能，就是协调生产者和消费者，使得稀缺资源用于生产最有价值的商品。比如生产者在选择应该生产何种商品时，就需要查看哪种可行的商品价格高。某种商品的价格上涨了，会传递给市场一个信号，吸引更多资源来生产该商品；某种商品的价格下降了，也会向市场传递一个信号，引导资源逐渐从该商品的生产领域撤离出来。这样就协调了整个社会的分工和专业化，这是价格最重要的功能。有一本书叫作《铅笔的故事》，在书中我们看到哪怕是一支铅笔的生产，其背后都是通过价格在传递信息。从经销商、生产商到原料供应商、木材厂，在这么长的价值链的每个链条上，价格都在起着传递信息的作用。

价格引导资源从低效率部门流向高效率部门。

迷你案例

优步的动态定价策略

当各类APP为争夺中国打车市场激战正酣之时，世界知名的打车软件优步（Uber）也悄然加入了这场竞争。与国内打车公司的策略不同，优步采取的是动态定价策略。具体来说，优步应用了一种“溢价算法"——当打车的需求超过车辆供给时,会自动抬高价格;而当打车的需求小于车辆供给时,则会自动降低价格。

优步的动态定价策略最早提出于2012年年初。当时,位于波士顿的优步研究组发现,每到周五和周六凌晨1点钟左右,大量结束了聚会的人们会在此时叫车回家,因而常会导致瞬间的供求不平衡。在最需要用车的时候却叫不到车,用户的抱怨与日俱增。为了解决这一问题,优步提出了一个方案:在午夜到凌晨3点钟适当提高每次乘坐的单价,看是否有司机响应。仅仅两周后,他们就得到了非常好的反馈,在该时段的提价,使得出租车的供应量增加了70%—80%,几乎满足了三分之二的"未满足需求"。

在初次尝试的成功后,优步很快将动态定价策略运用于任何高峰时段。优步的"溢价算法"十分智能,在用户等待时间有个比较陡峭的上升趋势时,便会自动触发。通过这一算法,优步可以很好地增加供给、减少需求,从而调节了打车市场上的供求均衡。

资料来源:根据 Bill Gurley, A Deeper Look at Uber's Dynamic Pricing Model 一文编写。文章网址:http://abovethecrowd.com/2014/03/11/a-deeper-look-at-ubers-dynamic-pricing-model/。

6.3.2 计划经济为什么失败

计划经济:由中央计划决定生产什么、如何生产及为谁生产的经济制度。

或许,理解价格功能的最好方式是看一下当价格不起作用时,消费和生产会出现什么情况。**计划经济**制度就是消灭价格功能的制度。当然,计划经济下也有价格,但由于价格不随供求关系而调整,计划经济下的价格并非真正意义上的价格,而只是政府核算和进行收入分配的工具。也就是说,计划经济下,价格不决定生产什么和如何生产,只影响收入如何分配。

计划经济的支持者认为,如果任由市场自发地调节,市场上的每个人都会像无头苍蝇一样,一定会出现供不应求或者生产过剩的非均衡状态,进而会带来效率的损失,最终形成经济危机。为了解决这个问题,计划经济倡导者建议设置一个中央计划机关(central planner)。由它计算出本来属于市场领域的方方面面,包括需求曲线、供给曲线、均衡价格以及均衡交易量等等,这样可以避免出现社会资源在无序中的浪费,实现供求双方的最高效率。由此,人类社会第一次出现了由一种思想观念创造的、依靠中央集权从上到下进行计划分配的一种制度,在这种体制下,生产者生产什么产品,怎么生产,产品由谁来消费,消费什么,甚至每个劳动力在哪里工作,都是由中央计划机关规定的。

但从许多国家计划经济的实践结果可以看出,这种计划经济并没有取得预想的效果,在有些情况下,甚至导致了巨大的灾难。在1990

年苏联解体之前,全球最多时曾经有三分之一的人生活在计划经济体制下。东欧各国,苏联、中国、朝鲜、越南等等,这些社会主义国家都实行计划经济。还有一些民主国家形式上不叫计划经济,实际上搞的也是计划经济,例如印度等一些第三世界国家。当然印度的计划程度没有中国那么高,而中国的计划程度没有苏联那么高。苏联包括农作物都是实行计划生产,而中国有很多农作物是无法计划的。

为什么计划经济失败了呢?我们学了前面的理论以后就有了一些线索。假定所有有关需求和供给的信息都是中央计划者可以拿到的,计划经济当然是有效率的。但是现实市场上的信息其实都是分散在每个人脑海里的,中央计划者是无法完全统计出来的;即使统计出来,也没有办法用来计算出最优的生产数量。还有好多东西是人们后来创造出来的,计划者是无法事前预期到的。例如,五年前,怎么统计微信的用户有多少?不可能统计,因为那时候没有微信。这就是市场经济和计划经济最大的不同之处。

计划经济的初衷是要解决生产的不协调问题,结果却导致了更严重的不协调。计划经济下普遍出现的商品短缺现象,被匈牙利经济学家科尔内概括为"短缺经济"。在市场经济下,价格起到协调的作用,不需要集中信息,每个人只关心自己应该关心的事。如果有人需要买书,他只关心这本书对自己的价值和这本书的售价,而不需要关心这本书给其他人带来的价值。生产者要想做得更好一点,赚更多的钱,那么他需要预测需求,虽然他也可能犯错误,但随时可进行调整。尽管市场并不总是处于均衡状态,但市场经济中趋向均衡的调整力量远比计划经济要好得多。

知识拓展

20 世纪 30 年代有关计划经济的大争论

围绕"社会主义计划可行不可行"这个问题,经济学界在 20 世纪 30 年代发生了一场影响深远的大争论。其中一派的代表人物是米塞斯和哈耶克,他们属于奥地利经济学派。他们认为社会主义计划经济是不可行的,因为信息分散在无数个体的头脑里,是主观的和不断变化的,因而是不可能加总起来的。另一派认为社会主义计划经济是可行的,他们认为,计划机关可以通过不断试错的方法模拟出市场价格。后一学派的理论基础是新古典经济学的静态理论,他们假定信息是静态的,是可以被计算出来的。我们必须注意到,在这场大争论中,很多新古典经济学家站在计划经济一边,而最终计划经济失败了。这是经济学家需要反思的。

资料来源:参阅赫苏斯·韦尔塔·德索托,《社会主义:经济计算与企业家才能》,吉林出版集团有限责任公司2010年版,第1章。

6.3.3 价格如何对变化做出反应

或许如果一个社会真的处于静止状态,人们的偏好、资源和生产技术都不随时间而变化,无论是市场经济还是计划经济,经过若干年的调整,都会收敛于均衡状态,尽管市场经济的收敛速度比计划经济要快得多。价格制度相对于计划制度的优越性,不仅在于它对非均衡的纠正,而且还在于它对变化的适应和对变化的推动。市场经济即便每时每刻都处于不均衡状态,它也是充满活力、不断变化的不均衡,伴随这种不均衡的是技术不断进步,成本不断下降,可消费的产品数量越来越多,新的需求不断得到满足。计划经济即便处于均衡状态,这种经济也是没有活力的,生产者日复一日、年复一年地以相同的成本生产着同样的产品,消费者只能日复一日、年复一年地消费着同样的产品。

价格制度相对于计划制度的优越性,不仅在于它对非均衡的纠正,而且还在于它对变化的适应和对变化的推动。

图6-14中,假如消费者的偏好发生了变化,由于偏好没有直接度量的方法,所以计划经济下是无法统计出均衡如何变化的。但在市场经济中,偏好变化对应着需求的变化,即图中同样价格下消费者愿意购买该商品的数量变得更多了,或者同样的销售数量对应着更高的意愿支付价格。根据我们前面的分析,这意味着社会的资源应该从其他行业转移到生产该商品的行业。在这种情况下,商品价格上涨传递给生产者一个信号:商品供不应求,应该加大生产。生产者于是会购买更多的原材料,雇用更多的工人,进行更大的设备的投资等等来扩大生产。比如,北京的雾霾天气变得频繁以后,空气净化器的需求量增加,有些厂家就放弃了生产其他的设备,转而投入空气净化器的生产,以满足消费者增加的需求。

价格上升诱使生产者增加生产。

图6-14 偏好变化与生产者的反应

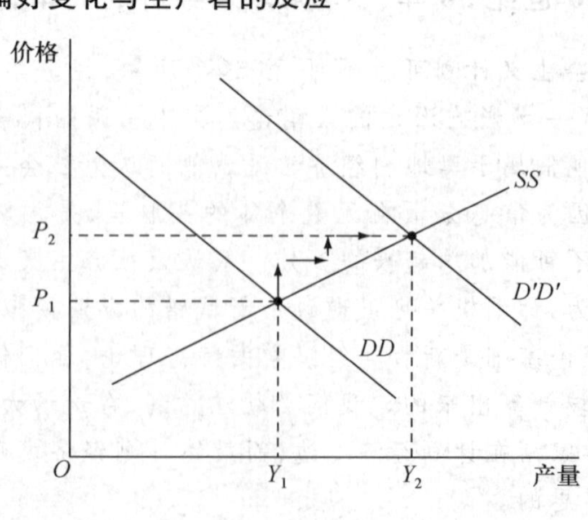

图 6-15 展示了另外一种情况。假设由于自然灾害使得一种原材料的成本大幅度增加,此时企业利润下降,部分企业会选择减产甚至停止生产。在给定价格 P_1 的水平下,厂商愿意生产的产量低于消费者的需求量,消费者会出现竞价,竞价的结果是商品价格上升,需求量下降,最后逐步趋向于新的均衡。

图 6-15　成本变化与生产者的反应

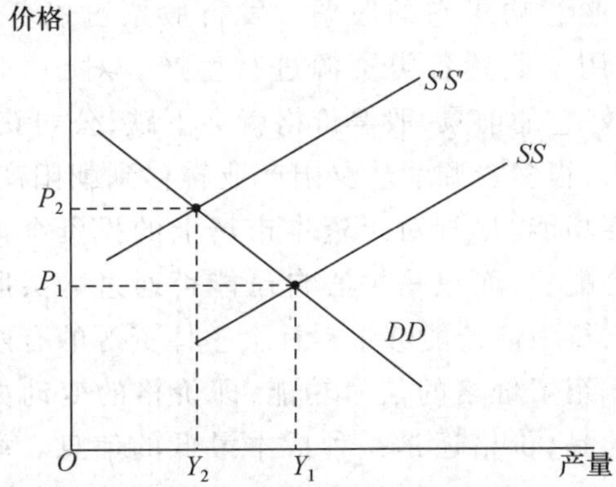

价格上升导致消费者需求量减少。

可见,无论需求发生变化还是供给发生变化,价格都会通过发送信号来引导市场趋向一个新的均衡。这一现象背后的一个原因是每个人都只关心自己,所以价格不仅仅是一个信号,也是一种激励机制。

图 6-16 展示了某一新产业出现的情形。实际上,今天我们使用的绝大多数产品,在两百年前是不存在的,甚至很多在 30 年前都还没出现在市场上。对于某一时刻不存在的商品,我们假设其生产成本和销售价格无穷大,或者假想它的供给曲线 SS 在每一处都高于需求曲线 DD。[7] 当供给曲线每一处都高于需求曲线时,产品就没有市场,没有人愿意生产也不应该生产该产品。新产品的出现可以理解为,随着

图 6-16　新产业的出现

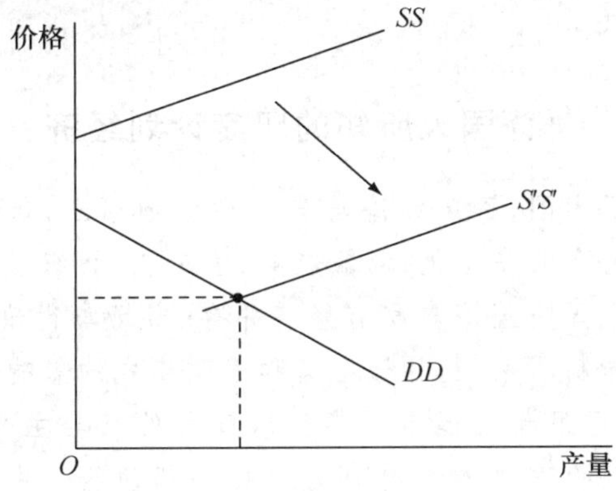

技术的不断进步,生产成本大大降低,使得供给曲线由 SS 移动到 $S'S'$,这样市场上就会存在一定的成交量,这个技术下生产该产品是有效率的。根据前面的分析,交易会增加社会的总剩余。有人愿意购买,有人愿意生产,更多的资源被吸引到这个行业来。过去几十年,我们见证了随着技术进步而来的许多新产品、新兴产业的出现,而在计划经济时代,新产品的数量要少得多。

一个新的产业出现之后,在股票市场上,如果投资者看好其未来发展前景,就会愿意购买它的股票。发行股票可以募集到更多的资金,有利于企业用于购置各类资源进行生产。对于一个夕阳产业来说,投资者不看好它的前景,股票价格就会下跌,公司获得的资源越来越少。这样一来,很多资源就从夕阳产业转移到朝阳产业。这是资本市场的一个重要功能,尽管对于资本市场上的投资个体来说,他并不关心社会资源的配置,而只是关心自己能否通过购买股票赚钱,但是个人的这种利己行为恰恰能够带动社会整体资源的有效配置。

前面我们介绍了价格的信号功能,即价格的变动如何调动资源。这里值得一提的是,价格还是一种成本最低的信息。举一个例子,设想一下某种自然灾害发生了,粮食产量大幅度减少,消费者应该节约粮食。现在的问题是:如何告诉人们节约粮食?利用价格机制,这个问题变得很简单:粮食减少之后,价格就会上升;价格上升之后,人们就会减少对粮食的需求。因此,有了价格机制以后,人们自然就会节约粮食了。消费者甚至无须知道粮食价格为什么上涨,上涨这一事实本身就足够了。

印度经济学家阿马蒂亚·森就有一个观点:市场经济国家是不会饿死人的,因为它有价格机制。只要一个地方出现灾荒,就会有想赚钱的人把粮食从其他地方运过来。没灾荒的地方的粮食减少,价格上升;有灾荒的地方获得了粮食。结果是,虽然出现了灾荒,但仍然有可供消费的粮食。

知识拓展

鲜为国人所知的印度计划经济

印度是南亚大国,目前经济总量排在亚洲第三,仅次于中国和日本。印度的经济产业多元化,涵盖农业、手工艺、纺织以及服务业。

印度是一个国有经济与私有经济并存、市场与行政命令同时起作用的混合经济体制国家,受甘地主义和苏联模式的影响,从20世纪50年代起,即在总理尼赫鲁倡导下实行印度式的社会主义,推行计划经济。印度的计划管理机构主要分为中央和邦两级。中央计划委员会虽然只是一个咨询机构,但其主席由政府总理兼任,而且成员都是政府的部长,所以对国民经济发展具有很大影响力。邦的计划机构与中央类似,所不同的是它是一种会议形式。中央计划委员会的主要任务是制定全国经济社会发展计划,负责全国性重大投资项目的评估与决策,协调各邦计划。计划一般由中央计划委员会先提出,经内阁审议,送交由中央政府和地方政府主要成员组成的全国发展委员会讨论,再送议会批准。印度的经济发展计划分为长期计划、中期计划(五年)和年度计划,以五年计划为主。五年计划的核心内容是确定投资规模和投资结构。计划的主要管理手段和协调手段是许可证制度、银行信贷、税收、重要物资的分配和外汇储备。

印度从1951年摆脱英国殖民统治、成立共和国起,即制定了第一个五年经济发展计划,至20世纪90年代初,印度已经完成了八个五年计划。进入20世纪80年代以来,印度政府针对经济发展缓慢、国际竞争力不断下降、人民生活改善不大等弊病,开始对计划管理体制作了较大改革,不仅减少了计划的范围和直接行政管理的办法,而且更多地注意辅助市场的发育,强调私营经济的作用。20世纪80年代末,总理英迪拉·甘地对私营经济放宽政策,加强市场基础设施和管理手段的现代化建设,促进资本市场的健康发育。从此,印度的私营经济和资本市场有了很大发展,进入空前活跃时期。例如,1989年市场上发行的公司证券比1980年增加了16倍,投资人口达到1 260万人,国内存款的10%转向资本市场,等等。此外,政府对商品价格的控制也逐步放松。从总的趋势来看,20世纪80年代以后的印度经济体制,正朝着计划与市场相结合、逐步扩大市场作用的方向发展。

资料来源:“印度经济计划与自由化”,百科知识网,2012年6月19日。

6.4 政府干预的效率损失

前面讲的是价格机制的运行,接下来我们分析政府对市场的干预。从古到今,政府对市场的干预就一直存在。政府干预的很重要的一个方法就是对价格的管制。这样做的结果就是扭曲了价格信号,造成资源的错配,导致诸如腐败、工作懈怠、效率低下等种种社会问题。

政府干预:
通过行政手段和法律手段实施的价格管制、配额、生产计划等。

6.4.1 价格管制及其后果

最高限价:
规定交易价格不能高于某个特定的水平。

在市场经济国家,政府有时会对价格和工资实行限制。与计划经济的政府定价不同的是,市场经济国家的价格管制一般只规定最高限价或最低限价,而不是直接定价。**最高限价**(price ceiling)由英文直译过来就是价格天花板,即卖出商品的标价不能超过规定的最高价格。最高价格一定低于均衡价格,否则是没有意义的。

在图 6-17 中,市场的均衡价格是 40 元,在这一价格下,供求平衡,市场自然出清。可是如果政府觉得这种由供求决定的价格太高,商人赚得太多了,就会出台最高限价政策,定一个价格上限,比如 20 元。根据这个价格,厂商只愿意生产 400 单位的商品。而需求量从原来的 800 单位增长到了 1 200 单位,需求量就比供给量多了 800 单位,出现了供不应求。

图 6-17　最高限价

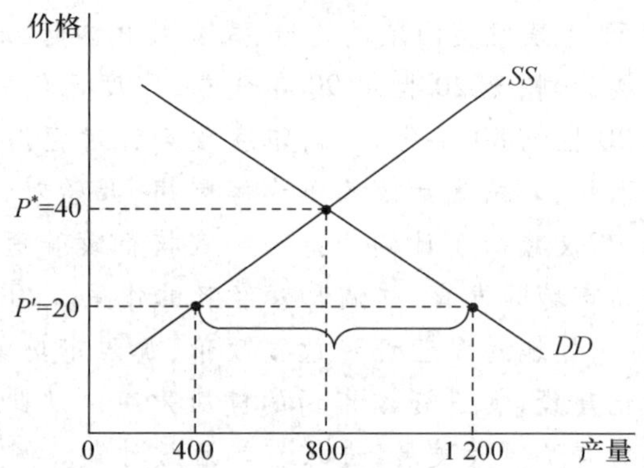

最高限价会带来什么后果呢?从效率上来看,本来一些不是非常需要这个商品的人也进入了市场,该商品对这些消费者的效用并不高,但他们也很可能获得该商品,这对于社会资源是一种浪费。而该商品对另外一些人的价值较大,但在限价后他们可能买不到这种商品,这又是一种损失。政府会有什么对策呢?既然需求大于供给,政府可以选择的一个办法是强制企业生产市场需要的产量。这就是为什么价格管制经常会伴随计划性生产的主要原因。强制生产的结果是什么?假如政府的生产计划确实能够实现,此时生产的边际成本远远大于商品给消费者带来的边际价值,这是一种资源的浪费。

有时候政府制定了最高限价并强制企业生产,如果企业亏损则给予财政补贴。但这会弱化企业降低成本的积极性,甚至诱导企业故意增加成本、制造亏损,因为亏损越多,得到的补贴越多,不亏损就没有补贴。这又是一种效率损失。

价格管制可能会带来效率损失和腐败现象。

如果政府没有办法强制企业生产,那就只能配额消费,在 1 200 单位的需求量里面分配 400 单位的产量。配额会引起什么问题呢?如果政府通过抓阄的方式随机分配配额,将导致前面讲的效率损失,因为能得到该商品的并不一定是需求最迫切的消费者。如果政府采取其他标准进行配额,则容易产生腐败现象。如果不采取上述配额的办法,消费者就需要通过排队来解决有限供给量的归属问题:排在前面的人可以买到,排在后面的人买不到。但是排队本身带来了很多人力物力的浪费。当人们不得不排队购买商品时,他们可用于工作和休闲的时间就减少了。现实中,最高限价可能同时伴随上述各种后果的出现。

物品短缺还可能会导致黑市交易,这在计划经济时代是特别典型的。当一些商品在最高限价下想买而买不到时,非常需要这些产品的人就会偷偷地出高价,而一些获得这些商品但需求并不迫切的人就愿意以高价转卖,黑市交易由此形成。有了黑市之后,生产者也会生产限价下本来不愿意生产的产品和产量。黑市交易在一定程度上改善了效率,但也带来了其他的问题,例如人们违法之后带来的心理成本,还会引发其他的犯罪,比如"黑吃黑"。在一个法律不合理的环境中,多数人都会违法,这就给黑社会的产生提供了条件,并进一步导致社会信任度的降低。

迷你案例

中国药品限价的后果

近年来,中国政府有关部门对不少药品实行了最高限价,希望通过压低药物的价格来保护患者,但是这种限价政策实际上反而伤害了患者。据媒体报道,像甲亢等一些基本药物由于政府限价导致企业利润非常低,最终使得 18 家企业集体逃离了这个行业。在国家基本药品目录中,有一种药品叫作"他巴唑"。列入"基本药品目录"的药品,其价格不是由市场决定的,而是由国家发改委价格司制定最高限价,再通过省级集中招标、统一采购。他巴唑这种药每 100 片的零售价定在 2~3 元,生产企业觉得无利可图,所以都没有进行生产,国产的药物因此就断货了。但这种药有一种进口的替代品叫赛治。因为是进口药,价格不受限制,所以最后取代了国产药。本来是用比较便宜的国产药就可以治疗甲亢,现在却要用更贵的进口药。虽然政府的初衷是要保护消费者,但是实际上却伤害了消费者。由限价导致的缺货甚至消失的"廉价药",远远不止"他巴唑",还有一批廉价有效的好药都面临消失的尴尬。比如,2011 年,心脏手术用药鱼精蛋白出现全国性紧缺,由于没有替代药品,医院一度面临停做心脏外科手术的局面。造成紧缺的原因,也是该药长期维持低价,影响了企业的积极性,导致唯一生产厂家——上海第一生化药业有限公司决定停产。

注:药品限价的弊端已逐渐被人们认知。2015 年 5 月,国家发改委、卫计委、人社部等 7 部委联合下发《关于印发推进药品价格改革意见的通知》,宣布自 2015 年 6 月 1 日起,除麻醉药品和一类精神药品仍然实行最高出厂价格和最高零售价格管理外,取消绝大部分药品的政府定价。

资料来源:荆楚网 – 楚天金报,2013 年 10 月 9 日。

图 6-18 中显示了限价政策的效率损失。供给曲线、需求曲线以及纵坐标轴围成的三角形是均衡价格 P^* 下的总剩余。如果政府把最高价格限定为 P',企业只生产 400 个单位,总剩余的减少等于图中的小三角形 ABE 的面积。进一步,由于在供给量等于 400 个单位的情况下,产品的边际价值远大于价格,这就诱使消费者用排队、贿赂配给官员等各种方式获得产品。对消费者来说,只要贿赂官员的成本低于供给量对应的价格和政府限价之间的差额,贿赂就是划算的。贿赂金中一部分是向官员的转移支付,另一部分则是完全浪费性的。排队成本则完全是浪费性的。由此,价格管制使得社会总剩余的大部分都消失了。

图 6-18　最高限价政策的效率损失

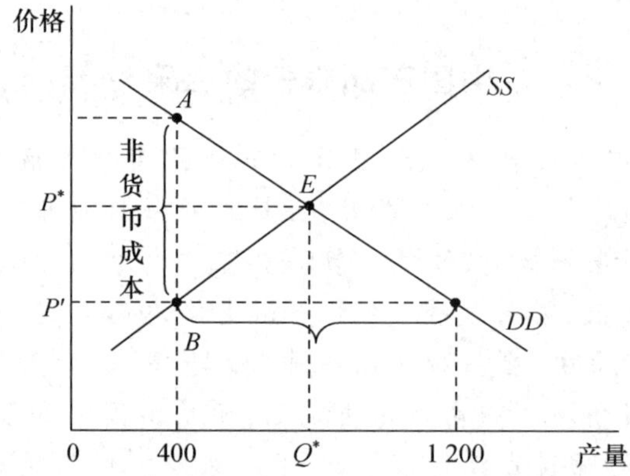

最低限价:规定交易价格不能低于某个特定的水平。

现在我们转向讨论**最低限价**政策。最低限价的直接目的是使得交易价格高于市场均衡价格。与最高限价的情况相反,如果政府为了保护某个产业,出台政策规定相关产品的交易价格不能低于某个最低价格,这将导致供过于求。图 6-19 中,最低限价水平 P' 对应的供给量为 1 200 个单位,而市场上的总需求为 400 个单位,最终将有 800 个单位的产品销售不出去,这就导致了效率损失。为了解决供过于求的问题,政府就不得不实行配额生产。此时,由于生产有利可图,生产者之间将为获得配额展开竞争,贿赂配额官员就成为获得配额的有效手段之一。由于每个生产者的贿赂成本不同,获得配额的企业并不一定是成本最低的企业,这也是一种效率损失。即便政府能够保证把配额分配给成本最低的企业,但由于与需求量对应的产量小于均衡价格下的产量，也存在图中三角形 ABE 面积的效率损失。当然，政府也可以强制消费者购买过剩的产量，但这样做不仅损害了效率，而且限制了消费者的选择自由。如果政府既不能成功地实行生产配额，也不能成功地强制消费，最低限价也就没有办法维持。解决问题的办法是把生产者价格和消费者价格分开，这就需要对生产者给予价格补贴，每单位产品的补贴额等于生产者价格和消费者价格的差额。对生产者来说，这种补贴是一种收益，但对整个社会来讲，则是总剩余的减少。

图 6-19　最低限价(保护价)政策的效率损失

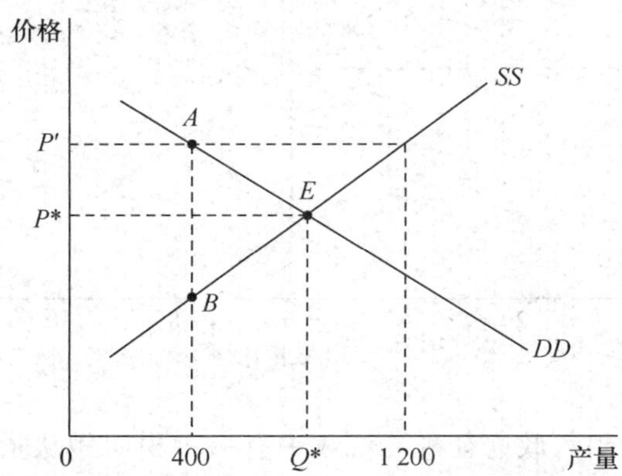

如果说最高限价政策常常是以“保护消费者利益”为借口，最低限价政策则是实实在在为了保护某些生产者的既得利益。最低限价在农副产品行业中较为普遍。全球很多国家都对农产品实施最低限价或者价格补贴。在美国、欧洲、韩国、日本等发达经济体，农民的人数是较少的，但他们在政治上的声音非常大。这就是这些国家对农产品实行价格补贴的主要原因。

在劳动力市场上，最低价格限制表现为最低工资法。最低工资法名义上是为了保护劳动者的利益，实际上减少了就业机会，损害了低技能劳动者的利益。最低工资法还诱使企业用资本密集型技术替代劳动密集型技术，机器替代人力，进一步扭曲了资源配置。我们将在下一章对最低工资法的问题作更多的讨论。

6.4.2　税收如何影响价格

接下来我们讨论税负问题。政府干预市场的另一个方式是征税。政府需要征税获得财政收入，税收的结构和额度将会改变市场的均衡状态。政府征税类似在供求之间加入一个楔子，对价格和交易量都会产生影响。税负最终是由谁来承担？这依赖于需求曲线和供给曲线的特征。但是无论如何，税负通常会降低交易效率。

税收：
政府用强制手段获取收入。

图6-20以猪肉市场为例。假设供给曲线和需求曲线如图所示。供给函数是 $S=2P$,需求函数是 $D=12-2P$。需求等于供给的均衡点满足 $2P=12-2P$,由此可以求出均衡价格等于3,此时供给量等于需求量,为6。

图6-20　猪肉市场的供求关系

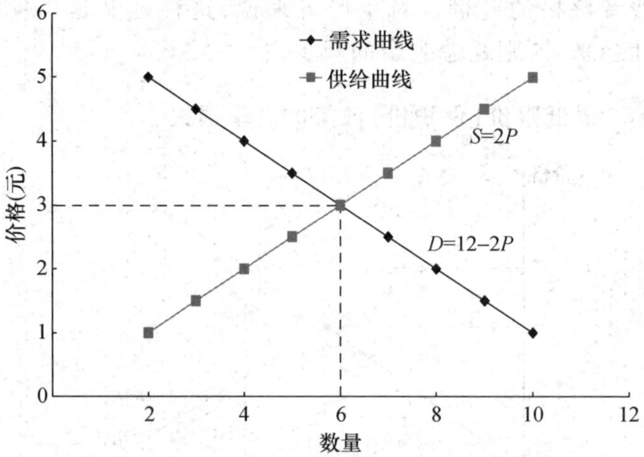

现在我们引入政府征税。税收中有一种税叫做从量税,是对生产者销售的每一单位产品进行征税。征收这种从量税以后,在图形上会发生什么变化呢?从图6-21中可以看出,当从量税税率定在0.5元时,需求曲线没有发生变化,不过供给曲线向左侧发生了移动。供给曲线原来反映的是生产者获得的价格与供给量的关系,与厂商的边际成本曲线重合,现在因为每个单位都要缴纳0.5元的税,供给曲线变成了 $S=2(P-0.5)=2P-1$,这就是新的供给曲线。重新计算均衡点,

图6-21　对生产者征收0.5元从量税时市场供求关系的变化

对生产者征收的从量税使供给曲线向左移动。

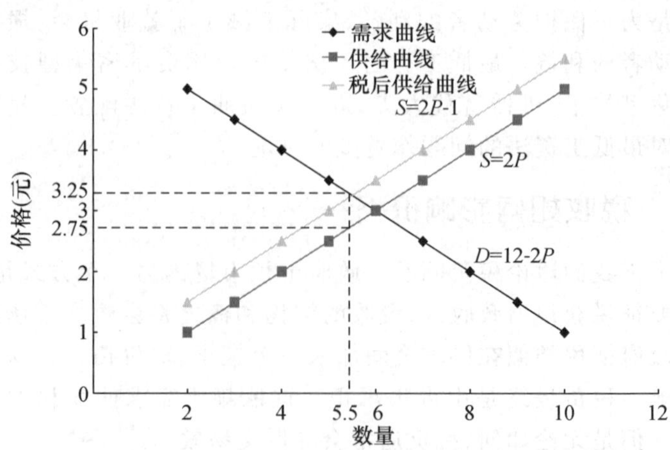

P = 3.25 是新的均衡价格,新的均衡数量为 5.5。可见,成交价格上涨了,均衡数量下降了。

下面我们来分析税收是由谁来承担的。表面上看消费者没有直接交税,但是在这个例子中,原来的价格是 3 元,现在的价格是 3.25 元,消费者承担了 50% 的税负,也就是每单位产品 0.25 元的税负。生产者虽然收到 3.25 元的价格,但须缴纳 0.5 元的税,实际收入为 2.75 元。与原来得到的 3 元相比,生产者也负担了 50% 的税负。政府征走的税收可以作为转移支付,不会降低总剩余。但是征税后交易量的下降却降低了总剩余。可见,从量税会导致一定的效率损失。

另外一种从量税是对消费者征税,消费者在支付生产者价格之外还需要另外支付 0.5 元的税。这时候供给曲线没有发生变化,但需求曲线向左移动,相当于需求函数变成了 $D = 12 - 2(P + 0.5) = 11 - 2P$,如图6-22所示。新的均衡价格是 2.75 元,消费者实际支付的是3.25 元,原来支付的是 3 元,消费者负担了 0.25 元,即 50% 的税负。生产者原来卖出 1 单位商品可以得到 3 元,现在只能得到 2.75 元,所以也负担了 0.25 元,即 50% 的税负。均衡产量也变成了 5.5,与政府对生产者征税时相同。

图 6-22 对消费者征收 0.5 元从量税时市场供求关系的变化

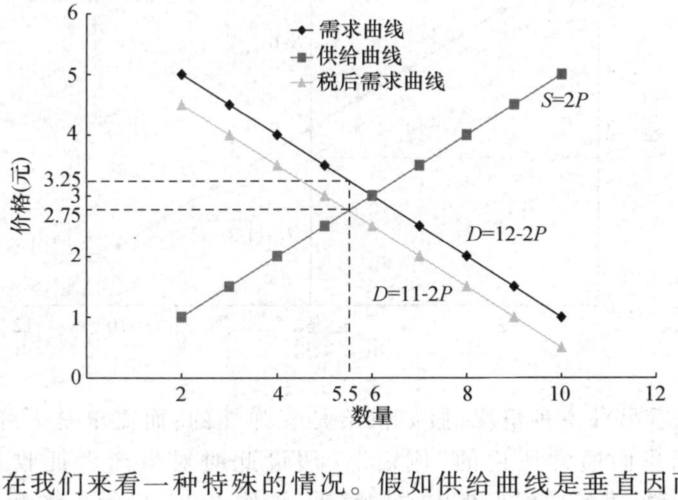

对消费者征收的从量税使需求曲线向左移动。

现在我们来看一种特殊的情况。假如供给曲线是垂直因而无弹性的,与价格没有关系,而需求曲线向下倾斜,如图 6-23 所示。如果向生产者征收 0.5 元的从量税,垂直的供给曲线并不发生变化,均衡价格也不变化,但生产者实际只收到 2.5 元,所以此时生产者承担了 100% 的税收。与前面例子相比,这里最大的不同在于供给曲线的形状是垂直的,产量没有变化。

图 6-23　供给无弹性时对生产者征税

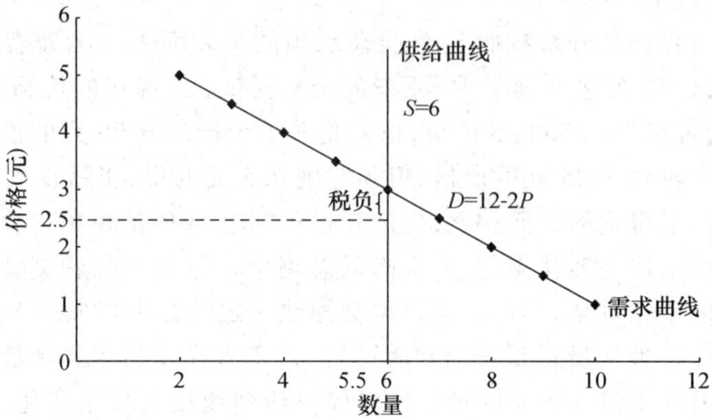

如果供给无弹性，从量税将全由生产者承担。

如果从量税是对消费者征收的，需求曲线向左侧移动，如图 6-24 所示。新的均衡价格是 2.5 元，消费者实际付出 3 元，其中 0.5 元是税收，消费量没变，实际支出与没有税收时是一样的。生产者只收到了 2.5 元，税收仍然全部由生产者承担。

图 6-24　供给无弹性时对消费者征税

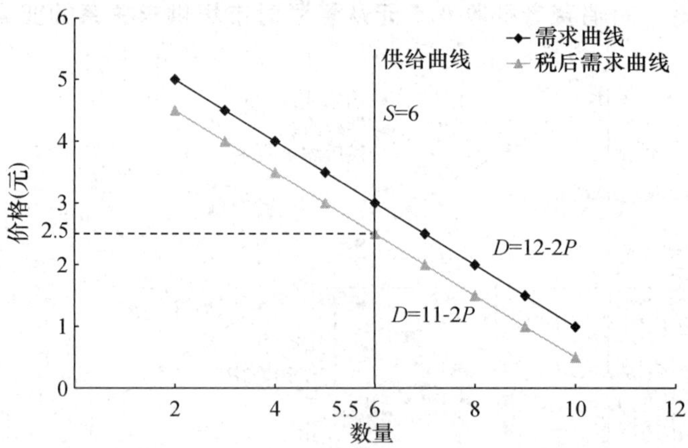

再看另外一种情况，假如供给是有弹性的，而需求是无弹性的，也就是我们通常所说的"刚需"。假设此时对生产者征收 0.5 元的从量税，供给曲线发生向左侧移动，如图 6-25 所示。均衡价格变成3.5 元，成交量是 6 个单位。消费者付出 3.5 元的价格，生产者得到的价格是 3 元，生产者没有承担税收，此时税负全部由消费者承担。

图 6-25　需求无弹性时对生产者征税

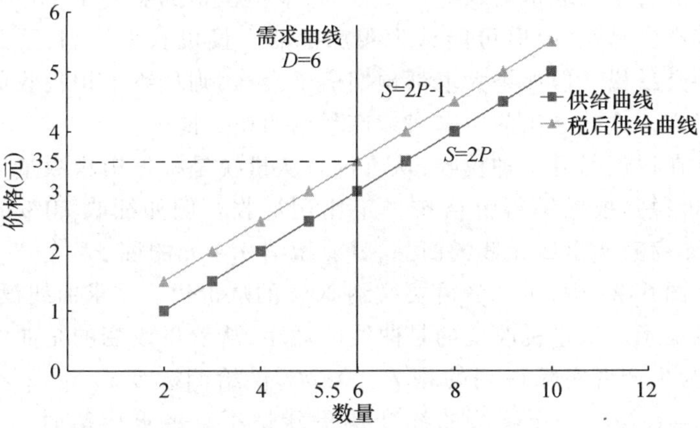

如果需求无弹性，从量税将全由消费者承担。

假设供求曲线不变，政府对消费者征收 0.5 元的从量税，新的均衡价格还是 3 元，消费者除按价格付费外还要付出 0.5 元的税收。税负仍全部由消费者承担。如图 6-26 所示。

图 6-26　需求无弹性时对消费者征税

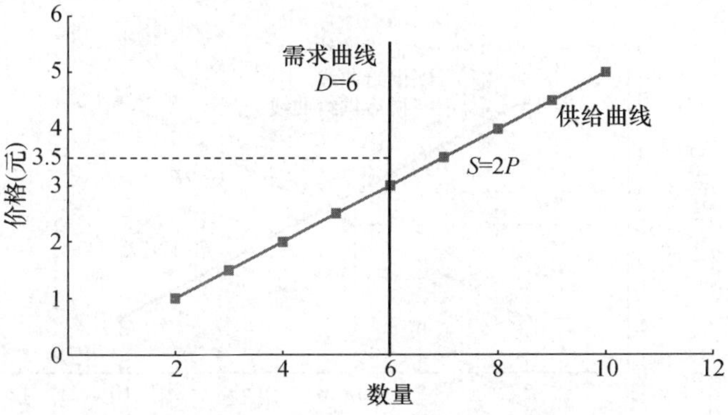

由此我们可以得出这样的结论：如果供给是无弹性的，需求是有弹性的，税收将全部由生产者承担；如果需求是无弹性的，供给是有弹性的，税收将全部由消费者承担。一般的，无论向哪一方征税，税负的分担比例取决于供给弹性和需求弹性的比值，哪一方弹性小，哪一方负担的税收就大：需求弹性相对小，则消费者承担的税负比重高；供给弹性相对小，则生产者承担的税负比重高。一般来说，税收政策会带来效率损失。只有在需求或供给无弹性的时候，税收才不造成效率损失，此时税负全部由消费者或生产者承担，没有导致交易数量的变化。只要需求和供给都有一定的弹性，税收就会造成生产效率下降。

只要需求和供给都有一定的弹性，税收就会造成生产效率下降。

生活必需品的需求弹性是比较小的，比如粮食价格上涨 50%，人们的消费量不会减少 50%。所以对生活必需品的征税大部分转嫁给消费者。奢侈品通常需求弹性比较大,承担税负的主要是生产者。再比如房产交易税,政府可能认为买房子的人投机获得暴利,因此提高房产的交易税。但如果大家都预期房子会涨,则最终承担税收的主要还是买方。这就是当前中国房地产市场的现实情况。

现在讨论另外一种税收:从价税。从量税是根据销售数量定额征收,从价税是根据销售价格按一定比例征收。例如征收 20% 的营业税,假如商家卖出 2 元钱的商品,就要缴纳 0.4 元的税。

在图 6-27 中,生产者需要缴纳 20% 的从价税。需求曲线没变,供给曲线变了。从量税改变的是曲线的截距,从价税改变的是曲线的斜率,因为生产者实际得到的是 $P-0.2P$,供给函数变成 $S=2\times(P-0.2P)=1.6P$,这样供给曲线变得更陡峭了。供求均衡时,$1.6P=12-2P$,均衡价格是 3.33 元,均衡产量是 5.33。这时候存在效率损失。征税前价格是 3 元,征税后价格是 3.33 元,消费者负担增加了 11%;生产者原来得到 3 元,现在得到 2.67 元,实际上也损失了 11%。

图 6-27　对生产者征收从价税

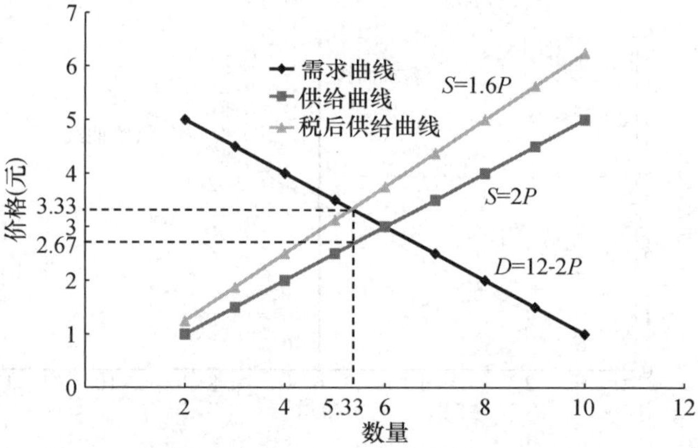

图 6-28 中,假如政府对消费者征税,规定附加消费额 25% 的增值税,此时供给曲线不发生变化,需求曲线会发生变化。消费者除了支付商品价格之外,还要支付 25% 的增值税,需求曲线变为 $12-2(P+0.25P)=12-2.5P$,变得更平坦了。均衡价格原来为 3 元,现在变成 2.667 元,消费者实际支付的是 3.33 元,比原来增加了 11%,生产者的收入减少了 11%。对应的成交量是 5.33。

综上所述,无论哪种情况,只要供给和需求都是有弹性的,税收就会产生效率损失。

除了对交易征税,政府还会对个人和企业的收入征税,称为所得税。所得税是指以所得额为课税对象的税收的总称。很多地方征收

图 6-28　对消费者征收从价税(价外税)

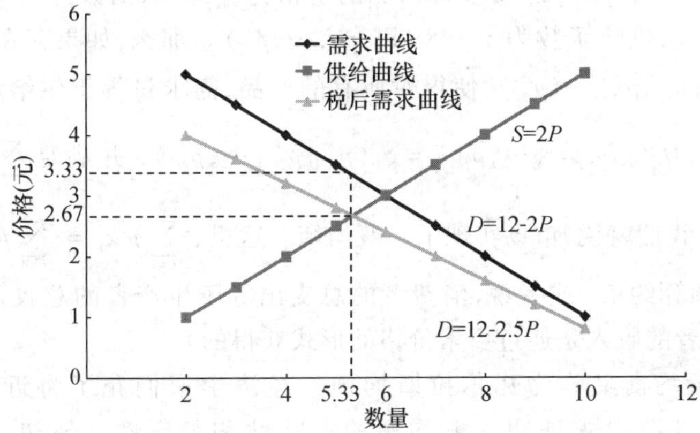

公司所得税,同时还有个人所得税。例如,中国香港地区在征收公司所得税之后,就不征收个人所得税了;内地的政策是征收了公司所得税后,继续对分配给个人的收入征税(这里存在重复征税的问题)。

所得税由谁来负担?所得税如何影响价格,影响产量?总体来讲,税负不可能最终只由纳税人来承担,也会有效率损失。为什么呢?因为税负影响生产者的积极性,所以生产者会提高价格:假如所得税税率过高,没人愿意生产了,行业的供给量将会减少,导致市场价格上升,因此消费者就要承担部分税收。设想一个极端的情况,假如我们征收 100% 的利润税,企业赚的钱都纳税了,没人愿意办企业了,最后损害的将是我们社会上的每一个人。所以,不能简单地认为向富人征的税负只是由富人负担,其实好多富人的税会转嫁到穷人身上。

所得税影响生产者的积极性,因而会影响产品价格。

> **课堂讨论**　我国对房产交易征收的个人所得税,税负主要是由哪一方承担的?买方还是卖方?对明星征收的个人所得税,税负主要是由哪一方承担的?明星还是观众?为什么?

6.5　一般均衡与非价格机制

6.5.1　一般均衡理论

前面讲的单一产品市场的均衡是**局部均衡**(partial equilibrium)。**一般均衡**或**总体均衡**(general equilibrium),是指所有市场同时达到均衡的状态。这里的市场不仅包括产品市场,还包括劳动力市场和资本

一般均衡:
所有市场同时达到供给等于需求的均衡价格。

市场。我们简单介绍一下产品市场的一般均衡。

假定有 N 种产品，第 i 种产品的价格为 p_i，需求函数为 $x_i = D_i(p_1, p_2, \cdots, p_N)$，供给函数为 $y_i = S_i(p_1, p_2, \cdots, p_N)$。那么，如果存在一组价格 $p^* = (p_1^*, p_2^*, \cdots, p_N^*)$，使得对所有的产品，需求量等于供给量，即对所有的 i，$D_i(p_1^*, p_2^*, \cdots, p_N^*) = S_i(p_1^*, p_2^*, \cdots, p_N^*)$，并满足 $\sum_{i=1}^{N} p_i x_i = \sum_{i=1}^{N} p_i y_i$，我们就说，市场实现了一般均衡。这里，$\sum_{i=1}^{N} p_i x_i = \sum_{i=1}^{N} p_i y_i$ 是社会的总预算约束，或者说，消费者的总支出等于生产者的总收入（现实中，消费者的收入是通过要素价格的形式获得的）。

一般均衡又称为瓦尔拉斯均衡。经济学家们花了将近一百年的时间，孜孜以求证明一般均衡的存在性和稳定性。最初，经济学家试图用求解联立方程的方式证明解的存在性和稳定性，但并不成功。20 世纪 50 年代，阿罗（K. Arrow）、德布罗（G. Debreu）等人应用拓扑学和数学上的不动点定理，建立了现在经济学的一般均衡理论，并因此获得了诺贝尔经济学奖。因此，一般均衡又称为"阿罗-德布罗定理"。

在此，我们只能简述一般均衡的基本特征：在均衡状态，每个消费者都达到效用最大化的消费选择，每个生产者都达到利润最大化的产量选择；所有的产品市场都出清，所有的要素市场都达到供求平衡；所有消费者都能买到自己想买的产品，所有生产者都能卖出自己计划生产的产品；想找工作的劳动者一定能找到工作，想雇人的企业一定能雇到人；想借钱的生产者一定能借到钱，能出贷的贷款人一定能把钱贷出去。

一般均衡有一个条件：如果一种产品出现过剩，则价格等于零，等于说它给人们带来的边际效用为零。完全竞争企业的收入等于成本，没有超额利润。

理论上，一般均衡是通过价格的不断试错而实现的：对于任意给定的一组价格，如果某种产品供过于求，该产品的价格就向下调整；如果供不应求，该产品的价格就向上调整。这样，经过若干次的调整，所有产品的价格都趋于均衡。

一般均衡在理论上很完美，但现实经济不可能达到一般均衡。尽管如此，一般均衡理论仍然是很有意义的。第一，它为分析市场提供了一个参照系；第二，它有助于分析政策的直接和间接效果。我们知道，一个经济体系中，任何一个市场的价格变化不仅仅会引起该商品需求和供给的变化，而且会对其他商品的需求和供给产生影响，甚至引发劳动力市场、土地市场等要素市场的变化。这就是我们日常讲的"牵一发而动全身"。一般均衡模型可以把这些直接效果和间接效果都考虑进去,因此可以分析任何一个变量的变化引起的总体效果。比如说,当政府对某种商品征税时,为了理解由此引起的整个经济的总效率如何变化,我们不仅要考虑税收如何影响该商品的供求和价格,而且要考虑其他商品和要素的供求和价格如何变化。只有这样,我们才能准确评价政府征税对现实经济的总体影响。因此,一般均衡理论对福利经济学非常重要。当然,正因为一般均衡分析过于复杂,大部分经济学家仍然偏好于局部均衡分析。一般均衡理论也意味着,如果由于某种原因某个商品的市场偏离了原来的均衡,则所有其他商品的市场也应该偏离原来的均衡。比如说,假定经济由两种商品组成,在均衡的情况下,第一种商品的产量是 8 个单位,第二种商品的产量是 10 个单位。如果政府规定第一种商品只能生产 7 个单位,那么,第二种商品的最优产量就应该做相应的调整,而不应该是原来的 10 个单位。这就是所谓的"**次优理论**"(the second-best theory)。

6.5.2 市场的非价格机制

非价格机制: 通过配额、排队、限制等手段调节供求。

最后,我们简要讨论一下**非价格机制**的调节。一般来说,价格是协调供求最有效的手段,如果价格不受管制,那么自由的市场竞价会使市场趋向均衡,尽管不能每时每刻都达到均衡。有时候政府会出于收入分配或其他目的限制竞价,例如政府对一些特定产品实行配额生产或消费,政府有时候也要求企业必须雇用某些特定的员工。如我们前面指出的,整体来说,政府利用非价格手段干预市场会使经济产生效率损失。

但值得注意的是,在市场经济中,企业也会使用一些非价格手段调节需求。比如说,当某种产品非常紧俏的时候,厂家并不一定把价格提高到供求相等的水平,而是在维持价格不变的情况下实行限额购买。特别是,在金融市场和劳动力市场上,企业使用非价格手段更为频繁。比如说,银行并不把利率提高到这样的水平,使得所有想贷款的人都能得到贷款,而是对所有申请贷款的人进行资格审查,然后决定贷给谁、不贷给谁以及贷多少。在劳动力市场上,即使求职者愿意以更低的工资获得工作机会,企业也可能不愿意降低工资,而是宁可在保持工资不变的情况下少雇用工人。

企业为什么使用非价格手段?无疑,有些情况下企业这样做是出于非经济因素的考虑,包括社会公正、舆论压力等。比如说,在自然灾害发生时,企业不愿意把产品价格提高到供求均衡的水平,可能是因为希望给每个人提供基本的生活保证,也可能是害怕被民众批评"发国难财"。但总体来说,企业使用非价格手段通常也是出于利润最大化动机。事实上,很多非价格机制本质上可以还原为价格

很多非价格机制本质上可以还原为价格机制。

机制。这些手段之所以被认为是非价格手段,是因为人们对产品的定义有错误。

迷你案例

为什么滑雪场不在旺季提高价格

滑雪场在周末和节假日是高峰期,排队的人很多。学了经济学之后我们自然会想,排队的人很多,说明供不应求,滑雪场提高价格不就可以实现新的均衡、解决排队问题吗?为什么现实中滑雪场没有在旺季提高价格呢?经济学家罗默(P. Romer)和巴罗(R. Barro)对这个问题做了研究。他们认为,虽然门票价格不变,但是滑雪场实际上已经提高了价格。我们原来把价格理解为去一天滑雪场需要交多少钱,但是实际上应该看滑一趟雪需要多少钱。假如门票是100美元,高峰期需要排队,一天只能滑5趟,平时一天能滑20趟,这意味着高峰期的价格是20美元一趟,平时的价格是5美元一趟。所以对滑雪场来讲,名义上价格保持不变,实际上已经把价格提高了,因为排队使你的实际滑雪数量减少、人数增加,平均每趟滑雪的价格提高了,滑雪场的收入也就增加了。对于滑雪场来说,排队是一种更好的选择,因为这样管理起来更方便,同时也让顾客承受滑雪人数不确定性的风险,也不会让消费者觉得企业贪婪。如果每天改变价格的话,显得企业太贪婪了,道德上公众可能不愿意接受。因此,排队可以理解为价格的替代品,调整了顾客支付的实际价格。

资料来源:关于滑雪场收费的详细内容参见 Barro & Romer(1987)。

现实中有一种定价叫作**打包价格机制**(bundling price)。例如,迪士尼乐园的一张门票包含若干活动项目,理论上消费者拿一张通票可以玩所有的项目,但实际上一天下来去不了几个地方,因为每个地方都排着很长的队。所以,名义价格不变,不等于实际价格不变,非价格调节机制可以改变真实的价格。

政府实施的非价格机制会带来明显的效率损失,也无助于社会公平。

与企业自行实施的非价格机制不同,在很多情况下,政府实施的非价格机制会带来明显的效率损失,也无助于社会公平。下面再来看一下政府干预汽车市场的例子。为了缓解交通拥堵,政府可以采取非价格机制进行调节,例如私家车限行和购车摇号,等等。政府也可以采取价格机制进行调节。一种价格机制是拍卖私家车牌照,谁出价高,谁将获得私家车牌照,可以购车。还有一种价格机制是对拥挤路段在高峰期收费,像新加坡、伦敦等城市都采取这种措施。

我们可以用本章学到的原理证明,在非价格机制下,公平性并没有得到很好的保障,同时效率损失很大。而相对于非价格机制,价格机制是解决交通拥挤问题的更有效手段。如果不用摇号而用拍卖牌照的方式限制汽车的拥有量,不用限行而用收取拥堵费的方式控制交通流量,然后再把由此获得的收入用于补贴公共交通,不仅可以使得道路资源得到更有效的利用,减少资源浪费和空气污染,而且相对增加了低收入阶层的收入。

课堂讨论 在抗震救灾中,市场机制通常不能马上发挥作用,这时候需要采用捐赠和配给等非价格机制来调节供求。用实例分析这种非价格机制的利弊。

迷你案例

交通拥堵费简介

交通拥堵费是指在交通拥挤时段对部分拥堵区域的道路使用者收取一定的费用,其本质上是一种交通管理的经济手段,目的是利用价格机制来限制城市道路高峰期的车流量,达到缓解城市交通拥堵的目的,提高整个城市交通的运营效率。

收取道路拥堵费的做法最初来自于20世纪70年代的新加坡。1975年起,新加坡政府在市中心6平方公里的控制区域,对进入的车辆每天收费3新元的道路拥堵费(公交车除外)。欧洲最早收取交通拥堵费的城市是英国伦敦。从2003年2月起,伦敦对城市中心的行驶车辆征收道路拥堵费。据统计,收取拥堵费后,每天进入伦敦市中心的汽车减少了20%~30%,公交车因此较以前提速了25%。2008年3月31日,美国纽约市议会表决通过了在曼哈顿区征收交通拥堵费的提案。根据该提案,从早6时至晚6时,纽约市曼哈顿区60街以南到华尔街商圈路段将加征交通拥堵费,收费标准为轿车每天8美元,卡车每天21美元,出租车多收1美元附加费。中国最早收取交通拥堵费的城市是深圳。2007年起,深圳对进入东门、华强北等容易发生交通拥堵的重点中心城区的车辆进行收费。

资料来源:高美,"盘点全国堵城与拥堵费",《新京报》,2013年9月15日。

本章要点总结

价格调节供求。需求曲线和供给曲线的交点决定了均衡价格和均衡产量。在均衡状态,产品在生产上的边际成本等于在消费上的边际效用,社会总剩余达到最大。

由于供给曲线和需求曲线在不断变化,均衡不是现实,而是现实调整背后的引力。买者之间和卖者之间的竞争使得价格从不均衡趋向均衡。

价格传导消费者的需求信息和生产者的成本信息，对变化做出反应，引导资源从低效率部门转向高效率部门。计划经济消灭了价格机制，必然导致供求失衡和资源浪费。

政府对价格的干预会扭曲供求关系，导致效率损失和腐败。

税收会改变均衡价格和均衡产量，导致价格上升和产量下降。税负的分担比例依赖于需求曲线和供给曲线的斜率。

企业自愿采取的非价格机制，本质上是价格机制的变种。政府实施的非价格机制通常会带来明显的效率损失，也无助于社会公平。

本章重要术语

市场均衡　均衡价格　均衡产量　拍卖　计划经济　政府干预　最高限价　最低限价　税收　一般均衡　非价格机制

延伸阅读

本章内容可以参阅保罗·海恩等《经济学的思维方式》第5—6章，曼昆《经济学原理：微观经济学分册》第4章和第6章，以及罗伯特·墨菲《第一本经济学》第11课。阿尔弗雷德·马歇尔《经济学原理》第五篇（第1、2、3、5、6、15章）是对供求法则和市场均衡的经典分析。关于政府价格管制和其他形式的政府干预对市场竞争秩序的危害及其他后果的精彩分析，参阅米尔顿·弗里德曼和罗丝·弗里德曼合作的《自由选择》（机械工业出版社2013年版）及穆雷·罗斯巴德的《权力与市场》（新星出版社2007年版）。

思考与练习

1. 什么叫市场均衡？请画图表示市场均衡时的市场销量和价格，并图示消费者剩余、生产者剩余。如果政府规定了一个低于均衡水平的价格，则此时市场的销量和价格又是如何？消费者剩余和生产者剩余呢？如果政府规定了一个高于均衡水平的价格，又会如何？请结合图示进行说明。

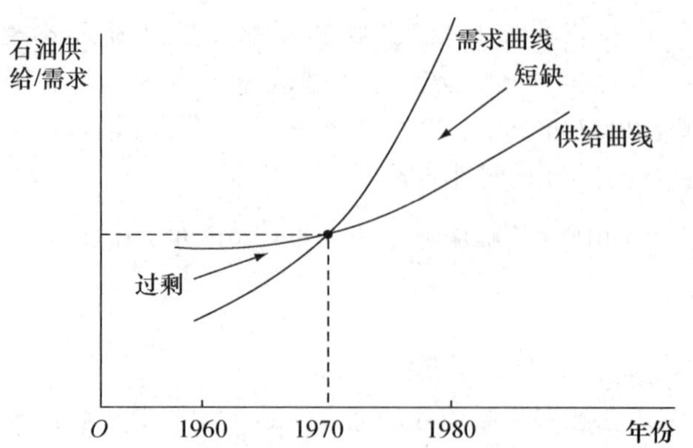

2. 从20世纪70年代的“能源危机”开始，关于石油短缺的担忧就从来没有停止过。一

些能源专家根据历史数据绘制出了石油的“供给曲线”和“需求曲线”(如下图所示)。根据这两条曲线,专家们指出,在 1970 年之前,石油的生产是过剩的,而在此之后,石油则变得短缺了,并且这种短缺正变得日趋严重。

专家们的上述分析存在着什么问题? 在你看来,石油会如专家所言,变得越来越稀缺吗?

3. 2013 年夏天,长三角地区遭遇了前所未有的“烧烤天气”。罕见的持续高温严重影响了龙井茶的生产,下面是一位财经记者对这一事件的评论:

> 毫无疑问,持续的“烧烤天”将会给龙井茶农带来灾难! 久经“烤”验的茶树在明年大幅减产已成定局,由于供给的减少,龙井茶的价格将会出现上扬。但这不是故事的全部:过高的价格会降低顾客们的需求,而需求一降,价格也会随之降低。因此,总体来说,明年茶农的日子会很不好过:一方面是茶叶减产,一方面是价格的降低,这两个因素的综合作用会给茶农造成不可估量的经济损失。为了保障茶农的利益,政府应考虑对其进行补贴。

请问,你认为以上财经记者的评论正确吗? 为什么? 你认为“烧烤天”对龙井茶农带来的影响会是怎么样的?

4. 假设我们有以下移动硬盘市场的供给需求表:

价格(元)	需求量(个)	供给量(个)
100	80	40
200	70	50
300	60	60
400	50	70
500	40	80
600	30	90

(1) 请画出移动硬盘的需求曲线与供给曲线,并计算出均衡价格和均衡产量。

(2) 若市场上 U 盘的价格全面上涨,导致每个价格水平移动硬盘的需求量增加 5 个,新的均衡价格和均衡产量是多少?

(3) 若生产移动硬盘的厂商付给工人的工资上涨,致使每个价格水平上的移动硬盘供给减少了 15 个,新的均衡价格和均衡产量是多少?

5. 假设在销售 X 商品的某市场上有 10 000 个相同的消费者,其个体需求函数都是 $q^d = 12 - 2P$;有 1 000 个相同的企业,其个体供给曲线都为 $q^s = 20P$;

(1) 请推导出 X 商品的市场需求曲线和市场供给曲线,并在坐标系中进行图示。

(2) 请计算出均衡价格和均衡产量。

(3) 如果每个消费者的收入都增加了,其个人需求曲线都向右移动了 2 个单位,试求收入变化后的市场需求函数、均衡价格和均衡产量,并进行图示。

(4) 如果每个企业的生产技术都获得了很大提升,导致个体供给曲线都向右移动了 40 个单位。试求技术变化后市场的供给函数、均衡价格和均衡产量,并进行图示。

(5) 假设政府对每单位商品征收 2 元的销售税。请问这会对均衡价格和均衡产量产生怎样的影响？这笔税收最后是由谁承担了？政府征收到的税收总额为多少？

（6）假设政府对每单位商品给予1元的补贴。请问这会对均衡价格和均衡产量产生怎样的影响？政府的补贴总额为多少？这笔补贴能让消费者获利吗？

6. 考虑一个果汁市场。在这个市场中，供给曲线为 $Q_J^S = 10P_J - 5P_A$，需求曲线为 $Q_J^S = 100 - 15P_J + 10P_M$，其中 A、J、M 分别代表苹果、苹果汁和芒果汁。S 和 D 分别表示供给和需求。

（1）假设 $P_A = 1, P_M = 5$，请计算苹果汁的均衡价格和销量，并图示你的结果。

（2）假设苹果歉收导致价格上升为2，请重新计算苹果汁的均衡价格和销量，并图示你的结果。假设苹果的价格仍为2，但芒果汁的价格下降为3，请重新计算苹果汁的均衡价格和销量，并图示你的结果。

（3）保持 $P_A = 1, P_M = 5$，但根据政府的限价令，苹果汁价格不能超过5，请问此时苹果汁市场上的超额需求是多少？

（4）保持 $P_A = 1, P_M = 5$，但政府对果汁制造商征收每单位1的生产税，请问市场上的均衡价格为多少？制造商和消费者将分别负担多少税收负担？如果政府对购买者征收每单位1的消费税，请问市场上的均衡价格为多少？制造商和消费者将分别负担多少税收负担？

（5）下面我们来考虑苹果市场和苹果汁市场的联动行为。假设苹果市场的需求曲线为 $Q_A^D = 13.8 - 10P_A + P_J$，其供给曲线为 $Q_A^S = 20P_A - 10$。苹果汁的供给和需求曲线，以及芒果汁的价格都保持不变。求两个市场出清时，苹果和苹果汁的均衡价格和销量。

本章注释

[1] 正如前文所述，目前我们还没有确定找到吉芬商品，所以我们遇到的商品需求量都是随着价格上涨而减少的。

[2] 从数学知识我们知道，一个严格单调增函数和一个严格单调减函数至多有，但并不一定有一个交点。理论上，如果需求曲线的最高点低于供给曲线的最低点，则均衡点不存在。不过现实经济中，绝大多数情况下都能找到均衡点。

[3] 在完全竞争市场上，买卖双方都是价格的接受者，不仅厂商面对的个体需求曲线是一条水平的直线，消费者面对的个体供给曲线也是一条水平的直线。由此可以推出消费者的短期需求曲线与其按照货币度量的边际效用曲线重合。

[4] 实际上，中国内地两家交易所的规则略有不同。上海证券交易所在开盘交易后，都是采用连续竞价；深圳证券交易所在收市前仍然采用集合竞价来决定股票的收盘价。

[5] 但也有一些较为古老的交易所，由于历史原因，没有改变传统交易方式，仍然采用手动报价系统。例如全球最大的证券交易所——纽约证券交易所就不是采用自动化报价系统。

[6] 成交价格的讨论要比成交者的问题复杂。在本例中，如果卖方先报价49元，共计2 000股，此后买方报价50元，1 000股，那么成交价为49元；如果买方先报价，卖方后报价，那么成交价为50元。如果计算机判定为双方同时报价，则更为复杂，需要根据各证券交易所的《交易细则》来确定成交价格。

[7] 为了对比明显，我们近似地把无法生产的商品的原始供给曲线看作 SS，理论上它是在无穷高度的。只要满足了供给曲线的最低价大于需求曲线的最高价，那么对于无穷高的供给曲线和图中的供给曲线来说，分析结论是一致的。

第 7 章 要素市场与收入分配

本章导读

本章我们主要介绍要素市场和收入分配问题。这两个问题是紧密联系的,因为在市场经济下,收入一般都来自于要素价格(除了政府分配)。我们首先对价格与收入分配的关系给以简要说明,并对合同收入和剩余收入进行区分。然后,我们将推导出适用于所有生产要素的要素需求曲线。要素的需求来自要素对产品价值的贡献,因而是派生需求。接下来,我们将分别讨论工资(劳动力的价格)、利息(资本的价格)和地租(土地服务的价格)是如何由供求决定的,以及每个要素市场的一些特殊性问题。最后,我们对政府对市场的干预如何影响收入分配作些评论。

7.1 合同收入与剩余收入

在市场经济中,产品生产和收入分配其实是同时决定的。市场不仅是一个交换体系,也是一个生产体系和分配体系。在生产过程中,需要不同的人提供不同的生产要素:有人提供资本,有人提供劳动,有人提供土地,有人提供企业家精神。所有这些生产要素按照某种方式结合在一起才能生产出产品,才能为消费者创造价值。

那么,这些由全社会合作而产生的价值或者说国民财富该如何分配呢?在市场经济中,资源、价值的分配主要是由价格来决定的。价格机制的魅力正在于它可以同时决定所有产品和要素的价格,使得价格在解决生产什么和如何生产的同时也解决了收入分配问题,这是计划经济根本办不到的。

消费者支付给生产者的产品价格,构成生产者的销售收入。在产品的销售收入中,去掉原材料等中间品的成本,构成增加值(value added);再去掉工资、地租和利息,剩下的部分就是企业的利润。

工资、地租、利息是为生产要素支付的成本:工资是对劳动者的支付,地租是对土地所有者的支付,利息是对资本所有者的支付。那么利润又应该是对谁的支付呢?该如何理解企业的利润呢?从会计学上利润是很好理解的,无非是收入减去成本的余额,归企业(所有者)

所有,但是在经济学上,因为不像工资、地租和利息都有相应的投入,利润似乎是"无中生有"的收益,毫不夸张地说,利润是经济学中最难以理解的概念之一。

首先需要注意到,在会计核算和政府的税收政策中,工资、地租和利息被当作"生产成本",但利润不算作成本。这里的原因是,工资、地租和利息都是合同收入,也就是在交易契约中事先明确规定的,但利润是剩余收入,不是契约中规定的。对于合同收入,不论企业的销售收入为多少,企业都有完全的义务按照合同规定的数额予以支付,如果企业违约,权益人可以诉诸法律手段,法院可以强制企业履约或宣布企业破产。但利润作为剩余收入,它的大小依赖于企业收入的多少。只有当企业收入大于所有成本之和时,利润才是正的,否则利润就是负的。契约只规定利润归所有者所得,但不能规定利润的大小。

利润是对企业家精神这种特殊生产要素的回报。

那么利润究竟从哪儿来?简单地说,利润是对企业家精神这种特殊生产要素的回报。或者按照已故经济学家杨小凯的说法,利润是对企业家精神的间接定价。[1]

企业家精神(entrepreneurship)之所以是一种特殊的生产要素,是因为它是所有其他生产要素的组织者,并不能被其他要素所替代。企业家精神是一个内涵非常多的概念,经济学中关于企业家精神或者说企业家的定义,至少有 12 种之多,但不管有多少种企业家精神的定义,企业家最基本的职能是组织生产、调节市场和创新。我们将在下一章对企业家的职能做较为详细的讨论。[2]

现实中,企业所有者被称为"股东",有些股东只是投入资金,并不直接参与企业的经营。如何理解股东的利润所得呢?事实上,股东的利润由两部分构成:一部分是资本的机会成本(等于市场利息),另一部分是企业家精神的报酬。一个股东即使不参与企业的日常决策,他也必须对企业的经营状况作出判断,并承担判断失误的风险。

本章只讨论作为合同收入的工资、利息和地租。我们将在下一章讨论利润问题。

7.2 派生需求和要素的需求曲线

7.2.1 价值链和派生需求

在市场经济下,所有产品的价值都来自最终消费者赋予其的价值。企业的收入来自消费者为最终产品支付的价格,不会大于消费者赋予产品的价值(价值超出价格的部分是消费者剩余)。生产者之所以愿意为中间产品支付价格,是因为他们预期消费者愿意为用这些中间产品生产出来的最终产品支付价格。生产者愿意为要素支付价格,也是基于同样的原因。

这里我们要引入一个概念,这个概念对我们后面分析各种要素的需求至关重要,这就是**派生需求**(derived demand)。派生需求指的是,企业对中间产品的需求是从消费者对最终产品的需求中派生出来的,对要素的需求是从产品的需求中派生出来的。比如,服装企业对棉花的需求,就是派生需求。因为为了满足消费者穿衣服的最终需求,企业需要生产服装,因此企业才需要购买棉花。如果没有对服装的需求,也就没有对棉花的需求。

派生需求: 企业对中间产品的需求是从消费者对最终产品的需求中派生出来的,对要素的需求是从产品的需求中派生出来的。

图 7-1 反映的就是最终产品价值链的生产过程和价值分配过程。从生产的工艺过程来看,生产是从原材料到最终产品的转换过程,每一个环节都有自己的投入和产出。我们可以按照距离最终消费行为的远近把生产过程和产品的次位做一个区分:把最终消费品称为一级产品,用来生产最终消费品的产品称为二级产品,用来生产二级产品的产品称为三级产品,以此类推。这就是所谓的“迂回生产”。[3] 价值分配过程的流动方向与生产过程正相反,所有较高次位的产品价值都来自于较低次位的产品价值,所有产品的价值归根到底都来自于最终产品的价值,来自于消费者对最终产品价值的认可。比如说,棉花的价值来自布料的价值,布料的价值来自服装的价值。

图 7-1　价值分配链条

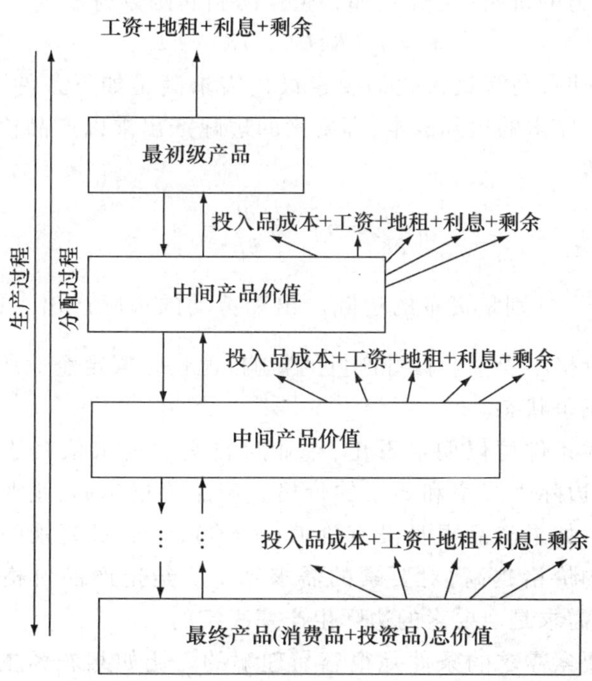

在生产链条的每一个环节都有一些共同的要素被投入生产过程中,主要包括劳动、土地、资本和企业家精神。这些要素的使用方式与原材料不太相同,因为原材料往往是一次性的投入和消耗,但劳动、土地和资本往往被持续运用到产品生产和服务中去,因而它们被称为**生产要素**(production factor)。但作为生产过程的投入,与原材料投入一样,它们的价值也来自其所生产的产品的价值。因为原材料和中间产品的价值也来自最终产品,因此所有生产要素的价值还原为最终产品价值。正因为如此,收入分配问题就变成要素价格的决定问题,也就是最终产品价值如何在要素之间分配的问题。

7.2.2 边际生产率和要素的需求曲线

要素需求来自于生产者。在第5章里我们证明,对于任何给定的产量,成本最小化的要素组合满足如下条件:要素在等产量曲线上的边际替代率等于要素价格之比,或者说,最后1元成本的支出无论用于什么购买要素,都应该带来相同的边际产量。这个最优条件实际上给出了给定产量下的要素需求函数,但没有考虑产品的价格。现在我们从利润最大化决策导出要素的需求函数和需求曲线。

假定生产函数为 $y=f(K,L)$,其中 K 和 L 分别是资本投入和劳动投入。如果我们用 p 表示产品价格,r 和 w 分别代表资本的价格(利息率)和劳动力的价格(工资),那么企业的利润函数为

$$\pi = pf(K,L) - rK - wL$$

容易证明,利润最大化的要素最优需求满足如下条件:要素的边际收益等于要素的边际成本,即要素的边际产出乘以产品价格等于要素价格。即

$$p\frac{\partial f}{\partial K} = r;\quad p\frac{\partial f}{\partial L} = w$$

其中,$\frac{\partial f}{\partial K}$和$\frac{\partial f}{\partial L}$分别是资本的边际产出和劳动的边际产出。这里,我们假定产品价格不受企业自身产量的影响,也就是假定企业所在的行业处于充分竞争状态。

从上述条件可以明显看出,企业对要素的需求依赖于产品的价格、要素的边际生产率和要素的价格。产品价格越高,企业对要素的需求越大。如果产品本身没有价值($p=0$),企业对要素的需求就是零。要素的价格越高,对要素的需求越小。给定产品价格和要素价格,要素的需求是由要素的边际生产率决定的。

最优要素需求的条件是很容易理解的。比如某农场主原来种地雇了100个人,这100个人在一年中生产了10吨的粮食,如果再多雇一个人就能再多生产1 000斤的粮食,这1 000斤粮食就是多雇用的

这一个人的边际产品。假定粮食的价格是 1.5 元/斤,多雇用的这个人带来的边际收益就是 1 000 ×1.5 = 1 500 元。那么,只要这个新雇员的工资低于 1 500 元,雇用这个人就是划算的,而且还应该雇用更多的工人(因为边际收益大于边际成本,多雇用可以多赚钱),直到最终所雇用的人的边际收益等于其工资。反之,如果边际收益小于工资,就应该减少雇员人数,直到边际收益等于工资为止。

在图 7-2 中,横坐标代表劳动要素投入量,纵坐标代表企业的总收益或总成本。图中我们以劳动投入为例画出了对应两个不同要素价格的两条成本曲线,其中成本曲线 1 对应较高的劳动力价格 W^*,成本曲线 2 对应较低的劳动力价格 W^{**}。成本曲线是线性的,是因为它等于雇用劳动者的数量乘以单个劳动者的雇用成本,也就是工资。收益曲线往下弯曲,因为边际效益是递减的。那么,最优的劳动力雇用量应该如何决定呢? 按照我们刚才所讲的理论,边际收益等于边际成本的雇用量才是最优的。在图形上,这意味着收益曲线的斜率等于成本曲线的斜率。因此,当工资为 W^* 时,劳动力数量 X^* 是最优的;当工资下降到 W^{**} 时,最优的劳动力需求数量就增加到 X^{**}。可见,一种生产要素的价格越高,企业对该要素的需求越小;反之,企业对该要素的需求越大。

图 7-2　企业的最优要素需求

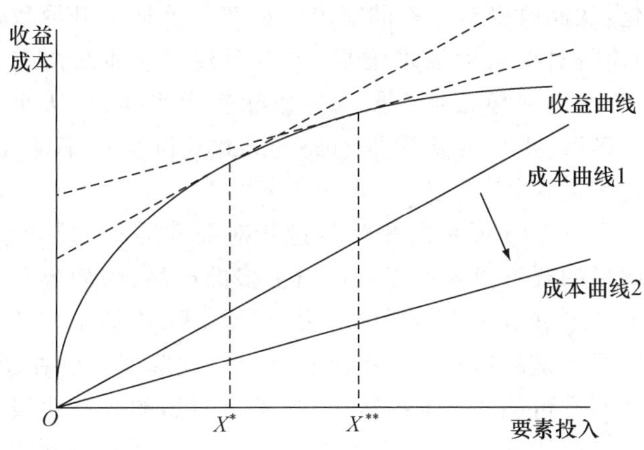

这样,我们就得到了**要素需求曲线**,它是向右下方倾斜的,表示企业对要素的需求量随着要素价格的下降而增加,如图 7-3 所示。具体而言,要素需求曲线向右下方倾斜是因为,要素的边际生产率是递减的,因而只有当要素价格下降时,企业才愿意雇用更多的员工。(边际收入递减的另一个可能的原因是,产品价格随产量的增加而下降。我们前面的假设排除了这一点,但不影响基本结论。)

要素需求曲线: 要素需求量与要素价格之间的关系。

要素的需求曲线就是要素的边际收益曲线。

图 7-3　要素需求曲线

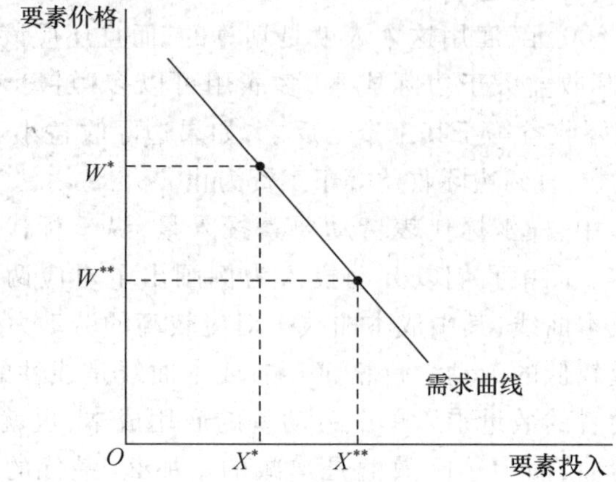

7.2.3　要素需求曲线的移动

要素需求曲线是假定其他因素不变的情况下要素需求量与要素价格之间的关系。所有影响要素边际收益的因素,都会影响企业对要素的需求,从而引起要素需求曲线的移动。具体包括以下几种情况:第一,如果企业的资本投入增加导致劳动的边际生产率上升,劳动的需求曲线就会向右移。第二,产品市场价格的变化导致要素的边际收益发生变化,从而改变对要素的需求。如产品价格上升导致边际收益增加,从而使得对要素的需求增加,进而引起需求曲线向右移动。第三,技术进步的出现导致生产要素的边际生产率变化,从而改变对要素的需求。第四,生产要素质量的提升导致边际生产率提高,从而增加企业的要素需求。[4]

图 7-4 和图 7-5 展示的是技术进步对要素需求的影响。技术进步意味着同量的要素投入可以生产出更多的产品,因而收益曲线会向上移动。但技术进步是否会增加对要素的需求,依赖于该技术进步使得相关范围内要素的边际生产率是提高了还是降低了。在图 7-4 中,我们假定在所有可能的要素投入下,技术进步后的收益曲线上的斜率比原来的收益曲线上的斜率要大,因而技术进步导致要素的边际生产率在所有范围内都提高了。这样,在未发生技术进步的情况下,最优点为 A 点,对要素的最优需求量为 X^*;在发生技术进步的情况下,最优点会移动到 B 点,对要素的最优需求量增加为 X^{**},即技术进步带来了对该要素更高的需求量。

图 7-4　技术进步增加了要素需求

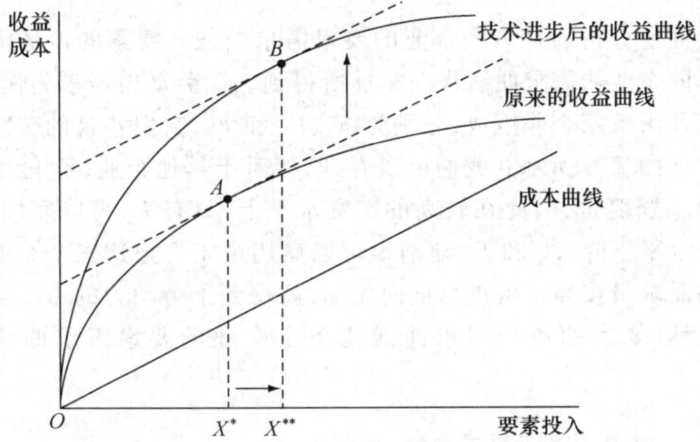

图 7-5　技术进步减少了要素需求

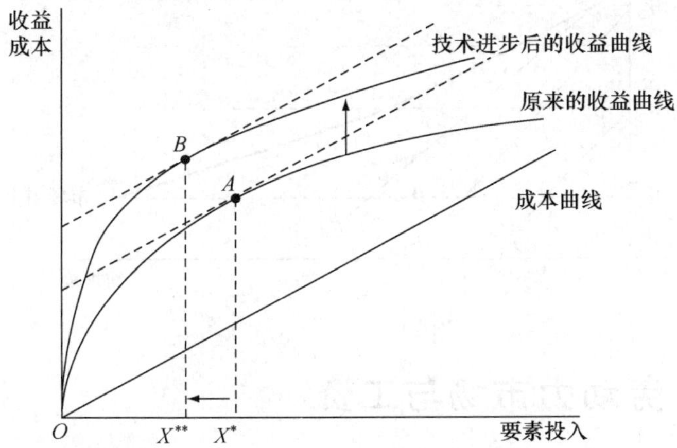

图 7-5 展示的是另一种情况。从图中可以看出,虽然技术进步在每一处都提高了产量,但相关范围内,要素的边际生产率反倒降低了,结果,企业对要素的需求量反而减少了(从 X^* 减少为 X^{**})。注意,虽然劳动的投入较少了,但企业的产量增加了。

上述两种可能性现实中都存在。如果新技术是更为劳动密集型的,技术进步将带来劳动需求的增加;反之,如果新技术是更为资本密集型的,技术进步将带来劳动需求的减少。但需要注意的是,这里的需求是单个企业的需求,就整个经济而言,一般来说,无论技术进步属于何种类型,对劳动的总需求会增加。这是因为,技术进步提高了劳动的平均生产率,一方面增加了人们的收入,另一方面降低了生产成本,从而导致整个市场的扩大和对其他产品需求的增加,这就使得更多的就业机会出现。

7.2.4 要素需求曲线的加总

上面所分析的是单个企业的要素需求曲线。要素的市场需求曲线由不同企业的需求曲线横向相加所得到。以劳动力需求为例,假定某个行业由三家企业组成,分别为 F_1、F_2 和 F_3,它们各自的劳动力需求曲线如图 7-6 所示。我们可以看到,相对于其他企业,F_3 能够接受更高的工资要价,因此在较高的工资水平上,只有 F_3 可以雇用员工,当工资水平下降,F_2 和 F_1 渐渐地可以雇用员工。把这三个企业对劳动力的需求量按照工资进行横向相加,就得到了劳动力的市场需求曲线。显然,要素的市场需求曲线比单个企业的要素需求曲线更有弹性。

图 7-6　要素的市场需求曲线

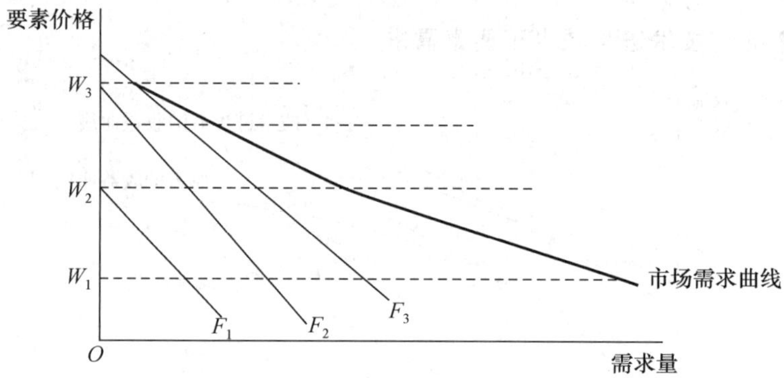

7.3 劳动力市场与工资

要素供给曲线: 要素供给量与要素价格之间的关系。

工资: 劳动力的价格,在均衡时等于劳动的边际生产率乘以产品价格。

如同产品价格由产量的供求决定一样,要素价格也是由要素的供求决定的。尽管要素需求曲线的基本特征(边际生产率曲线)对所有要素是相同的,但决定不同要素供给量的因素是不同的。因此,我们必须对每种要素市场分别处理。我们首先分析劳动力市场和**工资**的决定。

7.3.1 个人劳动供给曲线

劳动力的供给是由劳动者按照工作与消费(收入)之间的偏好决定的。一个人的时间有限,为了得到消费带来的效用,他必须工作以获得收入,但工作本身会带给他负效用。因此他必须选择工作多长时间才是合适的。

图 7-7 表示的是劳动者的无差异曲线和收入曲线如何决定劳动供给量。横坐标是劳动者的工作时间(劳动量),纵坐标代表劳动者从提供的劳动中所获得的收入。无差异曲线表明,劳动者的效用既取决

于劳动者的劳动时间，也取决于劳动者所获得的收入。当劳动者提供更多劳动的时候，也就意味着更多的辛苦和劳累，为了让劳动者保持相同的效用，他获得的收入必须要有所增加，因此，无差异曲线一定是向上倾斜的。此外，劳动者的无差异曲线不仅向上倾斜，而且形状上也越来越陡峭。这是因为：一方面，在工作量很少的情况下，工作给劳动者带来的边际痛苦也很小，但工作时间越长，给劳动者带来的边际痛苦就越大；另一方面，收入的边际效用是递减的，因此，为了保持同样的效用，随着工作时间的增加，单位劳动所需要的补偿也就越来越多。现实中加班加点的工资比正常工作时间的工资高，就是因为新增加工作量的边际负效应更大而新增收入的边际效用更低，因此劳动者需要的补偿相应地也就更高。

图 7-7　个人劳动供给

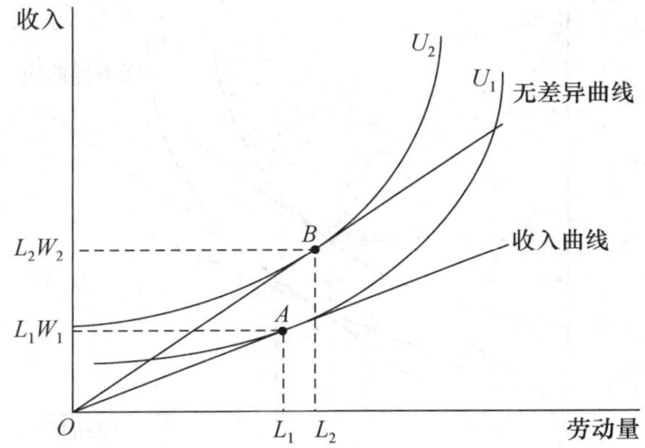

最优点在无差异曲线与收入曲线的切点。

毫无疑问，从劳动者的角度而言，给定劳动时间，收入越高，那么效用水平也就越高。因此，较高位置的无差异曲线代表着较高的效用水平，如图 7-7 所示，$U_2 > U_1$。图中从原点出发的两条射线，代表两种不同工资率下劳动者的收入预算线，表明他能够支配的收入随工作时间的增加而增加。显然，给定工资率，一个人的收入等于他的工作时间乘以工资率，因此，收入预算线的斜率等于工资率。根据消费者选择理论，显然在预算线和无差异曲线切点的位置，也就是说，当劳动带来的边际负效应等于劳动工资率的时候，劳动者的选择是最优的，对应的劳动时间就是他决定提供的劳动数量（时间）。

在图 7-7 中，当工资率为 W_1 时，最优点在 A 点，最优的劳动投入为 L_1。假如工资率提高了，从 W_1 增加到 W_2，这意味着劳动者同样的劳动时间可以赚更多的钱，在图中表现为预算线也就是劳动者的收入曲线向上旋转。此时，劳动者的最优选择也要随之改变，原来的最优选择点现在已经不再是最优，最优选择点在新的收入曲线与更高的无差异曲线 U_2 相切的点 B，此时对应的最优劳动投入要从 L_1 增加到 L_2。

如果我们再深入分析的话，劳动供给量从 L_1 到 L_2 的变化，也可以像消费品那样分解为替代效应和收入效应：替代效应意味着当工资率上升时，休闲的机会成本更大了，劳动者愿意用更多的劳动来替代休息时间；收入效应则意味着随着劳动者收入的提高，他对休闲的需求也会增加，因为休闲是一种正常品。这两种相反的力量最终决定了当工资率上升时，劳动者是愿意增加劳动投入还是减少劳动投入。在图7-8中，显然工资上升的替代效应大于收入效应，最终劳动者选择增加劳动投入。但是，可以预期，当劳动者工资率越来越高的时候，收入效应有可能超过替代效应。因此，劳动者的个人劳动供给曲线可能是一条如图7-9所示的向后弯曲的曲线。

替代效应为正：从 L_1 到 L_3；收入效应为负：从 L_3 到 L_2；总效用：从 L_1 到 L_2。

图 7-8　替代效应与收入效应

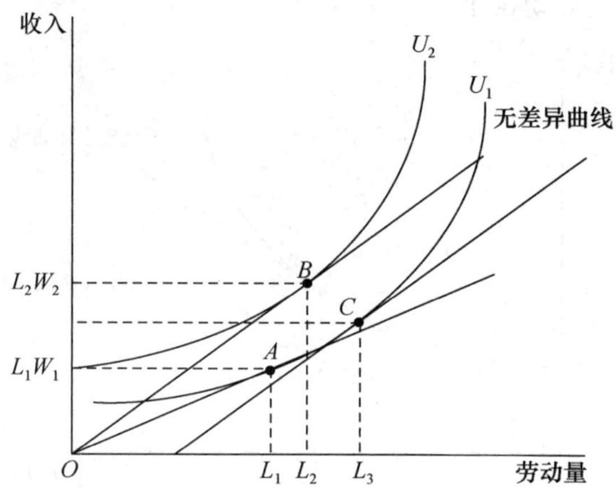

图 7-9　可能的个人劳动供给曲线

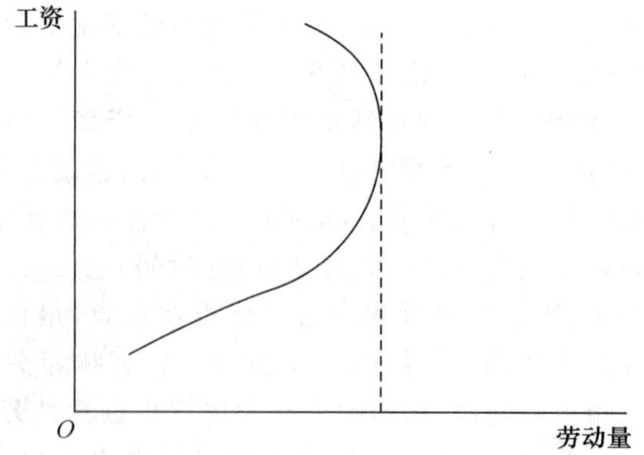

迷你案例

“变懒”的新生代农民工——基于劳动工资率的解释

第一代农民工主要指改革开放后于 20 世纪 80 年代中期到 90 年代中期从农业和农村中流出并进入非农产业就业的农民工；而所谓新生代农民工，指的是 1980 年以后出生、20 世纪 90 年代后期开始进入城市打工的农民工。

第一代农民工与新生代农民工生活的社会经济背景有着很大的差别。第一代农民工的生活条件较为艰苦，为了满足基本的生活需求，不得不努力工作，出卖大部分的劳动时间。与第一代农民工相比，新生代农民工的生活条件相对优越，他们不仅追求物质生活的提高，更注重精神生活的满足。[5] 对于第一代农民工来说，多赚钱是最重要的，只要给加班费，他们就愿意加班干活，说明替代效应大于收入效应，劳动供给曲线向上倾斜；而对于新生代农民工来说，工资提高使得他们有更多的收入来追求精神生活（比如夫妻团聚）[6]，即使给更高的加班费，他们也不愿意加班干活，说明收入效应大于替代效应，供给曲线向后弯曲。

7.3.2 社会福利对劳动供给的影响

前面我们分析的是在没有外在干扰的情况下，劳动者如何决定自己的劳动供给量。在现实生活中，劳动力市场总是存在着一些政府干预，比如失业救济、最低工资等等，这个时候劳动者的选择就会发生变化。下面我们来分析一下政府的收入补贴政策和工资税对劳动供给的影响。

让我们假定，不论你挣多少钱政府都会给你补贴一个固定的额度 B，也就是说，即使你的工作量是零，而你仍然有固定的收入 B。这意味着收入曲线要上移，即在纵轴上的截距要增加到 B，那么以前的最优点也就不再是最优的了。从图 7-10 中我们可以发现，现在的最优点相对于原来的最优点发生了左移，工作量从 L_2 减少到了 L_1。原因在于，这样的补贴只有收入效应没有替代效应。这就是社会福利给劳动供给带来的问题。

以上我们假定政府补贴额与工作没有关系。现实中，像失业救济金这样的补贴是与工作与否挂钩的。假定一个人不工作，可以得到 B 的失业救济金收入，一旦工作，就不能再领取失业救济金。那么，这个人的收入预算线将变成如图 7-11 所示的曲线 $B+LW_1$。从图中可以看出，当他的工资率为 W_1 时，选择工作得到的效用水平是 U_1，选择不工作得到的效用水平是 U_2，所以最优选择是不工作。如果工资率为

W_2，工作和不工作得到的效用水平都是 U_2，他也不会有积极性选择工作。只有当工资率大于 W_2 时，选择工作才是最优的。

图 7-10　社会福利对劳动供给的影响

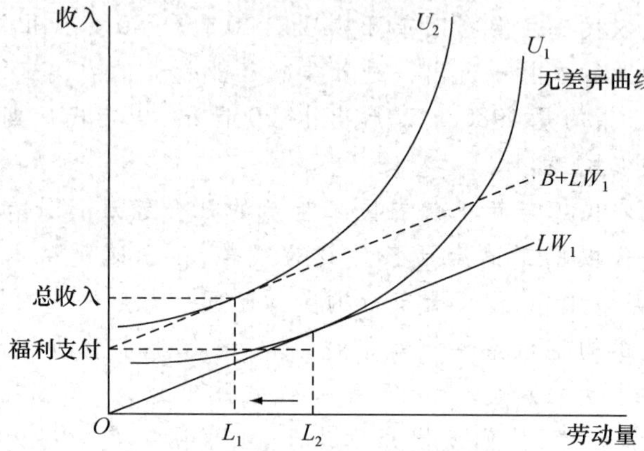

图 7-11　失业救济金对劳动供给的影响

在原来的工资水平 W_1，个人将选择不工作（得到效用 U_2）。只有工资提高到不低于 W_2 的情况时，个人才有积极性工作。

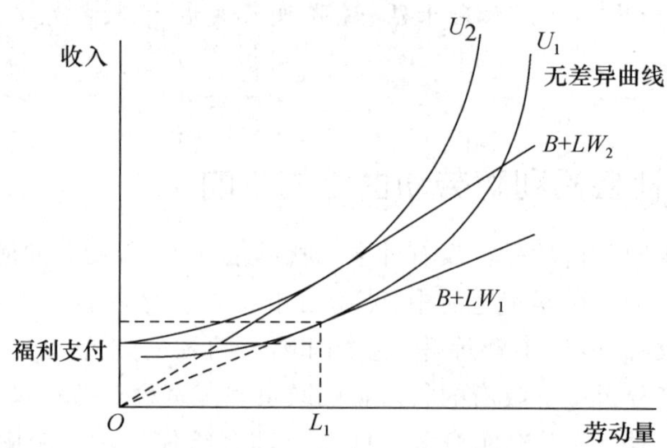

因此，失业救济金的存在，将使得一些工资率相对低的人不再寻找就业机会，失业人数增加。只有工资率相对较高的人才不会受失业救济金的影响。举一个极端的例子，假如每个大学生毕业后只要没有工作，政府每年就补贴 10 万元，那么，相信绝大部分大学生都不会急于找工作。

因此，政府提供福利极有可能使人变得更懒，劳动供给变得更少。

如果政府对工资征税，劳动供给会如何变化呢？如图 7-12 所示，如果政府征收工资税 t，劳动者的收入预算线将由 LW 变为 $LW(1-t)$。此时，最优的工作时间将由 L_1 下降到 L_2，劳动供给减少了。

图 7-12　工资税对劳动供给的影响

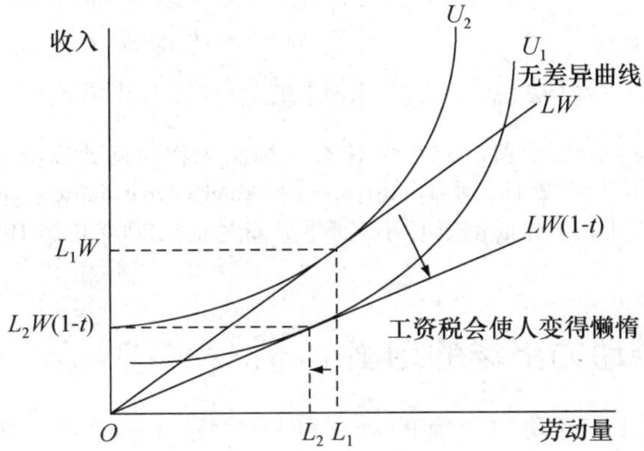

社会福利需要以税收作为代价，而工资税的征收，又会使人们工作的积极性下降，这两个效应都会使得劳动的供给曲线向左移动，如图 7-13 所示。

图 7-13　社会福利和工资税导致劳动供给减少

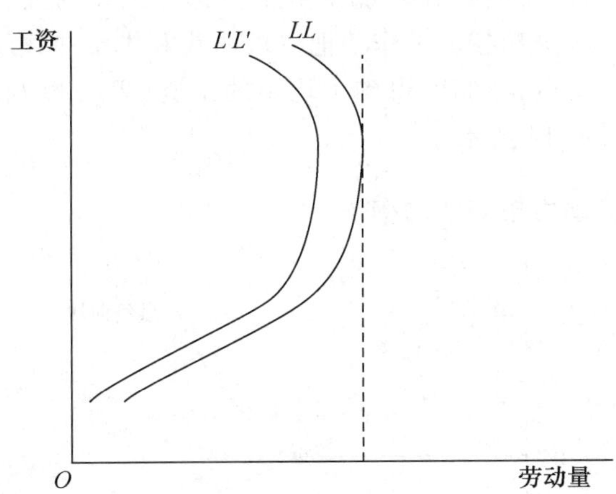

迷你案例

福利社会与劳动时间

从统计来看，欧洲人的平均工作时间大大少于美国人。按照经合组织（OECD）的统计，欧洲人一年平均享有近两个月的包括休假和法定节假日的带薪假期，而美国人的带薪休假时间大约只有欧洲人的一半。美国人一年平均约有 4 周的带薪休假；法国人有 7 周；德国人则有 8 周。而且统计显示，欧洲人的年平均工作时间比美国人少了大约

10%，他们的年平均工时只有美国人的82%。为什么美国人的工作时间长于欧洲人？因为欧洲人享受的政府福利比美国人多，福利高就使得工作时间变短。德国经济研究所的所长克劳斯·兹默曼说："我们创造了一个休闲社会，而美国人则建立了一个工作社会。"

资料来源："不情愿的度假者：为什么美国人工作时间比欧洲人长"，沃顿知识在线，2006年8月2日，网址 http://www.knowledgeatwharton.com.cn/article/895/；林颖，"欧洲人工作时间延长了"，《世界新闻报》，2004年第199期。

7.3.3 劳动力市场的均衡

以上我们对劳动力市场的需求和供给逐一进行了分析。下面，我们来看看由这两种力量所决定的劳动力市场均衡。

显然，由于企业的劳动力需求曲线总是向右下方倾斜的，因此加总得到的劳动力市场的需求曲线也总是向右下方倾斜。从供给方面看，尽管个人的劳动供给存在由于收入效应导致向后弯曲的可能，但在任何给定的时间内，加总得到的市场劳动供给曲线更可能是一条向上倾斜的曲线，因为一些在较低工资下不选择工作的人，在较高工资的情况下更可能选择参加工作。把需求曲线和供给曲线结合起来，在两条曲线的相交点，我们就得到了均衡的工资（W^*）以及均衡的劳动量（L^*），如图7-14所示。

图7-14　劳动力市场的均衡

在供给曲线与需求曲线的相交点，劳动力市场达到均衡。

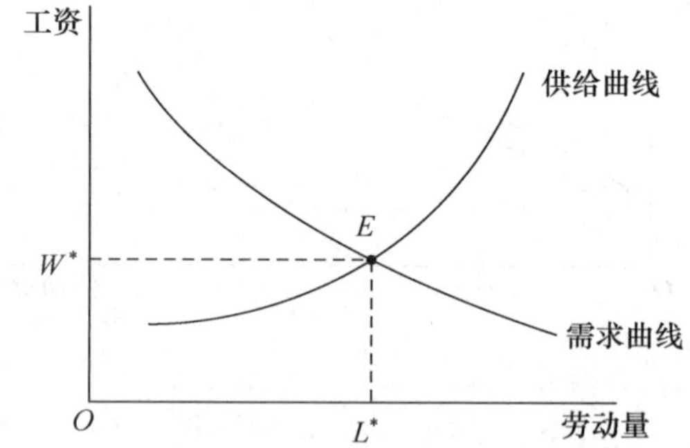

如同产品市场一样，劳动力市场的均衡也是供求双方不断调整的结果。如图7-15所示，如果工资太低，将出现劳动力短缺，企业之间对劳动力的争夺会导致工资上升；反之，如果工资太高，将出现劳动力过剩，劳动者之间的竞争将使得工资向下调整。如此不断调整，最终劳动力市场将会趋向均衡。

劳动的需求曲线和供给曲线都可能发生变化。不过，一般来说，由于劳动力的潜在供给是由人口决定的，短期内，供给曲线移动的可能性不大。但无论如何，如果供给曲线或需求曲线发生了变化，均衡工资就会发生变化。图 7-16 中,实线表示原来的供求曲线,均衡点是 E, 均衡工资是 W^*, 均衡劳动量是 L^*; 当需求曲线和供给曲线变成相应的虚线表示的需求曲线和供给曲线时,新的均衡点是 E', 均衡工资变为 W^{**}, 均衡劳动量变为 L^{**}。

如果工资低于均衡水平,劳动力短缺,厂商之间的竞争将导致工资上升;
如果工资高于均衡水平,劳动力过剩,劳动者之间的竞争将使工资向下调整。

图 7-15　从不均衡到均衡的调整

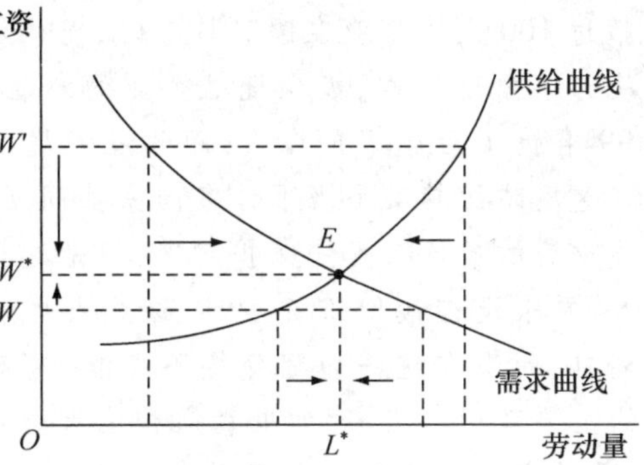

图 7-16　劳动力市场均衡的变化

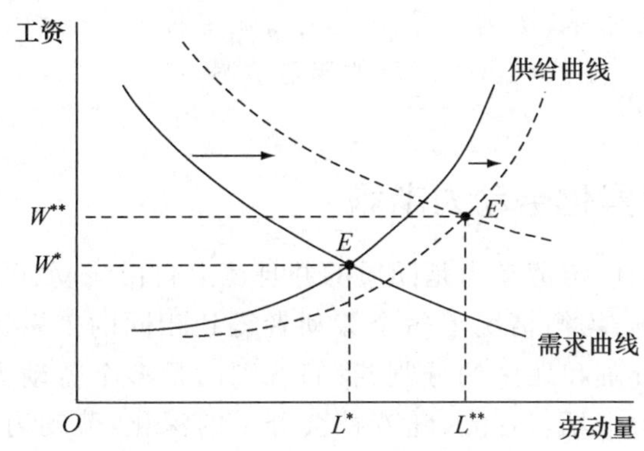

迷你案例

最低工资法对劳动力市场均衡的影响

在许多国家中都存在着法定的最低工资,下面我们来分析一下最低工资的存在对劳动力市场均衡的影响。如果法定最低工资低于市场均衡工资,那么这个最低工资实际上与没有是一样的。因此,最低工资要起作用,就必须高于均衡工资。如果法定工资高于均衡工资,那么将导致劳动力市场供大于求,进而导致失业,也就是说,较高的法定工资是以牺牲就业为代价的。具体而言,最低工资法将带来的后果有以下三个方面:第一,高于均衡水平的法定最低工资使得劳动的供给大于需求；第二，如果政府强制企业雇佣劳动，将导致企业亏损，长期看将进一步减少就业机会；第三，如果企业有雇工自由，最可能找不到工作的是那些素质相对较低的劳动者。

由此可见，最低工资法看似保护了雇员的利益，实际则损害了他们的利益。举个例子来说，很多印度的中小企业在员工到达99人后，就不再愿意扩大规模。为什么？因为印度1947年通过的《产业争议法》规定，所有超过100人的企业在解雇员工时，必须获得邦政府的批准。而政治家从选票角度出发，极少批准企业的解雇计划，这就导致很多企业雇了99名员工后就不再雇人，因此雇佣规模在100人以下的企业特别多。这反映的其实是当下许多国家共同面临的问题：找到工作的人可以被政府的最低工资法保护起来，但是这样就产生了大量找不到工作的人，原来没有最低工资法时，这些人也能找到一个较低的工资来养家糊口，而现在这一切都变得不可能，这就是经济学家反对最低工资法的主要理由。其实，如果我们相信市场对资源配置的决定性作用，那么通过交易双方的讨价还价自然会形成双赢，每个参与者都皆大欢喜。但是，如果政府规定了高于均衡水平的最低工资，那么市场就没有办法实现劳动力资源的最优配置，而且政府强制企业接受法定的工资水平，既剥夺了企业对工资定价的自由权，也剥夺了工人的选择权，这显然超出了政府的职能边界。

7.3.4 差异化劳动力市场

以上我们假定劳动力是同质的并且可以自由流动，因而有个单一的劳动力市场，均衡情况下每个劳动者得到相同的工资率。现实中，由于专业的分割和地区的分割，我们看到的是多个劳动力市场，而不是一个劳动力市场。首先，随着社会分工的深化，劳动力也是专业化的，每个专业都有自己特定的劳动力市场。当然，从动态的、长期的视角上看，劳动者的专业是可以变化的。其次，由于劳动力流动成本的存在，不同地区的劳动力市场之间往往也存在着分割。此外，不同年龄段的劳动者也有不同的市场，性别、教育等因素也会分割市场。这些互相分割的劳动力市场的均衡点各不相同，这就导致了劳动力工资的差别。举例来说，高技能劳动力市场和低技能劳动力市场是不同的，高技能劳动力意味着同样一个劳动单位能够生产更多的价值，劳动力的需求曲线自然就更高，供给曲线相对来说也比较陡峭，因为提供高技能劳动力的成本往往也更高；而对于低技能劳动市场来说，单位劳动的边际生产率相对较低，所以需求曲线较低，供给曲线也比较平坦。显然，这两种市场最终的均衡工资差别是很大的。图7-17分别给出了高技能劳动力市场和低技能劳动力市场的均衡，如图所示，高技能劳动力市场的均衡工资高于低技能劳动力市场的均衡工资。

图 7-17　不同技能劳动力市场的均衡

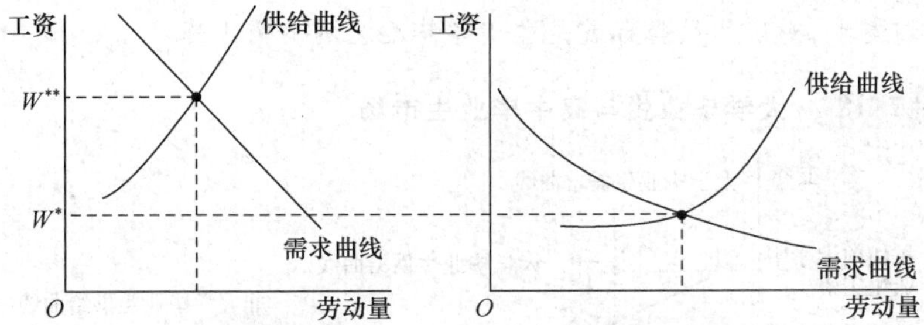

(a) 高技能劳动力市场　　(b) 低技能劳动力市场

迷你案例

大学扩招与大学毕业生的困惑

劳动者的技能通常与劳动者所受的教育和培训有关，而大学生所接受的一般是通识教育，所以如果我们对教育进行更多的投资，就会提高个人的人力资本，这有助于缩小工资差距。但中国出现了特殊的情况，在 1999 年后，随着大学招生人数迅速增加，具有大学文凭的求职者供过于求，他们相对于普通工人的工资大幅降低，甚至一些普通大学和专科学校毕业生的绝对工资水平也低于民工工资，社会上再一次出现了“读书无用论”。

之所以出现这种情况，主要是政府政策的影响。1999 年是高考招生的分水岭。1998 年全国高校录取人数只有 108 万人，1999 年开始则进行了大规模扩招，当年的高考招生达到 160 万人，比上一年增长了近 50%！2014 年，高校招生计划已经突破 600 万人，高考录取率高达 70% 以上。[7] 1999 年大学扩招政策的出台，使得大学生和高中生的就业市场发生了巨大的差异，由此引起了劳动力工资水平的变化。与过去相比，现在上大学非常容易，每年几百万名大学生毕业，这导致了大学生找工作很难。

我们用图 7-18 来分析一下政策变动对劳动力工资的影响。图中横坐标是劳动力数量，纵坐标是工资。市场对大学毕业生的供给曲线是一条垂直的线（图中的垂直虚线），因为这是由招生计划决定的。当大学毕业生人数很少时，他们的边际生产率很高，而大学毕业人数增加时其边际生产率就大幅下降，因此，大学毕业生需求曲线的斜率比较陡（图中向下倾斜的虚线）。这两条曲线的交点 *A* 点就是大学毕业生劳动力市场的均衡点，对应的纵坐标就是大学毕业生的均衡工资。

非大学毕业生的供给曲线的形状是比较平坦地向右上方倾斜，对他们的需求一开始尽管比较低但是下降得很慢，因为非大学毕业生可以适应很多工作。这两条曲线的交点 B 点就是非大学毕业生劳动力市场的均衡点，对应的纵坐标就是非大学毕业生的均衡工资。

图 7-18　大学毕业生与高中毕业生市场

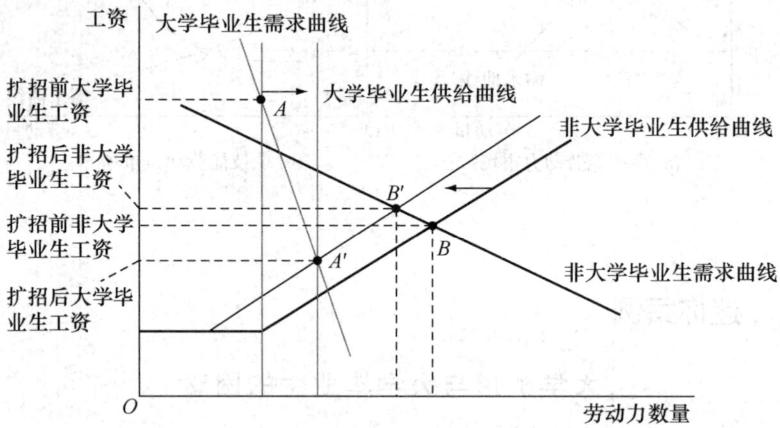

图中 A 点和 B 点对应的工资水平分别代表扩招前大学毕业生和非大学毕业生的均衡工资，前者高于后者。现在假设政府决定增加大学生招生，那么大学生供给曲线将会向右移动，新的均衡点就会变为 A'点，而高中毕业生上大学的人数增加之后又使得非大学毕业生的供给数量减少，因而供给曲线向左移动，新的均衡点变为 B'点。从图中可以看出，如果短期内大量增加大学毕业生的供应，那么这两个劳动力市场将被完全改变，导致大学毕业生的均衡工资反而低于非大学毕业生。当然，我们也许会想到大学生和高中生的劳动力市场不是完全分割的，大学生可以去和高中生抢饭碗。但是，需要注意的是，20 年前的大学教育是精英教育，虽然现在已经成为普通教育，但是目前很多大学生在心理上仍然认为自己是“天之骄子”，从而“耻于”和高中生抢饭碗，他们宁可没有工作也不愿意干体力活。

当然，还有一些其他因素导致了大学生找工作的困难。比如，严格的户口管制政策，限制了大学生的自由流动；追求在政府部门、国有企业就业的传统观念，也压缩了大学生找工作的空间。

下面，我们来分析一下工资的地域差异和劳动力的流动性。人往高处走，如果低工资地区和高工资地区的均衡工资相差很大的话，那么就会导致劳动力的流动。低工资地区的人群往高工资地区流动，这样就增加了高工资地区的劳动供给，高工资地区的供给曲线会向右移。此时，低工资地区的工资将会相对提高，高工资地区的工资将会相对降低。但是由于地区之间存在着流动成本,所以工资差距并不会完全消失。比如,相对于四川而言,广东是高工资市场,所以很多四川人都跑到广东去打工,最终使得广东的工资相应降低,而四川本地工资相应增高,但是二者之间还是有一定差距。[8]

图 7-19 中,W_1 和 W_2 分别代表流动前低工资地区和高工资地区的工资水平,W_1' 和 W_2' 分别代表流动后低工资地区和高工资地区的工资水平。可见,劳动力的流动降低了工资差异,但并没有完全消灭工资差异。

图 7-19　工资的地区差异与流动性

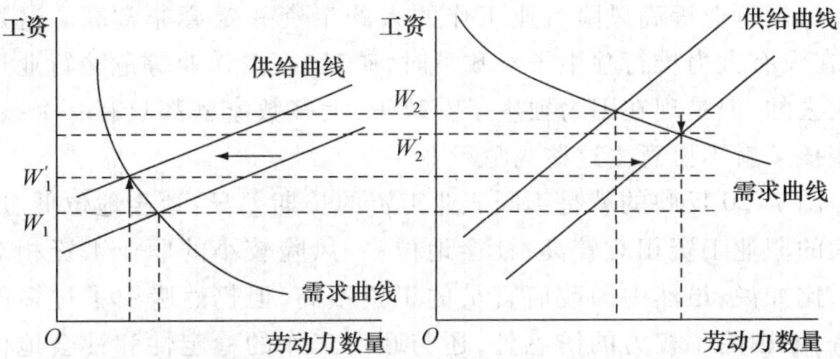

(a) 低工资地区　　(b) 高工资地区

以上理论不仅可以用来分析我国内部的劳动力工资存在的差异,还可以用来解释我国与发达国家之间所存在的工资差异。

总的来说,中国市场工资水平比发达国家要低,即使剔除了劳动生产率的差异之后仍然如此。这就导致了劳动力的流动和跨国公司在劳动力市场上的套利行为。比如,微软和英特尔等国际大公司在中国设立研究院,是因为中国工程师的工资比美国低,在美国雇一个工程师的工资在中国可以雇三个,综合算下来,在中国设立研究院的性价比远远高于美国。因为中国普通劳动者的工资太低,长期以来只是美国的几十分之一,从而大量的制造业向中国转移,这直接导致了美国低技能劳动者的工资在过去二十年中没有发生变化,这也是全球化所带来的影响。当然,由于仍然存在着产业转移等方面的障碍,美国低技能劳动者的工资仍然高于中国许多,但是,一个明显的事实是,中美之间高技能雇员的工资差异(1∶2 至 1∶3)远远小于低技能雇员的工资差异(1∶30 至 1∶40),原因是高技能劳动力的流动性更高。这与黄金的地区价格差异远小于白菜的地区价格差异的道理是类似的。

7.3.5 长期均衡工资差异的原因

上面提到的大学生和高中生工资倒挂其实不是一个长期均衡,随着时间的推移一定会发生改变。下面我们来解释一下不同工种均衡工资长期出现差异的原因。亚当·斯密在两百年前就列举了长期均衡工资差异的原因,包括工作地点、生活费用、职业的舒适程度和社会地位、获得职业的难易、学费的多寡、工作的安定程度(不稳定的工作工资一般更高)、工作责任的大小(一个电工和一个医生的责任不一样)、取得职业资格的可能性的大小等等,这些因素通过影响劳动供给曲线,进而影响均衡工资水平。[9] 比如,我们可以推测,未来在高空作业和煤炭行业等高风险行业工作的人的工资一定会非常高。这是因为,在没有大力推行独生子女政策时,矿工、高空作业等危险行业还是有人去的,但是现在因为独生子女政策,大多数家庭都只有一个孩子,这些孩子就不愿意去这些高危行业了。

图 7-20 反映的就是不同职业工资的长期差异:社会地位低、风险较大的职业工资相对较高,社会地位高、风险较小的职业工资相对较低。比如说,虽然中国政府官员的工资不高,但仍然吸引了过多的求职者,原因除了权力的诱惑外,还与政府工作的稳定性和社会地位高有关。当然,这些因素之间可能会出现互相抵消的情况。比如像医生

图 7-20 不同职业工资的长期差异

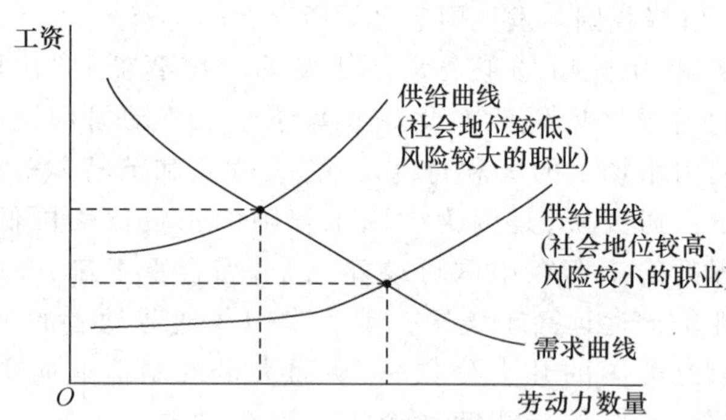

这样的职业,虽然社会地位高,工作也稳定,但风险责任大,获得技能的时间也长,因而工资仍然得很高才行。另外,个人的喜好因素也在左右着个人的职业选择,比如,虽然大学教授工资相对较低,但是因为对学问的热爱和好为人师的秉性,一些人仍然愿意投身于教育事业。

7.3.6 人口与劳动力的长期供给

长期看,劳动力的供给是由人口决定的。人口增长较快的国

家,劳动力的增长也较快,工资的增长就相对较慢;反之,人口增长较慢甚至停滞的国家,劳动力的增长也较慢甚至停滞,工资的增长则较快。

下面我们结合中国现实,讨论一下劳动力无限供给的情况。劳动力无限供给的定义是,在工资水平保持不变的前提下,劳动力的供给几乎是没有限制的,企业想招多少工人就能招到多少工人。在这种情况下,就存在着所谓的"人口红利"。这也是中国改革开放三十年以来经济持续快速发展的重要原因。图 7-21 给出了劳动力无限供给的直观含义,图中,在就业水平达到 L^* 之前,劳动力需求曲线的变化不会引起工资的上升。

图 7-21　劳动力无限供给

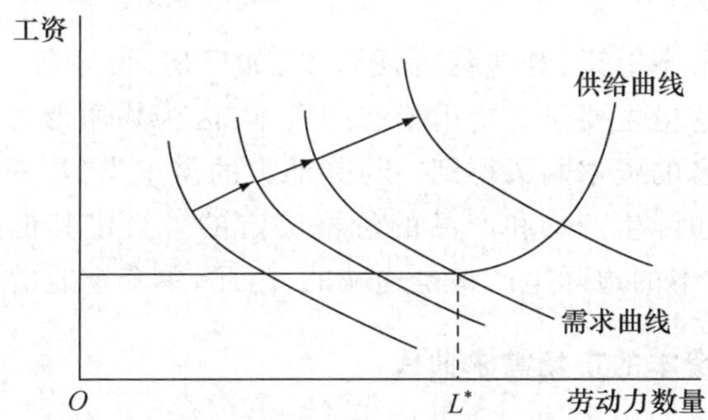

劳动生产率在不断提高,意味着需求曲线向外移。但在就业到达 L^* 之前,工资不增长。这就是中国改革开放以来至 21 世纪初"民工"工资的情况。

但是,随着人口增长速度的放缓,这个时期现在已经过去了,中国已经不存在劳动力无限供给的情况。这就导致进入 21 世纪以来,中国的劳动力工资增加得很快,从图 7-22 中我们可以看到,中国在岗职

图 7-22　中国在岗职工的平均货币工资指数和实际工资指数(以上年为 100)

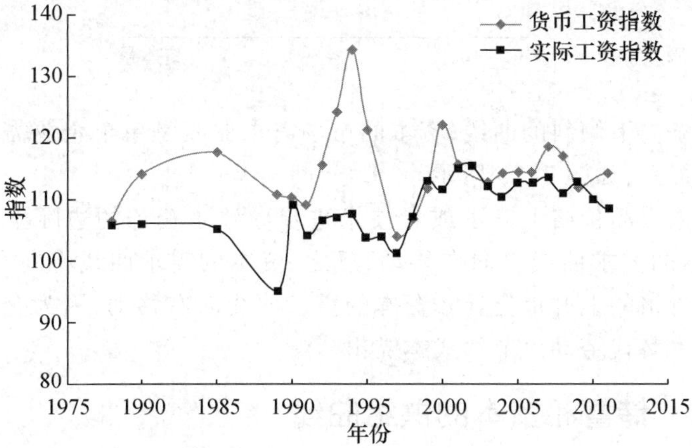

资料来源:《中国统计年鉴 2014》。

工实际工资的年增长率在2000年之前没有超过10%的，而在2000年之后的大部分年份都超过了10%甚至达到了15%。这就是由于计划生育导致的人口增长缓慢并将停滞的结果。这就意味着，中国未来的经济增长，不能再一味依靠低廉的劳动力成本优势，而应该通过发挥企业家精神，通过创新和提高效率来推动经济发展。

7.4 资本市场与利率

利率：
资本的价格，在均衡时等于资本的边际生产率乘以产品价格。

和劳动力一样，资本也是重要的生产要素。接下来我们先讨论资本的需求和供给，然后再分析资本的价格也就是**利率**是如何决定的。

7.4.1 资本的需求曲线

资本从形态上说，既包括物质资本，如厂房、设备等，也包括货币资本。我们这里主要研究货币形态的资本，因为物质形态的资本可以通过货币形态的资本购买得到。与劳动力的需求类似，资本的需求也是由资本的边际生产率和产品的价格决定的。给定其他生产要素和生产技术，资本的边际生产率是递减的，因此，单个企业的资本需求曲

资本的需求曲线向下倾斜。原因是资本的边际生产率递减。同时，较低的利率会诱使回报率较低的项目也加入投资。

图 7-23　资本的市场需求曲线

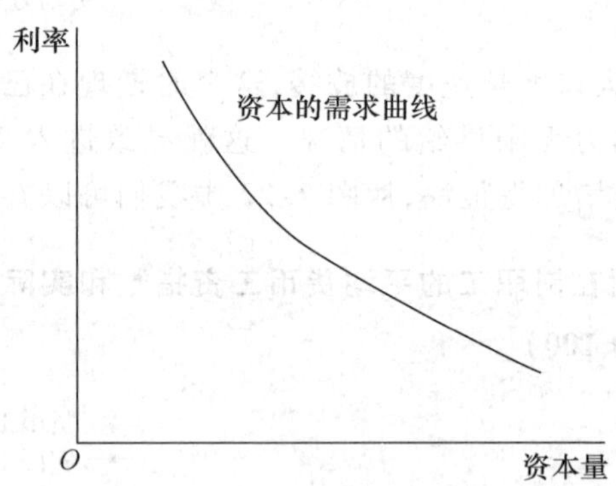

线是一条向下倾斜的曲线，资本的市场需求曲线是单个企业需求曲线的水平加总，如图7-23所示。

如果产品价格上升了或者技术进步导致了资本的边际生产率提高，资本的需求曲线将向右移动；反之，资本的需求曲线将向左移动。劳动力价格的上升也会导致资本的需求曲线向右移动，因为企业将选择用资本替代劳动以节约成本支出。

7.4.2 储蓄和资本的供给曲线

那么，资本的供给又是由什么来决定的呢？显然，资本的供给由

人们的储蓄行为决定。储蓄,其实就是人们当期收入中用于消费后所剩下来的部分。按照经济学理论,人的效用是通过消费得到的,所以人们储蓄是为了未来的消费,以便获得更高的效用水平。因此,消费与储蓄之间的选择,也就是现在消费与未来消费之间的选择。人类的本性意味着我们对眼前的消费比对未来的消费看得更重。因此,人们对未来消费进行"贴现"(discount)。尽管不同人的贴现率不同,但对绝大部分人来说,只有所增加的未来消费预期足够大时,人们才会储蓄。

我们可以用无差异曲线表示个人在现在消费和未来消费之间的偏好,如图7-24所示。因为人们既喜欢现在消费也喜欢未来消费,无差异曲线的斜率是负的。进一步,由于人们更偏好现在的消费而不是未来的消费,无差异曲线与等消费额的45°线的切点应该在过原点的等分角线的右边(如图中 E 点所示)。由于边际效用递减法则的作用,无差异曲线一定是向原点弯曲的,表明现在消费和未来消费之间的边际替代率是递减的。无论是现在消费还是未来消费,对于消费者而言都是越多越好,因此,越往东北方向的无差异曲线代表着越高的效用水平。

图7-24　现在消费和未来消费的无差异曲线

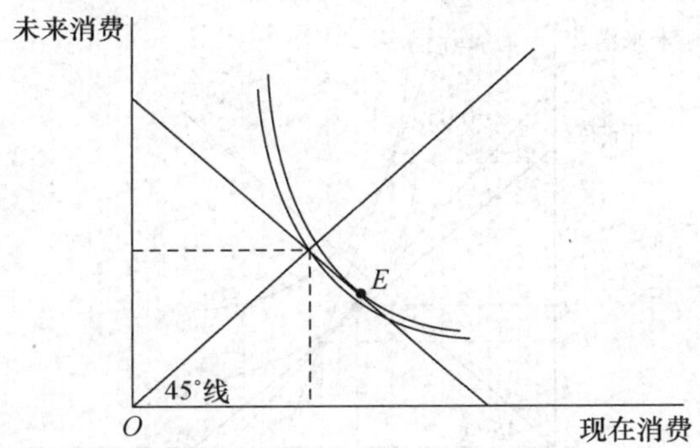

图中的无差异曲线意味着消费者更偏好现在消费。斜率 = 1 + 偏好贴现率;
贴现率是递减的,即随着短期消费的增加,新增加的当期消费所能替代的未来消费越来越小。

为了讨论的方便,我们下面假定代表性的消费者只存活两期,这两期的当期收入分别为 m_1 和 m_2,消费分别为 x_1 和 x_2。如果消费者在第1期选择储蓄 $m_1 - x_1$,市场的利率是 r,那么,第2期可消费的总收入为 $(m_1 - x_1)(1 + r) + m_2$。当然,消费者也可以在市场上以 r 的利率贷款增加第1期的消费。由于消费者的预算在两个阶段必须保持平衡,所以必定满足 $(m_1 - x_1)(1 + r) = x_2 - m_2$。

图7-25表示的是跨时消费预算约束线,我们假定 $m_1 = m_2$。在利率提高之后,预算约束线会变陡,这是由于储蓄资金在第2期可以消费得更多,而第1期可得到的贷款消费更少。如果消费者在储蓄和消费之间要达到一个平衡点,那么只需要找到无差异曲线的斜率和预算约束线上的斜率相等的那个点即可。

图 7-25　跨时消费预算约束线

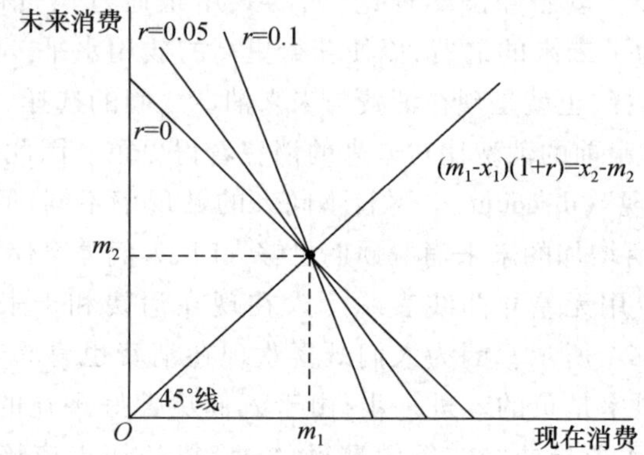

在图 7-26 中我们可以看到，当利率为 0.05 时，消费者在第 1 期将消费 x_1^*，储蓄 $m_1-x_1^*$；利率从 0.05 上升到 0.1 时，预算约束线也会相应变化，消费者也能达到更高的无差异曲线，在新的均衡点，第 1 期的消费将减少到 x_1^{**}，储蓄增加到 $m_1-x_1^{**}$。也就是说，利率上升后，储蓄增加了。

图 7-26　最优消费-储蓄决策

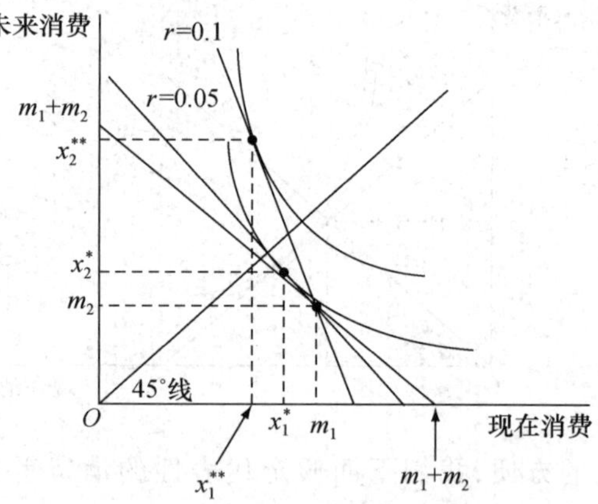

利率上升会同时带来替代效应与收入效应。

是不是利率上升一定会导致储蓄增加呢？不一定。这是因为，利率上升会同时带来替代效应与收入效应。替代效应总是为负：利率上升意味着当期消费变得更昂贵，所以应该减少消费，增加储蓄；收入效应总是为正：利率上升意味着总收入增加，所以应该增加当期消费，减少储蓄。因此，与个人劳动供给曲线非常类似，个人的储蓄曲线也更可能是一条如图 7-27 所示的向后弯曲的曲线。

图 7-27　个人储蓄曲线

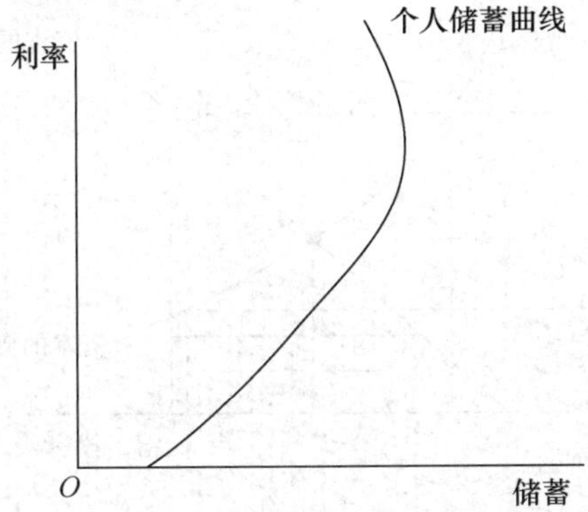

市场由众多的个人组成。尽管个人储蓄曲线可能在利率上升到一定水平后向后弯曲,市场上可供投资的总储蓄曲线则更可能是向右上方倾斜的。因为资本来自储蓄,所以总储蓄曲线又称为资本的市场供给曲线,如图 7-28 所示,它表示资本的供给量与市场利率的关系。

图 7-28　资本的市场供给曲线

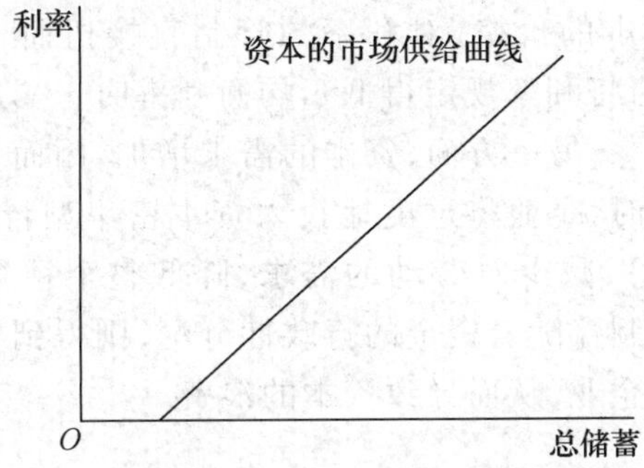

7.4.3　资本市场的均衡

与劳动力市场均衡的分析类似,资本市场的供给曲线和需求曲线的交点,决定了均衡利率水平。资本市场的调整过程与劳动力市场也很相似:假如利率低于均衡水平,意味着储蓄少,想借钱的人借不到钱就会自然而然地提高利率;反过来说,如果利率高于均衡利率,很多人有钱贷不出去,就会调低利率。可见,在没有外力干预的情况下,自然而然就会有一种力量使得市场向均衡点靠拢。图 7-29 给出了均衡利率和市场向均衡调整的过程。

如同劳动力市场一样,资本的需求曲线会因个人偏好等因素的变化而移动,资本的供给曲线会因技术、产品价格和劳动力价格等因素的变化而移动,因而均衡点会随时间而变化,这里不再赘述。

图 7-29　均衡利率及市场调整过程

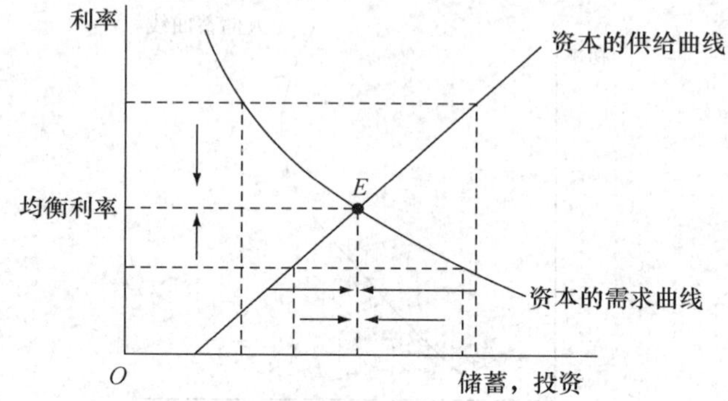

均衡意味着资本的边际生产率等于个人的时间贴现率。因而,从社会角度讲,是最优的。

7.4.4　利率管制和利息税

出于各种各样的目的,政府也经常会对资本市场进行干预,包括利率管制和征收利息税。下面我们对这两种干预方式的后果做简要分析。

利率管制是指政府用法律或行政命令的方式规定利率水平。对利率进行管制会带来什么后果呢?与对劳动力市场工资的干预类似,由于利率就是资本的价格,对利率的管制直接扭曲了价格信号。图7-30表明,当政府将利率规定得低于均衡利率时,一方面,储蓄减少因而资本的供给减少;另一方面,资本的需求增加,因而资本市场出现需求大于供给。此时,企业将过度地投入资本密集型行业(因为资本价格被人为压低了),减少对劳动的需求,降低整个社会的资源配置效率。如果利率管制伴随着资金的行政性分配,则得到资金的很可能也不是最有效率的企业,从而导致资本的浪费。

(1)储蓄减少,影响资本积累,降低劳动的边际生产率。
(2)企业倾向于更为资本密集型技术。
(3)得到资金的可能并非最有效率的企业。此时,资金边际收入低于社会的机会成本。利息成本表现为企业利润,扭曲价格信号。

图 7-30　利率管制的后果

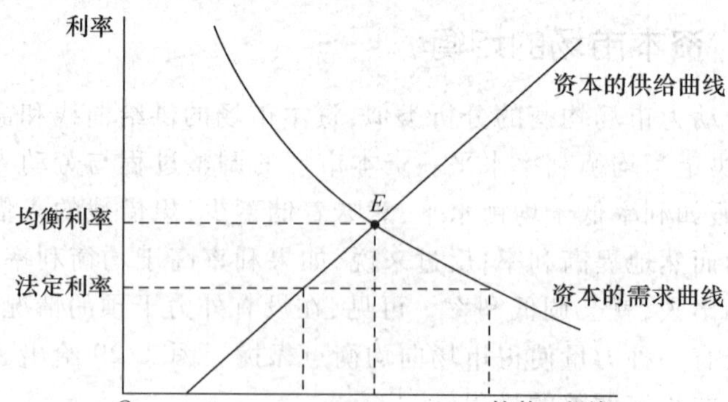

图7-31展示的是政府征收利息税对资本市场的影响。假定政府对利息收入征收 t 的利息税,那么,储蓄者实际得到的利息收入是

$(1-t)r$。从图中可以看出,此时资本的供给曲线将向左旋转,市场均衡利率将从 r^* 上升到 r^{**}, 均衡储蓄将由 K^* 下降到 K^{**}。结果是,这个社会的投资减少,一些本来值得投资的项目由于得不到资金而不得不被放弃,并由此减少了就业机会和降低了技术进步的速度。

图 7-31　利息税对储蓄和利率的影响

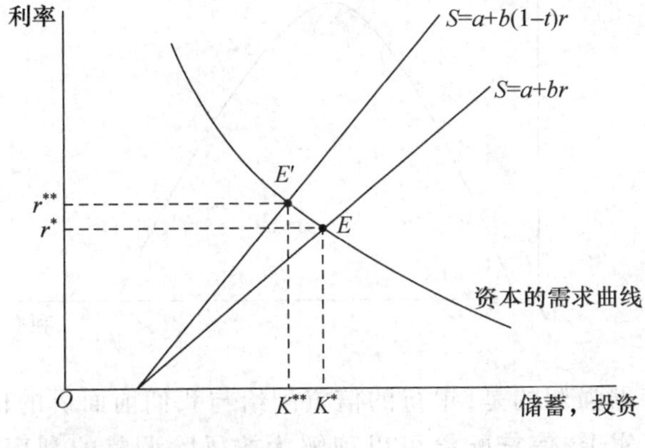

储蓄减少,利率上升。

7.4.5 银行的信贷配置

前面讲的均衡利率是无风险时的均衡利率。现实中的资本市场总是充满了风险,这种风险的基本表现就是投资者可能没有办法还贷。由于每笔投资的风险不同,如何甄别每笔投资的风险就成为一个重要问题。这导致两个后果。第一,由于大部分储蓄者(即资本的真正供给者)并不具有风险识别能力,他们更愿意把这项工作委托给专业人士,这就产生了银行这样的中介机构。因此,与劳动力市场不同,在资本市场上,真正的卖方(储蓄者)和买方(投资者/生产企业)并不一定直接交易,而是通过银行中介做交易(因而被称为"间接融资")。储蓄者把储蓄存入银行,银行再贷款给企业。这就形成了信贷市场。由于银行的运行本身需要成本,因而储蓄者得到的利率就低于借贷企业支付的利率。

第二,为了控制风险并保证经风险调整后实际利率的一致性,银行必须对贷款申请逐个甄别。特别是,由于借款人方面的道德风险和逆向选择,银行的预期收益并不总是随贷款利率的上升而增加,而是呈现先上升后下降的情形,如图 7-32 所示。这里,简单地说,道德风险是指当银行没有办法监督借款人时,借款人可能选择一些有利于自己但会降低还款可能性的行动;逆向选择是指利率越高,低风险的借款人越不愿意借款,高风险的借款人越有积极性借款(我们将在第 11 章对道德风险和逆向选择做更详细的讨论)。因此,出于自己的利润最大化考虑,银行并不会把贷款利率提高到“均衡利率”满足所有贷款需求,而宁愿实现“信贷配给”:有选择地满足一部分贷款需求,拒绝另一部分贷款需求。[10]

图 7-32　银行的预期收入和利率的关系

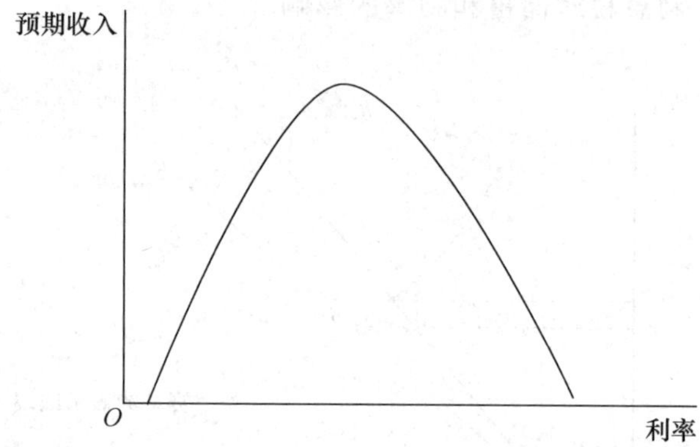

必须特别强调的是,银行的信贷配给与我们前面讲的价格机制并不矛盾。事实上,信贷配给可以理解为按风险调整的利率机制,正如滑雪场的排队可以理解为滑一趟雪的价格机制一样。那些被拒绝的贷款申请可以理解为它们的风险是如此之大,以至于任何利率水平都不足以使得预期利率等于无风险的均衡利率。利率和信贷配给的结合保证了储蓄资金投资于边际生产率不低于资金的边际成本(以储蓄者所放弃消费的边际效用度量)的项目。因此,私有银行自愿实行的信贷配给与政府干预信贷市场完全不同。

7.5　地租和租金理论

7.5.1　地租的决定

地租: 土地服务的价格,在均衡时等于土地的边际生产率乘以产品价格。

本节我们来讨论一下土地市场。土地是土地所有者的资产,土地服务的价格就是**地租**。对土地服务的需求来自土地的边际收益,因此,与劳动和资本一样,由于边际生产率递减法则,土地的曲线也是向下倾斜的。但与其他生产要素不同,土地的最大特点是在一定时期内它的供给量基本是固定的,即供给量对地租(及土地价格)非常不敏感。人们可以改进土地的质量,但很难增加土地的总供给(填海造地是个例外)。因此,土地市场均衡如图 7-33 所示,均衡地租是使得对土地的需求等于土地供给时的地租。

图 7-33　地租的决定

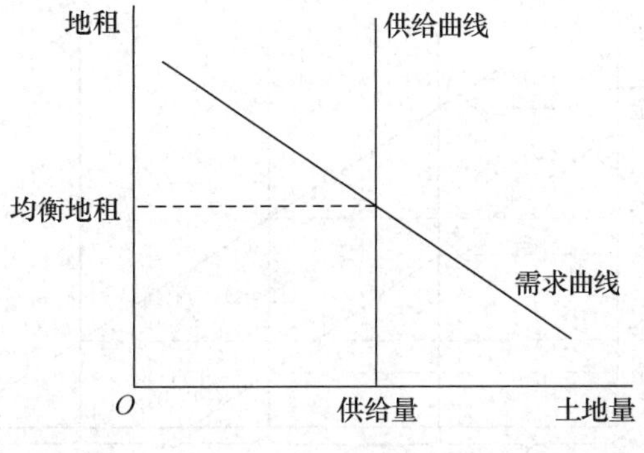

随着经济的发展,对土地的需求量会增加,但由于土地的供应量仍然不变,因此就会导致地租上升,每块地会比原来更值钱。这就是说,是需求在决定地租。如图 7-34 所示,假定土地的供给不变,当需求曲线向右移动时,地租就上升。事实上,我们可以把人们对土地质量的改进(如灌溉、修整)理解为提高土地边际生产率的行动,导致需求曲线向右移动,因而可以使得地租上升。

图 7-34　需求决定地租

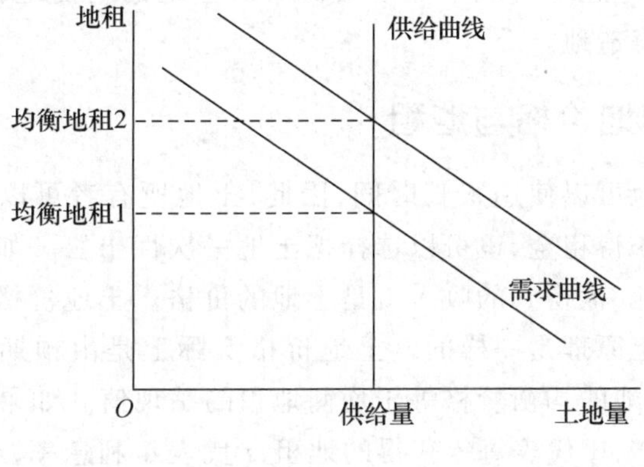

需要注意的是,每块土地的质量[11]是不同的,当然价格就应该有所不同。耕地也存在肥沃的土地和比较贫瘠的土地,因此土地是有级差的,这种级差会造成**级差地租**。随着需求的变化,很多最初没有价值的土地后来就变得有价值了,而原来有价值的土地价值就会上升。我们可以使用图 7-35 来分析这一点。

级差地租: 土地质量不同导致的地租差异。

图 7-35 中,我们假定有四种不同等级的土地,按照它们的价值从左到右依次排列。这样排列也反映了人们总是首先使用边际价值最高的土地,然后才会使用边际价值较低的土地。从图上看出,当需求曲线为 D_1D_1 时,只有一等地和二等地有地租,三等地虽然有一部分会投入使用,但没有地租,因为它的边际生产率为零。当需求曲线右移

图 7-35　级差地租(假定有四种不同质量的土地)

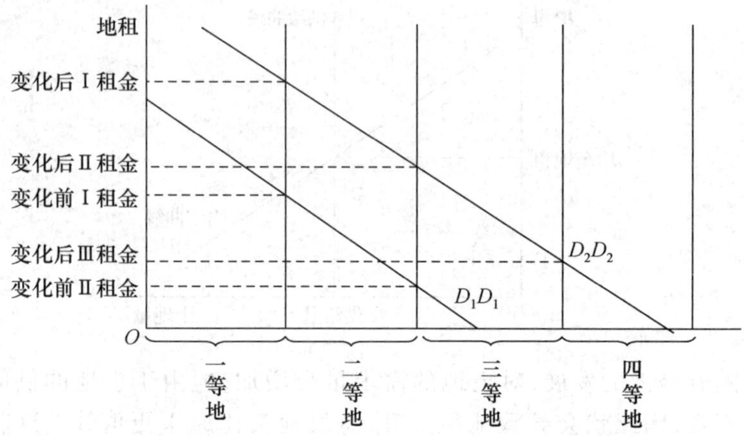

到 D_2D_2 时,一等地和二等地的地租上升了,三等地也有了地租,因为它的边际生产率大于零,虽然四等地的一部分投入使用,但它仍然没有地租。可以想象,随着需求进一步的增加,四等地也会开始有地租。注意,任何情况下,优等地的地租都高于劣等地的地租,二者之间的差额等于其边际生产率之差。这就是级差地租理论。填海造地也是这个道理,当填海造地的成本低于最低等级土地的均衡地租时,人们就有积极性填海造地。

7.5.2　土地价格与地租

由于土地可以使用很长时间,因此,土地所有者可以通过出租土地年复一年获得租金,也可以选择把土地一次性出售。如果他选择一次性出售土地,他得到的收入就是土地的价格。土地价格的决定原理和地租的决定原理是一样的。土地价格实际上是由预期的土地收益所决定的,土地的均衡价格等于均衡地租的贴现值。如果我们用 P 代表土地的价格,R 代表每年获得的地租,r 代表年利息率,那么,土地的均衡价格就是:

$$P=\frac{R}{1+r}+\frac{R}{(1+r)^2}+\cdots=\frac{R}{r}.$$

这里,我们假定每年地租是不变的常数。简单地说,土地价格是年地租乘以利率的倒数。比如,如果年地租是 1 万元,市场利率是 5%,那么土地的均衡价格是 20 万元。

土地均衡价格和地租及利率之间的关系实际上是人们在资本市场与土地市场之间套利的结果。如果市场价格低于均衡价格,将资金用来购买土地就是合算的,随着购买土地的人数的增加,地价就会上升,直至均衡为止;反之,如果市场价格高于均衡价格,出售土地然后用获得的收入赚取利息就是合算的,随着市场上供出售的土地供给量的增加,土地价格就会下跌,直到均衡为止。换言之,土地价格受投资的边际报酬均等率的支配:每1元钱无论用于购买土地还是用作其他投资,都应该得到相同的边际收益。当然,由于人们的预期不同和其他交易条件的限制,现实市场上的土地价格不可能等于均衡价格。比如,当人们预期土地未来的收入(或价格)很高时,即使租金和利率不变,土地价格也会上升。

这里特别需要强调一下土地需求的派生性及土地价格的派生性。土地的价值完全来自土地上所生产的产品的价值。如果粮食不值钱,农用土地就不值钱。如果房子很值钱,可用来盖房子的土地也就很值钱。理解这一点有助于澄清有关房价和地价关系的误解。

> **课堂讨论** 目前中国大部分城市房价都比较高,开发商和一些学者的解释是因为拍到的地价太高了,所以房价才高。你认为这种解释对吗?

7.5.3 租金理论和寻租行为

土地是大自然给人类的赐予。为什么大自然的赐予有价格?唯一的原因是它的供给是有限的。正是土地供给的有限性导致了地租的存在。如果土地的供给是无限的,土地的边际生产率将是零,土地将不会参与收入分配,正如空气不会参与收入分配一样。

通过对地租的分析,经济学家进一步引申,把所有超出为提供要素供给所必需的最低报酬以上的收入都称为**租金**(rent),或**准租金**(quasi-rent)。比如说,像体育冠军、电影明星这样的特殊人才的供给是有限的,因此,他们的收入就不同于普通人的收入,其收入中包括了一部分租金,租金的大小完全是由市场对他们的需求决定的。为什么乒乓球世界冠军的收入远远比不上篮球明星姚明?为什么歌星王菲演唱一首歌可以拿到数十万元人民币,而全中国最好的越剧表演艺术家演唱一晚上只能得到几百元的补贴?因为篮球比赛和流行歌曲演唱的市场价值很高,而姚明和王菲这样的天才人物供给有限。如果任何人通过一定的培养都可以变成像姚明一样好的篮球运动员或像王菲一样好的流行歌手,那么姚明和王菲的收入就不会比普通劳动者高多少。

租金:
所有超出为提供要素供给所必需的最低报酬以上的收入。

迷你案例

姚明收入中的租金

图7-36中,假定姚明选择其他职业的最高工资是 W_0,这构成了

姚明打篮球的机会成本。如果打篮球的收入低于这个水平,姚明将不会选择打篮球;任何高于这个工资的收入都足以使姚明愿意全职打篮球。因此,姚明的供给曲线就是图中先水平后垂直上升的线。假定对姚明打篮球的需求曲线是图中的向下倾斜的直线。那么姚明的市场均衡工资是 W^*。$W^* - W_0$ 是姚明工资中的租金部分。这部分租金收入是消费者赋予的。如果消费者对篮球的喜好降低,只要均衡工资大于机会成本 W_0,姚明仍然会选择相同的供给,但他的工资将降低。正因为如此,我们把 $W^* - W_0$ 称为租金。(我们这里忽略了打篮球本身给姚明带来的快乐。事实上,这种快乐是存在的,它使得即使打篮球的收入略微低于 W_0,姚明也会选择打篮球。当然,我们也应该把为打篮球付出的投资成本从租金中剔除。)

图 7-36　姚明收入的决定

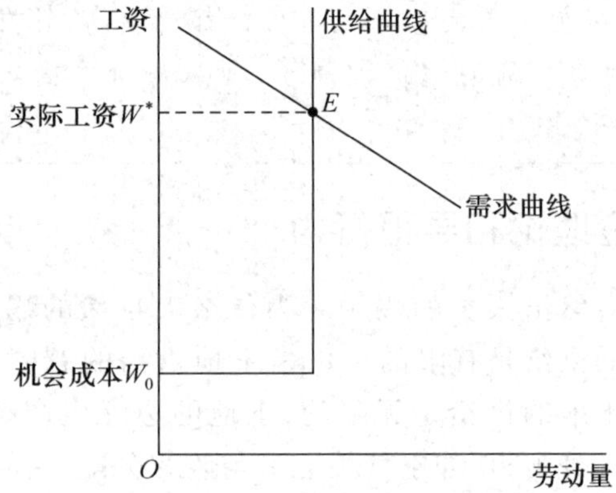

课堂讨论　对租金征税会减少供给吗?

进一步,经济学家还把租金的概念运用于由政府对供给的人为限制导致的超额收入。比如,当政府规定只能有几家企业经营基础电信业务时,就创造了电信经营牌照的租金;当创办出版社必须得到政府批准的时候,出版社就有了牌照租金;当出租车的数量和经营牌照受到限制的时候,出租车公司也有了牌照租金。类似的,进出口许可证、私家车的限购、电视台特许权等等,都创造租金。事实上,任何形式的政府管制都会创造租金。租金本质上来自对消费者的剥夺,因为牌照和许可证迫使消费者支付比本来更高的价格。

图 7-37 中,假定政府把牌照的数量限制在 Q^*,那么,供给曲线就是如图中所示的垂直线。需求曲线向下倾斜,具有普通需求曲线的特征。P^* 是均衡价格,也是牌照的单位租金,P^*Q^* 是牌照的总租金。显然,牌照的数量越少,牌照的单位租金越高。

图 7-37　经营牌照的租金

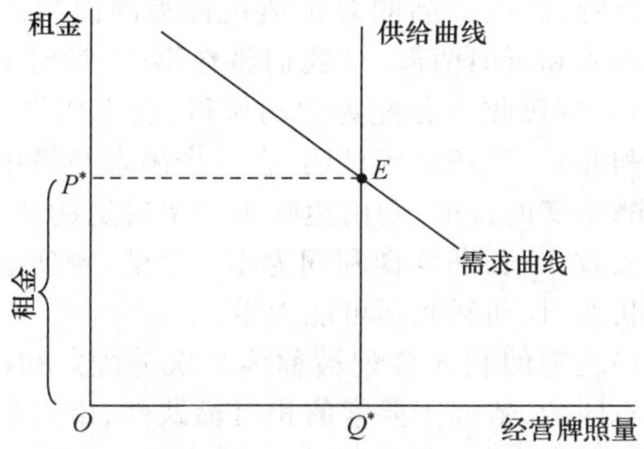

租金依附在产品价格上,直接归牌照的持有者获得,但租金的最终去向依赖于牌照是如何分配的。如果政府用公开拍卖的方式发放牌照,租金就变成财政收入。如果政府用"选美"的方式决定把牌照给谁,租金的最后归宿就比较复杂。经济学家把为获得租金而进行的非生产性投资活动称为"**寻租**"(rent-seeking),包括公开的游说活动和私下的贿赂行为等。对任何一个想获得牌照的人来说,只要寻租成本不大于预期得到的租金,就是值得的投资。假定一个人花费的寻租成本是 C。C 中的一部分通过贿赂金变成发放牌照的政府官员的收入,因而是转移支付,另一部分则是实实在在的浪费,如为游说政府而组织的活动的交通支出。当然,这两部分是很难区别的。如果寻租者最后成功了,$P^* - C$ 就是他的净收入。但这种净收入大部分是来自失败者的转移支付。比如说,假定一个牌照的租金是 100 万元,有 10 个人竞争,每人花费了 10 万元,最后的成功者的净收益是 90 万元,但这 90 万元不过是失败者的成本,其中大部分也是浪费性的。因此,从社会角度看,租金基本上都被耗散掉了。[12]

寻租: 为获得租金而进行的非生产性投资活动,包括公开的游说活动和私下的贿赂行为等。

7.6　市场决定的收入分配与政府干预

7.6.1　社会总收入的分配格局

前面我们分别讨论了要素市场如何决定每种要素的所得:每种要素的报酬是由其边际生产率,即其对最终产品的贡献决定的。在相同的市场上,同质要素的均衡价格是相同的;要素的流动性障碍会使要素在地域上被分隔成不同的市场,但不同市场上的均衡价格仍然有相关性。资本的流动性最强,所以资本在一国内,甚至全球范围内形成统一市场,利率的地区差异很小。劳动力的流动性次之,所以工资的地区性差异远大于利率的地区性差异。土地最没有流动性(所谓"不动产"),所以地区间的价格差异最大。但统一的产品市场将降低要素价格的地域差异,资本的流动性也有助于降低工资和土地价格的地区差异。

从整个社会看,最终产品的总价值被称为国内生产总值(GDP),大致包括国民收入和折旧两部分(我们将在第12章对GDP和国民收入做准确定义)。国民收入分配为劳动所得、资本所得、土地所得(再加上企业家的利润)。经济学家证明,在一个静态经济中,如果生产函数具有规模报酬不变的特征,则由边际生产率决定的所有要素所得之和刚好等于国民收入,长期均衡利润为零。当然,现实经济是动态的,并不处于均衡状态,长期利润不可能为零。

这种由市场决定的收入分配被称为初次分配。初次分配的格局在不同国家是不同的,依赖于要素的相对稀缺性、市场的竞争程度、生产的技术水平以及政府干预要素市场的程度等。表7-1是根据OECD数据整理的一些国家的GDP分配格局,表中"营业盈余和混合收入"包括利息、租金、折旧、利润等,"税减产品补贴"是政府对生产者征收的产品税减去政府对生产者的补贴。中国没有全国性的统计,但有一些地区性的统计。例如,北京市2011年GDP(=国民收入+折旧)的分配格局是:劳动者报酬49%,折旧16%,生产税净额13%,营业盈余22%。

表7-1 一些国家按收入法计算的GDP(2011)

	劳动者报酬占GDP比重(%)	营业盈余和混合收入占GDP比重(%)	税减产品补贴占GDP比重(%)
韩国	45	44	11
南非	44	44	11
美国	55	37	7
法国	53	33	14
意大利	42	45	13
荷兰	51	39	10
波兰	36	51	13
俄罗斯联邦	50	30	20
西班牙	47	43	8
英国	54	34	13

资料来源:《国际统计年鉴2013》,中国统计出版社2013年版,表3-12。

在初次分配的基础上,政府通过征税和转移支付把一部分收入从一些人转移给另一些人。这被称为"二次分配"。除此之外,个人之间也通过捐赠等形式进行二次分配。国民收入的最终分配格局是这三种分配方式共同作用的结果。

7.6.2 政府干预要素市场的后果

有一种很流行的观点认为,市场分配虽然有助于最大化资源配置的效率(即增加最终产品的总价值),但会导致不公平,包括不同要素所有者之间的不公平和同类要素所有者内部的不公平,因此政府再分配的目的是矫正市场分配导致的不公平。这种目的是否达到还不清楚,但有一点可以肯定的是,政府对要素市场的干预(包括最低工资法、利率管制、土地用途管制等)不仅损害了效率,而且也导致了不公平。

以中国的情况为例,政府对要素市场的干预要多于对产品市场的干预。在资本市场上,银行业主要由国有银行垄断,利率主要由政府制定(2014 年刚开始放开贷款利率),民间不能成立金融机构,公司上市发行股票要得到政府批准,所有这些使得居民储蓄大量投入国有企业,民营企业很难得到贷款,本该属于储蓄者的利息收入被转化成银行的垄断利润。在土地市场上,中国城市的土地属于国有,农村的土地名义上属于农民集体所有,但农用地转作商业和住宅用地必须先低价转换成国有土地,然后再由政府高价出售。结果是:一方面大量耕地闲置,另一方面房地产价格猛涨;一方面农民难以享受到城市化带来的收益,另一方面少数人把土地价格转化成自己的收入。中国当今最严重的腐败案件几乎都与资本市场和土地市场的政府主导有关。

相比而言,在三大要素市场中,政府对劳动力市场的干预是最少的,但即使在这个市场上,也存在政府干预。或许可以说,户口制度和国有企业是政府对劳动力市场的最大干预。户籍制度限制了人的流动,也导致了在城市工作的农民工不能得到平等对待;国有企业的大量存在扭曲了劳动力市场,造成国有部门和非国有部门劳动者之间的不平等。有人说,如果没有政府的保护,自由竞争的劳动力市场将损害劳动者的利益。但这种观点缺乏事实支持。中国最自由的劳动力市场是什么市场?答案是保姆市场。在该市场上,政府没有规定最低工资,也没有要求三险一金。但在过去十多年,保姆工资的增长是最快的,这完全是市场力量作用的结果。2002—2011 年,北京市的保姆名义工资从 480 元上升到 2400 元,上涨了整整四倍之多。名义工资的年增长率接近 20%,扣除通胀因素以后的实际工资的年增长率为 16%,远远高于同期北京市在岗职工平均工资的年增长率。

经济学家通常用**基尼系数**(Gini coefficient)衡量收入分配的不平等程度。基尼系数介于 0 与 1 之间, 0 代表绝对的平等(即每个人的收入都一样),1 代表所有的收入被一个人拥有,系数越大意味着收入分配越不平等。如果说市场化导致了贫富差距的扩大,那么,市场化程度越低、政府主导作用越强的地区,收入差距应该越小。事实上,我们发现了相反的结果。图 7-38 是 2001 年中国 31 个省、市、自治区市场化程度和基尼系数之间的关系,平均而言,市场化程度越高的地区,

基尼系数:
衡量收入分配不平等程度的指数,介于 0 与 1 之间,0 代表绝对的平等(即每个人的收入都一样),1 代表所有的收入被一个人拥有。系数越大,意味着收入分配越不平等。

收入差距反倒越小而不是越大。

图 7-38　市场化程度与基尼系数(中国:2001)

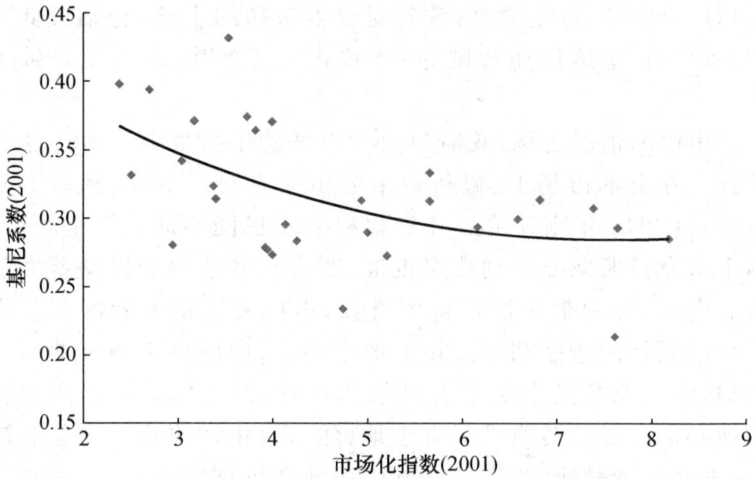

资料来源:张维迎,"市场化改革与收入分配",载张维迎主编,《改革》,上海人民出版社 2013 年版,第 301 页。

由此可见,无论从资源配置效率的角度还是从社会公平的角度看,政府干预要素市场都是不可取的。

迷你案例

"劫富济贫"就是真的平等吗

2014 年,一部名为《21 世纪资本论》的书风靡全球。在短短几个月内,该书狂销数十万册,毫无悬念地成为年度最畅销的学术书。在书中,作者托马斯·皮凯蒂(Thomas Piketty)用翔实的数据对一个"最被广泛讨论和具有争议性的议题"——财富分配重新进行了探讨,并提出了一个关于财富分配演进的重要结论:只要资本的回报率(r)超过了经济增长率(g),那么财富分配的不平等程度就会加剧。为了遏制收入差距的扩大,皮凯蒂建议在全球范围内集体开征一项累进资本税。至于税率,皮凯蒂建议最高可达 80%!

皮凯蒂的论证虽然看似严谨科学,但其很多观点并不正确。其中有不少结论都值得商榷:

第一,皮凯蒂看到了收入分配的恶化,却没有找准其根本原因。以中国的情况为例,在近二十年中,中国的收入差距扩大得很快,但同期中国却出现了高经济增长和较低资本回报并存的现象。从 1995 年至今,中国的经济增长率接近 10%,而根据相关研究,同期的资本回报率大约在 8% 左右。也就是说，是 $r<g$，而非 $r>g$！因此，至少在中国，皮凯蒂的理论和现实并不相符。

第二，简单地看 1%（或 10%）的最高收入人口之收入占国民收入的比重，不能说明问题。收入差距本身不一定意味着不公平，最重要的公平是机会均等。如果富人总是越来越富，穷人总是越来越穷，那当然是不可取的。但如果所有人都有成为富翁的机会，那么收入的流动性就会很高，今天最富有的 1% 的人群与 20 年前最富有的 1% 的人群并不是同一人群。而在现代社会中，资本在很大程度上是一股促进社会流动的力量——出于增值的动机，资本所有者会不断寻找有能力的企业家来驾驭资本，而这客观上会帮助很多原本一无所有的能人实现自己的梦想。

第三，用高额累进税调节收入会对人们的正常权利造成侵犯，扼杀社会活力。高额累进税本质上是一种劫富济贫，是功利主义思维的表现。如果富人的财富是通过诚实劳动、合法经营获得的，那么这些财富就源自于社会对他们工作的认可。如果用道义或其他理由对这些财富进行剥夺，不仅会侵犯人们的正当权益，而且会打击人们的工作和创造热情，从而造成对社会活力的损害。

资料来源：根据陈永伟“危险的年度奇书：‘劫富济贫’就是真的平等吗？”（《中欧商业评论》2015 年第 1 期）编写。

本章要点总结

市场经济中，收入分配是由价格机制决定的。要素价格构成要素所有者的收入。

企业对中间产品和要素的需求是派生需求，即这种需求来自消费者对最终产品的需求。

由于边际生产率递减，要素的需求曲线向下倾斜。产品价格、生产技术等因素的变化会导致要素需求曲线的移动。

劳动力的价格（工资）由劳动力的边际生产率决定；资本的价格（利率）由资本的边际生产率决定；土地服务的价格（地租）由土地的边际生产率决定。在均衡情况下，要素的需求等于要素的供给。

政府对要素市场的干预会扭曲价格机制，导致效率损失，但无助于社会公平。

本章重要术语

合同收入　剩余收入　利润　派生需求　要素需求曲线　要素供给曲线　工资　利率　地租　级差地租　租金　寻租　基尼系数

延伸阅读

本章内容可以参阅保罗·海恩等《经济学的思维方式》第 11 章，曼昆《经济学原理：微观经济学分册》第 18—20 章。贝茨·克拉克的《财富的分配》（商务印书馆 2009 年版）是边际生产率决定收入分配的经典著作，阿尔弗雷德·马歇尔《经济学原理》第六篇也是收入分配理论的经典论述。

思考与练习

1. 请分析劳动、资本以及土地这三种生产要素供给的特点。

2. 请分析，劳动和土地的供给曲线各是什么形状的？为什么？

3. 中国高昂的房价已成为新一代年轻人的“生命中不能承受之重”，也成为影响社会稳定的一项隐患。怎样让房价回归理性，也成为学界关注的一项问题。一位专家指出，现在房价的高涨，主要是由于地方政府的土地财政造成的，如果抑制住出让土地的价格，那么房价就将立即回落。他向有关部门建议，把出让土地的价格降低一半，那房价也会降到原来的一半。请问，你同意这位专家的论证吗？你认为如果把出让土地价格减半，房价会降到原来的一半吗？为什么？

4. 考虑一个生产手机配件的企业，劳动是其唯一的可变要素投入。这个企业中每个工人工作一定时间对应的产出如下表所示：

工作时间（小时）	0	1	2	3	4	5	6	7	8
产出（个）	0	8	16	23	30	35	39	42	43

请结合上表回答以下问题：

（1）工人每多工作 1 个小时的边际产量是多少？

（2）假设手机配件的市场单价为 10 元，工人的时薪为 30 元，则该企业雇用每个工人的最优时长为多少？

（3）由于下游市场需求量过大，该配件单价上升为 12 元，工人时薪不变，此时企业最优的雇佣策略是什么？

5. 某地方政府考虑如下两个济贫方案：一是补贴每个穷人每天 10 元，二是补贴每个穷人其所赚收入的 20%。

（1）假如穷人可以找到每小时工资为 3 元的工作。这两个救济方案将如何影响穷人每天的预算？

（2）在以上两个方案中，哪个更可能让穷人的劳动时间减少？

6. 假设某种价格为 1 的商品的生产函数为 $Q=K^{0.5}L^{0.5}$。市场上的工资率为 w，资本的借贷利率为 r。请问：

（1）若 $w=8$，$r=8$，那么当企业成本最小化时，投入的 K 和 L 必须满足什么条件？

（2）请运用（1）中的条件和生产函数，求出两种要素投入的需求函数。

（3）如果政府认为现行的工资水平过低，并制定了 12 元的最低工资。请问这一政策将对劳动力市场的均衡产生怎样的影响？

7. 某人的效用函数为 $U=C^{0.75}L^{0.25}$，其中 C 和 L 分别代表他每天的消费和休闲的小时数。假设他每天可以支配的时间是 24 小时，且每天能获得 16 元的非工资收入。

（1）如果此人每小时的工资为 2 元，其消费的商品的价格为 4 元。请求出其最优消费组合。

（2）求出此人的劳动力供给曲线。

（3）假设此人不能选择工作时间，只可以选择工作 8 小时或不工作。此时他会如何选择？为什么？

8. 王二麻子是某地区唯一的煤老板，他可以雇用任意数量的工人。市场上，男、女工人的供给曲线分别为 $L_m = 9w_m^2$ 和 $L_f = 9w_f^2$，其中 L_m、L_f、w_m、w_f 分别代表男、女工人的劳动力供给量和男、女工人的工资。假设煤炭的市场价格是每吨 500 元，男、女工人每小时采煤都是 2 吨。请问：

（1）王二麻子将雇用多少名男工人、多少名女工人？

（2）男、女工人的工资分别为多少？

（3）王二麻子每小时能获得多少利润？

（4）如果政府规定对所有工人都必须按照其边际产出支付工资，那么前面三个问题的答案将发生怎样的变化？

9. 某工厂目前每年消耗燃料的成本约为 50 万元。该厂经理考虑如下三种节能方案：方案一的成本为 50 万元，实施后可以将燃料消耗永久性节约 15%；方案二的成本为 90 万元，实施后可以将燃料消耗永久性节约 20%；方案三的成本为 1 090 万元，实施后工厂将使用太阳能，不再产生任何燃料成本。

（1）如果年利率为 10%，燃料价格不变，厂商应该选择哪种方案？

（2）如果年利率为 5%，燃料价格不变，厂商应该选择哪种方案？

（3）如果燃料价格每年上涨 5%，而利率为 10%，厂商应该选择哪种方案？

10. 某人继承了一个农场，他可以选择自己经营或者将农场出售。如果在扣除 5 000 元机会成本外，他的投资收益率可以超过 8%，那么他将乐于自己经营农场。假设他经营农场的生产函数为 $Q = 2^{0.5}K^{0.25}L^{0.5}M^{0.125}$，其中 Q 为谷物的年产量（吨），L 是劳动力的年投入，且劳动力的单位成本为 256 元，K、M 分别是在资本和原料上的年支出（元），且谷物的销售价格为每吨 128 元。请问，此人愿意出售农场的最低价格为多少？

本章注释

[1] Yang & Ng(1995).

[2] 参见 Hébert & Link(1989)；张维迎、盛斌：《论企业家：经济增长的国王》，三联书店 2004 年版。

[3] 庞巴维克：《资本实证论》，陈端译，商务印书馆 2009 年版，第 2 章。

[4] 在下面我们会讲到，教育对于劳动质量的提升有着非常重大的影响，从而影响了企业对劳动力的需求。

[5] 2010 年 1 月 31 日，国务院发布的 2010 年中央一号文件《关于加大统筹城乡发展力度，进一步夯实农业农村发展基础的若干意见》中，首次使用了"新生代农民工"的提法。

[6] 影响农民工幸福感的第一要素不再是传统的经济因素，而是夫妻团聚等家庭因素（《半月谈》，2011 年 6 月 6 日）。

[7] 数据来源：凤凰网教育频道，http://edu.ifeng.com/zhuanti/jin30nianlaidaxue/doclist/201002/0203_9450_1536225.shtml；中国教育在线，http://gaokao.eol.cn/kuai_xun_3075/

20140609/t20140609_1129694. shtml。

[8] 根据人力资源和社会保障部劳动工资所发布的《薪酬发展报告(2013—2014)》,我国各省的平均工资仍然存在较大差异,详情参见《人民日报》2015 年 2 月 27 日的相关报道。

[9] 参见亚当·斯密:《国民财富的性质和原因的研究》,郭大力、王亚南译,商务印书馆 2009 年版,第一篇第十章。

[10] Stiglitz & Weiss(1981).

[11] 注意,这里的土地质量不是指土地的肥沃程度,这些土地主要是用于居住和商业开发,所以这里的土地质量是指土地的配套设施、交通便利程度等方面的特性。

[12] Tullock(1967), Kruger(1974). 关于寻租理论的综述文章,见 Tollison(1997)。

第 8 章
企业家与市场过程

本章导读

市场经济 = 价格 + 企业家。如果说价格是市场经济的非人格化机制,企业家则是市场经济的人格化主体。传统的微观经济学通常被称为价格理论,因为它对于市场经济的理解主要是围绕着价格展开的。在之前的六章中,我们已经对价格及其形成过程有了一个比较详细的了解。本章我们来讨论市场的灵魂人物——企业家。我们首先讨论市场与企业家的关系,然后讨论企业家的两种基本职能:发现不均衡和创造不均衡。最后,我们讨论企业家成功的内在素质和外部环境。

8.1 市场的背后

企业家在市场运作过程中所起的作用是至关重要的,但主流经济学一直忽略企业家,甚至在大多数的教科书中,“企业家”三个字都难觅踪迹。为什么会这样呢?有两方面的原因。一个原因和主流经济学的分析方法相关。我们知道,主流经济学已经演化得相当数学化了,而企业家行为很难用数学表述,所以经济学家在构建理论时就不得不“削足适履”,放弃了对企业家的分析。另一个原因则根源于主流经济学的假设。主流经济学通常以“完全理性”“完全信息”作为推理的前提假设,在这种假设下,市场很容易达到均衡状态,企业家是没有存在的必要的。基于以上两点原因,主流经济学就为我们构造了一个没有企业家的奇异世界,这个世界当然是不真实的。要理解真实世界中经济的运作,我们必须在分析中重新引入企业家。

在讨论企业家的功能之前,让我们先来看一看市场的运行,并对一些和市场运行相关的概念进行介绍。

8.1.1 市场和企业家

市场看上去是个很奇怪的东西。我们无须向任何企业预先提交订单,但是只要我们有足够的钱,就能从市场购买到我们想购买且能够支付的任何东西。在这个过程中,通过价格信号的调节,买和卖似乎都会在不知不觉中自发地完成,资源配置似乎会在悄无声息中得到优化。即使没有人去鼓励创新,市场上的新产品、新技术也会不断涌现出来,让消费者的福利不断得到改善。更为神奇的是,在市场上,即使像我们这样并不直接向消费者提供服务的人,也能通过市场找到工作,分享到市场交易得来的好处——一切看起来都是那么自然,就好像亚当·斯密所言,被一只“看不见的手”精确地操控着那样。

但这一切是怎样发生的呢?价格不会自己决定,究竟是谁操纵了它?新产品不会自行产生,究竟是谁创造了它?工作机会不会自行出现,究竟是谁提供了它?事实上,完成这一切的都是同一个特殊人群——企业家。

企业家:以盈利为目的而提供产品和服务的人。

企业家,英文叫 entrepreneur。在文献中,这个词有着多种定义。在本章中,我们不想对企业家的定义展开过多不必要的探讨,而只是简单地将其定义为“以盈利为目的而提供产品和服务的人”。无论是价格的决定、新产品的提供,还是工作机会的创造,都是企业家在“有意”追逐利润的过程中产生的“无意”结果。

8.1.2 风险、不确定性和利润

企业家赚的利润是经济利润。经济利润存在的前提,是**不确定性**(uncertainty)的存在。商界有一句话,叫“世界上唯一确定的就是不确定”,这句话道出了企业家们对经济利润来源的认识。这里,我们需要区分一下“不确定性”和“**风险**”(risk)。根据弗兰克·奈特(Frank Knight)的定义[1],所谓“风险”,是可以用概率来表示的,比如机器有5%的可能发生故障,明天的天气有30%的可能是晴天,这些都是风险。只要是风险,企业都可以通过保险合同来规避可能的损失。例如,你可以为机器购买保险,来防止其发生故障带来的损失;也可以为天气签订一个期权合同,规避天气的意外变化带来的损害。为规避风险而付出的,都可以被视为企业的成本。而“不确定性”则是不能用概率表示的,当然,它也不能通过保险来进行规避。

如果市场上没有不确定性,那么市场竞争会让企业的所有收入都转化为要素的收入,企业的经营者只能获取正常利润(机会成本),而他们得到的经济利润只能是零。举例来说,设想有一块建筑用地,如果在这块地上盖房子,在扣除建材费、工人工资、地租等各项费用后,还能有5 000万元的净剩余。那么开发商们一定会在竞拍地皮的过程中不断抬升这块地皮的价格,最终让地价高到使得开发商的经济利润为零为止。

但如果市场上有不确定性,那么企业家就可以通过承担不确定性来“赌”利润,一旦“赌”成功了,他们就能获得利润。例如,在 iPhone 推出之前,谁都不知道像 iPhone 这样的智能手机会不会受到消费者青

睐,因此投资生产 iPhone 就面临很强的不确定性。但乔布斯和他的苹果公司赌了,并且赌赢了,就获得了巨额的经济利润。从这个意义上讲,利润其实是对企业家承担不确定性的回报。

8.1.3 市场均衡与市场过程

如果世界是确定不变的,或者即使有变化,也可以预测到,那么竞争很快就会让市场趋向均衡。在均衡状态,市场上没有企业能获得正的经济利润,也没有潜在的企业愿意进入市场。这种状态在主流经济学中被反复强调,很多分析都是基于这种状态进行的。

但是,世界当然不可能是确定的,这种静态的均衡也显然不是市场的常态。现实中的市场,处处充满了不确定的商机,时时都有企业家在预测着市场的动向,试图寻找可能的利润。除此之外,还有无数的潜在企业家在关注着市场的状况,一有机会他们就会进入市场。尽管潜在的供求关系可能会决定一个均衡,但这种均衡并不是静态的,相反,它是运动的。

总之,均衡的不断变换,以及供求不断向新的均衡的趋近,构成了**市场过程**(market process),而企业家们的逐利行为正是推动市场过程的根本力量。

市场过程: 均衡的不断变换,以及供求不断向新的均衡的趋近。

在对市场本身的运作有了一些了解后,接下来我们将对市场背后的企业家进行探讨。

8.2 企业家的职能

8.2.1 企业家的两种基本职能

企业家们都在做哪些事? 或者说,企业家们的基本职能究竟有哪些呢? 大致上讲,企业家的基本职能可以分为两类:一是发现不均衡,二是创造不均衡。

企业家的基本职能可以分为两类:一是发现不均衡,二是创造不均衡。

所谓发现不均衡,就是发现供给和需求不一致导致的盈利机会。从第 6 章和第 7 章的分析中我们知道,当市场处于均衡时,产品价格等于边际成本,要素价格等于边际生产率,资源得到了最优配置,改变现状不可能增加任何市场参与者的收入。但现实的市场总是处于不均衡状态,一些产品供过于求,另一些产品供不应求,有些要素处于闲置状态,有些要素则难以满足企业的需求。市场的不均衡,意味着市场上存在着错配的资源,也意味着存在着通过改进资源配置进行**套利**(arbitrage)的机会。对于追逐利润的企业家而言,一旦发现了市场中的不均衡,并利用不均衡来进行套利,就可能获得超常的利润。而无数企业家的套利行为,则会逐步修正市场的错误,让市场中的资源配

套利: 通过发现和利用市场上的资源错配获利。

置变得更加有效。与此同时,市场上的利润机会将会变得越来越少,市场会逐渐趋向均衡。所谓创造不均衡,指的是通过**创新**(innovation)活动改变需求曲线和供给曲线,打破原来的市场均衡,并创造出新的潜在均衡。在这个过程中,企业家将通过创造新的产品和新的技术为消费者增加价值,或使得资源的生产率得到提高。当然,在现实中,这两种职能经常是混合在一起的。

创新: 通过创造新产品和新技术为消费者增加价值,或提高资源的生产率。

我们可以借助图 8-1 的生产可行性曲线来理解企业家的这两种职能。在图中,曲线 X_1Y_1 代表现有技术下的生产可行性曲线,直线 PP 代表由消费者偏好决定的两种产品的价格比率,因此 C 点是均衡点;A 点和 B 点代表不均衡状态,其中 A 点在生产可行性曲线之内,说明没有以最低成本生产,B 点虽然在生产可行性边界上,但生产了过多的产品 Y、过少的产品 X。如果有企业家发现不均衡处于 A 点,就能够通过改善要素配置,将它移动到生产可行性边界上;如果企业家发现不均衡处于 B 点,就可以通过减少产品 Y 的生产同时增加产品 X 的生产,使得两种产品的供求趋于均衡。因此,从 A 点和 B 点到 C 点的过程就是企业家履行其第一个职能,即发现不均衡的过程。而从 C 点到 E 点的过程则是企业家履行其第二个职能,即打破原来的均衡、创造新的均衡的过程,在这个过程中,企业家通过创新,把生产可行性曲线从 X_1Y_1 外推到 X_2Y_2。这时,原本的均衡点 C 就重新变成了不均衡点,企业家会通过改变配置资源,将其推进到新的均衡点 E 上。

图 8-1　发现不均衡与创造不均衡

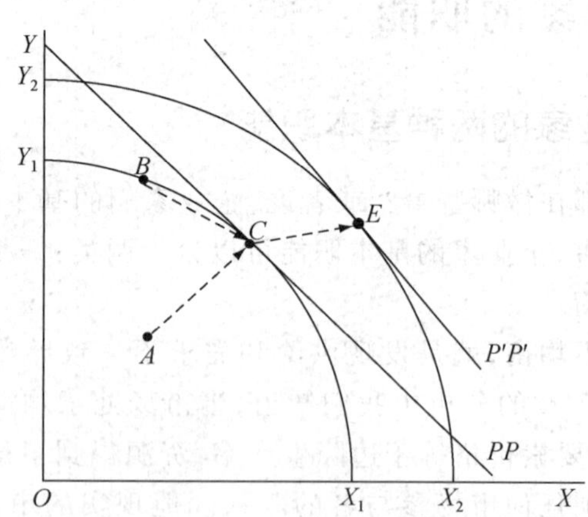

从 A、B 到 C:发现不均衡,消灭不均衡;
从 C 到 E:创造新的不均衡,再消灭不均衡。

需要提醒读者的是,这个图只考虑企业家在生产方式上的创新,没有考虑新产品的引进。在产品种类多于两种产品时,生产可行性边界就变为生产可行性曲面,新产品的引进使得生产可行性曲面的维度增加,从而改变曲面的形状。还需要强调的是,现实中,无论从 A 点和 B 点到 C 点的移动,还是从 C 点到 E 点的移动,都是一个不断试错的过程,在这个过程中企业家也可能犯错误,但只有沿着正确方向移动的企业家才可能赚钱。并且,这两个过程可能同时发生,市场经济的发展就是企业家不断纠正不均衡同时又不断打破原有的均衡、创造新的均衡的过程。正因为如此,现实的市场总是处于不断变化的不均衡状态。只有当企业家完全停止创新的时候,现实经济才有可能处于均衡状态,但这样的均衡状态是没有发展和进步的均衡,不是市场的本质特征。

8.2.2 企业家的其他职能

除了套利和创新外,企业家还需要担负管理者、资本家等职能,有时候企业家还是发明家。

首先,企业家可能是个优秀的管理者。尽管管理者本身不一定能成为企业家,但懂得管理的人会有更大概率成为优秀的企业家。那些具有魅力和组织能力、能够说服人们跟随他的人,更容易聚集起优秀的人,组建团队,也更容易在激烈的商业竞争中胜出。

其次,企业家可能是个优秀的发明家。虽然成功的企业家未必需要懂技术,但懂得技术可以让他更容易和技术人员沟通,从而更好地开发出适合消费者需求的商品。在其他条件相同的情况下,懂技术的企业家成功的概率或许会更大。这一点在信息化时代尤为突出。

最后,企业家可能是个富有的资本家。充裕的资本对于企业的发展、创新的进行是十分重要的。如果企业家能够更容易地找来钱,就可以减少创业过程中面临的约束,从而使经营活动变得更为顺利。

总而言之,企业家的职能可能有很多,但核心的职能是发现不均衡和创造不均衡,其他的职能都是派生出来为这两个核心职能服务的。

8.2.3 企业家的类型

按照企业家所做事情的不同,我们可以对企业家进行以下分类:

第一类企业家是按订单生产的企业家。这类企业家完全按照消费者的需求组织生产,他们所需要关心的,是怎么才能用更低的成本来生产同样的产品。我们现在说的“中国制造”,很大程度上都是由这类企业家推动的。

第二类企业家是满足市场上已经表现出来的需求的企业家。这类企业家关心的,是怎样做出比别人更好的商品。那些关心怎么让现在的汽车跑得更快、坐得更舒服、用油更省,或者怎么让现在的电脑功能更多、运算速度更快的企业家,都属于这一类别。

第三类企业家是识别消费者自己都没有明白的需求的企业家。

这类企业家是最了不起的,他们的工作不仅满足了现有的需求,而且创造出了新的产品、新的产业、新的需求,是"从无到有"。盖茨、乔布斯、马云、马化腾等,都可以归入这一类企业家。

值得一提的是,同一个企业家在其职业生涯的不同阶段可能会扮演以上三种不同的角色。例如,柳传志在创立联想时,做的只是国外电脑的代销,他考虑的只是怎么才能以更低的价格购入国外电脑,以更高的价格售出,这时他是第一类企业家。当联想初具规模后,柳传志思考的问题就变成了怎么满足消费者对电脑的新需求。比如,看到当时的消费者对于中文输入有迫切需求,他和联想的技术人员就推出了汉卡,解决了这一问题。这时的他,已经成为第二类企业家。随着联想的进一步发展壮大,它的创新也越来越多,其中的一些创新已经超出了消费者原有的需求范围。此时,柳传志就成为第三类企业家。

8.3 发现不均衡和套利

市场的不均衡可以分为三种类型:空间上的不均衡、时间上的不均衡,以及产品市场和要素市场之间的不均衡。

接下来,我们将对企业家的两种基本职能做进一步的分析。首先分析发现不均衡和套利行为。

市场的不均衡可以分为三种类型:空间上的不均衡、时间上的不均衡,以及产品市场和要素市场之间的不均衡。企业家可以通过发现和利用这三种不均衡来实现套利,并提升资源配置效率。

8.3.1 跨市场套利

空间上的不均衡表现为地区之间供求状况及由此产生的商品价格的差异。一旦企业家发现了这种差异,就能利用它来进行跨地区套利。这样的企业家通常被称为"商人"。

让我们考虑如下例子。如果四川生产橘子而北京不生产橘子,且两地市场是分割的,那么如图 8-2 所示,橘子在两地的均衡价格将不相同。不妨假设橘子在四川的均衡价格为 2 元,而在北京的均衡价格为 4 元。如果有企业家认识到两地存在着如此大的价差,并发现将橘子从四川运输到北京的成本仅为每斤 0.4 元,那么他应该怎么做呢?显然,他会在四川购入橘子,再运输到北京销售。伴随着这种低买高卖的过程,橘子在四川的需求曲线会向右移动,导致四川的橘子不断涨价;而与此同时,橘子在北京的供给曲线会向右移动,导致北京的橘子不断降价。伴随企业家的套利行为,两个市场会趋于新的均衡。在均衡时,两地橘子的价差恰好等于其运输成本,也就是 0.4 元。此时,从四川贩运更多的橘子到北京将再也无利可图。

图 8-2　橘子市场的跨地区套利

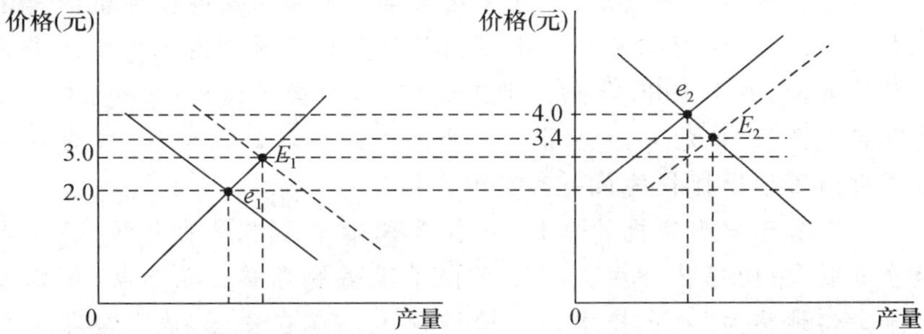

(a) 四川市场：需求增加　　(b) 北京市场：供给增加

实现跨地区套利的关键在于同时拥有关于各地市场的知识，这种知识需要企业家去发现。从古至今，成功的企业家都十分善于运用这种特殊的发现能力来获利。例如，在《史记·货殖列传》中，司马迁就介绍了孔子的门生子贡在曹国与鲁国之间通过贱买贵卖经商来获利的故事。而"红色资本家"阿曼德·哈默通过在美、苏之间倒卖物资大发横财的事迹则更为人津津乐道。

知识拓展

"红色资本家"阿曼德·哈默

1898 年 5 月 21 日，阿曼德·哈默出生于美国纽约。作为一名优秀的企业家，哈默曾涉足铅笔制造、酿酒、养殖良种牛、石油等多个完全不同的领域，并在每个行业都取得了令人瞩目的成功。

1921 年初夏，年仅 23 岁的哈默赴苏联旅行。在看到苏联马拉尔地区大量的白金、宝石、毛皮滞销，而粮食却严重短缺的时候，他立即萌生了一个大胆的想法。他联想到当时美国粮食大丰收，粮价下跌，便提议：以 100 万美元的资金，在美国紧急收购小麦，海运到彼得格勒，卸下粮食后，再将价值 100 万美元的毛皮和其他货物运回美国。哈默的建议很快被苏联高层采纳，列宁亲自回电表示认可这笔交易，并亲自接见了哈默。列宁鼓励哈默投资办厂，允许他开采西伯利亚地区的石棉矿，从而使他成为苏联第一个取得矿山开采权的外国人。

1924 年，哈默随便走进一家苏联商店，想买一支铅笔。售货员拿给他一支德国造铅笔。在美国这种铅笔只值两三美分，在苏联却值 26 美分。如此巨大的差价立即让哈默觉察到了商机。尽管他本人还不知道如何生产铅笔，但他立即下决心投资建设一家铅笔厂。他跑到德国和英国，花高薪聘请制造铅笔的行家里手，随后又回到莫斯科选址建厂。该厂后来逐步发展成为世界上最大的铅笔厂。

在中国改革开放之后，哈默又成为第一批到中国寻找商机的美国企业家。1982 年，他与中国有关部门签订了山西平朔露天煤矿开采的可行性意向，并于 1986 年正式动工建矿，这是当时最大的一项中外合资项目。此后，他的石油公司投标开采中国海洋石油资源，成为取得中国近海石油勘探权的第一家美国公司。

哈默善于发现商机的本领，不仅为他带来了丰厚的利润，而且为他在苏联、中国等社会主义国家赢得了极高的声誉。在苏联，他曾被列宁亲切地称为"红色资本家""哈默同志"；而在中国，他则被邓小平誉为"勇敢的人"。

资料来源：张维迎、盛斌，《企业家：经济增长的国王》，上海人民出版社 2014 年版。

尽管企业家个人的成功往往引人羡慕，但不少人对于他们的成功路径却颇有微词。有一种流行观点认为，利用地区供需的不同进行套利并不创造价值，只是一种单纯的投机。这种对跨地区套利的认识显然是错误的。事实上，跨地区套利至少有两方面的好处：一方面，它让原本分割的地区市场整合为统一的市场，使分散在各地的生产要素更有效率地进行组合；另一方面，它也让供求信息更好地在地区间实现了传递，从而让资源有可能获得更有效率的配置。从这两点上看，跨地区套利在增进企业家个人财富的同时，也为社会创造了价值。

8.3.2 跨时间套利

投机：发现和利用时间上的不均衡来进行套利。

发现和利用时间上的不均衡来进行套利，又被称为**投机**（speculation），即在当下买进认为便宜的货物，等待高价时出售，或者如果预测未来的价格会下跌，现在从事卖空，待将来市场价格下跌后交割。这样的企业家通常被称为"投机家"。进行跨时间套利（跨期套利）是对企业家预测能力的考验。只有拥有敏锐的预测能力、可以成功预测市场走向的企业家才可能从中盈利，而缺乏这些能力的人则会亏损。

迷你案例

大智若愚的投机故事

实现跨时间套利需要有对未来的极强判断力，而一般人通常不具备这种能力。由于这个原因，企业家们在进行这种活动时常被人误认为"愚蠢"，而事实上，表面上的"愚蠢"可能正是他们的精明所在。

《史记·货殖列传》中曾记录过这样一个故事：在秦朝末年，宣曲县有个叫任氏的人。当时正值乱世，群雄并起，人们都忙着争夺金银珠宝，而任氏却独自用地窖储藏粮食。任氏的这种反常行为很为当时的人们所不解，甚至有人嘲笑他愚蠢。后来，刘邦和项羽在荥阳相持，农民无法正常耕作，市场上粮食价格暴涨，米价涨到了每石一万钱。这时，任氏拿出先前窖藏的粮食出售，发了大财。而先前人们争夺的金银，这时都落入了任氏的腰包。

在西方，也有一个著名的大智若愚的投机故事，故事的主角是古希腊著名哲学家、米利都学派创始人泰勒斯。泰勒斯是一个十分有智慧的人，但他所关注的哲学问题却难以被普通人理解。有人甚至讥讽他："如果你真的有智慧，为什么不去发财呢？"为了回应人们的质疑，泰勒斯决定向大家展示一下自己在商业上的智慧。他通过自己的知识，预见到来年橄榄必然大获丰收，便买断了当地所有的榨油机。他的这一反常的举措引来了更多的嘲讽，不少人纷纷认为这位哲学家果然是书呆子。但后来橄榄果然获得了大丰收，泰勒斯通过高价出租榨油机获得了巨额财富。这让人们认识到，哲学家的智慧不仅能用来探索世界本源，也能用来发家致富。

资料来源：《史记·货殖列传》；亚里士多德，《政治学》，商务印书馆 2009 年版。

在社会上，人们对投机行为有很多诟病，认为这类行为搅乱了市场的正常运作。这些诟病其实并无道理。事实上，投机不仅不是搅乱市场，而且对于市场的运作大有好处。

一方面，投机对供求起到了平稳作用，大大减少了由于不确定性所导致的价格的大起大落。我们可以用图 8-3 来说明这一点。图中，垂直的虚线表示没有跨期套利的供给曲线。容易看到，在此时丰收年和歉收年的均衡点分别为 A 点和 C 点，两年间的价格波动很大。如果现在有企业家预测到这一点，在丰年买入、荒年卖出，使两年的供给曲线分别发生了左移和右移，结果均衡点分别变成了 B 点和 D 点。这时，两年间的价格波动大大减小了。

图 8-3　跨期套利行为

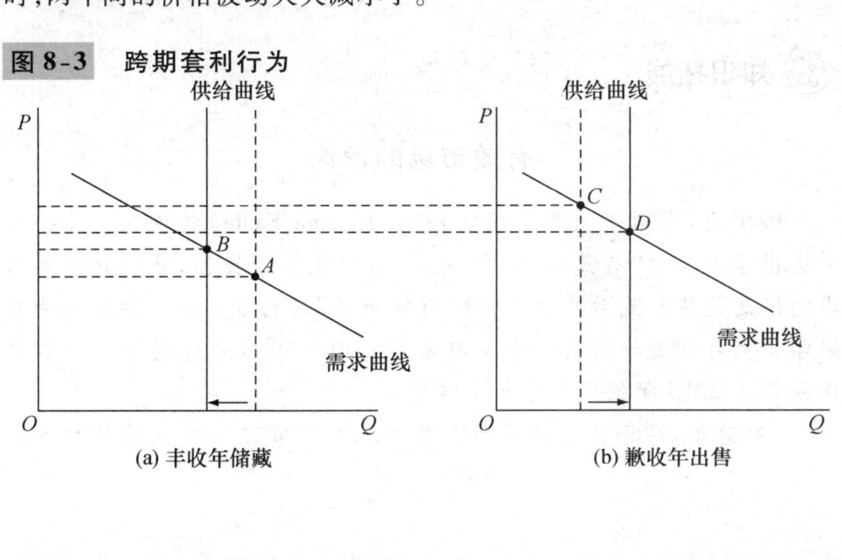

(a) 丰收年储藏　　(b) 歉收年出售

另一方面，投机行为还能传递跨时间的信息，使市场更有效地运作。例如，如果企业家投机大豆，导致了大豆期货的价格上涨，农场主就可以意识到大豆在未来的需求量将会上涨，从而增加种植。而这样的行为，恰恰起到了稳定大豆价格的作用。

正是因为认识到了跨期套利的重要性，人们才开发出了很多进行跨期交易的工具。在这些交易工具中，最重要的就是期货。所谓期货，就是以固定的价格购买或卖出未来某一时点交割的货物。运用这种工具，人们可以简便地进行跨期套利。例如，现在玉米的价格是每吨 2 500 元。如果你预期 3 个月后玉米的价格会下跌，那么你可以用每吨 2 500 元的价格卖出 100 吨 3 个月的玉米期货。如果 3 个月后玉米价格下跌到每吨 2 000 元，你就赚了 500 × 100 = 50 000 元！而如果玉米涨价了，你就会亏损。当然，期货等金融工具，除了帮助人们赚取利润外，还能帮人们回避风险。例如，你如果担心未来某项原材料的价格会上涨，那么只要通过购买期货就能回避这种风险。

当今的市场中，或许最为重要的跨期套利发生在资本市场上。股票的买卖是基于人们对未来价格的不同判断，股票市场的均衡就是投资者套利的结果。

企业家的套利行为对资本市场的运行至关重要。法玛的有效市场假说（见“知识拓展”）建立在新古典经济学完全信息假设的基础上，它没有认识到企业家的作用。或者说，它把每个人都设想为成功的企业家（任何盈利机会瞬间就会被利用）。事实上，资本市场的均衡化是投机者套利的结果，高水平的投机者并不多见，没有具有企业家能力的投机者，均衡就不会出现！像“金融大鳄”乔治·索罗斯、“股神”艾伦·巴菲特这样的投机者，就是资本市场的企业家，他们可以从信息中洞悉出微妙的变化，更精准地预测到未来经济走势，从而在股市中获利。而普通大众不具备这些能力，也自然不可能运用信息赚钱了。这就好像对于路上的钱，只有眼尖手快的人才能将其收入囊中。

知识拓展

有效市场的悖论

1970 年，芝加哥大学尤金·法玛（Eugene Fama）教授在一篇论文中提出了著名的“有效市场”假说。[2] 该假说一经提出，就引起了学术界的广泛关注。此后几十年，对“有效市场”进行证实或证伪已成为金融学研究者创造论文的一个重要素材。而法玛本人也因为这一假说而获得了 2013 年的诺贝尔经济学奖。

“有效市场”假说究竟是什么意思呢？尽管这一假说曾被后人归

纳为各种不同的表述[3]，但其核心思想不外乎是，如果金融市场是良好运作的，那么股票价格总是反映了股票的真实价值（等于预期收入流的贴现值），因此想利用信息在股市上赚钱是不可能的。

有效市场理论的悖论是：如果股票的价格在任何时刻都等于股票的内在价值，也就是说，股票价格在任何时候都完全、无偏地反映了投资者所拥有的信息，那么，一个投资者完全可以不去从事收集、分析信息的工作，而是直接从股票的市场价格上推导出市场上所有的关于股票内在价值的信息。因为收集、分析信息都是要付出成本的。这样，在有效资本市场上，没有信息的投资者就不会去收集和分析信息。但是，如果所有的投资者都不去收集、分析信息，股票价格就不能有效地反映股票的价值。因此，正如 Grossman 和 Stiglitz (1980) 指出的，和有效资本市场理论的结论相反，在有效资本市场上，均衡状态不可能存在。[4] 为了讽刺"有效市场"理论的荒谬，人们甚至编出了一个笑话：假设地上有100元钱，经济学家一定会告诉你那是假钞。因为如果市场是有效的，真钞早就会被人捡走了。

资料来源：姜国华，"基于会计信息的证券投资策略研究：分析与展望"，《会计研究》，2005年第11期。

无论是空间上的不均衡还是时间上的不均衡，企业家的套利行为所能赚得的利润都与不均衡程度相关。市场偏离均衡越远，套利行为越有利可图。一般来说，一开始，只有少数企业家发现不均衡并抓住机会套利，因此他们可以赚很高的利润，但随着时间的推移，高利润就会吸引更多的企业家进入市场。当越来越多的企业家进入市场时，企业家之间的竞争就越来越激烈，不均衡程度就逐步降低，从而使得利润逐步减少，直至为零，如图8-4所示。此时，就不会有新的企业家进入，原来已进入的企业家也有些会退出。

图8-4　跨空间套利和跨期套利的利润曲线

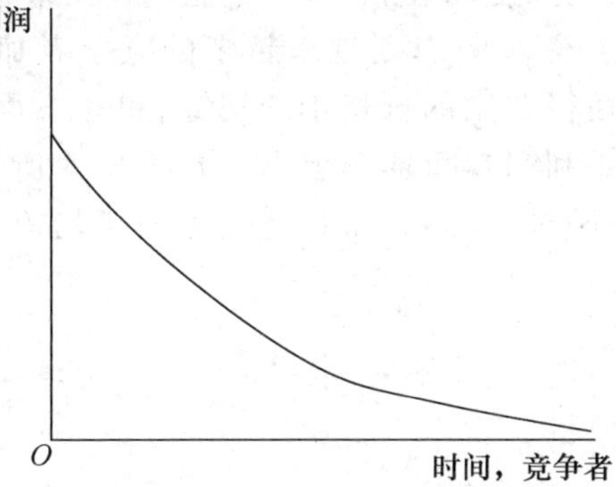

企业家的跨空间套利和跨期套利使市场趋向于均衡，利润逐步减少，直至为零。

8.3.3 要素市场上的套利

最后一种不均衡是产品市场与要素市场之间的不均衡。如果企业家发现,在现在可用的技术下,从要素市场上购进要素投入生产出的产品可以赚钱(产品价格大于其生产成本),他就可以进行套利活动。更直白地说,如果有一些人无所事事,又有一些产品供不应求,那么企业家把无所事事的人组织起来生产供不应求的产品,就可以赚钱。

和前面两种套利行为不同,要素市场上的套利要求企业家是一个组织者。对于跨地区或跨时间套利,可能一个人就可以完成,但在要素市场上套利则不行,它要求企业家必须能将人、财、物组合起来,因此不仅要求企业家有预见能力、判断能力,还要求他们有组织能力。

现实中,企业家在要素市场上进行套利的例子很多。例如,在改革开放初期,很多乡镇企业家所做的事情,其实就是要素市场上的套利。一方面,在包产到户后,农业生产率大幅度提高,这就使得农业生产需要的劳动力数量大减,农村出现了大量富余劳动力;另一方面,当时的工业产品(特别是日常生活用品)又极为缺乏,市场对这些产品有很大的需求,因此将富余的农村劳动力组织起来生产工业产品,就可以获利。这就是20世纪80年代中国乡镇企业蓬勃发展的原因。

大量外资企业进入中国,本质上也是一种要素市场上的套利行为。低廉而丰富的劳动力供给,以及巨大的市场潜力,使得外国企业在中国投资建厂成为有利可图的事情。又比如私募投资(即所谓的PE),也是进行要素市场套利。如果一些人有好的商业想法,另一些人手里有钱,那么把后者的钱投资给前者,就可以创造出价值,让双方都有钱可赚。

如同商人在空间上的套利一样,企业家在要素市场上的套利通常也从少数人开始,逐步吸引到越来越多的竞争者加入。在这个过程中,竞争一方面使得要素的价格不断提高,另一方面使得产品的价格不断下降,结果是利润空间越来越小。如图8-5所示,随着时间的流逝和后来者的不断进入,要素市场将会趋向于均衡,而此时利润的空间就消失了。

图 8-5　要素市场套利过程中利润的变化趋势

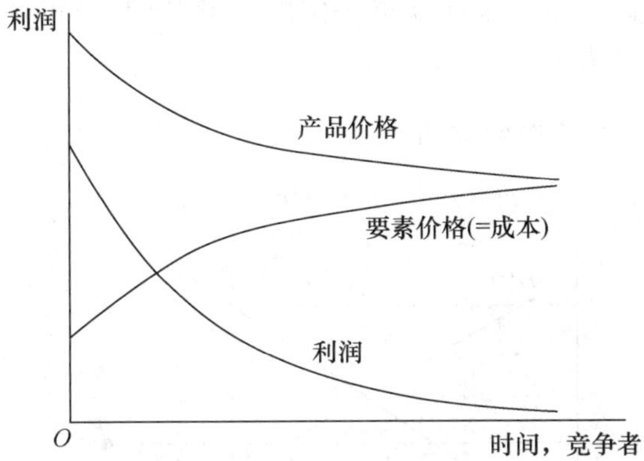

企业家在要素市场上的套利使要素市场趋向于均衡，利润逐步减少，直至为零。

8.4　创造不均衡和创新

企业家的第二个功能是创造不均衡。如果均衡点不发生变动，那么企业家的套利行为终究会让市场趋向均衡，此时竞争会让所有的企业家都无利可图。为了继续获得利润，企业家们必须打破原有的均衡，建立起新的潜在均衡。例如，到 2010 年的时候，个人计算机市场被认为已经达到了均衡，生产厂家的利润率很低，有人戏称甚至还不如搬砖头、卖煎饼的利润率高。但是，这时苹果公司推出了平板电脑 iPad，一下子打破了个人计算机市场原来的均衡，苹果公司获得了丰厚的利润，也吸引了更多的厂家开始生产平板电脑。

8.4.1　创新的含义

要打破均衡，靠的是创新。什么是创新呢？简而言之，就是**对生产要素的重新组合**(new combination of production factors)，是对需求函数和供给函数的根本改变。被称为“创新之父”的熊彼特曾经将创新归纳为五个方面：(1) 引入新产品；(2) 引进新技术(即新的生产方式)；(3) 开辟新市场；(4) 发现新的原材料；(5) 实现新的组织或管理方式。[5]无论是以上哪个方面的创新，都可能造成供给曲线或需求曲线(或者两条曲线一起)的移动，从而打破“低销量，高价格”的旧均衡，实现“高销量，低价格”的新均衡。

图 8-6 展示了企业家的创新如何打破原来的均衡和创造新的均衡。图中，曲线 DD 和 SS 分别代表原来的需求曲线和供给曲线，均衡点是 A 点。创新一方面通过降低生产成本将供给曲线改变为 $S'S'$，另一方面通过产品功能的改变使得需求曲线变为 $D'D'$，结果，新的均衡点变为 E 点。与原来的均衡相比，新的均衡意味着更低的价格和更高

的产量。在这个均衡的转变过程中，率先创新的企业家就获得超额利润，较早模仿的企业家也能获得一定的超额利润；当市场达到新的均衡时，利润就消失了。

图 8-6　创新与均衡的变动

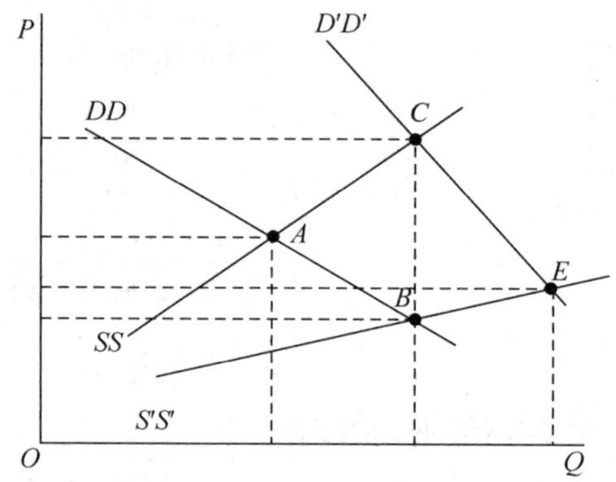

迷你案例

亨利·福特与汽车产业的发展

1886 年，德国人卡尔·本茨发明了第一辆汽车，揭开了汽车时代的序幕。但是，汽车在刚诞生时并没有受到大众的青睐。在当时的人们眼中，这个铁家伙不仅外形怪异、价格昂贵，而且在速度、舒适度上都不如流行的马车。因此在很多年里，汽车并没有成为普及的交通工具，而只是上层社会用以炫耀的工具。汽车从贵族的玩物，到逐步走入寻常百姓家，是无数企业家不断努力的成果。而在这些企业家中，最重要的就是著名的亨利·福特。

福特于 1863 年出生于美国密歇根州的韦恩郡。他从小就对机械感兴趣。12 岁时他就建立了一个自己的机械坊，15 岁时就亲手造了一台内燃机。1896 年，福特制造了他的第一辆汽车，他将它命名为"四轮车"(quadricycle)。

随后，福特开始了自己的创业之旅。但开始时，他的创业并不顺利。在遭受了第一家公司倒闭、第二家公司被人夺走控制权的挫折后，福特于 1908 年创立了福特汽车公司。针对当时汽车价格昂贵、普通居民消费不起的状况，福特推出了一款 T 型车。这款价廉物美的车型迅速进入了美国的普通家庭，让市场上对汽车的需求大涨。为满足暴涨的汽车需求，福特引入了生产流水线，让汽车的生产率获得了大幅提升。据统计，到 1927 年，福特公司仅 T 型车就生产了超过 1 500

万辆。如此惊人的产量，让美国迅速成为“车轮上的国家”。

作为企业家，福特不仅重视技术对生产率的改进，而且十分重视人的因素。1914 年，福特率先在公司推出了“效率工资”制，用远高于市场的工资对员工进行激励。“效率工资”虽然使人工成本大幅提升了，但其带来的效率改进却使公司的利润不降反升。福特的这一制度创新，在使工人获利的同时，实现了自身盈利的提高，成功做到了劳资双赢。

资料来源：根据百度百科相关资料整理。

8.4.2 创新的基本点

企业家的创新多种多样，但有两个重要的基本点：一是创造价值，二是降低产品的生产成本。

所谓创造价值，就是生产消费者喜欢的新产品或增加产品给消费者带来的效用。创造价值的关键是把握消费者的需求。市场上，消费者被称为“上帝”。但消费者需要什么，他们不会直接告诉你，甚至他们自己也不清楚，因此企业家只有自己去猜。如果猜对了，创新就成功了，价值的提升可以让企业家的利润和消费者剩余同时提高；如果猜错了，创新就失败了，企业家就会亏损。为了成功预测需求，企业家就需要对人性和人心都有深刻的洞见。例如，让手机变得更好看、更好玩、更智能化，其实是人性的固有要求，苹果公司发掘了这一要求，生产出了 iPhone 手机，因此就成功成为手机市场上的新贵。

所谓降低成本，不是指去克扣工人的工资，也不是降低对供应商的支付，而是通过改良技术或组织效率来降低生产或消费商品的机会成本。通过这种努力，即使商品的总体价格下降了，企业家也可能在使消费者剩余得到提升的同时，让自己获得利润。

创新的成败与价值和成本的关系可以用图 8-7 说明。任何新产品的引入，只有在该产品给消费者带来的总价值大于生产成本时，才能取得成功。如果总价值小于成本，创新一定失败，因为消费者愿意支付的价格不可能大于产品的总价值。总价值超过成本的部分就是可供消费者和企业家分享的剩余，其中总价值与价格的差额是消费者剩余，价格与成本的差额就是企业家的利润。给定消费者剩余，总价值越大，成本越低，则价格越高，利润越大。生产者之间的竞争意味着消费者一定选择能给自己带来最大消费者剩余的产品。因此，生产者要增加利润，就必须或者通过创新提高总价值，或者通过创新降低成本，或者二者兼而有之，这就是创新的真正含义。既不能增加总价值又不能降低成本的创新，是不可能成功的。

图 8-7　创新与价值创造

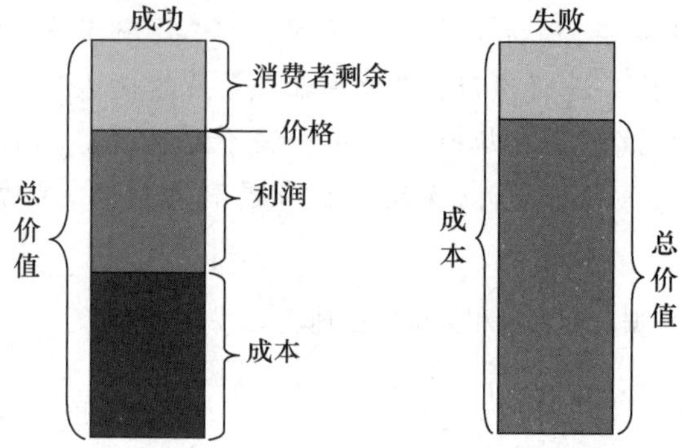

图 8-7 也表明,创新能否成功,取决于价值与成本的差额,而不是价值或成本的绝对值。比如,即使一种新产品的价值比原来产品的价值低,但如果它的生产成本足够低,以至于价值与成本的差额大于原来的产品,这种产品仍然能成功地取代原来的产品。

当然,创新是一个持续的试错过程,我们上面说的价值与成本的关系是就创新的最终结果而言的,并不一定适用于创新的最初阶段。恰恰相反,一般来说,在创新的最初阶段,新产品的总价值通常小于成本,创新者不仅没有利润可赚,还要赔钱。这也是创新需要风险资本的原因。创新型企业家必须通过不断改进生产技术和产品质量,一方面提高总价值,另一方面降低生产成本。只有当价值曲线和成本曲线过了某个临界点,新产品才开始赚钱。例如,在宝洁公司刚推出一次性尿布时,价格为 8 美分。由于价格过高,当时年销售额仅 1 000 万美元,公司完全无利可图。经过了 10 年的努力后,宝洁公司通过降低成本,使一次性尿布价格降到了 5.5 美分。低廉的价格使年销售额增加到了 3.7 亿美元,也使宝洁公司赚得盆满钵满。类似的,索尼公司 1956 年开发出家庭录像机时,售价是 5 万美元,根本没有市场。经过 20 年的努力,索尼公司把售价降低到 500 美元时,家庭录像机才普及开来。

因此,创新的利润曲线与套利的利润曲线很不同。如图 8-8 所示,套利是一开始最赚钱,之后利润逐渐减少;创新是一开始亏钱,到一定时点之后才开始赚钱,然后利润上升,再到一定时点后,由于模仿者的竞争而使利润逐渐减少。

图 8-8　套利的利润曲线和创新的利润曲线

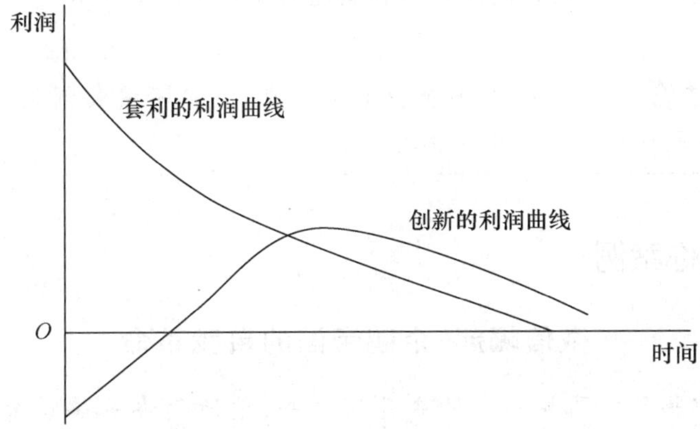

8.4.3　创新与模仿

模仿是对其他企业的产品或技术的仿制,是介于套利和创新之间的一种企业家活动。在现实市场中,模仿对新产品和新技术的市场化具有重要意义。

一方面,模仿本身也是某种意义上的创新。对于别人的产品,企业家不可能原封不动地拿来用,必须进行改良,而这种改良是提升消费者剩余的。例如,百度模仿了 Google,但也在 Google 的基础上进行了改良,因此在不少方面更适合中国消费者的需求。这样的模仿,实际上是熊彼特讲的“开辟新市场”的创新。

另一方面,模仿也是创新的推进器。模仿导致更多的竞争者出现,使创新的利润逐渐消失。出于对利润的追求,企业家必须进行新的创新。图 8-9 表明,正是由于模仿者的存在,任何单个创新都不能保证利润的持续存在,一个企业家要获得持续的利润,就必须不断创新。经济的发展,就是由这种创新——模仿——再创新——再模仿的波浪式交替推进完成的。

图 8-9　持续利润来自不断创新

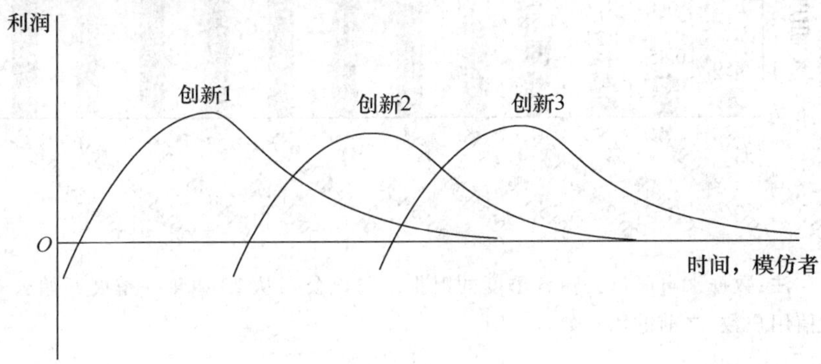

任何单个创新都不能保证利润的持续存在,持续利润来自不断创新。

模仿者的利润曲线与套利者的利润曲线类似。你能模仿别人，其他人也能模仿你，因此模仿者的利润通常是短暂的。

课堂讨论 有人说，中国企业家擅长模仿，但不擅长创新。你认同这种观点吗？举例说明你的观点。

迷你案例

微信崛起：企鹅帝国的自我革命

马化腾是中国最杰出的企业家之一，他所创办的腾讯公司的成功，就是不断创新的结果。

如果将时间倒退回2010年，恐怕很少有人会预言到微信的诞生。当时，腾讯QQ已经占据了即时通讯软件(Instant Messaging Software，以下简称"IM软件")市场80%的份额，并已形成了十分成熟的商业模式，仅仅依靠这点，腾讯公司就能获得巨大的利润。既然如此，它又有什么必要去劳心费神另起炉灶，再开发一个新的IM软件呢？

但就在这样不可能的背景下，微信却在2011年1月21日横空出世了。由于其十分符合手机用户的使用习惯，因此推出仅433天，微信用户数就突破了1亿人。此后，腾讯公司不断根据用户的需要，对微信功能进行拓展和改进，陆续推出了朋友圈、公众号等应用，其用户规模也随之不断扩大。截至2014年年底，微信用户数已经突破了5亿人。(如图8-10所示)

图8-10 微信用户数量的变化趋势

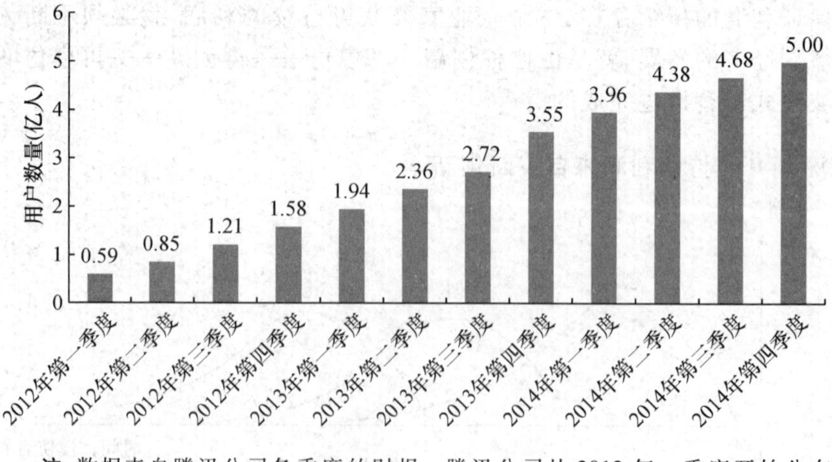

注：数据来自腾讯公司各季度的财报。腾讯公司从2012年一季度开始公布微信用户数，之前的用户数量不明。

在 2010 年时,腾讯公司为何要推出微信这种新产品呢?难道当真是马化腾高瞻远瞩,预见到了它今天的成功吗?当然不是!事实上,与其说微信的出现源自利润的诱惑,倒不如说它是源自危机感的驱动。2011 年,加拿大移动 IM 软件 Kik 上线一个月就收获了 100 万用户,这在业界引起了震动。尽管 Kik 等软件暂时还没有威胁到 QQ 的统治地位,但时任腾讯公司广州研发部负责人的张小龙却意识到了潜在的危机。他立刻给马化腾去信,建议推出一款专门应用于移动端的 IM 软件。这一建议在腾讯高层引起了很大争议,不少人认为这会抢占 QQ 的市场份额,从而对公司造成损失。但马化腾却力排众议,接受了张小龙的建议。其实马化腾的逻辑很简单:市场总是存在着接连不断的"创造性毁灭",尽管 QQ 看来有很高的市场占有率,但它本身是针对 PC 端设计的,其移动端的功能较弱,因此可能很难应对专门为移动端设计的 IM 软件的挑战。在这种背景下,与其坐等别人来挑起革命,倒不如来场自我革命,率先推出专门的移动 IM 软件。

现在,实践已经证明了这一决策的重要性,不仅微信已经成为移动 IM 软件中当之无愧的翘楚,而且它的存在也极大促进了 QQ 产品的改进。而经历了这场"自我革命"的腾讯公司,也因同时拥有两大 IM 软件而让自己在业界的地位更为稳固了。

资料来源:根据王冠雄"微信怎样诞生"等网上相关资料整理。

8.4.4 创新的社会意义

创新对于社会的意义有两个方面:一是创造性的,二是毁灭性的。

从创造性的角度看,企业家的创新就是把人们脑中的一个个想法变成一件件市场上可接受的产品,或将市场上产品的成本不断降低的过程。两百年前,人们可以消费的商品种类大约有 10^2 种到 10^3 种;而在今天,人们可以消费的商品种类则已经有 10^8 种到 10^{10} 种。[6] 这种商品种类的增加以及由此带来的消费者福利增进,很大程度都得益于企业家的创新行为。

企业家的创新对于社会来说既具有创造性,又具有毁灭性。经济发展的动力,正是来自这种"创造性破坏"。

从毁灭性的角度看,企业家的创新往往是对旧技术、旧组织形式的摧毁。在这个过程中,可能会导致很多公司的灭亡和很多人的失业。例如,数码相机的出现,就让传统的相机自此没落;而智能手机的推出则摧毁了传统手机的市场。在现代社会中,由于创新速度日益加快,公司的生命周期也在日益缩短。据统计,在 20 世纪初,标准普尔 500 公司的生命周期有 50 多年,而现在已经下降到了 15 年。

因此,熊彼特曾把创新解释为“创造性破坏”(creative destruction)。经济发展的动力,正是来自这种创造性破坏。[7]

知识拓展

创新者的窘境

在历史上,有过很多伟大的公司,例如柯达、诺基亚等,在它们强盛的时候都被认为是不可战胜的。但这些伟大的公司最终却被一些名不见经传的新对手所击败,从而走向败亡。为什么这些伟大的公司都难免衰落呢?管理学家克里斯坦森在其著作《创新者的窘境》中对此进行了探讨。

根据克里斯坦森的分类,创新有两种:维持性创新和破坏性创新。维持性创新是以挑剔的高端产品消费者为目标的,而破坏性创新则并不以为现有消费者提供更好的产品为目标,而是引入与现有产品相比不够好的产品或服务。与维持性创新相比,破坏性创新的产品往往具有更为简单、更为便捷或更为廉价等突出特征。

在开始时,在市场上占据主导地位的公司只会把注意力放在主流消费群上,而不会在乎那些处于边缘的消费者,因此即使发现有一些小公司进行了“破坏性创新”也不会在意。但很快,它们就会发现那些“破坏性创新”已迅速开发出了一个庞大的市场,而大公司再想把那些创新的企业挤出市场就为时已晚了。

克里斯坦森的这一理论解释了很多伟大企业的覆灭。以诺基亚公司为例,其实这家曾经的手机业巨头早已掌握了开发智能手机的技术,但由于它错误地认为智能手机不会是未来手机发展的方向,因此当苹果推出 iPhone 时,诺基亚还在专注地思考怎么让传统手机更耐用。结果,正是那些耐用性较差、却更花哨、更好玩的 iPhone,最终成为诺基亚王朝的掘墓人。

资料来源:克里斯坦森,《创新者的窘境》,中信出版社 2014 年版。

8.4.5 利润的信号功能

企业家的创新是利润导向的,利润可以传递信息,它会告诉企业家他的所作所为是否被消费者接受,是否有社会价值。企业家无论是进行套利还是进行创新,都需要以利润作为风向标。

举例来说,至 19 世纪末期,西方国家照明用的是鲸鱼油,但当鲸鱼数量大为减少后,鲸鱼油的价格就暴涨了。这让企业家认识到,如果找到鲸鱼油的替代品,就可以获得超额利润。石油就是企业家寻找鲸鱼油替代品的最终结果。从鲸鱼油到石油的转变,就是价格功能的一个好例子。

值得强调的一点是,利润是衡量企业家活动成功与否的关键。企业家不同于发明家,一个发明家可以胡思乱想,但是企业家不同,如果没有市场就没有利润,也就没有商业意义上的创新。

8.5 企业家成功的内在素质和外部环境

企业家的成功,是很多条件偶合的结果。只有当企业家具有过硬的内在素质,又拥有良好的外部环境时,他才可能成为优秀的企业家。

企业家的成功是内在素质和外部环境共同作用的结果。

8.5.1 企业家需要的内在素质

企业家需要的素质至少包括如下几个方面:

首先是对成功的渴望。一个优秀的企业家可能会为自己的每一次成功感到自豪,但绝不会陶醉在自己的成功里,他们总是会渴望下一次的成功。在事业伊始,他们或许只想办一个工厂或成为一个有钱人,但一旦旗开得胜,他们就会开办新的业务。对于他们来讲,对于利润的追求应该是永无止境的。

其次是对盈利机会的警觉(alertness)。发现市场的不均衡,并用它来进行套利,是企业家的一项基本职能。只有那些擅长发现并满足他人渴望和需求的企业家才能在瞬息万变的市场环境中准确地找到机会,成功实现套利。

再次是要有愿景(vision)和判断未来的能力。优秀的企业家,必须是能够洞察未来的人。他们需要判断未来的产业会怎么样,未来的消费者会有怎样的需求。只有成功地预料到了这些,企业家才能成功投机,成功实现满足消费者需求的创新。

最后是要有承担风险的勇气。风险和失败对于企业家来说是很常见的,包括福特、马云、周鸿祎在内,诸多优秀的企业家在其创业初期都曾经历过很多的挫折,甚至惨痛的失败。如果这个时候他们选择了放弃,那么他们就只能是一个平庸者。正是坚定的信心和百折不挠的勇气,造就了他们最终的成功。

8.5.2 企业家成功的制度环境

对于企业家来说,最重要的制度环境是:创业和创新的自由、有效的产权保护和法治、稳定的政策预期,以及自由的金融体制。

除了内在素质外,企业家的成败还依赖于外部制度环境的优劣。在所有制度环境中,最重要的是:创业和创新的自由、有效的产权保护和法治、稳定的政策预期,以及自由的金融体制。

首先是创业和创新的自由。企业家的事业都从创业开始,创业意味着独立地从事营利性商业活动,为此,企业家必须有权决定做什么和不做什么，能够从市场上获得必要的资源，有签订合同的自由，并自由决定把产品卖给谁，等等。创新是做别人没有做过的事情，它的成败只能来自市场的检验。如果没有创业和创新的自由，如果政府对创业和创新有太多的限制，企业家的才能就没有办法得到发挥，这是计划经济下没有企业家的根本原因。

其次是有效的产权保护和法治。企业家的活动是一项长期的、艰辛的事业，只有当企业家能够享受成功带来的喜悦和利润的时候，他才会从事这样的事业。因此，有效的产权保护和法治就显得十分重要。进一步，创新比套利对产权制度和法治更敏感，这是因为，创新比套利需要的时间更长，面临的风险更大。在产权得不到有效保护的国家，企业家也许会从事套利活动，但不大可能从事创新活动。经济学家 Petra Moser 曾经做过一项研究，发现法律对知识产权的有效保护，不仅决定创新的速度，而且决定创新努力的方向。如果知识产权得不到有效保护，企业家将只在那些有替代性保护手段的领域从事创新。[8]

再次是稳定的政策预期。在现代市场经济中，政府会用各种各样的政策干预市场的运行。对于企业家来说，政策不确定已成为最大的不确定。如果政策朝令夕改，就会对企业家判断未来造成不必要的麻烦，阻碍他们对市场走向做出判断。因此，一个稳定的政策预期环境对于企业家来说是十分重要的。

这里有必要讨论一下产业政策的影响。在世界各国，尤其是广大的发展中国家，产业政策被赋予了极为重要的地位，一些国家的政府甚至想用产业政策而非企业家来引领产业发展。这种观念隐含着这样一个假设，即政府官员有可能比处在市场第一线的企业家更具有企业家精神，因而更了解未来的发展方向，更有能力预测未来。这种假设显然是错误的，而且也是十分危险的。事实上，政府官员对于市场的知识显然不如企业家，他们也没有企业家那样的动力和压力获得必要的商业知识，因此他们制定的产业政策不仅不能替代企业家的判断，而且还可能会误导企业家的判断。如果过于迷信产业政策，就会把经济发展引入歧途。

最后是自由的金融体制。企业家是有想法的人，但要把想法变成市场上可以出售的产品，他们必须首先有资金购买必要的生产要素。特别是对创新活动来说，由于在新产品和新技术能够赚钱之前，通常要经历很长时间的亏损，如果没有自由的金融体制，他们就不可能获得创新所需要的资本。在一个金融不自由的国家，企业家在创新方面一定乏善可陈。

8.5.3 企业家的供给与需求

对一个社会的经济发展来说,企业家的数量和质量是至关重要的。人口中具有企业家素质的人是少数,但也不是固定的。特别是,具有同样企业家素质的人既可以选择从事商业活动,也可以选择从事其他职业(如在政府部门就职)。一个社会究竟有多少人从事企业家活动,依赖于这个社会的政治、经济、文化等因素是否有利于企业家创业和创新。

我们可以从需求和供给两个角度分析企业家的数量。从需求的角度看,一个社会的企业家越少,竞争越不激烈,每个企业家的价值越大,因而赚取的利润也越大。因此,企业家的需求曲线是一条向下倾斜的曲线。从供给的角度看,做企业家的预期利润越高,愿意选择做企业家的人数就越多,因而企业家的供给曲线是向上倾斜的。这里,利润(或预期利润)可以理解为企业家的价格(间接定价)。供给曲线也可以理解为做企业家的机会成本曲线:只有较高的预期利润才会诱使机会成本较高的人转向做企业家。图 8-11 中,均衡的企业家数量是 N^*,边际上的企业家在均衡时只赚得等于机会成本的预期利润 P^*。

图 8-11　企业家市场的均衡

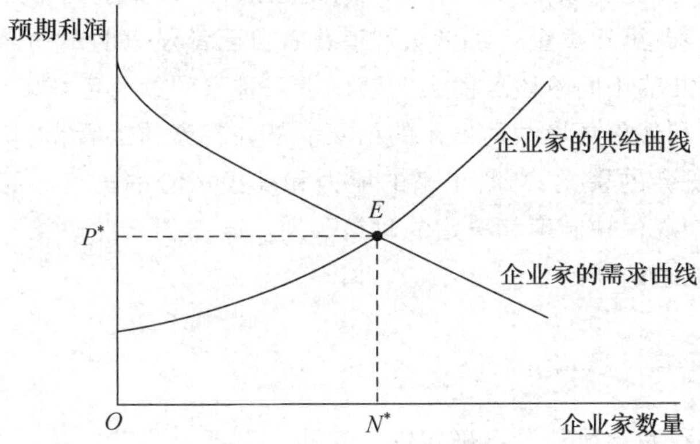

如同产品市场和要素市场一样,企业家市场也总是处于不均衡状态和调整过程中。当企业家供给小于均衡水平时,企业家就赚得更高的利润,会吸引更多的人加入企业家行列;反之,当企业家的数量大于均衡水平时,一些企业家的预期利润就小于机会成本,从而就会选择退出。

也同产品市场和要素市场一样,企业家的供给曲线和需求曲线也会不断变化。引起需求曲线移动的原因既可能是技术性的,也可能是制度性的。比如说,信息技术革命带来的新的商业机会或更为开放的商业环境会增加企业家的预期利润,因而导致需求曲线向右移动,诱使更多的人加入企业家队伍。如果由于制度的原因导致做企业家的机会成本降低,企业家的供给曲线就向右移动。中国改革开放以来,选择做企业家的人越来越多,是需求曲线和供给曲线共同向右移动的结果。大致来说,1992 年邓小平南方谈话的结果是使需求曲线向右移动,而近两年的反腐败措施使得供给曲线向右移动,因为反腐败减少了政府职位的吸引力,因而降低了做企业家的机会成本。

需要指出的是,企业家队伍的形成是一个自我增强的过程。成功的企业家不仅为新的企业家创造机会,而且也通过示范作用激发更多的人选择做企业家。

本章要点总结

市场的运作不是静态的均衡,而是动态的过程,市场过程是企业家活动的结果。企业家是以盈利为目的而提供产品和服务的人。和普通工人不同,企业家赚取的不是合同收入,而是剩余收入。为了获得剩余收入,他们需要承担市场中的不确定性。

企业家的主要职能有两个:一是发现不均衡,二是创造不均衡。所谓发现不均衡是在不同地区之间、不同时间之间,以及要素市场上发现潜在的盈利机会,并利用它们实现套利。而所谓创造不均衡,则是借助创新来打破原有的市场均衡,实现新的均衡。除此之外,企业家还可能担负管理者、发明家、资本家等职能。

企业家可以分为三类:第一类企业家是按订单生产的企业家;第二类企业家是满足市场上已经表现出来的需求的企业家;第三类企业家是识别消费者自己都没有明白的需求的企业家。同一个企业家在其职业生涯的不同阶段可能会扮演以上三种不同的角色。

企业家的成功是内在素质和外部环境共同作用的结果。从内在素质上看,成功的企业家需要有对成功的渴望、对盈利机会的警觉、判断未来的能力和承担风险的勇气。而从外部环境上看,企业家需要有完善的产权保护制度和稳定的政策预期。政府的产业政策不仅不能替代企业家,而且可能会干扰企业家的判断。

本章重要术语

企业家　市场过程　经济利润　风险　不确定性　套利　创新

延伸阅读

对于风险和不确定性的进一步探讨,可以参阅奈特《风险、不确定性与利润》(商务印书馆 2010 年版)的第二章。关于企业家的深入讨论,可以参阅张维迎、盛斌《企业家:经济增长的国王》(上海人民出版社 2014 年版),第二篇。关于企业家与市场过程的经典论述,可以参阅伊斯雷尔·柯兹纳《竞争与企业家精神》(浙江大学出版社 2013 年版)和《市场过程的含义》(中国社会科学出版社 2012 年版)。有关企业家和创新的经典讨论,可以参考熊彼特《经济发展理论》(商务印书馆 1990 年版)第四章,以及熊彼特《资本主义、社会主义与民主》(商务印书馆 2009 年版)。彼得·蒂尔和布莱克·马斯特斯《从 0 到 1:开启商业与未来的秘密》(中信出版社 2015 年版)讲述了很多关于创新的实例。

思考与练习

1. 为什么传统经济学(新古典经济学)里没有企业家的位置?

2. 举例说明风险和不确定性的区别。大数据可以减少不确定性吗?

3. 为什么企业家不能拿合同收入?如何理解杨小凯讲的"利润是对企业家的间接定价"?

4. 假设香蕉在北京市与海南省的市场供给和需求如下表所示:

香蕉单价(元/千克)	北京		海南	
	供给量(吨)	需求量(吨)	供给量(吨)	需求量(吨)
1	10	40	25	35
2	15	35	30	30
3	20	30	35	25
4	25	25	40	20
5	30	20	45	15
6	35	15	50	10

请回答以下问题:

(1)当北京、海南两个市场相互隔离时,求两个市场分别的均衡价格。

(2)假设你是一个企业家,发现了香蕉市场的不均衡。假设两地之间运送货物没有运输费用,那么你会怎么做?此时两个市场的均衡价格及你的利润分别是多少?如果运费是每吨 2 元,结果又会如何?

5. 2013 年 10 月 31 日,在李克强总理主持的经济形势座谈会上,阿里巴巴创始人马云汇报了公司的运作状况,他指出:"虽然公司只有 25 000 名员工,但在淘宝网开店的公司数是 900 万家,比较活跃的有 300 多万家店。预计今年全年的销售额占中国整体社会消费品零售总额的比重超过 10%。""沃尔玛创造了 B2C 模式,我们希望在中国创建一个 C2B 模式,即按需定制。这是制造业转型提升的重要平台。""900 万家店,那至少带动上千万人就业。要是算上带动的物流和快递,就业人数就更多。"

请结合课程中关于企业家的相关内容,回答下述问题:

(1)从类型上看,马云属于书中说的哪一类企业家?

(2)企业家应该有哪些重要职能?马云在阿里巴巴的发展过程中是怎样履行这些职能的?

(3)结合马云的发言和阿里集团的发展史,谈谈你对企业家在经济发展中所起作用的理解。

本章注释

[1] 弗兰克·奈特:《风险、不确定性与利润》,安佳译,商务印书馆2010年版。

[2] Fama(1970).

[3] "有效市场"假说有三种版本。其中,"弱有效"(weak form)版本认为,当前的价格反映了所有过去价格中包含的信息,因此价格是"随机行走"(random walk),人们不可能通过研究过去的价格赚钱;"半强有效"(semi-strong form)版本认为,当前的价格不仅反映过去的价格,也反映了所有公开的信息,这意味着,任何公开的信息立即反映在价格中;而"强有效"(strong form)版本则认为,当前的价格反映了所有的信息,无论是公开的还是没有公开的,所以赚钱全是凭运气。

[4] Grossman & Stiglitz(1980).

[5] 约瑟夫·熊彼特:《经济发展理论》,何畏、易家详等译,商务印书馆2009年版。

[6] Beinhocker(2006).

[7] 约瑟夫·熊彼特:《资本主义、社会主义与民主》,吴良健译,商务印书馆2009年版,第二篇。

[8] Moser(2005).

第 9 章 竞争与垄断

本章导读

经济学的一个重要职责是证明市场的有效性，但主流经济学给人印象最深的却不是市场的成功而是市场的失灵。在主流经济学家看来，导致市场失灵的理由有三个：一是垄断，二是外部性，三是信息不对称。由于市场会失灵，所以就需要政府的干预。在随后的三章中我们将对这些流行的观点进行分析和反驳。

在本章中，我们将介绍传统经济学中有关垄断的分析，并对此进行批判。我们首先区别垄断的经济概念和政治概念，指出垄断的经济概念是误导的，并提出一个有关竞争与垄断的新的分析框架。然后，我们对传统经济学垄断定价理论和寡头竞争理论予以介绍。尽管传统经济学有关垄断的定义是错误的，但垄断分析得出的一些结论是有价值的。最后，我们将对反垄断法做出批评性评价，分析为什么反垄断法的理论基础是错误的。

9.1 垄断的经济概念和政治概念

在经济学里，**竞争**（competition）和**垄断**（monopoly）是一对对偶概念：竞争是没有垄断，垄断是没有竞争。经济学的一般结论是，竞争是好的、有效率的，垄断是不好的、没有效率的。正因为如此，如何打破垄断、推动竞争，就成为经济学家的基本政策主张。

但是，传统经济学教科书中有关竞争和垄断的定义是误导的，因为它把真正的竞争与由政府施加的垄断混为一谈，使得反垄断政策常常变成反竞争的政策。比如说，如果问一下中国移动公司和腾讯公司哪一个更像所在行业的垄断者，按照传统经济学的定义，它们都是垄断者，甚至可以说，腾讯公司比中国移动公司更符合垄断者的经济学定义。

为了正确理解竞争与垄断的关系，我们必须对垄断的经济概念和政治概念做出区分。[1]

9.1.1 垄断的经济概念

传统经济学将市场结构分为四种类型：完全竞争、不完全竞争、寡头竞争和垄断。

传统经济学根据一个行业中企业的数量和规模定义垄断：一个行业的厂商数量越少，每个厂商的规模越大，这个行业的垄断力量就越强。具体来说，传统经济学将市场结构划分为四类：**完全竞争**（perfect competition）、**不完全竞争（垄断竞争）**（monopolistic competition）、**寡头竞争**（oligopoly）和**（独家）垄断**（monopoly）。完全竞争的市场中有无数个企业，每个企业都生产同样的产品，且每个企业规模都很小。不完全竞争或垄断竞争市场中有很多企业，但产品略有差别，每个企业规模不大。寡头竞争市场中只有少数几个企业，且每个企业规模较大。而独家垄断行业则只有一个规模很大的企业。

不同的市场结构下的企业会有截然不同的价格行为。如果市场是完全竞争的，那么任何企业都没有定价权，而只是**价格接受者**（price-taker）。所有企业面临的需求曲线都是水平的，它们只能在给定价格下选择任意数量的产出。如果市场是独家垄断的，那么垄断企业是**价格制定者**（price-maker），拥有完全的定价权。它面对的需求曲线是向下倾斜的市场需求曲线，价格与需求量一一对应。在完全竞争和独家垄断之间的不完全竞争市场上，企业的定价能力也处于竞争市场和垄断市场之间。图 9-1 对各种市场结构下企业面临的需求曲线进行了总结。

图 9-1　不同市场结构下企业面临的需求曲线

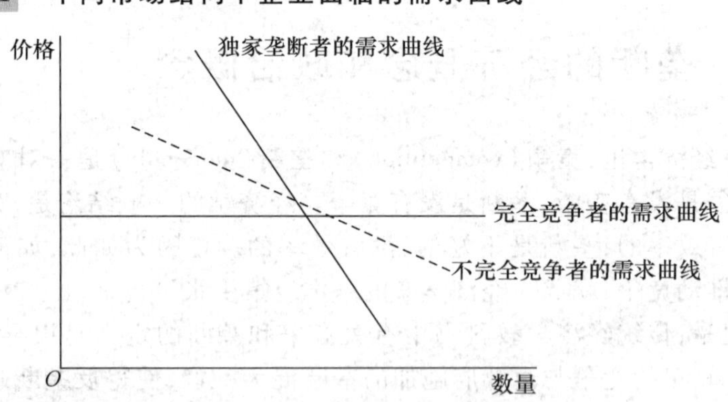

市场集中度：一家或几家最大的企业所占据的市场份额，用来衡量行业的竞争或垄断程度。

根据传统经济学的定义，行业的竞争或垄断程度可以用产业的**市场集中度**，即一家或几家最大的企业所占据的市场份额来衡量。在具体应用中，最大 4 家企业占行业的份额（CR4），或者最大 8 家企业占行业的份额（CR8）是最为常用的判定指标。市场集中度越高，说明市场的垄断性程度越高。对于完全竞争市场，由于每个企业的市场份额都很小，因此市场集中度指标会接近于 0；对于独家垄断行业，由于只有一个企业，因此市场集中度为 100%；而对于寡头竞争市场或垄断竞争市场,其市场集中度介于 0 到 100% 之间。

在表 9-1 中,我们给出了 1996—2008 年间以存款、贷款和资产计算的中国银行业 CR4 的变动状况。从中容易看到,无论是根据哪一种 CR4 指标,我国银行业的市场集中度都呈现出了明显的下降趋势。这说明,从经济意义上看,我国银行业的垄断程度在不断降低,而竞争性则逐渐提高了。

垄断的经济概念根据市场集中度来判断市场的垄断状况。

表 9-1　中国银行业的 CR4(1996—2008)　(单位:%)

年份	以存款计算的 CR4	以贷款计算的 CR4	以资产计算的 CR4
1996	85.82	86.94	85.44
1997	83.53	85.17	79.99
1998	83.22	85.12	83.46
1999	82.89	84.16	82.38
2000	80.14	81.65	80.22
2001	78.62	79.15	77.46
2002	76.12	76.39	74.87
2003	75.05	74.34	73.29
2004	72.05	71.85	70.80
2005	70.27	67.60	69.87
2006	69.55	65.44	67.87
2007	67.55	63.57	69.59
2008	66.58	60.59	68.74

资料来源:房树人,"转轨时期中国银行业产业组织问题研究",中共中央党校 2010 年博士论文。

9.1.2 对垄断的经济概念的批判

垄断的经济概念存在很多缺陷,它是十分武断和随意的。

首先,一个市场究竟是垄断的还是竞争的,完全依赖于对市场的定义。根据不同的市场定义,任何一个企业都可以被判定为是垄断的,也可以被判定为是竞争性的。举例来说,可口可乐公司是垄断者吗?如果以商标定义商品,那么它就是垄断者;而如果将"软饮料"视为一个市场,那么它就不是垄断者。

迷你案例

谷歌是不是垄断企业

可想而知,对外,谷歌当然不会宣称自己是垄断企业。但它到底是不是垄断企业?这取决于:它垄断了什么?我们一起来分析一下。

谷歌以做搜索引擎起家。截止到2014年5月,它占有68%的市场(而它最强劲的对手——微软和雅虎,分别占有大约19%和10%的市场)。如果这还不足以显示出它的优越,还有一个事实——“谷歌”已经成为一个动词被编入《牛津英语大词典》。而这是“必应”(微软推出的一款搜索引擎)做不到的。

但是假设谷歌刚开始是一家广告公司,那情形就不同了。美国搜索引擎广告市场的规模是每年170亿美元,网络广告市场的规模是每年370亿美元。整个美国广告市场的规模是1 500亿美元,而全球规模达到4 950亿美元。所以,即使谷歌完全垄断了搜索引擎广告市场,也只占全球市场的3.4%。从这个角度来说,谷歌只是这场竞技赛中的一名不起眼的小卒。

如果我们把谷歌定位为多元科技公司,会怎么样呢?这个假定很合理,因为除了搜索引擎,谷歌还做其他十几款不同的软件产品,比如自动驾驶汽车、安卓手机、可穿戴装置。但是95%的收益仍然来自搜索引擎广告,其他产品的收益在2012年只达到了22.5亿美元,而且针对科技消费者的产品的收益只占了一小部分。全球科技类消费品市场的规模达到9 640亿美元,谷歌只占了不到0.24%——与垄断相差十万八千里。谷歌把自己定位成一家科技公司,可以躲开注意力,省去麻烦。

资料来源:彼得·蒂尔等,《从0到1:开启商业与未来的秘密》,中信出版社2015年版,第33—34页。

其次,即使给定了市场,用市场份额来判定垄断程度也是十分随意的。例如,究竟是75%的市场份额算是垄断,还是80%的市场份额才算是垄断,并不清楚。而究竟应该用资产份额、销售份额抑或是利润份额来进行判定,也不明确。

一个行业究竟是什么类型的市场结构,一个企业究竟是竞争的还是垄断的,往往靠的是主观判断。

总而言之,在实际的操作中,一个行业究竟是什么类型的市场结构,一个企业究竟是竞争的还是垄断的,往往靠的是主观判断。“3Q大战”中有关腾讯公司是否是垄断者的争论就说明了这一点。

迷你案例

“3Q大战”中对相关市场的争议

2010年11月3日晚,中国市场份额最大的即时通讯软件腾讯QQ通过自带弹窗向用户推送了《致广大QQ用户的一封信》,称QQ客户端将不能与奇虎公司的360软件兼容,QQ将在装有360软件的电脑上停止工作。而奇虎360也于当日晚上发布了《反抗QQ霸权,需要你的力量——360致网民的紧急求助信》,建议用户停止使用QQ三天,一时间,一场旷日持久的"3Q大战"全面爆发。

随着"大战"的升级,腾讯公司和奇虎公司从开始的"口水战"逐步发展到了"法律战"。2012年4月,奇虎公司向广东省高级人民法院提起了反垄断诉讼,称腾讯公司在"3Q大战"期间滥用其即时通讯工具QQ的市场支配地位强制用户卸载已安装的360软件,索赔1.5亿元人民币。在起诉书中,奇虎公司列举了该案件的三个诉讼理由:(1)腾讯公司在"3Q大战"中擅自中止用户服务,利用其垄断地位迫使用户"二选一",对奇虎360造成了巨大损害;(2)腾讯公司滥用市场支配地位的垄断行为,剥夺了用户的自主选择权,严重破坏了公平竞争的市场环境;(3)腾讯公司拥有中国最大的聊天软件QQ,其将QQ软件管家与即时通讯软件相捆绑,并且以升级QQ软件管家的名义安装QQ医生,滥用了市场支配地位,损害了竞争,违反了《反垄断法》的规定。

对于奇虎公司方面的起诉,腾讯公司方面辩称自己不存在《反垄断法》第十七条第一款第(五)项所禁止的无正当理由搭售行为。首先,被告不具有市场支配地位,因为很多软件都可以对即时通讯软件构成替代。其次,被告为用户提供了QQ软件管家的卸载功能,这说明被告向用户提供QQ软件服务不是以用户必须使用QQ软件管家为先决条件的。最后,QQ软件管家与QQ医生升级为QQ电脑管家的行为也不构成搭售。被告作为软件服务商对用户电脑中已安装的软件进行功能升级,符合行业惯例,被告的产品升级公告及必须经过用户选择才可升级的行为,说明被告给予了用户选择权。

2013年3月28日上午,广东省高院对奇虎诉腾讯案进行了宣判。一审驳回了奇虎公司的全部诉讼请求,诉讼费用全部由奇虎公司方面承担。广东省高院认定,即时通讯与微博、社交网络等构成强竞争和替代关系,而且是全球性市场、充分竞争,奇虎公司对市场的定义过于狭窄。腾讯公司并未处于绝对主导地位,而且也未滥用市场权力,因而不存在滥用市场支配地位的情况。因此,法院不支持原告的全部诉讼请求。奇虎公司认为腾讯公司在中国的即时通讯市场有支配地位,但法院认为,虽然腾讯公司在即时通讯市场的市场份额超过了50%,但也不能认定其在这个市场有支配地位。

一审结束后,奇虎公司表示对判决结果不满,继续向最高人民法院提出了上诉。2014年2月24日下午,最高人民法院对该案进行了终审判决,宣布驳回奇虎公司的上诉,维持一审原判。

资料来源:根据网络新闻资料整理。

9.1.3 垄断的政治概念

垄断的政治概念根据政府是否通过法律或行政的手段对竞争实行限制来判断市场的垄断状况。

和垄断的经济概念不同,垄断的政治概念不是根据市场集中度,而是根据政府是否通过法律或行政的手段对竞争实行限制来判断市场的垄断状况。如果在某个市场上,政府动用强力(法律和政策)来为一个或多个企业保留全部市场或一部分市场,这个市场就是垄断的。例如,用法律或行政手段限制行业准入,发放许可配额,给予专营权,在不同企业之间进行税收、信贷、补贴等方面的歧视都是存在政治意义上垄断的标志。这种对垄断的定义有着悠久的历史。在《国富论》中,亚当·斯密就曾经用这种概念来批判英国政府的特许经营制度。

政治概念上的垄断是十分确定的。一个企业是否是垄断的,完全看它是否享有政治上的特权,而不会因市场选择等标准的变化而变化。按照这种标准,我们不难发现,中国的电信业、金融业、出版业乃至大学都存在着垄断。与政治概念上的垄断相比,经济概念上的垄断就显得很有误导性了。因为它混淆了不同的事物,如把强力保护的优势地位与竞争中形成的优势地位都归于"垄断"。

事实上,有很多产业从经济概念上看是垄断的,但这种所谓的垄断恰恰是竞争激烈的表现。只要没有政府的强力干预,即使是那些看起来不可一世的企业,也随时可能被名不见经传的新进入者挤出市场。如果错把竞争混淆为垄断,就会犯严重的错误。

9.1.4 竞争和垄断分析的新框架

前面我们分别讨论了竞争和垄断的经济概念和政治概念。把这两个概念放在一起,我们就得到了一个新的分析框架,如图 9-2 所示。图中,横坐标度量政治概念的垄断程度:政府对竞争的限制越多,垄断程度越高。纵坐标度量经济概念的垄断程度:企业数量越少,垄断程度越高。这样,我们大致可以区别出四种不同的市场结构:A——自由竞争下的众多企业;B——政府垄断下的众多企业;C——自由竞争下的少数企业;D——政府垄断下的少数企业。传统经济学把 A 和 B 归于一类,C 和 D 归于另一类,混淆了真正的竞争与真正的垄断。正确的分类应该是,A 和 C 都属于竞争性行业,B 和 D 都属于垄断行业。像中国的国有部门,有些属于 B 类(如出版、新闻传媒、电视台等),但它们与真正自由竞争下的 A 类根本不同;有些属于 D 类(如石油、电信、银行等),但它们与自由竞争下的 C 类也根本不同。当然,同样是竞争性行业,A 类企业和 C 类企业的行为有所不同;同样是垄断行业,B 类企业和 D 类企业的行为方式也有差别。从这个意义上讲,如我们将看到的,传统经济学有关垄断分析的一些结论是有价值的。

图 9-2　竞争与垄断分析的新框架

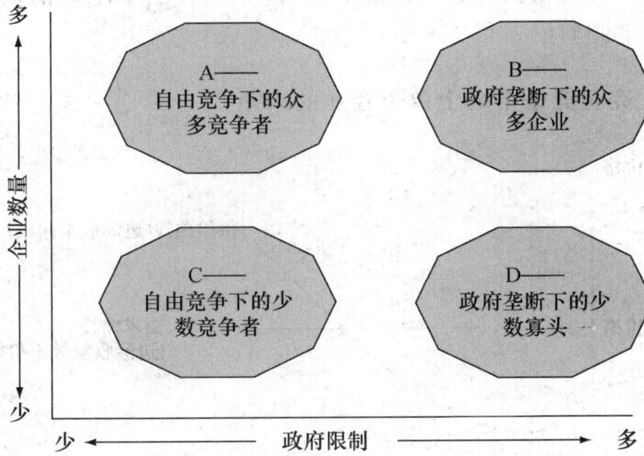

传统经济学的分类：A 和 B 属于竞争性行业，C 和 D 属于垄断行业。

正确的分类：A 和 C 属于竞争性行业，B 和 D 属于垄断行业。

9.2　传统经济学的完全竞争理论

在对垄断的概念进行了辨析后，接下来让我们对传统经济学中的竞争和垄断理论进行介绍。

完全竞争模型是传统经济学的一个标杆（benchmark），它被认为是最有效率的市场结构。经济学家们用它来衡量其他市场结构的效率，并认为任何偏离“完全竞争”模型的市场都被认为会带来效率损失。政府干预市场的结论就是在这个框架下导出的。我们先来了解一下这个模型的具体含义，再对其进行分析。

在传统经济学里，完全竞争的含义包括如下几点：(1) 行业没有明显的进入壁垒和退出壁垒；(2) 存在大量小规模的生产厂家，且所有厂家生产完全一样的标准化产品，质量和性能都没有任何差别；(3) 存在着完全的信息（包括技术关系、价格等）；(4) 每个生产者都是价格接受者，所有的厂商都按相同的价格出售产品。

在这种假设下，完全竞争市场上的每一个企业所面临的需求曲线都是水平的，这是因为它们都没有市场力量，只要一提高价格，消费者就会被其他企业抢走。而在第 5 章中我们已经指出，企业的供给曲线就是其边际成本曲线。在企业的需求曲线和供给曲线相交时，就达到了均衡。此时，价格 P 恰好等于边际成本 MC，如图 9-3 所示。

如果我们稍加分析就可以发现，完全竞争的概念是误导的，相关的假设是不适当的。它号称是“完全竞争”，但其内涵却是没有竞争！所有企业生产完全同质的产品、以相同的价格出售，这算什么竞争呢？在现实中，产品质量、差异化的竞争是十分关键的竞争方式，而在所谓的完全竞争模型里,这些都不见了。完全竞争与由创新推动的经济进步是不相容的,因为创新一定意味着与众不同,创新企业的需求曲线一定是向下倾斜的。

完全竞争市场上的单个企业面临着水平的需求曲线。

图 9-3　完全竞争市场上单个企业的均衡

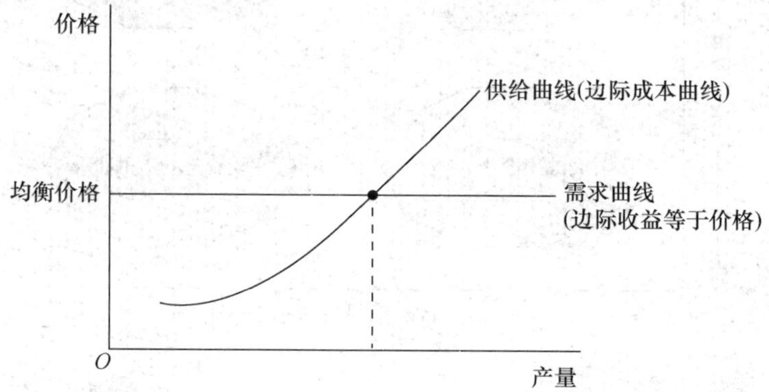

9.3　传统经济学的垄断定价理论

尽管垄断的经济概念是错误的,但在"垄断理论"名义下发展的一些定价理论(企业如何定价)是有价值的,这些理论适用于市场中的几乎所有企业。之所以如此,是因为按照传统经济学的定义,现实中的所有企业都有一定的市场力量,因而某种程度上都是垄断者。比如,即使一个社区的小饭馆,在其所在的地区也可能是餐饮业的垄断者。

9.3.1　垄断企业的线性定价问题

我们先考虑最简单的情况:企业只出售一种产品,且对出售的每一单位产品都制定统一的价格。如果企业希望利润最大化,那么它应该如何定价呢?

经济学的思维方式告诉我们,对于以上问题我们应该在边际上加以考虑。企业每多卖一单位产品,都需要付出额外的边际成本,同时能获得额外的边际收益。如果按照一般的经济学假设,即边际收益是不断递减的,而边际成本则是不变或递增的,那么企业的最优决策会使销售量恰好停在满足边际收益等于边际成本的那个点上。

试想,如果在当前的销量下,边际成本小于边际收益,那么企业就可以通过多销售一些商品以增加企业利润;而如果在当前的销量下,边际成本大于边际收益,那么企业就应该通过少销售一些商品以增加利润。当然,如果企业可以提供的商品数量是离散的,那么比以上条件所得的销量小一单位的销量也满足令企业利润最大化的条件。

让我们用如下例子来对上述观点进行说明。在表 9-2 中,第一列给出的是企业的销量,第二列给出的是每一个销量所对应的商品单价。根据前两列信息,我们可以计算出每个销量对应的总收益和边际收益,我们将这些信息分别放在第三、第四列中。如果商品的边际成本如第五列所示,固定为 100,那么容易看到,令边际收益等于边际成本的产量是 5,对应的利润为 1 000,恰好是所有可能的利润中最高的。

表 9-2　某商品的收益、成本和利润信息

销量	价格	总收益	边际收益	边际成本	利润
1	500	500	500	100	400
2	450	900	400	100	700
3	400	1 200	300	100	900
4	350	1 400	200	100	1 000
5	300	1 500	100	100	1 000
6	250	1 500	0	100	900
7	200	1 400	-100	100	700
8	150	1 200	-200	100	400
9	100	900	-300	100	0

如果用 y 代表企业的销量,$P(y)$、$C(y)$ 代表对应销量下的价格和成本,那么企业的利润可以表示为 $\pi = P(y)y - C(y)$。此时,企业的最优化问题可以表示为如下数学规划:

$$\max_{y}\{P(y)y - C(y)\}$$

由一阶条件,可以得到企业利润最大化的产量应该满足的条件为:

$$P(y) + y\frac{\mathrm{d}P}{\mathrm{d}y} = MC$$

其中,等式左侧表示的是边际收益 MR,它由两部分给出:$P(y)$ 和 $\frac{y\mathrm{d}P}{\mathrm{d}y}$。其中,$P(y)$ 代表的是企业从多销售的那一单位商品中得到的收益(等于价格),而 $\frac{y\mathrm{d}P}{\mathrm{d}y}$ 表示的则是由于多销售了一单位商品,对所有单位的总收益带来的损失(因为多销售商品会使价格下降,而价格的这一下降适用于所有销售的数量)。等号右侧表示的是边际成本 MC。因此,用数学规划也得出了“边际收益等于边际成本”的结论。

图 9-4 给出了最优化条件的直观解释。由于需求曲线是向下倾斜的,即 $\frac{\mathrm{d}P}{\mathrm{d}y} < 0$,因此边际收益曲线一定位于需求曲线下方。由边际收益等于边际成本的条件,容易知道垄断企业的最优均衡点为 E^* 点。

图 9-4　垄断企业的最优决策问题

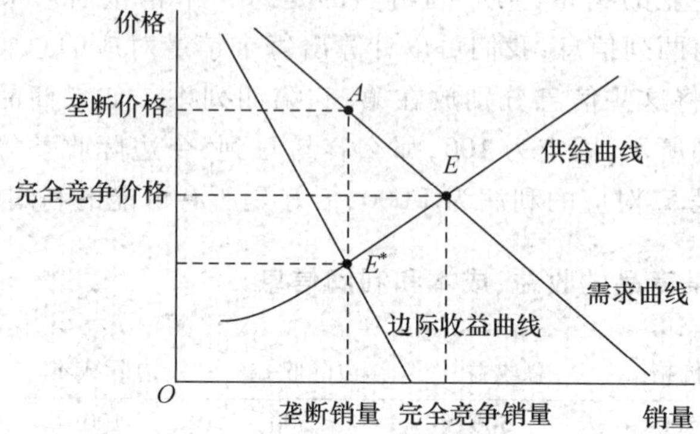

E 是完全竞争均衡，E^* 是垄断均衡。垄断使产量减少，价格提高；并且垄断减少了消费者剩余，带来社会净损失三角形 AEE^*。

我们可以借助图 9-4 来比较垄断和完全竞争的区别。在完全竞争条件下，企业的决策由价格等于边际成本，也就是需求曲线和供给曲线的交点 E 给出。可以看到，与完全竞争情况相比，垄断情况下企业的价格更高、产量更低。同时，与完全竞争情况相比，垄断情况下社会的净剩余（即消费者剩余和生产者剩余之和）下降了。其大小恰好可以用三角形 AEE^* 来表示，在传统理论中，这个三角形就表示了垄断导致的社会净损失。

9.3.2　勒纳指数和市场力量

根据直观的理解，市场力量（market power）更强的企业可以获取更高的边际利润率。受此启发，我们可以用以下指标来对企业的垄断力量进行测度：

$$L = \frac{P - MC}{P}$$

勒纳指数： 价格对边际成本的偏离程度，是用来刻画企业市场力量的一种指标。

在文献中，这一指标被称为**勒纳指数**（Lerner index），它是由俄裔经济学家勒纳提出的。勒纳指数 L 越大，表明企业的市场力量越强；反之则表明企业的市场力量越弱。极端的，在完全竞争市场上，$P = MC$，勒纳指数为 0，也就是说，企业完全没有市场力量。

从边际收益等于边际成本的等式，我们可以得到：

$$\frac{P - MC}{P} = -\frac{\mathrm{d}P}{\mathrm{d}y}\frac{y}{P} = \frac{1}{\varepsilon}$$

其中，ε 是需求的价格弹性。上式表示，企业面临的需求曲线弹性越大，对应的勒纳指数越小，即它拥有的市场力量越小；反之，企业面临的需求曲线弹性越小，对应的勒纳指数越大，即它拥有的市场力量越大。

我们可以把上式进一步做一些变换，从而得到企业的定价法则：

$$P = \frac{MC}{1 + 1/\varepsilon}$$

这表明,对于既定的边际成本状况,当企业有更大的市场力量,即面临更小的需求弹性时,它可以制定更高的价格。

9.3.3 多产品的垄断定价问题

到目前为止,我们讨论的企业只销售一种产品,事实上很多企业都会同时销售多种产品。例如,联想会同时销售电脑、手机、平板电脑等产品。这时,企业的定价必须考虑其销售的各种产品之间的相互影响问题。具体来说,我们考虑两种情况:

第一种情况是产品之间的需求存在着相互依赖,但成本相互独立。这时,企业需要考虑两种产品在需求上的相互关系。

如果两种产品互为替代品,则一种产品价格的上升会增加另一种产品的需求。因此,给定一种产品的定价,另一种产品的最优价格会高于只考虑单种产品时所定的价格。这种现象在现实中是比较常见的。例如,如果一个酒厂同时生产好几种酒,那么与只生产其中一类酒的酒厂相比,它对某些种类酒所定的价格会偏高。这样的做法主要是避免在本企业内部的各种产品之间制造竞争,避免使某些种类的产品销量过于热销,而另一些种类的产品则过于滞销。

相反,如果两种产品互为互补品,则一种产品价格的上升会减少另一种产品的需求。因此,给定一种产品的定价,另一种产品的定价会低于只考虑单种产品时所定的价格。极端的,其中一种产品的价格甚至可能低于边际成本。因为,企业可以通过降低一种产品的价格,让另一种产品的需求量大大增加,从而使总利润提升。

现实经济中很多的"免费"商业模式其实就是受此启发得来的。例如,小米手机把价格定得很低,这让传统手机商看不懂。但其实,小米不是靠手机赚钱,而是靠和手机配套的软件和服务赚钱。低价手机为其赢得了客户基数,从而可以带来未来的利润。

迷你案例

"免费的午餐"哪里来

经济学家们相信"世上没有免费的午餐",但现实中的很多商品和服务却都以"免费"的形式出现,例如电脑销售者在出售硬件时会赠送软件,女士去酒吧时可以免费入场,电商企业会提供免费包邮……那么,为何企业会提供这些"免费"的商品和服务呢?其奥秘就是,企业成功设计了交叉补贴,让其他人为这些"免费"商品和服务埋了单。

在2009年出版的《免费:商业的未来》一书中,克里斯·安德森(Chris Anderson)曾经将"免费"分成了四种模式:直接交叉补贴、第三方市场补贴、免费加收费和非货币市场。

所谓“直接交叉补贴”，是指企业同时销售多种商品，并将其中一些商品的价格转嫁到另一些商品上，这样就能让某些商品实现免费。这种模式的经典例子是吉列剃须刀的营销。吉列在生产出随弃式刀片后，把剃须刀赠送给了顾客，从而创造了人们对随弃式刀片的巨大需求，而吉列公司真正的赢利点正是来自高利润的刀片业务。

所谓“第三方市场补贴”，是指引入一个独立的第三方来为商品付费。在现实中，广播电视业是使用这种模式最多的行业。在一般状况下，电视的观看者并不需要为收看节目而付款，而电视台的运营成本事实上是由广告赞助商提供的——当然，后者通过广告的投放也达到了为企业做营销宣传的目的。

所谓“免费加收费”，是指对一部分消费者免费，而对另一部分消费者收费，本质上是用后一类消费者补贴前一类消费者。例如，现在的很多网站都将用户分为“一般用户”和“VIP 用户”，一般用户可以享受免费的基础服务，而 VIP 客户需要付费，但可以享受额外的服务。

所谓“非货币市场”，是指免费商品的提供者获得了除金钱之外的报酬，如荣誉、成就感等。在互联网时代，有越来越多的人开始崇尚“共享精神”，愿意将自己的智慧和劳动成果拿出来和人分享。维基百科的成功就是“非货币市场”运作成功的最典型代表。

资料来源：参考克里斯·安德森，《免费：商业的未来》，中信出版社 2009 年版。

第二种情况是需求独立而成本相关。如果一种产品产量的增加有助于降低另一种产品的成本，则前者的价格就应该定得低一些；反之，就应该定得高一些。需要注意的是，这种效应也可以是跨期的，所谓的“学习曲线”就是其中的典型例子。

例如，中国的汽车企业在起步时，都会生产一些低价的汽车。为什么这么做呢？关键是这些企业没有经验，它们要先从做低价车开始学会做汽车。等到经验成熟了，生产、管理成本降下来了，在市场上也有了好的口碑，它们就可以开始生产比较高档的汽车了。

价格歧视：
对不同的消费者索取不同的价格。

完全价格歧视：
对每个消费者（或每个产品单位）收取不同的价格，并且都等于消费者的保留价格。

9.3.4 价格歧视

所谓**价格歧视**（price discrimination），就是对不同的消费者索取不同的价格。这个名词是经济学家们约定俗成的叫法，其实这里的“歧视”并没有感情色彩。管理学家更喜欢称它为差别定价，这可能更确切一些。

在经济学中，价格歧视分为三类：

第一类价格歧视又称**完全价格歧视**，是对每个消费者（或每个产品单位)收取不同的价格,并且都等于消费者的保留价格。根据传统经济学的论述,第一类价格歧视不存在效率损失,它会使销量达到和完全竞争相同的水平,所有价格等于边际成本以上的消费需求都能得到满足。和完全竞争不同的是,在完全竞争情况下,消费者将获得均衡价格以上的经济剩余,而在完全价格歧视下,企业将获得全部经济剩余。图 9-5 中,P_M 是统一定价时的垄断价格,P_1 是完全价格歧视下的最高价格,P_E 是完全价格歧视下的最低价格(等于完全竞争时的均衡价格)。在完全竞争的市场上,消费者得到等于三角形 P_1P_EE 面积的消费者剩余;而在完全价格歧视下,这一消费者剩余变成了垄断企业的利润。

图 9-5　第一类价格歧视

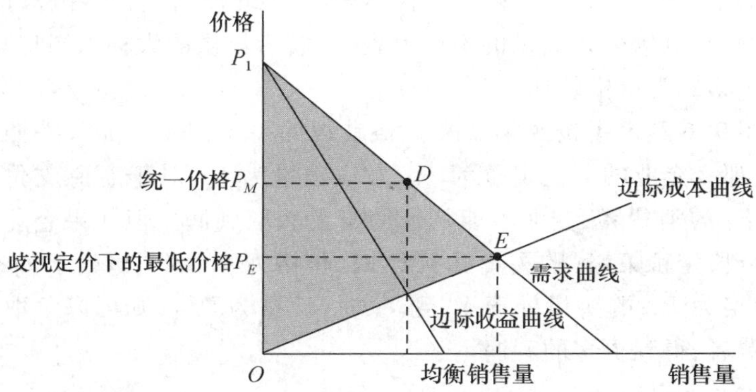

企业获得全部消费者剩余,但产量是社会最优的。

这种价格歧视要求企业对每个消费者的信息都有十分精准的了解,因此在现实中很难达到。不过,随着大数据时代的来临,它正开始成为现实。以下案例就是企业家们尝试"第一类价格歧视"的一次实践。

迷你案例

西班牙的"不准笑"剧院

西班牙巴塞罗那一家名为 Teatreneu 的戏院最近推出了富有创意的收费方式:观众可以免费进场,但是看戏过程中每笑一次都要付钱。戏院利用高科技的"笑容识别收费系统",自动辨识观众的笑容并计算收费,观众每笑一次收费 0.3 欧元。为了公平起见,戏院为观众缴费设置了上限,最多不超过 24 欧元(约合 186.6 元人民币)。结果,几个月下来,戏院不仅没有出现亏损,收入反而节节上升,因为不仅戏院客源大幅提高了 35%,而且平均每名观众支付的票价增加了 6 欧元。

据报道,这一创新收费计划推出的背景是由于从去年开始,西班牙政府大幅调高了门票税，从8%调升至21%，导致戏院客源减少。因此，Teatreneu 戏院为了重新吸引逐渐流失的客源，而设计了这套新颖的收费系统。

除了增加收入外，“笑容识别收费系统”还有效地观察和记录了观众对戏剧的反应，对戏剧特别是喜剧创作者提高戏剧质量大有裨益。戏院还鼓励观众离开后在社交媒体分享他们的“缴费成果”，这也成为一种绝佳的宣传方式。

目前西班牙其他地方的戏院也开始学习 Teatreneu 戏院的方法。

资料来源：《广州日报》，2014年10月20日。

非线性定价：企业提供不同的“价格-产量”或“价格-质量”组合，让消费者进行自选择。

第二类价格歧视即所谓的“**非线性定价**”。在这类价格歧视中，企业提供不同的“价格-产量”或“价格-质量”组合，让消费者进行自选择。例如，电信公司提供的不同套餐、快餐店提供的大杯饮料优惠等，都属于第二类价格歧视。

图 9-6 给出了按照第二类价格歧视的一个图示。如果按照线性定价，那么企业的最优定价为 P_0，对应销量为 Y_0，对于意愿支付价格低于 P_0 的消费者，企业不能从他们身上获取利润。但如果企业推出不同分段定价策略（购买量低于 Y_1 时，价格为 P_1；购买量处于 Y_1 到 Y_2 时，价格为 P_2；购买量处于 Y_2 到 Y_3 时，价格为 P_3），则可以争取更多的消费者，得到更多的利润。

图 9-6　第二类价格歧视

价格根据购买量从高到低调整。此类商品一般具有边际成本递减的特点。统一定价的最优价格是 P_0。

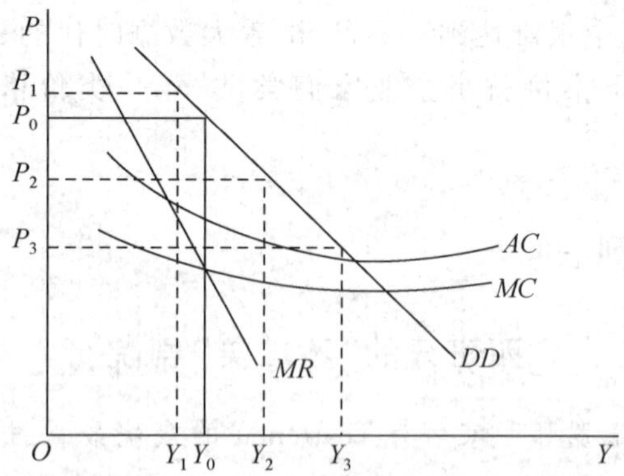

迷你案例

为什么三等车厢没有顶盖

19 世纪中期，法国的火车上有头等车厢、二等车厢和三等车厢三种不同的车厢，价格相差较大。头等车厢非常舒适，二等车厢与三等车厢最大的区别是前者有顶盖,后者没有。这样,坐在三等车厢的旅客就要忍受日晒雨淋的痛苦。按理说,给车厢加一个顶盖成本并不高,为什么铁路公司不这样做呢?难道铁路公司与坐三等车厢的人有仇吗?当然不是。铁路公司总是想从每一个乘客那里赚更多的钱,麻烦在于他们并不知每个乘客愿意为乘坐火车付多少钱。如果有财力坐二等车厢的乘客选择了三等车厢,这对铁路公司来说是一种损失。因此,铁路公司就决定不给三等车厢加顶盖。这样一来,有财力坐二等车厢的人因为忍受不了三等车厢的痛苦,就不会选择三等车厢了,只有那些实在没有财力的穷人才会选择三等车厢。这样说来,铁路公司让穷人受罪其实是为了"吓唬富人"并让富人多掏钱而已。

资料来源:参考 Tirole(1988)。原文资料来自 Dupuit(1849)。

第三类价格歧视是针对处于不同市场、需求曲线不同的消费者采取不同的定价。例如,欧美等国出版的教材往往会同时有国内版和国际版,前者只在其国内销售,而后者则向海外,尤其是发展中国家销售。由于欧美市场的购买力远远高于发展中国家,因此同一本教材的国内版售价通常会远高于国际版售价。

图 9-7 给出了第三类价格歧视的一个图示。图中,需求曲线 D_1D_1 和 D_2D_2 分别代表了高需求消费者和低需求消费者。如果企业能够成功地对两类消费者进行区分,那么就能向高需求消费者索取 P_1 的更高价格,而对低需求消费者仅索取 P_2 的价格。

图 9-7　第三类价格歧视

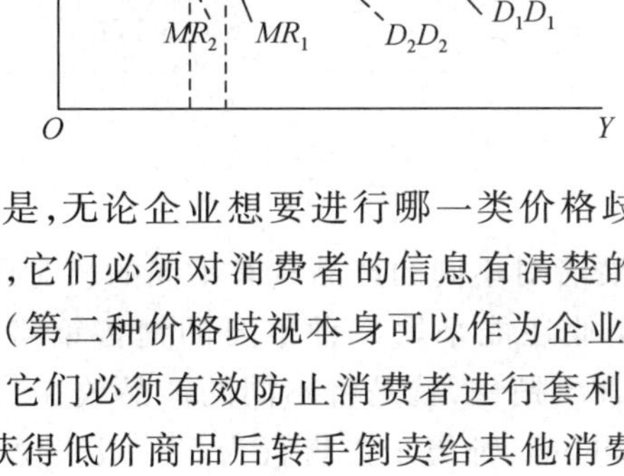

高需求市场的价格是 P_1,低需求市场的价格是 P_2。

需要说明的是,无论企业想要进行哪一类价格歧视,都必须满足两个前提。第一,它们必须对消费者的信息有清楚的了解,才能制定有效的歧视方案(第二种价格歧视本身可以作为企业获取消费者信息的方式)。第二,它们必须有效防止消费者进行套利。如果消费者能够进行套利,在获得低价商品后转手倒卖给其他消费者,则企业的价格歧视策略就不能成功。

迷你案例

为什么影印版教材要改编

经常使用外文影印版教材的同学一定会注意到,最近几年国内引进的教材有很多其实不是由原版直接翻印的,而是经过了改编或删节。也有一些书在英文教材里加上了中文的评注或者习题,美其名曰"双语版"。有不少同学抱怨这种改编让原本经典的教材显得不伦不类,而有些删节还带来了很多不必要的麻烦。例如,有同学反映,在计量经济学课上要用到伍德里奇(J. Wooldridge)教授编写的《计量经济学导论》,但买来影印版却发现,里面把面板数据分析等高级专题都删减了,使他在学到相关章节时不得不从图书馆借国外的原版书来复印。

那么,为什么国内出版社要吃力不讨好地在影印教材前先进行改编呢?其实那也是无奈之举。事实上,前些年国外的出版商通常会授权国内出版社完全翻印教材,但不久后他们就发现了问题。中国的书价要远远低于北美、欧洲等地,例如一本卡塞拉(G. Casella)教授、贝耶(R. Berger)教授合写的《统计推断》在美国亚马逊上卖282.92美元,而其影印教材在中国的定价却仅为59元人民币,在打折促销时,可能只需30多元即可买到,国内外差价高达数十倍。起初,只是一些留学生发现了这一现象,他们会在每学期开学前提早买好教材供自己使用。后来,一些精明的人甚至用这种差价干起了国际套利,收购中国市场上的影印教材到欧美市场上去销售。据说,某美国名校教授在讲授高级微观经济学时曾惊讶地发现,班里的学生都用粉红色书皮的MWG(一本流行的高级微观经济学教科书),而封皮上的书名和出版社都是中文。

这种影印教材返销的现象严重冲击了国外教材市场,让国外出版商进行第三类价格歧视的努力化为了泡影。因此,为了给教材返销制造障碍,这些国外出版商就开始要求国内出版社在引进教材时必须进行删改。

9.3.5 搭售

当不同的消费者对不同的产品具有不同的相对评价,而又难以实行价格歧视时,企业还能采取一种重要的销售策略——**搭售**(bundling)。搭售又称捆绑销售,就是将不同的产品放在一起进行销售,如套餐、套装"大礼包"等,都属于搭售行为。一般来说,通过搭售购买,会比分别购买其中的每一件商品所须支付的总价更低。例如书店里经常有活动,两本原价 80 元的书,一起卖只要 100 元。也许有同学要问,企业这么做,不是亏了吗？当然不会。其实恰恰相反,搭售可以让企业成功地提高自己的利润。这一点,我们可以用以下例子来说明:

搭售可以让企业成功地提高自己的利润。

某企业销售两种商品:电视机和音响。为简便起见,假设两种商品的成本都是 1 000 元。潜在的购买者有三人,他们对两类商品的意愿支付分别如表 9-3 所示。

表 9-3　三类消费者的意愿支付 (单位:元)

	电视机	音响
消费者 A	4 000	2 000
消费者 B	3 000	3 000
消费者 C	2 000	4 000

面对这样的消费者,企业应该采用怎样的定价策略呢？第一种方案是,对于两种商品分别定价。它可以对电视机和音响都定 3 000 元,那么消费者 A 和 B 会买电视机,消费者 B 和 C 会买音响,企业总共能得到 8 000 元的利润。第二种方案是搭售,用 6 000 元出售电视机和音响组合。这样三位消费者都会购买这一组合,企业总共可以得到 12 000元的利润。这相当于企业对两类商品都实行完全价格歧视所能得到的利润。

需要说明的是,在以上例子中,所有消费者对两类商品的评价正好是负相关的。他们对两种商品的意愿支付组合正好可以连成一条直线,如图 9-8(a)所示,这时搭售的效果是最好的。

而如果消费者的意愿支付不是完全负相关,那么搭售的效果就会受影响。例如,若消费者对两种商品的意愿支付组合如图 9-8(b)所示(消费者 A 对电视机的保留价格变为 3 000 元),那么企业能推出的

图 9-8　消费者对两类商品的意愿支付组合

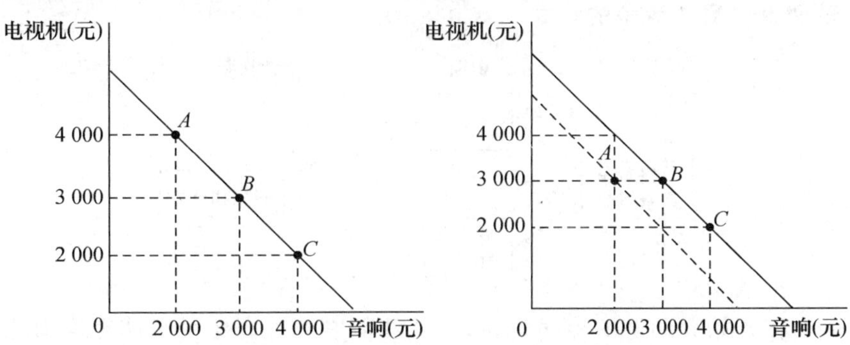

(a) 意愿支付完全负相关　　(b) 意愿支付不是完全负相关

让所有消费者都购买的搭售价格为 5 000 元,此时企业只可以获得9 000元的利润。如果企业想继续提升利润,可以推出一种混合搭售策略:如果电视机和音响一起买,只要 6 000 元;如果单独买,那么电视机的价格为 3 000元,音响的价格为 4 000 元。在这种价格策略下,B 和 C 都会同时买电视机和音响,A 会只买电视机,企业总共可以得到利润 10 000 元,高于纯搭售时的利润。[2]

9.3.6 对传统垄断定价理论的小结

至此,我们已经用了较大篇幅对传统垄断定价理论进行了总结。正如我们前面说的,尽管传统垄断定价理论是基于错误的出发点导出的,但它得出了很多有用的结论,这些结论比较好地解释了我们在现实的商业实践中看到的很多现象,是很有价值的。

传统经济学认为,垄断会造成商品销量过少,因而引起效率损失。但从上面的分析中我们看到,价格歧视、搭售等这些定价策略都有助于增加产品的销售数量,从而减少效率损失。但这些定价策略在传统经济学里被认为是垄断行为,在反垄断法中被限制使用。

9.4 传统经济学的寡头竞争理论

寡头竞争: 市场上存在着少数几家企业,每个企业拥有一定的市场力量。

接下来我们介绍一下传统经济学中的寡头竞争理论。**寡头竞争**的定义是,市场上存在着少数几家企业,每个企业拥有一定的市场力量。在这种市场结构下,每一个企业在进行决策时都要考虑其对手的反应。

寡头竞争的形式很多。如图 9-9 所示,在短期,寡头企业会主要采取价格竞争或产量竞争;在中期,它们会通过产品选择、调整成本和产能、进行广告战等进行竞争;而在长期,它们的竞争则主要体现在研究和开发上。在本节中,我们将着重介绍产量竞争和价格竞争。

图 9-9 寡头竞争的形式

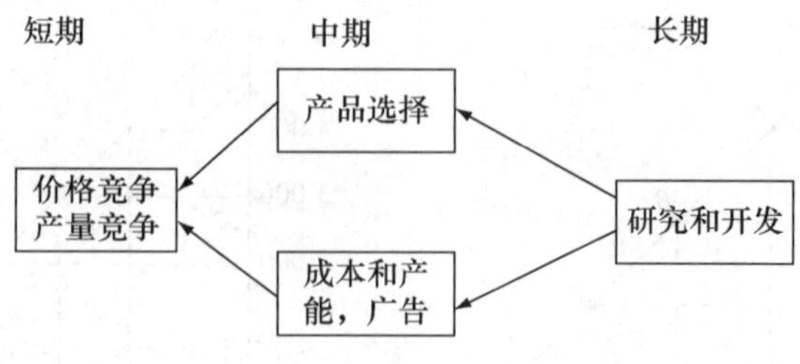

在开始介绍寡头竞争理论之前,我们需要先介绍一下博弈论中的"纳什均衡"概念。

9.4.1 纳什均衡

博弈论是研究行为相互影响时理性人如何决策的理论。[3]在博弈中,每个参与人都会选择自己的最优策略,而一般来说,一个策略是否是最优的,依赖于其他参与人的策略。**纳什均衡**是所有参与人最优策略的组合,它满足如下条件:给定别人的策略,没有人有积极性改变自己的策略。它是基于参与人的信念给出的,如果所有参与人都预测纳什均衡会出现,它就能出现。从这点上讲,纳什均衡是自我实施(self-enforcing)的。

纳什均衡: 所有参与人最优策略的组合。

我们可以用如下例子来说明纳什均衡:警方逮捕了甲、乙两名嫌疑犯,但没有足够证据指控二人有罪。于是警方对两名嫌疑犯进行隔离审查,并告诉双方以下后果:若一人坦白,而另一方抵赖,则前者将立即获释,后者将入狱 10 年;若两人都抵赖,则二人各获刑 1 年;若两人都坦白,则两人各获刑 8 年。表 9-4(a)总结了以上情况(注意,获刑当然会给人带来负效用,所以获刑年份越多,参与人的支付越低):

表 9-4 囚徒困境博弈

(a) 没有心理成本

		乙:抵赖	乙:坦白
甲	抵赖	-1, -1	-10,0
甲	坦白	0, -10	-8, -8

(b) 有心理成本

		乙:抵赖	乙:坦白
甲	抵赖	-1, -1	-10, -2
甲	坦白	-2, -10	-10, -10

容易看出,在这个博弈中,对任何一名囚徒来说,无论对手的选择如何,选择坦白都是他的最优策略。因此,这个博弈的纳什均衡就是两名囚徒都坦白。这个两人坐牢时间最长的情形成为均衡,是十分令人吃惊和沮丧的,所以这个博弈被称为"**囚徒困境**"博弈。

如果我们对博弈的支付状况略做改变,那么博弈的结果就会改变。例如,假定囚徒在坦白时,会感到对不起同伙,其心理成本为 -2,那么对应的支付矩阵就如表 9-4(b)所示。容易看出,此时两名囚徒都抵赖就成了新的纳什均衡。此时，“囚徒困境”就被打破了。

纳什均衡是分析和预测存在互动关系时人们如何决策的最重要概念，在寡头竞争理论中有广泛的应用。

9.4.2 产量竞争

产量竞争的经典模型是**古诺模型**(Cournot model)。这个模型是法国经济学家古诺于 1838 年提出的。在这个模型中，有两个企业(也可以很容易推广到 N 个企业)。每个企业面临的需求曲线都和其对手的产量相关。

两个企业需要同时制订自己的产量计划 y_1 和 y_2。产品在市场上的价格由两个企业的总产量决定，即 $P = P(y_1 + y_2)$，$P'(\cdot) < 0$。假定企业 i 的成本函数为 $C_i(y_i)$，这样，两个企业的利润函数可以分别写为：

企业 1：$\pi_1(y_1, y_2) = y_1 P(y_1 + y_2) - C_1(y_1)$

企业 2：$\pi_2(y_1, y_2) = y_2 P(y_1 + y_2) - C_2(y_2)$

如果两个企业都假设对手的产量是给定的，并在此基础上选择利润最大化的产量，那么我们就容易用一阶条件来求得两个企业的最优反应函数(这里，反应函数指的是企业的最优产量如何随竞争对手的产量而变化)：

反应函数：企业的最优产量如何随竞争对手的产量而变化。

企业 1 的反应函数：$\dfrac{\partial \pi_1(y_1, y_2)}{\partial y_1} = 0 \Rightarrow y_1^* = R_1(y_2)$

企业 2 的反应函数：$\dfrac{\partial \pi_2(y_1, y_2)}{\partial y_2} = 0 \Rightarrow y_2^* = R_2(y_1)$

容易知道，这里 $R_1'(\cdot) < 0$，$R_2'(\cdot) < 0$，即每一个企业的最优产量都和对手的产量负相关。图 9-10 中，我们同时画出了两个企业的反应曲线，两条反应曲线的交点，就是这个寡头竞争博弈的纳什均衡，即所谓的“**纳什-古诺均衡**”(Nash-Cournot equilibrium)，简称为古诺均衡。

图 9-10 古诺均衡

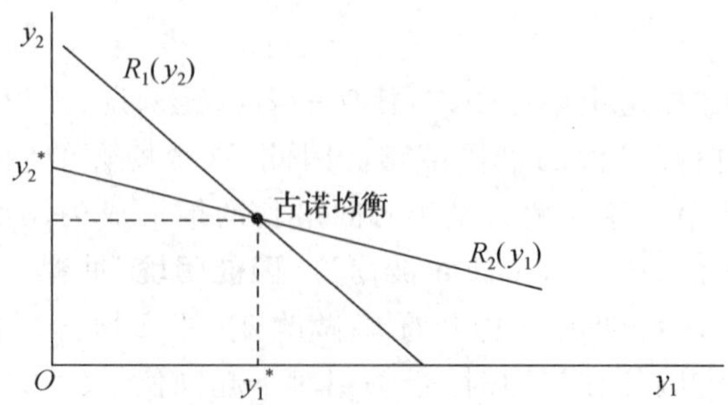

两个企业的反应曲线的交点，就是该寡头竞争博弈的纳什均衡，即古诺均衡。

为了加深对古诺均衡的直观了解,我们可以考虑一种线性的情况。假设两个企业的边际成本都是常数 c,且市场的需求曲线为 $P = a - (y_1 + y_2)$,$a > c$,那么两个企业的利润函数就分别为:

$$\pi_1(y_1, y_2) = y_1(a - y_1 - y_2 - c)$$
$$\pi_2(y_1, y_2) = y_2(a - y_1 - y_2 - c)$$

由一阶条件,可知两个企业的最优反应函数分别为

$$y_1 = \frac{a - c}{2} - \frac{y_2}{2}$$

$$y_2 = \frac{a - c}{2} - \frac{y_1}{2}$$

求解上述联立方程,即可得到古诺均衡的产量为

$$y_1^{NE} = y_2^{NE} = \frac{a - c}{3}$$

对应的价格为

$$P^{NE} = \frac{a + 2c}{3}$$

此时,两个企业的利润都是

$$\pi_1^{NE} = \pi_2^{NE} = \frac{(a - c)^2}{9}$$

如果同样的市场上,只有一个垄断企业,情况会怎么样呢?这时,垄断企业的目标是选择产量 y 以最大化利润:

$$\pi(y) = yP(y) - cy = y(a - y - c)$$

由一阶条件,可以得到对应的垄断产量为

$$y^M = \frac{a - c}{2}$$

对应的垄断价格为

$$P^M = \frac{a + c}{2}$$

此时,垄断企业的利润为

$$\pi^M = \frac{(a - c)^2}{4}$$

将古诺竞争和垄断时的产量进行比较,可以得到一个关键结论:均衡时,两个寡头企业的总产量高于垄断时的产量,价格低于垄断价格,总利润低于垄断企业的总利润。由于有这一结论的存在,寡头企业有激励进行合并,或者勾结成为卡特尔,并分享利润。这是反垄断法限制企业并购的理论基础。

均衡时,两个寡头企业的总产量高于垄断时的产量,价格低于垄断价格,总利润低于垄断企业的总利润。

为什么会产生这种结果呢?根据传统经济学的解释,这是因为两个厂商独立决策时,每个厂商并不考虑提高产量对对方的不利影响,也即存在外部负效应。如果由一个决策者决策,这个外部性就内部化了。

9.4.3 价格竞争

下面我们介绍另一个寡头竞争模型:**价格竞争模型**,或**伯特兰德模型**(Bertrand model)。在这个模型中,两个企业都出售同样的产品,并有相同的成本结构,它们以价格作为决策变量。现实中,价格竞争的例子很多,例如苏宁电器和国美电器经常进行降价大战,亚马逊网和当当网经常比着打折,这些都可以用伯特兰德模型来加以描述。

现在我们来分析这一模型。假设两个企业的边际成本都是常数 c,先考虑企业 1 的决策:如果企业 2 定的价格为 $P_2>c$,企业 1 应该怎么决策呢?它最好把价格 P_1 定得比对手略低一些,这样它就可以争取到整个市场的消费者。反过来,给定企业 1 的定价 P_1,企业 2 也会进行类似的选择。由此可知,只要对手的价格高于边际成本,任何一个企业都有将价格降到比对手还低的动机。那么,两个企业会不会将价格降到边际成本以下呢?也不会,因为那意味着它们会亏损。因此,只有两个企业都把价格定在等于边际成本那一点,即 $P_1=P_2=c$ 时,双方才都不会有进一步调整价格的动机,也就是说,达到了均衡。这就是价格竞争博弈的纳什均衡,即所谓的伯特兰德均衡。

图 9-11 给出了伯特兰德竞争的直观描述。在图中,两个企业的最优反应曲线表明,只要对手价格还高于边际成本,它们就有激励继续降价。两条最优反应曲线的交点就是伯特兰德均衡。

在伯特兰德模型中,只有当两家企业都把价格定在等于边际成本时,该寡头竞争博弈才达到了纳什均衡。

图 9-11 伯特兰德均衡

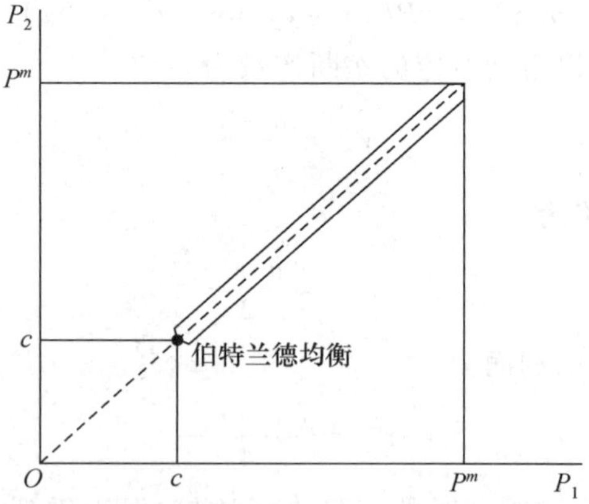

伯特兰德均衡的结果看起来很奇怪,它说明市场上只要有两家进行价格竞争的企业,就会达到和完全竞争一样的价格水平,即使价格都等于边际成本,两个企业利润都为 0,这是和直觉相悖的。在经济学文献中,这一现象被称为**伯特兰德悖论**(Bertrand paradox)。

为什么会出现伯特兰德悖论呢?经济学家给出了几种解释:

第一种解释是产能限制或边际收益递减。如果一个企业有产能限制,那么即使它的价格低于对手,因而能获得整个市场的消费者,也不能满足这么大的需求。需求没有得到满足的消费者就会转而投向其竞争对手,竞争对手可以对这部分消费者索取较高的价格。

产能限制可以帮我们理解很多看似令人费解的现象。例如,很多普通高校虽然在教学质量上比不过重点高校,但其学费却比后者贵得多。为什么会这样呢?因为重点高校的招生名额是有限的,大部分的学生不得不就读普通高校。这时,普通高校面临的需求很大,因此自然可以索取较高的学费了。

第二种解释是成本差异。伯特兰德模型的一个重要假设是,两个企业的成本结构是相同的,但在现实中这一点并不成立。假设企业 1 和企业 2 的成本分别为 c_1 和 c_2,且 $c_1 < c_2$。那么企业 1 只要将价格定到略低于 c_2,就可以成功将企业 2 挤出市场。这时,它仍然可以有正的利润。管理学大师迈克尔·波特(Michael Porter)曾经把成本领先作为重要的竞争优势[4],就是这个道理。

第三种解释是产品的差异化。伯特兰德模型的另一个重要假设是,两个企业销售同样的产品,但在现实中,两个企业销售的产品多多少少会有些差异。这种差异可能来自设计、质量、品牌;甚至产品本身没有差异,但由于与消费者距离的不同,也会产生差异——例如著名的霍泰林模型(Hotelling model)刻画的就是区位差异。当企业销售和对手有差异化的产品时,它就有了市场力量,因此可以获得正的利润。因此,差异化也是重要的竞争优势。

第四种解释是竞争的"聚点"。这一解释是经济学家斯威奇(Sweezy)于 1939 年提出的。斯威奇指出,在现实中寡头企业之间的定价竞争往往存在着一种"追跌不追涨"的现象。假设在某个时刻,所有企业都制定同一个价格。这时,如果有一个企业先降价,那么其他的企业也会立即降价,以防止市场被其夺走;而如果有一个企业先涨价,则不会有人跟从。因此,在市场上,所有企业面临的都是一条如图 9-12 所示的"纽结需求曲线"。如果所有企业都认识到降价很快

图 9-12　斯威奇模型中的"纽结需求曲线"

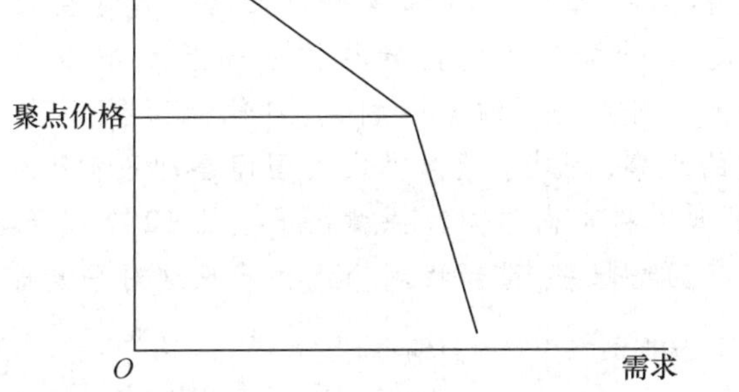

如果你提价,对方可能不提价;如果你降价,对方将跟着降价。

会遭到跟随,不会收到实质效果,就没有企业会贸然行动,因此市场价格就会维持在一个高于边际成本的水平上。

9.4.4 合谋与卡特尔

竞争的结果会让寡头企业的利润降低,更极端的,在伯特兰德均衡的情况下,它们将不能获得任何利润。因此,寡头企业之间就可能有激励进行合谋,组成卡特尔来共同协定价格。卡特尔可以采用垄断定价,获得和垄断条件一样的利润,再把利润分配给各个成员。由前面的论述可以知道,每个企业可以在卡特尔中分得的利润会高于它们彼此竞争(包括价格竞争和产量竞争)时的利润。现实中,石油输出国组织(简称欧佩克或 OPEC)可能是最为著名的卡特尔。

知识拓展

欧佩克将走向何方

1960 年,伊朗、伊拉克、沙特、科威特和委内瑞拉在巴格达召开会议,决定建立一个协调机构,共同保护石油生产国的利益,欧佩克由此成立。在过去的 55 年里,这个拥有 12 个成员国、控制全球约 78% 的石油储备、提供全球 40% 以上的石油消费量和 50% 以上的石油出口量的组织,曾长期把持着石油价格决定权,它们的任何决定,都会引发国际原油市场的巨大波动,并产生连锁反应。但随着近期石油价格的下跌和页岩气等新能源的出现,欧佩克何去何从开始成为一个问题。

其一是欧佩克内部的利益矛盾正日渐突出。欧佩克的法宝是价格和产量这两根平衡棒的变化,而变化的基础则是成员国的团结。在欧佩克的所有成员中,沙特长期扮演着"石油蓄峰水库"的角色,这让它能在很大程度上左右欧佩克的声音。但如此一来,石油市场所体现出的不过是"沙特的力量",而远非"欧佩克的力量",甚至可以说,"沙特的力量"正在消耗、摧毁"欧佩克的力量"。

其二是原油期货交易的冲击。1983 年纽约证券交易所推出原油期货交易,初衷正是从欧佩克手中夺回石油定价权。在这个大博弈平台上,即便沙特和"海合会"(海湾阿拉伯国家合作委员会)伙伴也只是"VIP 赌徒"。期货炒家可能既在页岩气上押宝,又在油价上对冲,所谓"新能源""旧能源"的成败利钝,对他们而言只不过"失之东隅,收之桑榆"的小事,而对于欧佩克成员国而言却不啻生死之搏。

到底欧佩克将走向何方?关键在于它的 12 个成员国能否基于共同利害,再度团结起来,重新找到价格和产量这对平衡棒的平衡点。

资料来源:根据网络相关内容编写。

尽管寡头企业通过组成卡特尔可以获得比相互竞争更高的利润，但卡特尔本身却存在着内在的不稳定，因为所有卡特尔的成员事实上面临着“囚徒困境”的局面。

假定卡特尔由两个企业组成，它们共同遵守约定的话可以获得垄断利润 π，每个企业可以从中分得利润 $\pi/2$。如果任一个企业在给定对手遵守约定的情况下，私自将价格偷偷往下降一点，就可以得到所有市场，获得接近于 π 的利润。但如果两个企业都选择偷偷降价，那么卡特尔就不存在了，它们又会回到伯特兰德均衡的情形，都只能获得零利润。

我们可以将以上论述总结为表 9-5 的博弈。

表 9-5　不稳定的卡特尔

		企业 2 守约	企业 2 违约
企业 1	守约	$\pi/2, \pi/2$	$0, \pi$
	违约	$\pi, 0$	$0, 0$

容易知道，在这个博弈中两个企业都选择违约将是唯一的纳什均衡。从这个意义上讲，尽管卡特尔可以提升所有企业的总利润，但它是存在着内在的不稳定的。

那么，在现实中为什么还有可能存在着诸如卡特尔等企业串谋行为呢？原因是在现实中，企业可能不止把表 9-5 中的博弈进行一轮，而是会重复进行以上博弈。在重复博弈中，双方可以通过惩罚来迫使对方守约。

简便起见，我们假设两个企业将博弈进行无数轮。如果一个企业发现对手在上一期违约了，就会从下一期开始选择将价格降到边际成本水平。假设两个企业的贴现因子都是 $\delta(0<\delta<1)$，它表示企业的耐心，如果双方一直都遵守约定，则都可以在每一轮中获得利润 $\pi/2$，其每个企业利润流的贴现和为

$$\frac{\pi}{2}+\frac{\pi}{2}\delta+\frac{\pi}{2}\delta^2+\frac{\pi}{2}\delta^3+\cdots=\frac{\pi}{2(1-\delta)}$$

而如果任何一个企业在当期违约，那么只能在当期获得 π，此后一直获得 0。因此它的利润总贴现也是 π。只要 $\frac{\pi}{2(1-\delta)}>\pi$，即 $\delta>1/2$ 时，企业就可能遵守约定，保持卡特尔。也就是说，只要企业有足够的耐心，就可能保持卡特尔。

需要指出的是，当成员越多时，想维持卡特尔就越难。采用和前面一样的推导，容易知道，当有 n 个成员时，企业从遵守卡特尔中获得

的利润贴现和为$\frac{\pi}{n(1-\delta)}$，要使$\frac{\pi}{n(1-\delta)}>\pi$，需要满足$\delta>\frac{n-1}{n}$。显然，$n$越大，这一条件越难以满足。

9.5 反垄断法的是与非

我们在前文中对传统经济学中的垄断定价理论和寡头竞争理论进行了介绍，这是目前反垄断法的主要理论基础。目前世界上的主要国家都有反垄断法，有的国家的反垄断法甚至在上述这些经济理论推出之前就有了，例如美国在1890年就推出了第一部有关反垄断的法案《谢尔曼法》，此后又陆续推出了多部法案（见表9-6）。我国的反垄断法也于2007年8月30日在第十届全国人民代表大会常务委员会第二十九届会议上通过，并从2008年8月1号开始实施。不可否认，这些法律的出台都是基于良好的动机，但它们会对现实经济造成什么样的后果呢？在本节中我们将对此进行分析。

表9-6　美国的反垄断法及其内容

名称	颁布时间	主要内容
《谢尔曼法》	1890年	形成托拉斯、“限制”贸易并形成垄断是非法的
《克莱顿法》	1914年	公司合并、排他性交易合同、互兼董事职位等导致垄断的具体商业行为为非法
《联邦贸易委员会法》	1914年	宣布商业中的“不公平”方法为非法
《罗宾逊-帕特曼法》	1936年	禁止价格歧视；禁止歧视性价格差别；掠夺性定价非法

9.5.1 反垄断法的悖论

反垄断法的初衷是为了保护消费者的利益。根据传统经济学中的理论，垄断会带来效率损失，因此反垄断法可以促进竞争，有利于保护消费者的利益。那么它主要针对什么行为呢？总体来说，有如下几类：

第一类是企业合并。根据前面对古诺模型的分析，我们已经看到，在传统经济学的分析中，企业合并会带来更高的价格和更低的产出，因此消费者的利益会受到损害。

第二类是价格合谋。根据我们上一节中对合谋的分析，如果寡头之间达成了合谋，那么它们就能向消费者索取更高的价格，从而损害消费者的利益。

第三类是滥用市场支配地位。如进行价格歧视、掠夺性定价、交易限制(包括搭售)等。这类行为被认为有可能损害消费者的权益,或者破坏竞争秩序。

第四类是高价格和高利润行为。这被视为是企业利用垄断地位压榨消费者的标志。

但事实上,这些反垄断的规则可能并无助于保护消费者利益,也无助于规范市场秩序。它们在理论和实践上都很难站住脚。

反垄断法的初衷是维护市场秩序,保护消费者利益,但其结果却可能是和初衷背道而驰的。

从理论上看,企业的竞争就是为了做大,就是为了胜过对手,寻求垄断地位。但如果企业一旦做大了,有了市场力量,就要被打击,那么它们就会变得不敢竞争了。从这个意义上讲,反垄断的结果可能恰恰会是反竞争的。

从经验上看,支撑反垄断法的理论基础也和事实不相符。经济学家 Armentano 曾在 1972 年做过一项研究[5],他研究了大量的反垄断案例,发现实际的情况和相关经济理论预测的有很大的出入。例如,在历史上,随着企业规模的扩大和市场集中度的上升,并没有出现理论预言的价格持续上升、产量持续下降、创新终止的现象。相反,随着市场集中度的上升,价格在降低,产量在增加,创新在加速,新产品在不断涌现。此外,他还发现,事实上没有一个企业可以持续在市场上主导。

更为重要的是,在现实中,反垄断法事实上一直在被用作打击富有创造力和成功的公司的工具。例如,在美国的反垄断历史上,有几个案例是最值得注意的:1911 年对标准石油公司的拆分、1945 年对美国铝业公司的拆分、20 世纪 60—80 年代对 IBM 公司的反垄断调查,以及 20 世纪 90 年代对微软公司的反垄断处罚。

这些反垄断案例的对象都是些什么样的公司呢? 从 1870 年到 1897 年,标准石油公司驱使煤油价格从 30 美分降到 6 美分;从 1880 年到 1890 年,它使石油价格下降 61%;它还从石油中开发了 300 多种不同的副产品。美国铝业公司使铝锭的价格从 1887 年的每磅 5 美元降到 1937 年的每磅 22 美分。而 IBM 公司和微软公司则都是最具创造力的公司,是信息技术革命的主要推动力量。试想:如果没有这些所谓的垄断企业,今天的人类社会又会是怎样的? 难怪有人说,如果你想知道美国历史上最优秀的公司,看一下曾受过反垄断调查的公司名单就可以了!

9.5.2 反垄断法为什么错

那么,反垄断法为什么会错呢? 根源在于它的理论基础,即传统经济学的垄断定价和寡头竞争理论上。具体来说,有如下几点:

一个原因是,它错误地选择了"完全竞争"作为参照系。而"完全竞争”意味着任何人都不具有任何优势：不能有新产品，产品质量不能比别人好，成本不能比别人低，价格不能比别人高，信息不能比别人多。如果是这样，那事实上根本就没有竞争可言！讽刺的是，反垄断是以它为参照系的，因此反垄断就有可能变成反竞争。反垄断法试图让企业收起所有的竞争工具，然后说那就是竞争。

另一个原因是，它错误地理解了企业。在传统经济学理论中，企业被简单理解成了一个生产函数。也就是说，企业被看作一个投入资源、产出产品的单位，它面临的市场环境（如消费需求、技术水平等）是给定的；企业唯一的职能是通过价格、产量的选择，实现自己的利润最大化，并使得社会效率最大化。与之对应，市场被理解为一个静态的、通过价格竞争来配置资源的机制。在这样的分析框架下，人们就认为，企业数量越多，竞争越激烈，效率就越高，对社会越有利。相反，一个市场如果被少数企业占有，即形成所谓寡头垄断的时候，对社会来说就是一件坏事；而衡量垄断的指标，就是市场份额的集中度，似乎市场集中度越高，垄断越严重。于是，有人设计出反垄断法，希望限制市场份额向个别企业集中。

但企业当然不是这样的组织。除了生产函数外，企业还有两个角色：[6]

第一，正如熊彼特、鲍莫尔等人指出的那样，企业还是一个创新函数。[7]在市场中，真正的竞争就是不断创新，而创新就是要与竞争对手不同，要创造新产品、新技术，使得成本更低。对企业来说，这是生死攸关的事情。在准入没有法定限制的市场上，没有所谓的垄断者可以高枕无忧。即使像诺基亚这样的手机巨头，由于在创新上被苹果抢了先机，几年内就灰飞烟灭了。事实上，那些所谓的垄断者、寡头不仅会创新，而且是创新的主体，因为只有它们有创新的实力，能开发出小企业难以开发出的新产品和新技术。

企业的每一次成功创新，都意味着差别化，会给企业带来市场力量。传统经济学先验地假定产品已经存在，由此推出完全竞争的价格等于边际成本的结论，再来考察非完全竞争下定价的扭曲程度的。但事实上，如果价格只能等于边际成本，企业就根本不会去追求创新，很多产品本身根本就不可能存在。如果没有产品存在，又何来效率？何来消费者利益？或许，经济学应该重新定义边际成本的概念。在软件的例子中，边际成本是有这种软件与没有这种软件相比时的成本，而不是多生产一个拷贝的成本。

第二，企业还是一个信誉的载体。市场是一个以分工专业化为特征的合作体系。市场越发达，范围越大，交易的各方就更难相互了解、相互信任，而企业就是使这个体系能够维持的信誉基础。企业的存在和运作，使市场经济中的信任得以建立，从而促成陌生人之间的广泛合作。从这个意义上讲,科斯关于企业和市场相互替代的假设是错的,二者之间更可能是一种互补的关系:市场的交易成本越低,企业的规模也会越大;反过来,企业的规模越大,市场的交易成本也越低。如果承认了这点,就不难推论出在一个有序运作的市场上,必然会存在着大量具有市场力量的大企业。如果利用反垄断法对这些大企业进行打击,实际上就是在摧毁市场的秩序。

9.5.3 自由竞争下不会有垄断

按照本章前面讲的政治概念的竞争,自由竞争是不会导致垄断的。对竞争而言,最重要的不是市场上有多少个企业,而是进入是否自由。如果存在自由准入,市场就有充分的竞争,哪怕只剩一个企业,它仍然是竞争的,因为随时有虎视眈眈的潜在竞争对手在盯着它,所以它不敢懈怠。在历史上,美国的运河曾被认为是垄断的,但铁路的崛起马上让它没有了生意;铁路想垄断,但汽车和公路的普及马上打破了这个梦。微软在操作系统市场上占了 70% 的份额,但比尔·盖茨仍然觉得微软离破产永远只有 18 个月;腾讯在移动互联即时通讯软件上占了近 100% 的份额,但马化腾也没有因此高枕无忧。只要有自由竞争,人类的创造力就不会允许任何一个企业具有所谓的垄断力量,企业家的创新使得没有任何垄断利润可以持续存在。

真正的垄断绝不可能来自竞争,但它却可能来自政府。政府强加的准入壁垒,例如准入限制、特许权、特别补贴以及国有企业等,才是真正的垄断来源。

本章要点总结

本章对竞争和垄断的相关理论进行了介绍。垄断的概念分为两种:一种是经济意义上的,它是按照市场上的企业数量和企业的市场力量进行判别的;另一种是政治意义上的,它以政府是否对市场施加强行的限制为标准。经济上的垄断概念具有很强的误导性,只有政治上的垄断概念才是正确的。

传统经济学中有关垄断的分析是以完全竞争为基准的,但完全竞争其实是没有竞争。因此,基于这个基准的垄断分析很多是错误的。不过,传统的垄断分析中有很多可取之处,如对价格歧视、搭售等行为的分析,指出了很多商业的智慧。当市场上存在着少数几个企业时,就会出现所谓的寡头竞争。寡头竞争可以是产量竞争,也可以是价格竞争,由此产生的均衡分别叫古诺均衡和伯特兰德均衡。为了回避竞争,寡头之间可能实现合谋,企业的贴现因子和数量是合谋能否达成的关键。

反垄断法的初衷是维护市场秩序、保护消费者利益,但其结果却可能是和初衷背道而驰的。这是因为它的理论基础,即传统的垄断定价和寡头竞争理论是错的。在现实中,只要有自由竞争就不会有垄断,真正的垄断只可能来自政府的强加。

本章重要术语

垄断　完全竞争　价格歧视　搭售　纳什均衡　寡头　古诺竞争　伯特兰德竞争　合谋　反垄断法

延伸阅读

关于本章的相关内容,可以参考保罗·海恩等《经济学的思维方式》的第8章和第10章,以及威廉·J. 鲍莫尔和艾伦·S. 布林德《经济学:原理与政策》第11章和第12章。约瑟夫·熊彼特《资本主义、社会主义与民主》的第8章对于竞争与垄断提供了一些经典的论述。布里安·辛普森《市场没有失败》(中央编译出版社2012年版)的第2章和第3章提供了对传统的竞争和垄断理论的精彩批判。对反垄断问题感兴趣的读者可以参考张维迎的"反垄断法的隐忧"一文(载《市场的逻辑(增订版)》)。希望了解更多反垄断案例的读者可以参考克伍卡和怀特编著的《反托拉斯革命——经济学、竞争与政策》(经济科学出版社2007年版)。彼得·蒂尔等《从0到1:开启商业与未来的秘密》用大量实例诠释了创新、垄断和竞争。

思考与练习

1. 垄断的经济概念和政治概念分别是什么?有哪些行业在经济上是垄断的,而在政治上不是垄断的?又有哪些行业在经济上不是垄断的,而在政治上是垄断的?请尝试给出例子。

2. 在本章中,我们曾指出完全竞争其实不能算是竞争,你怎么理解这一判断?在你看来,用完全竞争作为评判市场结构效率的标准有哪些问题?

3. 假设垄断企业的成本函数为 $C = 22\,5000 + 1\,000Q + 10y^2$,市场的需求曲线为 $P = 7\,000 - 5y$。

(1) 请求出该垄断企业利润最大化时的销售价格、销售量和所得的利润;

(2) 如果政府规定企业必须将价格定得等于边际成本,请问此时垄断企业的价格、产量和利润分别为多少?

(3) 如果政府规定企业必须制定令收支相抵的价格,请问此时的价格和相应的产量是多少?

4. 已知某垄断企业将产品在两个分隔的市场上销售,已知两个市场的需求曲线分别为:$y_1 = 12 - 0.1P_1$,$y_2 = 20 - 0.4P_2$,且企业的成本函数为 $C = y^2 + 4y$。

(1) 当该企业进行第三类价格歧视时,它在两个市场上的销售量、价格和利润分别是多少?

(2) 如果政府要求在两个市场之间制定相同的价格,那么该企业在两个市场上的销售量、价格和利润又是多少?

(3) 请对(1)和(2)的结果进行比较。

5. 假设市场上有两家矿泉水制造商都以零成本开采矿泉水并进行销售。市场对矿泉水的需求曲线为 $P = 10 - y$,其中 y 是两家企业所销售的矿泉水总量。

假设两家企业的竞争只进行一期,请问:

(1) 如果两家企业合谋组建卡特尔,那么市场上矿泉水的总销售量会是多少? 对应的价格和两家企业的利润呢? 你认为这个卡特尔是稳定的吗? 为什么?

(2) 如果两家企业进行产量竞争,那么古诺均衡时,两家企业的销售量、定价以及对应的利润分别为多少?

(3) 如果两家企业进行价格竞争,那么伯特兰德均衡时,两家企业的销售量、定价以及对应的利润分别为多少?

现在假设两家企业的竞争进行无穷多期,请问:

(4) 如果两家约定组建卡特尔,任一企业一旦发现对方违约,就会以伯特兰德均衡的价格进行报复。请问,在什么条件下这两家企业的卡特尔可以一直维持下去?

6. 美国各地的轮胎市场存在着巨大差别。在一些地区,存在着很多卖家,而在另一些地区(如山区的州)则只有很少的卖家。经济学家 Bresnahan 和 Reiss 曾经在一项研究中分析了美国各地汽车轮胎市场上的卖家数量和轮胎平均价格之间的关系[8],其结果如下表所示:

卖家数量(家)	1	2	3	4	5	很多
轮胎的平均价格(美元)	54	55	53	51	50	43

请问:(1) 这些观测结果是否表明,当卖家数目为 5 个或更少时,平均价格超过竞争水平?

(2) 这些结果与古诺模型一致吗? 为什么?

(3) 这些结果与伯特兰德模型一致吗? 为什么?

(4) 这些结果是否表明存在着某种垄断者之间的合谋? 为什么? 如果是,那么站在政策制定者的角度,你认为是否应该对轮胎市场进行管制,以打击轮胎卖家利用垄断力量损害消费者利益的行为?

7. 在本章中,我们曾提出过反垄断法可能成为反竞争法。你如何理解这一观点? 你是否可以举出一些反垄断法损害了竞争的例子?

本章注释

[1] 垄断的经济概念和政治概念的区分,来自布里安·辛普森:《市场没有失败》,齐安儒译,中央编译出版社 2012 年版,第二章。

[2] 我们假定,在对两种选择无差异的情况下,消费者将选择生产者偏好的选择。这也是经济学均衡分析的一般假定。这样,尽管买和不买给消费者带来的剩余相同(均为 0),但我们假定消费者会选择购买,因为购买给生产者带来利润。当然,如果更合理一些,我们可以假定生产者将价格定得略低一点(如纯搭售价格是 5 999 元,电视机的单独售价是 2 999 元,音响的单独售价是 3 999 元),购买给消费者带来微小的剩余。但这不会影响我们的结论。

[3] 参阅张维迎:《博弈与社会》,北京大学出版社 2013 年版,第 1 章。

[4] 迈克尔·波特:《竞争战略》,陈小悦译,华夏出版社 2005 年版。

[5] 见 Armentano(1972)。

[6] 参阅张维迎:“反垄断法的隐忧”,载《市场的逻辑(增订版)》,上海人民出版社 2012 年版。

[7] 参阅约瑟夫·熊彼特:《资本主义、社会主义与民主》,吴良健译,商务印书馆 2009 年版,第二篇;Baumol(2002)。

[8] Bresnahan & Reiss(1991).

第10章 外部性和公共产品

本章导读

本章主要讨论外部性和公共产品理论。把这两部分放在同一章进行讨论的原因是,公共产品可以理解为外部性的一种特殊情况,即如果某种产品或服务存在正外部性,那么该产品或者服务就可以理解为公共产品。

本章第1节讨论经济学的效率标准——帕累托效率,第2节讲述传统经济学如何证明福利经济学第一定理,即完全竞争市场如何达到帕累托最优的资源配置,第3节讨论外部性理论与科斯定理,第4节分析外部性概念的谬误,第5节讨论公共产品及公共产品的私人生产。

10.1 帕累托效率标准

10.1.1 帕累托效率

到目前为止,我们分析的都是单个主体如何做出最优决策,其原则就是只要行动所带来的边际收益等于边际成本,它的利益就达到了最大,无论是消费者的效用最大化还是企业的利润最大化均是如此。那么,我们马上要问一问:由于社会是由成千上万的人组成的,每个人、每个企业的目标都是独立的,那么从单个主体角度来看是最优的决策,从社会角度来看还是不是最优的?如果我们仔细考虑一下,在回答这个问题之前,我们首先要回答下一个问题,那就是什么叫"社会的最优"?单个人的最优、单个企业的最优标准都非常简单,也基本上没有什么争议,无非是消费者效用最大化、生产者利润最大化。但是对于什么是社会最优,却存在很多的答案。关于社会最优标准的讨论,我们这里并不打算展开,这里只介绍其中一个标准,也是经济学研究中最常用的一个标准:**帕累托效率**(Pareto efficiency)标准。[1]

帕累托效率(帕累托最优): 社会资源配置的一种状态,与该状态相比,不存在另外一种可选择的状态,使得至少一个人的处境可以变好而同时没有任何其他人的处境变差。

帕累托效率(帕累托有效),有时也被称为**帕累托最优**(Pareto optimality),指的是社会资源配置的一种状态,与这种状态相比,不存在另外一种可选择的状态,使得没有人的状况比原来差,而至少有一个人的状况比原来更好。换一种说法,帕累托效率意味着资源配置已经无法在不损害别人的前提下,改善自己的处境,利己就必须损人。如果利己还不用损人,那么这个状态就一定不是帕累托最优的。

我们可以用图10-1来进一步介绍帕累托最优的概念。设想一个社会由甲和乙两个人组成,横坐标代表甲的收入,纵坐标代表乙的收入。社会的总收入是给定的,如果把所有的收入都给甲,那么收入分配状态位于横坐标上的 A 点;或者如果把所有的收入都给乙,那么收入分配状态位于纵坐标上的 B 点。当然,我们可以让他们每人都拥有一部分财富。如果我们把社会的总收入记为 y,甲的收入记为 y_A,乙的收入记为 y_B,那么满足 $y_A+y_B\leqslant y$ 的任何收入分配方案 (y_A,y_B) 都是可行的,任何 $y_A+y_B>y$ 的分配方案都是不可行的。在所有可行的分配方案中,满足 $y_A+y_B=y$ 的分配方案在图形上显示出来就是那条连接 A 点和 B 点的直线,这条直线上的收入分配就是帕累托最优的分配。为什么呢?因为,假如现在要增加甲的收入,就必须减少乙的收入;反过来说,如果要增加乙的收入,就必须减少甲的收入。但由这条直线和坐标轴围成的内点所代表的可行分配方案都不是帕累托最优的。比如说,图中 Z 点就不是帕累托最优的,因为存在其他的可行分配方案,使得在不减少一个人收入的情况下可以增加另一个人的收入。如果我们沿着过 Z 点的水平线向右移动直到 Y 点,那么甲的收入在增加,而乙的收入并没有减少;反过来说,如果沿着过 Z 点的垂直线向上移动直到 X 点,那么乙的收入在增加,而甲的收入没有减少。当然,我们还可以让收入分配沿右上方向移动,此时两人的收入都可以增加。因此,Z 点所代表的收入分配状态没有实现帕累托最优。类似地,容易证明,除了直线 AB 上的点之外的所有其他可行分配方案都不是帕累托最优的。

图10-1　两人社会帕累托最优状态图示

X点和Y点都是帕累托最优状态,但Z点不是帕累托最优状态。

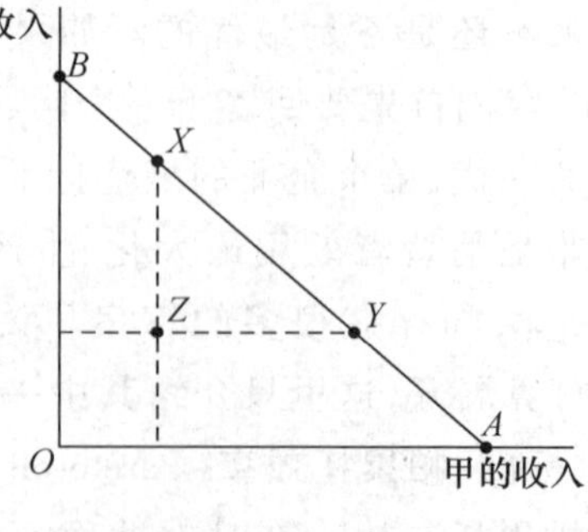

图10-1还告诉我们,如果不附加其他标准,帕累托状态之间是不可比的。比如 X 点和 Y 点之间就没有办法比较,因为它们两个都是帕累托最优的,无论是从 X 点到 Y 点,还是从 Y 点到 X 点,总是有一方受

益，另一方受损。另外，需要注意的是，帕累托最优和收入分配是否平等并没有什么必然的联系。对于 A 点的分配而言，所有的收入都给了甲，对于 B 点而言，所有的收入都给了乙，这两个点都是帕累托最优。也就是说，帕累托最优可能意味着非常极端的收入分配不公：一个人得到所有的，另一个人什么都没有，可能也是个帕累托最优状态。帕累托最优实际上是关于社会选择的最低标准。因此，如果我们要考虑一个合意的(desirable)社会状态，仅仅靠帕累托标准是不够的，还需要结合公平、正义等其他标准进行讨论。

前面我们假定社会收入是固定不变的，其实我们知道社会总收入不是固定的，而是与分配本身有关。这是因为，财富是由人创造的，人们创造财富是需要激励的，人们创造财富的积极性的高低，就决定了社会总财富的多少，而收入分配会影响人们的积极性。以中国农村为例。在改革开放前实行人民公社工分制的时候，粮食总是不够吃；但是一旦实行家庭联产承包责任制，个人所得和产量挂钩了，粮食产量马上就增加了。这就说明，财富总量事实上是和财富的分配有关的，这就意味着实际的帕累托边界不是一条直线，而可能是弯曲的。至于弯曲的具体形状，需要结合具体情境进行分析。比如，甲这个人特别能干，而乙这个人的能力比较低，那么如果把所有收入都给乙，可能社会总财富就很少；所有收入都给甲，社会总财富就相对多。因此，可行的收入分配曲线可能就不是一条向下倾斜的45°线(图10-1中连接 A 点和 B 点的直线)，而是向外凸的形状(如图10-2所示)。比如，如果甲的收入特别高，乙的收入特别低，乙认为不公平，乙有可能给甲捣乱，使得甲也没法生产；反之，如果乙的收入太高，甲的收入太低，甲也认为不公平，没有积极性干活，也会使财富减少。[2] 此时，帕累托最优边界就是线段 XY，而不是整个收入分配曲线。

还需要指出的是，以上我们是直接用收入代表福利水平。事实上，收入和福利水平并不是一一对应的。比如说，对一个有平等观念的人来说，自己获得所有收入并不是个人福利水平的最高状态，分享一部分财富给别人反倒使自己觉得更幸福。此时，即使社会总财富是固定的，福利边界也会像图10-2那样向外凸，帕累托最优边界是线段 XY。这一点也意味着，什么是帕累托最优与人们的公平观念有关。极端的，如果每个人都是极端平均主义者，唯一的帕累托最优点就是平均分配。

图 10-2　另一种可能的帕累托效率边界

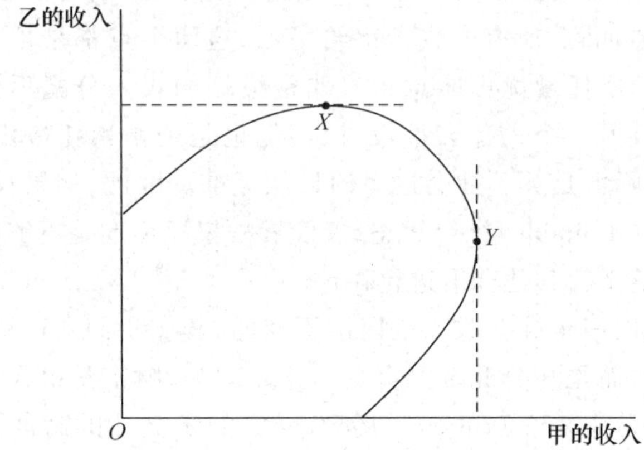

线段 XY 是帕累托最优边界。

10.1.2　帕累托改进

帕累托改进： 资源配置的某种改变，使得没有任何人的处境变差，但是至少有一个人的处境得到改善。

下面我们再介绍一个和帕累托最优相对应的概念：**帕累托改进**（Pareto improvement）。一种资源配置的改变被称为帕累托改进，如果没有任何人因这个改变受到损害，但至少有一个人从中得到了好处。注意"没有任何人受到损害，至少一个人得到好处"这个条件。帕累托改进的前提是没有任何人的福利受到损害，当然所有人都得到好处也是一个帕累托改进。可见，资源配置的帕累托改进和帕累托最优是不兼容的：如果资源配置有帕累托改进的余地，那么现在的配置就不是帕累托最优的；反之，如果现状是帕累托最优的，就没有帕累托改进的余地。

注意，现状不是帕累托最优意味着存在帕累托改进的可能，但并不是所有从帕累托次优状态（也即不是帕累托最优状态）改变到帕累托最优状态一定是帕累托改进！另外，从一个非帕累托最优到另一个非帕累托最优的改变，也可能是帕累托改进。

我们可以用图 10-3 来对上面的内容进行说明。图中，H 点和 G 点代表的分配状况不是帕累托最优，而 C 点、D 点、E 点和 F 点则代表分配状况已经达到帕累托最优。现在，假设分配状况从 H 点变到了 G 点。尽管 G 点也不是帕累托有效的点，但是由于从 H 点到 G 点的变化中，所有人的福利都改善了（收入都增加了），因此，这个改变是帕累托改进。假如现在分配状况从 H 点变动到 C 点或 D 点，则分配从原来不是帕累托最优变成帕累托最优，但这个变动并不是帕累托改进：因为一个人的收入增加了很多，但另一个人的收入降为 0，比原来还糟糕。假如现在分配状况是从 H 点转变为 E 点或 F 点，那么这种变动既使得收入分配从帕累托非最优走向帕累托最优，又是帕累托改进，因为没有人的福利受损,而且还有人从中受益。事实上,在图10-3所示的收入分配状态下,三角形*EHF*围起来的分配状态,包括三角形边界上的点,相对于*H*点来说都是帕累托改进。反过来说,任何其他方向的变化都不能成为帕累托改进,因为总会有人受损。

图10-3 帕累托改进图示

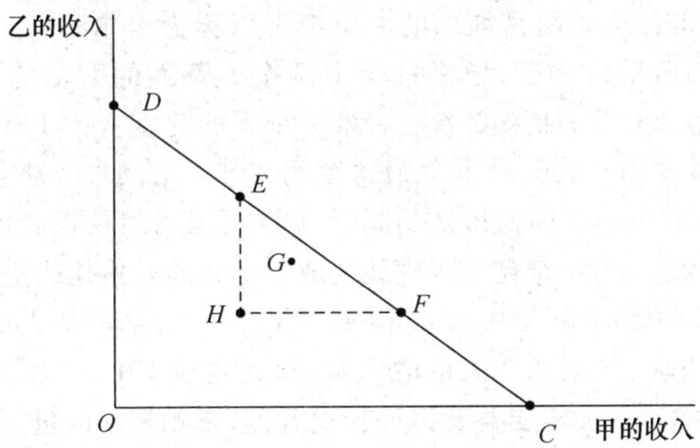

从*H*点到*G*点是帕累托改进,但没有实现帕累托最优;从*H*点到*C*点或*D*点不是帕累托改进,但实现了帕累托最优;从*H*点到*E*点或*F*点同时实现了帕累托改进和帕累托最优。

帕累托改进意义上的变革当然是比较容易实现的,因为没有人受到损害。问题是,帕累托改进的定义要求很严,如果资源配置涉及的行为主体很多,那么想设计出这种没有人受损的改进是很困难的。例如,在一个国家中,每个人都有自己的利益诉求,想找到一个没有任何人受损的改革措施是非常困难的,即使我们把人群按照各自的利益诉求分组,那么设计出每个组都没有受损的改革方案也很困难。现实中的改革更多地呈现出这样一种状态:有些人的福利得到改善,有些人的福利受损,只不过改善的程度超过了受损的程度。

为了简单起见,我们仍然考虑二人收入分配的例子。假设目前处于*X*状态,每人有100元的收入;但是有另外一种可能的状态*Y*——如果我们愿意,这种状态下第一个人的收入由100元增加到1 000元,第二个人的收入由100元减少到99元,那么这种变化是不是帕累托改进呢?显然不是,因为第二个人的收入减少了,即使只是少了一点点。但问题是,这样的改变从社会角度而言,应不应该进行?第一个人肯定同意,但第二个人肯定不同意。进一步的,假如社会上有100个人,99个人的收入都可以从100元增加到1 000元,只有一个人从100元减少到99元,这显然也不是帕累托改进意义上的改革,那么这个改革应不应该实行呢?

10.1.3 卡尔多-希克斯改进

前文刻画的就是日常生活中经常面临的一种状态:帕累托改进不存在,但是存在一种变革,使得一些人得到好处而且得到的好处很多,

卡尔多-希克斯改进：
一种变革，使得受益者的所得可以弥补受损者的损失。

另一些人受到损害但损害相对较小，那么这样的变革该不该进行？

对这个问题的回答涉及价值判断，但是常识告诉我们，这样的变革也是有道理的。这正是**卡尔多-希克斯**（Kaldor-Hicks）**改进**的思想。如果一种变革使得受益者的所得大于受损者的所失，这种变革就称为卡尔多-希克斯变革或者卡尔多-希克斯改进（又称卡尔多-希克斯标准）。卡尔多-希克斯改进的隐含含义就是社会总财富的最大化，或者说，任何使得社会总财富增加的变革都可以称为卡尔多-希克斯改进。像刚才我们所举的例子，原来社会上两个人每人的财富为100元，社会总财富为200元；如果变革之后第一个人的财富变为1 000元，第二个人的财富变为99元，社会总财富变为1 099元，那么，社会总财富就增加了。而在社会总财富增加的同时，如果受益者对受损者提供足够大的补偿，那么卡尔多-希克斯改进就变成了实际的帕累托改进。例如，如果上述例子中第一个人拿出2元钱给第二个人，第一个人的收入从1 000元变成998元，第二个人的收入从99元变成101元，那么这样的收入变革（总财富增加+受益者弥补受损者）就是帕累托改进。

但是需要注意的是，有两个原因导致卡尔多-希克斯标准并不能够让人信服。首先，很多时候补偿实际上并没有发生，导致受损者一直受损。其次，一些涉及人的基本权利的损失，比如生命和健康的损失是很难补偿的，因为没办法计算它的损失究竟有多大。[3] 卡尔多-希克斯标准的哲学基础是边沁的功利主义，即最大多数人的最大幸福。人们对经济学的批评常常是因为经济学家只注重总财富的最大化，不注重分配和人的权利。这种批评适合卡尔多-希克斯标准，但不适合帕累托标准。

10.2 福利经济学第一定理

下面我们将用刚才所学的效率概念来分析这样一个命题，即完全竞争市场的结果是帕累托有效的。尽管如我们在上一章指出的，用完全竞争模型理解市场经济是不恰当的、误导的，但鉴于经济学有关政府干预市场的基本理由都来自这个模型，我们还是有必要把它的基本原理讲清楚。

10.2.1 消费的帕累托最优

首先我们分析一下，完全竞争市场如何实现消费的帕累托最优。

为了简单起见，我们先不考虑生产行为，只考虑一个纯交换经济（pure exchange economy）。设想一个社会的经济非常简单，只有甲和乙两个消费者，他们各自拥有一定量的食品和衣服这两种产品，然后为了获得更多效用，他们之间可能会展开物物交换。

我们可以用一个第2章曾介绍过的埃奇沃思方盒(Edgeworth box)来分析甲、乙两个人之间的交换行为。图10-4中的横坐标代表食品数量,纵坐标代表衣服数量,线段 *AD* 代表的是整个社会拥有的食品数量,线段 *AC* 代表整个社会拥有的衣服数量。图中 *A* 点是甲的原点,即此时甲拥有的食品和衣服数量都是零,他拥有的食品和衣服的递增方向和一般的直角坐标系一样,即向右的方向代表甲的食品越来越多,向上的方向代表甲的衣服越来越多。图中 *B* 点代表乙的原点,即此时他的食品和衣服的数量均为零,他拥有的食品和衣服的递增方向恰好和甲相反,分别为向左和向下。

图10-4　消费的帕累托效率图示(两个人、两种商品)

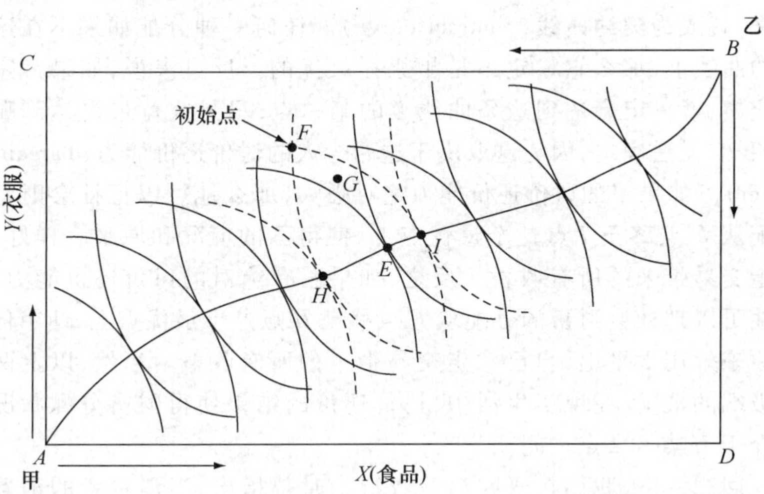

甲、乙两人的无差异曲线的切点,是帕累托最优点。线段 *AB* 称为消费的契约曲线。

按照这样的设定,甲的无差异曲线凸向 *A* 点,而且无差异曲线的位置越接近图形右上方,代表的效用程度越高。乙的无差异曲线则凸向 *B* 点,而且无差异曲线的位置越接近图形左下方,代表的效用程度越高。

由于社会的总财富是给定的,因此,方盒中任一个点都代表着社会总财富在甲和乙两个人之间的一个可行分配。

假定现在实际的财富分配在 *F* 点,假如这两个人可以自由交易,那么交换会不会发生?显然,排除交换之后大家福利不改变这种不常见情况,自由的交换必须是帕累托改进,因为如果有人受损,就不会交换了。也就是说,如果 *F* 点是帕累托最优点,那么就不会出现交换行为。那么 *F* 点是帕累托最优点吗?显然不是,因为在现在的状况下乙得到的效用水平是过 *F* 点凸向右上方原点的这条虚线,甲得到的效用水平是过 *F* 点凸向左下方原点的这条虚线。这时是存在帕累托改进的可能的。比如,如果双方交易后,社会总财富的分配从 *F* 点变动到

了 G 点,此时没有任何人受损,每个人的境况都变得更好了。

进一步说,G 点所对应的分配是不是一个帕累托最优呢?仍然不是!显然从 G 点到 E 点的分配改变可以让甲、乙两个人的境况都变得更好。假如现在改进到 E 点,那么此时的分配状态还是不是帕累托最优呢?显然是。因为在目前的分配状态下,任何偏离这个点的改变,肯定导致至少有一个人受损。因此,如果经过双方的交换行为,财富分配真的到了 E 点,那么这个时候不会再有进一步的交换行为发生了。观察 E 点,我们发现它具有以下特点:它恰好是两个人的无差异曲线的切点,也意味着此时双方的食品和衣服的边际替代率是相等的。

由于在这个方盒中存在无穷多条无差异曲线,因此存在着无穷多的切点,这些切点都是帕累托最优的。如果我们把这无穷多个切点连起来,就成为**契约曲线**(contract curve)。任何一种分配如果不在这条契约曲线上,那么它一定不是帕累托最优的。反过来说,如果大家自愿交换,就一定会达到这条曲线上的某一点,只是究竟最终达到哪一点,我们无法确定,因为这取决于这两个人的讨价还价能力(bargaining power)。如果甲的讨价还价能力绝对强大,那么他可以把社会财富的分配从 F 点移至 I 点这个最优点上,使得乙的境况和原来一样好,甲拿走交易带来的所有收益。反之,如果乙有绝对的讨价还价能力,那么他可以把社会财富的分配从 F 点移至 H 点这个最优点上,使甲停留在原来效用水平上,自己拿走交易带来的所有收益。当然,以上两种是极端的情况,在现实生活中,讨价还价的结果使得财富分配状况往往介于 H 点和 I 点之间。

回想一下,我们在研究消费者行为时曾指出,当消费者的消费数量达到最优时,每个人会使其边际替代率等于价格比率。在消费品只有食物和衣服的情况下,这就要求食物和衣服的边际替代率等于衣服与食物的价格之比。由于在完全竞争市场上,所有消费者都是价格的接受者,所以他们面临的衣服和食物的价格都是一样的。因此,在完全竞争的市场上,每个消费者在达到最优选择时,他们的边际替代率其实是一样的,因此这样的购买行为满足消费的帕累托最优条件。

10.2.2 生产的帕累托最优

下面我们来分析,为什么竞争市场的均衡能够实现生产的帕累托最优。

我们以最简单的情况为例来进行分析,即生产中需要两种要素——劳动和资本,然后生产出两种商品——衣服和食物。我们采用生产的埃奇沃思盒状图来分析最优条件。在图 10-5 中,横坐标代表劳动的投入数量,纵坐标代表资本的投入数量,社会总的劳动数量是 AD,总的资本数量是 AC。A 点代表所有的要素都投入衣服的生产,B

点代表所有的要素都投入食品的生产。图中其他任意一点，都代表要素的一部分投入了食品的生产，而剩下的部分则投入了衣服的生产。

图10-5　生产的帕累托效率图示(两种要素、两种商品)

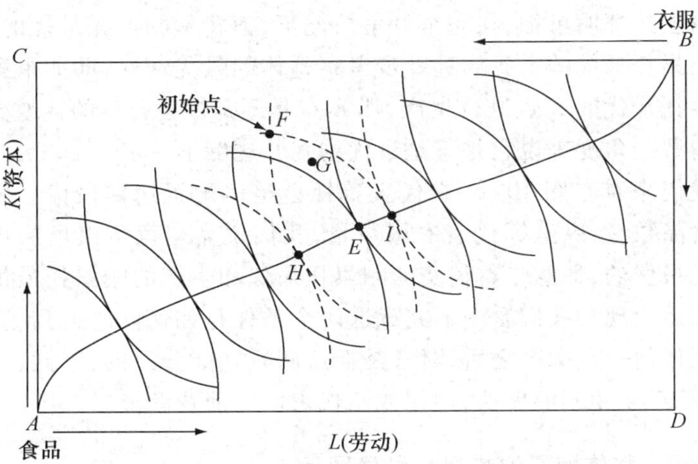

两条等产量曲线相切的点是帕累托最优点。线段 *AB* 称为生产的契约曲线。

与交换的效率分析类似，我们也可以在生产的埃奇沃思方盒中画出等产量线。以 *F* 点为例。过 *F* 点，我们既可以画出生产食品的等产量线，也可以画出衣服的等产量线。其中，食品的等产量线 *FH* 凸向 *A* 点，衣服的等产量线 *FI* 凸向 *B* 点。此外，越靠近右上角的等产量线代表更高的食品产量，越靠近左下角的等产量线代表更高的衣服产量。

那么，*F* 点这样一个生产的分配是不是帕累托最优？也就是说，有没有可能在不减少衣服产量的同时，增加食品的产量？或者，在不减少食品产量的情况下，增加衣服的产量？显然可以。比如，如果生产从 *F* 点移到 *G* 点，既能够增加衣服的产量，也能够增加食品的产量。

那么，什么时候生产能够达到帕累托最优呢？与消费的帕累托最优类似，只有两条等产量相切的点才能达到帕累托最优，比如 *E* 点。从图10-5中我们可以看出，此时如果要增加食品的产量就必须减少衣服的产量，要增加衣服的产量就必须减少食品的产量。如果我们把所有这些有效率的点用线连起来，就得到了生产的契约曲线。如果我们把这条曲线上的点所对应的衣服和食品数量在产品坐标轴上表示出来的话，我们就得到了**生产可行性边界**(production possibility frontier)。

10.2.3　市场效率

现在我们再来看看，完全竞争市场的均衡是否能够实现生产的帕累托最优。由于完全竞争市场中的要素价格都是给定的，即任何单个企业都无法影响要素的市场价格，企业必须以市场上的工资率水平支付工人工资，按照市场上的利率水平支付借贷资金的利息。因此，每个生产者的最优选择，比如利润最大化的选择，也就是成本最小化的选择，一定满足生产要素的边际替代率等于要素价格的比率，而这两种产品的价格对两个企业或对 n 个企业而言都是一样的，所以最后的均衡结果一定是完全竞争市场中的生产是帕累托最优的。

由上述证明可知，在完全竞争情况下，消费是帕累托最优的，生产也是帕累托最优的。我们进一步考察整体的最优情况，即如果我们按照帕累托最优的 E 点进行生产，那 E 点是不是社会合意的？或者说从社会消费的角度来说它是不是最优的呢？这倒不一定。

我们来看看图 10-6，它代表着社会整体配置达到最优。横坐标代表食品数量，纵坐标代表衣服数量，我们说完全竞争市场的均衡是帕累托最优的，那意味着消费的帕累托最优和生产的帕累托最优都要得到满足。现在我们看一下究竟这两个条件是如何同时得到满足的。因为在任何一点生产之后，财富是在这两人之间分配的，因此，这里采用和图 10-4 相同的做法，用甲或乙代表两位消费者。

要素市场均衡意味着生产处于可行性边界。产品市场均衡意味着生产处于 E 点。两个市场的一般均衡意味着生产处于 E 点，消费选择处于 F 点。

图 10-6　整体配置的帕累托最优图示

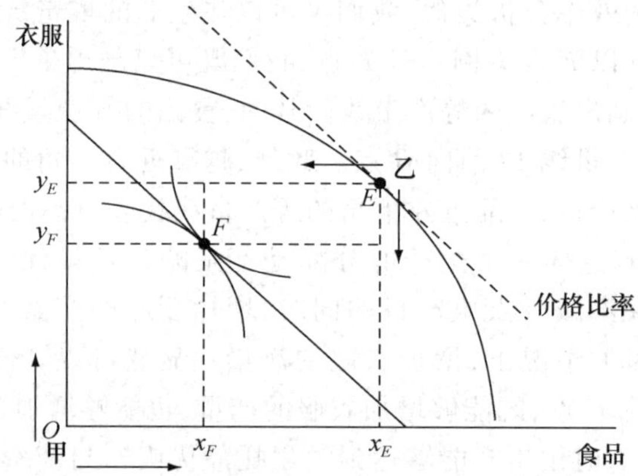

之前我们假设财富是给定的，这里财富不再是给定的了，而是可以选择的。现在，我们假定此时生产在 E 点，由于 E 点在生产可行性边界上，因此 E 点是有效率的生产。此时，我们使用所有要素生产 x_E 的食品和 y_E 的衣服，这些食品和衣服在甲和乙之间任意分配。那么，最终分配或者说交易的结果是什么？交易最终也一定会到达有效率的点，比如甲、乙无差异曲线相切的 F 点。此时，甲得到 x_F 的食品，乙得到剩下的食品，甲得到 y_F 的衣服，乙得到剩下的衣服。在这种分配状态下，由于消费者面临的价格和生产者面临的价格是一样的，所以过 E、F 两点的两条价格比率线平行，价格比率线从 F 点移到 E 点，刚好能和生产可行性曲线相切，也就是说，两者的边际替代率和价格比率是一样的。

需要重申的是,生产的效率意味着生产可行性曲线上的点都是可行的,或者说是有效的,即要想增加食品的产量必须减少衣服的产量,或者要想增加衣服的产量必须减少食品的产量。但是产品是要卖给消费者的,那怎么使得消费者同时满足他的最优条件呢?消费的最优意味着两种产品的边际替代率等于价格比率。由于消费者面临的价格和生产者面临的价格一样,这意味着要使生产达到最优,生产可行性曲线的斜率要刚好等于这两种产品的价格比率,或者说用一种产品表示的另一种产品的边际成本要等于其价格,这样才是帕累托最优的。

综上所述,回顾前面章节所讲的供求曲线,完全竞争的需求曲线反映的是消费者对产品的评价,完全竞争的供给曲线反映的是生产者的成本。当每个市场上的供给都等于需求,处于均衡点时,整个经济就达到了最优状态。(如图 10-7 所示)

图 10-7　市场的供给与需求图示

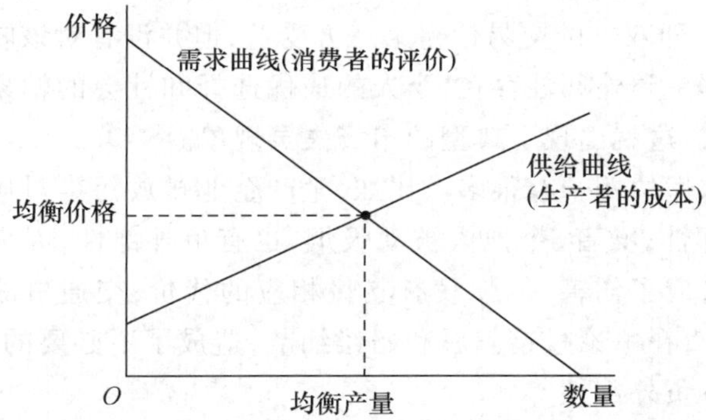

福利经济学第一定理就表达了这样的思想:完全竞争市场的均衡结果一定是帕累托最优的。上述分析只是用图形进行说明,理论上可以用更高深的数学方法求解联立方程来证明,如果每个市场都达到供需均衡,整个经济就是帕累托最优的。

福利经济学第一定理:
完全竞争市场的均衡结果一定是帕累托最优的。

由此,我们再回过来看之前提到的为什么传统经济学认为垄断是没有效率的。这是因为垄断不是帕累托最优的,即图 10-8 中原本竞

图 10-8　无效率的垄断图示

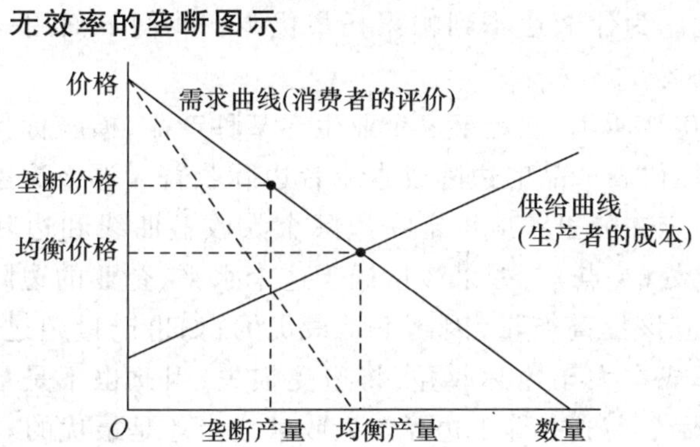

争的市场均衡是帕累托最优的,而垄断使得价格达到垄断价格,产量达到垄断产量,即垄断扭曲了价格,从而也扭曲了交易数量。这就是上一章提到的政府用反垄断法干预市场的基本理由。

10.3 外部性与科斯定理

10.3.1 外部性

外部性: 有些活动可能给第三方带来影响,但这种影响没有得到相应的回报或惩罚。

市场失灵: 自愿交换不能实现有效率的资源配置。

基于福利经济学第一定理,传统经济学认为,除了垄断导致的市场失灵,还有一种由**外部性**(externality)的存在导致的市场失灵。所谓外部性,是指有些活动可能给第三方——即交易中买卖双方之外的其他人——带来影响,但这种影响没有得到相应的回报或惩罚。其中一类被称为**负外部性**(negative externality),即双方的交易使得第三方受损,但并没有对该损害予以补偿。另一类被称为**正外部性**(positive externality),即双方的交易使得第三方受益,但并没有对该收益进行收费。无论哪一类外部性存在,个人的最优选择和社会的帕累托最优就可能不一致,这就出现了典型的**市场失灵**现象。

负外部性的例子有很多。比如,生产企业排放污染对居民而言就是负的外部性;噪音、令他人被动吸烟,也有负外部性,因为你吸烟给周围的人造成了伤害,但你没有支付相应的代价;交通事故的肇事双方,因为一直在争论过错归属和赔偿细节,造成了不必要的交通拥堵,这也是一种负外部性。

正外部性的例子也有很多。比如,你家院子里种了一盆花,过路的人看见这盆漂亮的花顿时感觉赏心悦目,但你并没有向他收费。教育也有外部性。我们自身教育水平的提高使得社会变得更加文明,争吵打架之类的事情减少了,相当于给别人带来了好处,但没有人给你付费。还有,很多基础科学的研究也有外部性。比如,相对于牛顿的伟大贡献来说,他的收益和他的贡献并不相称。

传统经济学中有如下结论:如果存在外部性,自由交易将达不到帕累托最优。为什么达不到帕累托最优呢?我们下面用一个具体的例子进行阐述。

如图 10-9 所示,假定某家企业生产某种产品,横坐标代表产品的产量,纵坐标代表产品的边际成本或者边际收益。那么这家企业最优的产量应该定在哪里?应该定在边际个人收益曲线和边际个人成本曲线的交点处(A 点)。如果产量低于这个水平,企业的边际收益大于边际成本,应该提高产量,因此不是最优的;如果产量超过这个水平,企业的边际成本大于边际收益,将遭受损失,因此也不是最优的。所以,只有边际个人成本等于边际个人收益之点才是最优的。

图10-9　负外部性图示

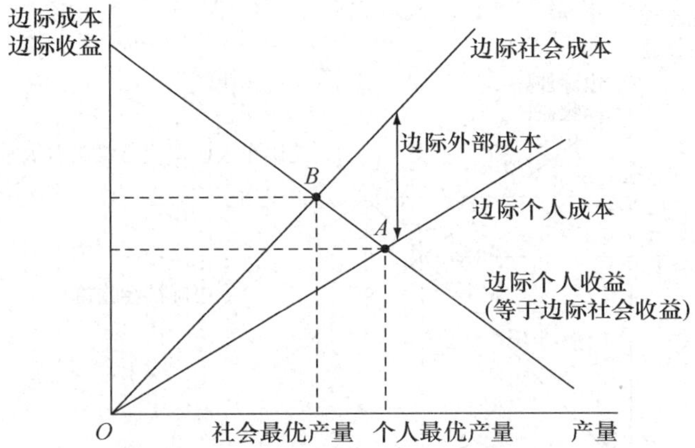

在负外部性的情况下，由于边际外部成本的存在，个人最优产量大于社会最优产量，导致过度生产。

如果这里存在外部性，即企业的生产不仅给企业自身带来成本，而且也会给社会带来成本，比如之前提到的污染或者噪音，那么，边际社会成本是在边际个人成本的基础上叠加了一块边际外部成本（如图10-9所示），叠加后得到图中的边际社会成本曲线。边际个人成本曲线和边际社会成本曲线可以是平行的，如果外部边际成本不随产量变化的话。这里我们假设产量越大，生产给社会增加的边际成本越大。此时向上倾斜的两条线中，上方那条线才是真实的边际成本。假设收益方面没有外部性，只有个人的收益，当然个人是社会的一部分，因而边际社会收益曲线和边际个人收益曲线是一样的。社会最优的产量应该定在哪个点？应该在边际社会成本曲线与边际个人（社会）收益曲线的交点处（B点）。如果产量低于这个点，增加一单位产量，边际收益大于边际成本，因而不是最优的；反过来，如果产量超过这个点，边际成本大于边际收益，这意味着得到的好处没有付出的成本大，因此，也不是最优的。从图中可以看出，个人最优产量大于社会最优产量。这就是负外部性导致的过度生产。

我们再看另一类情况，即社会收益大于个人收益的情况，也就是存在正外部性的情况。在图10-10中，我们假定对社会而言没有额外的成本方面的外部性，即边际社会成本等于边际个人成本，但收益方面存在外部性，因此边际社会收益曲线高于边际个人收入曲线。在这种情况下，个人最优选择在边际个人收益曲线和边际个人（社会）成本曲线的交点（A点），该点对应的产量是个人的最优产量。从社会最优角度来看，最优的产量应该定在边际社会收益曲线和边际社会（个人）成本曲线的交点（B点），该点对应的产量大于个人最优产量。这就是正外部性导致的生产不足。

在正外部性的情况下,由于边际外部收益的存在,个人最优产量小于社会最优产量,导致生产不足。

图 10-10 正外部性图示

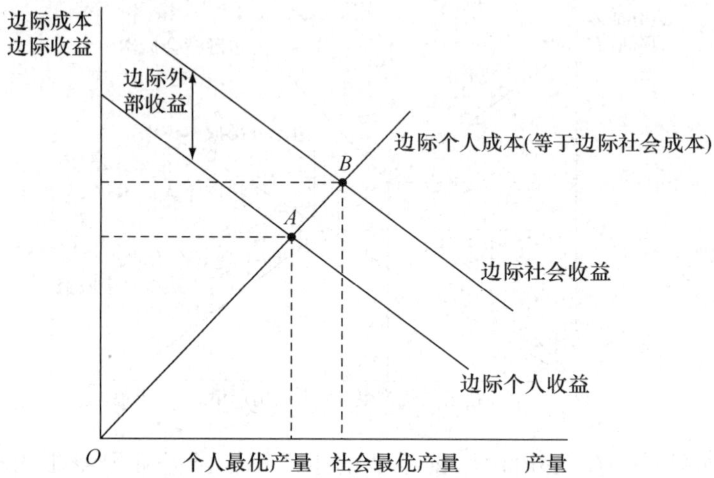

上述两个图实际上反映了两个重要的结论。当存在负的外部性时,个人生产的产量过高;而当存在正的外部性时,个人生产的产量过低。两种情况都不是帕累托最优的:在前一种情况下,降低产量可以改进效率;在后一种情况下,增加产量可以改进效率。无论哪种情况下,只要有适当的补偿机制,就存在帕累托改进的空间。

10.3.2 解决外部性的传统办法

如何才能解决外部性导致的市场失灵呢?传统的解决办法就是,通过政府管制和税收[4](或补贴),将外部性内部化,从而把社会成本变成个人成本,把社会收益变成个人收益,此时个人的最优决策一定就是社会最优的,上述外部性问题就被解决了。

下面我们首先看怎么解决负的外部性。正如前面所说的,负外部性的结果是个人产量大于社会产量。一种办法是政府直接规定企业生产的产量。实际上,对于像钢铁生产者这样的企业,政府可能会限定生产能力,使企业最多只能生产规定的产量。另一个办法是征税,以增加个人的边际成本。比如每多生产一吨钢,征收一定量的税。如图 10-11 所示,如果政府知道负外部性的具体程度,使得边际税率正好等于边际社会成本和边际个人成本之间的差值,那么考虑税收之后的边际个人成本曲线就是边际社会成本曲线。此时,个人的最优选择就是社会的最优选择。这就是用征税来解决外部性问题的思路。

如果是正外部性,其结果是企业个体生产的产量太少,政府应该想办法怎么使其提高产量。一个办法是政府管制,即政府要求企业即使不赚钱也得生产规定的产量,但这种办法会损害企业的积极性。还有一个办法,不是强制,而是引导,政府可以根据产量给予企业一定的补贴。企业原本的最优点在边际个人成本曲线和边际个人收益曲线

的交点 A 点，如果企业再多生产一单位产品，其边际成本将高于边际收益，政府补贴正好弥补这一差额，直至企业生产达到社会最优的点，即边际社会收益曲线和边际社会成本曲线的交点 B 点。如果产量超过这一点，政府将不再提供补贴。此时，个人最优的选择也是社会最优的，如图 10-12 所示。

图 10-11　管制或庇古税解决负外部性图示

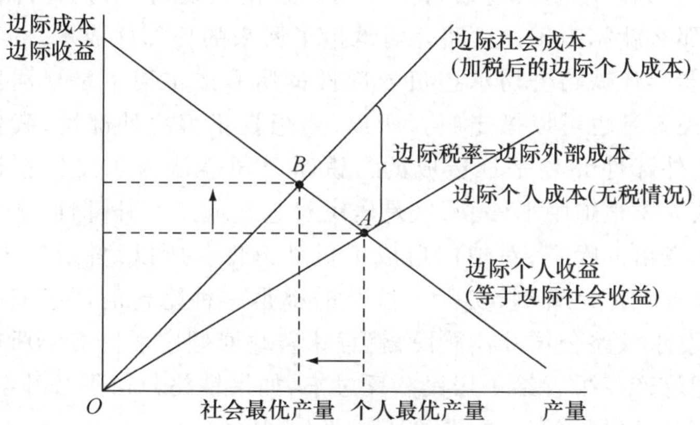

在负外部性的情况下，政府可以通过征税，使边际税率等于边际外部成本，从而使个人最优产量回到社会最优产量。

图 10-12　管制或补贴解决正外部性图示

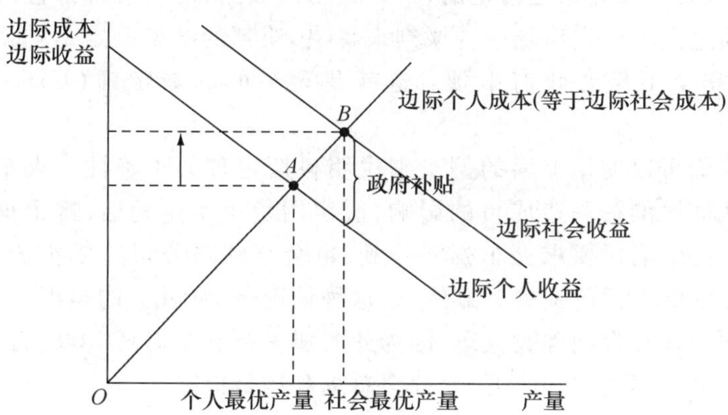

在正外部性的情况下，政府可以通过补贴，使补贴额等于边际外部收益，从而使个人最优产量回到社会最优产量。

10.3.3　科斯定理与产权安排

上一节我们所介绍的是传统的福利经济学理论解决外部性的办法。传统经济学认为，政府实施管制、征税或者补贴之后，经济就能实现社会最优或者帕累托最优，效率损失就得以避免了。该理论听起来很有道理，也确实得到了广泛的应用，但是罗纳德·科斯对此解决方式提出了异议。[5]

科斯在 1960 年发表的《社会成本问题》一文中提出了如下问题：

外部性是相互的,你可以说钢铁企业给附近的居民造成了外部性,也可以说居民给钢铁企业造成了外部性,那么究竟应该限制谁或向谁征税?进一步,政府知道正的或者负的外部性有多大吗?政府真的知道社会的最优点在哪里吗?事实上政府是没有这方面的信息的。

为了说明科斯的理论,我们先举一个负外部性的例子。我们知道,火车经过时发出的噪音会使周边的居民受到骚扰,这就是负外部性。此时,如果限制火车通行——比如禁止晚上通行,只允许白天通行——那么就相当于让铁路公司承担了原来的外部性成本。问题是,为什么非得让铁路公司承担负外部性的所有成本而不是让居民承担呢?居民不是也可以搬走吗?所以,要想真正解决外部性,我们必须要弄清,外部性究竟是谁造成的?铁路公司会认为居民住在铁路沿线,导致火车被迫晚上停驶,这是居民对它造成了负外部性;居民会认为,火车发出的噪音,对他们造成了负外部性。所以,科斯认为,无论是征税、补贴还是管制,实际上涉及的都是一种隐含的产权安排。如果政府要求铁路公司补偿居民,就意味着政府假定居民有不听噪音的权利,把该产权配置给了居民。反过来,如果铁路公司不必补偿居民,就意味着政府把该产权配置给了铁路公司。

可见,从科斯的角度而言,外部性问题的核心其实是**产权**(property rights)问题。科斯还进一步指出,如果没有交易成本或者交易成本很低,只要产权界定是清楚的,不论最初产权给谁,所有外部性问题都可以通过当事人在市场中的谈判来解决,谈判的结果一定是帕累托最优的,完全不需要政府干预。这就是著名的**科斯定理**(Coase theorem)。

科斯定理:如果没有交易成本或者交易成本很低,只要产权界定是清楚的,不论最初产权如何配置,所有外部性问题都可以通过当事人在市场中的谈判来解决,谈判的结果一定是帕累托有效的。

我们可以使用上面的例子来说明科斯定理的正确性。火车噪声对沿线居民的福利造成负的影响,假定用货币度量的话,这个损失是1 000万元;居民要求火车夜间停驶,也会给铁路公司造成负的影响,假定是500万元的损失。显然,在这种情况下,从社会的角度而言,铁路公司应该在夜间停驶火车,因为此时居民福利会提高1 000万元,而铁路公司只损失了500万元,社会总福利还是提高了。

按照科斯的观点,如果讨价还价无成本,无论把噪声的权利给谁,最终交易的结果一定是帕累托有效的。我们先来看看,如果把噪声的权利给企业,最终结果是不是有效的。如果噪声的权利给了铁路公司,铁路公司就可以在夜间也行驶火车,这样会给铁路公司带来500万元的收益,但是居民损失达到了1 000万元。居民就可以和铁路公司商量,由居民给铁路公司补偿,向后者购买噪声的产权。比如,居民出价600万元,如果铁路公司答应成交,此时双方都得到好处:居民从免于噪声中得到了400万元(=1 000万元-600万元)的净好处,铁路公司从交易中得到100万元(=600万元-500万元)的净好处。可见,最终交易的结果是火车不在夜间行驶,达到社会最优的结果。反过来,如果把噪声或者说免于噪声的权利给了居民,此时社会交易的结果也一定是铁路公司在夜间停驶火车,因为这个时候铁路公司是买不起噪声的产权的:居民要价不低于1 000万元,而铁路公司最多愿意出500万元。由此可见,无论噪声的权利给居民还是铁路公司,最终的结果都一定是帕累托有效的!

下面我们用科斯原文中的例子对科斯定理进行说明。假定有一个牧场主和一个农场主,牧场主放羊的时候,羊吃了农场主的青苗,农场主受到了损害。图10-13中,横坐标是牧场主放牧的数量,向下倾斜的曲线是牧场主的边际利润曲线,向上倾斜的曲线是农场主的边际成本曲线。这里牧场主的边际利润是由羊的边际收益减去养羊的边际成本得来的,农场主的边际成本是增加一只羊给农场主带来的净损失。此时,牧场主利润最大化的选择在P点,即边际利润为零的点;社会最优的点在牧羊的边际利润线和农场主的边际成本线的交点E点处,即社会最优产量为S。科斯认为,只要牧场主和农场主可以低成本地谈判,问题就可以解决,无论产权归谁。

图10-13　科斯定理图示

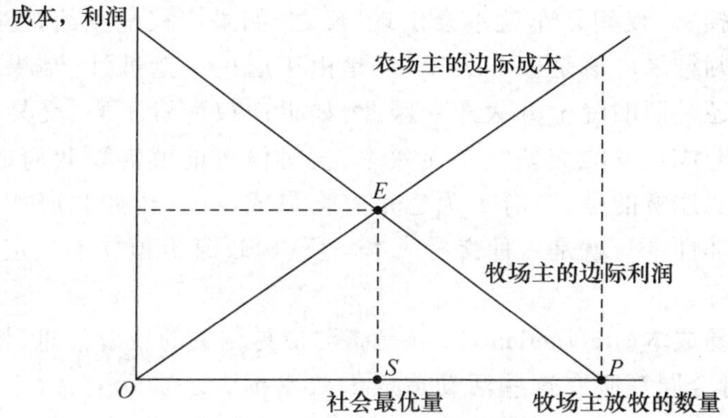

我们首先假定牧场主有权放牧,这时他有权选择P点。但P点处牧场主的边际利润是零,而农场主的边际成本很高。农场主会找牧场主谈判,提议如果牧场主减少牧羊数量,他愿意补偿由此造成的牧场主的损失。因为对于所有大于S的数量,减少羊的数量给农场主带来的收益(即减少的损失)都大于给牧场主带来的损失(即减少的利润),这样的交易一定带来双赢。但当羊的数量少于S时,继续减少羊的数量带给农场主的边际收益小于给牧场主带来的边际损失,农场主就不值得补偿牧场主。因此,谈判的结果一定会使最优的放牧数量等于社会最优量。

现在假定农场主有权禁止牧场主放牧。此时农场主的边际损失很低，牧场主放牧的边际利润很高，那么牧场主可以找农场主谈判，提议如果农场主允许他放牧，他愿意补偿每放一只羊给农场主带来的边际损失，直至牧场主的牧羊数量达到牧羊的边际利润线和农场主的边际净损失线的交点 E 点。超过这个点，牧场主的边际利润比他补偿农场主的费用低，牧场主就不会再提高牧羊的数量了。所以，不论是哪种情况，只要允许市场自由谈判，且交易成本相对较低，社会最优的实现就不需要引入政府管制。

科斯定理是一个非常发人深省的理论。它明确告诉我们，外部性的概念掩盖了问题的实质：产权问题。事实上，只要产权明晰，市场谈判的结果就可以达到帕累托有效；政府的最重要任务，不是补贴或者收税，而是清楚界定、严格保护产权。

科斯定理成立的前提条件是交易成本为零，或者很小。

当然，必须要注意到，科斯定理的成立还需要一个很强的前提，那就是交易成本为零，或者很小。在现实中，这个条件可能并不容易满足。比如，在火车噪声的例子中，噪声的产权对居民和企业究竟值多少钱，别人是不知道的，因而有效率的结果就可能不会出现。再如，企业只有一个，但是居民是成千上万的，如果将居民组织起来和企业进行谈判，组织成本就很高。此时，产权配置给谁就变得很重要。如果产权配置给居民，任何一个受影响的居民都有权向铁路公司索赔噪声造成的损害，夜间开车就不会出现；反之，如果产权配置给铁路公司，本来谈判结果应该是停开火车，但是由于居民一盘散沙，结果铁路公司可能还是照旧晚上开火车。因此，如果产权配置不当，交易成本的存在会造成自发的交易结果无效率，这时候可能就需要政府的干预。不过需要注意的是，政府干预也是有交易成本的，比如政府如何测量社会外部性本身就是一种交易成本。所以，政府干预并不一定比市场调节更好。

交易成本：
与交易相关的获取信息、谈判、签约、履行合同等所有这些活动造成的效率损失。

交易成本（transaction costs）是指与交易相关的获取信息、谈判、签约、履行合同等所有这些活动造成的效率损失。实际上，由于这些活动导致的低于帕累托最优水平的价值损失都可以认为是由交易成本带来的。

那么，交易成本的大小依赖于哪些因素呢？

第一，交易者的数量。一般而言，人数越多，谈判达成协议的难度越大。比如土地拆迁补偿，如果土地归一人所有，那么开发商与土地所有者谈判就比较容易；但如果土地上居住着成千上万的人口，那么谈判的难度就非常大。

第二，信息不对称。之前的例子中提到，火车噪声会对居民造成影响，火车停驶会对铁路公司造成影响，而影响的大小双方互相都是不了解的，甚至是保密的，这些都会提高谈判的难度。

由于交易成本的存在，现实中我们不可能达到帕累托最优状态，只能实现**次优**(second best)状态。相应地,帕累托有效就被称为**一级最优**(first best)。

10.4 外部性概念的谬误

10.4.1 外部性的普遍性

上一小节其实我们已经提到了,外部性理论貌似合理,但其实它有很多谬误。按照传统的外部性理论,当存在外部性时,个人最优的选择就不是社会最优的,就需要借助政府干预。如果真是这样,我们生活中几乎所有事情就都需要政府干预了,因为人类的任何活动都存在外部性影响。比如女孩子的衣着打扮就有外部性,打扮得漂亮别人会觉得舒服,打扮得难看别人会觉得难受。再如,某人发表一个观点,有人会喜欢,也有人会不喜欢,那些喜欢其观点的人能得到正效用,那些不喜欢其观点的人会得到负效用。这些都是外部性。可见,按照传统外部性的定义,如果外部性的存在就是政府干预的理由,那么政府就需要干预几乎任何事情。显然,这种主张是荒谬的。

进一步地讲,市场本身是有竞争的,竞争意味着优胜劣汰,就存在所谓的外部性。“优胜”是指企业家凭借低成本、高质量的产品打垮竞争对手,但是任何赢家都会给输家和他人带来一些损害。比如福特汽车公司运用流水线工艺生产T型车,把很多其他汽车厂商都击垮了,这是不是外部性呢?在汽车出现之前,马车是富贵人家的出行必备,马车夫的收入还挺高的。汽车的出现把马车击垮了,马车夫失业了。这种情况下,被淘汰的那些企业或者马车夫应该得到补偿吗?再如,大学的招生是有名额限制的,如果你考上了大学,那么就有另一个人考不上大学,这也是外部性。这种情况下,你应该补偿他吗?由此可见,外部性无所不在,只要一项活动涉及两人以上,就一定存在外部性。所以,使用外部性来证明政府干预的正当性是站不住脚的。

学术经典

市场是技术进步的最大推动力[6]

传统的经济学文献通常假定技术具有外部性。这是因为,即使存在专利保护,新技术还是会产生溢出效应。按照外部性理论,由于技术具有正外部性,因而企业就没有足够的积极性去创造新的技术,因此政府需要对它进行补贴。讽刺的是,传统经济学认为市场经济不能给技术创新提供足够的激励,而事实是,人类的技术进步在市场经济中是最快的。在市场经济诞生前的两千年中,人类社会的年技术进步率不超过0.05%,这意味着人均收入得花1 400多年才能翻一番。而在过去的两百年中,人类社会的年技术进步率约为1.5%,是原来的30倍,这意味着人均收入翻一番的时间不到50年。这样快的技术进步来自市场经济本身,而不是政府的补贴。在市场竞争中,技术进步并不是一个简单的、边际上的问题,而是一个关乎企业存亡的问题!如今的技术进步可能不是太慢了,反而是太快了,比如手机的更新换代,微软、苹果等平台软件的迅速更新,而社会最优的状态可能不需要这么快。这些都与传统的外部性理论相矛盾。

另外,即使按照传统的外部性理论,外部性的影响也被人们夸大了。比如女孩的打扮具有外部性。根据传统外部性理论,政府应该对其进行补贴,鼓励她们好好打扮。但是女孩之间竞争的结果导致她们自发地就会注意自己的形象,很多女孩甚至通过整容来提高自己的美貌度。我们可以通过图形来对此进行说明。

图10-14中,横坐标是供给量,假定边际成本是恒定的,向下倾斜的线中,下方那条是边际个人收益曲线,上方那条是边际社会收益曲线,可见该活动会给别人带来额外的收益,但供给量超过某个水平之后,边际社会收益等于边际个人收益,所以正外部性有可能存在角点解的情况。在这种情况下,个人的最优点在边际个人收益曲线和边际成本曲线的交点,该结果不影响其他人。就像我们在上面的例子中所讲的那样,尽管技术存在外部性,但由于发明创新的竞争异常激烈,个人参与技术创新的积极性可能已经足够使其创造出社会最优的技术水平。

图10-14 正外部性产品的角点解图示

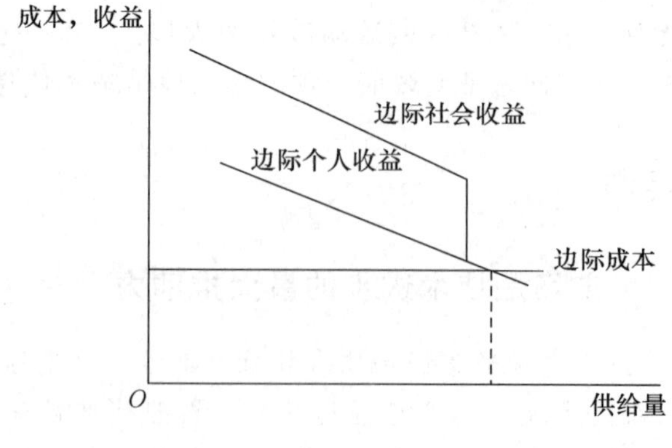

10.4.2 外部性本质上是产权界定问题

外部性本质上其实是产权界定问题。如果没有界定任何产权,所有行为都有外部性。比如过去计划经济时期的人民公社,任何人偷懒都会给别人造成损害。但是如果对产权进行界定,那么外部性的程度就会降低。比如实行包产到户政策后,如果个人不努力干活,粮食产量降低了,户主就得自己承担后果。

外部性本质上其实是产权界定问题。

进一步的,如果产权界定是清楚的,所谓的外部性就可以理解为对他人产权的一种侵害。比如,一个上游的农民在地里施肥,化肥渗透在土壤中随着河流流向下游,污染了下游的水,造成负的外部性影响。这其实是上游农民对下游农民的财产权的一种侵害,即在没有得到下游农民同意的情况下,上游农民通过施肥改变了下游水的价值。对此政府应该怎么做呢?政府应该保护产权,即下游农民有权起诉上游农民,然后由法院判决赔偿方案或者颁布禁令,禁止上游农民再施用化肥。所以,一般而言,污染本身是对他人权利的一种侵害。如果我们每个人都有呼吸新鲜空气的权利,他人释放的污染可以认为是对我们此项权利的侵害。[7]

如果产权界定是清楚的,所谓的外部性就可以理解为对他人产权的一种侵害。

产权是人类一项基本的自然权利,我们可以用罗尔斯提出的**原初状态**(original position)来理解产权的界定。[8]比如,在原初状态,任何人都有相同的概率造出汽车,但事前谁也不知道谁会成功,那么大家事先就会约定:制造汽车是每个人的权利,假如汽车出现之后击垮了马车,汽车制造商不需要补偿马车夫。这就是为什么福特公司不需要补偿马车夫的原因。马车夫自己也有制造汽车的自由,但没有相应的能力和本事,因此不能责怪汽车制造商。同样的,每个人都有选择着装的权利,我们不能因为不喜欢他人的着装就让他人做出补偿。当然,有些权利是禁止的。所谓“己所不欲,勿施于人”,所有的权利都是对等的、平等的。如果要保障自己的权利,就意味着别人也有同等的权利。这样一来,我们就能破解之前的很多外部性难题了。

产权界定是需要一定的技术的。古时候就有在地上立一个地桩作为地界说明土地的归属的做法。对于能跑动的动物,为了界定它的产权就需要别的方法和技术,比如需要使用牧羊犬、篱笆等识别羊的归属。由于产权界定有成本,人类有时也会故意不界定产权。随着技术的发展,原来不容易界定的产权现在可能就容易界定了。以污染问题为例。如今污染权的界定成本比以前低得多,因此才出现了“污染权交易”。再如,原先难以解决的道路拥挤问题,现在可以通过征收拥堵费的方式解决。可以预见,未来我们界定权利界定的成本可能会更低,现在仍然没有产权的东西未来可能会有产权。

技术进步将使产权界定变得更容易。

此外,我们有很多行为会给自身及社会带来成本与负的外部性,但这些成本和外部性影响也许是我们必须忍受的,因为从某种意义上来说这是人类进步必须付出的代价。很多人指责全球气候变暖是工业化污染导致的,但即便这种指责是正确的,我们愿意回到农业社会吗?城市交通拥挤、噪声泛滥,但还是有大量农民在迁往城市。这是因为,尽管我们为此付出了代价,但我们得到了更多的好处。天下没有免费的午餐,我们不可能既享受城市化、工业化的好处,又不付出任何代价。当然,我们这样说并不意味着不应该控制污染。控制污染的目的是用最低的代价取得我们所希望的进步,而不是放弃进步本身。

学术经典

张五常:蜜蜂的寓言

设想某个既定地区存在一定数量的苹果种植和一定数量的养蜂,蜜蜂以苹果花为食物,在苹果可以为蜜蜂提供食物的同时,蜜蜂也可以为苹果授粉。这样,苹果种植者和蜜蜂养殖者相互为对方创造了正的外部性。按照传统的外部性理论,养蜂者和苹果种植者无法进行交易,任何一方都得不到正外部性的好处,自由市场没有办法实现苹果种植和蜜蜂养殖的帕累托最优,因此需要政府对苹果种植和蜜蜂养殖予以补贴。这被称为"蜜蜂的寓言"。

1972 年春,张五常教授花了 3 个月时间调查了美国华盛顿州养蜂业的定价和合约安排。当时,华盛顿州大约有 60 个养蜂者,每个养蜂者拥有 100 个以上的蜂群,在高峰季节,华盛顿州的蜂群总数大约为 9 万个。张五常的调查涉及 9 个养蜂者、总数约 1 万个蜂群的样本。他发现,养蜂者和果园主之间存在着由来已久的合约,即有关花粉传播服务和蜜蜂采蜜的价格确定及劳务分配的私人合约,而且价格定位的精确程度不亚于市场上的其他物品。这种定价与合约的安排非常有效率,不但果园主可以分享蜜蜂酿蜜所带来的好处,而且如果可行,养蜂者也可以分享到蜜蜂授粉的利益。所有的情况都表明,观察到的有关采蜜和授粉服务的定价及合约安排与有效率的资源配置是一致的。因此,养蜂人和果园主无法进行交易的故事乃是一个神话,此处不存在可能招致政府行动的市场失灵。

资料来源:Cheung(1973). 中文版见丹尼尔·史普博(编),《经济学的著名寓言:市场失灵的神话》,上海人民出版社 2004 年版。

10.5 公共产品

10.5.1 公共产品的分类

公共产品(public goods)可以理解为外部性的一种特殊情况,即具有正外部性的产品。一般地,日常生活中使用的产品称为**私人产品**(private goods),我们前面所讨论的产品都属于私人产品。

公共产品: 既不具有排他性也不具有竞争性的产品。

概念上,我们可以从两个角度比较私人产品和公共产品。首先是使用上的竞争性。**竞争性**是指,当某个消费者在消费该产品时,别的消费者能够使用的该产品的总量就相应地减少了。私人产品的使用具有竞争性,比如,一杯水如果被一个人喝了,其他人就喝不到了。而公共产品的使用具有非竞争性,比如太阳就是一种公共产品,它既照着我也照着你;又如国防,它保护着我也保护着你;不太拥挤的马路也是如此,我在路上行走不影响你的行走。

竞争性: 当某个消费者在消费该产品时,其他消费者能够使用的该产品的总量就减少了。

其次是管理上的排他性。**排他性**是指,不经产品提供者的同意,人们不能消费该产品。私人产品有办法排他,比如这个物品是我的,我可以锁起来或拿在手里,你擅自拿走就损害了我的权利。但公共产品管理时很难排除别人的使用,比如你在没有围墙的大院子里放电影,没买票的人也可以看。道路、灯塔、烟花表演等产品也类似。

排他性: 不经产品提供者的同意,人们不能消费该产品。

使用上的非竞争性意味着边际的使用成本是零,增加一个使用者并不会增加产品的成本。管理上的非排他性意味着产品一旦提供以后,就无法阻止别人的使用。我们把同时满足这两个特征的产品称为公共产品。在现实中,人们一般会扩大公共产品的概念和适用范围。如果必须同时满足这两个特征,那么纯粹的公共产品远比人们普遍认为的要少得多。

我们可以从是否具有竞争性和排他性两个维度,把所有产品划分为四大类,如表10-1所示。[9]

第一类产品既具有排他性又具有竞争性,即典型的私人产品,比如衣服、食品、汽车、房子等。

第二类产品具有排他性但不具有竞争性,这种商品往往具有自然垄断的性质。以有线电视为例,它具有排他性,因为如果不交钱就接收不到电视信号;但它却是非竞争的,因为一旦信号播放以后,1万个人看和10万个人看是一样的,不会增加额外的成本。不拥挤的收费道路及一些网络产品(比如软件)也属于这一类。还有一些高尔夫球场、游泳池等俱乐部产品也属于这一类,因为可以通过设置门卫把守达到排他的目的,但多几个人打球或者游泳并不会增加成本。

表 10-1　产品类型划分

	产品划分	
	竞争的(rival)	非竞争的(non-rival)
排他的(exclusive)	**私人产品** 衣服 食品 汽车 房子	**自然垄断** 有线电视 不拥挤的收费公路 网络产品 俱乐部产品 高尔夫球场、游泳池
非排他的(non-exclusive)	**共有资源** 公海里的鱼 环境 拥挤的不收费道路	**公共产品** 国防 不拥挤不收费的公路 气象服务 航道上的灯塔

共有资源： 不具有排他性，但具有竞争性的产品。

第三类产品是不具有排他性，但具有竞争性，即所谓的**共有资源**(common resources)。例如，公海里的鱼具有竞争性，被别人捕了的鱼我们就不可能再捕到它，但很难排他，即谁都可以进入该水域捕鱼。共有资源的例子还包括环境、拥挤的不收费道路等。

第四类产品才是标准的公共产品，比如国防。国防具有非竞争性，你享受国防服务的同时，别人享受的国防服务总量也不会减少。同时，我们也没有办法排除某一人享受国防的保护。再如，气象台发布的天气预报也是公共产品。因为天气预报在使用上不具有竞争性，谁都可以获取它；同时我们很难排除别人使用它，因为只要有人得到预报信息，就可以通过一些途径告诉其他人。公共产品还有不收费不拥挤的道路及后面会提到的河流航道的灯塔等等。灯塔是公共产品是因为，所有经过的船都可以借助航道上的灯塔辨别方向，我们可能无法阻止某一艘船使用灯塔，而且增加一艘船的使用并不会显著增加灯塔的成本。

10.5.2　公共产品的特例——自然垄断

自然垄断： 在一定的市场范围内，由一个供应商提供产品是最好的。

规模经济： 随着产量的增加，产品的平均成本在不断下降。

下面我们讨论一下自然垄断这类情况。一般而言，**自然垄断**(natural monopoly)是指在一定的市场范围内，由一个供应商提供产品是最好的。为什么会出现这种情况呢？这是因为**规模经济**(economy of scale)的存在。规模经济指的是，随着产量的增加，产品的平均成本在不断下降。在图形上看，这种产品的边际成本曲线和平均成本曲线都是向下倾斜的。例如，两个城市之间修一条公路可能是最优的。如图 10-15 所示，已知两个城市对公路的需求曲线，AC、MC 分别是修建公路的平均成本曲线和边际成本曲线，*MR* 是边际收益曲线。根据传统的经济学分析，最优的道路供应点在 *MC* 与需求曲线的交点（*A* 点），即价格等于边际成本的点；但如果让一家私人企业负责道路供应的话，它会把供应量选择在 *MC* 与 *MR* 的交点（*B* 点），此时私人供应量小于最优供应量。

图 10-15　自然垄断产品图示

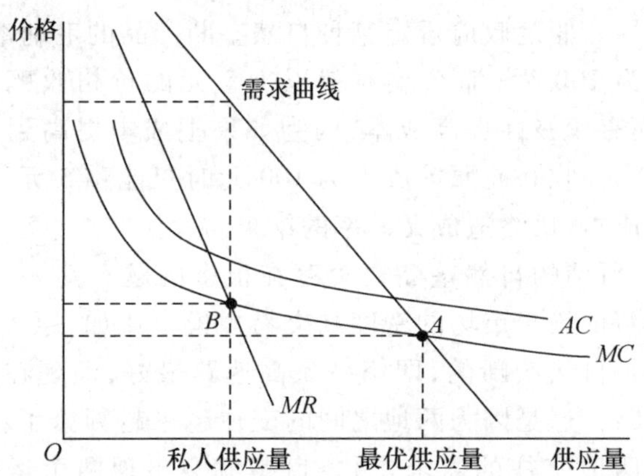

网络产品则是另外一种自然垄断产品。网络产品往往具有消费的规模经济或者叫消费的**网络外部性**（network externality），即对每位客户而言，产品的价值依赖于所有使用该产品的客户数量。设想一下，如果只有一家人安装了固定电话，则该电话是毫无用处的。只有当两家人都安装了电话，并且彼此认识时，电话才有用。安装电话的人越多，电话的用处就越大。电话对每位用户的价值随着用户数量的增加而增加。因此，与其他产品相比，网络产品拥有与众不同的需求曲线。但网络产品对用户的边际成本则是递减的。图 10-16 给出了网络产品的边际价值和边际成本。

网络外部性： 对每位客户而言，产品的价值依赖于所有使用该产品的客户数量。

图 10-16　网络产品（消费上的规模经济）图示

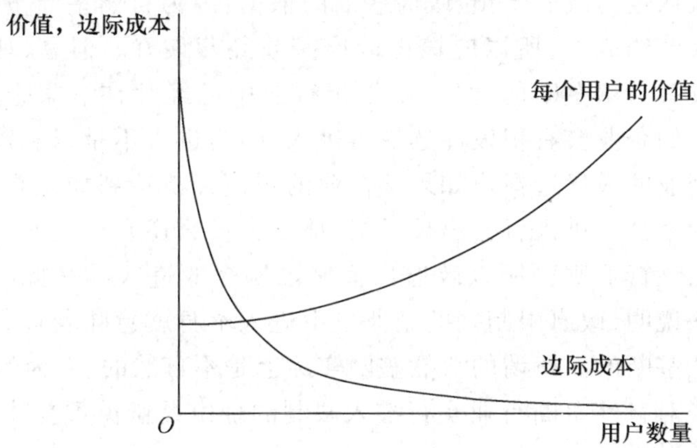

传统理论认为,对于自然垄断的行业应该采取国有化的方式由政府经营,或由政府对私有企业进行价格管制。这是因为,如果允许自由市场定价,自然垄断产品的生产效率会较低。但是国有化也会面临一个问题,由于平均成本曲线在边际成本曲线的上方(见图10-15),国有企业若按照边际成本定价就会亏损。那么应该怎么办呢?政府可以用税收的钱对国有企业实施补贴。但征税本身就有很高的成本。如果按照平均成本定价,那么企业(无论国有还是私有)就会失去降低成本的积极性。假定政府规定某种自然垄断产品的毛利率为5%。如果产品成本为100元,那么政府就以105元的价格收购。这种情况下,企业反而有积极性提高成本,因为如果把成本提高到1 000元,它就能赚取50元利润,而原本成本为100元时只能赚5元。因此,企业会积极提高成本,最终造成无效率的结果。

事实上,所谓的自然垄断概念存在很多问题。其一,一个行业是否是自然垄断依赖于市场的密度和交易规模。比如,原本北京和天津之间的道路是自然垄断的,即修一条高速路最好,但现在为什么出现了几条高速路?这是因为两地之间的交往越来越频繁了,一条道路已经无法满足两地交往的需求,两条道路就会出现两个运营商相互竞争。因此,很多自然垄断性质的产品没有必要非得由政府提供。

其二,自然垄断概念的荒谬之处还在于没有合理地定义市场。按照传统经济学的定义,很多东西都可能是自然垄断的,比如居民小区院子里的小卖部就是自然垄断的。这是因为小区的居民很少,开两家以上小卖部就赚不到钱了。反之,也可以说没有任何行业是绝对自然垄断的。火车是自然垄断的吗?火车的竞争对手有飞机、汽车、运河等。煤气是自然垄断的吗?煤气公司和电力公司也在竞争,因为每个家庭都可以选择是使用电还是使用煤气取暖做饭:如果电价很低,人们会转而使用电磁炉、电暖器等产品;如果电价很高,人们就改用煤气。所以,随着情况的改变,几乎每个领域都可以是竞争的。

其三,基于自然垄断概念的政策主张存在着内在的逻辑矛盾。自然垄断被认定为政府干预、政府垄断的依据:因为自然垄断下,一家企业经营最节约成本,所以应该由政府垄断经营最好。但是,如果该行业真的具有自然垄断的性质,则给定行业中已经存在一家企业时,没有任何新的企业会有积极性选择再进入,因为进入不是以利润为目标的私有企业的最优选择。如果该行业的规模经济达到如此高的程度,以至于两家公司进入就会出现亏损,那么为什么还有企业愿意承担损失并进入该行业呢?所以政府出面来限制企业进入是多此一举。这也反过来说明,政府限制别的企业自由进入本身就意味着该领域一定不是自然垄断的。所谓的自然垄断实际上是不自然的、人为的垄断!

主张对自然垄断行业实行准入限制的理由是避免重复建设,但我们必须在运营效率和重复投资之间进行取舍(trade-off)。有时候从静态最优角度来看,两家企业同时运营是没有效率的。但如果只允许一家企业垄断经营,不让别的企业进入,那么虽然避免了重复建设导致的效率损失,但该垄断企业就失去了改进技术、提高质量的积极性。因此,有时甚至需要故意允许多家企业竞争,尽管整体上产能可能会有些过剩,但这样做的总效率实际上更高。

另外,对自然垄断的分析还必须要考虑消费者的偏好。举一个简单的例子,现在大部分家庭里都有洗衣机,但是洗衣机不会每天都运转,那为什么每个家庭还要都买洗衣机呢? 比如三个家庭共用一台洗衣机不就可以吗? 显然这样做会造成各种不便,不是人们所偏好的。

随着全球化的深入,市场范围越来越大,传统的自然垄断概念越来越受到冲击。可以说,随着技术的发展和全球经济联系的日益密切,市场范围和边界在不断扩大,跨行业、跨国界的竞争越来越多,很多以前看似是自然垄断的产品在全球化时代将不再具有自然垄断的特征。

10.5.3 共有资源

下面我们接着讨论一下共有资源。共有资源的产量决定如图 10-17 所示。图中标明了某种共有资源的社会需求曲线、该产品的私人成本曲线,还有一条社会成本曲线,而社会成本曲线在私人成本曲线的上方。以捕鱼为例,传统的理论认为,我们每捕一条鱼都会给他人带来额外的成本,因为捕鱼的人多了,那么每个人能捕到的鱼就少了。因此,个人最优的点位于私人成本曲线和需求曲线的交点处,而社会最优的点在社会成本曲线和需求曲线的交点处。显然,个人最优的捕鱼量大于社会最优的捕鱼量。[10] 怎么解决这个问题呢? 一种解决办法是政府进行管制,规定捕鱼的人数、每家拥有的船只数、渔网数和捕鱼时间等。

图 10-17　共有资源的使用图示

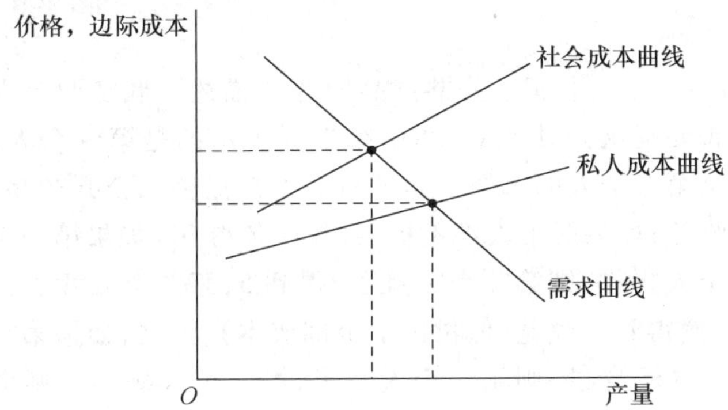

事实上，还有另一种更加简单的办法，就是界定产权。我们可以设想一下，如果现在渔场通过拍卖的方式卖给了私人，那么此时居民面临的私人成本就等于社会成本，因为现在捕鱼者只有他一个，没有别人了。从而，个人自发的选择就是在社会成本曲线与需求曲线的交点。当然，有时界定产权还存在技术上的困难，比如公海里的捕鱼问题，但是已经有一些这方面的尝试。比如，可以采用划分水域的办法，或者在捕鱼的当事国之间形成一些约定以约束各自的行为等。[11]

10.5.4 公共产品

下面我们再来看纯粹的公共产品问题。纯粹的公共产品，如图10-18所示，MC 是其边际成本曲线，D_1 是第一个人的需求曲线，D_2 是第二个人的需求曲线。因为是纯粹公共产品，所以它既不可以排他，也没有竞争性，并不需要每个人分别提供该公共产品，因而社会需求曲线是个人需求曲线的垂直相加(私人产品的市场需求曲线是个人需求曲线的水平相加)。假定社会需求曲线刻画了所有人的需求量，最优点应该位于 G 点，最优产量应该为 Q^*。怎么才能实现 G 点这一最优状态呢？由于没有排他性，这里我们就碰到了**搭便车**(free riding)或者**囚徒困境**(prisoners' dilemma)问题。

图 10-18　公共产品图示

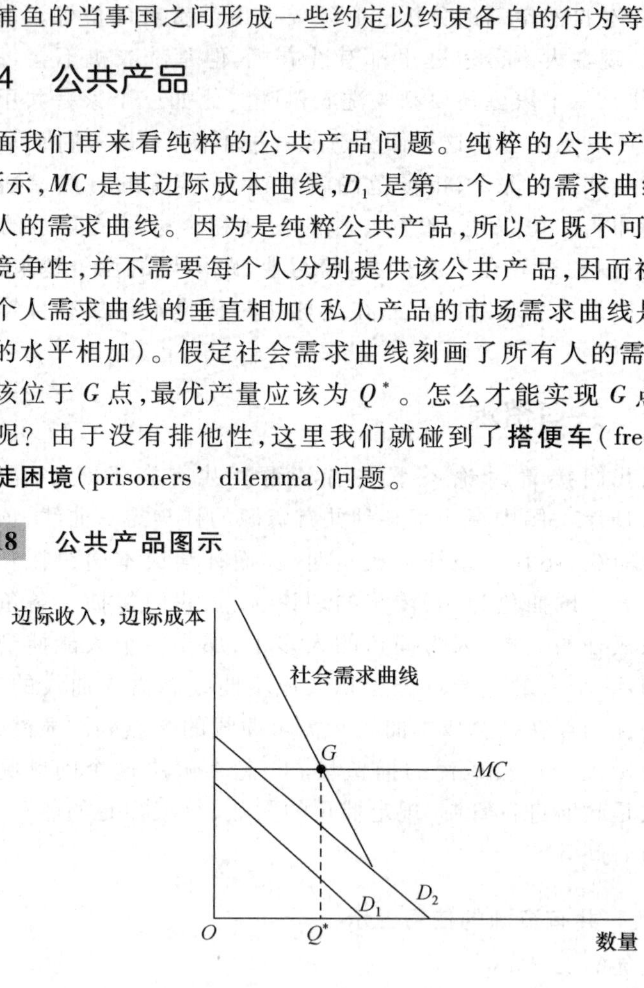

图 10-19 是一个简单公共产品博弈的描述。假定两个人都在考虑自己是否要提供公共产品，图中纵坐标表示的是第一个人的选择，横坐标表示第二个人的选择。如果两个人都提供该公共产品，每人各得到 4 的收益；如果两个人都不提供，每人各得 0。如果第一个人不提供而第二个人提供，则第一个人赚了，得到 5，第二个人亏了，得到 -1(因为他虽然得到了收益，但付出了全部成本)；反之，如果第一个人提供而第二个人不提供，则第一个人亏了，第二个人赚了。哪个是帕累托最优的结果呢？按照前面第一节给出的帕累托最优的定义，“两个

人都不提供”不是帕累托最优的,其他三种状态都是帕累托最优的。“两个人都不提供”之所以不是帕累托最优,是因为如果这种状态转向“两个人都提供”的状态,每个人都受益了。进一步,按照卡尔多-希克斯标准,“两个人都提供”的状态是最好的,因为这种情况下总财富最大,等于8,而另外两种帕累托状态下总财富都只有4。

图 10-19　公共产品的囚徒困境

		第二个人的选择	
		提供	不提供
第一个人的选择	提供	4, 4	-1, 5
	不提供	5, -1	0, 0

为什么传统理论认为市场在提供公共产品方面会失灵呢?这是因为,如果我们让个人来提供公共产品,没有人会愿意提供。因为每个人都会这么想:给定别人提供的情况下,自己如果提供能得到4,如果不提供能得到5,只要他是理性的,他就会选择不提供;给定别人不提供的情况下,自己如果提供会得到-1,如果不提供会得到0,那他也会选择不提供。所以每个人都没有积极性提供公共产品。结果是,谁都不提供,每个人都得到0。但是两人都提供才是帕累托最优的,每人可得到4。因此,如果公共产品允许自由提供,那么帕累托最优将无法实现。

那么公共产品的供给应该怎么解决呢?办法是由政府强制提供公共产品,而政府通过强制性征税获得提供公共产品的资金。这就是传统经济学的政策主张。

由于存在“搭便车”问题,传统经济学认为,公共产品应由政府提供。

10.5.5　公共产品的私人生产

是不是所有的公共产品一定都得由政府提供呢?经济学家罗纳德·科斯以灯塔为例,对传统观念提出了挑战。[12]在传统经济学理论中,灯塔是典型的公共产品,每个船主都需要它,但每个人同时都希望别人提供,就和囚徒困境一样,最后谁也不提供,只能由政府提供。科斯怀疑这个理论是否和事实相符,于是专门做了一项经验研究。他研究了英国灯塔的历史。他发现,从17世纪开始,英国修建灯塔可能有很多种方式。一种方式就是由既不是船主也不是码头主的第三方建造灯塔,并要求进入码头的船只交钱,否则他就关灯。由于关了灯,船就无法导航,就不会在这码头停靠,所以码头就愿意交钱。码头的所有者交钱后可能不会向船主收取这笔费用,因为他交了灯塔费之后很多船就会停靠码头,码头就可以收取停靠费,而不是灯塔费。当然,码头也可以对船主逐个收取灯塔费,如果船主不交灯塔费,码头就阻止船主上岸,即码头的使用具有排他性。另一种可能的方式是由某个大船主建造灯塔,显然这具有正的外部性,但他本身的需求可以覆盖其他所有船主的需求,即使没有其他人的需求他也会出资建造灯塔。此外,也有可能是由几个船主商量共同出资建造灯塔。虽然可能会有人想搭便车,但只要有足够多的人愿意出资建灯塔就可以。所以,科斯指出,灯塔这种公共产品是可以由私人提供的。

并不是所有的公共产品都必须由政府提供,有的公共产品可以由私人提供。

下面我们再具体分析一下,公共产品由私人提供的几种可能性。第一种可能性是公共产品对少数人而言具有巨大效用,那么这些人就有积极性提供该产品。在农村,过去很多公共产品是由个人提供的。比如修路,一般村民不会主动修路,但富人会,因为富人能从修路中得到很高的边际收益。富人家中总是高朋满座,来宾身份显赫。如果他不把破烂不堪的道路修好,贵宾就不会愿意登门拜访,富人就无法交往社会名流。即使社会名流登门了,也会对他产生不好的评价。所以富人有积极性把路修好。现代社会中,这也是一种非常重要的公共产品提供方式。再比如,宿舍卫生也是一种公共产品。如果宿舍中有一个特别爱干净的人,那宿舍里其他人就非常幸运,因为爱干净的人喜欢把宿舍打扫得一尘不染,其他人也能享受良好的宿舍环境。

第二种可能性是把公共产品设计成具有一定排他性、不缴费不能使用的产品。比如收费公路,就是这样的产品。理论上公路建立以后,其使用的边际成本几乎为零。那么从经济学效率角度来看,高速公路就应该是免费的。然而,一旦免费,高速公路就没人愿意去建。如果通过收费进行排他,那么就会有私人企业有积极性建设高速公路,并且私人提供的最优规模不一定比政府提供的规模要小。[13]

市场的力量是巨大的,很多传统上认为会出现市场失灵的问题其实都可以通过市场解决。过去人们之所以认为所有公共产品都应该由政府提供,是因为我们严重低估了市场的力量,不让市场发挥它应有的作用。历史上,大量的公共产品都是私人提供的。例如,英国早期的马车道路是私人投资建设的。美国第一条高速公路是由十几家汽车制造商私人修建的。私人为什么愿意修这条路呢?那是因为,高速公路的修建有利于扩大汽车的销售:只有在高速公路上汽车才能展现出它的速度优势,人们才会觉得汽车更有价值,更愿意购买。再比如,网络时代所谓的“垄断巨头”为我们提供了大量的免费产品,如邮箱、微博、微信。虽然流量不免费,但产品本身免费。这些产品的成本由谁承担呢?其实是靠其他相关产品的销售弥补的。

这些都与传统经济学中的很多结论相背离。传统经济学认为,

"垄断"企业会收取很高的垄断价格,但现实却是"垄断"企业提供了大量免费产品;传统经济学认为,边际成本为零,企业收取的价格会高于边际成本,但现实却不是这样的。另外,有一些产品或者服务本不是公共产品,比如司法和法院的判决与执行工作、监狱看守等工作。随着技术的进步和人们认识的转变,必须由政府提供的公共产品可能会越来越少。

随着技术的进步和人们认识的转变,必须由政府提供的公共产品可能会越来越少。

迷你案例

私人承包的美国监狱

在美国,并非所有的监狱都是公立的,有些是由私人经营的。1998年,全美国只有5家私人监狱关押着2000名囚犯;现在,美国的私人监狱已经增长到100家,关押囚犯数量达到12.8万人,占了联邦监狱和州监狱囚犯数目的8%。根据世界私人监狱联盟(Association of Private Correctional & Treatment Organizations)的数据,除了美国这个主要的市场外,全世界还有17个运营私人监狱的企业,分布于英国、日本、南非和澳大利亚。私人公司的介入,有助于提高监狱行政体系的效率。比如,私人监狱运营企业CCA(Corrections Corporation of America)新建一所监狱平均花费5000万美元,公营监狱则平均要花费6700万美元。CCA的建筑费用比公营监狱少25%,平均运营成本也要比州政府的监狱低20%。1994年,CCA在纽约股票市场上市。2011年,CCA实现收入17.3亿美元,纯利润1.6亿美元。在过去的10年里,CCA的年收入平均每年增长将近8000万美元。《福布斯》杂志在2007年将它评选为400家"美国最优秀大公司"之一。

资料来源:罗敏夏,"私人监狱公司:靠囚犯也能挣钱",《南方周末》,2012年9月5日,http://www.infzm.com/content/80233。

最后,我们讨论一下高速公路收费问题。高速公路一般有两种提供方式:一种方式是政府依靠征税筹集资金出资建设高速公路,消费者免费使用;另一种方式是完全由市场提供,即政府事先与私人签订合同,规定修建路段和收费年限,由私人投资修建高速公路。

有些经济学家批评高速公路的第二种建设思路,他们认为高速公路不应该收费,因为高速公路的边际成本为零,如果收费就会降低效率。但是,尽管政府修路之后的边际成本为零,但一条高速公路需要从税收中拿出几十亿元甚至几百亿元的资金才能修建完成。那么,这和私人投资修建高速公路,再向消费者收费有什么区别呢?主要的不同在于政府修路的费用由纳税人承担,而私营公司修路的费用由道路的使用者承担。当然这里存在一个怎么引入竞争机制、怎么严格执行合同的问题。如果政府和私营公司签订了修建高速公路的合同,但却任意改变收费规则,那么就会影响民间投资的积极性,进而会影响到高速公路的建设规模。

此外,还有一个与之相关的问题,就是收费年限的问题。收费的目的是为了弥补建设成本(和适当的利润),但如果建设成本已经收回,还有理由继续收费吗?这要看价格的其他功能。比如,通往首都机场的高速公路可能确实没有收费的理由了,因为它的成本早已回收完毕,收费基本上也不会影响交通流量。但对一些拥堵且使用者对价格敏感的道路,收费可以调节交通流量。当然,此时,重要的是要把所收取的费用纳入公共财政,而不是被有特权的私人获取。如果能做到这一点,无论从效率的角度还是从公平的角度看,收费本身并不是不可取的。

综上所述,无论是外部性还是公共产品,本身都不是政府干预市场的理由。政府最需要提供的是一个稳定的产权制度和可预期的市场环境。在这样的制度背景下,很多所谓的公共产品是可以由市场来提供的。

本章要点总结

帕累托效率是经济学的基本效率标准。一种状态被认为是帕累托有效的(或帕累托最优的),如果不存在另一种可选择的状态,使得没有任何人的福利变坏,至少有一个人的福利得到改善。一种变革被称为是帕累托改进,如果这种变革不使任何人的处境变得更差,至少使一个人的处境得到改善。一种变革被称为是卡尔多-希克斯改进,如果受益者所得超过受损者所失。

完全竞争的市场可以实现帕累托最优的资源配置,这被称为福利经济学第一定理。

传统经济学认为,外部性导致个人收益和个人成本不同于社会收益和社会成本,因此自由市场无法达到帕累托效率;政府的管制和税收(补贴)被认为是纠正市场失灵的手段。

科斯定理认为,如果交易成本足够低,只要产权界定是清楚的,自由交易可以解决外部性问题,其效果优于政府干预和税收(补贴);如果交易成本高,产权配置给谁就是重要的。

外部性本质上其实是产权界定问题。如果没有界定任何产权,所有行为都有外部性。如果产权界定是清楚的,所谓的外部性不过是对他人权利的侵害,市场可以通过权利的交换达到有效率的安排。技术的进步将使产权界定变得更容易。外部性并不能构成政府干预市场的正当性理由。

公共产品也不构成政府干预市场的正当性理由。传统经济学把公共产品的范围扩大了,纯粹的公共产品远比人们认为的少得多。即使纯粹的公共产品也可以由私人生产。

本章重要术语

帕累托效率(帕累托最优)　帕累托改进　卡尔多-希克斯改进　福利经济学第一定理

外部性　科斯定理　交易成本　公共产品　竞争性　排他性　共有资源　自然垄断　规模经济

延伸阅读

保罗・海恩等《经济学的思维方式》第 12 章和第 13 章、曼昆《经济学原理:微观经济学分册》第 10 章和第 11 章,讨论了外部性和公共产品问题。布里安・辛普森《市场没有失败》第四章和第八章对外部性和公共产品导致的市场失灵理论做了较为全面的批判。张五常《经济解释》(中信出版社 2015 年版)卷四第二章对外部性理论的谬误和科斯定理有透彻而引人入胜的分析。丹尼尔・史普博编的《经济学的著名寓言》(上海人民出版社 2004 年版)收录了几篇有关市场如何解决外部性和公共产品的经典文献。

思考与练习

1. 什么是帕累托最优?什么是帕累托改进?如果在 A 点,资源配置没有达到帕累托最优;而在 B 点,资源配置则是帕累托最优的。请问将资源配置从 A 点转变到 B 点是否一定是帕累托改进?为什么?

2. 什么是外部性?什么是正外部性?什么是负外部性?外部性的存在会对经济运行产生怎样的影响?在现实中,人们是怎样应对外部性的?是否因为有外部性的存在,就必须由政府对市场进行干预?

3. 科斯定理的内容是什么?请举出科斯定理在现实中的几个应用。

4. 公共产品、私人产品、共有资源、自然垄断产品分别是指什么?它们之间有什么异同?

5. 有人说,公共产品必须由政府进行提供。你是否支持这种观点?为什么?

6. 某海湾的渔业产品丰富,周围的居民以渔业为生。已知经营一条渔船的成本为每月 2 000元。如果有条船在该海湾捕捞,那么每月的总收入为 $F(x)=10x-x^2$(单位是千元)。

(1) 如果捕捞许可证是免费的,那么将会有多少船只进行捕捞作业?

(2) 从社会最优角度看,应该有多少船只进行捕捞作业?

(3) 从社会最优角度看,捕捞许可证的收费应该为多高?

7. 苹果园和养蜂场毗邻而建,养蜂场中的蜜蜂会飞到苹果园帮助苹果授粉,从而可以减少苹果园的运营成本。假设苹果园和养蜂场的成本函数分别为 $C_a(A)=A^2/100-H$ 和 $C_h(A)=H^2/100$,其中 A 和 H 分别是苹果和蜂蜜的产量,苹果和蜂蜜的价格分别为 3 元和 2 元。

(1) 如果苹果园和养蜂场独立经营,那么苹果和蜂蜜的产量分别为多少?

(2) 如果将苹果园和养蜂场合并,那么苹果和蜂蜜的产量又分别为多少?

(3) 从社会最优角度看,蜂蜜的最佳产量为多少?如果苹果园和养蜂场分开经营,为了引导养蜂场生产社会最优产量,则应该对蜂蜜价格进行怎样的补贴?如果这一补贴需要由苹果园提供,苹果园主会不会愿意?

8. 某农场的技术如下表所示:

L	1	2	3	4	5	6	7	8 以上
Q	6	14	25	32	38	43	47	48

其中，L 是劳动力投入，Q 是小麦的总产量（吨）。已知每个劳动力的成本是 600 元，每吨小麦的成本是 100 元。

请解释如果土地所有者以自身利益为出发点，则在以下两种产权安排下，产出各是多少。同时说明以下的结果从经济上讲是否有效率。

（1）私有产权制度；

（2）共有财产制度，即土地由公社拥有，村里的每个人都加入公社，所有人平分产出。

本章注释

[1] 帕累托（Vilfredo Pareto, 1848—1923）是意大利的经济学家和社会学家，他最早在经济学研究中引入了帕累托效率的概念。

[2] 人们关于分配有一种朴素的"公平"观念，现在已经被相当多的经济学研究所证明。参见 Berg et al.（1995），La Porta et al.（1997）。

[3] 当然我们有时候必须在事后对健康和生命等基本权利进行补偿，比如对安全事故、交通事故的受害者的补偿等，但这不是对健康和生命的定价，因为从本质上说这些基本权利是无法定价的。

[4] 矫正外部性的政府税收通常被称为庇古税（Pigovian tax）。庇古（Pigou）是剑桥大学的一位经济学家，他在研究外部性的时候首先提出了通过税收解决负外部性的方法。

[5] Coase（1960）.

[6] 有关本案例的更详细说明，参见张维迎：《市场的逻辑（增订版）》，上海人民出版社 2010 年版；"张维迎谈市场与企业家"，《东方早报》，2012 年 5 月 22 日。

[7] 但有些时候我们很难认定谁是施害者，比如像雾霾，它的形成原因就很复杂，所以很难找到真正的责任人进行追究和处罚。

[8] 约翰·罗尔斯：《正义论》，何怀宏等译，中国社会科学出版社 2001 年版。

[9] 本表格参照了格里高利·曼昆：《经济学原理：微观经济学分册》（第 7 版），梁小民、梁砾译，北京大学出版社 2015 年版，第 234 页的相关内容。

[10] 人们从自身利益出发会过度地使用共有资源，这种现象被称为公地悲剧（the tragedy of the commons），参阅 Hardin（1986）。

[11] 有关合作选择协议解决共有资源公理的实例证据，参阅 Ostrom（1990）。

[12] Coase（1974）.

[13] 除了向公共产品使用者收费之外，经营者可以有其他的收费渠道来弥补提供公共产品的成本。比如收取广告费用就是一种重要的途径。

第11章
非对称信息与市场

本章导读

在传统经济学看来，如同垄断和外部性一样，非对称信息也会导致市场失灵，因而需要政府干预纠正市场失灵。本章我们将对非对称信息进行仔细分析，并证明市场没有失灵。本章第1节给出非对称信息的定义，并说明它的普遍性；第2节介绍所谓市场失灵的三个代表性模型；第3节对解决非对称信息问题的市场机制给出概要性描述，并重点讨论信息获取机制和信号传递机制；第4节讨论市场的声誉机制，特别是作为声誉载体的企业如何使得市场机制能有效运行；第5节讨论政府管制与市场声誉的关系，特别是过度的政府管制如何损害市场的声誉机制。

11.1 非对称信息的概念

11.1.1 什么是非对称信息

首先我们介绍一下**非对称信息**的定义。顾名思义，非对称信息以对称信息为对立面：对称信息是指每个人都知道的信息，并且是每个人都一样的信息；非对称信息指交易一方拥有但不被另一方所知道的信息。比如说一个产品的质量，卖的人知道，买的人不知道，这就是非对称信息。在经济学里，非对称信息又称为不完全信息，对应地，对称信息又称为完全信息。

非对称信息：交易一方拥有但不被另一方所知道的信息。

我们可以按照不同的标准对非对称信息进行分类，最常用的分类标准是以交易本身作为一个时间点，看非对称信息是发生在交易之前还是交易之后。

在交易还没发生之时就已经存在的非对称信息，称为**事前的非对称信息**；在交易之后才产生的非对称信息，称为**事后的非对称信息**。例如，你买了某一个产品，它的质量是给定的，是好是坏，卖的人知道，你不知道，这就是事前的非对称信息；另一种可能是，你买了一个产品，产品质量本来没有问题，但在使用的过程中，由于你操作不正确，把它弄坏了，这时候你仍然可以找厂家索赔，因为厂家可能不知道究竟是产品的质量问题还是你操作不当，这就是事后的非对称信息。在

逆向选择：
信息不对称带来的潜在交易价值无法实现的现象。

道德风险：
市场交易的一方利用其拥有的信息优势，采取对方所无法观测和监督的隐藏行动或不行动，从而导致对方利益受损的可能性。

这一章，我们主要分析事前的非对称信息，不会正式地分析事后的非对称信息，但是会举一些相关的例子进行说明。

因为事前信息通常指客观存在的状态的信息，事后信息通常涉及当事人采取的某种行为的信息，所以事前非对称信息有时也称为“隐藏信息”（hidden information），事后非对称信息有时也称为“隐藏行动”（hidden action）。对应这两类非对称信息，有两个重要的理论：第一类非对称信息的理论叫作“**逆向选择**”（adverse selection）理论，第二类非对称信息的理论叫作“**道德风险**”（moral hazard）理论。[1]

11.1.2 非对称信息的普遍性

下面是一些非对称信息的例子，从这些例子中我们可以看到，信息不对称几乎无处不在，就像上一章的“外部性无处不在”一样。

知识拓展

事前非对称信息

关于事前的信息不对称，老百姓有一句话很是贴切：“买的不如卖的精。”这类例子不胜枚举：

如果你去保险公司投保健康险，保险公司的赔付概率依赖于你现在的身体健康状况和你的生活习惯，这种信息你可能比保险公司更清楚。

雇主在雇用员工的时候，对于员工的能力和道德水平，员工自己可能比潜在的雇主更清楚。

你打算从银行贷款投资一个项目，对于这个项目质量好坏、潜在的报酬分布怎样，你可能比银行更清楚。

我们去医院看病，医生给我们开某种药，药的疗效如何，医生可能比患者更清楚。目前医患关系的紧张其实都与非对称信息有关。

如果一个政治家要竞选国家领导人或者地区领导人，他的治国能力、品质、理念，政治家自己清楚，老百姓不清楚。竞选的过程就是老百姓了解这些信息的过程。即使这样，我们知道，最后也经常可能犯错误，也就是说，民主体制下，也可能选出一个并不是大部分选民所希望的领袖。

甚至你在大街上碰见一个乞丐，这个乞丐是真的缺乏生存能力、需要帮助，还是一个职业乞丐、可能比你还富有，他清楚，你不清楚。

更一般地讲，所有陌生人之间都存在这类信息不对称，甚至我们长期接触的一些人，他们的才能、品格、性格等，我们都不一定很清楚。所以有一句话叫作：“知人知面不知心。”知面容易知心难，这也是一种信息不对称。

下面是一些事后的非对称信息的例子。

知识拓展

事后非对称信息

一件产品买回去以后,由于你的操作不当,引起产品损坏。你知道产品损坏的原因,但厂家可能没有办法发现。

购买汽车保险之后,投保汽车仍然需要保养并安全驾驶。超速就更容易出事故,把车停在不安全的地方,或者忘了锁车,都会增加失窃的可能性。车丢了,保险公司并不知道是由于车主没有尽心,还是由于小偷确实厉害。

雇主不仅在雇用员工之前不知道雇员的能力、品格,而且在雇用之后也难以完全观察到雇员每时每刻在干什么。

债务人借钱之后,可能挪作他用。本来借钱是要投资这个项目,实际上投资了另外一个项目。对此,债权人可能难以及时察觉。

房屋出租之后,对于租户是不是真正爱惜房子,房东也没有办法有效监督。

你雇了一名律师替你打官司,官司是否打得赢,依赖于律师的努力程度。但对于他的努力程度,例如,他是否尽心尽力搜集对你有利的证据,是否在法庭上卖劲儿辩护,甚至是否被对方收买,你可能不太容易判断。

在医患关系之中,医护人员是不是精心地来照料病人?现在出的很多医疗事故导致的医患关系紧张,就是病人怀疑医生没有尽到其应尽的责任。事实上也可能不是这样,但是医护人员知道,病人(特别是家属)没办法分清楚。

这些例子说明,无论是事前的信息不对称还是事后的信息不对称,在实际生活中都是很普遍的。但是我们可以想一下,这么明显的现象,经济学家为什么直到最近的40年才开始关注?其实,这是科学研究当中经常存在的问题。这是因为,出于研究的方便,科学家需要进行一些假设,这些假设很可能排除掉了我们最应该关注的问题。

11.2 所谓“市场失灵”的若干例子

在这一节中,我们将通过三个具有代表性的例子,来讨论事前的非对称信息。事前的非对称信息往往导致所谓的逆向选择,简单地说就是“劣胜优汰”的结果。逆向选择往往被用来证明市场失灵的存在。

下面几个例子,可以帮助大家理解这一种观点。

11.2.1 二手车市场中的逆向选择

由于存在非对称信息,好车可能卖不出去,坏车反倒卖出去了。

二手车市场是阿克洛夫(G. Akerlof)在其 1970 年的著名论文中举的一个例子。[2]二手车已经被原车主开了很多年,然后拿到市场上去卖,看上去没有什么不同的二手车之间可能存在很大的质量差别,可能很好,也可能不好。对于二手车的实际状况,卖车的人可能会知道得更多,买车的人一般会知道得更少或者不知道。阿克洛夫认为,二手车市场可能出现的问题是,由于存在非对称信息,好车可能卖不出去,坏车反倒卖出去了。

下面,我们以一个最简单的二手车市场模型为例,来介绍阿克洛夫得到其结论的基本逻辑。

设想一个最简单的二手车市场模型:二手车的质量只有好 (H) 和坏 (L) 两种可能。一辆好车对于卖车的人值 6 万元,对于潜在买车的人值 7.2 万元;一辆坏车对于卖车的人值 2 万元,对于潜在买车的人值 2.4 万元。无论好车还是坏车,只要对买者的价值大于卖者,如果信息是对称的,都很容易成交。以一辆坏车为例,原车主和潜在买者可以讨价还价,如果以 2.2 万元成交,两人的总福利就增加了 4 000 元,其中 2 000 元归卖者,2 000 元归买者。类似地,对好车而言,原车主和潜在买者可以讨价还价,只要价格不低于 6 万元,不高于 7.2 万元都可能成交。假定实际交易价格是 6.9 万元,原车主获得 9 000 元的剩余,买者获得 3 000 元的剩余。因此,如果信息是对称的,自愿的交易一定会实现帕累托最优,市场一定是有效率的。

那么在信息不对称的情况下,市场为什么可能失灵呢?假设二手车的原车主知道这个车的好坏,但潜在买者不知道,只知道车有一半的可能是好的,一半的可能是坏的,他只能据此估计车的平均质量。对他而言,好车价值 7.2 万元,坏车价值 2.4 万元,平均价值 4.8 万元。这种情况下,潜在买者愿意付多少钱买这辆车呢?最多愿意支付 4.8 万元。但假设这时原车主愿意以 4.8 万元或者更低的价格出售,那么,潜在买者会买这辆车吗?

不会!这是因为,买者知道,愿意 4.8 万元卖这辆车的人,卖的一定是低质量车;如果是高质量车的卖者,车对他值 6 万元,4.8 万元卖就亏了。因此,潜在买者不会愿意花 4.8 万元的价格,甚至连 3 万元也不会花,只有在价格低于 2.4 万元时才愿意买。但是,如果价格低于 2.4 万元,只有低质量的车能成交了。

你可能会问:低质量的车卖掉之后,不就只剩下高质量的车了吗?然后,高质量的车不就可能以 6.9 万元的价格成交吗?答案是:不可能!这是因为,如果有这种可能性,低质量的车也不会首先出售,它会假装高质量,等着卖高价。所以好车还是卖不出去。这就是逆向选择,这种由信息不对称引起的逆向选择,导致帕累托效率无法达到,也就是对双方都有利的事情也做不成。

上面这个例子假设待出售的二手车只有高质量和低质量两种可能,现在考虑稍微复杂一点的例子:质量是连续分布的。假设最低质量的车对卖者值 2 万元,最高质量的车对卖者值 Q 万元。我们用车对卖者的价值(即卖者的保留价格)来代表车的质量,假定质量在 2 到 Q 之间服从均匀分布(uniform distribution)。仍然假设车对潜在买者的价值刚好是对卖者价值的 1.2 倍。这意味着,交易一定会带来帕累托改进,如果是完全信息的话,所有质量的车都会成交,交易后的状态一定是帕累托最优的。

如图 11-1 所示,图中的需求曲线,代表潜在买者愿意为二手车付出的价格,依赖于他对于这辆车的质量预期;因为我们假定买者的评价是卖者的 1.2 倍,需求曲线的斜率是平均质量的 1.2 倍,即 $p=1.2q$(图中 45°线是参照系,即代表买者和卖者对车的评价相同时的需求曲线)。市场的供给曲线,是指市场上愿意出售的车的平均质量如何随买者愿意支付的价格而变化。因为卖者只有在价格不小于自己的保留价格的情况下才愿意出售,给定任意的价格 p,愿意出售的车的平均质量就是 $q=1+p/2$(注意根据假设,$q\geqslant 2$)。因此,图中供给曲线的斜率大于需求曲线的斜率。均衡点位于需求曲线和供给曲线的交点。容易算出,均衡价格是 3 万元,均衡时平均质量是 2.5 万元。

图 11-1　二手车市场

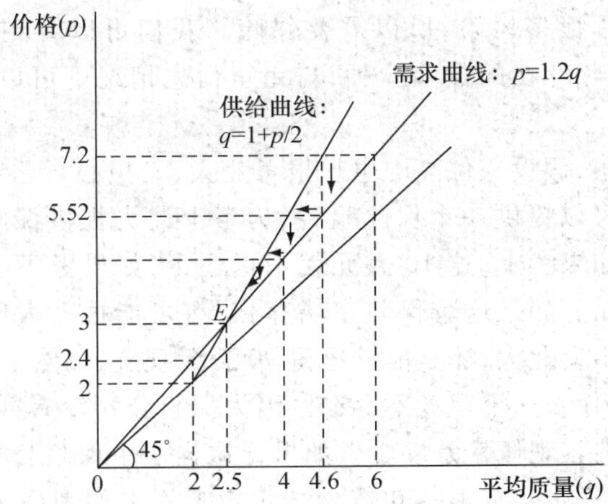

调整过程:
$q=6, p=7.2$
$p=7.2, q=4.6$
$q=4.6, p=5.52$
$p=5.52, q=3.76$
$q=3.76, p=4.512$
$p=4.512, q=3.256$
$q=3.256, p=3.9072$
$p=3.9072, q=2.9536$
$q=2.9536, p=3.54432$
$p=3.54432, q=2.77216$
$q=2.77216, p=3.32592$
$p=3.32592, q=2.66296$
…
$p=3, q=2.5$

我们可以具体分析一下这个均衡是如何达到的。假定最初的预期质量是 6 万元,潜在买者愿意支付的价格是 7.2 万元。但是在价格等于 7.2 万元的情况下,愿意出售的车的最高质量是 7.2 万元,最低质量是2万元,市场供给的平均质量只有4.6万元。由于预期与实际不符,所以这不可能是一个均衡。如果平均质量是4.6万元,买者愿意付多少钱呢?容易算出来,他只愿意付出5.52万元,即4.6万元的1.2倍。但是给定买者愿意付出的价格是5.52万元,什么样的车才愿意出售呢?就是质量介于2万元到5.52万元之间的车,质量高于5.52万元的车就退出了市场。此时,供给的平均质量下降到3.76万元。给定平均质量是3.76万元,买者愿意支付的价格下降到4.512万元,由此导致平均质量进一步降低到3.256万元。如此等等,价格和质量轮番下降,直到价格等于3万元、平均质量为2.5万元时,所有想卖的车都卖出了,达到了均衡。我们可以看出,所谓的逆向选择,就是高质量的车退出市场的过程。图11-1的边注给出了这个调整过程。

二手车市场中的逆向选择,就是高质量的车退出市场的过程。

在这个例子中,质量在2万元到3万元之间的车能够成交,质量大于3万元的车都没有办法成交。显然,究竟有多少车不能出售,一方面取决于质量差别的大小,另一方面取决于买者和卖者之间评价的差异。质量差别越小,评价差异越大,则卖不出去的车越少。在上例中,给定1.2倍的评价差异,如果所有车的质量都在2万元到3万元之间,则所有的车都可以出售;如果质量差别在2万元到6万元之间,则有50%的车没有办法出售。给定质量差别,如果买者的评价是卖者的1.5倍,而不是前面假定的1.2倍,则所有质量不高于6万元的车都可以出售(平均质量是4万元)。但无论如何,如果有任何车不能出售的话,那一定是高质量的车。这就是逆向选择的含义。

11.2.2 保险市场中的逆向选择

人类面临很多风险,所以需要保险。我们可以看到的一个现象是,市场上实际存在的保险险种,与完全信息情况下可以存在的相比要少得多。

举个例子,假设一位高中生想报考北大,又担心自己考不上,如果有保险公司可以提供一个保险险种,为考上北大提供保险:先收取保费10万元,如果考上,这10万元就不退还了,如果考不上,保险公司赔付100万元。如果这个保险市场存在,有可能很多人愿意买保险,因为即使考不上北大,还是能够净得90万元现金,仍然是一个安慰。

但是,为什么这个市场不存在?因为保险公司没有办法计算出每人考上北大的客观概率是多少。如果开这样一个保险公司,一定会很快倒闭,因为一定会有很多知道自己肯定考不上的考生来投保“考北大险”。

让我们用图11-2来说明这一点。图中横坐标表示投保人数,纵坐标表示报考北大失败的概率,从坐标原点出发的斜线代表从0到1的“供给曲线”,即投保人数是根据失败概率从低到高排列的。如果保险公司能知道每个投保人的失败概率，那么，它就可以制定相应的保费。比如说，设定赔付额为100万元，失败概率是20%的投保人需要缴纳的保费是20万元，而失败概率是50%的投保人缴纳的保费是50万元。根据大数定律，如果参保的人足够多，保险公司可以收支平衡，而每个投保考生的福利也得到了改善。这样的保险无疑是一个帕累托改进。

图11-2　保险市场

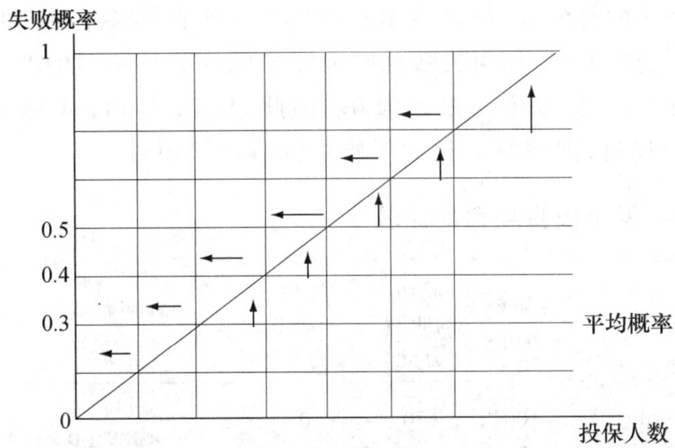

图中，向左的横向箭头表示退出保险，向上的纵向箭头表示平均质量下降和保费上升。

按照平均概率收费，失败概率低的考生将逐渐退出……最后只有知道自己100%考不上的考生才投保。

但是，如果保险公司不知道每个考生的情况，只知道所有考生的平均情况，那情况会如何呢？假设如果所有计划考北大的考生都投保，平均起来考上北大的概率是70%，考不上的概率是30%。保险公司该收多少保费呢？每个投保人缴纳30万元的保费。但是可以想象，实行这个制度以后，那些最有可能考上北大的同学就不愿意交保费了，因为他们觉得不值得。这部分人不参加保险了之后，剩下那部分投保人考上北大的平均概率就会低于70%，这样保险公司收取30万元保费的话就会亏损。假设这时投保人失败的平均概率上升到40%，保险公司收取的保费就要提高到40万元才能不亏损。但如果这样做，又会有一部分把握性比较大的考生也不参加保险了。假定这一部分人退出保险后，剩下的投保人失败的平均概率又进一步上升到50%，这时保险公司只能进一步将保费调高到50万元。结果是又有一些相对高质量的考生会退出保险。这样，保费上升引起投保人质量下降，质量下降导致保费上升，如此不断下去，最后，只有认为自己100%考不上的人才会参保。这时保险公司要收多少保费呢？因为赔100万元，所以就得收100万元。这种保险就没有意义了。

信息不对称导致低风险的人退出保险。

这个例子说明，由于保险公司与投保考生之间的信息不对称，高考保险这样的险种就不会出现。现实中好多险种实际上也面临着类似的情况。[3]

11.2.3 信贷市场中的逆向选择

假设有两个企业，各有一个投资项目，需要投资资金100万元。项目的结果可能成功也可能失败。如表11-1所示，第一个企业的投资项目（项目A）成功的概率（q）是90%，失败的概率是10%，如果成功将得到130万元的总回报，如果失败则血本无归（总回报等于0），因此，该项目的期望回报就是117万元，期望的投资回报率为17%。第二个企业的投资项目（项目B），成功和失败的概率各为50%，如果成功获得200万元，如果失败总回报等于0，所以该项目的期望回报就是100万元，期望投资回报率为0。因此，我们把项目A称为高质量（低风险）项目，把项目B称为低质量（高风险）项目。

表11-1　两个投资项目的比较

项目	投资额（万元）	成功的收益（万元）	失败的收益（万元）	预期收益（万元）	投资回报率
A（$q=0.9$）	100	130	0	117 （$=130\times0.9+0\times0.1$）	17%
B（$q=0.5$）	100	200	0	100 （$=200\times0.5+0\times0.5$）	0

首先假定企业用自己的资金投资。显然，如果资金的机会成本（利息）大于零、小于17%，第一个企业会投资，第二个企业不会投资。从社会的角度看，这也是最有效率的选择。

如果信息是对称的，高质量的项目可以得到贷款，低质量的项目不能得到贷款，这对社会来说也是最有效率的。

现在假定企业缺少自有资金，因此需要向银行贷款。并且，假定如果投资失败，企业没有任何其他资产偿还贷款。银行是否愿意贷款给它们呢？哪个企业会投资呢？答案依赖于银行是否了解投资项目的质量。假定银行的资金成本是10%，即贷款的预期利率不能低于10%，否则就亏损。那么，如果信息是对称的，即银行知道投资项目的质量，容易证明，第一个企业能得到贷款，因而完成投资项目，而第二个企业则不能得到贷款。这是因为，对第一个企业来说，项目成功的概率是0.9，它如果愿意支付22.2%的贷款利率，银行就愿意给它贷款。此时，银行的预期收益是110万元（$=122.2\times0.9$），刚好满足回报率要求。对企业来说，如果项目成功，总收益为130万元，支付银行的本金和利息122.2万元后，还有7.8万元的净利润；如果项目失败，投资损失全部由银行承担。因此，企业贷款投资的预期利润为$0.9\times7.8=7.02$万元。所以，这个项目是值得做的。就第二个项目来说，由于成功的概率只有0.5，银行要补偿资金成本，贷款利率就得高达120%（因为$220\times0.5=110$），但银行知道，即使项目成功，总收益也就 200 万元，企业不可能支付这么高的利率。因此银行不可能批准企业的贷款申请。另一方面，对企业而言，任何利率高于 100% 的贷款都是没有意义的，因此，它也不会申请贷款。所以，如果信息是对称的，这个没有效率的方案就不会获得投资。

以上分析表明，如果信息是对称的，高质量的项目可以得到贷款，低质量的项目不能得到贷款，这对社会来说也是最有效率的。

现在考虑信息不对称的情况。假定银行事前并不知道申请贷款的是哪个项目，只知道高质量项目和低质量项目的概率各为 50%。银行要求期望收益率达到 10%，就必须收取 71.1%（ = 0.5 × 22.2% + 0.5 × 120%）的利率，即如果项目成功，连本带息还款 171.1 万元；如果项目失败，损失由银行承担。哪一个项目会借钱？第二个项目如果成功，收益为 200 万元，还给银行 171.1 万元后剩下 28.9 万元，所以会借钱。第一个项目如果成功，收益总共才 130 万元，还不够还银行，因此不会借钱。也就是说，在信息不对称的情况下，低质量的项目愿意借钱，而高质量的项目反倒不愿意借钱。当然银行也知道愿意以这样的利率借钱的企业，一定是低质量的项目，所以银行也不会以这样的利率给这个企业贷款。因此，由于信息不对称，高质量的项目也得不到贷款。这就是信贷市场的逆向选择导致的效率损失。

由于信息不对称，高质量的项目也得不到贷款。

需要提醒读者的是，正是银行利率的提高，迫使高质量的企业（项目）退出贷款申请。在本例中，如果银行收取的利率在 30% 以下，高质量项目仍然会申请贷款；但当利率高于 30% 时，高质量项目就退出市场了。

以上我们讨论的是两种风险质量的情况。更为一般地，在市场上，高收益必然伴随高风险。如果我们把贷款项目的风险（失败的概率）从低到高排列，随着利率的提高，低风险的项目将逐渐退出市场。这种情况之所以出现，不仅因为逆向选择，也因为道德风险，即更高的利率会诱使企业选择更大风险的项目。因此，银行收的利率越高，贷款项目的风险越大，如图 11-3 所示。[4]

图 11-3　利率与风险的一般关系

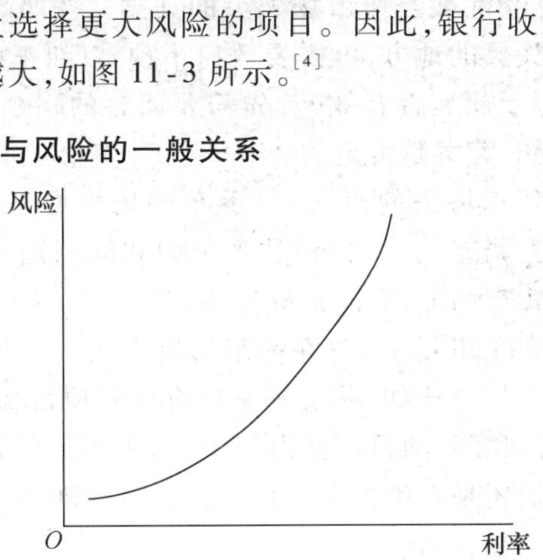

银行的预期收益是利息和还款概率的乘积。由于风险随着利率而上升,较高的利率并不意味着较高的预期收益。图 11-4 的横坐标表示利率,纵坐标表示预期收益。如图所示,银行贷款的预期收益,一开始会随着利率的上升而增加,但是超过一定的"临界点"之后,反倒会随利率的上升而减少。这是因为,在临界点之前,利率的收益效应超过了风险效应,尽管风险在增加,但是预期收益也在增加;超过临界点之后,风险效应超过了收益效应,再提高利率就不合算了。

图 11-4　贷款利率与银行预期收益

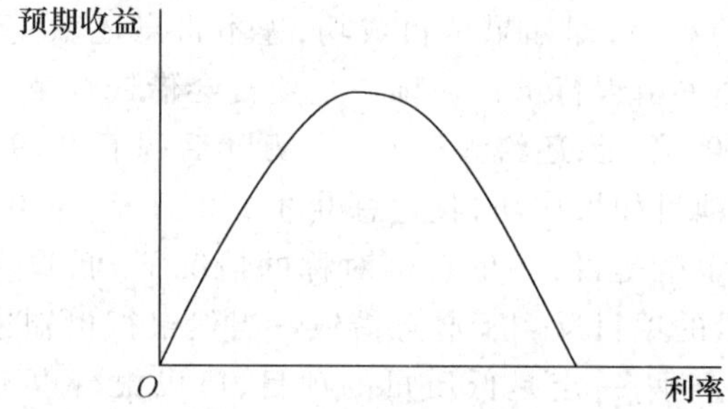

银行贷款的预期收益,一开始会随着利率的上升而增加,但是超过一定的"临界点"之后,反倒会随利率的上升而减少。

上面讲的三个例子,说明了同一个意思:由于存在非对称信息,不是所有的好产品都能卖出去,不是所有的风险都能得到保险,不是所有的好项目都得到融资。更一般地说,不是所有的好人都能得到好报。这就是经济学家所说的非对称信息导致的"市场失灵"。

11.3　解决非对称信息问题的市场机制

11.3.1　市场没有失灵

非对称信息经常被当作市场失灵的证据。按照传统经济学的逻辑,在存在市场失灵的地方,就需要政府干预,以纠正市场的失灵。我们暂时不管政府干预是否有效,首先需要回答的一个基本问题是:市场真的失灵了吗? 答案是否定的。

比如,根据阿克洛夫的论文,二手车市场中好车不好卖、坏车好卖,但我们可以去调查一下,特别是去美国和欧洲国家的市场上调查一下,哪一个现实市场上,真的是好车不好卖、坏车好卖? 没有! 与理论推论相反,在现实市场上,越好的车越有人买! 如果有什么车不好卖,那一定是坏车! 再比如,确实不是所有的好项目都能获得贷款,但是市场上还是有很多好项目能获得贷款;确实不是所有的保险险种都存在,但是市场上还是有很多保险供人们选择。非对称性信息无处不在,为什么市场并没有崩溃?

这是因为,市场本身就有解决非对称信息问题的机制。事实上,非对称信息是市场的基本特征之一,甚至可以说是市场存在的理由。道理很简单,市场基于分工和专业化,而只要有分工就有非对称信息,因为每个人都有自己所从事领域的专业知识,这些专业知识其他人没有,普通消费者更没有。即使在传统农村那种简单的交易关系中,也有非对称信息,比如说一个铁匠或木匠所具有的专业知识,普通村民并不具有。只有完全自给自足的经济,才没有非对称信息。如果说非对称信息一定导致市场失灵,那么市场从来就不会存在。

市场没有失灵,因为市场本身有解决非对称信息问题的机制。

从某种意义上说,市场的优越性,恰恰在于它创造了越来越多的非对称信息(即越来越复杂的分工和专业化),从而使得每个人的才能得到充分发挥,具有不同信息的人能相互合作。传统理论之所以会得出非对称信息导致市场失灵的结论,一个基本原因是它把专业化和分工当作事前给定的,没有市场的时候就存在,并且,它的一些基本理论是在完全信息的假设下得出的。完全信息本来是新古典经济学家为了分析的方便而做的理论假设,不是市场本身运作的前提。当经济学家在这一假设下发展出一整套有关有效市场的理论,然后回过头来再讨论非对称信息的时候,他们很容易把理论的假设当作市场有效运行的前提,从而得出信息不对称导致市场失灵的结论。市场本身是以不对称信息为前提,而不是以对称信息为前提。我们不能把市场理论的失灵当作市场本身的失灵。

市场本身是以不对称信息为前提,而不是以对称信息为前提。

市场为什么能够在不断创造着分工和信息不对称的过程中产生、发展和自我完善?在现实经济中,我们可以观察到复杂的、全球范围的专业化分工,并且分工的复杂化程度还在不断加深,意味着市场本身实际上有解决信息不对称问题的能力。现在我们来看市场机制是如何解决非对称信息问题的。

首先我们得承认,如阿克洛夫指出的,相对于完全信息的情况,非对称信息可能会导致效率损失,达不到完全信息下的帕累托效率,就像上一节介绍的二手车市场模型,价值 6 万元的好车卖不出去,尽管存在 1.2 万元的潜在净收益。但非对称信息导致效率损失又意味着什么?意味着存在着潜在的盈利机会。由于存在这样的盈利机会,在市场当中追逐利润的人们(特别是企业家)就会想办法解决这一问题,抓住盈利机会,实现帕累托改进。

市场发展出来了各种各样解决信息不对称问题(效率损失)的机制,大致可以归为四种类型。

第一种机制是,没有私人信息的一方,可能有积极性(也有办法)获取这个信息。价值 6 万元的车卖不出去,为什么呢?因为买的人不愿意出高于 4.8 万元的价格,那么买车的人如果能想办法知道好车是好车的话,就愿意出 6 万元以上 7.2 万元以下的价格,这样对他也有好处。并且如果只有他知道这个信息,别人都不知道,那么他就有一定的垄断力 —— 他可以只向卖者支付 6 万元或者 6.0001 万元,从而自己获得最大的好处。

第二种机制是,处于信息优势的这一方,也有积极性想办法告诉别人信息。如果二手车的卖者有办法让买者相信他的车是高质量的,那么他就可能以更高的价格,比如 7 万元把他的车卖掉,赚得 1 万元的好处。

第三种机制是,由原来交易中没有但在市场中非常重要的第三方(third party)提供信息。如果某个第三方知道一辆好车是好车,并且如果他能够使买者相信这辆车是好车(例如通过提供担保),就可以收取一个中间费用,或者先直接把这辆车买下来然后再加价卖出去。

关于解决非对称信息问题的上述三种机制,有一位经济学家曾经形象地将其比喻为停车场的三种供给方式。[5] 当人们有了汽车的时候,就需要有停车场。谁来提供停车场呢?首先,车主自己可能愿意购买停车场(车库);其次,人们去商场的时候,如果这个商场没有停车场,去的人就会少,所以商场有积极性提供停车场;最后,还有一些专业的停车场,它既不买东西也不卖东西,专门靠提供收费停车位赚钱。

市场不仅是一只"看不见的手",也是一双"隐形的眼睛"。

第四种机制是市场的声誉机制。市场不仅是一只"看不见的手"(invisible hand),也是一双"隐形的眼睛"(invisible eyes),它记录每一个参与人的所作所为,积累成该参与人的声誉,正是这种声誉机制使得诚实成为最好的商业政策。博弈论证明,在重复博弈的情况下,参与人最有积极性建立一个好的声誉。当一个人(或一个企业)专业化于某个特定领域的时候,他(它)需要付出巨大的沉没成本,这意味着做一锤子买卖通常不是最好的选择。要在市场上持续生存下去,他(它)必须抵挡利用信息不对称骗人的诱惑,建立一个诚实可信的声誉。声誉机制是市场解决信息不对称问题最重要的机制,前面三种机制的有效性通常也依赖于声誉机制。不理解声誉机制,就不可能理解市场经济。

下面,我们更加具体地讨论上述四种机制是如何运行的。本节余下部分讨论前三种机制,第 4 节和第 5 节讨论声誉机制。

11.3.2 没有私人信息的一方如何获取信息

如前所述,缺少信息的一方有获取信息的积极性。那么,通过什么方式来获取呢?

一种方式是直接获取信息。例如,想买二手汽车的人可以通过阅读书籍了解汽车的知识,也可以向懂行的朋友学习,或者请专业人员来对汽车进行检查或试驾;在确定健康险费率时,保险公司会根据每个人的特点,包括家庭住址、年龄、是否抽烟、是否喝酒等一系列指标,然后根据一个很复杂的计算方式确定每个投保人的保费率(这就是精算的功能);银行在决定是否发放贷款之前会对贷款申请人进行调查,如派信贷员调查借款人的资信状况、财务往来数据,查他过去投资过什么项目,对计划投资的项目进行风险评估,等等。

另一种方式是间接获取信息,就是想办法让有私人信息的一方自己说实话。这里有一个重要的理论叫作**机制设计**(mechanism design),即通过设计一组合同,来区分不同类型的交易对象。

机制设计: 处于信息劣势的一方通过设计某种激励方案让处于信息优势的一方说实话。

以保险市场为例。保险公司常常同时提供若干可选择的保险方案(合同),其中有部分保险,也有全额保险。这实际上就是保险公司设计的一个机制,目的是间接地让投保人说实话,表明其具有的风险是高还是低。最后的结果一定是具有较高风险的人选择更加接近全额的保险(缴的保费也更高),具有较低风险的人选择部分保险。通过这种方式,保险公司可以识别出谁是高风险者、谁是低风险者。

下面我们用一个汽车保险的例子来具体说明这一点。假设有两类投保人:高风险者和低风险者。高风险者有30%的可能性出事故,低风险者出事故的可能性只有10%。假设汽车价值为10万元。表11-2给出了两类投保人的相关信息。

表11-2　汽车保险的两种类型

	事故发生率	保险金额(万元)	保费(万元)	投保后的确定性收益(万元)
高风险者	30%	10	3	7
低风险者	10%	10	1	9
平均	20%	10	2	

先看完全信息的情况。对于高风险者,因为发生事故的概率是30%,全额保险的保费是3万元。如果不投保,其财富存在不确定性,有70%的概率车还在,30%的概率车损失了,期望财富等于7万元;如果投保,无论车是否被盗或者损毁,投保人的财富都确定等于7万元。因为厌恶风险,确定的7万元要强于(不确定的)期望的7万元。同样的道理,对于低风险者,全额保费是1万元。如果不投保,有90%的概率车还在,10%的概率车损失掉了,期望财富等于9万元;如果投保,无论车是否被盗或者损毁,财富都确定等于9万元。低风险者也是厌恶风险的,因此在两者之间他也偏好后者。因此,完全信息的条件下,这两类人群都会投保,并且都是全额保险。

现在假设保险公司并不知道投保人的具体风险,只知道有50%的高风险者和50%的低风险者。考虑到出事故的平均概率是20%,如果保险金额为10万元,保险公司想要不亏,应该收2万元的保费。这又回到了上一节讲的问题:这时候低风险的人如果投保,其财富将是确定的8万元,而很可能(不确定的)9万元的期望财富对他而言优于确定的8万元,如果是这样他就不会投保了。如果只有高风险者投保,保费当然要增加。面向低风险类型的保险不存在了,这是不完全信息带来的问题。

市场怎么解决这个问题?市场主体,本例中也就是保险公司,一般会设计并同时提供这样两个合同,供投保人自己选择:投保人可以交3万元的保险费,如果车丢了将得到全额赔付10万元(合同I);也可以交2000元的保险费,如果车丢了将得到2万元的部分赔付(合同II)(为了方便,我们的数字举例极端简单)。现在来看两类投保人分别会怎么选择。

首先看高风险者在不同情况下的收益。

简单起见,假设对于这里描述的高风险者而言,每1万元风险资产,与等于其期望值的确定性资产相比,风险溢价是0.21万元,也就是说,确定的1万元就是1万元,不确定的1万元相当于其期望价值再减去2100元。[6]这个被称为"风险溢价"(risk premium)的2100元,表示风险厌恶者愿意"花钱买平安"。用风险资产的期望价值减去风险溢价,就得到风险资产的"确定性等价"(certainty equivalent),意思是:一笔价值多少的确定性资产,被该消费者认为是与其风险资产无差异的。一个高风险者可以有三种选择:

确定性等价: 一笔价值多少的确定性资产,被该消费者认为是与其风险资产无差异的。

(1) 选择合同I,得到一个100%的赔偿。这时无论车是否丢失,投保人的资产价值都等于7万元。因此,确定性等价也就等于7万元。

(2) 选择合同II。这时在70%的可能性下,投保人的资产价值等于9.8万元;在30%的可能性下,投保人的资产价值等于1.8万元。期望价值等于7.40万元,减去风险溢价1.68万元(10万元中只保险了2万元,还有8万元是没有保险的风险资产,每1万元的风险溢价是2100元),得到确定性等价5.72万元。

(3) 不参加保险。这时全部资产的期望价值是7万元,减去风险溢价2.1万元(这时10万元都是风险资产),得到确定性等价4.9万元。

表11-3概括了高风险者在上述三种选择下的资产期望价值,以及其分别的确定性等价。对比可知,高风险者最终会选择投保,并选择选择合同I。

表 11-3 高风险者不同选择下的收益 单位:万元

	不参加保险	选择合同 I	选择合同 II
期望收益	7	7	7.40
确定性等价	4.9	7	5.72

现在考虑低风险者在不同情况下的收益。

简单起见,假设对于这里描述的低风险者而言,每 1 万元风险资产,与等于其期望值的确定性资产相比,风险溢价是 0.07 万元,也就是说,确定的 1 万元就是 1 万元,不确定的 1 万元相当于其期望价值再减去 700 元(因为低风险事故的概率是高风险事故概率的 1/3,我们假定前者的风险溢价也是后者的 1/3)。一个低风险者同样可以有三种选择:

(1) 选择合同 I,得到一个 100% 的赔偿。这时无论车是否丢失,投保人的资产价值都等于 7 万元。因此,确定性等价也就等于 7 万元。

(2) 选择合同 II。这时在 90% 的可能性下,投保人的资产价值等于 9.8 万元;在 10% 的可能性下,投保人的资产价值等于 1.8 万元。期望价值等于 9 万元,减去风险溢价 0.56 万元(10 万元中只保险了 2 万元,还有 8 万元是没有保险的风险资产,每 1 万元的风险溢价是 700 元),得到确定性等价 8.44 万元。

(3) 不参加保险。这时全部资产的期望价值是 9 万元,减去风险溢价 0.7 万元(这时 10 万元都是风险资产),得到确定性等价 8.3 万元。

表 11-4 概括了低风险者在上述三种选择下的资产期望价值,以及其分别的确定性等价。对比可知,低风险者最终会选择投保,并选择合同 II。

表 11-4 低风险者不同选择下的收益 (单位:万元)

	不参加保险	选择合同 I	选择合同 II
期望收益	9	7	9
确定性等价	8.3	7	8.44

这个例子让我们看到:尽管保险公司不知道谁的风险高、谁的风险低,但是通过设计这样一个合同,高风险者就会选择全额保险,低风险者就会选择部分保险。不是通过强迫(实际上也不可能通过强迫),仍然可以通过机制设计让人们有积极性(间接地)说真话,这被称为"自选择"(self-selection)。所以市场并没有失灵,尽管不是完全没有

效率损失。由于信息不对称,仍然有一些低风险没有得到全额保险,就是效率损失。但是,这可以被理解为市场的交易成本。我们人类没有聪明到那个程度,因此必须负担这个成本,但不能由此证明市场失灵了。没有交易成本的市场,是新古典经济学家的市场,不是现实的市场。

没有交易成本的市场,是新古典经济学家的市场,不是现实的市场。

上面是通过机制设计解决非对称信息问题的一个例子。另一个由非对称信息产生的问题叫作"道德风险",解决道德风险问题的理论叫作"委托-代理理论"(principal agent theory),比如老板怎么设计合同去激励并约束员工,国家怎么设计一个制度来激励并约束政府官员,等等。对于保险公司而言,除了要发现投保人的信息,另一件事就是要激励投保人:如果车被盗了保险公司只赔偿80%,车主自己承担20%,车主就有积极性把车看管好;而如果保险公司赔偿100%,车主可能就没有那个积极性了。在讨论金融危机为什么会出现,企业应如何解决奖金、分红、股票的分配时,涉及的都是道德风险和委托-代理问题,只是这并非本章的重点。[7]

11.3.3 有私人信息的一方如何传递信息

前面我们说明了缺少信息的一方怎么通过直接的方式和间接的方式获得信息,现在我们转向拥有私人信息的一方。如果一个二手车卖者有辆好车卖不出去,当然有积极性想办法提供信息,让别人知道他的车是好车。他也可以采取两种方式:直接的方式和间接的方式。

直接的方式就是向潜在买者解释。例如:提供说明书或者某种咨询,如电话咨询和现场咨询;提供试用,让买者先把车开回去几天,看看这车怎么样;提供车辆的保修、保养记录,等等。通过这样的信息直接提供,二手车的潜在买者至少可以得到更多的信息,从而对车的质量作出更准确的判断。

信号传递: 拥有信息优势的一方通过一种有成本的方式向处于信息劣势的一方传递自己的真实信息。

间接的方式是花费一定成本让对方了解他的车质量是好的。关于这一点,有一个重要的理论叫作"**信号传递**"。[8]仍以二手车的卖者为例:他可以向买者提供具有法律约束力的保修承诺(注意卖者做出这样的承诺是要支付成本的)。潜在买者这时可能就会想,敢做出这样承诺的人,他的车一般来说不会有问题,否则一定得不偿失。

一个信号要起到"证明某产品具有高质量"的作用,就必须是只有高质量的产品才愿意发出的,也就是说,如果低质量的产品也要发出同样的信号,尽管在技术上常常也是可行的,但在经济上是不划算的。

为了说明这一点,首先考虑以另一种方式描绘的二手车的质量。假设一辆二手车对于卖者的价值是20万元,对于潜在买者的价值是30万元,只要车不出问题,其价值对于每个卖者(以及每个潜在买者)而言都是一样的。高质量和低质量二手车的区别在于故障概率:高质量的车有 10% 的概率出故障，低质量的车有 50% 的概率出故障。不管是哪一类车，只要出故障，修理费都是 10 万元。这时，高质量车的故障概率只有 10%，提供 10 万元故障保险的预期成本只有 1 万元，只要能够让潜在买者相信车是好车，就可以以较高的价格（比如 24 万元）卖出去。这样卖者赚了 3 万元，买者用 24 万元买了对其而言价值 30 万元的东西（已经提供保修）。但是，低质量车的车主就没有积极性发出同样的信号，因为即使不提供保修，他的车也可以卖 20 万元，提供保修虽然能卖 24 万元，但要付出 5 万元的预期保修成本，这就划不来了。

更一般的，传递的信号首先一定要是可信的。如果是通过提供保修来传递（产品具有高质量的）信号，一定是因为低质量的产品不敢发出同样的信号。这就是信号传递要满足所谓的“**激励相容约束**”（incentive compatibility constraints）。在上面的例子中，激励相容约束要求的就是高质量的车有积极性提供保修，低质量的车没有积极性提供保修。

激励相容约束： 指选择合同规定的行为要比选择其他的行为更优。

除了信号要可信，一方愿意发出信号，另一方能从接收到的信号中获得信息，还要求所有参与方至少愿意留在市场中。在上述例子中，就是要求卖车的人愿意卖，买车的人愿意买，我们把这个条件称为“**参与约束**”（participation constraints）或者“**个体理性约束**”（individual rationality constraints）。

参与约束： 指接受某个合同给当事人带来的收益不小于参与交易时的利益。

由此可以联系到产品的价格差异。怎么能让高质量的产品有积极性留在市场上，并且发出高质量信号呢？正如前文所讲的，一个能够满足激励相容约束的信号传递机制之所以可能存在，一定要使高质量产品与低质量产品之间的价格差足够大。高质量产品的提供者，正是在这个价格差的空间里构造出低质量产品所无法模仿的信号。这也是为什么政府管制价格会导致市场上产品质量的下降：高质量的产品会从市场上消失，最后消费者买到的都是低质量的产品。

再举一个广告的例子。市场上的许多产品，可能是高质量或低质量，但是消费者使用之前不知道，使用之后就知道了。那么消费者使用之前是买还是不买？假定这样一种产品的市场会存在两期（当然也可以是任意期），无论产品质量如何，每一期成功的销售能获得利润 400 万元。如果需要花费 500 万元做一个广告，谁愿意支付这个广告费？只可能是提供高质量产品的企业。因为在支付了 500 万元广告费之后，只要消费者购买其产品，这种购买会延续两期，企业两年一共赚取 800 万元，扣除广告开支后还剩 300 万元净利润。如果提供的是低质量的产品，企业就不愿意付广告费，因为今年付 500 万元广告费，即使把消费者蒙骗了，明年也没人买了，企业就会亏损 100 万元。所以广告费本身起到了传递信号的作用。消费者知道，愿意花费 500 万元做广告的企业,提供的一定是高质量的产品。我们看到市场上有很多广告,比如那些汽车广告,只是花钱而不提供任何具体的信息,但这些广告对吸引消费者购买是非常有价值的,因为花钱足够多本身就是传递产品质量的一个信号:如果产品的质量低,就不敢这么做广告。政府对企业广告支出的限制会破坏广告的信号功能。比如,在前面的例子中,如果政府规定广告费不能超过400万元,则低质量的企业也会做广告,从而使得高质量的企业没有办法把自己和低质量的企业区别开来。

更一般地说,信号传递的成本差异是信号机制发生作用的关键。是否愿意和能否支付传递信号的成本,是区分能够发出信号者和不能发出信号者的根本原因(回想激励相容约束),即信号之所以能够成为信号的根本原因。信号传递机制把不同类型的卖者区别开来,使得有效率的交易更容易发生,避免了所谓的市场失灵。

11.3.4 专业信息提供商

接下来我们分析一下作为第三方的专业信息提供商。这类专业机构很多,包括咨询机构、会计师事务所、信用评估机构、消费者协会、信用卡公司、投资银行、新闻媒体,等等。如果你不放心某个个人的二手车,那你去二手车经销店就可以了,这个经销店实际上也是个**第三方信息提供商**。这些第三方组织就是专门生产、加工、甄别信息,靠减少信息不对称赚钱。如果第三方不能解决信息不对称问题,以至于在一个市场上到处都是坑蒙拐骗,那么这个第三方就无法存在下去。下面我们举三个例子。

第三方信息提供商:
专门从事信息的生产、加工、甄别的专业性机构。

迷你案例

中世纪欧洲的商人法庭

11世纪开始,地中海周边的贸易活跃起来。当时欧洲有数千个独立的政体,贸易都是国际贸易,但没有国际政府,那么商人之间怎么相互信任?一个重要机制是“商人法庭”(law merchant)。所谓商人法庭,其实就是从事法律工作的商人。一个普通商人如果想跟另一个普通商人做生意,一般会咨询这个法庭对方之前的诚信记录,如是否有过欺骗行为。如果有,就不和他做生意;如果没有,就可以跟他做生意了。和对方做生意以后,假如受骗就去这个法庭上诉,如果法庭判被告违约,被告就有责任赔偿。当然,被告可以不执行判决,因为商人法庭没有警察、军队来强制执行判决。但是商人法庭保存所有的信息。如果法庭判决之后被告不履行赔偿,以后有人再咨询的时候,法庭就会知道被告的不良记录。如果有些人知道一个人有不良记录,仍愿意跟他做生意,那么出现纠纷后,法庭就不再受理。要保持这个制度的运行,每个人得有积极性扮演好自己的角色:想做生意的人有积极性咨询商人法庭;受骗的人有积极性向法庭起诉;输了官司的人有积极性履行判决;法官有积极性做出公正的判决。法官为什么要公正判决?这涉及我们下一节讲的声誉机制问题。如果法官没有积极性建立一个好的声誉,而是谁给他钱他就帮谁的忙,以后就没生意可做了。

资料来源:Milgrom et al.(1990), Trakman(1983).

迷你案例

阿里巴巴的支付宝

第三方平台是电子商务的重要机制。我们在网上交易时信息是最不对称的,在实体店买东西时至少能看一下,如看一下衣服是否有掉线,照明器材插上电源是否工作,网上交易甚至连这样的机会都没有,只能看图片下订单。所以,买的人会担心花钱之后买的是假冒伪劣产品,卖的人担心货到之后买家不付钱。如果不能解决这个问题,网络交易、电子商务就不可能有效运行。阿里巴巴发明的支付宝就是为解决这个问题。阿里巴巴最初是和招商银行签订一个协议,客户的钱都放到招商银行的账上,就是这样一个协议创造了支付宝。支付宝同时解决了两个方面的问题:第一,卖家不敢卖假东西,因为买家收到货验货之后,卖家才能拿到钱;第二,买家不可能赖账,因为钱已经在支付宝账上,一旦验货通过,就会转到卖家账上。拿了货不退货,又不付钱,是不可能的。因此,支付宝作为第三方机制解决了交易双方的信息不对称问题。

迷你案例

媒体影评为什么不敢偏袒

一些大型的公司既有自己的产品,也有自己的媒体,那么公司自己的媒体会不会给所属集团所生产的产品说好话呢?比如新闻集团是FOX电影制片公司的大老板,2007年新闻集团收购了《华尔街日报》,这便使得《华尔街日报》在电影评论上面临集团利益与读者利益之间的冲突:对本集团电影公司所制作的电影的褒评很有可能带来该电影的高票房和本集团的高收益;但同时也会损害媒体所服务的读者获得真实信息的权益。那么FOX公司的一部新电影出来之后,《华尔街日报》会不会给它写更好的倾向性影评？最近一个研究证明，不会这样！不论从横截面数据还是纵向的时间序列数据，都没有发现新闻集团旗下的任何媒体有偏向集团下所属电影公司电影的评论。如何防止媒体总是给自己（以及给自己好处的人）说好话？这需要依靠一个充分竞争的媒体市场。在一个充分竞争的媒体市场上，媒体的声誉是非常重要的——如果《华尔街日报》的影评带有偏向性，那么损失的将是它自己的声誉和生意，它说的话失去了公信力，最后一定是亏损甚至破产。《华尔街日报》能够做到这一点，是因为内部有各种各样的管理制度，也就是所谓的"防火墙"。这就是建立和维护声誉的机制。

资料来源：Vigna & Hermle(2014).

11.4 声誉机制

11.4.1 重复博弈与声誉

从信号传递的角度，上面所讲的是一个比较具体的问题。不过尽管这个机制很重要，但是没有这里要讲的**声誉**（reputation）更具一般性。信号传递机制和声誉机制，背后是同样的理论，只是角度不同。

声誉机制：通过市场上声誉的作用，使人们愿意为了长远利益而放弃短期利益的诱惑。

市场中一条很重要的原则：每一个人都想建立一个好的名声。如果你有一个不骗人的名声，你卖什么别人都相信，你一定能赚钱，所以有句话叫作"诚实是最好的商业政策"。**声誉机制**本质上是什么？就是愿意为了长远利益而放弃眼前的诱惑。一个人不是活一天，甚至不是1年，甚至不是10年，你要看得很长远：在长远的时间里，你在社会上得到什么，别人是否愿意和你合作，依赖于你的名声如何。认识到这一点，你就可能为了自己更长远的利益，拒绝机会主义的诱惑。所以诚实本身是理性的，它最符合你的利益。如我们前面所讲的，人的理性和一般理解的自私是不一样的。理性的人一定会很注重自己的名声，因为这是他的利益所在。那种为了短期利益而坑蒙拐骗的人，恰恰不懂自己的真正利益所在。

这一道理不只适用于商业领域。就商业领域而言，一家企业如果知道自己的产品质量差，但消费者不知道，企业当然可以把次品卖出去，但是它未必敢卖。因为企业以次充好之后，人们就会知道，下次就不会再买。利用信息不对称欺骗别人，不仅害人也害己。市场上凡是坑蒙拐骗的企业，即使短期内能够获利，长期来看也是不能成功的，因此是不理性的。

前面我们讲到，市场不仅有一只"看不见的手"，还有一双"隐形的眼睛”。“看不见的手”是指价格机制,“隐形的眼睛”是指声誉机制。这两种机制本质上是一回事:在竞争的市场上,为他人创造价值,是实现自己利益的最好手段。从全世界来看,市场经济最发达的国家一定是人们的诚信水平最高的国家,就是这个原因。

学术经典

亚当·斯密论声誉机制

任何国家一旦引入商业活动,诚实和守时就相伴而至。这些美德在原始和野蛮民族几乎不为人知。在所有欧洲国家中,荷兰人是最为商业化的,也最信守他们的承诺。(在这方面)英格兰人比苏格兰人要好,但不如荷兰人;这个国家(英国)偏僻的角落,不如它的商业发达的地区。这并非像某些人假设的,可以归结于它的国民性。不存在任何自然的理由,可以解释为什么英国人或苏格兰人不能像荷兰人那样,在履行自己的协议时恪守时间。问题在很大程度上可以归结为自利。自利这个一般原则控制着每个人的行动,引导人们按照自己的优势选择行为方式,它在英格兰人中和荷兰人中一样根深蒂固。做交易的人担心自己的名声受损,做每件事都有所顾忌。当一个人每天可能做20个交易的时候,他不可能通过伤害邻居得到任何好处,因为任何欺骗行为都会得不偿失。而在人们相互之间的交易活动只是偶然发生的地方,我们发现,他们更可能欺骗,因为他们从狡猾的小伎俩中得到的利益大于因名声受损而遭受的损失。我们称之为政治家的那些人在诚信和守时方面也不是最杰出的。来自不同国家的大使们更不尽如人意,他们因取得的任何一点成就而备受赞美,但从不在意自己是否诚实守信。原因在于,国家之间的协议一个世纪里也不会多于两三次,他们从一次欺诈中得到的益处远大于一个坏名声造成的损失。法国自路易十四以来一直这样对待我们,但它的利益和荣耀并不受到任何伤害。

但是,如果国家之间像商人之间那样每天要签订一两个合约,为了保护好名声,它们就必须信守诺言。在交易频繁的时候,任何人都不会期待从一次交易中获得像总是诚实守信时所能得到的好处;对自己的真正利益敏感的精明商人,宁肯选择失去眼前的好处,也不愿意给别人留下怀疑自己的理由。任何这样的不诚实行为都令人作呕,因而很少发生。当人口中的更大部分变成商人的时候,他们总是带来诚实和守时的风尚,这些就是商业民族的基本美德。

资料来源:译自 Smith(1766)。

下面我们通过一个简单的“产品质量博弈”的例子,来说明市场的声誉机制是如何解决信息不对称问题的。假定一家企业生产有两种可能质量的产品,一种是高质量,另一种是低质量;究竟是高质量还是低质量,企业自己知道,客户事前不知道。客户可以买也可以不买。如果客户购买,在产品高质量的情况下,客户得到1,企业也得到1;在产品低质量的情况下,客户被骗,得到 -1,企业得到2;如果客户不买,则不论是高质量还是低质量,企业和客户都得到0。表11-5给出了这个博弈的支付矩阵。

表 11-5　产品质量博弈

	高质量	低质量
购买	1,1	-1,2
不购买	0,0	0,0

显然,如果只想做一锤子买卖,这个博弈的纳什均衡是:客户不买,企业生产低质量产品。这是因为,如果客户购买,企业生产低质量产品得到2,高质量产品得到1,所以企业一定会生产低质量产品;客户知道这一点,一定会选择不买。但我们知道市场不是这样,市场上有大量高质量的产品。为什么?因为在长期博弈中,企业会重视声誉:它会想到未来有很多潜在的交易和其他潜在的客户,如果第一个客户受骗,下一个客户可能就没有了。

为了说明这一点,让我们假定每期有一个客户,如果企业生产高质量的产品,第一个客户买了知道是高质量,第二个客户也会买。如果第二个客户买的还是高质量,第三个客户也会买,这样高质量可以吸引无穷多个客户。那么,在任何一个时间点上,假如从这个时间点开始,一直在生产高质量产品,生产者能得到多少收益呢?这一期得到1,下一期得到1,再下一期也是1,如此一直下去,每期都得到1。假定企业的贴现因子是δ,它将得到的全部利润流的现值就是$1+\delta+\delta^2+\delta^3+\cdots=1/(1-\delta)$。反之,如果在任何一个“今天”企业欺骗了客户,则今天可以赚取2,但是从此之后每一期的收益都是0,全部利润的现值也就是2。如果这个企业认为生产高质量产品得到的预期收益大于欺骗消费者一次得到的预期收益,生产高质量产品就是值得的——这要求$1/(1-\delta)\geqslant 2$,即δ不小于0.5就可以了。也就是说,如果企业有足够的耐心,它的最好选择是一直生产高质量产品。[9]

追求长期利益最大化的企业一定愿意为了长远利益而抵挡短期利益的诱惑。

在上例中,生产低质量产品的短期诱惑是多赚1的当期利润,代价是损失了未来的客户和由这些未来的客户带来的收入流(贴现值等于$\delta/(1-\delta)$)。追求长期利益最大化的企业一定愿意为了长远利益而抵挡短期利益的诱惑。这就是声誉机制的本质。图 11-5 形象地展示了这一点。

图 11-5　眼前利益与长远利益

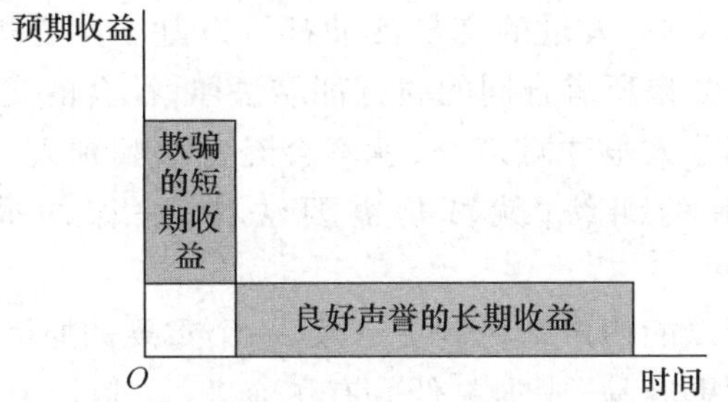

声誉机制发生作用的前提是博弈是重复的。如果博弈是一次性的,当事人就不可能有积极性积累好的声誉;反之,在重复博弈中,当事人出于长远利益的考虑,就有积极性建立一个重诚信的声誉,如同亚当 · 斯密两百多年前就讲到的(见前面的专栏文章)。一般来说,越注重未来的人(即 δ 足够大),越值得我们信任。联系我们在市场上观察到的行为,比如,连锁店为什么能胜过单体店?因为连锁店不是一次性博弈,而是重复博弈,比如麦当劳在全球有几万家分店,任何一个分店提供低质量的产品都会给所有分店带来声誉损失,从而各个分店都有积极性提供高质量的产品。

幸运的是,市场经济本身,就为人们提供了重复博弈的积极性。在市场经济中,产品和服务主要是由企业这样的组织提供的。企业作为市场的生产主体,正是市场本身的创造。

11.4.2　作为声誉载体的企业

传统经济学假定企业是一个"生产函数"(product function)。但如果我们仔细分析的话,**企业**其实不仅是一个生产函数,它还是一部"创新的机器"(innovation machine);就市场的运行而言,或许更重要的是,企业是一个"声誉载体"(bearer of reputation)。[10]那些大肆宣传信息不对称导致市场失灵的人,完全忽略了企业的这一功能。

企业:
法律构造的可以从事经济活动的行为主体,是一个"声誉载体"。

每个人的生命都是有限的,但是企业的生命可以是无限的。公司(企业)不同于自然人,自然人死亡了,博弈就结束了,但公司作为法律构造的行为主体(因此被称为"法人"),它的生命并不随自然人的死亡而死亡。原来的所有者死了还会有新的所有者接手。即便企业的所有者因年老体衰或兴趣改变不想继续经营了,想把它卖掉,他能卖多少钱,也取决于企业的品牌价值。因此,博弈没有最后阶段。也就是说,企业是把一个个有限的生命连续成无限生命的组织。有了企业

有了企业这样的组织,声誉机制就能更好地解决信息不对称带来的逆向选择问题。

这样的组织,声誉机制就能更好地解决信息不对称带来的逆向选择问题。

在市场上,企业唯一的资产就是它的声誉。企业的厂房、设备等有形资产,都可以被看作成本,真正的资产只有声誉,声誉毁了就什么都没了。有了企业,大量的交易活动都可以基于声誉进行,通常不需要法律介入。如果所有合同的履行都靠法律,社会的交易成本就会太高。如果大部分人很注重声誉,就不会经常欺骗别人,也不必诉诸法律来解决所有的纠纷;就算是需要法律,法律的成本也会大大降低。[11]

企业之所以能使声誉机制更有效,一个重要的原因是它使得信息的观察和传输更容易,成本更低。有了企业,欺骗行为也更容易被发现——例如,要观察麦当劳公司的哪个员工欺骗是不容易的,但观察并传播麦当劳的欺骗行为就相对容易得多。可以打一个比喻:企业是一个"庙",员工是庙里的"和尚",市场用"庙"的声誉来约束"和尚"的行为。

之所以如此,是因为"庙"里有"方丈",这个"方丈"就是企业的所有者(老板)。企业的所有者本质上是一个承担连带责任的人。企业将大量员工的行为加总了,市场没有办法监督每一个员工,也不需要监督每个员工,市场监督老板就可以了。监督老板的办法就是让他拿利润——剩余收入。在充分竞争的市场上,利润实际上是声誉的价值。因为任何员工犯的错误,都会影响企业的声誉,老板都得承担连带责任,这时候老板就会有积极性管理好员工。很多企业的内部管理机制就是为此设计出来的。如果老板没有办法监督员工,企业的声誉就荡然无存,老板也就无钱可赚了。

声誉机制要有效运行,最重要的是有效的产权保护、交易自由、进入和退出的自由。

这意味着,声誉机制要有效运行,企业一定要有所有者。如果没有所有者,就没有人关心企业的声誉,企业就不能被称为企业,市场就不可能有效。就此而言,最重要的是有效的产权保护(包括商标、品牌等无形资产保护)、交易自由、进入和退出的自由。

上述分析也表明,所谓的"完全竞争市场"不可能是一个有效的市场,反大企业本身就是反市场的。在"完全竞争"的市场中,每种产品都有无穷多个生产者,即使你发现一个生产者骗了你,你可能都记不住它的名字,更不能进行有效的传播。这样,消费者根本不可能监督任何一个生产者,也就不可能信任任何一个生产者。这样的市场,怎么可能是有效的市场?

品牌:
企业在市场上积累的声誉。品牌的价值来自信息不对称。

只有大企业才会形成**品牌**。企业的品牌集中体现了企业在市场上积累的声誉。品牌的价值正是来自信息不对称,如果没有信息不对称,也就不需要品牌。土豆的生产者没有品牌(至少在转基因土豆和有机土豆出现前如此),电视机、汽车有品牌,就是这个道理。信息不对称程度越大，建立品牌的成本就越高，但品牌的价值也就越高。因此，从最简单的产品到最复杂的产品，品牌价值依次递增（见图11-6）。在价值链上，原材料、中间产品和最终消费产品的品牌价值也依次递增（见图 11-7），原因就在于越到靠近最终消费者的产品，买者与卖者之间的信息不对称越严重。比如说，汽车厂家与零部件厂家之间的信息不对称程度，比消费者与汽车厂家之间的信息不对称程度要小得多。

图 11-6　信息不对称与品牌价值

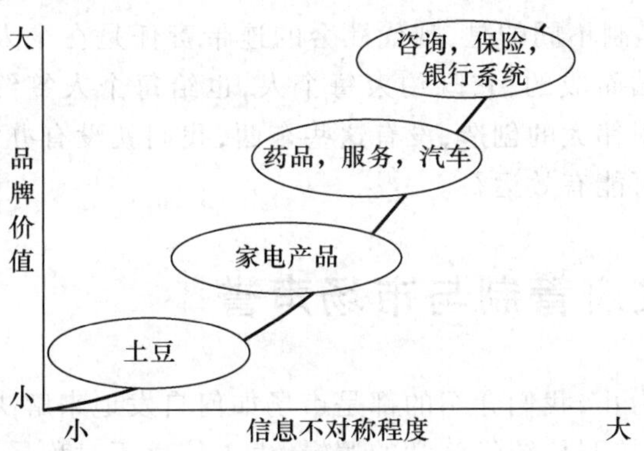

图 11-7　品牌价值与产业链

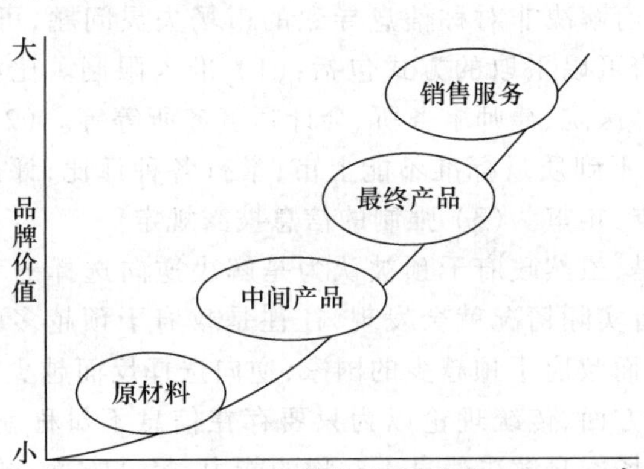

生产（或销售）最终产品的品牌企业不仅要对自己的行为负责，实际上也要为所有上游产品（零部件和原材料）的生产者承担连带责任。这些品牌企业可以理解为产品的总承包商，这是市场经济非常微妙的地方。现代社会的信息不对称太普遍，比如一部汽车里面有上万个零部件，来自数百家甚至数千家生产厂家，几乎每一个部件消费者都不懂，用来生产这些零部件的原材料消费者也不懂。幸运的是，有了最终产品的品牌企业，消费者根本不需要关注零部件生产厂家，也不需要关注钢铁、橡胶等原材料生产厂家，更不需要关注澳大利亚的铁矿石企业,只要盯着为我们生产最终产品的企业的品牌就行了。这些品牌企业为消费者承担了监督整个生产过程的责任。

现代市场经济中,企业通过承担连带责任,维持市场的有效运行。

现代市场经济就是这样将无数参与生产的个体划分成很多的"组","组"下再设"小组","小组"下再设"小小组",并在每一层次任命了"组长"。消费者没有办法监督每一个人,也不需要监督每个人,只监督"大组长"就行了,让其承担连带责任,然后再由其负责监督组员和下面的小组。这样,大部分信息不对称带来的问题就解决了,消费者可以买到自己信任的产品和服务,满足他们的绝大部分需求。这样的声誉机制很类似于中国历史上的"连坐制"——一人犯法,株连九族。[12]与连坐制不同的是,现代社会的连带责任是在个人自愿的基础上由契约缔结而成的,它既约束每个人,也给每个人签约的自由。这确实是人类很伟大的创造,没有这些东西,我们就没有办法相互信任,市场也就不可能有效运行。

11.5 政府管制与市场声誉

到现在为止,我们介绍的都是市场如何自发地来解决非对称信息问题。但是,按照传统经济学的逻辑,由于信息不对称导致市场失灵,就需要依靠政府干预来纠正市场失灵。

那么,政府解决非对称信息导致的市场失灵问题,可以采用哪些方法呢?政府可以采取的方式包括:(1)准入限制。比如,未经政府审批不能开办医院、律师事务所、会计师事务所等等。(2)质量管制。比如,产品达不到质量标准不能上市;举行各种评比,评出谁好谁坏;组织各种检查、年审。(3)强制的信息披露规定。

政府干预越多的国家,逆向选择越严重;而政府干预越少的国家,逆向选择反而越少。

讽刺的是,虽然政府干预被认为是解决逆向选择的手段,但是如果我们看一看实际情况就会发现,往往是政府干预越多的国家,逆向选择越严重;而政府干预越少的国家,逆向选择反而越少。为什么呢?这是因为,一方面,传统理论以为只要存在信息不对称就需要政府干预,忽略了市场本身解决信息不对称的能力;另一方面,政府也可能失灵(government failure)。特别是,如果政府干预破坏了市场的声誉机制,逆向选择就不仅不能得到解决,而且会更加严重。

政府能解决市场失灵的逻辑有三个隐含的假设:第一,政府是无所不知的,也就是说,政府有完全的信息;第二,政府官员是大公无私的,他们心目中只有消费者的利益,没有自己的私利;第三,政府是说话算数的,言必行,行必果。但这三个假设都不成立。

首先,假设信息不对称只能由政府来解决,意味着政府没有信息不对称,但是,信息不对称对于政府同样存在。被监管者拥有的许多信息,监管者并不知道。认为市场没有能力识别信息,而政府有能力识别信息,这个假设是不成立的。

其次,政府应该追求的目标与政府实际上追求的目标可能并不相同。政府是由政府官员组成的,他们和普通人是一样的,也有自己的利益,也会犯错误。因为这个原因,一些政府官员可能会被管制对象“俘获”。[13]这时政府的目标可能就不是公共利益最大化了。

最后,我们常常假设政府说话是算数的,但是实际上,这一假设也不成立,因为政府同时作为众多利益团体的“共同代理人”(common agency),经常会受到来自各方面的压力,存在机会主义行为。而且,由于缺乏竞争对手,声誉机制对政府的制约作用也是有限的。

由于上述三个原因,过度的**政府管制**本身可能损害市场的声誉机制。传统的认识一般将政府管制和市场的声誉机制分开讨论,但这两者实际上是联系在一起的。我们可以用图11-8来分析这一点。[14]

政府管制: 政府对企业的行为进行法律和政策约束。政府管制的原因包括反垄断、解决外部性以及信息不对称问题。

图11-8　管制与声誉的关系

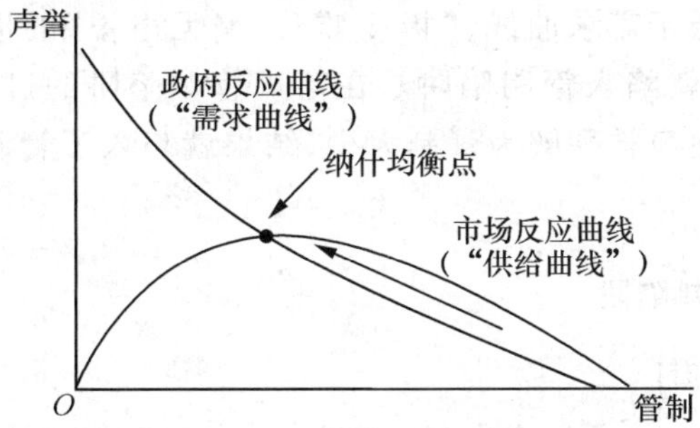

在图11-8中,横坐标代表政府管制程度,纵坐标代表市场的声誉水平。图中的两条曲线分别是“声誉的需求曲线”和“声誉的供给曲线”。

声誉的需求曲线,用博弈论的语言,也可以称为“政府反应曲线”,表示政府管制如何对市场声誉做出反应。这条曲线具有图中所示的递减的形状:维持一个既定的市场秩序,企业和个人越重视自己的声誉,需要的政府管制就越少;反之,企业和个人越不重视自己的声誉,需要的政府管制就越多。

声誉的需求曲线: 表示政府管制如何对市场声誉做出反应。

声誉的供给曲线,也可以称为“市场的反应曲线”,表示市场声誉如何对政府管制做出反应。这条曲线具有图中所示的先上升后下降的形状:在开始的阶段,政府完全不管,即没有任何法律规则,市场的声誉机制很难奏效。比如说,如果没有统一的度量衡和有效的产权保护,欺诈行为就不容易判断,也就不可能受到有效的处罚,此时,企业和个人很难有积极性重视自己的声誉;在这个阶段,随着有助于声誉机制建立的管制措施的增加,企业和个人会越来越重视自己的声誉(也就是声誉的供给增加)。但是,当管制超过一定限度之后,政府管

声誉的供给曲线: 表示市场声誉如何对政府管制做出反应。

制越多,企业反倒越来越不注重声誉了。

为什么管制超过一定限度后,会出现政府管得越多企业越不重视声誉的情况?有三个原因。

第一,政府管得过多,市场的不确定性就增大,预测未来变得更为困难,所以企业和个人都会(也只能)追求短期利益,做一锤子买卖。第二,管制创造垄断和垄断租金。声誉机制之所以起作用,是因为一个人干了坏事别人就不跟他做交易了。如果一个人或者企业受到特殊保护取得垄断地位,别人就没办法惩罚它的不合作行为,声誉机制也就不起作用了。第三,管制容易带来寻租的机会,从而引起腐败。你有权力,别人就有贿赂你的动机。对企业来讲,贿赂管制者比贿赂投资者和客户更划算、更方便。

声誉的需求曲线和供给曲线的交点(如图 11-8 所示),给出了均衡的管制水平和声誉水平。但如果政府管制的效率非常低,这两条曲线甚至可能不相交。图 11-9 刻画了一种极端的"均衡":由于声誉的供给曲线处处低于需求曲线,"极度监管、毫无声誉"的极端情况成为均衡,整个社会就陷入**管制陷阱**。在落入管制陷阱的过程中,人们总是把企业不重视声誉理解为管制太少,结果就陷入了管制和声誉的恶性循环。

管制陷阱:政府管制与市场声誉的恶性循环。

图 11-9　管制陷阱

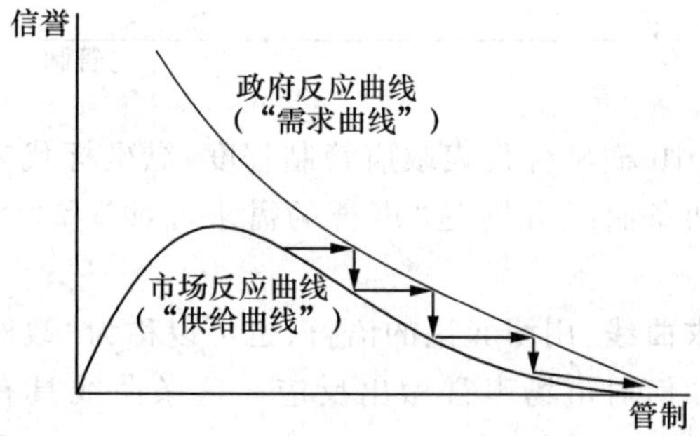

总结一下本章所讲的内容:信息不对称是一个问题,但是其本身不是市场的失灵(甚至可以认为是市场本身的特点和要求),不能由信息不对称,就引申出市场会失败,就需要政府干预的结论。大量的经验研究证据表明,市场上更多的失灵是政府管制的失灵;好多现象表面看上去是市场的失灵,但真正的原因是管制过度。

迷你案例

医药和食品管制导致严重的官员腐败

医药和食品两个领域,被认为是信息不对称非常严重的领域,自然也是政府管制最多的两个领域。但严格的政府管制不仅没有提升中国的食品安全和药物安全,反而使这两个领域成为官员腐败的重灾区。

2014 年 10 月 31 日,最高检察院反贪污贿赂总局局长徐进辉宣布:2014 年年初以来,检察机关依法立案查办了一批国家发改委工作人员利用职权受贿犯罪案件,目前共查办 11 案 11 人,发改委价格司原领导班子多数涉嫌职务犯罪。价格司涉嫌职务犯罪官员的情况如下:曹××,执掌价格司达 7 年多,曾主导了房价调控、油价调整、药价调整、阶梯电价等多项事务。刘××,原为价格司副司长,分管电价和医药价格,2014 年 5 月接替曹××升任司长。周××,长期担任价格司副司长,并分管医药价格。郭××,曾任价格司医药处处长,后任价格司副巡视员。李××,原为电力价格处处长,后提升为副司长。五人中四人都曾经分管过医药价格,三人曾经分管过电价,这说明了一个问题,这四人犯罪一与医药有关,二与价格有关。

2015 年 3 月 12 日,最高人民法院、最高人民检察院在工作报告中公布了一组与食品安全公职人员犯罪相关的数据:2014 年共审结危害食品药品安全犯罪案件 1.1 万件,在食品药品生产流通和监管执法等领域查办职务犯罪人员 2286 人。《新京报》记者梳理 7 年来一系列重大食品安全事件,事件背后都有监管不力的影子,造成监管不力的一个重要因素直指行业监管人员渎职与腐败,在个别地区甚至出现了执法人员充当违法企业保护伞的现象。记者统计显示,7 年来,食品安全事件涉案公职人员数量呈现逐年上升趋势。

资料来源:张曙光,"发改委贪腐案背后的医药利益链",FT 中文网,2014 年 12 月 16 日;《新京报》,2015 年 03 月 17 日。

本章要点总结

非对称信息是指交易中一方知道而另一方不知道的信息。交易之前存在的非对称信息被称为事前非对称信息(或隐藏信息),交易之后出现的非对称信息被称为事后非对称信息。事前非对称信息导致逆向选择,事后非对称信息导致道德风险。

非对称信息被认为会导致市场失灵,因此需要政府干预以解决市场失灵。但这种观点是错误的。非对称信息是市场的基本特征,因为市场以分工为基础,有分工就有非对称信息。如果有非对称信息就有市场失灵,那市场从一开始就不会出现。

市场没有失灵，因为市场自身有解决非对称信息的机制。当潜在的帕累托改进存在的时候，意味着有盈利的机会，市场参与者就有积极性寻找解决非对称信息问题的办法：没有私人信息的一方有积极性获取信息，有(好的)私人信息的一方有积极性传递信息，或者第三方出于盈利的目的也愿意生产信息。

市场不仅是一只“看不见的手”，也是一双“隐形的眼睛”。声誉机制是市场解决非对称信息的最重要机制。在充分竞争的市场上，诚实是最好的竞争策略。

企业作为一个法律构造，是声誉的载体。它把生命有限的自然参与人转变成具有无限生命的行为主体，从而使得声誉机制能更有效地发挥作用。有了企业组织，信息的观察和传递就更为容易。

企业所有者是声誉价值的索取者，要为所有员工的行为承担责任。企业如果没有所有者，就没有人关心企业的声誉，市场就不可能有效。

企业的品牌集中体现了企业在市场上积累的声誉。品牌的价值来自信息不对称。品牌企业是市场的总承包商，它对所有上游环节的生产者承担连带责任，代替消费者监督所有上游生产者。没有品牌大企业，市场也不可能有效运行。因此，反大企业本身是反市场的。

政府的过度管制不仅本身无效率，而且会损害市场的声誉机制。好多现象表面看上去是市场的失败，但真正的原因是管制过度。

本章重要术语

非对称信息　逆向选择　道德风险　机制设计　信号传递　激励相容约束　第三方信息提供商　声誉机制　企业　品牌　政府管制　声誉的需求曲线　声誉的供给曲线　管制陷阱

延伸阅读

张维迎《博弈与社会》(北京大学出版社 2013 年版)第六章和第七章对重复博弈下的声誉机制有更系统的描述，第八章对声誉机制和政府管制之间的关系有较为详细的讨论，第九章和第十章分别对信号传递模型和机制设计理论做了全面的讨论，第十章对道德风险模型有更系统的介绍。布里安·辛普森《市场没有失败》第九章对非对称信息市场失灵理论有精彩的批判。张维迎《市场与政府》(西北大学出版社 2014 年版)澄清了很多流行的有关市场失灵和政府管制的误解。

思考与练习

1. 什么叫逆向选择？在现实中有哪些逆向选择的例子？在文献中，“劣币驱逐良币”经常被用作逆向选择的例子，你认为这个例子确切吗？

2. 在现实中，企业和个人都采用了哪些方法来应对非对称信息问题？有人说，由于非对称信息问题的存在，市场就会出现失灵，因此必须要由政府介入调控经济。你是否认同这一观点？为什么？

3. 什么叫信号传递？一个行为要作为信号，需要满足怎样的条件？你是否能举出现实中以信号传递克服非对称信息的例子？

4．什么叫机制设计？在现实中，有哪些通过机制设计来克服非对称信息的例子？

5．现实中的企业是如何通过声誉来克服非对称信息问题的？你如何理解“企业是声誉的载体”这句话？在哪些产业中，声誉是更为重要的？

6．在旧车市场上，卖主知道自己所出售的车辆真实价值为 θ，但买主则只知道 θ 服从 $[0,1]$ 上的均匀分布。如果买方以价格 p 购得价值为 θ 的车辆，则其获得的效用将是 $u=\theta-p$；如果不购买，则其效用为 0。同时，如果卖主以价格 p 出售了价值为 θ 的车辆，他获得的效用将是 $v=v(\theta,p)$；如未能出售，则其效用为 0。我们假设，市场上存在的买主要多于供出售的车辆。

（1）请问买主以此价格 p 购买车辆时，其对车辆价值的期望 $E[\theta|p]$ 为多少？

（2）如果 $v(\theta,p)=p-\frac{\theta}{2}$，那么市场上的均衡价格将是多少？

（3）如果 $v(\theta,p)=p-\theta^3$，那么市场上的均衡价格又将是多少？

（4）当市场上存在多重均衡价格时，哪一个价格在帕累托意义上是最优的？

7．劳动力市场上有两类工人：“高能力”者和“低能力”者。他们的边际产值分别为每小时 40 元和每小时 10 元。雇主不能直接观测工人的能力，但可以通过他们的教育水平来对其能力进行推断。高能力者的效用函数为 $u_H(E,W)=W-5E$，而低能力者的效用函数为 $u_L(E,W)=W-10E$，其中 W 和 E 分别是他获得的工资水平和其受的教育水平（显然，这说明对于低能力者来说上学是更为痛苦的）。如果在整个劳动力市场上，高能力者占 1/3，而低能力者占 2/3。

（1）请问在分离均衡中，两类工人应选择怎样的教育水平？在混同均衡中呢？如果这两类均衡都是多重的，其中最有效的均衡又各是什么？

（2）对于两类工人来说，他们分别会偏好哪一类均衡？

（3）假设现在高校扩招，导致低能力者接受教育的痛苦减少了。你预期这会对劳动力市场产生怎样的影响？

8．一家垄断的保险公司面临着两类客户：细心的司机（类型 1）和粗心的司机（类型 2）。其中，细心的司机发生车祸的概率为 20%，而粗心的司机发生车祸的概率则为 80%。无论是哪一类司机，一旦发生车祸，都将损失 10 000 元。假设两类司机的效用函数都为 $u=\ln(m)$，其中 m 为他们拥有的财富量，并且在开始时他们都拥有 100 000 元的初始财富。

保险公司需要决定每一类客户的补偿额 x_i 及对应的保费 p_i。请问：

（1）如果保险公司可以确知每位客户的类型，那么对于类型为 $i,i\in\{1,2\}$ 的客户，它应提供怎样的 x_i 和 p_i？

（2）如果保险公司不能确知每位客户的类型，那么它又该提供怎样的 x_i 和 p_i 呢？

（3）如果现在保险市场变成竞争性的，那么（1）、（2）的答案将会发生怎样的变化？

9．考虑一家存在无限期的企业的决策行为：如果企业一直诚实经营，生产优质产品，那么它在每一时期都能获得利润 a。如果在某一期，它采取了欺骗策略，生产劣质产品，则在当期它可以获得利润 $b(b>a)$，但消费者马上会发现这点，因此从下期开始就减少对该企业产品的购买量。在这种情况下，企业每期只能获得利润 $c(c<a)$。如果经济中的贴现率是 $\rho(\rho>0)$，请问 a、b、c 满足什么条件时企业会一直坚持诚实经营？

本章注释

[1] 有一些信息在交易之前双方都不知道,但在交易之后一方发现了,另一方并不知道。这类非对称信息被称为"隐藏行动的道德风险",我们在此不予讨论。

[2] Akerlof(1970).

[3] 关于保险市场逆向选择的一般模型,见 Rothschild & Stiglitz(1976)。

[4]关于信贷市场逆向选择和道德风险的一般模型,见 Stiglitz & Weiss(1981)。

[5] Klein(1997).

[6] 通过这样一种"任意"的方式刻画和计算风险厌恶者的风险溢价,完全是为了简化掉此处讨论所不必要的细节。

[7] 关于委托-代理理论的内容,参阅张维迎:《博弈与社会》,北京大学出版社 2013 年版,第十一章。

[8] 信号传递理论的最早提出者是 Michael Spence,他也因此获得了 2001 年的诺贝尔经济学奖。见 Spence(1973)。

[9] 关于这个模型的完整版本,见 Klein & Leffler(1981)。

[10] 参阅 Kreps(1986)。

[11] 参见张维迎:《信息、信任与法律》(第二版),三联书店 2003 年版。

[12] 张维迎和邓峰曾以中国历史上的连坐制度为例来说明连带责任的重要作用。参见张维迎和邓峰:"信息、信任与连带责任:对中国古代连坐、保甲制度的法和经济学解释",《中国社会科学》,2003 年第 3 期。

[13] 参见 Stigler(1971)。

[14] 详细分析见张维迎:《博弈与社会》,北京大学出版社 2013 年版,第八章第三节。

第12章 宏观经济学导论

本章导读

从第2章到第11章，我们已经把微观经济学的基本理论做了比较全面的介绍，从本章开始我们进入宏观经济学的学习。在本章中，我们将对宏观经济学的一些基本概念及其发展历史进行介绍。

12.1 什么是宏观经济学

宏观经济学(macroeconomics)是经济学的两大分支之一，它是以反映国民经济整体状况的经济总量为考察对象，研究经济总量的决定方式、相互联系与变动规律的学问。我们在新闻媒体上经常看到的GDP、通货膨胀、失业率、消费、投资、货币政策和财政政策等名词，都属于宏观经济学研究的范畴。

宏观经济学： 经济学的两大分支之一，是以反映国民经济整体状况的经济总量为考察对象，研究经济总量的决定方式、相互联系与变动规律的学问。

在我国台湾地区，宏观经济学被翻译为“总体经济学”，这一翻译虽然没有大陆的翻译雅致，但却很确切地反映出了宏观经济学的研究范围。宏观经济学其实是相对于微观经济学而言的。微观经济学是“个体经济学”，它研究个体(包括消费者、企业等)的经济行为，它关注的焦点是资源在经济主体之间的配置效率问题；而宏观经济学则是把经济总体当作研究对象，它关注的焦点是资源的利用问题。如果说微观经济学家是在拿着显微镜探索经济规律，那么宏观经济学家就是在拿着望远镜观察经济趋势。

当然，从经济学自身的发展趋势看，自20世纪70年代开始，不少宏观经济学家们已经认识到“微观基础”缺失所带来的问题，转而开始以个人决策为出发点研究宏观问题，微观经济学和宏观经济学的界限正在逐渐变得模糊。

归纳起来，宏观经济学研究的主要问题有两个：一是经济的长期增长，二是经济的短期波动。

首先是长期经济增长问题。为什么有的国家富，有的国家穷？决定经济增长的根本动力究竟是什么？这是自亚当·斯密以来无数经济学家都在探究的问题。对于中国的经济学者，理解经济增长则有更为现实的意义。为什么在改革开放之前,我国的经济增长会停滞不前,而在改革开放后则能创造前所未有的增长奇迹?这种增长奇迹的原因是什么?中国的高速增长还能维持多久?中国会不会陷入“中等收入陷阱”?这些都是宏观经济学关注的问题。研究经济长期增长的理论又称为**经济增长理论**(the theory of economic growth)。

经济增长理论: 研究经济长期增长的理论。

其次是经济的短期波动问题。过去两百多年来,世界经济在总体上呈现了持续增长的态势,人们的生活水平不断提高。但这个增长过程是不平稳的,有些年份增长率高,有些年份增长率低,有些年份甚至是负增长(下降),甚至出现了20世纪30年代西方国家普遍发生的大萧条和2008—2009年那样的全球金融危机。中国自1978年改革开放以来的经济状况也类似。尽管1978—2014年的36年间,中国经济的平均年增长率达到10%,但如图12-1所示,增长率在各年间差别很大,最高时达15.2%,最低时只有3.8%。经济短期波动通常伴随价格水平的波动和就业水平的波动,通常来说,经济上升时通货膨胀率上升而失业率下降,经济下降(或增长率下降)时通货膨胀率下降而失业率上升。那么,是什么原因导致了经济的短期波动?这些波动是人为的还是自然的?通货膨胀的根源究竟是什么?它究竟是一种货币现象还是由其他原因导致的?产生失业问题的原因究竟是什么?政府是否能在医治波动、控制通货膨胀、减少失业方面有所作为?什么样的货币政策和财政政策有助于经济的平稳发展?这些都是宏观经济学研究的问题。由于经济的波动呈现出周期性特征,研究经济短期波动的理论又称为**经济周期理论**(the theory of business cycle)。

经济周期理论: 研究经济短期波动的理论。

图12-1　中国国内生产总值(GDP)增长率的变化(1978—2014)

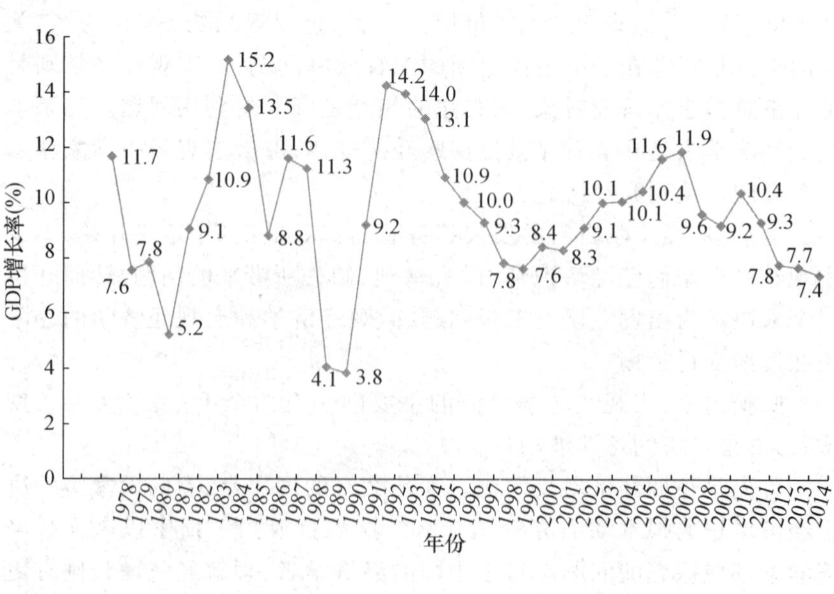

现实经济是长期增长和短期波动的混合体,短期波动是围绕长期增长而进行的,长期增长是在不断的短期波动中实现的。这就类似于气温的变化:尽管从春天到夏天气温呈不断上升的趋势,但每天的气温波动也很大,甚至出现“倒春寒”这样的天气。正因为如此,经济学家也经常用气候术语形容宏观经济状态,如把过高的增长称为“过热”,把过低的增长(或下降)称为“过冷”。

宏观经济学家的最大麻烦在于,如何区别短期波动和长期增长趋势?无论是把增长率长期下降(或上升)的趋势性变化理解为短期波动,还是把短期波动理解为长期趋势性变化,都会导致错误的政策结论,不仅有害于经济的长期发展,而且会造成更大的波动。这是因为,判断短期经济是“过热”还是“过冷”,依赖于我们对长期潜在增长率(即由资源、制度、技术等因素决定的可持续的增长率)的理解。比如说,在 20 世纪 80 年代,经济改革政策激发了经济的活力,从而使得中国经济的潜在增长率迅速上升,但当时的主流经济学家和政府官员有关长期可持续增长率的估计仍然认为,6% 以上的增长率就意味着经济过热,甚至认为居民储蓄的上升表明宏观经济失衡,从而不时采取紧缩政策抑制经济过热,结果是不仅延缓了许多重要改革措施的出台,而且导致了经济的大起大落。自 2009 年以来,中国经济增长率逐年递减,这是趋势性的还是周期性的?对这个问题的回答很大程度上决定着中国宏观经济政策的走向,从而决定着中国未来的实际增长率和经济波动。

12.2 宏观经济学简史[1]

一般认为,宏观经济学开始于 20 世纪 30 年代的“凯恩斯革命”。在凯恩斯革命之前,经济学并无宏观和微观之分,但随着 1929 年“大萧条”的爆发,传统经济理论遇到了巨大的挑战。“大萧条”对整个西方世界造成了巨大打击,带来了前所未有的大规模失业,而传统的经济学难以对此做出有效的回应,因此急需一种新的经济学。

在这种背景下,凯恩斯(John Maynard Keynes)发表了其巨著《就业、利息和货币通论》,对经济萧条提出了一整套自己的看法。和传统经济学认为供给会自行创造需求(即所谓的“萨伊定律”)不同,凯恩斯认为“需求决定供给”:由于边际消费倾向递减、动物精神和流动性偏好这三大基本心理因素的存在,可能出现有效需求不足的情况,从而使就业量在未达到充分就业水平时就停止增加或趋于下降,形成大量失业,引致经济危机的爆发。基于这套理论,凯恩斯建议政府放弃过去“自由放任”的政策,并通过财政政策和货币政策对经济进行积极干预。凯恩斯对经济理论和政策的颠覆性解释,就是经济思想史上著

和传统经济学认为供给会自行创造需求(即所谓的“萨伊定律”)不同,凯恩斯认为“需求决定供给”。

名的“**凯恩斯革命**”。

凯恩斯的思想经过希克斯(John Hicks)、汉森(Alvin Hansen)、萨缪尔森(Paul Samuelson)、托宾(James Tobin)等经济学家的改良和阐发,逐步形成了一整套完整的体系,即所谓的**凯恩斯主义**经济学。由于凯恩斯主义经济学给了政府干预经济和财政赤字以正当性理由,因此自诞生起就得到了各国政府的喜爱,并在政策实践中产生了深远的影响。

凯恩斯主义: 建议政府放弃过去“自由放任”的政策,并通过财政政策和货币政策对经济进行积极干预。

但是,也有不少经济学家对凯恩斯主义的观点提出了批评,其中最有代表性的批评主要来自于两个学派:

奥地利学派: 认为经济周期是由于经济体系内的协调失灵造成的,市场有自我修复功能,政府对经济的干预会引发更大危机。

第一个学派是**奥地利学派**[2],其代表人物是米塞斯(Ludwig von Mises)和哈耶克(Friedrich von Hayek)。这一学派认为经济周期是由于经济体系内的协调失灵造成的。在没有政府干预的情况下,经济主体能很快对协调失灵进行纠正,因此只会带来较小的波动。但当政府对经济进行大规模干预时,则会让经济中的信号进一步扭曲,造成更严重的协调失灵,引发大的周期。事实上,正如我们在第 16 章将看到的,严重的经济波动通常是政府扩张性货币政策的结果。基于这些观点,奥地利学派经济学家坚决反对政府对经济的干预。

货币主义: 认为引起名义国民收入发生变化的主要原因是货币供应量的变化,从而反对政府干预经济、主张实行“单一规则”的货币政策。

第二个学派是**货币主义**,其代表人物是弗里德曼(Milton Friedman)。根据这一学派的观点,引起名义国民收入发生变化的主要原因是货币供应量的变化。货币供应量的变化会引起货币流通速度的反方向变化,因此货币供应量的变化对于物价和产量会产生什么影响,将是不确定的。在短期内,货币供应量的变化主要影响产量,部分影响物价;但在长期内,产出量完全是由非货币因素(如劳动和资本的数量、资源和技术状况等)决定的,货币供应只决定物价水平。在政策上,这一学派反对国家干预经济,主张实行“单一规则”的货币政策。[3]

不过,真正撼动凯恩斯主义地位的批判不是来自理论,而是来自现实。20 世纪 70 年代,西方主要国家出现了严重的“滞胀”(stagflation),即高通货膨胀和高失业率同时并存的现象。凯恩斯主义经济学无法对此做出有说服力的解释,凯恩斯主义的经济政策未能帮助各国政府摆脱这一困境,因此新的经济理论就有了产生的土壤。

理性预期理论: 认为由于人们有可能对政策做出理性预期,并在事先就采取了对策,因此旨在稳定经济的货币政策是注定要失败的。

在此背景下发展起来的一个重要理论是“**理性预期理论**”,其代表人物是罗伯特·卢卡斯(Robert Lucas)和托马斯·萨金特(Thomas Sargent)。在一篇著名的论文中,卢卡斯提出了“卢卡斯批判”。在他看来,凯恩斯主义经济学并没有考虑到预期的作用。由于人们有可能对政策做出理性预期,并在事先就采取了对策,因此只有那些令人意料不到的“意外”政策,才会有作用。根据以上理论,旨在稳定经济的货币政策是注定要失败的。

这个时代的另一个重要理论创新是“**真实周期理论**”,其代表人物是基德兰德(Finn Kydland)和普雷斯科特(Edward Prescott)。这一理论认为,市场机制本身是完善的,在长期或短期中都可以自发地使经济实现充分就业的均衡;经济周期源于经济体系之外的一些真实因素,如技术进步的冲击,而不是市场机制的不完善。根据这一理论,既然经济周期不是由于市场机制的不完善产生的,因此政府当然没有理由去对经济进行干预。

真实周期理论:认为市场机制本身是完善的,因此政府没有理由去对经济进行干预。

"理性预期理论"和"真实周期理论"的政策主张无疑是向古典的不干预主义复归,但干预主义也从来没有在理论界失去市场。包括菲尔普斯(Edmund Phelps)、泰勒(John Taylor)、斯蒂格利茨(Joseph Stiglitz)、布兰查德(Oliver Blanchard)、曼昆(Gregory Mankiw)、罗默(David Romer)在内的部分经济学家吸收了凯恩斯主义中的一些观点,重新强调了经济中的不完善性(如不完全竞争、黏性价格、信息不完全等)是理解经济波动的关键,并认为名义变量(如货币供应)的波动会对实际变量(如产出和就业)产生影响。这些理论被称为**新凯恩斯主义**。

新凯恩斯主义:在凯恩斯主义基础上吸取非凯恩斯主义某些观点与方法形成的理论,认为政府稳定经济的政策具有积极作用。

此后,由于西方各国的经济在较长时期内保持了良好的增长,因此宏观经济学家们的关注点也逐步从经济周期转向了经济增长。这段时期内最重要的理论成果是"**内生增长理论**"。这一理论的贡献者包括罗默(Paul Romer)、卢卡斯(Robert Lucas)、赫尔普曼(Elhanan Helpman)、格罗斯曼(Gene Grossman)及阿吉翁(Philippe Aghion)等。这一理论的核心思想是认为经济能够不依赖外力推动实现持续增长,而内生的技术进步则是保证经济持续增长的决定因素。

内生增长理论:认为经济能够不依赖外力推动实现持续增长,而内生的技术进步则是保证经济持续增长的决定因素。

在2008年的全球金融危机之后,宏观经济学家开始重新关注周期问题,并开始重视原本被忽略的金融部门的影响。其代表成果包括伯南克(Ben Bernanke)等人对于"金融加速器"(financial accelerator)的研究等。目前,类似的研究成果还在不断涌现。

知识拓展

宏观经济学大师是怎样开始经济学研究的

宏观经济学大师们开始研究经济学的原因各不相同。一些是由于20世纪30年代的大萧条伤害到了自己,而另一些则是纯粹源于兴趣。这里,我们摘编了克莱默(Arjo Klamer)对多位宏观经济学大师的访谈,让我们从中了解一下这些大师是如何走上经济学研究之路的。

弗朗克·莫迪利亚尼(Franco Modigliani,1985年诺贝尔经济学奖得主)

(笑)这是一个很好的问题。我要说,是机遇。在我开始大学生涯时,我希望成为一名医生,因为我的父亲就是医生……在最后一分钟,我意识到我不是干这行的料，因为我不能看见血。所以我进了法学院，法科在意大利是很笼统的。

后来有一个大学生的全国竞赛，要求写一篇价格管制效果的文章……我写了论文，得了头奖。评审说我应该学习经济学，我就开始学经济学了。

詹姆斯·托宾(James Tobin,1981 年诺贝尔经济学奖得主)

我进入经济学领域有这样两个原因。一是作为大萧条的孩子，我对这个世界极度担忧。许多问题看起来从根本上是经济问题。如果你想拯救世界——而我就是这样想的——那么看来经济学就是要学习的关键东西。第二个原因是，一块饼拿在手里就不能不吃掉，因为经济学是非常有趣的学科。

罗伯特·卢卡斯(Robert Lucas,1995 年诺贝尔经济学奖得主)

我总是喜欢思考社会问题。也许这是由于我的家庭。我们总是争论政治和社会问题。我曾研究历史……但是终于发现经济力量是历史发展的中心力量，于是就开始尝试经济学。我发现用文字写的书深奥难懂，给我很大打击……比如凯恩斯的《通论》。我还是读不懂凯恩斯。(笑)我认识到，一个"票友"学不会经济学，于是我走上了经济学专业之路，在芝加哥拿了博士。

托马斯·萨金特(Thomas Sargent,2011 年诺贝尔经济学奖得主)

(长时间停顿和支支吾吾)我在上大学时喜欢它。但是，从小我就非常想弄明白什么造成了萧条。大萧条对我的影响很大：我家许多人赔得精光。我祖父经营一个采石场，结果他赔光了。我外祖父经营广播电台，也赔光了。这一点儿也不奇怪。

资料来源：Klamer(1984).

12.3 国内生产总值

宏观经济学研究的是整体的经济活动，需要有一套衡量经济行为的指标。在所有指标中，最为重要的是**国内生产总值**(gross domestic product, GDP)。在本节中，我们将对这一指标的概念、核算方式，以及一些相关问题进行介绍。

国内生产总值(GDP)：经济社会(即一国或一地区)在一定时期内运用生产要素所生产的全部最终产品(物品和劳务)的市场价值。

12.3.1 GDP 的概念

在所有经济学名词中，GDP 可能是"出镜率"最高的。只要我们打开电视，就会看到诸如"中国 GDP 超过了日本""北京 GDP 增长了百分之几"等新闻。那么，这里的 GDP 是什么意思呢？

在经济学中，所谓GDP，是指经济社会（即一国或一地区）在一定时期内运用生产要素所生产的全部最终产品（物品和劳务）的市场价值。中文中，一个国家的GDP称为国内生产总值，一个地区的GDP称为地区生产总值。在这个概念中，有几点是需要特别注意的：

第一，GDP是一个市场价值的概念。在市场经济中，各种最终产品的价值都是用货币价格衡量的。产品的市场价值就是用这些最终产品的单位价格乘以产量获得的。例如，某国的全部最终产出是10万件衣服，每件衣服在市场上的价值为100元，那么该国的GDP就是1 000万元。

GDP是一个市场价值的概念。

这里尤其需要说明的是，只有在允许自由交换的地区，价格才能反映居民的购买欲望，才能衡量价值，这时GDP才有意义。如果价格不是市场决定的，而是由政府任意规定的，就不可能是真实价值的有效度量。在计划经济时代，中国、苏联等国家由于缺乏市场，因此只能用政府规定的物品价格进行国民收入核算，这样计算的GDP并不能正确衡量经济运行的状况。例如，按国家计划生产的很多没有需求的产品，根本没有价值，但仍然有官价，算“产值”，所以也会被计入GDP。从这个意义上讲，这些国家的GDP在很大程度上是被高估的。

第二，GDP不仅包括产品价值，而且包括劳务价值，即以服务形态提供的价值。创造劳务价值的产业被称为服务业。过去计划经济国家认为只有创造物质产品的劳动才是生产性的，才有价值，这种观点是不对的。无论是生产物质产品的劳动，还是像金融、商业、教育等不生产物质产品的劳动，都有价值，都应该计入GDP。

GDP不仅包括产品价值，而且包括劳务价值。

第三，GDP衡量的是最终的产品或劳务价值，中间的产品或劳务价值不计入GDP，否则就会造成重复计算。例如，农民收获了价值50元的小麦，送到加工厂制成了价值100元的面粉，面粉随后又被做成了价值200元的包子。那么在计算GDP时，只能将最后的200元计入，而之前的50元和100元都不能计入。

GDP衡量的是最终的产品或劳务价值。

第四，GDP是一定时期内生产的最终产品价值，而不是销售掉的最终产品价值。例如，一个企业生产了价值500万元的产品，但只卖出了价值400万元的产品，那么其他的100万元产品将被视为存货投资计入GDP。相反，如果一个企业只生产了价值400万元的产品，却销售了价值500万元的产品，那么这时计入GDP的是400万元，同时存货投资减少了100万元。

GDP是一定时期内生产的最终产品价值，而不是销售掉的最终产品价值。

第五，GDP是一个流量，而不是一个存量。所谓流量，指的是一定时期内发生的变量，而存量则是某个时点上的量。例如，你通过中介购买了一套价值200万元的二手房，那么这200万元不能计入GDP，因为它是过去就建好的，其价值不是现在产生的。但是，在交易过程

GDP是一个流量，而不是一个存量。

中所产生的中介佣金作为劳务价值,则需要被计入 GDP。

GDP 一般仅指市场活动导致的价值。

第六,GDP 一般仅指市场活动导致的价值。家务劳动、自给自足生产等非市场活动不计入 GDP 中。有个笑话说,如果男主人和保姆结婚了,那么 GDP 会下降,因为保姆做家务要计入 GDP,但女主人做家务不计入 GDP,说的就是这个道理。

12.3.2 GDP 的核算

下面我们介绍一下 GDP 的核算。GDP 的核算共有三种方法:支出法、收入法和生产法。

GDP 的核算共有三种方法:支出法、收入法和生产法。

第一种,支出法。

核算 GDP 的第一种方法,是计算一定时期内整个社会购买最终产品的总支出。在现实中,最终产品的用途无外乎四类:消费、投资、政府购买,以及净出口。

这里,消费(C)包括购买耐用消费品、非耐用消费品和劳务的支出,但不包括建造住宅的支出。投资(I)是指增加或更换资本资产(包括厂房、住宅、机械设备及存货)的支出,它包括固定资产投资和存货投资,其中前者是指新厂房、新设备、新商业用房及新住宅的增加,而后者则指企业所拥有的存货的增加(或减少)。政府购买(G)指的是政府对物品和劳务的购买支出,但政府转移支付、公债利息等都不计入 GDP。净出口(NX)指的是出口和进口之间的差额。出口产品是本国生产而他国购买的,进口产品是他国生产而本国使用的,因此,出口产品应该计入本国的 GDP,进口产品应该计入他国的 GDP。由于消费、投资和政府购买都可能包含了进口产品的价值,因此在计算本国 GDP 时,必须减去进口。这就是只有净出口才计入 GDP 的原因。

根据支出法,只要分别计算出以上四部分的值再进行加总即可得到 GDP。用公式表示,就是:

$$\text{GDP} = C + I + G + NX$$

需要注意的是,在很多国家(包括我国在内)的国民收入核算实践中,政府支出项目被分摊到了消费和投资这两个项目中,因此 GDP 往往被分解为消费、投资和净出口三项。

在表 12-1 中,我们给出了 2009—2013 年按照支出法计算的中国 GDP 及各部分的构成。

由表 12-1 可见,在我国的 GDP 中,消费比例一直处于 50% 以下,这在世界范围内是较低的,即使和我国的历史水平相比也很低。尤其需要注意的是,在这里的消费中,还包括了相当数量的政府消费(见图 12-2),因此实际上我国居民的消费在 GDP 中所占的比例更低。这种"高投资、低消费"的增长方式是值得担忧的。

表12-1　按照支出法计算的中国国内生产总值(2009—2013)

年份	支出法GDP(亿元)	最终消费支出(亿元)	资本形成总额(亿元)	货物和服务净出口(亿元)	最终消费率(消费率)(%)	资本形成率(投资率)(%)
2009	348 775.1	169 274.8	164 463.2	15 037.0	48.5	47.2
2010	402 816.5	194 115.0	193 603.9	15 097.6	48.2	48.1
2011	472 619.2	232 111.5	228 344.3	12 163.3	49.1	48.3
2012	529 399.2	261 993.6	252 773.2	14 632.4	49.5	47.7
2013	586 673.0	292 165.6	280 356.1	14 151.3	49.8	47.8

资料来源:《中国统计年鉴2014》。表格中数字按照当年物价计算。

图12-2　中国消费构成的变化

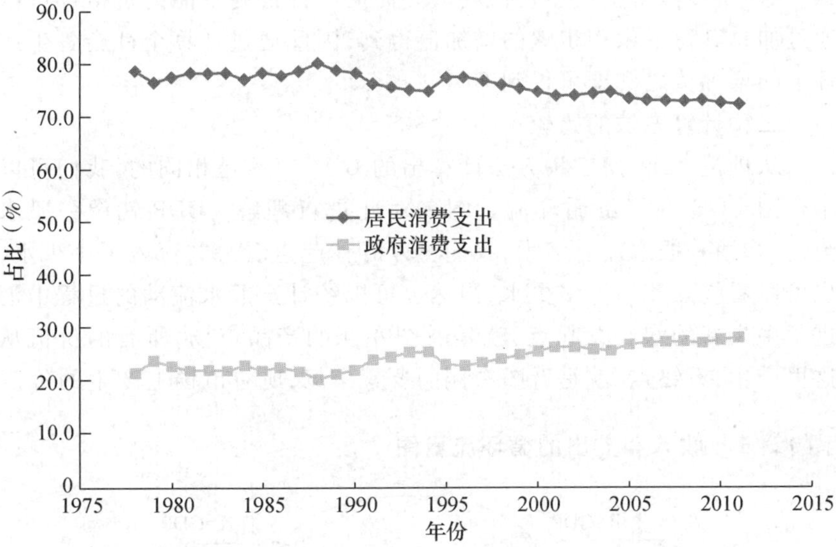

居民消费支出的比重呈下降趋势,政府消费支出的比重呈上升趋势。

这里需要特别指出的是,GDP由消费、投资和净出口三部分组成是一个恒等式定义,并不表示任何因果关系。在中国经济学界和新闻媒体中,消费、投资和净出口经常被称为拉动经济的“三驾马车”,并成为保证GDP增长目标的政策手段。如果消费下降了,就增加投资或刺激净出口;如果投资和出口下降了,就刺激消费。其实这种观点是完全颠倒了因果关系。人类要发展经济,本身是为了要增加消费、提升福利,但现在反过来把消费作为增加GDP的一个工具,这是颠倒了目的和手段。而把投资、净出口的重要性和消费等同,也是不对的。政府为了保证GDP,过度扩大投资,是可能挤出消费的,而这可能会损害居民的福利。如我们在下一章看到的,投资是为了提高未来的生产率,从而增加未来的消费,而不是增加当年的 GDP。

第二种,收入法。

核算 GDP 的第二种方法是收入法,也就是从最终产品价值的归属,即所有经济参与者获得的收入来计算 GDP。经济中产生的价值总量,最终会分配到各个经济活动主体手中。从收入法的角度看,GDP 可以分解为如下几个部分:(1) 要素收入,包括作为劳动力报酬的工资、作为资本报酬的利息,以及作为土地、住房等报酬的租金等;(2) 自我雇用的企业主的收入;(3) 公司的税前利润;(4) 企业转移支付及企业间接税;(5) 资本折旧等。

只要分别计算出如上几部分的价值,即可根据收入法计算出 GDP。

第三种,生产法。

核算 GDP 的第三种方法,是用生产中的每一个环节的增加值之和来计算 GDP。如前面指出的,最终产品的生产需要经过有很多步骤,每一个步骤都会产生价值增值。任何一件最终产品的价格都可以通过加总其每一生产步骤的增加值得到,因此通过计算全社会各生产环节的增加值之和即可得到 GDP。

三种计算方法的比较

从理论上讲,用三种方法计算出的 GDP 应该是相同的。

从理论上讲,用三种方法计算出的 GDP 应该是相同的,我们可以结合图 12-3 的经济循环流量图来对此进行理解。GDP 就像一股水流,要知道一股水流有多大,我们可以盯住起点看总共流入了多少水,也可以看终点流出了多少水,当然也可以统计这股水流动的过程中汇进了多少新的水。看起点,就是看图左侧的产品市场,所有的价值从这里产生;看终点,就是看图右侧的要素市场,所有市场上产生的价值

图 12-3　收入和支出的循环流量图

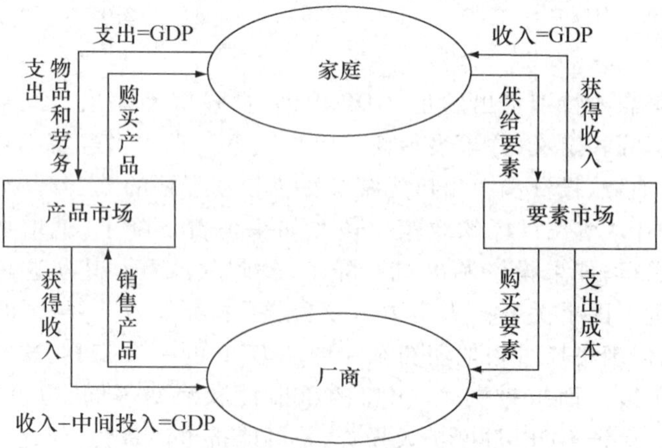

最后又通过分配,变成收入回到各个经济参与者手中;而看汇入的新水,就是看各个阶段厂家的价值增量。无论怎么看,同样一股水流的大小都是不变的;同样的,无论用哪种方法计算 GDP,理论上它都应该是一样的。当然,由于统计误差的存在,现实中三种计算方法的结果也会有所出入,但相差不会太大。

我们可以通过表 12-2a 中的例子来加以理解。假设有这样一个经济:一个农民通过耕作,收获了价值 100 元的粮食,并将其卖给粮食加工厂。粮食加工厂将其制成了 250 元的面粉,并将其卖给食品加工厂。食品加工厂用面粉制成了 350 元的面包,并将其卖给超市。超市最终以 500 元卖出了这些面包。在这个过程中,粮食、面粉都是中间品,只有面包是唯一的最终产品。根据支出法,GDP 就是面包的总价值,即 500 元。如果用收入法,那么 GDP 就是农民、粮食加工厂、食品加工厂、超市三个环节的要素所有者所得的收入总和,也就是 100 + 150 + 100 + 150 = 500 元。而如果采用生产法,在四个生产阶段,增加值分别增加了 100 元、150 元、100 元和 150 元,因此 GDP 就是所有阶段增加值的和,即 100 + 150 + 100 + 150 = 500 元。显然,用三种方法计算出的 GDP 是相同的。(这里,我们假定除了原材料,没有其他投入成本。)

那么如果如表 12-2b 所示,在最终阶段,超市只把面包卖了 300 元,从而亏损了呢? 按照支出法,由于面包还是唯一的最终产品,因此 GDP 为 300 元。按照收入法,超市的收入由此变成了 -50 元,因此 GDP = 100 + 150 + 100 - 50 = 300 元。按照生产法,在最后一阶段,价值的增量变成了 -50 元,因此 GDP = 100 + 150 + 100 - 50 = 300 元。显然,用三种方法计算出的 GDP 还是相同的。

表 12-2　某经济的 GDP 核算

(a)

生产者	开始于	结束于	增加值	工资 + 利息 + 地租 + 利润
农民	一块土地	100 元收入(出售粮食)	100 元	100 元
粮食加工厂	100 元的粮食	250 元收入(出售面粉)	150 元	150 元
食品加工厂	250 元的面粉	350 元收入(出售面包)	100 元	100 元
超市	350 元的面包	500 元收入(出售面包)	150 元	150 元
	总投入 = 700 元	总计销售额 = 1 200 元	总增加值 = 500 元	总收入 = 500 元

(b)

生产者	开始于	结束于	增加值	工资 + 利息 + 地租 + 利润
农民	一块土地	100 元收入(出售粮食)	100 元	100 元
粮食加工厂	100 元的粮食	250 元收入(出售面粉)	150 元	150 元
食品加工厂	250 元的面粉	350 元收入(出售面包)	100 元	100 元
超市	350 元的面包	300 元收入(出售面包)	-50 元	-50 元
	总投入 =700 元	总计销售额 =1 000 元	总增加值 =300 元	总收入 =300 元

12.3.3 用 GDP 作为衡量经济活动指标的问题

用 GDP 作为衡量经济活动的指标存在着很多问题。具体来说,它包括以下几个方面:

第一,它没有包含很多非市场化的经济活动。GDP 衡量的是最终产品的市场价值,对于家务、DIY 活动等很多非市场经济行为都没有考虑在内。此外,例如地下经济等活动,虽然有市场交易,也产生价值,但是由于统计困难,也不能被 GDP 所反映。从这个意义上讲,用 GDP 衡量经济行为会造成很大的低估。

第二,它不能反映经济增长方式付出的代价。经济发展会给人带来好处,但它也需要人们为此付出代价。例如,被污染的环境、被破坏的生态、被过度消耗的资源等,都是经济发展所付出的代价。GDP 衡量的只是经济发展的正面价值,而没有反映经济发展带来的这些负面影响。

第三,从核算上看,政府服务创造的 GDP 是任意的。这是因为,政府服务并不存在市场,它到底值多少钱,这一点很难确定。人们只能参照相关市场对其价值进行估计,而在多数情况下,这种估计往往是偏高的。

第四,它并不能真实反映出居民的福利状况。它不能反映人们的受教育状况、寿命、生活水平和幸福感。经济学上有个著名的"伊斯特林悖论"(Easterlin paradox),说的是随着人均 GDP 的上升,人们的幸福感并没有提升,甚至还可能下降。[4] 如果从跨国比较上看,居民觉得最幸福的国度既不是 GDP 最高,也不是人均 GDP 最高的国度,这都说明了 GDP 其实并不能很好地刻画人们的福利状况。

尽管用 GDP 作为衡量经济活动的指标存在着很多问题,但它依然是一个重要的统计指标。

尽管 GDP 这个指标存在很多不足,但是它依然是衡量经济发展的一个重要指标，因为从总体上讲，其他福利指标还是和 GDP 正相关的。至于幸福指数，因为它过于主观，并随着参照系的变化而变化，根本不可能成为一个衡量经济发展的统计指标。

知识拓展

人类发展指数

针对 GDP 的不足，人们发明了很多衡量经济发展的替代指标，其中最著名的是“人类发展指数”(human development index，简称 HDI)。这个指数由三部分内容构成：健康长寿、教育获得和生活水平。其中，健康长寿，用出生时预期寿命来衡量；教育获得，用成人识字率(2/3 权重)及小学、中学、大学综合入学率(1/3 权重)共同衡量；生活水平，用实际人均 GDP(购买力平价美元)来衡量。人们通过公式将这三方面的指标组合起来，计算出各国的 HDI，并据此来界定一个国家的发展水平。这一指数超过 0.9 为发达国家，超过 0.85 为准发达国家(发达国家的预备队)。

根据 2014 年发布的 HDI 排名，全球 HDI 最高的国家为挪威，为 0.944，其后为澳大利亚(0.933)、瑞士(0.917)、荷兰(0.915)和美国(0.914)。全世界各国的 HDI 平均为 0.702，中国的 HDI 为 0.719。

资料来源：Human Development Report office (2014).

12.3.4 与 GDP 相关的概念

在讨论宏观经济问题时，人们还会经常用到几个和 GDP 相关的概念：国民生产总值(gross national product，GNP)、国民收入(national income，NI)、国民生产净值(net national product，NNP)、个人收入(personal income，PI)以及个人可支配收入(disposable personal income，DPI)。下面，我们将对这些概念及其相互关联进行介绍：

与 GDP 相关的概念主要有 GNP、NI、NNP、PI 和 DPI。

国民生产总值(GNP)指的是某国国民所拥有的全部生产要素在一定时期内所生产的最终产品的市场价值。本国居民在国外获得的收入不计入本国 GDP 但记入本国 GNP，外国居民在本国获得的收入计入本国 GDP 但不计入本国 GNP。

因此，在开放经济中，GDP 通常和 GNP 是不同的。例如，日本等对外投资大国的 GNP 要远高于其 GDP，而一些发展中国家的 GDP 则要高于 GNP，因为这些国家有大量外国投资。如果一国的 GNP 超过了 GDP，就说明该国国民从国外获得的收入超过了国外公民从该国获得的收入；反之，如果一国的 GDP 超过了 GNP，则说明国外公民从该国获得的收入超过了该国公民从国外获得的收入。显然,全世界加总的 GDP 和 GNP 是一样的。

在生产过程中,需要投入各类资本和设备,它们会产生折旧。如果将 GNP 减去资本折旧,就可以得到**国民生产净值**(NNP)。在 NNP 的基础上减去企业间接税,就得到了**国民收入**(NI)。而将 NI 减去公司利润、社会保险税、净利息等项目,并加上红利、政府转移支付、个人利息收入等项目,就得到了**个人收入**(PI)。最后,将 PI 减去个人税收和非税收支付,可以得到**个人可支配收入**(DPI)。

在表 12-3 中,我们给出了 2012—2014 年美国经济核算的相关数据。读者可以根据表中的计算过程熟悉一下以上这几个指标的相互关系。

表 12-3　美国国民经济核算的相关数据(2012—2014)

(单位:10 亿美元)

项　目	2012	2013	2014
国内生产总值(GDP)	16 163.2	16 768.1	17 420.7
+ 本国居民来自国外的要素收入	793.8	810.4	-
- 本国支付给外国居民的要素收入	566.5	586.1	-
国民生产总值(GNP)	16 390.5	16 992.4	-
- 资本折旧	2 530.2	2 627.2	2 735.6
国民生产净值(NNP)	13 860.3	14 365.2	-
- 统计误差	-209.2	-211.9	-
国民收入(NI)	14 069.5	14 577.1	-
- 包含存货价值和资本消耗调整的公司利润	2 022.8	2 106.9	-
- 净税收	1 074.0	1 102.3	1 145.9
- 净利息	491.7	499.8	485.2
- 社会保险税	951.2	1 104.5	1 159.5
- 政府经营的企业的当前盈余	-25.3	-29.6	-35.0
- 企业当前转移支付	106.7	120.6	141.0
+ 个人资产收入	2 088.6	2 079.7	2 124.6
+ 个人当期接收的转移支付	2 350.7	2 414.5	2 523.5
个人收入(PI)	13 887.7	14 166.9	14 716.6
- 个人所得税和非税支付	1 503.7	1 661.8	1 735.7
个人可支配收入(DPI)	12 384.0	12 505.1	12 980.9

资料来源:美国商务部网站。http://www.bea.gov/newsreleases/national/gdp/2015/pdf/gdp4q14_adv.pdf 表中缺失数据在原报告中未给出。

12.3.5 名义 GDP 和实际 GDP

我们之前使用的 GDP 概念,实际上是**名义 GDP** (nominal GDP),即用生产物品和劳务的当年价格计算的全部最终产品的市场价值。在跨年度比较时,该指标的上升,可能是由于生产的增加,也可能是由于价格的变化,这会让我们在分析时产生误导。如果我们希望将关注点集中在生产上,就需要剔除价格因素的影响,这就得到了实际 GDP。

名义 GDP: 用生产物品和劳务的当年价格计算的全部最终产品的市场价值。

所谓**实际 GDP**(real GDP),是用某一年的价格作为基期价格计算出来的全部最终产品的市场价值。我们可以用以下例子来说明名义 GDP 和实际 GDP 的不同:某经济体只生产小笼包和馒头两样最终产品,从 2012 年到 2014 年,小笼包和馒头的价格及产量变化如表 12-4 所示。

实际 GDP: 用某一年的价格作为基期价格计算的全部最终产品的市场价值。

表 12-4　某经济体的价格和产出状况

年份	小笼包		馒头	
	价格(元)	产量(个)	价格(元)	产量(个)
2012	10.0	400	2.0	1 000
2013	11.0	500	2.5	1 100
2014	12.0	600	3.0	1 200

将小笼包和馒头每年的产量乘以其当年价格,容易算出,该经济体在 2012—2014 年的三年间,名义 GDP 分别为 6 000 元、8 250 元和 10 800 元。这样,从 2012—2013 年,该经济体的名义 GDP 增长率为 37.5%;而从 2013—2014 年,名义 GDP 增长率为 30.9%。而如果我们用 2012 年为基年,则可以得到这三年的实际 GDP 分别为 6 000元、7 200元和 8 400 元。这样,从 2012—2013 年,该经济体的实际 GDP 增长率为 20%;而从 2013—2014 年,实际 GDP 增长率为 16.7%。需要注意的是,当我们选择的基年不同时,所计算的实际 GDP 和实际 GDP 增长率会有很大区别。读者可以自行用 2013 年为基年,重新计算一下本例中的实际 GDP 及其增长率,并和前面的结果进行对比。

在图 12-4 中,我们给出了改革开放以来中国历年的名义 GDP 和实际 GDP 及其变化率状况。容易发现,在名义 GDP 增长率和实际 GDP 增长率之间存在着很大差别。例如,在 1994 年,名义 GDP 增长率达到了 36.4%,而实际 GDP 增长率则仅为 13.1%,这是由于当年发生了较高的通货膨胀,使得物价出现了较大幅度的上升。

人均 GDP: GDP 除以人口数之后所得的数值。

图 12-4　名义 GDP、实际 GDP 及其变化率(1978—2013)

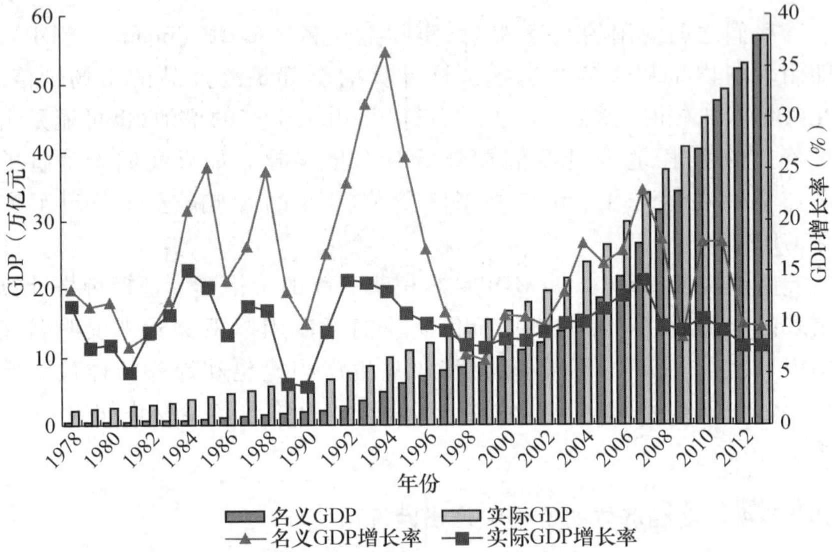

注:图中的实际 GDP 以 2013 年物价计算。

资料来源:数据来自《中国统计年鉴 2014》。

12.3.6　人均 GDP

除了关心经济总量的变动外,经济学家同时也关心人均经济量的变化,这时就需要用到**人均 GDP** 的概念。顾名思义,人均 GDP 就是 GDP 除以人口数之后所得的数值。相比于 GDP 总量,人均 GDP 剔除了人口规模变化的影响,可以更好地刻画经济效率和经济福利的改变趋势,因此在讨论发展问题时经常被用到。

2013 年,我国的 GDP 总量达到了 56.88 万亿元人民币,约合 9.25 万亿美元(如图 12-5 所示),已经是仅次于美国的世界第二大经济体。但是,由于我国的人口基数庞大,因此人均 GDP 仅为 41 907 元,约合 6 800美元,位列世界第 89 位。这说明,中国的经济发展其实还有很长的路需要走。

图 12-5　名义人均 GDP、实际人均 GDP 及其变化率(1978—2013)

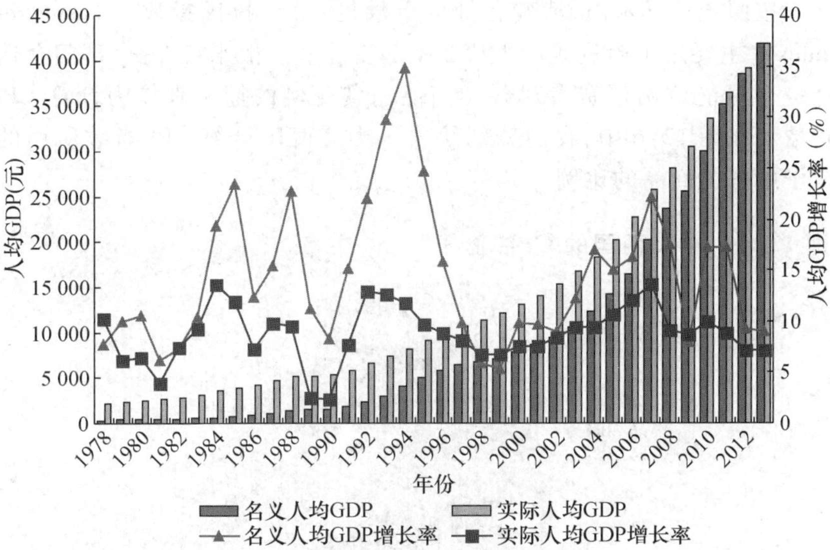

注:图中的实际人均 GDP 以 2013 年物价计算。

资料来源:数据来自《中国统计年鉴 2014》。

12.4　通货膨胀

12.4.1　通货膨胀的概念及度量

通货膨胀是宏观经济学关注的一个重要问题。通货膨胀的原初含义是指由于货币供给量的增加导致的单位货币购买力的下降。现代经济学中,**通货膨胀**(inflation)指的是物价总水平的上升,不论这种上升是由什么原因导致的。对应地,价格总水平的下降被称为**通货紧缩**(deflation)。

通货膨胀:物价总水平的上升。

通货紧缩:物价总水平的下降。

在宏观经济学中,有三个重要指标被用来刻画物价的总水平。

第一个指标是 **GDP 平减指数**(GDP deflator index)。它被定义为名义 GDP 和实际 GDP 的比率,即

GDP 平减指数:名义 GDP 和实际 GDP 的比率。

$$\text{GDP 平减指数} = \frac{\text{名义 GDP}}{\text{实际 GDP}} \times 100\%$$

根据统计学的术语,GDP 平减指数实际上是一种刻画变动篮子的总价格变化的指数,即所谓的“帕氏指数”(Paasche index)。

第二个指标是**消费者价格指数**(consumer price index,简称 CPI)。它被定义为,某一固定篮子消费品和劳务的现价与基年的同一篮子消费品和劳务价格的比例:

消费者价格指数(CPI):某一固定篮子消费品和劳务的现价与基年的同一篮子消费品和劳务价格的比例。

$$消费者价格指数 = \frac{当年同一篮子消费品和劳务的总价格}{基年一篮子消费品和劳务的总价格}$$

按照统计学术语，消费者价格指数是一种"拉氏指数"（Laspeyres index），主要用于衡量居民生活成本的变化。一般来说，统计部门会选择一个最能刻画消费者对各类商品消费比例的篮子来作为计算 CPI 指数。在图 12-6 中，我们分别给出了中美两国计算 CPI 指数所用的篮子中各类商品的比例。

图 12-6　中美两国的 CPI"篮子"

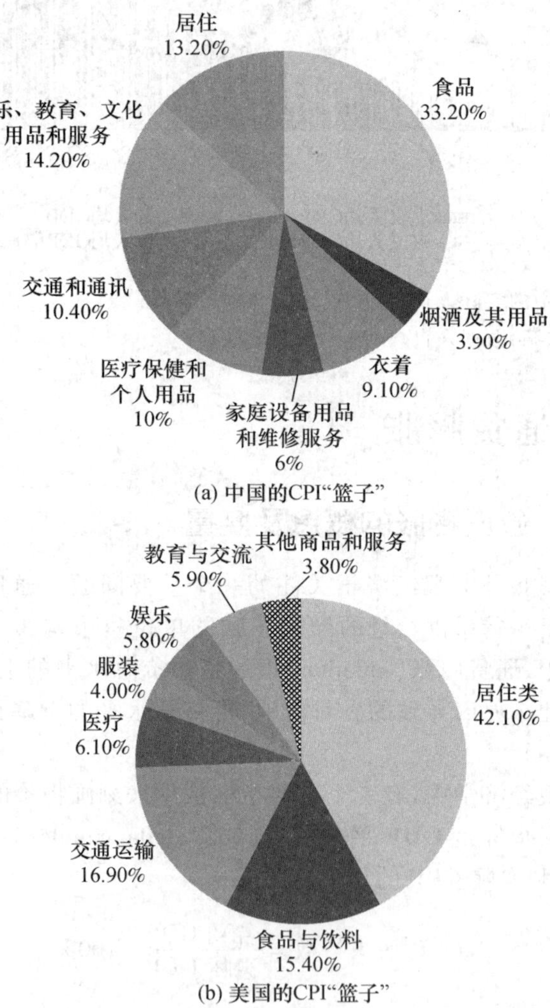

(a) 中国的CPI"篮子"

(b) 美国的CPI"篮子"

注：两国统计局并不实时公布 CPI 篮子的构成。这里援引的数据来自两国统计局，都是 2006 年数据。

政策透视

房价应该计入CPI吗

随着近年来房价的不断攀升,不少人认为应该将房价计入CPI,以更为准确地刻画居民生活成本的变化。那么,房价究竟是否应该被计入CPI呢?

一种观点认为不应该,其理由是不符合国际惯例。根据联合国制定的《1993年国民经济核算体系》,房地产属于固定资产的投资品,而不是耐用消费品。由于CPI的统计口径必须与国民经济核算体系中的消费分类保持一致,不可能在国民经济核算中把购买房地产算作投资,但在CPI统计中却看作消费,这会造成统计上的混乱。

而另一种观点则正好相反,认为将房价计入CPI是更加符合中国经济实际的。持这种观点的专家认为,在西方各国,购买一手房的居民比例较低,而租用住房的居民比例则较高,因此不把房价计入CPI对于刻画居民消费状况的变化并无影响。但中国的情况则正好相反,有80%的居民购买了自有住房,且有相当一部分居民是贷款买房。在这种情况下,如果不将房价计入CPI,就不能正确地反映居民的生活成本变动。

资料来源:彭志龙,"关于中国消费统计的几点看法",国家统计局网站,2009年12月2日;潘璠,"为什么房价不应计入CPI",《第一财经日报》,2007年11月23日。

与GDP平减指数相比,CPI指数有很多不同之处:

首先,GDP平减指数刻画的是所有最终产品与劳务价格的变化,而CPI指数刻画的是居民消费的商品与劳务价格的变化。企业投资和政府购买要计入GDP平减指数,而不计入CPI指数。

其次,GDP平减指数只考虑国内产品价格的变化,进口品价格的变化不被GDP平减指数考虑。而CPI指数则需要反映部分进口品价格的变化。

最后,两种指数的加总方式不同。如前所述,GDP平减指数是以一个变动的篮子为基础计算的价格变化,而CPI指数则是以一个固定的篮子为计算基础的。

一般来说,以固定篮子为基础来考虑价格变动会高估物价变动带来的生活成本变化,其理由有三个。第一,它没有考虑替代效应。例如,由于产地受灾,导致苹果价格升高,这时人们可能转而购买橘子。但如果按照固定篮子考察价格变化,这一效应就不会被考虑。第二,它忽略了新产品的引入。在现实中,每年都有新产品进入市场,这让人们有了更多选择,这会带来货币实际购买力的提升,但固定篮子不能体现这一效应。第三,它无法衡量质量的变化。例如,现在的手机较之十多年前,功能和质量都有了巨大变化,但在计算的篮子中,只有“手机”这个项目,而没有对质量问题进行考虑。根据这些理由,当我们用 CPI 作为衡量物价的指标时,可能高估通货膨胀水平。

生产者价格指数(PPI): 代表性企业购买的一篮子物品和劳务的现价与基年的同一篮子消费品和劳务价格的比例。

第三个指标是**生产者价格指数**(producer price index,简称 PPI)。它的计算方法和 CPI 类似,所不同的是它是以代表性企业购买的一篮子物品和劳务为计算基础的。由于生产要先于消费,企业通常会根据生产成本而调整销售价格,因此 PPI 指数的变动一般要领先于 CPI 指数的变动。在宏观预测时,PPI 指数的变化一般被作为考察通货膨胀的先行指标。

在图 12-7 中,我们给出了用 GDP 平减指数、CPI 和 PPI 三种指标的变化所刻画的中国通货膨胀状况。我们发现,无论根据哪一种指标,其反映的通货膨胀走势都是类似的:20 世纪 90 年代中期,我国经历了很高的通货膨胀。这一轮通货膨胀于 90 年代后期回落后,至 2003 年前,通货膨胀一直保持在较低的位置。自 2004 年起,通货膨胀有所上升,直到 2009 年受经济危机波及才有较大下降。但此后,通货膨胀又迅速回到了较高的位置。

图 12-7 用三种指标衡量的中国通货膨胀变化率(1995—2013)

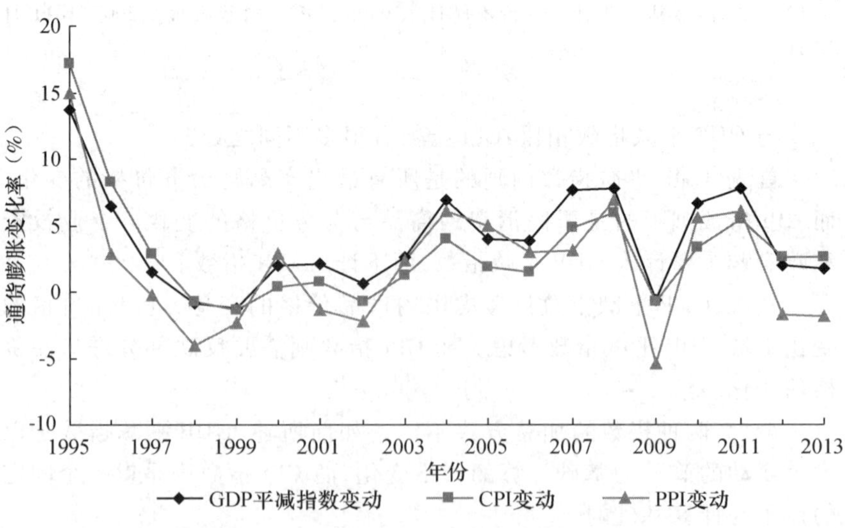

12.4.2 通货膨胀和货币

关于通货膨胀的原因,经济学家有很多种解释。但一般认为,它是和货币密切相关的。这一点,我们从“货币数量方程式”可以看出来。我们知道,所有的产出和服务最终都要由货币来购买,而交易所使用的货币总量则取决于经济中的货币总量及货币的周转速度。如果我们用 Y 表示实际产出，P 表示价格水平，M 表示经济中的货币总量，V 表示货币的周转速度，就可以得到如下"货币数量方程式"：

$$Y \times P = M \times V$$

当然，货币方程式是一个恒等式，不同的宏观经济学流派对它的解释是截然不同的：

古典宏观经济学和货币主义认为，货币周转速度 V 是稳定的，而 Y 是由生产率决定的。所以，M 的任何增长都会引起 P 的上升，通货膨胀完全是一个货币现象。

凯恩斯主义宏观经济学的观点正好相反，认为 Y 是由总需求决定的，而总需求是由人类的"流动性偏好"和"动物精神"决定的，也受货币量的影响。所以，M 的增加可能提高 Y，不一定引起 P 的上升。

而主流的宏观经济学则采取了比较折中的态度，认为从长期看 M 是中性的，即它只影响名义变量 P，不影响真实变量 Y；但在短期，M 则是非中性的，它会对真实产量 Y 发生影响。

从我国的经济实践看，通货膨胀和货币的关系是十分密切的。例如，从 2004 年开始的较高通货膨胀就和当时宽松的货币政策密切相关，而 2009 年后为应对经济危机而采取的货币政策刺激，则是造成 2010 年后通货膨胀迅速攀升的主要原因之一。

12.4.3 通货膨胀的后果

经济学家之所以关注通货膨胀，是因为它是"坏的"。通货膨胀之所以是坏的，是因为它不仅扭曲资源配置，导致掠夺性的财富再分配，而且加剧经济的周期性波动。

通货膨胀不仅会降低资源配置的效率，导致掠夺性的财富再分配，而且会加剧经济的周期性波动。

首先，通货膨胀扭曲价格信号，使得经济核算难以有效进行，从而降低资源配置的效率。在市场经济中，价格是人们决策的基本信号。一个企业生产什么、如何生产，都是基于价格的计算。就资源配置的效率而言，最重要的是相对价格的变化。相对价格的变化反映了消费者偏好的变化、资源和要素供给的变化，以及生产技术（从而生产成本）的变化。通货膨胀的最终结果是所有产品价格的普遍上涨，这种上涨与消费者偏好、要素供给和技术进步都没有关系，因此，不应该影响资源配置。但在通货膨胀发生的过程中，并不是所有产品和要素的价格同时以同样的比例上升。因此，一开始的时候，企业很难在相对价格变化和一般价格变化之间做出区分，从而就会做出错误的决策。比如说，当通货膨胀首先导致汽车价格上升时，如果汽车厂家误以为是人们对汽车的真实需求增加了，就会增加汽车的生产，并吸引更多的生产要素流向汽车行业。事实上，汽车的真实需求并没有增加，因为所有产品的价格最终都上升了。但等到汽车厂家明白这一点时，为时已晚,新投入的厂房设备已没有办法实现预期的价值。这就是资源的错配。通货膨胀还会高估企业盈利水平,导致资本品的消费。这是因为,会计实践是按资产的购买价格核算成本的,当通货膨胀发生时,资产的重置成本远高于账面成本,因此,企业的利润就被高估。如果企业把高估的利润当作真实利润去分配或花费,真实的资本就会减少。由于信号扭曲和利润错觉,通货膨胀还使得市场的优胜劣汰原则失效。在通货膨胀时期,所有的企业似乎都在盈利,所有的产品都处于"卖方市场",最没有效率的企业也可以生存,企业就很难有改进产品质量和提高效率的压力。

其次,通货膨胀导致财富的掠夺性再分配。通货膨胀是由货币的增加引起的,但新增加的货币并不是同时、同比例分配给所有的人,而总是从某个特定的人群流入市场。那些最早拿到新增货币的人可以以当前价格购买商品和服务,随着新增货币向整个经济体系的扩散,商品和服务的价格逐步上升,那些较晚拿到新增货币的人必须支付更高价格才能买到同样的商品和服务。这就是财富在先得货币者和后得货币者之间的再分配。比如说,假定现在的货币存量是 100 亿元,如果新增加的 100 亿元货币给某个特定的人,这个人至少可以掠夺走一半的社会总财富。通货膨胀还导致财富从债权人向债务人的再分配,以及从固定收入者向非固定收入者的再分配。债权人和固定收入者是通货膨胀的受害者,债务人和非固定收入者则是通货膨胀的受益者。

最后,通货膨胀会加剧经济的周期性波动。当新的货币以贷款的形式流入市场时,信贷资金的利率会下降,企业家误以为经济的真实投资资金增加了,从而开始投资热潮,导致经济的过度繁荣。新的贷款会被投资于各种各样的项目,支付给工人和其他要素所有者,推动价格的上涨。但经济的真实储蓄并没有增加,当人们开始再平衡消费-储蓄关系时,已经投资的项目就没有办法收回成本,银行贷款没有办法偿还,资金开始短缺,工厂倒闭,失业增加,价格下跌,经济进入衰退。如我们将在第 16 章看到的,经济危机通常是通货膨胀政策的结果。

知识拓展

恶性通货膨胀

通货膨胀是不可持续的。最初,当价格上升时,人们会说:"噢,这不正常,一定是暂时现象,我应该推迟购买,一直等到价格回落。"这确实是通货膨胀第一阶段人们的普遍态度。这种态度减缓了价格本身的上升,隐瞒了通货膨胀,因为此时人们对货币的需求增加了。但是,随着通货膨胀的延续,人们开始认识到,由于通货的增加是永久性的,高价格将会持续下去。现在,人们会说:“尽管价格很高,但我必须现在就买,因为如果我现在不买的话,价格还会进一步上涨。”结果,人们对货币的需求开始下降,价格上涨的幅度比货币供给增加的幅度还要大。这时候,价格的加速上涨导致了“货币短缺”,政府会印更多的货币以缓解货币短缺。很快,这个国家就会到达“崩溃性繁荣”阶段,人们说:“我现在得买任何能买到的东西,我必须尽快把手里的货币脱手,我不能让它在我手里贬值。”货币的供给直线上升,而货币的需求垂直下降,价格涨到天文数字。当人们花费越来越多的时间寻找摆脱货币的办法的时候,生产急剧下跌。货币系统完全崩溃,经济转向其他形式的货币——贵金属、他国货币(如果通货膨胀在一国发生的话),甚至转向以物易物。

这就是恶性通货膨胀(hyper-inflation)。法国大革命时期(1789—1796年)发行的纸币、美国独立战争期间发行的大陆货币,特别是1923年德国经济危机期间发行的马克和第二次世界大战后中华民国政府发行的法币,以及其他一些国家的货币,都是人们所熟悉的历史上恶性通货膨胀的例子。

资料来源:摘自 Rothbard(2010)。

12.5 失业率

12.5.1 就业、失业及其衡量

宏观经济学十分关注资源的利用状况,而劳动力资源则是最重要的资源,因此其配置状况当然是宏观经济学的核心问题之一。就业水平(或失业率)不仅是短期经济波动的伴生物,而且影响长期的经济增长。

根据国际上通行的标准,社会上所有的劳动年龄人口(美国是16—64岁,中国是男性16—59岁、女性16—54岁)被分为三类:就业者、失业者和非劳动者。其中,就业者指正在工作的人;失业者指有工作愿望,并正在寻找工作的人;而非劳动者则是没有寻找工作愿望的人,如学生、退休者和不愿工作者等。就业者和失业者的加总就是劳动力人口。在文献中,刻画劳动力资源利用状况的重要指标有两个,分别为**劳动力参与率**(labor force participation rate)和**失业率**(unemployment rate)。劳动力参与率被定义为:

劳动力参与率:劳动力人口与劳动年龄人口的比率。

失业率:失业人口与劳动力人口的比率。

$$劳动力参与率 = (劳动力人口/劳动年龄人口) \times 100\%$$

而失业率则被定义为：

$$失业率 = (失业人口/劳动力人口) \times 100\%$$

其中,劳动力参与率衡量的是适龄人口愿意参加劳动的状况,而失业率衡量的则是劳动力和工作岗位的匹配状况。只有将两个指标综合在一起,才能对整个劳动力市场的运行状况有一个较为整体的了解。

例如,某经济体在某年的劳动年龄人口有1 000万人,其中就业者800万人,失业者100万人,非劳动者100万人,那么这个经济体当年的劳动力参与率就为90%,失业率为11.11%。如果在第二年,劳动年龄人口不变,仍为1 000万人,但就业者变为840万人,失业者变为110万人,非劳动者变为50万人,那么这个经济体的劳动力参与率变为了95%,而失业率则变为了11.58%。如果仅考虑失业率,就有可能得出该经济体的劳动力资源利用状况变坏了的结论,但事实上,这个情况是由于劳动力数量的增加多于就业者的增加所致的。

需要说明的一点是,失业的统计方法会对失业率的计算产生巨大影响。例如,我国在长期的失业统计实践中,并没有采用国际上通用的调查数据,而是采用了"城镇登记"数据。因此,我国的各类统计年鉴所公布的是"城镇登记失业率",而非"调查失业率",这一指标会大大低估经济中的真实失业状况。2014年6月,国家统计局首次公布了31个主要城市的调查失业率,数据显示,调查失业率为5.05%。而在此之前,统计局公布的登记失业率则一直保持在4%左右,大大低于调查失业率。

12.5.2 失业率与GDP的关系

宏观经济学家认为,失业率和实际GDP之间存在着一种负向关系:当失业率降低时,经济体对劳动力资源的利用率更高,因此可以创造更高的GDP。美国经济学家阿瑟·奥肯(Arthur Okun)曾根据美国统计数据估计了失业率和实际GDP之间的关系,得到了如下结论:

$$实际GDP的变化率 = 3\% - 2 \times 失业率的变化率$$

即失业率每降低一个百分点,会让实际GDP增长率提高2个百分点;反过来,实际GDP增长率每提高1个百分点,可以使就业率上升0.5个百分点。这一统计规律在文献中被称为"**奥肯定律**"(Okun's Law)。

奥肯定律: 失业率的变化率和实际GDP的变化率之间存在的一种关系。

那么,在我国实际GDP的变化率和失业率的变化率之间是否也存在着类似的关系呢?奥肯定律是否适用于中国?从直观上看,这种关系似乎是存在的。在图 12-8 中,我们给出了根据我国宏观数据绘制的实际 GDP 变化率同城镇登记失业率之间的关系。

图 12-8　我国城镇登记失业率和实际 GDP 变化率之间的关系(1978—2013)

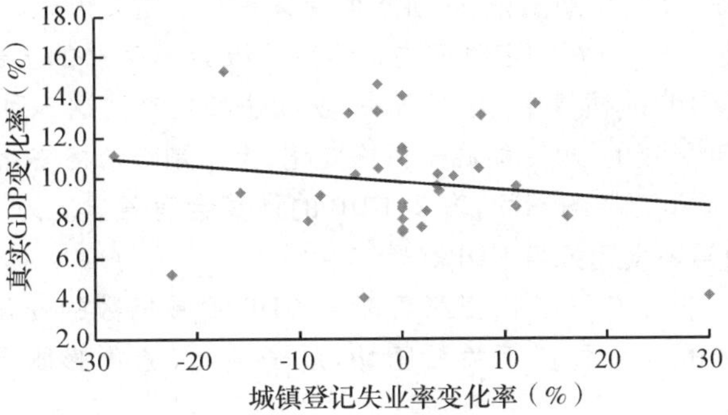

资料来源:《中国统计年鉴 2014》。

不过,由于城镇登记失业率存在的严重缺陷,特别是中国仍然处于城市化的进程中,简单地用上述关系来刻画中国版的奥肯定律显然是有很大缺陷的。一方面,城镇登记失业率没有考虑很多的隐性失业,因此会低估真实的失业状况;另一方面,城镇登记失业率只考虑了城镇就业状况,并不包括对农村劳动力就业状况的考虑,这对于城乡二元经济的中国而言存在重大问题。因此,要准确估计中国的奥肯定律,必须先对失业率统计数据进行修正。

我国的经济学家对于估计中国版奥肯定律做出了不少尝试。例如,周长才(2002)对隐性失业进行了修正,重新估计了奥肯定律的方程,发现在 1993—1999 年,中国的失业率每下降 1 个百分点,会使经济增长率提高 3.7 个百分点。[5]邹沛江(2013)在修正了二元经济状况引起的失业率误差后估计了奥肯方程。他发现,中国的失业率每下降 1 个百分点,会使实际 GDP 增长率提高 1.98 个百分点。[6]

12.6　结语

本章是宏观经济学部分的导论,我们对宏观经济学的定义、发展史,以及其中的一些重要概念进行了介绍。对于刚接触宏观经济学的读者而言,本章的内容可能过于庞杂,以致难以掌握要领。在后续的几章中,我们将对本章所学的概念进行综合应用,并在应用中反复比较各学派的观点。当学完这些章节后,读者应该能对本章内容有更为深入的理解。

本章要点总结

宏观经济学是将经济作为一个整体来加以研究的学问。其关注的问题包括经济的长期增长和短期波动。现代宏观经济学发端于 20 世纪 30 年代的"凯恩斯革命"。围绕着对经济周期的理解及政府在经济活动中应该扮演的角色问题,宏观经济学分成了凯恩斯主义、奥地利学派、货币主义、理性预期学派、真实周期学派、新凯恩斯主义等几个重要流派。

GDP 是经济社会(即一国或一地区)在一定时期内运用生产要素所生产的全部最终产品(物品和劳务)的市场价值。在 GDP 的核算中,有支出法、收入法和生产法这三种主要方法。GDP 的变化可能是由于生产变动导致的,也可能源于价格变化,为了剔除价格变化的影响,需要采用实际 GDP 的概念。根据基年选择的不同,真实 GDP 的计算会有差异。为了对经济状况进行更为准确的比较,人们通常还使用人均 GDP。

通货膨胀是指物价的总体上升。刻画通货膨胀可以用 GDP 平减指数的变化、CPI 的变化,以及 PPI 的变化。通货膨胀的产生和货币关系密切,从长期看,通货膨胀是一个货币现象。

通货膨胀不仅扭曲资源配置,导致掠夺性的财富再分配,而且加剧经济的周期性波动。

劳动年龄人口分为劳动者、失业者和非劳动者,其中前两类人口总称为劳动力人口。劳动力人口与劳动年龄人口的比率称为劳动力参与率,失业人口与劳动力人口的比率称为失业率,这两个比率共同刻画了劳动力市场的运行状况。失业率的变化率和真实 GDP 的变化率之间存在着某种关系,在文献中这种关系被称为"奥肯定律"。

本章重要术语

宏观经济学　经济增长理论　经济周期理论　凯恩斯主义　奥地利学派　货币主义　理性预期理论　真实周期理论　新凯恩斯主义　内生增长理论　国内生产总值　名义 GDP　实际 GDP　人均 GDP　通货膨胀　通货紧缩　GDP 平减指数　消费者价格指数　生产者价格指数　劳动力参与率　失业率　奥肯定律

延伸阅读

关于本章的内容,可以参考曼昆《经济学原理(第 7 版):宏观经济学分册》(中国人民大学出版社 2011 年版)第 1、2 章。易纲和张帆《宏观经济学》(中国人民大学出版社 2008 年版)的第 1、2 章结合中国背景介绍了相关内容。对于我国的经济指标感兴趣的读者,可以参考邱晓华和郑京平主编《解读中国经济指标》(中国经济出版社 2003 年版)。希望对我国的国民经济核算有进一步了解的读者,可以参考国家统计局编《中国主要统计指标诠释(第二版)》(中国统计出版社 2013 年版)。

思考与练习

1. 凯恩斯主义、货币主义、奥地利学派、理性预期学派和真实周期学派关于经济周期的理解分别是怎么样的?它们在经济政策上都有哪些主张?

2. 在下列项目中,哪些会被计入 GDP? 为什么? (1) 政府的扶贫款;(2) 购买一套二手公寓;(3) 妈妈给我包的饺子;(4) 过年抢到的微信红包。

3. 某个经济体只生产和消费包子和馒头两种产品,并且所有生产出来的产品都在当年被消费。该经济体在 2012—2014 年间的产品价格和产量(也就是消费量)如下表所示:

年份	包子		馒头	
	价格(元)	产量(个)	价格(元)	产量(个)
2012	5.0	500	2.0	1 000
2013	6.0	500	2.5	1 100
2014	5.5	600	3.0	1 200

(1) 假设以 2012 年为基年,请以该年的消费量比例为依据,计算 2013 年和 2014 年的 CPI,并计算这两年的 CPI 变化率。

(2) 请以 2012 年为基年,计算 2013 年和 2014 年的 GDP 平减指数,并计算这两年 GDP 平减指数的变化率。

(3) 在你看来,以(1)、(2)中的两组变化率刻画通货膨胀分别存在什么问题? 为什么?

4. 请问凯恩斯主义和货币主义关于"货币交易方程"分别有怎样的理解? 你认为这会怎样影响它们的政策主张?

5. 某宏观经济学家在研究某发展中国家的状况时,发现该国的失业率在近年来不断攀升,于是他就断言该国的劳动力市场运作正在趋于恶化。你认为这位宏观经济学家的观点正确吗? 为什么?

本章注释

[1] 参阅布莱恩 · 斯诺登、霍华德 · R. 文:《现代宏观经济学:起源、现状和发展》,佘江涛等译,江苏人民出版社 2009 年版。

[2] 关于这一学派的周期理论,我们将在第 16 章中进行详细介绍。

[3] 关于奥地利学派和货币主义学派在宏观经济学方面的异同,参阅马克 · 史库森:《朋友还是对手? 奥地利学派与芝加哥学派之争》,上海人民出版社 2006 年版,第 6 章。

[4] Easterlin(1974).

[5] 周长才:"宏观调控与失业",《数量经济技术经济研究》,2002 年第 1 期,第 18—21 页。

[6] 邹沛江:"奥肯定律在中国真的失效了吗?",《数量经济技术经济研究》,2013 年第 6 期,第 91—105 页。

第13章 经济增长

本章导读

经济增长是宏观经济学关注的两大主题之一。自亚当·斯密以来，无数的经济学家曾致力于探索经济增长背后的动力。而自20世纪中期，尤其是20世纪90年代以来，经济学家提出了更多关于经济增长的理论。不过，到目前为止，还没有任何一种理论可以对经济增长现象做出完整的解释。

在本章中，我们将向读者展示经济增长中的一些特征事实，并介绍一些关于经济增长的理论模型，包括本书作者概括的“斯密-熊彼特增长模型”。传统的增长模型强调的是资本和技术进步与增长之间的技术性关系，斯密-熊彼特增长模型把企业家精神置于经济增长的中心地位。

13.1 有关经济增长的一些事实

13.1.1 长期历史中的经济增长

经济增长： 一个国家或地区在一定时期内人均产出(或人均收入)水平的持续增加。

有文字记载的人类历史至今已有五千多年，但真正意义上的**经济增长**和经济发展却是最近两个多世纪的事情。根据经济史学家安格斯·麦迪森的测算，从公元元年至公元1800年左右，世界各国的GDP增长基本上是和人口增长完全成比例的，人均GDP[1]几乎处于停滞的状态，甚至在其中某些时段还会出现短暂的下降。而在1800年之后，生产率开始以前所未有的速度增长，人均GDP则开始直线上升(图13-1)。在短短两百多年中，人们创造出的财富甚至超过了此前数千年的总和。

图 13-1　世界人均 GDP 的增长(公元元年—1998 年)

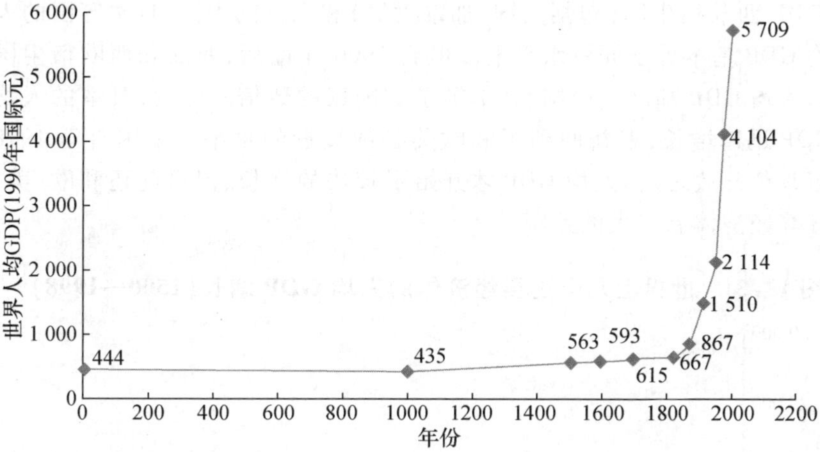

1800 年之后,世界人均 GDP 由"大停滞"转为"大增长"。

资料来源:安格斯·麦迪森,《世界经济千年史》,北京大学出版社 2003 年版。

如我们在第 1 章已经指出的,在"大增长"取代"大停滞"成为历史主题的同时,国家之间、地区之间的财富"大分流"也开始逐渐凸显。根据麦迪森的估计,在 1500 年前后,最富国家(地区)的人均 GDP 大约等于最穷国家(地区)的 3 倍;而根据经济学家谢长泰和克莱诺的测算,在 2000 年,最富有的 10% 的国家(地区)人均 GDP 是最贫穷的 10% 的国家(地区)的 25.6 倍,并且这种收入差距还在不断扩大。[2] 图 13-2 描述了 2013 年样本国家(地区)人均 GDP 的情况。从图中可以看出,美国的人均 GDP 是布隆迪的 178 倍。

图 13-2　样本国家(地区)人均 GDP(2013)

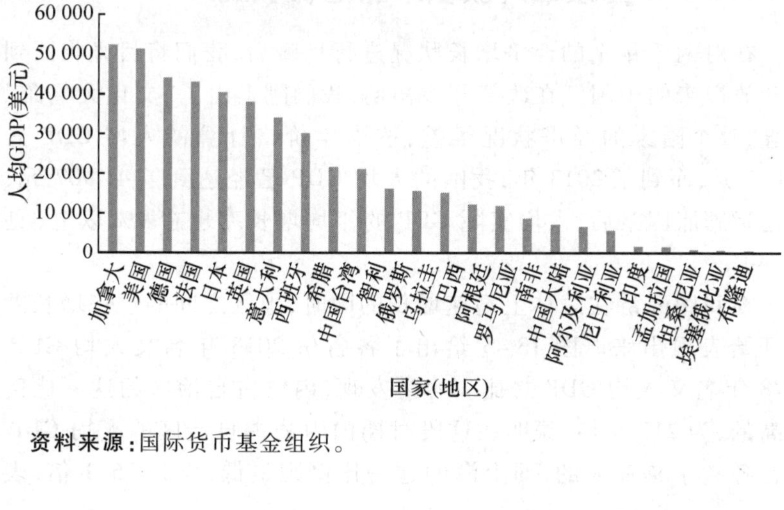

资料来源:国际货币基金组织。

即使不考虑那些增长特别缓慢的国家(地区),只看那些主要经济体,“大分流”的趋势也是明显的。如图 13-3 所示,在 1500 年时,西欧各国、西欧衍生国(包括美国、加拿大等)和东方的中国、日本等国的人均 GDP 基本处于同一水平上。但到 1900 年前后,西欧和西欧衍生国的人均 GDP 却已是中国、日本等东方国家的数倍。此后,日本的人均 GDP 迅速增长,重新回到了和欧美各国接近的水平。中国直至 1978 年改革开放之后,人均 GDP 才开始了较快的增长,但目前还和欧、美、日等经济体有较大的差距。

1800 年之后,世界上各主要经济体的“大分流”趋势非常明显。

图 13-3　世界上几个主要经济体的人均 GDP 增长(1500—1998)

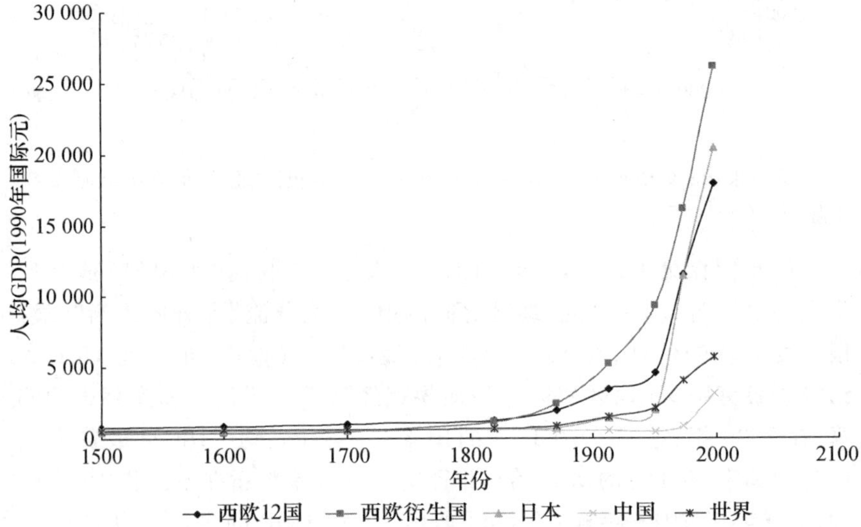

资料来源: 安格斯・麦迪森,《世界经济千年史》,北京大学出版社 2003 年版。

13.1.2　中国改革开放以来的增长状况

在对两千年来的经济增长状况进行鸟瞰后,我们将目光收回到改革开放以来的中国。在改革开放初期,我国刚走出了“文化大革命”的阴霾,整个国家的经济状况很差,按当年价格计算的人均 GDP 只有 381.2 元,而到了 2013 年,我国的人均 GDP 已经达到了 41 907 元,扣除通货膨胀因素后,人均实际 GDP 的年均增长率也在 9% 以上(见图 13-4)。

在我国经济在总体上高速增长的同时,地区之间的经济增长差异也开始表现出来。图 13-5 给出了各省份 2013 年名义人均 GDP 和 1978 年名义人均 GDP 之比。容易发现,内蒙古自治区的这一比例是最高的,为 212.9 倍,说明在这段时期内内蒙古自治区的人均 GDP 涨幅在各省中是最大的;而上海的这一比例则最低,仅为 36.1 倍,表明这段时期内上海的人均 GDP 涨幅在各省中位列最后。当然,由于上海的初始人均 GDP 要远远高于内蒙古自治区,因此即使在内蒙古自治区经历了远比上海快得多的增长后,其人均 GDP 还是远远落后于上海。

图 13-4　名义人均 GDP、实际人均 GDP 及其变化率(1978—2013)

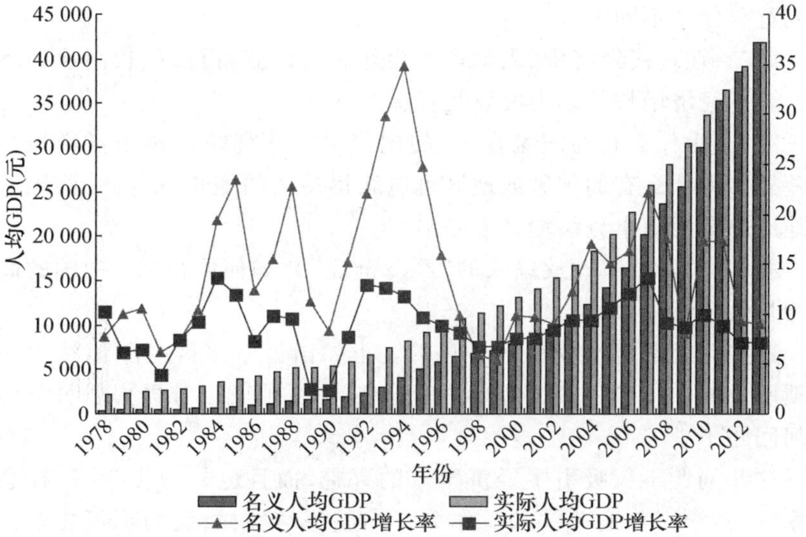

改革开放之后,中国的人均 GDP 保持了高速增长的态势。

注:图中的实际人均 GDP 以 2013 年物价计算。

资料来源:数据来自《中国统计年鉴 2014》。

图 13-5　各省份 2013 年名义人均 GDP 和 1978 年名义人均 GDP 之比

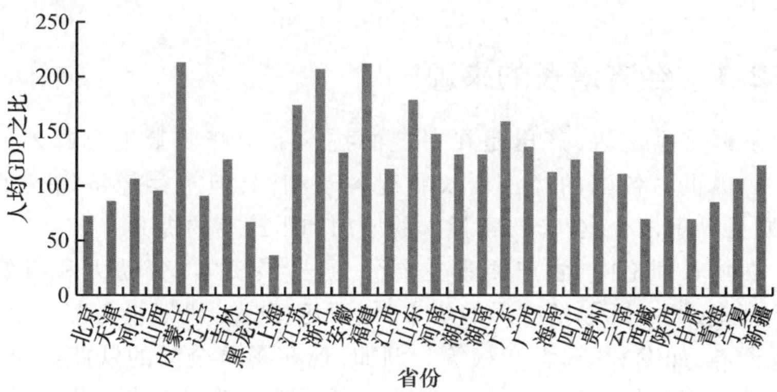

在中国总体经济高速增长的同时,地区之间的经济增长差异开始凸显。

注:此图中不包括中国台湾省及重庆直辖市的数据。

资料来源:数据来自《中国统计年鉴 2014》。

13.1.3 经济增长的几个谜

在分别对世界和中国的经济增长进行了回顾后,我们的心中不免会浮现几个谜题:

第一,为什么在漫长的人类历史中,真正意义上的经济增长只是在工业革命后的短短两三百年间才出现?在工业革命前后,经济的发展究竟有什么不同?

第二,在现代经济中,人均产出为什么可以获得持续、较高速的增长?支撑经济增长的动力究竟是什么?

第三,为什么有的国家富,有的国家穷?贫富的差异来自增长率的差异。为什么有的国家或地区可以获得持续的增长,而另一些国家或地区的发展则十分缓慢甚至停滞?

第四,中国改革开放以来的"经济奇迹"是如何取得的?中国的高速增长可持续吗?

这些问题都是十分耐人寻味的。正如诺贝尔奖得主罗伯特·卢卡斯所说的:"一旦一个人开始思考这些问题,他就很难再去思考其他任何问题了。"

这些问题不仅吸引了经济学家的兴趣,而且也是历史学家、社会学家、政治学家普遍关注的。作为一本经济学教材,我们不可能全面介绍所有学科对这些问题的探讨。在本章的后续各节中,我们只能介绍经济学家对上述几个谜题给出的一些尝试性的解释。

13.2 经济增长的来源和增长核算

13.2.1 经济增长的来源

从经济学上讲,产出是在一定的技术下生产要素组合起来创造的。虽然世界各国的经济增长状况各不相同,但考察经济增长的来源,则无外乎两个:生产要素投入的增加和生产率的提升。

生产要素: 进行社会生产经营活动时所需要的各种社会资源,包括资本、劳动力和自然资源。

在增长理论中,**生产要素**主要分为三类:资本、劳动力和自然资源。其中,资本既包括有形的资本,如厂房、公路、机器设备等,也包括无形资本,如专利、知识产权等。例如,现在密布全国的铁路网络,就是支撑经济增长的重要资本。劳动力资源既包括劳动力的投入数量,也包括其质量。即使劳动力投入数量不变,如果其技能、素质获得了提升,也可认为劳动力资源变得更为丰富了。自然资源包括土地、森林、石油、天然气及各类矿产资源等。值得一提的是,自然资源并不是支撑经济增长的必要条件,在现实中,我们不难找到日本、新加坡等资源贫瘠的国家实现高速增长的例子。

生产率指的则是要素的产出效率。如果生产率提高了,那么即使要素投入不变,也可以实现经济增长。生产率的提升可能来自技术的进步,也可能来自资源配置效率的改善,我们将在后面的增长理论中对此进行详细的介绍,在此先不赘述。

生产率: 要素的产出效率。

13.2.2 增长核算

简单起见,假设整个经济只使用资本和劳动力两种要素投入进行生产,其生产函数为:

$$Y = AK^{\alpha}L^{1-\alpha}$$

其中,Y、A、K、L 分别代表经济的总产出、**全要素生产率**(Total Factor Productivity, TFP)、资本投入量和劳动力投入量。参数 α 在0—1之间,整个经济的生产函数被假设为是规模报酬不变的。

全要素生产率: 产出增长率超出要素投入增长率的部分。它无法直接被观测到,只能被间接地衡量。

通过简单的推导,不难得到如下公式:

$$g_Y = g_A + \alpha g_K + (1 - \alpha) g_L$$

其中,g_Y、g_A、g_K 和 g_L 分别代表总产出、**全要素生产率**、资本和劳动力的增长率。这样,全要素生产率、资本和劳动力在经济增长上的贡献就分别为 g_A、αg_K 和 $(1-\alpha)g_L$。由于全要素生产率是无法直接被观测到的,因此它需要被间接地衡量。在研究中,经济学家通常根据如下公式计算全要素生产率的增长:

$$g_A = g_Y - \alpha g_K - (1 - \alpha) g_L$$

这种用余项来表示全要素生产率增长速度的方法是由索洛首先提出的,因此 g_A 在文献中也通常被称为"索洛余项"。

我们可以用这个核算框架来对我国的经济增长状况进行分析。表13-1给出的数据来自王小鲁等人2009年的一项研究。

表13-1 中国的增长核算 (单位:%)

时期	1953—1978	1979—1988	1989—1998	1999—2007
增长率	6.15	10.06	9.59	9.72
资本贡献	2.66	2.76	2.94	3.8
劳动力贡献	1.71	4.18	2.46	1.82
TFP 贡献	1.78	3.12	4.19	4.10

资料来源:王小鲁、樊纲、刘鹏,"中国经济增长方式转换和增长可持续性",《经济研究》,2009年第1期。在这项研究中,"劳动力贡献"是劳动力总量与平均受教育年限的乘积,它同时对数量和质量两个维度进行了度量。

由表13-1可以看出,在改革开放前,我国的资本、劳动力和TFP增长速度都较慢,由此造成的总产出增长率也较低。1979—1988年间,资本的贡献变化不大,但劳动力和全要素生产率的贡献则大大提高。根据作者的解释,劳动力贡献的大幅提高主要源于两个原因:一是恢复高考后,劳动力平均受教育年限的迅速增加;二是这个时期劳动力数量的较快增长。而全要素生产率的大幅提升,则更多地来自体制改革所带来的效率增进。1989—1998 年间,劳动力的贡献开始减少,资本的贡献保持相对稳定,但全要素生产率的贡献则继续提升。而 1999—2007 年间,资本的贡献开始有较大幅度的提高,劳动力的贡献则持续降低,而全要素生产率的贡献则同前一阶段基本类似。

值得一提的是,关于中国的高速增长,学术界一直存在着不少质疑。例如诺贝尔经济学奖得主保罗·克鲁格曼就认为,包括中国在内的东亚国家主要是依靠要素投入来拉动增长,而生产率进步的贡献并不大。而根据表 13-1 的数据,克鲁格曼的这一质疑并不正确,事实上,虽然在中国经济增长的过程中要素投入起到了很大作用,但全要素生产率增进所带来的贡献也是十分可观的。从这个意义上讲,不应该对中国经济运行过程中的效率改进予以简单的全面否定。

政策透视

中国迎来了“刘易斯拐点”吗

1954 年,发展经济学家阿瑟·刘易斯(Arthur Lewis)在题为《劳动无限供给条件下的经济发展》的论文中提出了著名的“二元经济”模型。这个模型指出,经济发展过程是现代工业部门相对传统农业部门的扩张过程,这一扩张过程将一直持续到将传统农业部门中的剩余劳动力全部转移干净,并出现一个城乡一体化的劳动力市场时为止。这种“二元经济”的发展可以分为两个阶段:第一个阶段是劳动力无限供给阶段。此时,劳动力过剩,工资取决于维持生活所需的生活资料的价值。第二个阶段是劳动力短缺阶段,此时传统农业部门中的剩余劳动力被现代工业部门吸收完毕,工资取决于劳动的边际生产力。由第一阶段向第二阶段过渡的转折点,就是著名的“刘易斯拐点”(Lewis turning point)。

在改革开放之初,我国有大批的农村剩余劳动力需要向城市转移,此时的劳动力市场基本类似于刘易斯模型中的第一阶段。由于劳动力的供给相对过剩,因此工业企业得以用十分低廉的工资雇用员工,这在很大程度上支撑了改革初期的经济增长。然而到 2008 年前后,市场上的劳动力供给突然减少,用工成本陡然上升。由此,一场关于中国是否迎来了“刘易斯拐点”的争论也开始展开。

美国银行-美林证券(Bank of America Merrill Lynch)发表报告认为,在 2011 年后,随着中国劳动力成本稳步上升,中国进入“刘易斯拐点”时,美国消费者价格指数升幅将会增至4%左右。与此同时,曾担任花旗亚洲首席经济学家的北京大学经济学教授黄益平也认为,一度低成本劳动力充裕的中国正在迈向“刘易斯拐点”,这种态势可能迫使一些制造商转向印度和越南等劳动力成本更低的国家,集中在中国的全球制造业活动可能转移到其他地方。

而另一些观点则认为“刘易斯拐点”不会马上到来。例如,世界银行中国首席经济学家韩伟森和巴克莱资本中国经济研究主管彭文生认为,“刘易斯拐点”可能是一个持续多年的渐进过程或转折阶段,而不是一个突然的变化。不过,彭文生表示,随着政府对农村地区发展的政策支持和未来几年工作适龄人口的急剧增加,工资储备将上升,这可能将加速拐点的到来。随着劳动人口增长放缓和投资率的逐步下降,经济增长可能会减速。但是,受益于基础设施投资和年轻劳动力受教育水平的大幅提高,全要素生产率的增长有可能会成为一个抵消力量。

资料来源:根据“百度百科”相关词条整理。

13.3 主流经济增长理论

13.3.1 马尔萨斯的“增长”理论

在前现代社会,资本积累还没有凸显其重要性,生产率进步的速度也相对缓慢,能影响经济增长的因素只有人口和土地(或更为广义的自然资源)。而由于生产率变化的缓慢,单位面积的土地所能供养的人口数相对固定,因此土地的丰寡就成为决定一国经济总量的最根本条件。[3]

最初,由于人口相对较少,而土地则相对充裕,人们可以自由地使用土地,此时人口可以较快地增长。由于生产率变化相对缓慢,因此整个经济的产出就会和人口以近似相同的比例增长,人均的产出几乎是不变的。但随着人口的增加,土地逐渐开始变得稀缺,当单位面积土地上投入的人力不断增加后,土地的边际产出也会逐步降低,人均产出逐步下降。当人均产出低到不足以维持最低生存条件时,“天启四骑士”——饥荒、瘟疫、战争和死亡就会到来,让人口大幅下降。然后,人口又开始像之前那样增长、饱和,然后再下降,如此循环往复。在周而复始的循环中,人均的产出始终在生存线附近徘徊,就好像陷入了一个陷阱。

英国的古典经济学家马尔萨斯最早提出了上述理论,因此在文献中这套理论被称作“马尔萨斯增长理论”,那个经济难以摆脱的陷阱则被称作"马尔萨斯陷阱"。不过,从严格意义上讲,如果称这套理论为"无增长理论"可能是更确切的,因为它所解释的更多是停滞,而非增长。

马尔萨斯模型: 没有"资本深化"和生产率的提高,人均产出不能实现持续的增长,只会有周而复始的循环。

图 13-6 是对**马尔萨斯模型**的简单说明。[4] 图中两个象限的横轴表示人均物质收入,即每个人所能获得的产品和服务的总和。上坐标系的纵轴表示出生率和死亡率。使得出生率和死亡率相等的物质收入被称为**生存收入**,即指维持本人生存所需要的收入水平,图中用 y^* 表示。当物质收入高于这一水平时,出生率超过死亡率,人口增加;当物质收入低于这一水平时,死亡率超过出生率,人口减少。

图 13-6　马尔萨斯经济中的长期均衡

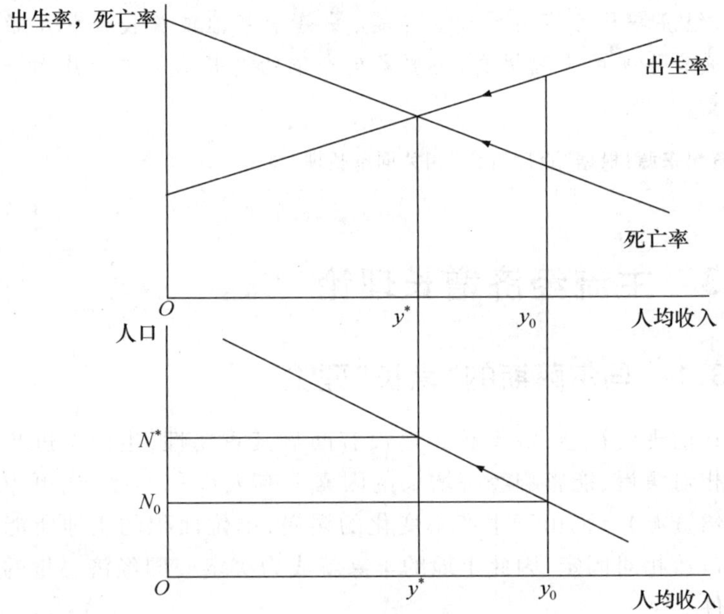

资料来源:格里高利·克拉克,《应该读点经济史》,中信出版社 2009 年,第 20 页。

图中下坐标系的纵轴表示人口规模,N^* 是出生率等于死亡率的人口规模。经济在长期中会不断波动,并在出生率等于死亡率的收入水平实现均衡。假设一个国家的初始人口规模为图中的 N_0,与 N_0 相对应的初始收入水平为 y_0,由于 y_0 超过生存收入水平 y^*,出生人数将超过死亡人数,从而导致人口增加。随着人口增加,收入会逐渐下降。只要收入超过生存水平,人口增加就会持续,而收入水平也就会持续下降,直到收入降到生存水平为止。反之,如果初始人口规模非常大,以至于收入水平低于生存收入水平,死亡人口将超过出生人口,导致总人口逐渐减少,收入水平逐渐提高,直到人口规模达到 N^*、收入水

平达到 y^* 为止。

马尔萨斯经济中也存在技术进步,尽管进步率非常缓慢(大约年均0.05%)。但如图13-7所示,技术进步只是将收入-人口曲线向上移动,增加了均衡时的人口规模(从 N_0^* 到 N_1^*),并不会对生活水平产生持久影响。

图13-7　马尔萨斯经济中的技术进步

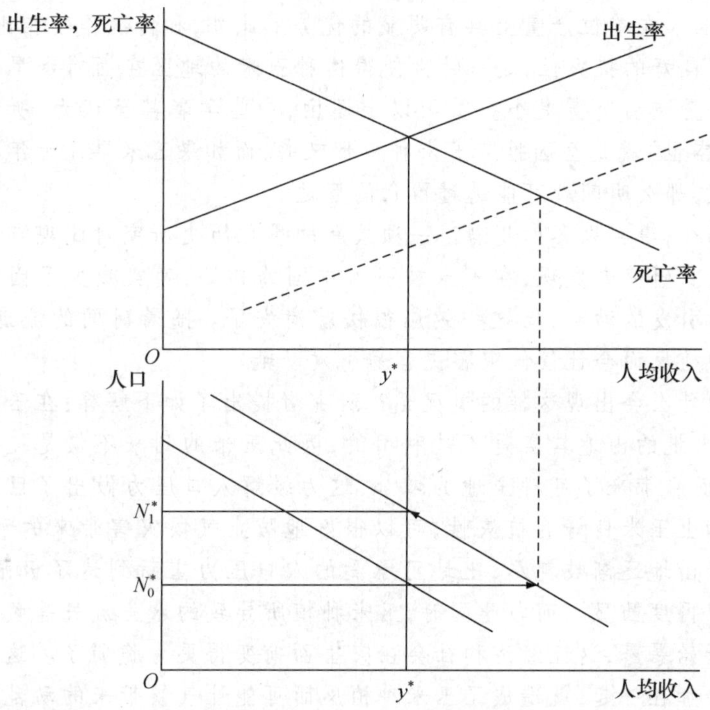

资料来源:格里高利·克拉克,《应该读点经济史》,中信出版社2009年版,第26页。

迷你案例

玉米能救明朝吗

作为中国历史上最后一个由汉人统治的帝国王朝,明朝的灭亡总是让后人不禁扼腕叹息。为什么这个曾经强大的王朝会逐步走向衰落,最后在农民起义的冲击下迅速崩塌?有人说,这是封建制度的内在矛盾决定的,也有人说,这是明王朝的腐败导致的。而最近的一系列研究则表明,这可能只是由于明朝时运不济,摊上了坏天气。从1600—1644年之间,由于"小冰河期"的影响,气候持续异常,在全国范围内连续爆发了水旱灾害。有人认为,正是这接踵而来的灾害掏空了帝国的财政，消耗了明朝的元气，并最终引发了导致王朝灭亡的农民起义。

那么，当时的明朝有没有机会打破这种困境呢？有不少学者认为，这种机会是完全存在的，而这个可能拯救王朝命运的“机会”来自万里之外的玉米。和中国传统的稻、麦等粮食作物相比，玉米具有众多独特优势。首先，玉米对环境的适应性很强，具有耐旱、耐寒、耐贫瘠、容易在山区和沙质土壤地带种植等特性。其次，和传统粮食作物相比，玉米在单位产量上具有明显的优势。此外，和传统作物相比，玉米具有良好的抗灾性，这一特性使得播种玉米的地区在面对水旱灾害时的产量波动变得更小。基于以上理由，一些学者甚至认为，所谓的“康乾盛世”就是全国推广玉米种植带来的，而如果玉米早几十年在中国普及，那么明朝就可能逃过覆亡的厄运。

那么，事实果真如此吗？一项最新的量化历史研究对此观点予以了否定。研究者发现，在玉米被引入中国的初期，确实减少了因气候灾害而引发的动乱，但这一效应很快就消失了。随着时间的流逝，玉米的种植反而会让气候灾害更容易引发动乱。

为什么会出现这样的情况呢？研究者提出了如下解释：在玉米引入前，大批的山地其实是不被利用的，因此玉米的到来不仅是提升了单产，而且带来了可耕土地的增加，这为缓解人口压力做出了巨大贡献。加上玉米良好的抗灾性，可以很好地防止气候灾害带来的动乱。但随着山地逐渐被耗尽，土地可承受的人口压力重新到达了极限，人口压力再度凸显。而与此同时，玉米种植所导致的水土流失等负面作用也开始暴露，这让经济和社会在灾害面前变得更为脆弱了。这两个因素叠加在一起，就造成了玉米种植反而可能让气候带来的动乱变得更为频繁、更为严重。从这个意义上讲，如果玉米早几十年普及了，那么明朝可能会延续一段时间，但更可能会被一场场更为惨烈的农民战争所埋葬。

资料来源：陈永伟，“玉米为什么不能救明朝？”，《东方早报》，2014 年 9 月 30 日；陈永伟等，“哥伦布大交换终结了‘气候—治乱’循环吗？”，《经济学（季刊）》，第 13 卷第 3 期。

13.3.2 新古典增长理论：索洛模型

如果马尔萨斯的理论是正确的，那么人类的前景就是悲观的：整个社会不会有人均产出的持续增长，人们的生活水平会停滞不前。但工业革命后，马尔萨斯的预言很快被打破了，整个世界开始告别“大停滞”，迎来了“大增长”，在短短两三百年时间内，人均产出竟获得了数十倍的提升。那么，为什么马尔萨斯错了，人均产出的持续增长又是如何可能的呢？为了对此进行解释，我们需要引入新古典增长理论。

新古典增长理论是由麻省理工学院的教授罗伯特·索洛在20世纪50年代提出的，因此在文献中也常被称为“**索洛模型**”。[5]和马尔萨斯的理论相比，新古典增长理论有两个重要的不同点，即强调了资本深化和生产率进步的作用。下面我们就来对这一模型进行具体分析。

索洛模型：更高的储蓄率、更低的人口增长率、更快的技术增长，都会提升稳态条件下的人均产出水平。

13.3.2.1　索洛模型的假设

在索洛模型所描述的经济中，只有资本 K 和劳动力 L 两种要素投入，且劳动力的增长率 n 是外生给定的。另外，经济被假设为是竞争性的，并且总在充分就业的水平上运行。整个经济的生产函数可以表示为：

$$Y = AF(K,L)$$

其中，A 是经济的全要素生产率，在给定资本和劳动力投入的前提下，全要素生产率的提升可以让产出得到增加。函数 $F(\cdot,\cdot)$ 是规模报酬不变的，也就是说，对于任何一个正数 x，都有 $F(xK,xL) = xF(K,L)$。在这种假设下，令 $x = 1/L$，则人均产出 $y = Y/L$ 可以表示为人均资本存量 $k = K/L$ 的函数：$y = f(k)$，其中 $f(k) = F(K/L,1)$。

资本深化：人均资本存量的提高。

索洛模型的一个关键点是**资本深化**(capital deepening)，也就是人均资本存量的提高。在现实中，资本深化的例子很多。例如，农民开始使用收割机，而不再用手动收割；工地上开始使用挖掘机，以代替原来的手动挖掘；银行开始使用点钞机，以代替原来的人工点钞。这样的资本深化分别可以使农业、建筑业和银行业的人均产出获得很大的提升，即 $f'(\cdot) > 0$。同时，根据一般假设，随着资本深化的推进，人均产出增长的速度会下降，也就是 $f''(\cdot) < 0$。

资本广化：实际资本的增长率与劳动力的增长率相等。

那么资本是怎么实现深化的呢？简单来说，它是投资扣除**资本广化**(capital widening)的结果。我们知道，在一个动态的经济中，净投资(总投资减去折旧)的作用表现在两个方面：一方面，它会让更多的劳动力有机会使用资本，也就是实现“资本广化”；另一方面，则会增加每个劳动力所使用的资本数量，也就是实现“资本深化”。如果我们用 s、n、δ 分别表示经济中的储蓄率、人口增长和折旧率，用 $\dot{k}$ 表示人均资本的变化，那么资本深化的过程就可以简单地表示为如下的方程式：

$$\dot{k} = sAf(k) - (n + \delta)k$$

上式中，$sAf(k)$ 表示人均储蓄量，如果储蓄全部被用来投资，那么它就是经济中的人均投资量。δk 是人均投资量中用来弥补折旧的部分，而 nk 则是克服资本广化的影响所要用到的人均资本量。

由上式可知，当 $\dot{k} = 0$，即 $sAf(k) = (n + \delta)k$ 时，经济会达到“稳

态”，这个时候新增的投资正好被用来弥补折旧和资本广化的影响，资本深化过程停止，人均资本存量 k^* 和人均产出 $Af(k^*)$ 不再发生变化。

稳态时，人均资本存量 k^* 和人均产出 $Af(k^*)$ 不再发生变化。

在图 13-8 中，我们描述了“稳态”的决定过程。由于 $f'(\cdot)>0$，$f''(\cdot)<0$，因此 $sAf(k)$ 是一条单调上升且上凸的曲线，它和直线 $(n+\delta)k$ 的交点决定了稳态的人均资本存量水平 k^*。作垂线 $k=k^*$ 和 $y=Af(k)$ 相交，即可得到稳态的人均产出水平 $y^*=Af(k^*)$。

图 13-8　索洛模型图示

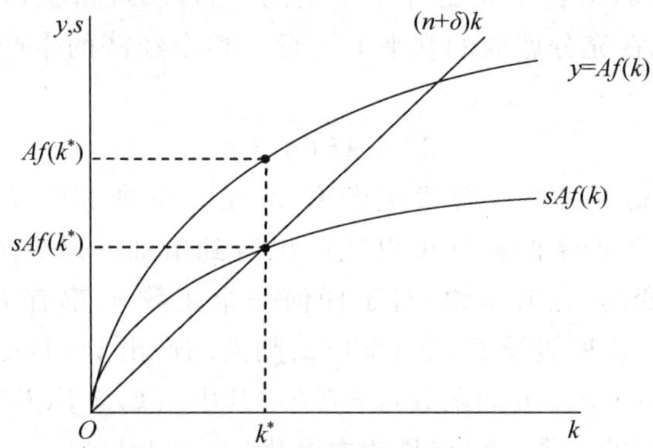

13.3.2.2　对稳态的比较静态分析

借助图示，我们可以对稳态进行比较静态分析，考察各类参数变化的影响：

（1）人口增长率上升的影响。如图 13-9 所示，如果其他条件不变，但人口增长率上升了，那么直线 $(n+\delta)k$ 将会变得更加陡峭（我们假定劳动力增长率和人口增长率相同）。在稳态时，人均资本存量和人均产出都会变得更低。这是由于，如果人口增长率上升，那么为了抵偿资本广化所需的资本就增加了，因此用于资本深化的资本量就变得更少了。

图 13-9　人口上升的影响

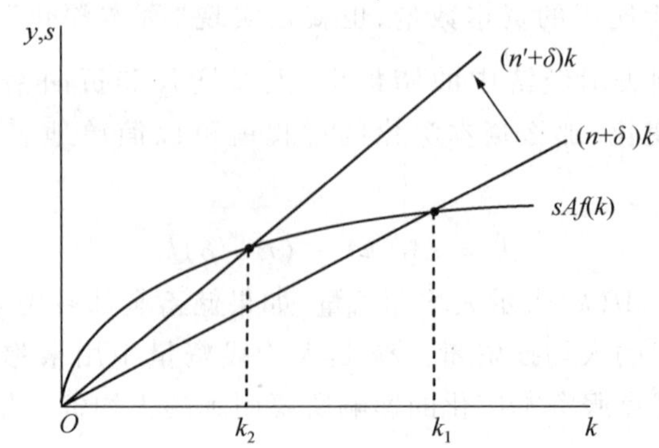

(2) 储蓄率上升的影响。如图 13-10 所示,如果其他条件不变,经济中的储蓄率增加了,那么 $sAf(k)$ 曲线也会出现向上整体拉升。此时,人均资本存量和人均产出都会上升,稳态的人均资本存量水平由 k_1 增加到了 k_2,对应的人均产出也从 $Af(k_1)$ 变为了 $Af(k_2)$。

图 13-10　储蓄率上升的影响

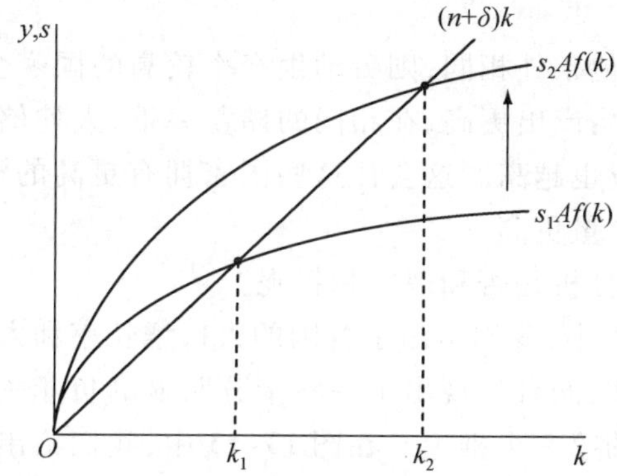

(3) 生产率变化的影响。如图 13-11 所示,若经济中的全要素生产率从原来的 A_1 上升到了 A_2,那么 $sAf(k)$ 曲线就由 $sA_1f(k)$ 变为 $sA_2f(k)$。此时,稳态的人均资本存量水平由 k_1 增加到了 k_2,对应的人均产出也从 $A_1f(k_1)$ 变为了 $A_2f(k_2)$。

图 13-11　全要素生产率上升的影响

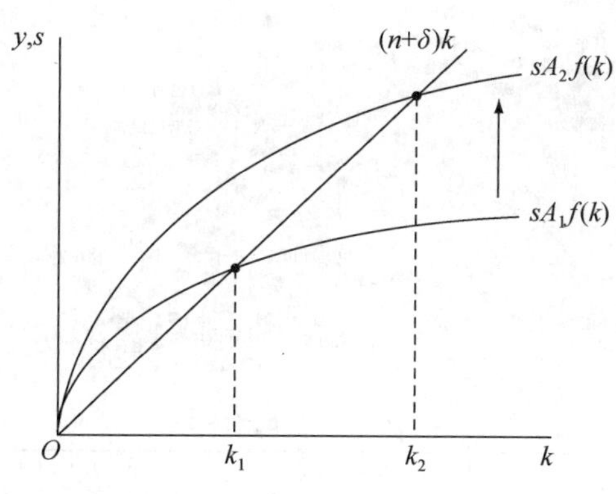

13.3.2.3　索洛模型的应用

(1) 对各国收入差异的解释

在前文中,我们曾经指出,经济增长理论所要解释的一个要点是"为什么有的国家穷,而有的国家富"。我们可以借助以上对索洛模型的分析,对这一问题进行一些回答:

首先,人口增长率较高的国家通常比较贫穷。在这些国家,面对人口增长,为保持资本-劳动比率不变,需要把更大比例的收入用于储蓄和投资。这种资本广化的要求让资本深化变得更加困难,从而使稳态人均资本量及人均产量减少。

其次,若其他条件相同,则储蓄率或投资率较高的国家通常比较富裕,在这些国家中,劳动力人均资本量较高,因此,其人均产量也较高。

最后,若其他条件相同,则劳动生产率较高的国家会比较富有,在这些国家中,人均产出更高,在相同的储蓄率下,人均储蓄及由此转化而来的人均投资也越高。这会让这些国家拥有更高的资本深化水平,从而让其人均产量更高。

那么,以上分析是否和现实相符呢?

在图 13-12 中,我们给出了各国的人口增长率和人均收入之间的关系。由图可知,两者呈现出了一种十分明显的负相关关系。这就印证了索洛模型的第一个推论。在图 13-13 中,我们给出了各国投资占产出的百分比[6]和人均收入之间的关系。由该图,我们可以较为清晰地看到,两者之间存在着一种正相关性。因此索洛模型的第二个推论也得到了印证。

图 13-12　各国人口增长率和人均收入的关系

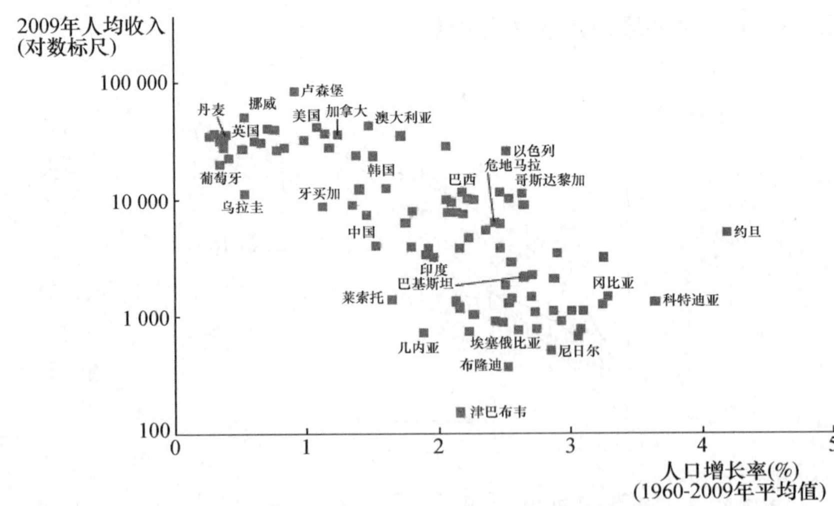

资料来源:Mankiw(2013), p.228.

图 13-13　各国投资率与人均收入的关系

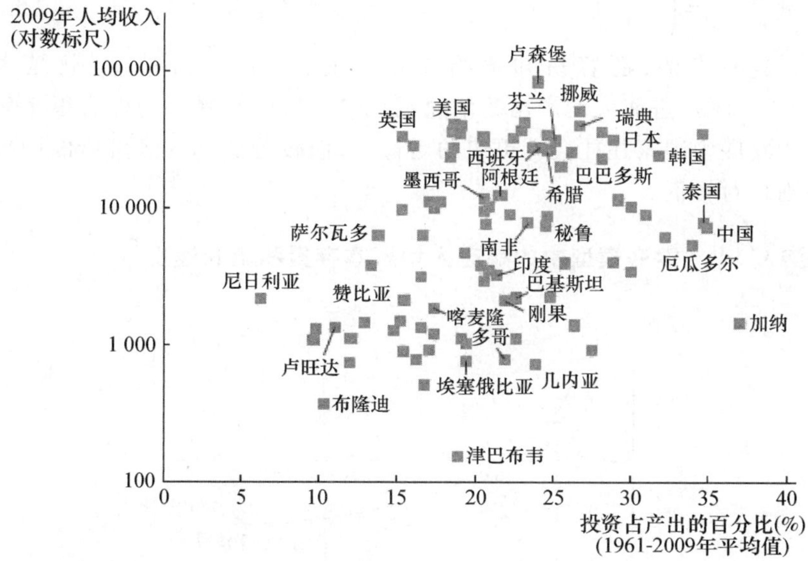

资料来源：Mankiw(2013), p.216.

至于第三个推论的正确性，霍尔和琼斯在1999年曾对此进行过一次著名的检验。[7]他们发现，当时人均GDP排名前五的国家，其人均GDP大约是排名末五位国家的31.7倍。但如果让各国之间拥有相同的全要素生产率水平，那么这个差距将缩小到不足4倍。由此可见，全要素生产率的差异对于国家间的收入差异确实具有很大的解释力。由此，索洛模型的第三个推论也得到了印证。

综合以上三点，索洛模型虽然是个十分简化的增长模型，但它却对国家间的收入差异拥有较强的解释力。从这个意义上讲，它是一个十分"有力"的模型。

索洛模型虽然是个十分简化的增长模型，但它却对国家间的收入差异拥有较强的解释力。

(2) 关于增长速度差异的解释

世界各国除了在人均收入上差异巨大外，在增长速度上也有较大差别，那么我们是否可以从索洛模型中找到对于增长速度差异的一些解释呢？答案是肯定的。

索洛模型主要用各国的人均收入距离稳态的远近来解释增长速度的差别。为了清楚说明这点，我们不妨假设经济中的生产函数为$y = Af(k) = Ak^{\alpha}$，$0 < \alpha < 1$。此时经济中的人均资本存量动态方程可以表示为：

$$\dot{k} = sAk^{\alpha} - (n + \delta)k$$

将上式两边同时除以k，即得到人均资本增长率g_k的表达式：

$$g_k = \dot{k}/k = sAk^{\alpha-1} - (n + \delta)$$

如果$sAk^{\alpha-1}$大于$n+\delta$，那么g_k就是正的；如果$sAk^{\alpha-1}$小于$n+\delta$，那么

g_k 就是负的；当 $sAk^{\alpha-1}=(n+\delta)$ 时，经济达到稳态，此时稳态人均资本存量为 $k^*=\left(\frac{n+\delta}{sA}\right)^{\frac{1}{\alpha-1}}$。

进一步的，还容易知道当 $k<k^*$ 时，k 越低，那么 g_k 就越大（图 13-14），进而人均产出的增速也越快。这就解释了为什么很多后起的发展中国家往往会有更快的增长率，而较为成熟的经济体的增长率则相对较低。

当 $k<k^*$ 时，k 越低，那么 g_k 就越大，进而人均产出的增速也越快。

图 13-14　索洛模型中的稳态人均资本存量和增长速度

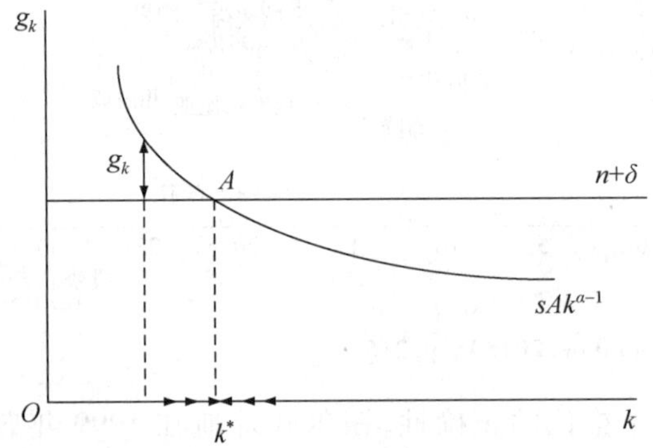

自改革开放以来，我国一直保持了极高的经济增长速度，年人均 GDP 增幅超过了 9%，这被很多经济学家称为"增长奇迹"。关于这个奇迹的产生，当然有很多原因，但如果从索洛模型的预言看，一个不可忽视的原因是我们本身的起点相对较低，因此在趋向稳态的初期会有更快的速度。但当经济趋近稳态时，增长速度就会放缓，这时经济增长就迈入了"新常态"。

当然，我们可以通过改变稳态资本存量水平来使经济保持更快的增长速度。例如，可以通过提升储蓄率来将图中的 $sAk^{\alpha-1}$ 曲线整体右移，从而使稳态资本存量水平上升，这样经济增速就可以继续保持。改革开放以来我国的储蓄率不断提高，由索洛模型不难看出，这也是我国经济持续高速增长的一个重要原因。当然，我们马上就要讲到，通过不断提高储蓄率来提升增长速度，并不能实现国民福利的最大化，而通过改进经济效率提升全要素生产率，则是使经济保持持续健康增长的更稳妥方法。

政策透视

中国经济的"新常态"

"新常态"可能是当前中国最热的经济词汇。2014 年 5 月，习近平主席在河南考察时指出，中国发展仍处于重要战略机遇期，要增强信心，从当前经济发展的阶段性特征出发，适应新常态，保持战略上的平常心态。7月29日，习近平在和党外人士的座谈会上又一次提出，要正确认识中国经济发展的阶段性特征，进一步增强信心，适应新常态。

习近平主席对“新常态”的多次论述，引发了这一词汇的迅速走红。从8月5日起，《人民日报》连续三天在头版位置刊登了“新常态下的中国经济”系列评论，以《经济形势闪耀新亮点》《经济运行呈现新特征》和《经济发展迈入新阶段》为题，对中国经济形势进行了多角度的分析，具体阐释了“中国经济新常态”的内容和意义。

《人民日报》的评论指出：“GDP还能不能继续保持那样的高速增长？应该说，是做不到、受不了、没必要。新常态下，要求我们在宏观调控上既坚持底线思维，保持‘忧患心’，又坚持战略思维，彻底摆脱‘速度情结’‘换挡焦虑’，保持‘平常心’。”

从字面意义上看，“新常态”包含两个意思，首先是“新”，然后还是“常态”。中国国务院主办的《经济日报》评论员文章解读，“新”意味不同以往，“常”代表相对稳定。《人民日报》则归纳出中国经济新常态的四个主要特征：中高速、优结构、新动力和多挑战。

在《中国对外关系进入“新常态”》一文中，评论员邱震海指出，从某种程度上说，“新常态”不但在经济领域里来临，而且几乎全方位地迫近中国的方方面面。邱震海指出，其他领域中，对中国内外的人们冲击比较大的，是中国的对外关系。从“韬光养晦”到“有所作为”，中国的对外关系也在面临微妙的转型 。如果说1979年至2014年的这35年，是中国与国际社会关系的“旧常态”，那么2014年至2049年的这35年，将成为中国与国际社会关系的“新常态”。由于中国在经济体量上正迈向世界第一大经济体，在国际影响力方面势必挑战现有的国际秩序，因此这一“新常态”可能将延续相当长一段时间。

资料来源：薛之白，“‘新常态’爆红的背后”，《联合早报》，2014年8月12日。

---

(3) 黄金律资本水平

根据索洛模型，储蓄率的提升可以使稳态的人均资本存量和人均产出都获得提升，那么这是否意味着人们应该采用一个很高的储蓄率，以获得最大化的人均产出呢？答案是否定的。人们进行生产活动，其追求的并不是产量本身，而是用生产的产品进行消费。如果将所有的产出都用在投资上，而不进行消费，那么即使产量再高，对于提升人们的福利也是没有意义的。

资本积累黄金律：
使人均消费最高的均衡人均资本水平。

在以上观点的启发下，经济学家菲尔普斯(Edmund Phelps)提出了“**资本积累黄金律**”的概念。菲尔普斯考虑的是人均消费最大化问题。由于在索洛模型中没有具体的效用函数设定,因此人们的福利就简单用消费量的多少来衡量。

我们知道,在稳态时,用于储蓄的人均产出为 $sAf(k)=(n+\delta)k$,因此用于消费的产出就是$(1-s)Af(k)=Af(k)-(n+\delta)k$。由最优化的一阶条件容易知道,当 k^{gold}满足 $Af'(k^{gold})=n+\delta$ 时,人均消费是最高的。此时的 k^{gold}就是所谓的"黄金律"下的人均资本存量水平。在这个资本存量水平下,人均的消费可以达到最高的水平。如果将消费理解为居民福利的测度,那么这个资本存量水平就是使居民福利最大化的资本存量水平。

13.3.3 索洛之后:增长理论的发展

索洛模型虽然十分简单,但却对经济增长的原因和各国经济增长的差异进行了极为精辟的总结。不过,该模型也有不少局限,经济学家们通过对这些局限进行修正,从各方面对索洛模型进行了扩展。在本节中,我们将对这些模型进行一些简要的介绍。

13.3.3.1 储蓄率的内生化:拉姆齐-卡斯-库普曼斯模型

在索洛模型中,储蓄率被假设为是外生给定的。根据索洛自己的解释,这样的建模是在对现实经济进行长期观察的基础上得出的。他指出,从美国经济发展的长期历史看,储蓄率一直维持在一个固定的水平。受此启发,他认为将储蓄率假设为固定的是十分符合实际的。

应当承认,索洛的这种建模思路是有一定道理的,尤其是在解释某一个国家的经济增长状况时,这样的假设已经足够了。但是,如果进行国别比较,那么这种假设就过于简化了。在世界范围内,各国的储蓄率差别很大。例如,中国和东南亚各国的储蓄率都很高,而美国的储蓄率则非常低。必须首先对储蓄率的差异进行解释,才能在此基础上更好地解释各国的经济增长差异。

早在1929年,英国经济学家拉姆齐(Frank Ramsey)就考虑过将储蓄率内生化的经济增长问题。[8]但由于拉姆齐问题的求解需要使用到复杂的数学方法,因此当时并没有得到普遍的接受。直到20世纪60年代,卡斯和库普曼斯在考虑对索洛模型的扩展时,才分别重新发现了拉姆齐的早期工作。[9]因此,在文献中,这一模型通常以三个人的名字命名为"**拉姆齐-卡斯-库普曼斯模型**"。

拉姆齐-卡斯-库普曼斯模型: 允许代表性消费者对储蓄率进行内生选择的增长模型。

在这个模型中,拥有无限生命的代表性消费者在每一时刻决定其消费和储蓄(进而决定投资),以最大化其终生效用的贴现值之和。用公式表示,这个问题就是:

$$\max \int_0^{\infty} u(c)e^{-\beta t}dt$$

$$\text{s.t.} \quad \dot{k}=Af(k)-c-(n+\delta)k$$

这里,$u(\cdot)$是代表性消费者的即期效用函数,β 是贴现因子。对这一模型的求解已经超出了本课程的范围,感兴趣的读者可以参考相关的高级宏观经济学教科书。但这一模型的结论十分简单:第一,和索洛模型不同,经济并非从任何的人均资本存量开始都能达到稳态。只有在某些“稳态路径”上,经济才会最终趋向于稳态。第二,在稳态条件下,经济中的最优资本存量水平 k^* 由“修正的黄金律”$Af'(k^*) = n+\delta+\beta$ 决定。由于 $f'(\cdot)>0, f''(\cdot)<0$,容易知道同索洛模型的“黄金律资本存量” k^{gold} 相比,k^* 要更低一些。

13.3.3.2 技术进步的内生化:内生增长模型

拉姆齐-卡斯-库普曼斯模型解决了索洛模型中储蓄率固定的问题,但它和索洛模型一样,依然假定全要素生产率的增长速度是外生给定的,这个假设显然不能令人满意。正如我们前面指出的,全要素生产率在解释人均收入的国别差异的过程中具有最为重要的作用,因此如果不能对全要素生产率的变化进行解释,就不能说是真正解释了“国富国穷”的原因。

从 20 世纪 80 年代起,大批经济学家纷纷开始思考这一问题,“**内生增长模型**”的研究开始兴起。[10] 内生增长模型的种类很多,这里我们只挑选其中的一个——两部门增长模型进行介绍。

内生增长模型: 假设经济能不依赖外生因素推动而实现持续增长的模型。

在这个模型中,经济由两个部门——物质生产部门和知识生产部门组成。其中,物质生产部门利用资本和劳动力来生产用于消费和投资的商品,而知识生产部门则利用劳动力来生产可供生产部门免费使用的知识。这样,整个经济的运行状况可以表示如下:

$$Y = AF(K,(1-\theta)L)$$

$$\dot{A} = g(\theta L)A$$

$$\dot{K} = sY - \delta K$$

其中,Y、K、L 分别表示经济中的总产量、总资本存量和劳动力总量;A 是经济中的知识存量水平,在这个模型中,它被视同全要素生产率;θ 是用于研发部门的劳动力比例;s 是储蓄率;δ 是折旧率。为方便起见,这里没有考虑人口变化。

对于该模型的完整分析,已经超出了原理课的范围,但我们不难从上述假设中看出该模型和索洛模型之间的差异之处。在这个模型中,全要素生产率(这里表现为知识存量)不再是外生给定的,而是用劳动力生产出来的。在“平衡增长”时,劳动力被投入物质生产部门进行直接商品生产,与被投入知识生产部门,通过提升知识来间接生产商品,两者的边际产出应该是相等的。这样,两个部门的相对技术状况就会决定劳动力在部门之间的配置,而这又进一步决定了经济中全要素生产率的增长速度。

内生增长理论对于人们理解经济增长过程、制定促进经济增长的政策都有很大启发。例如在上述模型中,就强调了知识生产在经济增长过程中的重要性。由这个模型不难知道,支持教育、提升教育回报的相关政策对于保持经济增长具有重大意义。世界上的主要发达国家都十分重视教育,其理由正在于此。

13.3.3.3 资源的配置效率和增长

大部分增长模型都延续了索洛的传统,将全要素生产率简单地视同于知识或技术,将全要素生产率的进步完全归结为知识的积累和技术的进步。但近些年来,一些经济学家们开始对这一观点进行了修正,开始认识到,除了技术之外,资源的配置效率也是影响全要素生产率的一个重要原因。这一点我们可以借助生产可行性边界来进行说明。

在传统的增长模型中,其实都有一个潜藏的假设,即认为经济始终是在生产可行性曲线的边界上运行。因此,如果想要在给定的资源投入下增加产量,就必须通过增进技术,实现生产可行性曲线的外推。但事实上,经济的运行往往不是在生产可行性曲线的边界上运行的,由于各类扭曲的存在,实际的生产点往往在曲线的内部,也就是说存在着**资源错配**。如果纠正扭曲,让生产点从曲线内部转移到边界上,那么就能实现既定投入下产量的提升,也即实现全要素生产率的提升。

资源错配: 由于各类扭曲的存在,资源没有按照最优效率进行配置的情况。

在发展中国家,由于体制性扭曲的广泛存在,导致资源错配十分严重,因此通过纠正扭曲来促进经济增长的潜力就十分巨大。[11] 谢长泰和克莱诺曾经做过一项非常著名的测算,发现如果将中国和印度的资源配置水平调整到和美国一样的水平,则中国的全要素生产率可以提升25%—40%,印度的全要素生产率可以提升50%—60%。[12] 由此可见,配置效率在全要素生产率的决定过程中所起的重要性是不可忽视的。如果可以对市场中的体制性扭曲予以纠正,让资源得到更为有效的配置,那么即使不增加要素投入,也可以使经济产出实现很大的增长。

13.4 企业家:经济增长的国王

13.4.1 主流增长模型的缺陷

尽管各类增长模型已经对经济增长现象提出了各个角度的解释,但是"国富国穷"的问题并没有最终得到解决。虽然我们已经从内生增长理论知道了研发、人力资本投入等可以提升技术水平,从对资源配置和增长的相关讨论中知道了资源配置效率在决定全要素生产率过程中的重要性，但究竟为什么有的国家会更重视研发、更重视教育？为什么有的国家的资源错配程度要比别的国家更为严重？这些都是有待回答的问题。

或许，前面所介绍的增长理论的最大缺陷在于，它们都忽略了决定增长最重要的因素——**企业家精神**。在发达的市场经济体，无论资本积累、资源配置，还是技术进步，其实都是企业家精神作用的结果。对经济增长来说，重要的不仅是投资多少，还有谁来投资。如果我们看不到发达国家资本积累背后的企业家精神，以为只要提高人均资本就可以带来增长，政府就很容易越俎代庖，直接从事资本积累和投资。第二次世界大战之后计划经济国家和发展中国家的经验都表明，如果政府替代企业家从事投资活动，资本积累并不会像新古典增长理论预测的那样带来经济增长。有效的资源配置也是企业家的逐利行为的结果。计划经济的实践表明，政府的集中计划一定会导致资源配置的低效率。至于技术进步，则更是企业家创新的结果。如果说在资本积累方面，政府在形式上还可以替代企业家并发挥一定作用，在技术进步方面，政府无论如何是替代不了企业家的。虽然政府在兴办教育、资助科研方面可以有所作为，但缺乏了企业家精神，教育和科研都不可能成为推动经济增长的力量。

鉴于对已有经济增长模型的不满，本书作者曾将亚当·斯密的增长理论和熊彼特的企业家理论结合起来，构造了一个“斯密-熊彼特增长模型”。本书作者认为，这个模型可以对经济增长给出最有说服力的解释。下面，我们对这一模型做简要的描述。

13.4.2 斯密增长模型

亚当·斯密《国富论》的全名是《国民财富的性质和原因的研究》。从书名可以看出，亚当·斯密想要探讨的就是财富是什么和财富如何增加的问题。财富增加也就是经济增长，斯密对此提出了自己的系统理论，这一理论总结起来可以被称为“**斯密增长模型**”。在这个模型中，经济增长是一个自我强化的循环过程：经济发展取决于生产率的提高；生产率的提高来自技术进步和创新（以及资本积累）；技术进步和创新依赖于劳动分工和生产的专业化；而分工和专业化的深度由市场的规模决定。这样，市场规模的扩大，导致分工和专业化的提升；分工和专业化的提升导致技术进步和生产率的增加；技术进步和生产率的提升，导致财富的增加；财富的增加又进一步扩大市场规模。如此形成一个正向循环，经济持续增长。对于有些国家，这个循环进

斯密增长模型： 经济增长通过市场规模的扩大、分工和专业化的提升、技术进步和生产率的提高、财富的增加，构成一个自我强化的循环过程。

行得很顺畅,因此经济增长的态势就好;而对于另一些国家,这一循环过程中的某些环节发生了问题,因此其增长就相对缓慢。图 13-15 是斯密增长模型的简要概括。

图 13-15　斯密的增长模型

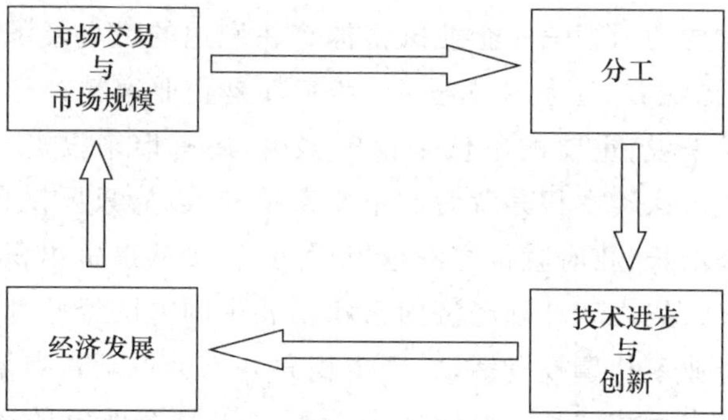

按照斯密的增长模型,经济增长一定同时表现为市场规模的扩大、专业化和分工的深化(产业结构的变化)、技术的进步、劳动生产率的提高、国民财富的增加。伴随市场规模扩大和分工深化的产业结构变化,是经济增长的重要特征。新古典增长模型只注重总量(GDP)的增加,不注重产业结构的变化,是一个很大的缺陷。

13.4.3　斯密-熊彼特增长模型

斯密模型使得我们对经济增长的各环节有了较为清晰的认识,但还有一个最为根本的问题没有得到回答,那就是:究竟是谁在驱动这个增长过程?这个未被回答的问题对于理解经济增长恰恰是最为关键的。

企业家:
创新、生产要素"新组合"以及经济发展的主要组织者和推动者。

驱动这个增长过程的主体就是市场中的**企业家**。这实际上就是熊彼特在《经济发展理论》一书中提出的主要思想。[13] 在熊彼特看来,企业家是市场经济的灵魂,是创新、生产要素"新组合"及经济发展的主要组织者和推动者。正如我们在第 8 章中看到的,企业家出于逐利的动机,不断进行着发现不均衡、创造不均衡的工作。正是在他们的努力下,市场才被开拓,新分工才得以出现,技术进步和创新才变得可能。从这个意义上讲,企业家才是经济增长的"国王"。但遗憾的是,在主流经济学家对经济增长的讨论中,企业家的核心作用往往是被忽视的。

斯密-熊彼特增长模型:
一个国家是富有还是贫穷,其经济是增长还是停滞,主要取决于这个国家的企业家精神是否得到有效发挥。

将熊彼特理论中的企业家引入"斯密增长模型",我们就得到了"**斯密-熊彼特增长模型**"。图 13-16 概括了"斯密-熊彼特增长模型"中各种因素之间的关系。在这一模型中,企业家成为理解经济增长的核心,他们的行为应当被视为支撑经济增长的微观基础。只有这样,我们对经济增长的理解才能更为深刻,而不至于流于表面上的技术关系。

图 13-16　斯密-熊彼特增长模型

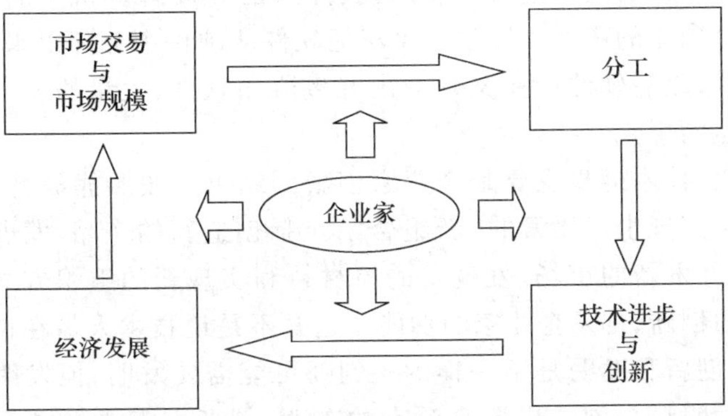

首先,企业家是市场的发现者和创造者。现代经济的大部分市场本来是不存在的,是由企业家开发出来的。企业家是通过创造新产品来创造市场的,而不是仅仅满足客观上事先已经有的需求。例如方便面,如果没有生产方便面的技术,没有人生产方便面,就没有方便面市场,只有面粉市场。日本企业家创造了方便面,就创造了一个市场。同样,如果没有计算机,就没有计算机市场;如果没有微信,也就不会有微信市场。马化腾并不是满足了微信市场的需要,而是创造了微信市场本身。

学术经典

熊彼特:市场是企业家创造的

通常,经济系统中创新的产生并非由消费者内心首先自发产生新的需求,从而产品在这种压力下发生变化。我们不否认这种联系的存在。但是,通常是生产者率先启动变化,并在必要时,通过教育来教会消费者需要新事物,或教会他们对使用不同的东西变得习惯。

(熊彼特,《经济发展理论》,商务印书馆 2009 年版,第 65 页)

我们论证的基础当然只是常识。铁路的出现不是因为消费者滋生了要使用比邮政马车更好的服务的需求。或他们主动要求使用电灯或尼龙袜,坐汽车或飞机来旅游,听收音机,以及嚼口香糖。现实地讲,消费商品的变化大多是生产者强加给消费者的,消费者通常抵制这一变化,但其口味往往通过广告的心理战术得到培养。

(熊彼特,《经济周期》第 1 卷,第 73 页;转引自内森·罗森伯格,《探索黑箱:技术、经济学和历史》,王文勇、吕睿译,商务印书馆 2004 年版,第 68 页。)

其次,企业家创造了分工。生产链上每一个新的分工环节的出现,无论是作为独立的产品生产(如专业机器),还是服务环节的专业化提供(如现代物流),都是企业家选择的结果。比尔·盖茨最伟大的

企业家发现市场,创造分工,并通过创新推动技术进步,进而推动经济增长。

贡献是什么？就是创造了一个新的产业，即软件产业。在比尔·盖茨之前，有没有软件？有。但当时的软件只是IBM计算机上的附属物，不是一个独立的产业。比尔·盖茨把软件从硬件中分离出来，变成了一个产业，之后软件产业又延伸出好多应用软件，大量的专业化软件企业应运而生。

再次，技术进步主要是企业家创新的结果。按照熊彼特的观点，创新就是实现生产要素的“新组合”，包括创造新的产品、发展新的生产技术、开发新的市场、发现新的原材料和实现新的组织方式。无论哪方面的创新，都是企业家的功能。这并不是说技术人员在创新中不重要，但创新和发明是不一样的。创新可能需要发明，但发明不等于创新。发明只是创造出原来没有的东西，创新则需要经过市场的检验，有利可图。没有企业家的创新，科学知识和技术发明不可能变成推动经济增长的力量。

最后，人们的收入提高了，需求结构就会发生变化，如何把新的财富变成新的市场，从而使得市场规模不断扩大，主要取决于企业家的创新。我们现在看到的一些产业产能过剩，其根本原因就是中国的企业家还没有把增加的财富变成新的市场。中国的企业家下一步要做的，就是在经济发展到当前这种程度的情况下，把人们的收入变成真正的市场，而这靠传统的产业、传统的产品几乎是不可能的。

学术经典

企业家精神与经济增长

从理论上讲，企业家在经济增长过程中起到了重要作用，那么经验证据是否支持这种判断呢？以下我们给出了支持这一判断的一些经验证据。

经济学家Beugelsdijk和Noorderhaven在2004年发表的一篇论文中，曾用自我雇佣率作为地区“企业家精神”的代理变量，借此分析了战后欧洲各地区的增长情况。[14]他们发现，在解释地区的增长差异时，企业家精神丰寡的影响十分显著。应用类似的代理变量，Glaesar在2007年的一篇论文中对美国各城市的经济增长进行了考察。[15]他发现，在那些企业家精神表现更为强烈的城市，其经济增长是更快的。在图13-17中，我们采用“宾夕法尼亚世界表”(penn world table)和“全球企业家监控”(global entrepreneurship monitor)的数据绘制出了各国在2002年企业家在劳动力中所占的比重同这些国家在2002—2007年间人均GDP增长率之间的关系。很显然，两者之间具有十分正向的相关性。

图 13-17　企业家精神和经济增长率

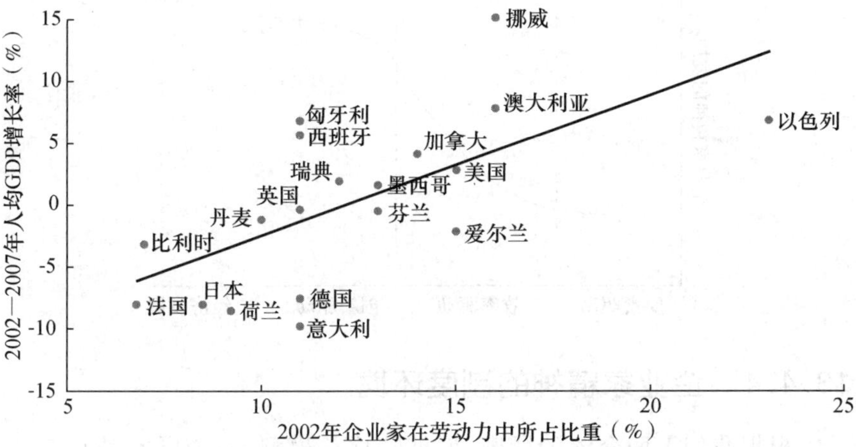

企业家在劳动力中所占的比重与人均 GDP 增长率之间有明显的正相关性。

在李宏彬等多位教授联合撰写的一篇论文中，对我国改革开放以来企业家对经济增长所做的贡献进行了定量的考查。[16]他们发现，平均而言，企业家的创业活动（用个体和私营企业所雇用的工人数占总就业人口的比率表示）每增加一个标准差，地区的年经济增长率就将提高 21.88 个百分点；而企业家的创新活动（用专利申请量衡量）每增加一个百分点，地区的年经济增长率就会提升 3 个百分点。这些数据充分说明，在改革的进程中，企业家所发挥的作用是不容忽视的。

以上经验证据表明，企业家精神旺盛、企业家活动更为频繁的地区，经济的增长率就会更快，社会的发展就更为迅速，这完全印证了我们的理论观点。熊彼特曾经将"经济增长的国王"这顶桂冠授予企业家，从我们掌握的理论和实证证据看，这种盛誉确实是毫不为过的。

资料来源：张维迎、陈永伟，2014，"经济发展视野下的企业家"，中国企业家论坛工作文稿。

战略大师迈克尔·波特曾把经济发展分为三个阶段：要素驱动、效率驱动和创新驱动（见图 13-18）。波特认为，在经济发展的这三个阶段中，企业家精神的重要性是依次递增的。[17]对照波特的论述，我们不难知道，在改革的前三十几年中，我国经济大体处在从要素驱动向效率驱动转变的阶段，在这个时期，企业家的作用还没有真正显现出来。随着经济发展的推进，我国的经济发展必将向效率驱动以及更高的创新驱动阶段转变，在这两个阶段，企业家的作用将变得更为举足轻重。

在经济发展的三个不同阶段中，企业家精神的重要性是依次递增的。

图 13-18　经济发展阶段和企业家精神的发挥

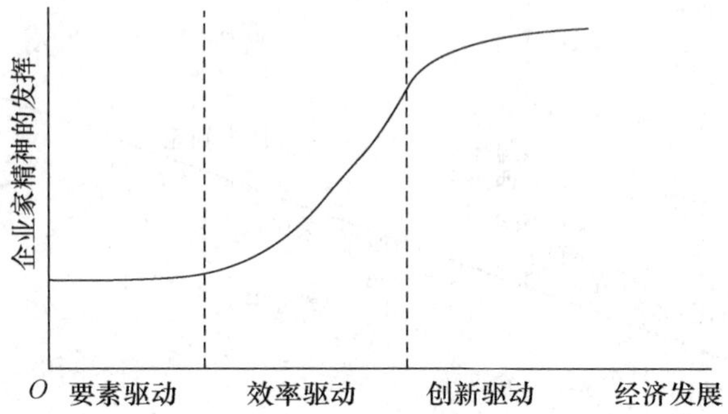

13.4.4　企业家精神的制度环境

制度：塑造经济环境的规则。最根本的制度是产权制度和商业自由。

根据我们上面介绍的斯密-熊彼特增长模型，一个国家是富有还是贫穷，其经济是增长还是停滞，主要取决于这个国家的企业家精神是否得到有效发挥。而企业家精神是否能得到有效发挥，关键取决于这个国家的**制度**环境。西方国家之所以富有，是因为它们较早建立了有利于企业家创业和创新的制度环境。在所有制度中，最根本的制度是产权制度和商业自由。只有对私人产权予以充分的保护，人们有从事商业活动的自由，企业家才有激励去投资、去创业、去创新，经济才可能发展起来。而要维护产权制度和商业自由，就必须有良好的法治，用宪法和法律保护人们的正当权利，防止对个人权利的无端侵害。一些发展中国家之所以至今仍停滞不前，是因为它们缺少这样的制度环境。中国经济过去三十多年之所以能高速发展，是因为邓小平发起的市场化改革释放了中国的企业家精神。

那么，制度为什么是重要的呢？归根到底，这是一个激励问题。正如我们在本书第 1 章中指出的，对于经济问题的理解应该还原到具体的个人决策，在考虑增长这样的大问题时也不例外。从经济学意义上讲，制度其实是一种游戏规则，在人的偏好给定时，游戏规则的变化就会促使追求效用最大化的个人调整自己的行为。例如，在一个政治开明、产权保护良好的制度环境下，具有企业家精神的人就会争当企业家，将主要精力放在创新、开拓市场上；而在一个政治腐败、产权保护缺失的环境下，人们就会更加热衷于在有权力的政府部门工作，从事权力、寻租等非生产性活动，因为这显然比去当企业家的成本更低，而获益却更高。从这个意义上讲，各国在制度上的差别会带来包括企业家资源在内的各种资源的配置差别，进而造成经济增长状况的根本不同。

学术经典

企业家人才配置的重要性

当我们看待一个经济时,我们需要问的最重要的一个问题是:最有才能的人干什么?特别是,他们是在政府中工作还是自己经营工商业?

尽管不论在哪里,企业家人才都同样是为了最大化个人回报而理性地选择其职业,但国与国之间对企业家人才的职业配置却各异。观察显示,在发达国家——比如美国、英国和德国,最具企业家才能的人经营工商业;而在不发达国家——比如拉丁美洲和非洲国家,最具企业家才能的人在政府和军队工作。随着时间的推移,当越来越多具有企业家才能的人转向政府时,经济增长就会放慢甚至停滞。因此,我们可以得出结论,企业家人才在政府与工商业间的配置是经济发展最重要的决定因素之一,如果不是唯一决定因素的话;一些国家之所以不发达,不是因为它们缺乏企业家禀赋,而是因为它们的企业家人才被不当配置到政府及其他非生产性部门中去了。

这一效应从何而来?从根本上说,当具有企业家才能的人从事工商业活动时,他们通过诸如对资源更有效率的利用、降低成本和技术创新等具有生产效率的方式创造价值和财富。相比之下,当他们掌管政府时,他们主要从事在个人间的收入再分配,在最糟糕的情形下甚至通过诸如寻租活动和非法攫取等非生产性乃至破坏性方式摧毁既有的财富。

企业家人才的配置之所以对经济增长很重要,亦因为它决定技术进步。从长期来看,只有通过持续的技术创新,经济增长才能持久。创新率决定经济的增长率。创新是工商业企业家的基本功能,技术进步率取决于最能干的企业家的能力。当人口中最能干的人选择当企业家、经营工商业时,他们所从事的工商业相关技术就提高得最为迅速,生产率与收入增长得也最快。相比之下,当最有能力的人选择当政府官员时,他们的才能主要被用来从事寻租活动而不是提高技术可能性,经济因而停滞。国与国之间技术进步的差异可归因于工商业部门中企业家人才的差异。

中国过去三十多年间的经济奇迹,某种程度上可归功于企业家人才从政府部门和农业部门向工商业活动的重新配置。这一变化在中国过去两千多年的历史上是前所未有的。当企业家人才转向工商业活动时,他们创造了财富,经济也得以繁荣。我们可以区分出三类居于主导地位的企业家:农民出身的企业家、政府官员出身的企业家,以及海外归国人员和工程师出身的企业家。他们在三十多年的改革过程中相继出现,并引领了经济高速增长的主导行业。

资料来源:摘录自张维迎,《市场的逻辑(增订版)》,上海人民出版社 2012 年版,第 10 章。

从古典时期开始,经济学家就十分重视制度在经济增长中所起的作用。例如,斯密曾有过这样的论述:"使国家从最低野蛮状态到最高程度的富足,除了和平、易税和可接受的司法管理外,没有其他什么因素是必要的,其他的所有一切都是由自然的过程产生而来的。"最近几十年来,诺斯、温加斯特、阿西莫格鲁等一批经济学家更是通过大量的经验研究,证明了制度在经济增长过程中的重要性。[18] 道格拉斯·诺斯在总结第三世界发展状况时曾指出:"社会没有能力形成一套有效的、低成本的契约执行体系,是第三世界国家过去的经济停滞和现在经济不发达的最主要根源。"

中国三十多年的经济改革为企业家精神的发挥创造了有利的条件。政府对经济的过度管制,一些行业国有企业的垄断,私有产权得不到有效的法律保护,这些因素不仅阻碍着企业家创造力的发挥,而且诱使一些企业家偏离企业家的本分,热衷于从事寻租和非生产性活动,由此带来了严重的腐败和收入分配不公,也败坏了社会道德风气。许多企业家做的仍然是套利活动,而不是创新活动,这对中国下一阶段的发展是非常不利的。中国只有切实落实依法治国的理念,尽快建成良好的法制环境,才能让改革三十多年来的成果得到保持,才能让未来的经济保持健康、持续的发展,不陷入所谓的"中等收入陷阱"。

本章要点总结

在人类历史的最初几千年中,经济的发展基本处于一种停滞状态,人均收入始终保持在一个很低的位置。直到工业革命后,现代意义上的经济增长才出现,人均收入才开始出现持续、稳步的增长。但"大增长"的同时,也出现了"大分流",在当今世界中,最富国和最穷国之间的差异远远大于几百年前。

为什么会出现"国富国穷"的现象?为了回答这一问题,我们必须先对经济增长的决定因素有所认识。在现实中,影响经济增长的因素有两类:一类是生产要素,另一类是生产率。其中,前者包括资本、劳动力资源和自然资源,而后者的增进则可能来自技术的进步或要素配置效率的提升。我们可以运用"增长核算"技术来对各类因素在经济增长过程中所起的作用进行定量分析。

对于前现代经济的运作状况,可以用马尔萨斯模型来描述。在这个模型中,没有资本深化和生产率的提高,人均产出不能实现持续的增长,只会有周而复始的循环。而对于现代经济状况,则可以用索洛模型来进行描述。和马尔萨斯模型不同,索洛模型引入了资本深化和生产率的提高,因此可以对人均产出的持续增长进行解释。根据索洛模型,更高的储蓄率、更低的人口增长率、更快的技术增长,都会提升稳态条件下的人均产出水平,而经验证据也基本支持了索洛模型的预测。

当然,索洛模型有很多不足,例如它假设了外生的储蓄率、外生的生产率进步速度。通过对这些假设进行放松,可以得到拉姆齐-卡斯-库普曼斯模型、内生增长模型等新理论。在传统观点中,全要素生产率基本被等同于技术,但现代的研究发现,资源配置效率所起的作用也是不可忽视的。

主流增长理论的最大缺陷在于,它们都忽略了决定增长最重要的因素——企业家精神。根据本书作者概括的"斯密-熊彼特增长模型",一个国家是富有还是贫穷,其经济是增长还是停滞,主要取决于这个国家的企业家精神是否得到有效发挥。无论资本积累、资源配置,还是技术进步,其实都是企业家精神作用的结果。而企业家精神能否得到有效发挥,关键取决于这个国家的制度环境。在所有制度中,最根本的制度是产权制度、商业自由和法治。

本章重要术语

经济增长　生产要素　生产率　全要素生产率　马尔萨斯模型　索洛模型　资本深化　资本广化　资本积累黄金律　拉姆齐-卡斯-库普曼斯模型　内生增长模型　资源错配　斯密增长模型　斯密-熊彼特增长模型　企业家　制度

延伸阅读

关于经济增长的基本理论及其最近发展,可以参考 Acemoglu(2009),Barro & Sala-i-Martin(2003),Helpman(2004)。希望对各国经济的长期表现有进一步了解的读者,可以参考麦迪森《世界经济千年史》(北京大学出版社 2003 年版)。关于企业家资源配置与经济增长关系的一般性讨论,可参阅威廉·鲍莫尔《企业家精神》(武汉大学出版社 2010 年版)。对于企业家在中国经济增长中的作用,可以参考张维迎《市场的逻辑(增订版)》。

思考与练习

1. 前现代社会的经济和现代社会的经济运行究竟有哪些不同?马尔萨斯模型和索洛模型分别是怎样描述这两种类型的经济的?

2. 决定经济增长的因素究竟有哪些?你认为这些因素中哪些是最为关键的?

3. 有人说,所谓全要素生产率就是技术。你认为这种观点对吗?为什么?

4. 索洛模型的基本假设是什么?基本结论又是什么?我们怎么用索洛模型来解释国家之间人均产出的差异?怎么用索洛模型来解释国家之间的经济增长速度差异?

5. 索洛模型有哪些局限性?拉姆齐-卡斯-库普曼斯模型和内生增长模型是怎样对索洛模型进行拓展的?它们的结论和索洛模型相比,有何异同?

6. 结合"斯密-熊彼特增长模型",试说明在经济增长的过程中企业家扮演了怎样的角色。你如何理解"企业家是经济增长的国王"这句话?

7. 什么是制度?制度会对企业家的配置产生怎样的影响?这又将如何影响经济增长?

8. 已知某国的经济增长率为 $g_Y=3.5\%$,资本增长率 $g_K=2\%$,劳动力增长率 $g_L=0.8\%$,资本的收入份额 $\alpha=0.25$,请问全要素生产率对于经济增长的贡献为多少?

9. 在索洛模型中，人均生产函数为 $y=f(k)=2k-0.5k^2$。如果经济的储蓄率为0.3，人口增长率为3%，没有折旧，请问：

(1)稳态时的人均资本存量、人均产出分别为多少？

(2)黄金律的人均资本存量水平是多少？

10. 已知经济中的生产函数为 $Y=K^{0.4}L^{0.6}$，请计算与之对应的人均生产函数。假设这个经济没有人口增长。请制表表示当储蓄率分别为10%、20%、30%、40%、50%时的人均资本存量、人均产出和人均消费水平。在哪种储蓄率下，人均消费实现了最大化？

11. 假设人均生产函数为 $y=f(k)=\sqrt{k}$，储蓄率为0.4，折旧率为0.1。初始人均资本存量 $k=4$。请用 Excel 计算当经济逐步趋向于稳态时，人均资本 k、人均产出 y、人均消费 c、人均投资 i 的变化过程，并对其进行图示。

12. 举出企业家创造新产品、新市场及新分工的实例。

13. 为什么在邓小平1992年南方谈话之后，有越来越多的政府官员辞职下海从事私营工商业活动？十八大后的反腐败浪潮会影响中国人的职业选择吗？

本章注释

[1] 在本章中，人均GDP、人均收入、人均产出这三个词基本是可以相互替换的。

[2] Hsieh & Klenow(2010).

[3] 这是针对既定生产方式而言的。对于不同的生产方式，例如游牧和农业，单位土地可以容纳的人口是不同的，单位土地能提供的产出也不一样。

[4] 见格里高利·克拉克：《应该读点经济史》，中信出版社2009年版，第二章。

[5] Solow(1956) & (1957).

[6] 如果投资都来自于储蓄，这在理论上应该和储蓄率是相等的。

[7] Hall & Jones(1999).

[8] Ramsey(1928).

[9] Cass(1965), Koopmans(1965).

[10] 内生增长理论的经典文献包括：Aghion & Howitt(1992)，Romer(1990)。关于内生增长模型分类的介绍，可以参考潘士远、史晋川：2002，“内生经济增长理论：一个文献综述”，《经济学(季刊)》，第1卷第4期。希望对各类内生增长模型及其应用有深入理解的读者，可以参考 Acemoglu(2009)。

[11] 在2004年的一篇演讲中，张维迎从配置效率和生产效率的角度分析了中国经济高速增长的原因，认为中国的高速增长主要来自配置效率的提升(见张维迎，《未来中国的经济增长与产业整合》，载《竞争力与企业成长》，北京大学出版社2006年版)。对于错配造成的损失，还有很多其他估算。例如，道拉和魏尚进通过对12 400家中国企业的研究发现，如果减少扭曲，对资本进行更加有效的配置，可以在不增加投入的前提下，使中国的GDP增加5%，见 Dollar & Wei(2007)；陈永伟和胡伟民则认为，如果按照“等边际法则”来调整中国制造业企业的资源配置，那么中国的制造业全要素生产率大约可以提升15%左右，见陈永伟、胡伟民：2011，“价格扭曲、要素错配和效率损失：理论和应用”，《经济学(季刊)》，第10卷第4期，第1401—1422页。关于这些文献的综述，可以参考陈永伟：2013，“资源错配和生产率——理

论和实证”,北京大学博士论文。

[12]Hsieh & Klenow(2009).

[13] 参阅约瑟夫·熊彼特:《经济发展理论》,何畏、易家详等译,商务印书馆 2009 年版。这本书的德文版最早于 1911 年出版,英文版最早于 1934 年出版。

[14]Beugelsdijk & Noorderhaven(2004).

[15]Glaesar(2007).

[16]见李宏彬、李杏、姚先国、张海峰、张俊森:“企业家的创业与创新精神对中国经济增长的影响”,《经济研究》,2009 年第 10 期。

[17]Porter et al.(2002).

[18] 参阅 North(1990)。

第14章 经济波动

本章导读

在本章中,我们将关注宏观经济学的另一主题——经济波动。在现实中,经济并不总是沿着一个趋势稳定地增长,而是会沿着趋势上下波动,这种现象就是经济波动。自宏观经济学产生以来,经济学家们一直致力于对产生经济波动的原因进行解释,并提出了很多理论。在本章中,我们将主要采用总需求-总供给框架来对经济波动进行分析。

14.1 经济波动的两个特征事实

每个国家的经济在其增长过程中都会经历波动。在对经济波动的成因及相关对策进行探讨前,我们先对它的两个基本事实进行一些介绍。

14.1.1 经济波动是难以预测的

经济波动:经济在运行中对其趋势的一些意外偏离。

在经济学中,**经济波动**(economic fluctuation)和**经济周期**(business cycle)是两个经常被用到的概念。在很多情况下,经济学家会把这两个词视为同义词,但事实上这两个词之间存在着微妙的差别。大体来说,经济波动指的是经济在运行中对其趋势的一些意外偏离,它主要是由市场因素造成的,本身也比较难以预测;而经济周期则更多地是由于政策因素导致的,它通常会表现出很强的循环性。在第16章介绍奥地利学派的经济周期理论时,我们会对这两个概念进行进一步的区分,这里我们先把注意力集中到经济波动上。

我们可以用一个简单的统计关系来说明预测经济波动的困难:如果考察从1978年开始历年GDP增长率和上一年GDP增长率之间的相关性,就不难发现两者之间的相关系数只有0.518;而如果考察当年GDP增长率与两年前的GDP增长率之间的相关性,则可发现其相关系数是-0.05,基本是完全不相关。这就是说,经济的走势非常容易受到各类扰动的影响,因此基于历史数据对于未来的经济状况进行预测,就很可能犯错误。

14.1.2 经济波动会造成一系列变量的共同变动

当经济波动发生时,经济中的一些主要变量都会同时发生波动。其中,一些变量会随着经济的高涨而升高,随着经济的低迷而降低,而另一些变量则正好相反。在文献中,一般会称前一类变量是“**顺周期变量**”,而后一类变量是“**逆周期变量**”。[1]其中,顺周期变量包括实际 GDP 增长率、投资增长率、消费增长率、通货膨胀率等,而逆周期变量则包括失业率等。在图 14-1 中,我们给出了中国经济从 1978—2013 年的几个重要经济变量的走势。从图中可以看出,前五个变量表现出了十分相似的变化趋势,失业率则表现出了和 GDP 增长率相反的变化趋势。[2]将这些变量放在一起,就构成了经济波动的总图景。

图 14-1　一些基本经济变量的变动情况(1978—2013)

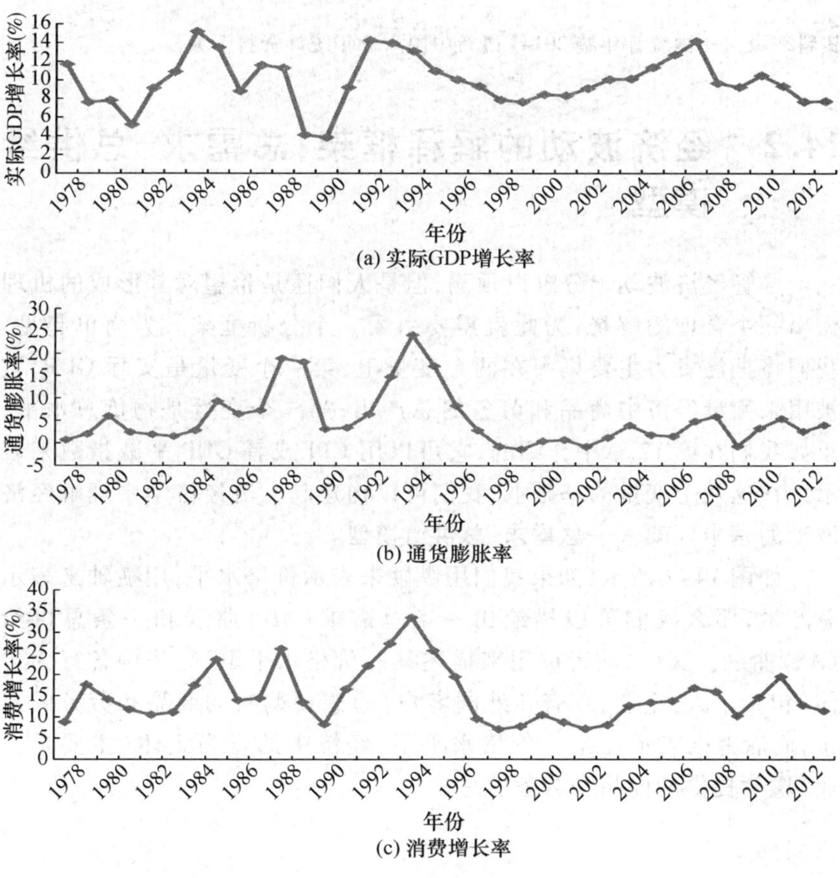

(a) 实际GDP增长率

(b) 通货膨胀率

(c) 消费增长率

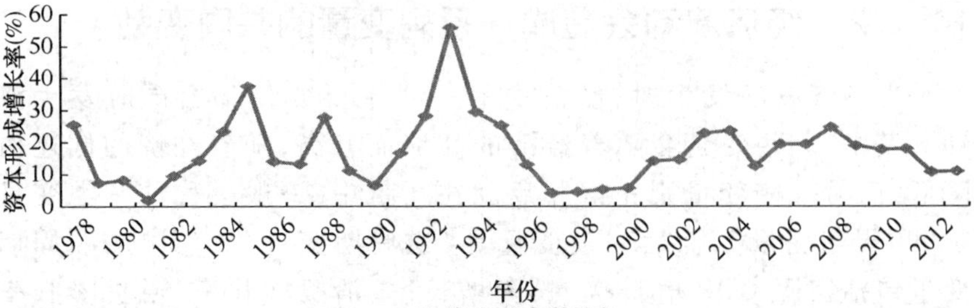

(d) 资本形成增长率

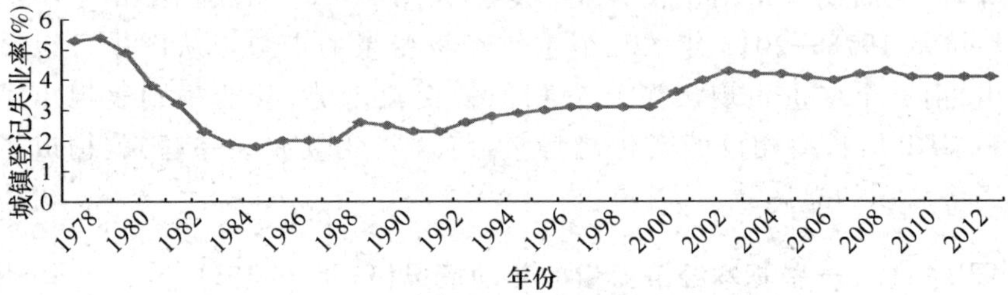

(e) 城镇登记失业率

资料来源:《中国统计年鉴 2014》;《新中国六十年统计资料汇编》。

14.2 经济波动的解释框架:总需求-总供给模型

尽管经济波动十分难以预测,但是人们还是希望对其形成的机理做出一个合理的解释,为此就需要引入一个分析框架。为简单起见,我们将把注意力主要集中在两个变量上:第一个变量是实际 GDP,它被用来衡量经济中商品和劳务的总产出;第二个变量是物价总水平,正如我们在第 12 章中介绍的,它可以用 CPI 或者 GDP 平减指数来表示。在这两个变量的基础上,我们可以构建起主流经济学中理解经济波动的基本框架——**总需求-总供给模型**。

总需求-总供给模型:
将总需求曲线和总供给曲线结合起来,用以分析经济中的总产出和总价格水平之间关系的模型。

如图 14-2 所示,如果我们用纵轴来表示价格水平,用横轴来表示总产量,那么我们可以描绘出一条总需求(AD)曲线和一条总供给(AS)曲线。其中,前者被用来描述某一价格水平下,经济中各行为主体(包括个人、企业、政府和外国客户等)想要购买的商品和劳务的总量;而后者则表示在某一价格水平下,经济中的行为主体(主要是企业)愿意提供的商品和劳务的总量。

图 14-2　总需求-总供给模型图示

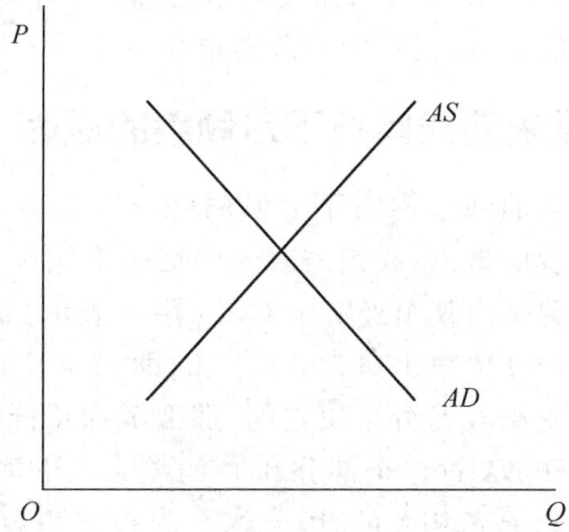

知识拓展

总需求-总供给模型与需求-供给模型

读者或许会认为宏观经济学中的总需求-总供给模型不过是微观经济学中需求-供给模型的翻版，但其实这一认识并不正确。尽管这两个模型有很多的类似之处，但却有两点本质的不同：首先，在需求-供给模型中，我们考虑的是某一个具体市场，纵轴表示的是商品的相对价格水平，横轴表示产量；而在总需求-总供给模型中，我们考虑的是一个经济的整体，纵轴表示的是商品的总价格水平，横轴表示经济中的总产量。其次，在微观经济学中，我们提到在长期，市场竞争会消除超额利润，从而使价格等于边际成本，这时的市场供给曲线将是一条水平的曲线；而我们在后面马上就会说明，在总需求-总供给模型中，长期总供给曲线是一条垂直的曲线，表示总产出与价格水平无关。读者在学习后面的内容时，应该注意对这两点差别进行体会。

有了总需求-总供给框架后，我们就可以很直观地分析各种冲击和政策是怎样通过移动两条曲线来影响经济中的产出和价格水平的。在本章的剩余部分中，我们将首先对总需求曲线和总供给曲线及影响其移动的因素进行介绍，在下一章中我们将借助这一模型分析各类经济政策的影响。

14.3　总需求曲线

总需求曲线： 刻画价格水平与对经济中所有商品及劳务的需求总量之间关系的曲线。

总需求曲线（aggregate demand curve）所刻画的是价格水平和对经

济中所有商品及劳务的需求总量之间的关系。如图 14-2 所示，总需求曲线是一条向右下方倾斜的曲线。这意味着，当其他条件不变时，随着总价格水平的上升，经济中的总需求会下降。

14.3.1 总需求曲线向右下方倾斜的原因

为什么总需求曲线会向右下方倾斜呢？这是多方面因素共同作用的结果。为了说明这点，我们需要先回忆一下国民收入的构成。在第 12 章中，我们曾指出某个经济中 GDP(用 Y 表示)是其消费(C)、投资(I)、政府支出(G)和净出口(NX)之和，即：$Y = C + I + G + NX$。如果我们假设政府支出 G 是外生决定的，那么 Y 和总价格水平 P 之间的关系就取决于 C、I、NX 这三个部分和 P 的关系。下面我们将要说明，这三个因素都是和 P 负相关的，因此综合起来 Y 也就和 P 负相关，这就导致了总需求曲线向下倾斜，如图 14-3 所示。

图 14-3　总需求曲线

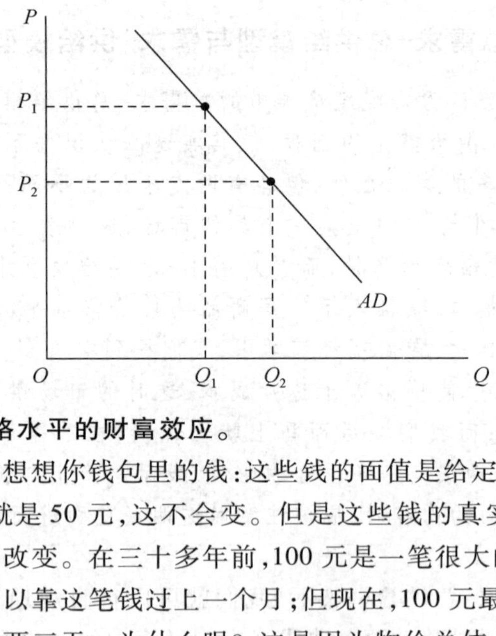

第一，价格水平的财富效应。

读者不妨想想你钱包里的钱：这些钱的面值是给定的，100 元就是 100 元，50 元就是 50 元，这不会变。但是这些钱的真实价值，或者说购买力却总在改变。在三十多年前，100 元是一笔很大的金额，一个城市居民甚至可以靠这笔钱过上一个月；但现在，100 元最多可以让一个城市居民用上两三天。为什么呢？这是因为物价总体上涨了，同样的 100 元的购买力就缩水了。换言之，对于拥有货币的消费者，价格水平的整体上升就意味着其实际拥有的财富水平的下降。

财富效应：
价格水平的变动对货币购买力的影响。

价格水平的变动对货币购买力的影响被称为“**财富效应**”，构成了总需求曲线向右下方倾斜的第一个原因：价格水平的上升会降低消费者持有的货币的真实价值，减少其实际财富，而实际财富的减少让他们不敢消费，从而减少其在商品和劳务上的支出。相反，价格水平的下降会增加消费者持有的货币的真实价值，增加其实际财富，而实际财富的增加会刺激他们的消费,使其在商品和劳务上的支出增加。

在图 14-4 中,我们画出了 1978—2013 年间 CPI 指数和消费率(消费在 GDP 中所占比重)之间的关系。很显然,两者之间存在着比较明显的负相关关系,这从直观上印证了我们上面的论述。更为严格地,杨继东(2014)曾用我国的省级面板数据对上述逻辑进行了实证检验。研究发现,通货膨胀每上升 1 个百分点,下一年的消费率(消费占 GDP 比重)就会下降 0.84 个百分点。由此可见,物价水平的上升确实会对消费形成明显的抑制作用,并且这种作用的效应是不容忽视的。[3]

图 14-4　中国的 CPI 和消费率(1978—2013)

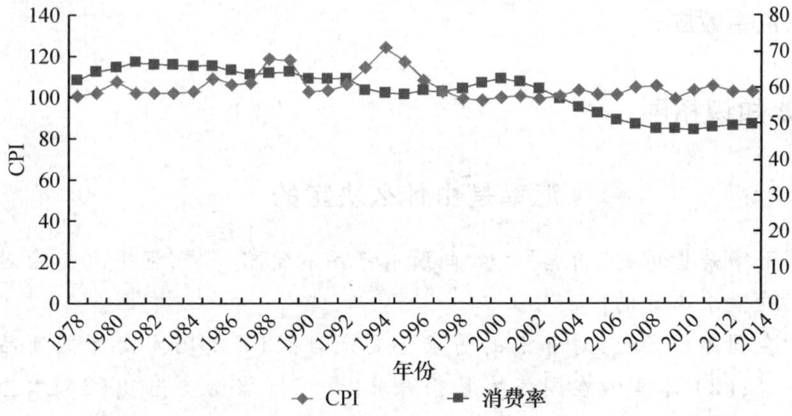

注:这里的 CPI 是以上一年为基数的,假设上一年价格水平为 100。

资料来源:数据来自历年《中国统计年鉴》。

第二,价格水平的利率效应。

物价水平是决定货币需求的一个重要原因。给定其他条件不变,物价水平越高时,用来购买一定数量的商品和劳务所需的货币数量就越多,居民可以用于储蓄的货币数量也就越少。由于借贷市场的货币供给主要来自于居民储蓄,因此上述逻辑意味着物价水平的上升会减少借贷市场的货币供给。在给定借贷需求不变的前提下,这会使借贷的成本,即利率上升。这就是价格水平的**利率效应**。

利率效应: 价格水平变动对货币供给及利率的影响。

在现实中,利率是企业进行投资的重要参考依据。只有当资本的回报率高于利率时,企业进行投资才是有利可图的,因此利率的上升会使一些资本回报率较低的企业放弃投资。从这个意义上讲,物价水平的上升也会减少投资。

第三,价格水平的汇率效应。

汇率: 不同货币之间的兑换价格。

汇率是指两种货币之间的比率。比如,如果美元对人民币的汇率是 1∶6.2,意味着 1 美元等于 6.2 元人民币。给定汇率水平,中国物价水平的下降意味着中国的商品和服务相对于外国的商品和服务变得更便宜了,从而导致对出口产品和服务需求的增加;反之,中国价格水平的上升会导致对出口产品和服务需求的减少。

进一步,如我们刚刚指出的,物价水平的上升会使本国利率上升。试想,当国外投资者发现中国的利率上升时,他们会怎么做呢?显然,他们会倾向于持有更多中国的金融资产,从而获得更高收益。不过,购买中国的金融资产需要使用人民币,故他们需要先把手中的本国货币兑换成人民币,这就会导致人民币需求的上升。和一般商品一样,对人民币需求的上升也会抬升其“价格”,即使人民币升值。人民币升值会刺激进口,抑制出口,减少净出口。反之,中国物价水平的下降会导致人民币贬值,从而导致出口增加和进口减少。这就是价格水平变动的**汇率效应**。

汇率效应:价格水平变动对汇率的影响。

知识拓展

汇率是由什么决定的

汇率是货币的“价格”。如同所有产品的价格一样,汇率也是由对外汇的供求决定的。

在国际市场上,对外汇的需求主要来自:(1) 本国人对外国商品的进口;(2) 本国人在国外的服务需求(如国际旅游支出);(3) 本国人在国外的投资;(4) 本国的外汇储备需求。外汇的供给主要来自:(1) 本国商品的出口;(2) 外国人在本国购买的服务;(3) 外国人在本国的投资。

从长期来看,由于货币的价值来自其真实购买力,汇率是由货币的相对购买力决定的,这被称为“**购买力平价**”(purchasing power parity,简称 PPP)。比如说,具有代表性的一篮子的商品和服务在中国的总价格是 600 元人民币,在美国需要 100 美元,人民币对美元的购买力平价就是 6:1,即 1 美元等于 6 元人民币。如果市场汇率偏离购买力平价,供求的调整就会使得市场汇率趋向购买力平价。比如说,如果市场汇率是 5:1(人民币被高估),中国的商品相对昂贵,美国的商品相对便宜,美国对中国商品和服务的进口就会减少(对人民币的需求减少),中国对美国商品和服务的进口就会增加(对美元的需求增加),美元的价格就会不断上升,人民币的价格会随之下跌,直到汇率调整到 6:1;反之,如果市场汇率是 7:1(人民币被低估),中国的商品变得相对便宜,美国的商品相对昂贵,美国对中国商品和服务的进口就会增加(对人民币的需求增加),中国对美国商品和服务的进口会减少(对美元的需求减少),美元的价格就会不断下降,人民币的价格会

购买力平价:货币的相对购买力决定的汇率水平。

随之上升,直到汇率调整到6∶1。

按照购买力平价说,各国通货膨胀率的不同会导致汇率的相应调整。一般地,一国货币的贬值率 = [(本国物价水平/他国物价水平) -1] ×100%。比如说,假定初始年的汇率等于购买力平价,如果美国的通货膨胀率是0,中国的通货膨胀率是5%,人民币对美元的年贬值率就是5%。如果贬值率低于这个水平,人民币就被高估了。

当然,由于许多商品是非贸易商品,以及国际贸易壁垒的存在,实际的市场汇率不可能等于购买力平价。但只要允许一定程度的贸易自由,市场汇率不可能长期过度偏离购买力平价。

短期来说,由于资本在国际市场上的流动性,汇率在短期内受利率差的影响更大。这是因为,资本总是倾向于流向收益率最高的地方。如果中国利率高,美国利率低,就会导致美国资本流入中国,引起人民币升值;反之,如果中国利率低,美国利率高,就会导致资本从中国流向美国,引起人民币贬值。当然,如果政府对资本的流入和流出实行严格的管制,利率差对汇率的影响就是微乎其微的。

14.3.2 总需求曲线的移动

向右下方倾斜的总需求曲线表明当价格水平上升时,对商品和劳务的总需求会下降。但是,在很多情况下,一些其他因素的外生变化也会在既定的价格水平下影响对商品和劳务的总需求。具体来说,如图 14-5 所示,如果有某些外生因素扩大了总需求,则总需求曲线就会向右移动;反之,如果有某些外生因素抑制了总需求,则总需求曲线则会向左移动。在本节中,我们将对一些可能会引起需求曲线移动的因素进行介绍。

图 14-5 总需求曲线的移动

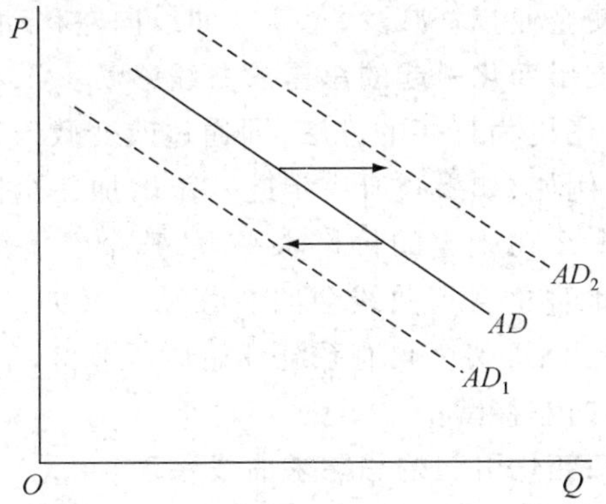

总需求曲线的移动:
给定物价水平下,总需求的变动。

第一,消费变化引起的总需求曲线移动。

消费增加,总需求曲线右移。

现实中,影响消费的因素很多,一旦人们的偏好或者对未来的预期发生了变化,那么即使价格水平不变,消费也可能发生变化。例如,如果我们预期未来的老龄化问题会很严重,并担心将来的社会保障体系不足以支撑我们未来的养老,那么现在我们就会倾向于将更多的收入用于储蓄,而更少地进行消费,这会导致总需求曲线向左移动。再如,在2007年10月A股飙升到6 000多点时,人们的消费热情也被极大地调动起来,此时总需求曲线向右移动了;而在2008年股市行情急转直下时,人们的消费也迅速萎缩,总需求曲线也随之左移。

此外,政府的税收政策也会在既定价格水平下影响消费。例如,当政府减税时,就会鼓励人们进行更多的支出,此时总需求曲线会向右移动;而当政府提高税收时,人们则会则会削减开支,此时总需求曲线会向左移动。

第二,投资变化引起的总需求曲线移动。

投资增加,总需求曲线右移。

如果有某些因素对既定价格水平下企业的投资决策产生了影响,那么它也会导致总需求曲线的移动。例如,如果现在所有企业都意识到了互联网的重要性,愿意在互联网建设上投入更多的费用,那么总需求曲线就会向右移动。再如,如果企业对未来的经济状况表现出了悲观态度,那么它们就会减少投资支出,从而使总需求曲线左移。

政府的税收政策会对投资,从而对总需求曲线产生影响。例如,如果政府对投资给予税收优惠,则企业会在既定的利率水平下增加自己的投资需求,此时总需求曲线会向右移动。反之,如果政府增加了企业税收,那么企业的投资需求就会受到抑制,从而总需求曲线会向左移动。

此外,政府的货币政策也会造成总需求曲线的移动。一般来说,扩张性货币政策会降低利率水平,减少借贷成本,从而使企业投资增加,总需求曲线向右移动;而紧缩性货币政策则会提高利率水平,增加借贷成本,从而使企业投资减少,总需求曲线向左移动。

第三,政府支出变化引起的总需求曲线移动。

政府支出增加,总需求曲线右移。

政府还可以用更为直接的方法,即通过改变政府支出来使总需求曲线发生变动。例如,如果政府决定进一步增加在全国范围内的高铁网络建设投资,那么在既定的价格水平下,整个经济中的商品和劳务需求都会增加,此时总需求曲线会向右移动。又如,在控制公款消费的"八项规定"推出后,整个政府系统开始厉行节俭,节省开支,这就造成总需求曲线的向左移动。

第四,净出口变化引起的总需求曲线移动。

净出口增加,总需求曲线右移。

在既定的物价水平下,净出口的变动也会影响总需求曲线的移动。例如,在加入WTO后,我国的净出口实现了大幅提升,这在很大程度上使我国的总需求得到了扩张,推动了我国的总需求曲线的向右移动。又如,在 2008 年全球性的经济危机爆发后,欧美等国的需求都变得低迷,这导致了我国净出口的减少,使得我国的总需求曲线向左移动。

国际投资者在各国之间的套利可能对净出口产生影响,进而引起需求曲线的移动。例如,当国际投资者对中国变得更有信心时,会将更多资产转移到中国,这会使得市场上对人民币的需求上升,进而造成人民币升值。而人民币的升值则会影响"中国制造"产品的国际竞争力,对中国企业的出口造成负面影响,从而使净出口下降。最终,总需求会因此而下降,总需求曲线会因此而左移。

政策透视

次贷危机为什么会发生

近年来最严重的总需求冲击,是 2007 年的美国"次贷危机"(subprime lending crisis),以及随之引发的全球金融风暴。它致使全球主要金融市场都出现了流动性不足危机,对各国经济发展都产生了巨大的负面影响。

次贷危机是从 2006 年春季开始逐步显现的。2007 年 8 月,它开始席卷美国、欧盟和日本等世界主要金融市场。从 2007 年 8 月开始,美联储做出反应,向金融体系注入流动性以增加市场信心,美国股市也得以在高位维持,形势看来似乎不是很坏。然而,2008 年 8 月,美国房贷两大巨头——房利美和房地美股价暴跌,持有"两房"债券的金融机构大面积亏损。美国财政部和美联储被迫接管"两房",以表明政府应对危机的决心。但接踵而来的是:总资产高达 1.5 万亿美元的世界两大顶级投资银行雷曼兄弟和美林相继爆出问题,前者被迫申请破产保护,后者被美国银行收购;总资产高达 1 万亿美元的全球最大保险商美国国际集团(AIG)也难以为继。美国政府在选择接管 AIG 以稳定市场的同时却对其他金融机构"爱莫能助"。随后,次贷危机开始演变为全球性的金融危机,世界各国的经济都由于这次危机而遭受了沉重打击。

那么,次贷危机究竟为何会发生呢? 究其原因,主要有如下三方面:

第一,美国政府不当的房地产金融政策为危机埋下了伏笔。"居者有其屋"曾是美国梦的一部分。早在 1938 年,美国即设立了房利美。1970 年,美国又设立了房地美,规模与房利美相当。"两房"虽是私人持股的企业,但却享有政府隐性担保的特权,因而其发行的债券与美国国债有同样的评级。从 20 世纪末期开始,在货币政策宽松、资产证券化和金融衍生产品创新速度加快的情况下,"两房"的隐性担保规模迅速膨胀，其直接持有和担保的按揭贷款和以按揭贷款作抵押的证券由1990年的7400亿美元爆炸式地增长到2007年年底的4.9万亿美元。在迅速发展业务的过程中，"两房"忽视了资产质量，这就成为次贷危机爆发的"温床"。

第二，金融衍生品的滥用，拉长了金融交易链条，助长了投机。"两房"通过购买商业银行和房贷公司流动性差的贷款，通过资产证券化将其转换成债券在市场上发售，吸引投资银行等金融机构来购买，而投资银行利用"精湛"的金融工程技术，再将其进行分割、打包、组合并出售。在这个过程中，最初一元钱的贷款可以被放大为几元甚至十几元的金融衍生产品，从而加长了金融交易的链条，最终以至于没有人再去关心这些金融产品真正的基础价值，这就进一步助长了短期投机行为的发生。

第三，美国货币政策推波助澜。为了应对2000年前后的网络泡沫破灭，2001年1月至2003年6月，美联储连续13次下调联邦基金利率，该利率从6.5%降至1%的历史最低水平，而且在1%的水平停留了一年之久。低利率促使美国民众将储蓄用来投资资产，银行过多发放贷款，这直接促成了美国房地产泡沫的持续膨胀。而且美联储的货币政策还"诱使"市场形成一种预期：只要市场低迷，政府一定会救市，因而整个华尔街弥漫着投机气息。然而，当货币政策连续收紧时，房地产泡沫开始破灭，低信用阶层的违约率首先上升，由此引发的违约狂潮开始席卷一切赚钱心切、雄心勃勃的金融机构。

14.3.3 对总需求曲线移动的小结

我们可以对以上论述进行一个简单的小结。在既定的价格水平下，所有对消费、投资、政府支出及净出口产生外生影响的因素都会引起总需求的变动，进而使总需求曲线发生移动。在下一章讨论经济政策的影响时，我们将对此有进一步的认识。

14.4 总供给曲线

总供给曲线： 刻画价格水平与企业计划生产并销售的商品及劳务总量之间关系的曲线。

总供给曲线(aggregate supply curve)描述的是企业计划生产并销售的商品及劳务总量如何随价格水平而变化。同向右下方倾斜的需求曲线不同，总供给曲线的形状取决于我们所考察的时间长短。如果我们考虑的是长期问题，那么此时的总供给曲线就是垂直的；而如果我们考虑的是短期问题，那么此时的总供给曲线就是向右上方倾斜的。

14.4.1 垂直的长期总供给曲线

在长期中,经济体所能提供的商品和劳务总量取决于它所拥有的要素总量,以及使用这些生产要素进行生产的技术和企业家精神。如果我们考虑的是长期问题,那么我们就不必关注价格水平的影响,只需要看经济体的要素以及它的技术,进而判断这个经济体的生产潜力。从这个意义看,长期总供给曲线应该是垂直的,因为无论价格水平怎样变动,它都不会对经济的生产潜力产生影响。如图 14-6 所示。

长期总供给曲线:
长期内的总供给曲线,表现为一条垂直的线。

图 14-6 长期总供给曲线

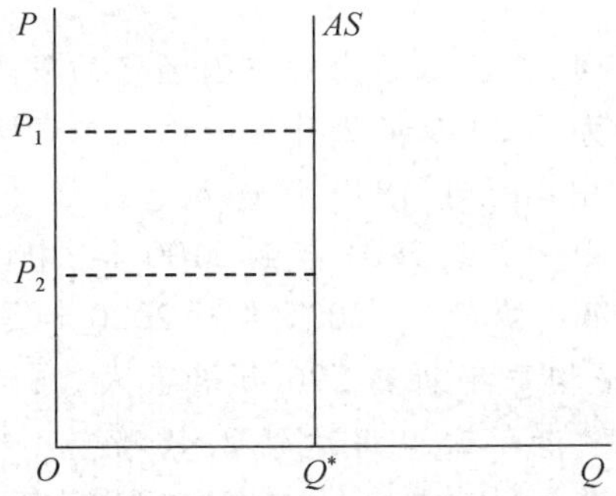

长期总供给曲线是垂直的。

值得一提的是,在古典经济学家的论著中,经常强调名义经济变量和实际经济变量的差别,并认为货币政策只能影响名义变量,而不能影响实际变量,这就是所谓的"古典二分法"。不难发现,长期总供给曲线很好地吻合了古典经济学家们的这一观点。因为在长期,经济中的实际产出只取决于生产要素和生产率,而和货币因素无关。因此,至少从长期看,货币政策的效果确实是中性的。

14.4.2 长期总供给曲线的移动

尽管长期总供给曲线是垂直的,但垂直的长期总供给曲线也会移动。简单地说,所有影响生产要素供给的因素和影响生产率变化的因素都会导致长期总供给曲线的移动。在本节中,我们将对这些可能的影响因素进行介绍。

第一,劳动力变化引起的长期总供给曲线移动。

如果经济中的劳动力供给变动,就会引起长期总供给曲线的移动。例如,老龄化是当前我国经济所面临的一大挑战。在老龄化到来后,经济中可供使用的劳动力数量迅速减少,这可能会对我国的经济产生严重的负面影响,进而使长期总供给曲线向左移动。再如,为了应对老龄化的挑战,一些经济学家建议放宽退休年龄。如果这种政策得到实施,那么就会使经济中可供使用的劳动力增加,这会引起长期总供给曲线的向右移动。

劳动力供给增加,长期总供给曲线右移。

需要指出的是，长期总供给曲线的位置在很大程度上取决于经济中的自然失业率。如果政府大幅提高最低工资，那么就会有更多工人自愿失业，退出劳动力大军。这会使自然失业率上升，从而引起长期总供给曲线的左移。而如果政府大力推动“以创业促就业”计划，则会创造更多的就业岗位，使自然失业率下降，从而引起长期总供给曲线的右移。

政策透视

老龄化的挑战

在未来一段时间，老龄化可能对中国经济的发展产生重大影响。

根据全国老龄办于2006年2月发布的《中国人口老龄化发展趋势预测研究报告》，中国已于1999年进入老龄社会，是较早进入老龄社会的发展中国家之一。从2001年到2100年，中国的人口老龄化可以分为三个阶段。第一阶段，从2001年到2020年是快速老龄化阶段。这一阶段，中国将平均每年新增596万老年人口，年均增长速度达到3.28%。到2020年，老年人口将达到2.48亿人，老龄化水平将达到17.17%，其中，80岁及以上老年人口将达3 067万人，占老年人口的12.37%。第二阶段，从2021年到2050年是加速老龄化阶段。伴随着20世纪六七十年代中期第二次生育高峰人群进入老年，中国老年人口数量开始加速增长，平均每年增加620万人。到2023年，老年人口数量将增加到2.7亿人，与0—14岁少儿人口数量相等。到2050年，老年人口总量将超过4亿人，其中，80岁及以上老年人口将达9 448万人，占老年人口的21.78%。第三阶段，从2051年到2100年是稳定的重度老龄化阶段。2051年，中国老年人口规模将达到峰值4.37亿人，约为少儿人口数量的2倍。这一阶段，老年人口规模将稳定在3亿~4亿人，老龄化水平基本稳定在31%左右，80岁及以上老人占老年人口的比重将保持在25%~30%，进入一个高度老龄化的平台期。

该报告认为，中国的人口老龄化具有老年人口规模巨大、老龄化发展迅速、地区发展不平衡、城乡倒置显著、女性老年人口数量多于男性、老龄化超前于现代化等六个主要特征。中国人口老龄化趋势可以概括为四点：人口老龄化将伴随21世纪始终；2030年到2050年是中国人口老龄化最严峻的时期，人口总抚养比将最终超过50%，有利于发展经济的低抚养比的“人口黄金时期”将于2033年结束；重度人口老龄化和高龄化将日益突出；中国将面临人口老龄化和人口总量过多的双重压力。

资料来源：全国老龄工作委员会办公室，《中国人口老龄化发展趋势预测研究报告》，2006年。网址：http://www.china.com.cn/chinese/news/1134589.htm。

第二，资本变化引起的长期总供给曲线移动。

经济中资本存量的增加会使生产率提升，从而会增加商品和服务的供给，这会导致长期总供给曲线向右移动。而经济中资本存量的减少则会降低生产率，从而减少商品和服务的供给，导致长期总供给曲线向左移动。

资本存量增加，长期总供给曲线右移。

需要指出的是，我们这里讨论的不只是机器、厂房这些物质资本，还包括人力资本。无论是物质资本还是人力资本的提升，都会造成长期总供给曲线的向右移动，这一点是值得我们注意的。例如，如果我们分析基础教育普及的作用，就应该考虑到它对总供给提升的影响。

第三，自然资源变化引起的长期总供给曲线移动。

土地、矿藏、气候等自然资源的变化也影响长期总供给曲线的移动。例如，新油田的发现就会造成长期总供给曲线的右移，而糟糕的气候则会使长期总供给曲线左移。

自然资源供给增加，长期总供给曲线右移。

对于对外依存度高的国家，很多重要自然资源都是通过进口得到的。因此，国际市场上的自然资源供给的变化也会影响该国总供给曲线的移动。例如，东欧很多国家的天然气都由俄罗斯负责供给，并由途经乌克兰的管道加以输送。如果由于俄、乌关系恶化，乌克兰切断了输送管道，那么东欧各国的总供给就会受到很大的负面影响。

值得一提的是，新自然资源的利用也会导致长期总供给曲线的右移。例如，现在页岩气的利用技术日趋成熟，储量庞大的页岩气将有望取代石油成为最重要的能源。这一技术变革将会使可供使用的能源总量大大增加，从而引起长期总供给曲线向右移动。

政策透视

页岩气及其可能的经济影响

页岩气是蕴藏于页岩层中的天然气。过去十年内，页岩气已成为美国一种日益重要的天然气资源，同时也得到了全世界其他国家的广泛关注。2000 年，美国页岩气产量仅占天然气总量的 1%；而到 2010 年，因为水力压裂、水平钻井等技术的发展，页岩气所占的比重已超过 20%。根据美国能源信息署（Energy Information Administration）的预测，到 2035 年时，美国 46% 的天然气供给将来自页岩气。

页岩气的使用将对整个世界的经济和政治格局产生巨大影响。莱斯大学贝克公共政策研究中心（Baker Institute of Public Policy）的一项研究认为，美国与加拿大页岩气产量的增长将会削弱俄罗斯及波斯湾国家对出口至欧洲国家的天然气价格的控制。此外，由于和石油等传统能源相比，页岩气的使用产生的温室气体排放较少，因此不少人认为页岩气技术的普及会有助于防止全球气候变暖的风险。

中国是页岩气储量丰富的大国。页岩气使用技术的创新也为中国带来了新的机遇。据估算,中国的页岩气可采储量居世界首位。中国陆域页岩气地质资源潜力为134.42万亿立方米,可采资源潜力为25.08万亿立方米(不含青藏区)。其中,已获工业气流或有页岩气发现的评价单元,面积约88万平方公里,地质资源为93.01万亿立方米,可采资源为15.95万亿立方米。由此可见,页岩气开采和使用技术的进步将会在很大程度上帮助中国突破能源约束,从而对中国经济发展起到巨大推动作用。

资料来源:高辉清,"美国页岩气革命及其对我国的影响",《发展研究》,2012年第12期。

第四,生产率变化引起的长期总供给曲线移动。

生产率提高,长期总供给曲线右移。

除了生产要素的变化外,生产率的变化也是引起总供给曲线移动的重要原因。正如我们在上一章指出的那样,生产率的变化有两个来源——技术变化和资源配置效率的提升,它们都会带来长期总供给曲线的移动。

首先是技术变化的影响。举例来说,现在互联网技术的发展大大降低了人们进行信息传递的成本,提高了人们的协作效率,这使得人们在既定的资源条件下能有更高的产出,因此就引起了长期总供给曲线的向右移动。

其次是配置效率变化的影响。经济中的资源配置效率很大程度上是由经济制度决定的。在计划经济时代,由于激励问题没有得到解决,人们并没有积极性进行生产。而在实现了由计划经济向市场经济的转型之后,经济激励开始发生作用,因此产出得到了大幅提升,由此也带来了长期总供给曲线的向右移动。

对长期总供给曲线移动的小结:

我们可以对以上论述进行一个简单的小结:长期总供给曲线反映的是整个经济中对商品和劳务的生产潜力,所有使生产要素或生产率变动的因素都会使经济中的商品和服务供给发生变化,从而引起长期总供给曲线的移动。在后面的章节中,我们会不断通过具体事例的分析来对此予以进一步阐明。

14.4.3 总需求-总供给框架下的长期问题

在对总需求曲线和长期总供给曲线进行了介绍后,我们可以用它们来对经济的长期趋势进行一些探讨。

设想由于某些事件,经济中的潜在产出提升了,则如图14-7所示,长期总供给曲线就会向右移动(从AS_1移到AS_2)。如果总需求不发生变化,那么经济中的均衡产量将由 Q_1^* 上升到 Q_2^*,而价格水平则会从 P_1^* 下降到 P_2^*。正如我们在前面所指出的,生产要素的增加、技术的进步,以及经济制度的改善等都能实现长期总供给曲线的右移,因此这些事件都会使经济在更低的价格水平下生产出更高的产量。

图 14-7　长期总供给曲线移动的影响

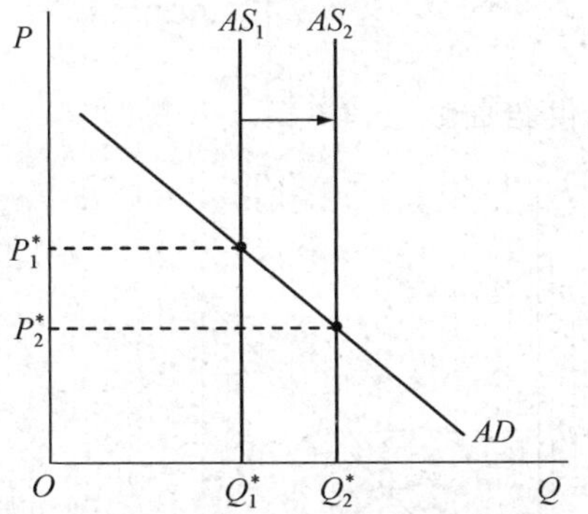

再设想另一种情况,长期总供给曲线固定不变,但由于某些因素,总需求得到了扩张,此时总需求曲线就会向右移动(从 AD_1 移到 AD_2),经济中的总产量 Q^* 固定不变,但价格水平则从 P_1^* 上升到了 P_2^*,如图 14-8 所示。在现实中,政府的刺激政策往往是使总需求曲线移动的外生原因。例如,政府经常希望通过增发货币来使总需求曲线向右移动,借以刺激经济。但至少在长期内,这种刺激是难以产生效果的。如果长期总供给曲线保持不动,货币增发最终只会带来更高的价格水平,而不会带来更高的产量。古典经济学中强调货币的中性,其实就是这个意思。

图 14-8　总需求曲线移动的长期影响

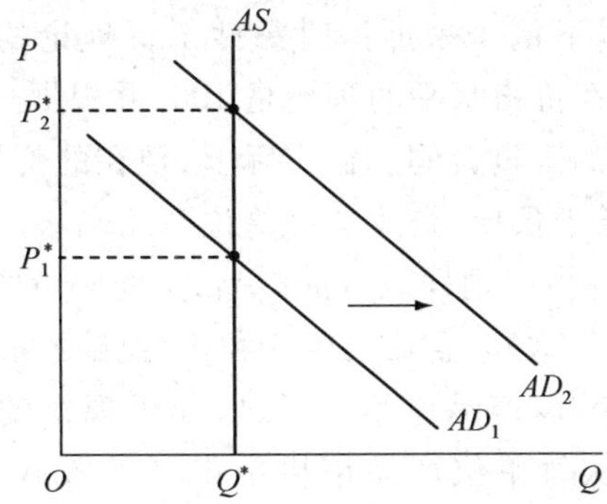

14.4.4 短期总供给曲线

短期总供给曲线：
短期内的总供给曲线，表现为一条向右上方倾斜的线。

在短期经济中，总供给曲线和长期是不同的。在长期中，价格水平并不影响经济提供商品和劳务的能力。而与此相反，短期的物价水平则会对经济的产量产生切实的影响。具体来说，经济中物价水平的上升通常会使商品和劳务的供给量提升，而物价水平下降则会使商品和劳务的供给量下降。结果，短期总供给曲线就是向右上方倾斜的，如图 14-9 所示。

图 14-9 短期总供给曲线

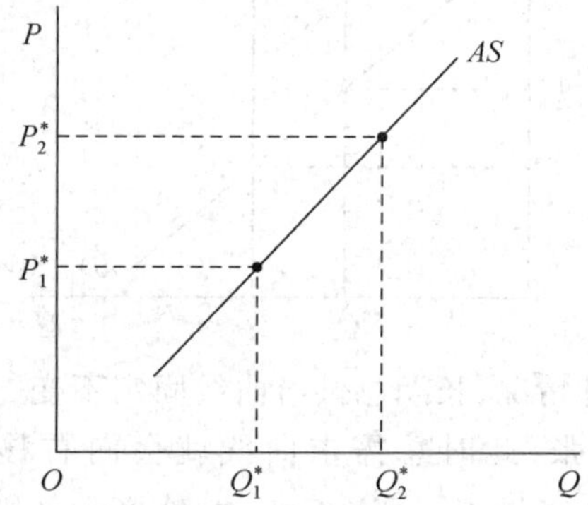

那么，为什么短期供给曲线会向右上方倾斜呢？经济学家对此提出了很多理由。这里，我们为大家介绍其中的三种。

第一种，黏性工资理论。

黏性工资理论：
认为相对于经济状况的变化，名义工资的调整可能是十分缓慢的。

关于短期供给曲线向上倾斜的第一种解释是**黏性工资理论**。根据这种理论，工资在短期中是“黏性的”：由于工人和企业之间签订了固定名义工资的长期合同，因此名义工资的调整可能是十分缓慢的。与此同时，社会规范和关于公正观念的变化缓慢，也是导致名义工资调整缓慢的原因。

我们可以用以下例子来加深对黏性工资理论的理解。设想在一年前，某企业对现在价格水平的预测是 100，并根据这个预期和工人签订了每月 2 000 元的工资合同。但实际上，现在的价格水平只有 95，那么由于价格水平低于预期，企业从每单位产品销售中得到的收入会比预期低 5%，但是为生产同样数量的产品，企业仍然需要向工人支付每月 2 000 元的工资。这样，企业的生产积极性就受到了损害，它会倾向于减少雇佣量，并减少产品供给。反之，如果现在的价格水平上升到了 105，那么企业从每单位产品销售中得到的收入会比预期高 5%。由于雇用劳动力的成本不变，因此企业会倾向于增加工人的雇佣量，并同时增加产品的供给。

简而言之，根据黏性工资理论，由于名义工资是基于预期的价格水平确定的，当实际的价格水平和预期发生背离时，企业不能立即进行调整。这种黏性的工资使企业在实际价格水平低于预期时会生产较少的产量，而在实际价格水平高于预期时则会生产较多的产量，这就导致了短期供给曲线向右上方倾斜。

第二种，黏性价格理论。

关于短期供给曲线向上倾斜的第二种解释是**黏性价格理论**。这种理论强调，相对于经济状况的变化，一些商品和劳务的价格的调整是缓慢的。这是因为，对价格进行调整，需要付出一定的成本。例如餐馆调整价格，就需要重新印制菜单、改变价格标签，为此企业就需要支付所谓的“菜单成本”。由于“菜单成本”的存在，企业对价格进行实时调整就可能是不合算的，由此就产生了价格的黏性。

黏性价格理论：认为相对于经济状况的变化，一些商品和劳务的价格的调整是缓慢的。

假设经济中的每个企业都根据它所预期的未来经济状况制定了其产品的价格。但是，当价格制定后，经济出现了意外的通货紧缩。由于“菜单成本”的存在，至少有一部分企业不能对价格进行及时调整。显然，从市场的角度看，这些企业的价格就会显得过高了，因此其销量会下降。受此影响，企业就不得不减少生产，并减少工人的雇佣水平。也就是说，价格水平的意外下降会抑制企业的生产，造成总供给的下降。反之，如果经济出现了意外的通货膨胀。由于“菜单成本”的存在，至少有一部分企业不能对价格进行及时调整。这时，这些企业的价格就会在市场上显得过低了，因此其销量会增加。受此影响，企业将会增加产量，并增加工人的雇佣量。也就是说，价格水平的意外下降会激励企业的生产，造成总供给的上升。综合以上两方面，黏性价格的存在就会导致短期供给曲线向右上方倾斜。

第三种，错觉理论。

关于短期供给曲线向上倾斜的第三种解释是**错觉理论**。根据这种理论，价格水平的整体变动会在短期内误导生产者对市场状况的判断。由于这种短期错觉的存在，生产者会对价格水平做出反应，从而造成短期供给曲线向上倾斜。

错觉理论：认为价格水平的整体变动会在短期内误导生产者对市场状况的判断。

具体来说，如果价格水平下降了，生产者可能会误认为这是他们所面对的相对价格下降了。例如，当果农发现市场上的水果价格变得便宜了，他不太会去思考这是否是由于价格总水平变动引起的，而更可能会认为这是水果市场上的一个独立现象。此时，他很可能减少水果种植，从而让水果供给下降。同样的，如果工人发现市场上的工资下降了，他更可能认为这是由于个别市场上的情况导致的，因此更可能减少劳动力供给，而这也会导致经济中总供给的下降。反之，如果经济中的价格水平上升了，生产者也可能会误认为这是他们所面对的相对价格上升了。其逻辑与前一种情况完全一致，此处不再赘述。

对短期总供给曲线形状的小结:

我们可以对以上论述进行总结:黏性工资、黏性价格,以及对相对价格的错觉的存在,都可能会导致短期总供给曲线的向上倾斜。所有这三种理论都表明,当实际价格水平和人们的预期发生背离时,短期供给量就会背离其长期供给量。对此,我们可以用公式表达如下:

短期供给量 = 长期供给量 + a(实际价格水平 - 预期价格水平)

其中,a 刻画了产量对意外价格水平变动的反应程度。

需要强调的是,以上三种理论假设都只在短期中才能起作用。在长期中,名义工资和价格都可以逐步调整,错觉也会逐步得到修正,因此供给曲线会变到长期水平。这时的供给曲线将不再是向上倾斜的,而会重新变成一条垂线。

14.4.5 短期总供给曲线的移动

劳动力、资本和自然资源的增加,以及生产率的提高,将使短期总供给曲线右移。

在介绍长期总供给曲线时,我们曾经指出生产要素供给的变化和生产率的变动都会引起长期总供给曲线的变动。这些因素在短期同样会起作用。无论是劳动力、资本还是自然资源的增加,都会在短期提升经济中的总产量。同样,技术的进步、要素配置效率的提高也会使经济中的总产量增加。这些因素都会导致短期总供给曲线向右移动。

除了以上因素外,短期总供给曲线还受到一个特殊因素——预期的影响。我们可以用黏性工资理论来对此进行说明。根据这种理论,当工人和企业预期价格水平要上升时,他们就会倾向于达成一个高水平名义工资的合同。高工资会增加企业的成本,而且在任何既定的实际价格水平下都会减少企业供给的商品和劳务量。因此,当预期的价格水平上升时,工资就会提高,成本随之增加,并且企业在任何既定价格水平下提供的商品和劳务数量也会减少。这样,短期总供给曲线就会向左移动。相反,当预期的价格水平下降时,工资下降,企业成本也会由此下降。在价格水平既定时,企业会增加其产量,此时短期总供给曲线会向右移动。

预期价格水平的上升将使短期总供给曲线左移。

根据其他两种理论,我们也可以进行类似逻辑的推论。因此总体而言,我们可以得到如下结论:预期价格水平的上升会减少经济中商品和劳务的供给量,并使短期总供给曲线向左移动;而预期价格水平的下降则会增加经济中商品和劳务的供给量,并使短期总供给曲线向右移动。

14.5 总需求-总供给框架下经济波动的解释

在前面的论述中，我们已经对总需求曲线和总供给曲线进行了较为详细的解释，下面我们将用它们来对短期经济的波动进行解释。

我们不妨假设经济开始时处于长期均衡水平。均衡产量和价格水平在长期中是由总需求曲线和长期总供给曲线的交点决定的，在图14-10中，A点就是初始的长期均衡点。在这一点上，产量处于自然率水平。同时，由于经济总是处于短期总供给曲线上，即短期总供给曲线也通过这点，所以A点正好是总需求曲线、长期总供给曲线和短期总供给曲线的交点。

图 14-10　总需求变化的影响

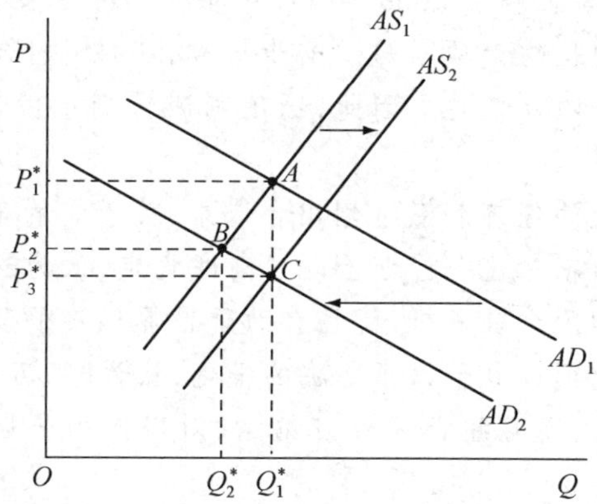

对总需求的冲击在短期内会使产出下降，但在长期内，产量将恢复到长期均衡水平。

14.5.1 总需求曲线的移动

假设经济突然遭受到了负面的外部冲击，例如，由于受到国际金融危机的波及，在既定价格水平下个人和企业愿意购买的商品和劳务都减少，此时总需求曲线就会发生左移。这时，总需求曲线和短期总供给曲线的新交点B决定了短期的均衡，经济中的总产量由Q_1^*下降到了Q_2^*，价格水平由P_1^*下降到了P_2^*。但是，从长期看，经济中的供给者由于发现了价格水平的下降，所以会扩张供给。此时，短期总供给曲线会向右移动。在最终的均衡中，总需求曲线、短期总供给曲线和长期总供给曲线相交于C点。此时，相对于最初的均衡，产量并没有发生变化，只是价格水平由P_1^*下降到了P_3^*。

以上对总需求变化的分析对我们理解现实经济问题具有很强的启发性。在现实中，很多短期冲击都是影响总需求的，这种冲击在短期内会使产出下降，但在长期，经济则会进行自我调节，产量将恢复到长期均衡水平。在这个过程中，并不需要政府的介入。

利用和以上完全相同的逻辑,我们也可以探讨政府短期刺激政策的效果。政府的一些经济刺激政策虽然在短期内能使总需求曲线右移,从而使产量扩张到一个较高的水平。但从长期看,产量终究会恢复到长期均衡水平,同时使价格水平上升。从这个意义上看,如果不能使长期总供给曲线发生变动,那么需求扩张政策的效果就是"中性"的,只会影响名义变量,而不会影响实际变量。

政策透视

2008 年经济刺激政策的后果评估

2008 年 9 月,国际金融危机全面爆发后,中国经济增速快速回落,出口出现负增长,大批农民工返乡,经济面临硬着陆的风险。为了应对这种危局,中国政府于 2008 年 11 月推出了进一步扩大内需、促进经济平稳较快增长的十项措施。初步匡算,实施这十大措施,到 2010 年年底约需投资四万亿元。因此,这项刺激计划也被俗称为"四万亿计划"。

自这项庞大的经济刺激计划出台以来,关于它的争议就没有停止过。一些经济学家对这一计划予以了高度肯定,认为这项刺激计划不仅帮助中国抵御了金融危机,而且有助于世界经济的复苏。而另一些经济学家则对此项计划予以了坚决的批判,认为"四万亿计划"不仅没有达到预期效果,而且扭曲了经济结构,对经济的长期发展产生了很多不利影响。

那么,"四万亿计划"的实际效果究竟如何呢?最近发表在《计量经济学杂志》(*Journal of Econometrics*)上的一项研究对此进行了比较全面的评估。这项研究通过先进的计量技术,计算了"反事实"(counterfactuals)的经济指标,进而估算了"四万亿计划"的短期和长期效果。结果发现,在刺激政策开始时,该计划的确刺激了经济,特别是在 2009 年第三季度前后,使 GDP 提高了 5.4% 左右,但是这一政策的效果在随后迅速降低,在 2010 年第四季度之后甚至变成了负值。从这一点看,四万亿元的财政刺激政策只是暂时对经济有刺激作用,却并无长期影响。这一点,是与我们基于总需求-总供给模型得到的分析结论完全一致的。

资料来源:Ouyang & Peng(2015).

14.5.2 总供给曲线的移动

我们再用总需求-总供给框架来分析一下总供给变化所带来的

影响。

先看短期影响。如图14-11所示,某经济开始时处于均衡点A。如果由于某些外生条件的影响,如突然发生了地震、受到了能源价格上涨的波及等,短期内在既定价格下的供给能力下降了,此时短期总供给曲线向左移动(由AS_1移动到AS_2),并和短期总需求曲线相交于点B。这时,经济中的产量由Q_1^*下降到了Q_2^*,价格水平由P_1^*上升到了P_2^*,经济衰退和通货膨胀同时发生,经济体陷入了所谓的"**滞胀**"(stagflation)。

滞胀: 经济衰退和通货膨胀同时发生的情况。

图14-11　总供给变化的影响

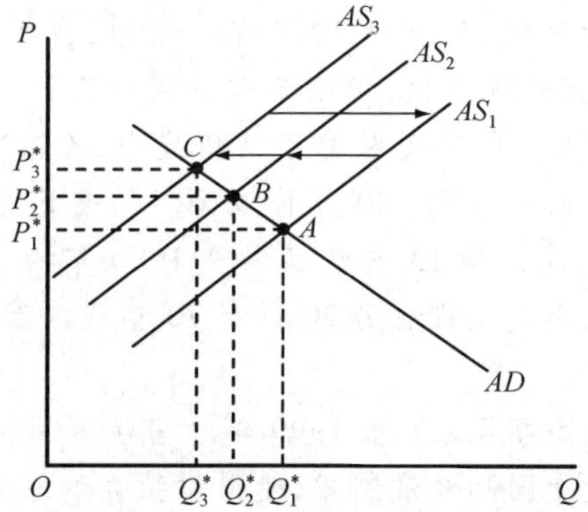

再看长期影响。根据黏性工资理论,由于在受到冲击后,企业和工人会根据物价签订更高的工资合同,因此企业的工资成本进一步上升,这导致短期总供给曲线进一步向左移动(由AS_2移动到AS_3),价格水平继续被抬高。高价格引起高工资,高工资进一步推高价格水平,这一现象就是所谓的"**工资-价格螺旋式上升**"(wage-price spiral)。

工资-价格螺旋: 高价格引起高工资,高工资进一步推高价格水平的现象。

当达到某一点(例如C点)时,这种"工资-价格螺旋式上升"的速度会放缓。低产量和低就业水平会降低工人的讨价还价能力,从而压低名义工资水平。当名义工资水平下降后,提供商品和劳务开始变得有利可图了,此时短期总供给曲线又会向右移动。直到短期总供给曲线恢复到接近于最初的状态(图中的AS_1)时,经济又重新回到初始时的均衡点A。此时经济中的产量又回到Q_1^*,价格水平又恢复到P_1^*。

政策透视

石油危机的经济影响

要论最有名的短期总供给冲击,恐怕非"石油危机"莫属。由于石油是当今世界最重要的能源,所以当世界上的主要产油国发生重大政治经济事件时,整个世界的经济状况就都会因石油价格波动而受到影响。到目前为止,总共发生过三次"石油危机",每一次都给世界经济带来了巨大的负面影响。

第一次"石油危机"发生于 1973 年。当年 10 月,第四次中东战争爆发,为打击以色列及其支持者,石油输出国组织的阿拉伯成员国当年 12 月宣布收回石油标价权,并将其积沉原油价格从每桶 3.011 美元提高到 10.651 美元,使油价猛然上涨了两倍多,从而触发了第二次世界大战之后最严重的全球经济危机。持续三年的石油危机对发达国家的经济造成了严重的冲击。在这场危机中,美国的工业生产下降了 14%,日本的工业生产下降了 20%以上,所有工业化国家的经济增长都明显放慢。

第二次"石油危机"发生于 1978 年。当时,世界第二大石油出口国伊朗的政局发生剧烈变化,伊朗亲美的温和派国王巴列维下台,引发第二次石油危机。此时又爆发了两伊战争,全球石油产量受到影响,从每天 580 万桶骤降到 100 万桶以下。随着产量的剧减,油价在 1979 年开始暴涨,从每桶 13 美元猛增至 1980 年的 34 美元。这种状态持续了半年多,此次危机成为 20 世纪 70 年代末西方经济全面衰退的一个主要原因。

第三次"石油危机"发生于 1990 年。当年 8 月,伊拉克攻占科威特以后,伊拉克遭受国际经济制裁,使得伊拉克的原油供应中断,国际油价因而急升至 42 美元的高点。美国、英国经济加速陷入衰退,全球 GDP 增长率在 1991 年跌破 2%。国际能源机构启动了紧急计划,每天将 250 万桶的储备原油投放市场,以沙特阿拉伯为首的欧佩克也迅速增加产量,很快稳定了世界石油价格。

资料来源:根据网络资料整理。

14.6 结语

在本章中,我们对宏观经济学的另一大主题——经济波动进行了介绍。为了对这一现象进行分析,我们引入了总需求-总供给分析框架,并用此框架分析了外生因素变化后可能产生的短期和长期影响。在下一章中,我们将继续用这一框架对各类经济政策及其效果进行分析。

本章要点总结

经济并不是一直平稳增长的,在短期它会经历很多的波动。对经济波动进行解释,是宏观经济学的两大主要议题之一。

所谓经济波动，是指经济偏离了其增长趋势。一般来说，经济波动是很难预测的，由历史资料很难推断什么时候会产生经济波动。一旦经济波动发生，它将意味着一连串宏观经济变量的同时变化。在这些变量中，GDP、投资、消费、净出口、价格水平等是顺周期的，而失业率等指标则是逆周期的。

对于经济波动，可以用总需求-总供给框架来进行解释。总需求曲线所刻画的，是价格水平和对经济中所有商品及劳务的需求总量之间的关系。由于财富效应、利率效应和汇率效应的存在，总需求曲线是向右下方倾斜的。总供给曲线所刻画的，则是价格水平和经济中所有商品及劳务的供给总量之间的关系。在长期，经济中的供给总量由生产要素数量和生产率水平决定，因此长期总供给曲线是一条垂直的线。而在短期，总供给曲线则是向右上方倾斜的，它可以由黏性工资理论、黏性价格理论以及错觉理论等来解释。

当经济受到总需求冲击时，总需求曲线会发生移动，从而影响短期产量和价格。但只要长期总供给曲线不发生变动，总需求的变化最终只会影响价格水平而不会影响产出。当经济受到总供给冲击时，短期总供给曲线会发生移动，在这个过程中，可能会产生“工资-价格螺旋式上升”的现象。不过，总供给曲线最终会回归到原来位置，整个经济回到最初均衡状态。

借助总需求-总供给框架，我们可以对很多经济冲击的影响进行分析。

本章重要术语

经济波动　总需求-总供给模型　总需求曲线　财富效应　利率效应　汇率　汇率效应　购买力平价　总供给曲线　长期总供给曲线　短期总供给曲线　黏性工资理论　黏性价格理论　错觉理论　滞胀　工资-价格螺旋

延伸阅读

关于本章介绍的总需求-总供给分析，读者可以参考曼昆《经济学原理：宏观经济学分册》的第 33 章。对于经济周期的相关理论及故事感兴趣的读者，可以阅读拉斯·特维德《逃不开的经济周期》（中信出版社 2013 年版）。对于次贷危机及其引发的金融危机感兴趣的读者，可以参考美国金融与经济危机起因调查委员会《金融危机调查报告》（社会科学文献出版社 2013 年版）。

思考与练习

1. 总需求-总供给框架和我们之前学过的需求-供给框架有什么异同？请加以说明。

2. 为什么总供给曲线是向右下方倾斜的？为什么长期总供给曲线是一条垂线？为什么短期总供给曲线是向右上方倾斜的？

3. 什么因素会引起总需求曲线的移动？什么因素会引起长期总供给曲线的移动？什么因素会引起短期供给曲线的移动？这些因素对经济短期和长期均衡分别会产生什么影响？

4. 请用总需求-总供给框架对 2008 年的金融危机，以及中国政府的“四万亿计划”进行分析。评价政策在短期和长期中产生的影响。

5. 请用总需求-总供给框架分析页岩气革命对经济产生的影响。

6. 请解释，如下事件会导致总需求、总供给中哪条曲线的移动，抑或不导致任何一条曲线移动？并用图形说明上述事件对于经济总产出和价格水平的影响。

（1）随着新型农村合作医疗政策的普及，农民面临的医疗风险减少了，因此愿意将原本用来预防疾病困扰的财富更多地用于消费。

（2）“一带一路”构想的提出，使得我国的对外贸易变得更为频繁了。

（3）中国和俄罗斯签订了天然气输送合同，俄罗斯将以较低价格向中国提供天然气。

（4）“工业4.0”技术的全面普及，极大提升了工业制造中的自动化水平。

7. 在A国，所有工人都和雇主通过合同规定了他们的名义工资。在B国，只有一半工人和雇主签订合同，规定了其名义工资，而另一半工人的工资则可以随物价的起伏而上下调整。请问，根据黏性工资理论，A、B两国中哪国的总需求曲线更为陡峭？如果货币供给增加了，那么它会对哪一国的产量产生更大的影响？又会对哪一国的价格水平产生更大的影响？

8. 如果经济中的总需求曲线为 $Q^D = 2\,400 - P$，总供给曲线为 $Q^S = 2\,000 + P$，请问：

（1）经济中的均衡产量和价格水平分别为多少？

（2）如果总需求曲线向左平行移动10%，新的短期均衡产量和价格水平将是多少？

（3）如果总需求曲线向右平行移动10%，新的短期均衡产量和价格水平将是多少？

（4）如果总供给曲线向左平行移动10%，新的短期均衡产量和价格水平将是多少？

（5）如果在最初状态下，经济正好处于长期均衡。请讨论以上三种冲击对于长期均衡产量和价格水平的影响。

本章注释

[1] 显然，在创造这两个词时，人们并没有对经济波动和经济周期加以严格区分。

[2] 需要指出的是，和国外的情况不同，中国的失业率和GDP增长之间的负向相关性并不明显。这很大程度上是由于我国采用了“登记失业率”造成的。如我们在第12章指出的，大量研究表明，这一失业率并不能十分正确地反映现实的失业状况。相比之下，采用“调查失业率”是更为科学的。

[3] 见杨继东：“通货膨胀与消费需求——基于省级面板数据的实证研究”，《财贸经济》，2012年第8期，第129—136页。

第15章 宏观经济政策分析

本章导读

在上一章中,我们对总需求-总供给模型进行了介绍,并用它对经济波动的原因进行了分析。接下来,我们将继续利用这一框架来分析宏观经济政策的影响。

总体上看,政府的宏观经济政策主要分为两类:一类是货币政策,即通过政策手段对经济中的货币供给量进行调节,进而影响经济的产出状况;另一类是财政政策,即通过财政支出和税收增减直接对产出进行干预。在本章中,我们将分析这两种政策究竟是怎样影响总需求曲线的变动的,并在此基础上分析两类政策的效果。在本章的最后,我们还将对宏观政策的有效性以及多目标下政策的权衡进行一些讨论。

15.1 宏观经济政策的目标

在对宏观经济政策进行具体介绍前,让我们先对宏观经济政策的目标进行一些介绍。

一般认为,宏观经济政策的主要目标有三个:经济增长、充分就业和物价稳定。[1]

宏观经济政策的主要目标有三个:经济增长、充分就业和物价稳定。

所谓经济增长,是指在一个特定时期内经济社会所生产的人均产量和人均收入的持续增长。这个目标有两方面的意义:一是维持经济增长率的稳定,并使其保持在潜在增长率水平;二是培育一个经济持续增长的能力。正如我们在前面的章节中指出的,经济增长在一定程度上代表了国民的福利状况,因此增长速度的下降就意味着国民福利的恶化。为了防止这种现象的发生,通常认为政府有必要用政策对冲各种负向冲击,保持经济的持续、稳定增长。

所谓充分就业,是指除了摩擦失业和自愿失业之外,所有愿意接受各种现行工资的人都能找到工作的一种经济状态,即消除了非自愿失业。失业意味着稀缺资源的浪费或闲置,从而使经济总产出下降,社会总福利受损。失业还会给劳动者家庭生活和心理带来负面的影响。由于失业的成本是巨大的，因此通常认为政府有必要利用经济政策创造就业岗位、降低失业率。

物价稳定是指物价总水平的稳定。物价稳定并不是指通货膨胀率为零，而是允许保持一个低而稳定的通货膨胀率。这种通货膨胀率能为社会所接受，对经济也不会产生不利的影响。

为了实现这些政策目标，政府可以采用货币政策和财政政策来对经济进行调控。在下文中，我们将对这两类政策进行具体的介绍。

15.2 货币政策

货币政策：
政府通过调控货币供给量，进而影响总需求的过程。

我们首先分析货币政策。**货币政策**是指政府通过调节货币供给量影响总需求的过程。

在对货币政策进行分析之前，我们需要对货币的种类和货币的创造过程进行一下介绍。

15.2.1 货币的种类

如果读者对财经新闻有所关注，就一定会在新闻中听到诸如 M0、M1、M2 这样的名词。这些名词指的是什么呢？总体来说，它们都是不同种类的货币的代号。其中，M0 指的是流通中的现金，它和商业银行的存款准备金一起，被称为“**基础货币**”（monetary base）；M1 指的是 M0 和活期存款的总和；M2 指的则是 M1 和准货币（包括储蓄存款、定期存款和其他存款）的总和；M3 则是在 M2 的基础上加上其他货币性短期流动资产（包括国库券、金融债券、商业票据、大额可转让定期存单等）。

基础货币：
流通中的现金和商业银行的准备金，是整个商业银行体系创造存款货币的基础。

以上四种货币有什么本质区别呢？最关键的区别在于其“流动性”，也就是转化为可流通货币的便利程度。在以上四种货币中，M0 直接就可以用于流通，M1 可以十分容易地转化为流通货币，M2 转化为流通货币的难度要大一些，而 M3 要转化为流通货币则更困难。

实践中，上述不同的货币种类可以提供不同的宏观经济信息。例如，M1 常被用来衡量经济中的现实购买力，M2 常被用来衡量经济中的潜在购买力，而 M3 则常被用来测算通货膨胀压力。

在图 15-1 中，我们给出了 1990—2013 年中国经济中 M0、M1 和 M2 的变化趋势。

图 15-1　中国货币存量变化趋势(1990—2013)

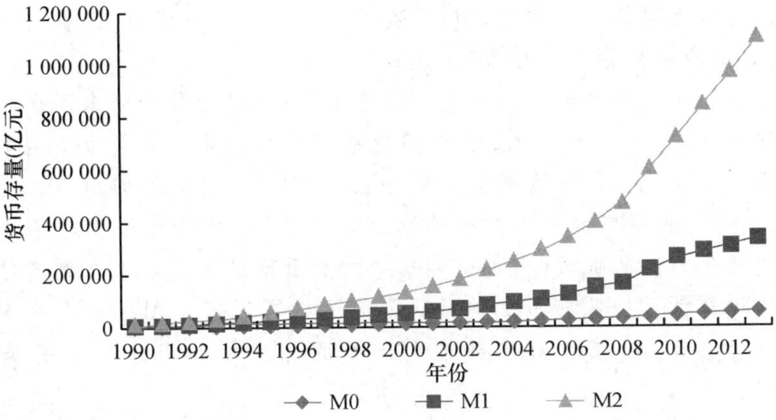

资料来源:中国人民银行官方网站。

由图 15-1 可知,从 1990 年到 2013 年,中国的 M0 增加了 22 倍,而 M1 和 M2 则分别增加了 48 倍和 72 倍。由此可见,准货币的增长速度要远远快于基础货币的增长速度。这意味着,不同货币之间的关系是不稳定的。这种不稳定性既与基础货币创造 M1 和 M2 的能力有关,也与经济运行中的其他微观因素有关。究竟哪一种货币更能代表货币供给的实际状况,是一个经验问题,对货币政策的制定具有重要意义。

迷你案例

余额宝类产品属于哪类货币

余额宝是由天弘增利宝货币基金与阿里巴巴合作推出的一款互联网货币基金产品。自 2013 年 6 月 3 日正式推出服务以来,余额宝得到了广泛的社会关注度与大众认可。推出余额宝产品的初衷是使得阿里巴巴的支付宝中的沉淀资金得到充分利用。在没有余额宝前,投资者(阿里巴巴或淘宝用户)可以将资金存入自己的支付宝账户中。但是由于准备金限制,阿里巴巴不能将支付宝中的全部资金用于投资,因此积聚下大量的沉淀资金。同时,投资者将资金存入支付宝中是没有利息的,这对投资者而言也是一种损失。因此,为发挥沉淀资金的投资潜力,阿里巴巴与天宏基金合作,推出了余额宝产品。投资者可以选择将资金存入余额宝中,每天获得一定的收益。而当需要进行网络支付时,用户可以随时用余额宝中的资金进行支付。并且,用户可以在余额宝、支付宝之间进行无障碍转账。相对于传统的理财产品,余额宝具有流动性较强、收益较高等特点,因此一经推出就获得了市场的青睐。目前,余额宝基金的总量已经接近 6 000 亿元。在余额宝获得巨大成功后,各大金融机构也纷纷推出了类似的产品。这些新产品为缺乏投资渠道的普通居民提供了一种新的投资方式,在用户口中,这些产品被亲切地称为“宝宝们”。

对于宏观经济学家们来说,“宝宝们”的出现给他们带来了很多新的理论问题,其中之一就是应该将这些产品归为哪一类货币。从本质上讲,“宝宝们”是货币基金类的产品,在欧美,它被划归到 M3 的类别。但是,和一般的货币基金不同,“宝宝们”中的货币能够非常方便地被转化为流通货币(例如余额宝中的货币可以无成本地转到支付宝中进行支付),因此有不少学者认为应该将其划归为 M2,甚至是 M1。到目前为止,学者们对余额宝类产品的种类划分尚未达成普遍的共识。

资料来源:根据网上相关材料整理。

15.2.2 货币的创造

货币创造: 当存款准备金率小于 1 时,基础货币可以通过储蓄创造出新的货币。

存款准备金: 商业银行在中央银行的存款。

存款准备金率: 商业银行的存款准备金占其存款总额的比例。

所有形式的货币,都是由基础货币创造出来的。基础货币究竟是如何进行**货币创造**的呢?其奥秘就在于部分存款准备金制度。

所谓**存款准备金**(deposit reservation),最初指的是银行为保证客户提取存款和资金清算需要而准备的现金。当储蓄客户把现金存入银行时,银行给客户开出了存单作为存款的凭证。如果银行有信誉,银行的存款单(或通过支票)就会被卖主接受,买主无须提取现金支付就可以完成商品交易;即使有储户提取现金,如果储户很多,那么每天提取的现金是相对稳定的,总体来看它只会占存款的一部分。因此,银行不必将所有的存款都用作准备金来应对客户的提款要求。这就是部分准备金的来由。在现代中央银行制度下,中央银行是“银行的银行”,存款准备金是指商业银行在中央银行的存款,存款准备金占其存款总额的比例就是**存款准备金率**。一般来说,中央银行所规定的存款准备金率总是小于 100%,而银行则可以用余下的资金进行投资(贷款)营利。

当中央银行所要求的存款准备金率小于 100% 时,银行系统就可以进行货币创造。设想有一名客户向银行 A 存入了 100 元钱,在银行的资产负债表上资产和负债就各多了 100 元。假设中央银行规定的存款准备金率为 10%,那么银行 A 需要将 10 元用作准备金,而可以将剩余的 90 元用于贷款,此时银行的资产负债表就如表 15-1(a)所示。这被贷出的 90 元流入市场后,就成为新的流通货币。假设这些货币又被存入了银行 B,那么银行 B 会将其中的 9 元用作准备金,其余的 81 元则被用作贷款重新进入市场,如表 15-1(b)所示。假设这些货币被存入银行 C,则银行 C 会将其中 8.1 元用作准备金,其余 72.9 元被用作贷款重新进入市场,如表 15-1(c)所示……如此不断下去,银行的每一次存贷都会创造出新的存款货币。

表 15-1　货币创造过程

(a) 第一家银行的资产负债表

资产		负债	
准备金	10 元	存款	100 元
贷款	90 元		

(b) 第二家银行的资产负债表

资产		负债	
准备金	9 元	存款	90 元
贷款	81 元		

(c) 第三家银行的资产负债表

资产		负债	
准备金	8.1 元	存款	81 元
贷款	72.9 元		

(d) 第四家银行的资产负债表

资产		负债	
准备金	7.29 元	存款	72.9 元
贷款	65.61 元		

那么,在以上过程中,银行一共创造出了多少的货币呢?在开始时,市场上有 100 元货币;在第一轮货币创造中,市场上的货币多出了 $100\times0.9=90$ 元;在第二轮货币创造中,市场上的货币多出了 $100\times0.9^2=81$ 元;在第三轮货币创造中,市场上的货币多出了 $100\times0.9^3=72.9$ 元……最终,市场上的货币总量为:

$$100+100\times(1-0.1)+100\times(1-0.1)^2+100\times(1-0.1)^3+\cdots$$

$$=\frac{100}{0.1}=1\,000(\text{元})$$

更为一般地,如果基础货币的总存量为 B,市场上所有银行的存款准备金率都为 R,则根据同样的逻辑可得,市场上的货币总供给量 M 为:

$$M = B/R$$

货币乘数：
货币总量与基础货币存量之比。它是存款准备金率的倒数。

在货币银行学中，货币总量和基础货币存量之比被称为**货币乘数**(monetary multiplier)，它用来表示基础货币增加1单位会带来总货币的增量。由上式可知，这一乘数是银行的存款准备金率的倒数。

一般来说，存款准备金率取决于两个因素：法定准备金率和超额准备金率。其中，前者是由中央银行规定的，而后者则由银行自己决定。举例来说，如果中央银行规定的法定准备金率为6%，同时银行自己选择了4%的超额准备金率，那么总的准备金率就是10%。此时，货币乘数就为10，也就是说，增加1单位的基础货币存量就会使货币总量上升10个单位。

需要指出的是，由于超额准备金率的存在，即使中央银行能对基础货币存量和法定准备金率完全进行控制，也不能完全控制货币供给的总量。一般来说，超额准备金率和利率负相关。利率越高，银行放贷的收益就越高，其放贷的动机就更强，超额准备金率就更低，而此时的货币乘数也就更大。

15.2.3 中央银行调节货币供应量的方法

中央银行调节货币供应量的方法主要有三种：公开市场操作、调整法定存款准备金率，以及调整再贴现率。

第一种，公开市场操作。

公开市场操作：
中央银行通过与指定交易商进行有价证券和外汇交易，吞吐基础货币，改变货币供给的行为。

所谓**公开市场操作**(open market operations)，是指中央银行与指定交易商进行有价证券和外汇交易，这是中央银行吞吐基础货币、调节市场流动性的主要货币政策工具。试想，如果中央银行从市场上买回了100亿元的政府债券，那么就向市场释放了100亿元的基础货币。假设市场上的存款准备金率为10%，那么按照前面的推理可知，这项操作会使市场增加1 000亿元的货币总供给量。相反，如果中央银行发放100亿元的债券，就相当于向市场上吸收了100亿元的基础货币。依据同样的推理可知，这会使市场上的货币总供给量减少1 000亿元。

第二种，调整法定存款准备金率。

法定存款准备金率：
商业银行和存款金融机构必须缴存中央银行的法定准备金占其存款总额的比率。

调整**法定存款准备金率**(required reserve ratio)是中央银行改变货币乘数，进而改变货币供给的方法。举例来说，假如法定存款准备金率为10%，银行的超额准备金率为2%，那么总存款准备金率为12%，货币乘数为8.33；如果法定存款准备金率下降到8%，且银行的超额准备金率仍为2%，那么总存款准备金率就为10%，此时的货币乘数就变成10。

近年来，我国央行对法定存款准备金率的调整比较频繁。表15-2给出了2010年以来法定存款准备金率的变化状况。由该表可知，在

2011年11月之前，为防止前期刺激带来的通货膨胀压力，中央银行一直在提高存款准备金率；而在此之后，为了应对经济下行的威胁，中央银行则开始下调存款准备金率。

表15-2 2010年以来我国法定存款准备金率的变化状况

公布时间	生效时间	大型金融机构		中小型金融机构	
		调整前	调整后	调整前	调整后
2010.01.12	2010.01.18	15.50%	16.00%	13.50%	13.50%
2010.02.12	2010.02.25	16.00%	16.50%	13.50%	13.50%
2010.05.02	2010.05.10	16.50%	17.00%	13.50%	13.50%
2010.11.09	2010.11.16	17.00%	17.50%	13.50%	14.00%
2010.11.19	2010.11.29	17.50%	18.00%	14.00%	14.50%
2010.12.10	2010.12.20	18.00%	18.50%	14.50%	15.00%
2011.01.14	2011.01.20	18.50%	19.00%	15.00%	15.50%
2011.02.18	2011.02.24	19.00%	19.50%	15.50%	16.00%
2011.03.18	2011.03.25	19.50%	20.00%	16.00%	16.50%
2011.04.17	2011.04.21	20.00%	20.50%	16.50%	17.00%
2011.05.12	2011.05.18	20.50%	21.00%	17.00%	17.50%
2011.06.14	2011.06.20	21.00%	21.50%	17.50%	18.00%
2011.11.30	2011.12.05	21.50%	21.00%	18.00%	17.50%
2012.02.18	2012.02.24	21.00%	20.50%	17.50%	17.00%
2012.05.12	2012.05.18	20.50%	20.00%	17.00%	16.50%
2015.02.04	2015.02.05	20.00%	19.50%	16.50%	16.00%

资料来源：中国人民银行网站。

第三种，调整再贴现率。

所谓**再贴现率**（rediscount rate），是指商业银行将其贴现的未到期票据向中央银行申请再贴现时的预扣利率。例如，银行手里有100元的商业票据，但还有1年才到期。如果此时银行需要现金，可用这笔商业票据作为抵押向中央银行交换现金。如果中央银行规定这份票据可以交换80元现金，则再贴现率就是20%；而如果中央银行规定这份票据可以交换90元现金，则再贴现率就是10%。显然，再贴现率越低，银行就越愿意向中央银行进行再贴现，从而市场上的货币总供给就越多；反之，再贴现率越高，银行就越不愿意向中央银行进行再贴现，从而市场上的货币总供给就越少。

再贴现率： 商业银行将其贴现的未到期票据向中央银行申请再贴现时的预扣利率。

第四种，其他调节手段。

除了以上三种主要政策手段外，中央银行还有一些其他调节货币供给的政策手段：

一种是调整准备金利率。在较早时期，中央银行对商业银行存在中央银行的准备金是不支付利息的，但现在，中央银行对准备金也支付利息（当然利率远低于市场贷款利率）。一般来说，如果中央银行为准备金支付更高的利率，那么银行就会有积极性把更多的存款留作准备金。

另一种是常备借贷便利（standing lending facility，简称 SLF）。这是给特定的商业银行或者大公司设立的一种贷款，中央银行可以通过这种贷款直接增加货币供给量。以前，只有欧美等国的银行提供 SLF，但从 2013 年起，中国人民银行也开始提供 SLF。

此外，中国人民银行还可以对基准利率进行调整，借此来调节货币供给。基准利率是金融市场上具有普遍参照作用的利率，其他利率水平或金融资产价格均可根据这一基准利率水平来确定。表 15-3 给出了 2010 年以来我国基准利率的调整状况。由该表可知，在 2010 年时，为了应对国际金融危机的冲击，央行制定的基准利率是相对较低的。在此之后，央行为了应对前期刺激政策带来的通货膨胀压力，不断提高基准利率。而从 2012 年 6 月起，经济下行的压力增大，因此央行再次降低基准利率，以期增加货币供给、刺激经济。

表 15-3　2010 年以来我国基准利率的变化状况

调整时间	6 个月	1 年	1—3 年	3—5 年	5 年以上
2010.10.20	5.10%	5.56%	5.60%	5.96%	6.14%
2010.12.26	5.35%	5.81%	5.85%	6.22%	6.40%
2011.02.09	5.60%	6.06%	6.10%	6.45%	6.60%
2011.04.06	5.85%	6.31%	6.40%	6.65%	6.80%
2011.07.07	6.10%	6.56%	6.65%	6.90%	7.05%
2012.06.08	5.85%	6.31%	6.40%	6.65%	6.80%
2012.07.06	5.60%	6.00%	6.15%	6.40%	6.55%
2014.11.12	5.60%	5.60%	6.00%	6.00%	6.15%
2015.03.01	5.35%	5.35%	5.75%	5.75%	5.90%

资料来源：中国人民银行网站。

15.2.4　流动性偏好理论及均衡利率的决定

流动性偏好理论：
凯恩斯提出的解释货币需求的理论，认为人们持有货币是为了更方便地购买商品和劳务，而利率就是持有货币的机会成本。

在对货币政策的基本工具进行了介绍后，我们可以继续讨论货币政策的影响。在本节中，我们先介绍**流动性偏好理论**（liquidity preference theory），并用它来对均衡利率的决定进行解释。

流动性偏好理论是凯恩斯在《就业、利息与货币通论》中提出的，它被用来解释经济中利率的决定。这里,我们考虑的是短期问题,可以暂时假设无通货膨胀,因此对实际利率和名义利率也暂不加以区分。根据凯恩斯的观点,是货币需求和货币供给共同决定了经济中的利率水平。

先看**货币供给**。在前面几节中,我们已经介绍了中央银行控制货币供给的各种手段。尽管这些手段对于了解货币供给的机制来说很重要,但对于理解货币供给如何影响经济中的总产量和总价格水平则并不重要。为简单起见,我们可以假设中央银行直接控制了货币供给量。因此,在"利率-货币量"空间中,货币供给曲线是一条垂直的曲线。

货币供给: 一国在某一时点上为社会经济运转服务的货币存量。

再看**货币需求**。根据流动性偏好理论,人们持有货币而不将其存在银行获取利息,是因为要更方便地购买商品和劳务,而免除频繁取款的烦恼。从这个意义上讲,利率就是持有货币的机会成本。利率越高,人们持有货币的机会成本就越大,其对货币的需求就越小;反之,利率越低,人们持有货币的机会成本就越小,其对货币的需求就越大。因此,在"利率-货币量"空间中,货币需求曲线是一条向右下方倾斜的曲线。

货币需求: 在某一特定的时间内,整个社会愿意且能够持有的货币数量。

在图 15-2 中,我们画出了货币的供给曲线和需求曲线。这里,两条曲线的交点决定了均衡利率水平 r。如果利率(如 r_1)高于均衡水平,那么市场上的货币需求 M_1 就低于中央银行决定的货币供给量(M^*),此时市场利率会面临下降的压力;而如果利率(如 r_2)低于均衡水平,那么市场上的货币需求 M_2 就高于中央银行决定的货币供给量(M^*),此时市场利率会面临上升的压力。只有在市场利率恰好等于均衡利率 r 时,市场上的货币需求才恰好等于中央银行决定的货币供给量,此时货币市场达到了均衡。

图 15-2 货币供给和货币需求

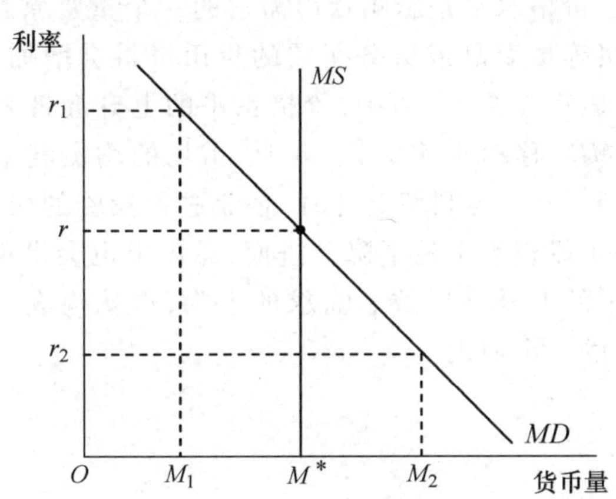

我们也可以用货币供给曲线和货币需求曲线来分析货币政策对均衡利率的影响。如图 15-3 所示,如果中央银行通过购入国债、降低存款准备金率或是降低再贴现率等方法,增加了货币供给量,那么图中的货币供给曲线就会向右移动(从 MS_1 移动到 MS_2)。此时,均衡利率就会下降(从 r_1 下降到 r_2)。反之,如果中央银行通过卖出国债、提高存款准备金率或是提高再贴现率等方法,减少了货币供给量,那么货币供给曲线就会向左移动。此时,市场上的均衡利率就会上升。

图 15-3　货币政策对货币市场均衡的影响

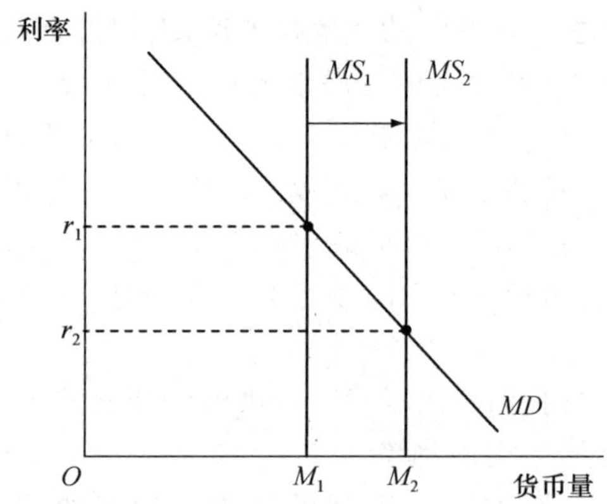

15.2.5　用流动性偏好理论重新解释总需求曲线

在用流动性偏好理论解释了均衡利率后,我们可以继续用它来分析货币政策对价格水平及总产量的影响。在此之前,我们先要用流动性偏好理论来重新认识"总需求曲线向右下方倾斜"这个问题。换言之,我们需要考虑当经济中的总价格水平上升时,货币市场的均衡利率会发生怎样的变动,而这又会怎样影响经济中的总产量。

我们知道,价格水平是影响货币需求的一个重要原因。当价格水平上升时,购买等量商品或劳务所需的货币量将会增加,此时货币需求就会上升。表现在图 15-4 中,价格水平的上升会带来货币需求曲线的右移(从 MD_1 移动到 MD_2)。此时,市场的均衡利率水平就会上升(从 r_1 上升到 r_2)。当利率上升时,企业进行投资的成本就会上升,这会导致经济中投资水平的下降。进而,总需求也会出现下降。综上所述,价格水平的上升会导致总需求的下降,这就构成了总需求曲线向右下方倾斜的一个原因。

图 15-4　货币市场均衡与总需求曲线

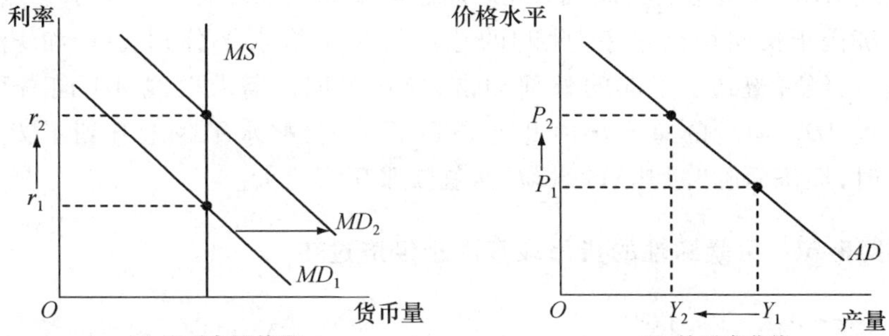

(a) 货币市场均衡　　(b) 总需求曲线

15.2.6　货币政策的影响分析

在用流动性偏好理论重新解释了需求曲线向右下方倾斜的理由后，我们可以进一步分析政府可以怎样利用货币政策来调节经济。

先看如何用货币政策防止衰退威胁。如图 15-5(a)所示，考虑在初始时，经济处于长期均衡状态。长期总供给曲线 LAS、短期总供给曲线 AS、短期总需求曲线 AD_1 恰好相交于一点，这点决定了均衡的物价水平 P_1 和均衡产量 Y_1。这时，如果经济遭到了负面的外生冲击，导致短期需求曲线 AD_1 向左移动到了 AD_2 的位置，均衡的总产出由此下降到了 Y_2，价格水平也下降到了 P_2，经济陷入了萧条。

图 15-5　用扩张性的货币政策抗击衰退威胁

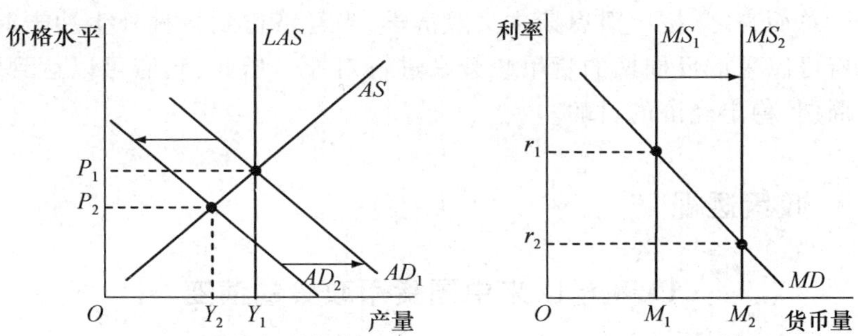

(a) 总需求-总供给　　(b) 货币市场

为了抵消这种负向冲击的影响，政府可以用扩张性的货币政策来对负向的总需求冲击进行对冲。它可以选择购入国债、降低存款准备金率或是降低再贴现率等方法，增加货币的供给量。如图 15-5(b)所示，这会导致货币供给曲线向右移动，从而导致均衡利率的下降。在利率效应的作用下，总需求曲线由 AD_2 重新移动到 AD_1 的位置。这时，经济重新回到了长期均衡水平。

再看如何用货币政策阻止经济过热。图 15-6(a)中,长期总供给曲线 LAS、短期总供给曲线 AS、短期总需求曲线 AD_1 恰好相交于一点,经济处于长期均衡水平,此时的总产量和价格水平分别为 Y_1 和 P_1。这时,经济遭到了正向的外部冲击,导致短期总需求曲线 AD_1 向右移动到 AD_2,均衡的总产出由此上升到了 Y_2,价格水平也上升到了 P_2。此时,经济面临"过热"的风险,通货膨胀压力增大。

图 15-6　用紧缩性的货币政策阻止经济过热

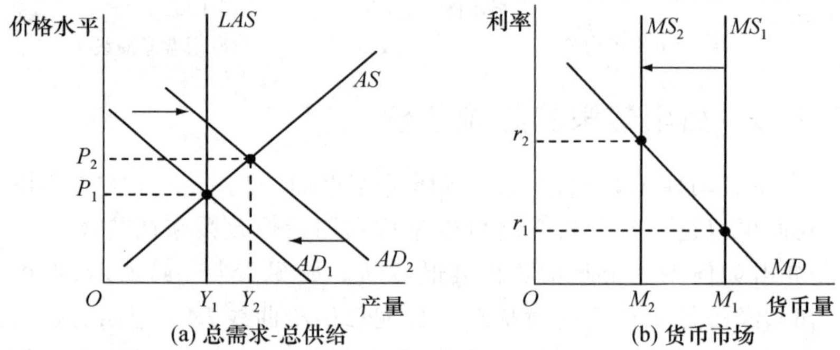

为了防止经济"过热",政府可以用紧缩性的货币政策来应对这类冲击。这时,它可以通过卖出国债、提高存款准备金率或是提高再贴现率等方法,减少货币的供给量。如图 15-6(b)所示,这会导致货币供给曲线向左移动,从而导致均衡利率的上升。更高的利率会对企业过高的投资需求进行抑制,使总需求曲线重新移回到 AD_1 位置,从而使经济重回长期均衡水平。

总而言之,按照凯恩斯主义经济学,当经济遭到各种外生冲击时,政府可以采取反周期的货币政策来进行对冲。借此,政府可以达到熨平周期、稳定经济的目的。

政策透视

1998 年以来中国货币政策的演变

1998 年至今,中国的货币政策经历了几次演变。

1998 年,受东南亚金融危机波及,我国出口猛烈下滑,经济增长和就业率同时下降,物价持续走低。加上一些地区遭受了罕见的洪涝灾害,对经济运行造成了更大的冲击。面对国内外严峻的经济形势,中国政府一方面在国际市场上坚持人民币不贬值,稳定汇率;另一方面采取稳健的货币政策来扩大内需、应对通货紧缩和刺激经济增长。

在这个阶段,中国的货币政策主要包括如下措施:第一,取消了对贷款规模的限额控制;第二,连续五次大幅下调了金融机构存款和贷款基准利率;第三,五次降低了法定存款准备金率;第四,扩大公开市场操作,调节货币供求,保持货币供应量适度增长;第五,加大外汇管理,健全外汇市场。

到2003年,我国经济走出了低谷,进入新一轮经济周期的上升期,投资、出口、信贷及外汇储备快速增长。这次上升阶段的经济推动力主要是以住房和汽车为代表的消费结构的升级,但是也表现出一些不稳定现象:部分行业固定资产投资过猛,粮食供求关系趋紧,货币信贷投放过多。同时,由于伊拉克战争使得国际石油价格大幅上涨,石油进口成本提高、供求关系紧张的同时也造成了贸易顺差减少。面对这种情况,央行采取了稳中从紧的货币政策,防止经济增长由偏快转为过热和刚开始显现的物价上涨现象。

在这个阶段,我国的货币政策主要包括如下措施:第一,于2004年放开了人民币存款利率下限和贷款利率上限;第二,八次提高了金融机构存款和贷款的基准利率;第三,灵活运用公开市场业务,保持基础货币平稳增长;第四,十五次上调了存款准备金率,实行了差别存款准备金率制度。

2008年年初,为了防止结构性价格上涨演变成明显的通货膨胀、经济增长由偏快转为过热,中国人民银行实行了从紧的货币政策。从9月开始,美国次贷危机蔓延加剧,加上年初的雪灾和5月份的汶川地震等灾害所引起的资金需求,经济形势十分严峻。

中国人民银行结合国际和国内的经济背景,调整了宏观调控政策,按照"既要保持经济平稳发展,又要控制物价上涨"的要求实行了适度宽松的货币政策,其主要政策包括:第一,连续下调了金融机构人民币存款基准利率;第二,下调了人民币贷款基准利率;第三,连续下调了法定存款准备金率;第四,取消对商业银行信贷规划的约束,引导其扩大贷款总量;第五,暂停6个月期、1年期和3年期央票发行等措施,以配合4万亿投资的积极财政政策。

随着经济危机影响的消散和通货膨胀压力的增加,从2011年开始,我国的货币政策基调又回到了稳健。但针对形势的变化,在一些时候也会在稳健基础上进行适度宽松。

资料来源:根据政府相关文件整理。

15.3 财政政策

财政政策:政府通过改变政府购买或税收来影响总需求的过程。

下面我们来介绍**财政政策**。所谓财政政策,指的是政府对政府购买和税收的安排。在短期中,它会对商品和劳务的总需求产生影响。

15.3.1 政府购买的变动

当决策者改变货币政策或税收水平时,它会通过影响企业或家庭的支出间接地影响总需求曲线的移动。而与此不同,当政府改变其对商品和劳务的购买时,它会直接使总需求曲线产生移动。

例如,假设政府投资1万亿元修建高铁,那么这笔钱就会增加对相关供应商的产品的需求。这意味着,在既定价格水平下总需求增加了,总需求曲线就由此产生了右移。

那么,这1万亿元的高铁投资会使总需求移动多少呢?是正好移动1万亿元吗?情况并非如此。两种宏观经济效应的存在会使总需求曲线的移动幅度和政府购买的变动并不相同:第一种效应是乘数效应,这种效应的存在会使总需求曲线的移动幅度大于1万亿元;第二种效应是挤出效应,这种效应的存在会使总需求曲线的移动幅度小于1万亿元。下面,我们将分别对两种效应进行介绍。

15.3.2 乘数效应

当政府投资1万亿元修建高铁后,会产生一系列的影响。直接来看,政府购买会增加相关供应商的利润和雇佣量。当更多的工人获得工作、企业家获得更多的利润后,他们会将额外的收入用于消费,从而带动对其他商品和劳务的需求。而这又会增加相关产品生产商面临的需求,增加他们的利润和雇佣量,而这反过来又会使消费继续增加……如此反复,1万亿元政府投资增加所带来的总需求增加将远远超过1万亿元。在宏观经济学中,这种现象被称为政府支出的“**乘数效应**”(multiplier effect)。

(财政政策的)乘数效应: 政府支出增加所引起的总需求以乘数增加的连锁反应。

在图15-7中,我们给出了乘数效应的图示。如图所示,在初始时,1万亿元的政府购买使总需求曲线由AD_1移动到了AD_2。但这个过程并没有停止,随着上述过程的不断重复,总需求曲线还会进一步移动,直到移动到AD_3的位置。这里,AD_1和AD_2之间的距离就是政府购买增加所带来的直接效应,而AD_1和AD_3之间的距离则是政府购买的总效应。显然,后者要远远大于前者,而两者之间相差的倍数就是“**乘数**”。

边际消费倾向: 消费增量和收入增量的比值。

那么,政府购买的乘数效应究竟会有多大呢?这主要取决于**边际消费倾向**(marginal propensity to consumption,简称MPC)的大小。所谓边际消费倾向,指的是消费增量和收入增量之间的比值,也就是说,当收入每增加1单位时消费的增量。在知道了这个概念后,我们可以重新思考政府购买增加导致总需求增加的整个过程。

图 15-7 乘数效应图示

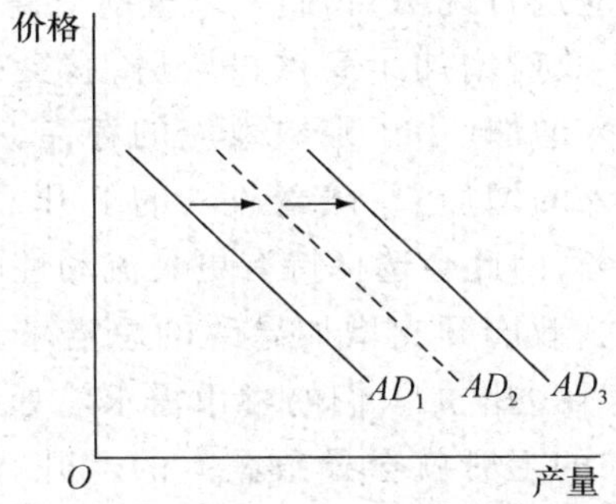

为简明起见,不妨假设 $MPC=3/4$,也就是说经济中的每一个人在增加了 1 单位收入后,会将其中 3/4 单位用于消费。当政府增加了 1 万亿元的高铁建设投入后,这笔钱最终会转化为企业家和雇员的收入。给定 $MPC=3/4$,人们会将其中的 7 500 亿元用于消费,而这笔消费又将重新转变为工资和利润,并被另一批人获得。这种反馈效应会一直持续下去。

为了得到政府购买增加所带来的总效应,我们需要将所有阶段的效应进行如下相加:

政府购买增加 = 1 万亿元

第一轮消费增加 = 1 万亿元 $\times(3/4)$

第二轮消费增加 = 1 万亿元 $\times(3/4)^2$

第三轮消费增加 = 1 万亿元 $\times(3/4)^3$

… …

总需求增加 = 1 万亿元 $\times[1+(3/4)+(3/4)^2+(3/4)^3+\cdots]$

根据无穷级数相加公式,可知 $1+(3/4)+(3/4)^2+(3/4)^3+\cdots=1/[1-(3/4)]=4$,因此,这 1 万亿元高铁投资一共会带来 4 万亿元总需求的上升。

更为一般地,如果边际消费倾向 MPC 是任何一个介于 0 到 1 之间的数,那么"乘数"可以用如下公式计算得到:

$$\text{乘数}=1+MPC+MPC^2+MPC^3+\cdots=\frac{1}{1-MPC}$$

由此可知,边际消费倾向越大,"乘数"也就越大。这是因为,更多的收入会被转化为消费,从而被重新投入前文所述的循环过程中去。因此,相同数额的政府购买所带来的总需求增量也就越大。

15.3.3 挤出效应

乘数效应表明,政府购买增加对总需求的总效应要高于其直接效应,而另一种效应则表明,政府购买增加对总需求的总效应也可能低于其直接效应。这种效应就是“**挤出效应**”(crowding out effect)。

(财政政策的)挤出效应：政府支出增加所引起的私人消费或投资降低的效果。

为了对挤出效应进行说明，我们可以重新对高铁投资的影响进行考察。如前所述，在政府增加了高铁投资后，它会引起相关供应商的雇员及所有者的收入增加(由于乘数效应的存在，也会引起其他企业的雇员和所有者收入的增加)。随着收入的上升，这些人将会选择购买更多的商品和劳务，因此会选择持有更具流动性的资产(如现金、活期存款等)。换言之，政府开支增加导致的总需求扩张会带来财富效应，而财富效应的存在会增加人们的货币需求。如果货币的供给是固定的，那么货币需求的上升就会导致利率的上升。随着利率的上升，企业的投资成本将会上升，从而会导致投资减少，总需求曲线向左移动，这样就产生了对总需求的“挤出”。

在图 15-8 中，我们给出了挤出效应的图示。先看货币市场的情况：当货币供给不变时，货币供给曲线 MS 是一条垂直的线。政府增加高铁投资后，总需求扩张，由此带来的财富效应会让货币需求曲线从 MD_1 右移到 MD_2。相应地，市场利率会从 r_1 上升到 r_2。再看对应的总需求的变动：初始的投资增加会使总需求曲线 AD_1 移动到 AD_2。但由此造成的利率上升会抑制企业的投资需求，从而让总需求减少，这会使总需求曲线由 AD_2 向左移动到 AD_3。

图 15-8　挤出效应图示

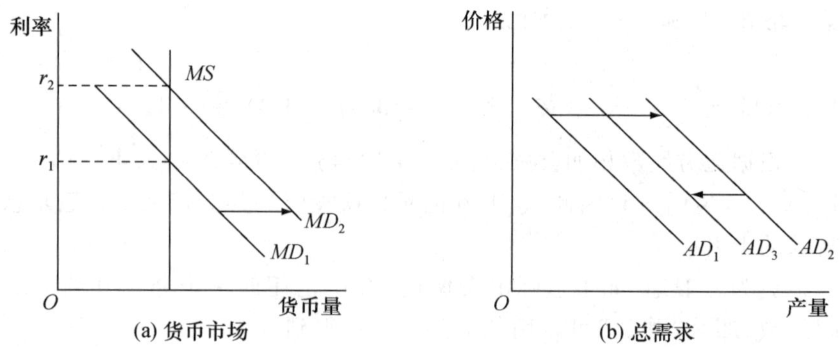

(a) 货币市场　　(b) 总需求

由于乘数效应和挤出效应同时存在，因此财政政策的总效应是不确定的。

由于乘数效应和挤出效应同时存在，因此财政政策的总效应是不确定的，它取决于两种效应的相对大小。

有很多经济学家通过测算财政政策的乘数来考察财政政策的净效应，但不同研究的结论之间有很大区别。例如，伍德福德(M. Woodford)估计美国的财政乘数在 1.5 左右，这说明乘数效应要大于挤出效应[2]；但根据巴罗(R. Barro)和雷德里克(C. Redlick)的研究，美国的财政乘数事实上不到 1，也就是说乘数效应要小于挤出效应[3]。

奥尔巴赫(A. Auerbach)及其同事的一系列研究则表明,财政乘数在不同时期的差别很大,萧条时期的财政乘数要远远高于繁荣时期。也就是说,在萧条时期,乘数效应相对较大,而在繁荣时期,挤出效应较为明显。[4]

在最近的一项研究中,王国静和田国强对中国的财政乘数进行了测算。[5]他们区分了政府消费和政府投资。根据他们的测算,长期的政府消费乘数为0.790 4,而长期的政府投资乘数则高达6.113 0。这说明,单纯的政府消费产生的更多是挤出效应,而政府投资产生的则更多是乘数效应。

15.3.4 税收政策

除了政府购买外,税收是财政政策的另一项基本工具。当政府进行减税时,居民的收入就会增加。他们会将收入增量的一部分拿出来进行消费,从而会引起总需求扩张,导致总需求曲线向右移动。

和政府购买的变动类似,减税也存在乘数效应和挤出效应。具体来说,税收减免会导致居民消费支出的增加,而居民消费支出的增加又会制造新的需求,从而使其他企业的所有者和雇员收入上升,而这又会带来更多的消费增量。以上过程不断重复,就产生了乘数效应。同时,税收减免所带来的总需求扩张也会增加货币需求,在货币供给不变的前提下,这会导致均衡利率的上升。由于利率的上升,企业的投资需求会受到抑制,从而总需求也会减少,这就产生了挤出效应。

由于乘数效应和挤出效应同时存在,因此税收减免对总需求带来的净效应也是不确定的,它取决于两种效应的相对大小。当然,在现实中,税收的种类繁多,减免不同类别的税收所带来的总效应可能有很大区别。基于这个原因,如果政府推行更有针对性的结构性减税,其效果可能会好于单纯的总量税收减免。

政策透视

2008年以来中国的结构性减税

所谓结构性减税就是“有增有减,结构性调整”的一种税制改革方案,是为了达到特定目标而针对特定群体、特定税种来削减税负水平。针对过去中国在税收制度上的不合理之处,2008年的中央工作会议首次提出了“结构性减税”的设想。

在减税方面,2008年以来的结构性减税政策包括以下几项重要举措:一是增值税改革。2009年1月1日起,增值税开始由生产型增值税向消费型增值税转型,允许一般纳税人抵扣购进机器设备的进项税款。2012年1月，营业税改增值税试点改革开始试行，并逐步开始向全国的所有产业推广。二是降低关税。自2012年1月1日起，我国对730多种商品实施较低的进口税率，平均税率为4.4%，比最惠国税率低50%以上。三是个人所得税改革。2011年9月1日起，个人所得税起征点被提高至3 500元，其税率和级次也发生了变化，超额累进税率级次为3%至45%，由原来的9档变为7档。

在以上减税措施实行的同时，我国也推行了两项重要的增税措施：一是房产税的试点改革。自2011年1月28日起，上海、重庆分别开展房产税改革试点，并公布房产税征收标准和相关具体措施，上海的房地产税税率为0.4%～0.6%，重庆为0.5%～1.2%，由此拉开了在全国进行房产税改革的序幕。二是资源税改革。我国自2010年6月1日起在新疆进行了资源税改革试点，将原油、天然气资源税由从量定额改为从价定率，并在同年12月将改革试点推广到其他西部省份。从2011年11月开始，我国开始调整原油、天然气资源税的计征办法和税率，征收销售额的5%～10%作为资源税。

可以肯定，以上结构性减税政策会对中国经济产生深远的影响，但其具体效力还有待时间的检验。

资料来源：根据政府相关文件整理。

一般认为，相对于政府购买的增加，减税是刺激经济的更好方法。这是因为，政府购买经常会被投放到不符合国民福利，或者是低效率的领域。例如，各地对基础设施的重复建设就是典型的例子。相对而言，通过减税将收入直接返回到居民和企业手中，让他们自行去消费、去投资，其对于经济的影响则可能是更为有利的。

值得一提的是，减税究竟能否产生效果，很大程度上取决于政府债务的存量和融资渠道。设想，如果政府实施减税，并改由公债进行融资，那么只要政府的赤字不削减，新的融资渠道没有被开拓，这样的减税就很难会有效果。这是因为，人们预期政府会在将来重新增加税收，因而会自行储蓄来预防这种可能的增税。这样，整个经济的总需求就不会有变化，减税就不会产生效果。在文献中，以上现象被称为**“巴罗-李嘉图等价定理”**（Barro-Ricardo equivalence theorem）。

巴罗-李嘉图等价定理：如果政府不削减赤字，人们预期政府会在将来重新增加税收，因而会自行储蓄来预防这种可能的增税，减税就不会产生效果。

政策透视

1998年以来中国财政政策的演变

1997年，亚洲金融风暴在泰国爆发，迅速席卷东南亚诸国，我国对外贸易受到了严重冲击。同时，产业结构不合理、低水平的产品过剩与高新技术产品不足并存、城乡结构不合理、区域经济发展不协调等经济结构问题对亚洲金融危机的冲击产生了放大效应。面对国内外经济和市场形势，在货币政策效应呈递减之势和坚持人民币汇率稳定政策的情况下，财政政策成为宏观调控的重要工具。

在这一阶段，财政政策的导向是积极的。具体来说，其措施包括如下七大方面：一是增发国债，加强基础设施投资。二是调整税收政策，支持出口、吸引外资和减轻企业负担。三是增加社会保障、科教等重点领域的支出。四是充分发挥调节收入分配的作用，提高城市居民个人消费能力。五是支持经济结构调整，促进国有企业改革。六是加大治理乱收费力度，减轻企业和社会负担。七是对国有企业实行了“债转股”。

从2004年起，经济转热，投资需求进一步膨胀，贷款规模偏大，电力、煤炭和运输紧张状况加剧，通货膨胀压力加大，农业、交通、能源等薄弱环节及中小企业、服务业投入严重不足，结构问题依然是我国国民经济中的深层次矛盾与问题。

在这一阶段，财政政策由积极转向了稳健。具体来说，其措施包括如下几个方面：一是国债投资规模调减调向，引导社会投资和民间资金向农村、社会事业、西部开发、东北地区等老工业基地、生态建设和环境保护领域流动。二是推迟预算内建设性支出的时间。三是有保有控，在总量适度控制下进行结构性调整。四是深化税制改革，发挥税收调节作用，对农业税、个人所得税等实施了改革。

2008年，由次贷危机引发的全球经济危机开始波及中国。我国经济增长开始急剧下滑，消费和投资都开始下降。为了对冲经济危机带来的风险，财政政策重新由稳健转向了积极。一方面，政府出台了一系列促进投资的政策，推出了4万亿元投资计划。另一方面，政府也积极利用财政政策刺激和扩大消费。例如，对工业品下乡、工业品以旧换新进行了财政补贴。同时，还出台了一系列的结构性减税措施，在增值税、房产税、环境税、出口退税等方面进行了重大调整。

资料来源：根据政府相关文件整理。

15.4 关于宏观经济政策的争论

关于宏观经济政策，无论是在学界还是在政界都存在着广泛的争议。其中，如下两个话题是争议较多的：第一，政府是否应通过宏观经济政策来对经济实行调控；第二，政府应如何在不同的政策目标之间进行权衡。在本节中，我们将依次对以上两个问题进行探讨。

15.4.1 政府是否应通过宏观经济政策来调控经济

对于政府究竟是否应该通过宏观经济政策对经济进行调控,学界和政界都存在着巨大的争议。

支持用政策进行调控的学者给出的理由十分直接:我们所处的经济无时无刻不在经受着各种冲击,这些冲击可能会使失业率上升、产出下降、通货膨胀率提高,这些都会对国民的福利状况造成严重的损害。尽管大多数学者都承认在经历长期的市场自发调整后,经济会恢复到长期的均衡位置,但主张调控的学者认为这一过程可能极其漫长,而且是痛苦的。凯恩斯曾经说过:“在长期,我们都死了!”那么,与其在短期忍受冲击带来的痛苦、坐等长期调整的完成,为什么不试着用宏观政策进行反向操作,从而缩短调整时间、减少调整带来的痛苦呢?

而反对政策调控的人则给出了如下的反驳观点:

第一,经济政策所依据的经济模型本身是靠不住的,依靠这样的模型来调节经济,很难达到预期的目标。在前面的分析中,我们经常说,如果通过政策使总需求曲线发生怎样的移动就能达到效果,但问题在于现实中我们既不知道总需求曲线的形式,也不知道总供给曲线的形式,只能借助计量和统计的方法对其进行估计。但是,我们用各种精密的统计方法所得到的参数很可能是错误的,或者说是不稳定的。如果模型的参数不可靠,那么我们在这些模型的基础上设计相应的政策就会成了“盲人骑瞎马”。

第二,当人们进行理性预期时,政策将是无效的。20 世纪 70 年代,以罗伯特·卢卡斯为代表的理性预期学派开始兴起。这一学派认为“上有政策、下有对策”,如果人们预期到了调控政策的实施,就会预先对此进行应对。例如,当预期到政府要进行货币扩张时,雇员就可能预先和企业签订更高的工资。这些预期反应的存在,会削弱政策的有效性。

第三,即使政策所依据的模型是正确的,且不考虑预期的影响,由于政策“时滞”的存在,政策的效力也会大打折扣。政策的“时滞”包括“内在时滞”和“外在时滞”,其中前者是指对情况做出反应、进行政策制定的时间;后者是从政策实施到政策发生作用的时间。一般来说,财政政策的出台需要经过更多的论证,但一旦出台,其见效会较快,因此其内在时滞较长,外在时滞较短。相比之下,货币政策制定的时滞较短,但其出台后见效则较为缓慢,因此其内在时滞较短,外在时滞较长。不过,无论是哪一类政策,都会产生较长的时滞,因此当政策被实施并且起作用时,经济形势可能已经发生了变化。这时,政策就不可能对症下药,其效力也会大受影响。

第四,经济政策不仅可能对稳定经济无效,其本身更可能成为引发经济不稳定的来源。在现实中,奥地利学派的学者通常持这种观点。根据奥地利学派的经济理论,经济波动和经济周期是不同的:前者可能是由某些非系统性冲击导致的,因此经过短暂的调整就能使经济得到恢复;而后者则是经济中的企业家集体犯错,这会导致经济陷入长期的萧条。在一般条件下,企业家不会发生集体的预期错误,只有在受到经济政策干扰的条件下,这种情况才可能发生。从这个意义上讲,宏观经济政策可能会使经济变得更加不稳定。关于奥地利学派的经济周期理论,我们将在下一章进行更为详细的介绍。

截至目前,学者们对政府是否应当通过经济政策来调控经济还没有达成普遍的共识,并且可以肯定,相关的争论还将持续下去。

15.4.2 政府应如何在不同的政策目标之间进行权衡

正如我们在前面所指出的,政府在制定宏观经济政策时,可能同时面对很多政策目标。一个政策不可能同时达成所有目标,因此政府就必须在多个政策目标,例如通货膨胀率和失业率之间进行权衡。在对这种权衡进行介绍之前,我们先来介绍一个重要的经济模型——菲利普斯曲线。

菲利普斯曲线

菲利普斯曲线: 表示失业率和通货膨胀率之间取舍关系的曲线。

菲利普斯曲线(Philips curve)是因其提出者得名的。1958 年,新西兰经济学家菲利普斯根据英国 1861—1913 年间失业率和货币工资变动率的经验统计资料,得出了一条用来表示失业率和货币工资变动率之间交替关系的曲线。[6]这条曲线表明:当失业率较低时,货币工资增长率较高;反之,当失业率较高时,货币工资增长率较低,甚至是负数。根据我们在上一章中的讨论,货币工资的上升会推高价格水平,使通货膨胀率上升。因此,菲利普斯曲线也可以表示失业率与通货膨胀率在短期内的负向关系:当经济处于萧条、失业率很高时,工资与物价水平都较低,从而通货膨胀率也较低;而当经济繁荣、失业率很低时,工资与物价水平都较高,从而通货膨胀率也较高。

我们也可以借助上一章介绍的总需求-总供给框架来对这一理论进行认识。在这个框架中,菲利普斯曲线上的"通货膨胀-失业"组合是由总需求的变化引起的。如图 15-9(a)所示,在短期,总供给曲线 AS 是一条向上倾斜的曲线。当总需求扩张时,总需求曲线由 AD_1 移动到 AD_2,此时经济中的产量由 Y_1 提高到 Y_2,价格水平也从 P_1 上升到 P_2。在既定技术条件下,更高的产量和更低的失业率是对应的,因此我们就得到了短期的菲利普斯曲线应该是一条在"通货膨胀-失业"空间内向右下方倾斜的曲线,如图 15-9(b)所示。

图 15-9　总需求-总供给和菲利普斯曲线

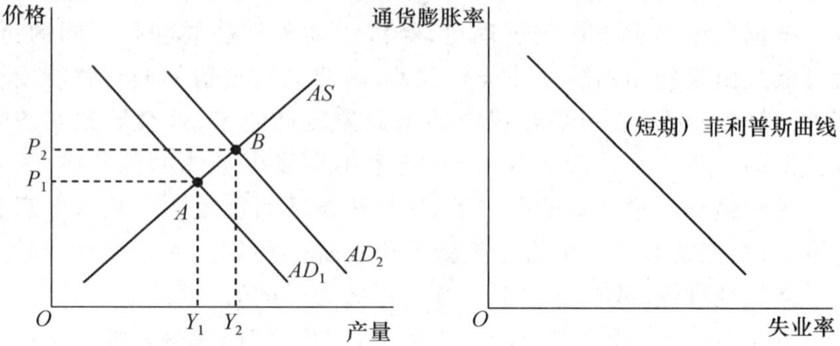

(a) 总需求-总供给　　(b) 菲利普斯曲线

根据同样的逻辑，我们不难得到如下推论：在长期，总需求的扩张只会造成价格水平的上升，而不会使产出变动，因此长期菲利普斯曲线应该是一条在“通货膨胀–失业”空间内的垂直曲线。

菲利普斯曲线表明，在短期内，政策制定者可以在通货膨胀率和失业率之间权衡取舍，但从长期看，刺激总需求的政策只会带来更高的通货膨胀率。

菲利普斯曲线的存在为宏观经济政策的制定者在进行政策权衡时提供了依据。现在，他们知道，在短期内通货膨胀率和失业率之间存在着一种替代关系，因此政策制定者可以用政策手段在这两个目标之间进行取舍。但是长期菲利普斯曲线的存在也告诉他们，这种取舍只能是短期的，从长期看，刺激总需求的政策只会带来更高的通货膨胀率，而不能降低失业率。

那么，菲利普斯曲线给出的经验关系是否是持久的呢？随着时间变化，它会发生怎样的移动呢？弗里德曼、菲尔普斯等经济学家强调了预期在菲利普斯曲线移动中的重要性。[7] 他们认为，在一段时期内，企业和居民对于未来通货膨胀的预期是给定的，他们在进行各类经济活动时，都会将其考虑在内。假设在初始时经济处于长期均衡位置，经济中的失业率正好等于自然水平，经济中的产出也正好位于潜在水平。如果实际的通货膨胀正好和预期相等，那么它将不会对总需求产生影响。[8] 只有当意外的通货膨胀发生时，才会发生总需求曲线的移动，此时，“产量–价格”组合随着总供给曲线变化，从而使产量上升、失业率下降。根据这一思路，短期菲利普斯曲线可以写成如下形式：

$$失业率 = 自然失业率 - a(实际通货膨胀水平 - 预期通货膨胀水平)$$

在短期，预期通货膨胀水平是给定的，因此经济政策的后果是通货膨胀和失业存在着相互替代（如图 15-10 所示，“通货膨胀–失业”组合由 A 点移动到 B 点）。但在长期，预期通货膨胀水平本身会发生变动，这引起了短期菲利普斯曲线的移动。新的经济均衡由它和长期菲利普斯曲线的交点给出。此时失业率会回到自然水平，但均衡的通货膨胀率却提高了（如图 15-10 所示，“通货膨胀–失业”组合由 B 点移动到 C 点)。

图 15-10 短期菲利普斯曲线和长期菲利普斯曲线

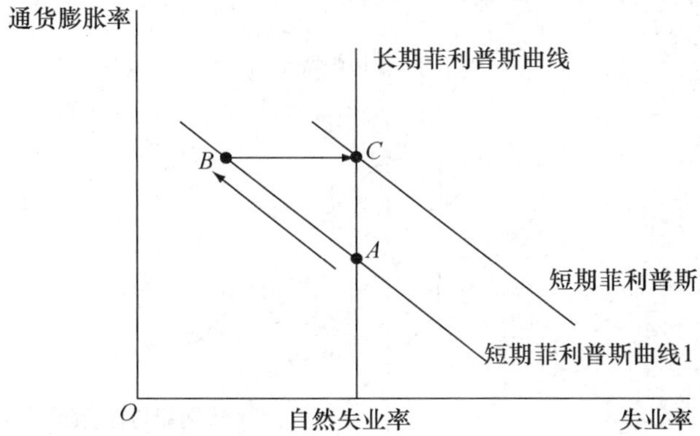

牺牲率和最优政策选择

根据短期菲利普斯曲线,如果要使经济中的通货膨胀率下降一个百分点,那么就必须同时忍受失业率上升一定的百分点。这种为了降低通货膨胀率而忍受的失业率上升,可以被认为是一种牺牲,这两个变动率之间的比值就是**牺牲率**(sacrifice ratio)。

牺牲率: 失业率的变动百分比与通货膨胀率的变动百分比之间的比值。

那么,政府在降低通货膨胀率时需要承担的牺牲率究竟有多大呢? 对于这一问题的回答,取决于对预期机制的认识。如果认为预期是缓慢调整的,那么正如前面的论述,宏观政策在短期内会造成"通货膨胀-失业"沿短期菲利普斯曲线移动,因此在短期内降低通货膨胀率是有成本的。但是,如果根据理性预期假设,那么人们的通货膨胀预期就能很快调整到和实际一致的水平,此时降低通货膨胀率就变得没有成本了。当然,究竟人们的通货膨胀预期是怎样形成的,这在很大程度上并不是一个理论问题,而是一个实证问题。迄今为止,经济学家对此还有很大的争论,没有达成一致意见。

如果通货膨胀率和失业率之间确实存在着一种"牺牲率",那么政策制定者的权衡就变得容易了。它可以确定一个定义在通货膨胀率和失业率上的效用函数 $U(\pi,L)$(其中 π 表示通货膨胀率,L 表示失业率)[9],然后进行选择。在最优选择时,这两者的边际替代率 $MRS=\frac{\partial U/\partial\pi}{\partial U/\partial L}$ 应该正好等于牺牲率。这是因为:如果 MRS 大于牺牲率,说明政府通过宏观政策继续降低通货膨胀率,并为此承担更高的失业率是更为有利的;反之,如果 MRS 小于牺牲率,则说明政府通过宏观政策继续降低失业率,并为此承担更高的通货膨胀率是更为有利的。只有在两个数值正好相等时,政府在实现了效用最大化的选择。

如果长期菲利普斯曲线是垂直的,则按照短期菲利普斯曲线制定的降低失业率,并试图把失业率降低到自然失业率以下的政策,将导致持续通货膨胀,而不会带来持续的低失业率。如图 15-11 所示。

图 15-11　降低失业率政策的无效性

如果长期菲利普斯曲线是垂直的,降低失业率的政策将是无效的。

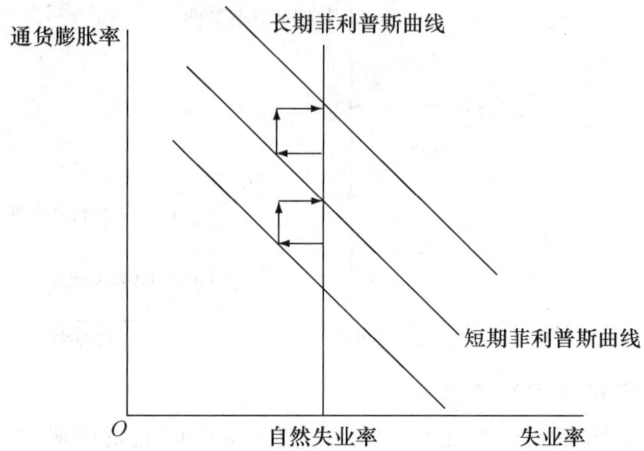

15.5　结语

在本章中,我们对宏观经济政策进行了介绍。在简要介绍了宏观经济目标的基础上,我们对货币政策和财政政策的基本工具和效果进行了分析。最后,我们还对关于宏观经济政策的相关争议进行了讨论。在本章中,我们只侧重介绍了单项经济政策的作用,而在实际中经济政策则更可能以组合的形式出现。关于采用政策组合的理由,以及它们所能达到的效果,需要用到 IS-LM 曲线来进行说明。这已经超出了本书的范围,有兴趣的读者可以参考相关的中级宏观经济学教科书。

需要说明的是,本章介绍的是主流经济学的观点。在主流经济学中,一般认为经济政策至少能在一定程度上有效果,因此有其存在的理由。但在奥地利学派的理论中,对经济政策的看法则正好相反。在下一章中,我们将集中对奥地利学派的经济周期理论进行介绍。

本章要点总结

宏观经济政策是政府为了稳定经济、熨平周期而制定的,其主要目标有三个:经济增长、充分就业和物价稳定。实现这些目标的手段主要有两类:货币政策和财政政策。

所谓货币政策,是指政府通过政策调控货币供给来影响总需求的过程。当存款准备金率小于 1 时,基础货币可以通过储蓄创造出新的货币。通过对货币创造过程进行干预,政府就能对货币供给进行调节。中央银行调节货币供应量的方法主要有三种:公开市场操作、调整法定存款准备金率,以及调整再贴现率。给定货币需求不变,当货币供给发生变化时,市场上的均衡利率就会发生变动,这会对企业的投资决策产生影响,进而使总需求发生变化。

所谓财政政策,是指政府通过改变政府购买或税收来影响总需求的过程。在政府改变政府购买量时,可能带来“乘数效应”和“挤出效应”,这会使财政政策引起的总需求变化和其直接效应并不一致。政府购买的最终效果取决于两种效应的相对大小。同样的,税收调节对总需求的影响也存在“乘数效应”和“挤出效应”,因此税收政策的最终效果也取决于两种效应的相对大小。

关于政府是否应对经济实行调控,学术界存在很大的争议。支持者认为,政府的调控能起到稳定经济运行、改善国民福利的功效;而反对者则认为,由于政策赖以依靠的模型可能存在缺陷、经济主体的理性预期、政策存在时滞等问题的存在,政府的调控可能是无效的。奥地利学派的经济学家甚至认为调控本身可能是造成经济周期的根源。

在用宏观政策调控经济时,政府可能同时面临多个目标,此时它就需要在多个目标之间进行权衡。菲利普斯曲线给出了通货膨胀率和失业率之间的取舍关系,它是决策者制定经济政策的重要依据。理论上讲,如果政府有一个很好定义的效用函数(目标函数),给定菲利普斯曲线决定牺牲率,政府可以求解出最优政策及其效果。但长期看,这种取舍关系并不存在,较高的通货膨胀率并不能换来较低的失业率,企图降低失业率的政策可能导致持续的通货膨胀。

本章重要术语

货币政策　基础货币　货币创造　货币乘数　公开市场操作　法定存款准备金率　再贴现率　流动性偏好理论　货币供给　货币需求　财政政策　(财政政策的)乘数效应　(财政政策的)挤出效应　巴罗–李嘉图等价定理　菲利普斯曲线　牺牲率

延伸阅读

关于本章介绍的总需求–总供给分析,读者可以参考曼昆《经济学原理:宏观经济学分册》的第 34 章和第 35 章。希望在中国的背景下对本章内容进行了解的读者,可以参考易纲和张帆的《宏观经济学》(中国人民大学出版社 2008 年版)和李晓西的《宏观经济学(中国版)》(中国人民大学出版社 2011 年版)。对于宏观政策的具体细节及相关分析感兴趣的读者来说,杰弗里·法兰克尔和彼得·奥萨格编著的《美国 90 年代的经济政策》(中信出版社 2004 年版)是一本不可多得的优秀参考书。

思考与练习

1. 政府采取宏观经济政策调节经济的目标有哪些? 手段又有哪些?

2. 你认为政府是否应该对经济实施宏观调控? 在你看来,政府的宏观调控能达到其预期的目标吗? 为什么?

3. 若法定存款准备金率为 0.12,不存在超额准备金,市场上对货币的需求为 1 200 亿元。

(1) 假设总准备金为 400 亿元,货币供给是多少?

(2) 若央行将法定存款准备金率提高到 0.2,此时货币供给将变动多少? (假定总准备金仍然是 400 亿元)

(3) 假设法定存款准备金率保持 0.12 不变,央行买进了 10 亿元债券,此时货币供给将如何变化?

4. 如果边际消费倾向为 0.5,那么政府购买增加 100 亿元带来的直接效应有多大? 间接效应又有多大? 政府购买乘数有多大?

5. 假定自然失业率是 6% 。请在一张图上画出以下四种情况描述的菲利普斯曲线,并标出每种情况下经济所处的位置。

(1) 实际通货膨胀率是 5%,而预期通货膨胀率是 3%;

(2) 实际通货膨胀率是 3%,而预期通货膨胀率是 5%;

(3) 实际通货膨胀率是 5%,而预期通货膨胀率是 5%;

(4) 实际通货膨胀率是 3%,而预期通货膨胀率是 3%。

6. 如果政府有如下效用函数:$U = -u^{0.6}\pi^{0.4}$,其中 u 和 π 分别表示失业率和通货膨胀率。经济中的菲利普斯曲线为 $u = 6\% - 2(\pi - 2\%)$,请问政府在利用最优政策组合对经济进行调控时,失业率和通货膨胀率分别是多少?

7. 巴罗-李嘉图等价定理说明了什么问题? 在什么条件下减税可能是无效的?

8. 请用本章学过的理论来对 1998 年以来我国货币政策和财政政策的演变进行分析。

本章注释

[1] 在一些教材中,宏观经济政策还有另一个重要目标,即国际收支平衡。在本章中,我们暂不考虑开放经济,因此先不对这一目标进行讨论。

[2] Woodford(2010).

[3] Barro & Redlick(2009).

[4] Auerbach & Gorodnichenko(2011) & (2012).

[5] 王国静、田国强:“政府支出乘数”,《经济研究》,2014 年第 9 期,第 4—19 页。

[6] Phillips(1958).

[7] Friedman(1968), Phelps(1967).

[8] 请参考上一章中的相关论述。

[9] 注意,此时通货膨胀率和失业率带来的边际贡献都是负的。关于这种效用函数的构建,有很多方法。最近比较流行的方法是根据“幸福经济学”观点来计算通货膨胀率和失业率对居民主观幸福感的边际贡献,并在此基础上计算两者的边际替代率,进而还原出效用函数。对于这一观点,可以参考 Chen et al. (2014)。

第16章 奥地利学派宏观经济理论

本章导读

在前面的三章,我们分别对主流经济学中的长期增长、短期波动理论及政策进行了介绍,在本章中我们将对奥地利学派的宏观经济理论进行介绍。和主流的经济理论相比,奥地利学派的经济理论有很强的独特性:从理论上看,奥地利学派非常强调经济的结构,并且将经济增长和经济周期放到一个统一的框架中进行考察;从实践上看,奥地利学派不赞同用宏观经济政策对经济进行干预,并认为宏观经济政策本身可能是导致经济周期的根源。奥地利学派的宏观经济理论要比主流宏观经济理论更能刻画经济运行的本质,因此对其进行学习和研究是十分有价值的。

本章第1节描述了经济周期的三个特征化事实;第2节首先介绍与生产过程和资本结构相关的理论,然后将介绍迂回生产和企业家预期的影响及货币和信用理论;第3节将用以上理论对经济增长和经济周期进行分析;第4节讨论奥地利学派的启示。

16.1 经济周期的三大特征

为什么要学习和研究奥地利学派的宏观经济理论呢?原因就在于要弥补主流宏观经济理论的不足。在前面,我们已经介绍了经济波动和经济周期的相关理论,这套理论在很大程度上可以帮助我们理解经济的上下起伏,但却不能全面地对经济周期的特征进行解释。具体来说,经济周期的如下三大特征是主流宏观理论无法解释的:[1]

首先,经济危机发生时,企业家似乎是同时扎堆犯错(cluster of errors)。正如我们在前面章节指出的,企业家的主要职责是预测未来,并以此做出商业决策。对企业家来说,预测正确的几率越大,存活下去的机会也就越大;反之,预测错误的几率越大,存活下去的机会就越小。在正常情况下,总是有些企业家预测成功,有些企业家预测失败,所以总是有的企业赚钱,有的企业亏损。一般情况下,平均来说,预测成功的人数多于预测失败的人数。但在经济危机发生时,情况有很大的不同:似乎所有企业家都预测错误,所有企业都在亏损。为什么几乎所有的企业家都在同样的时间犯同样的错误?这个问题对理解经济危机非常重要。但遗憾的是，将 GDP 作为经济中的单一产品的主流宏观经济理论显然不能对此给出答案。

其次，一般的，如图 16-1 所示，在经济周期中，在整个生产结构中，无论产量还是价格，越靠上游的产品（也就是原材料）的波动性越大，中间品的波动次之，而用于直接消费的下游产品的波动则最小。为什么在商业周期中，不同产业的波动幅度有很大的不同并呈现出如此有规律的现象？主流宏观经济学对这个至关重要的现象甚至没有予以关注。

在经济周期中，无论产量还是价格，原材料的波动最大，中间品的波动次之，消费品的波动最小。

图 16-1　不同产业的波动

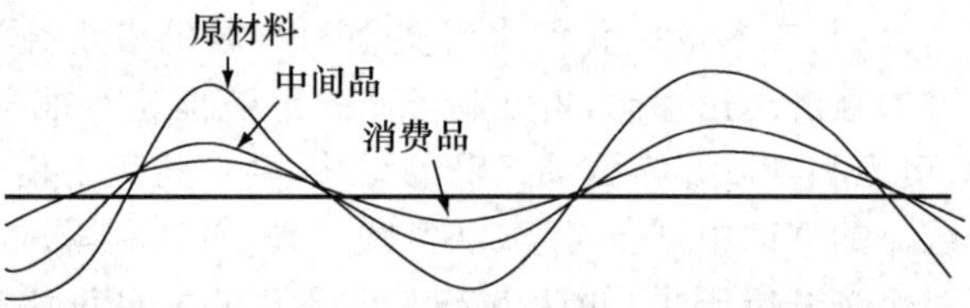

在图 16-2 中，我们给出了 2007 年 2 月到 2013 年 8 月的中国工业增加值同比增长情况。我们发现，在繁荣时，处于上游的重工业的增加值增速一般高于处于下游的轻工业；而在衰退时，重工业的增加值增速则一般会低于轻工业。例如，在 2008 年 8 月之前（此时我国还没有受到全球金融危机的波及），重工业增加值的同比增长速度要明显领先于轻工业；而在 2008 年 9 月之后，重工业增加值的同比增长速度则开始落后于轻工业；到 2009 年 6 月，中国已初步从危机中复苏，此时重工业的同比增速又开始领先于轻工业。此外，总体来看，轻工业的波动率也会比重工业更小。我们分别计算了这一时间段内轻工业和重工业同比增速的标准差，发现前者为 2.83，后者为 4.28，显然后者要远远大于前者。

同样的，上游产业的价格波动也会比下游更大。图 16-3 给出了 2007 年 1 月到 2015 年 3 月的居民消费价格指数、工业品出厂价格指数和生产资料出厂价格指数的走势。容易看到，用来刻画直接消费品价格走势的居民消费价格指数的起伏是最小的，其标准差为 2.53；工业品出厂指数的波动率次之，其标准差为 4.74；而生产资料出厂价格指数的波动率则最大，其标准差为 5.66。究竟为什么上下游产业的波动变化会不一样？这一点主流宏观经济学并没有给出很好的解释。

图 16-2　工业增加值同比增长走势图(2007 年 2 月—2013 年 8 月)

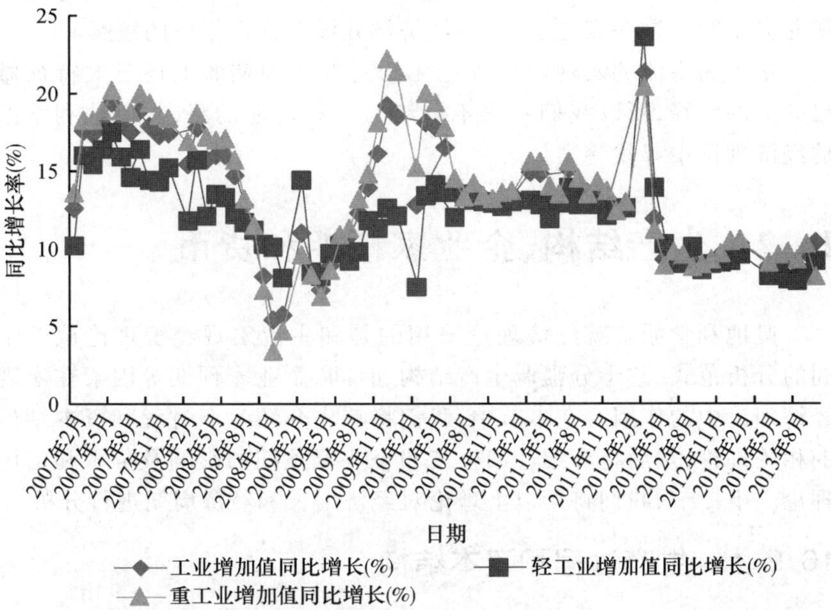

资料来源:数据来自国家统计局网站 http://www.stats.gov.cn/。在统计局网站上,轻工业和重工业月度同比增长的最近数据是 2013 年 8 月,因此本图数据的截止时间定为这一时间。

图 16-3　各类价格指数变化图(2007 年 1 月—2015 年 3 月)

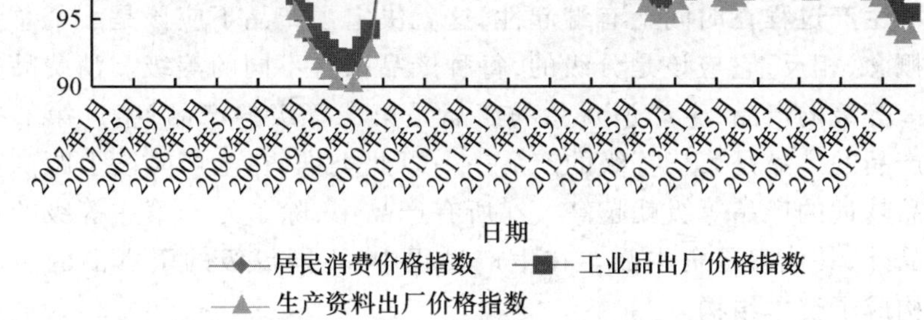

资料来源:数据来自国家统计局网站 http://www.stats.gov.cn/。

最后,经济危机期间会出现普遍的"钱荒",每个企业、每个行业都缺乏流动性资产,连银行也缺钱,不仅不愿给企业提供贷款,而且总是试图提前收贷。尽管政府为了摆脱危机,一般都会在危机时注入更多的流动性,但市场上的资金总是会不够用。那么,市场中的钱究竟到哪儿去了呢？这一点,主流宏观经济学并没有提供很好的解释。

正因为主流的宏观经济理论无法对经济周期的上述三大特征做出完美的解释,所以我们不得不诉诸另一条可能的路,去奥地利学派的经济理论中寻找答案。

16.2 生产结构、企业家预期和货币

奥地利学派宏观经济理论采用的是和主流宏观经济理论截然不同的分析范式,它十分强调生产结构、时间、企业家预期等因素在宏观经济理论中的作用。在本节中,我们将首先介绍生产过程和资本结构的相关理论,然后将介绍迂回生产和企业家预期的影响及货币和信用理论。下一节,我们将用以上理论对经济增长和经济周期进行分析。

16.2.1 生产过程和资本结构

主流的宏观经济学有一个基本假设,即经济是由一种单一的产品,也就是 GDP 组成的。在主流经济学的分析框架中,经济的运作就是家庭提供生产要素,以工资、分红的形式获得收入(GDP);企业进行生产,然后将“产品”(GDP)再卖给要素所有者,用于家庭消费,或进行投资。从需求的角度,GDP 被分解为消费、投资和净出口,即所谓的“三驾马车”。按照这个理论,经济萧条是总需求不足导致的,因此解决问题的办法就是增加总需求。

而奥地利学派的经济学从一开始就选择了和主流经济学不同的假设。在奥地利学派的支持者看来,经济并不能用 GDP 这种单一产品的生产和分配来表示,它是一个结构、一条价值链,是由不同的产业和产品,而不是单一的产品构成的,不同产品之间是不能替代的。

生产过程:不同等级产品的生产相继而起的过程,是奥地利学派理论对经济运行的基本看法。

资本结构:在生产过程中,不同等级的资本品的组合。

哈耶克三角:对资本结构和生产过程进行描述的一个示意模型。

生产过程在时间上有继起性,这就决定了产品不应该是一个总量的概念,相反,它应该是分级的,每种产品都有不同的等级。消费品是第一等级的产品;生产消费品的产品是第二等级的产品;生产第二等级产品的产品是第三等级的产品……以此类推,在生产阶段上距离消费品越远的产品等级就越高。在所有产品中,除了处于第一等级的消费品外,其他都是资本品。在生产过程中,不同等级的资本品的组合就构成了**资本结构**。

在《价格与生产》中,哈耶克给出了一个资本结构模型,即所谓的“**哈耶克三角**”(Hayekian triangle)。[2] 这一模型有动态和静态两个方面的含义。下面我们将分别对这两方面的含义进行介绍。

先看动态含义。如图 16-4 所示,消费品(第一等级的产品)的生

产共要经历五个阶段,分别用5、4、3、2、1表示。其中,5表示第五等级产品的生产,4表示第四等级产品的生产……以此类推,1表示第一等级产品(即消费品)的生产。从逻辑上讲,等级越高的产品的生产阶段应该越靠前。一般来说,原材料的生产时间最早,应该属于高等级的产品;中间品的生产时间次之,应该属于中间等级的产品;而消费品的生产时间最晚,因此等级也是最低的。

图16-4 "哈耶克三角"图示

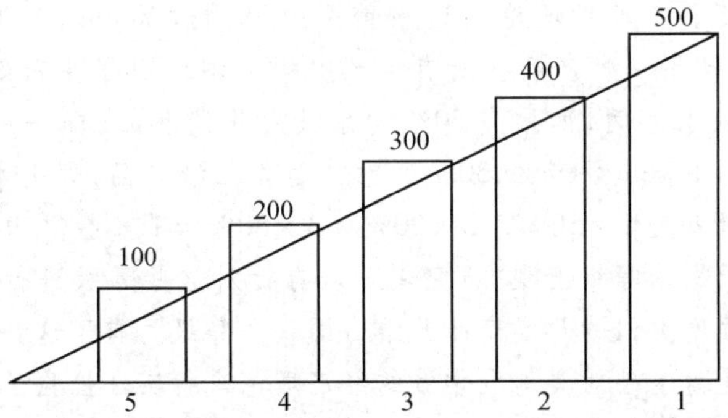

在这个三角形中,每一阶段生产所对应的矩形高度被用来代表在这个阶段产品的总价值。需要强调的是,奥地利学派十分强调价值的主观性,因此这里的价值都是企业家所主观预测的价值。举例来说,如果矩形3的高度为300,那就是说,企业家预期生产第三等级的产品可以获得300单位的价值。一般来说,如果处于第 N 生产阶段的企业家要从第 $N+1$ 阶段的企业家处购买产品用作生产的投入品,那么他对第 $N+1$ 阶段产品价值的预期一定要小于前者。只有如此,交易才能顺利达成,生产才能继续,否则生产过程就会中断。

再看静态含义。在静态意义下,哈耶克三角也可以表示在某个时点上分配在各个生产阶段的资本量。例如,图16-4就表示在某一时刻,用于生产第一至第五等级产品的资本价值分别为500、400、300、200和100。这种资本价值的分配,受到企业家对在各生产阶段能获取的预期利润的影响,而这种预期在很大程度上会受到货币政策的影响。

知识拓展

对产品等级划分的方法

据说,芝加哥学派的创始人弗兰克·奈特曾揶揄哈耶克,说他对产品等级的划分毫无意义。[3]奈特的理由是,同一类产品,既有可能被直接用作消费品，也可能被用作生产消费品的生产资料，甚至可能被用于生产生产资料的资料。以水为例，它可以直接作为消费品被喝掉，可以被用来和面粉做面包，也可以被用来进行水力发电。从这个意义上讲，水这种简单的产品可以被视为任何等级的产品。

应该说，奈特的这一批评是十分尖锐的。因为如果这一指责成立，就意味着我们在现实中根本不能对产品划分等级，以及基于它的任何理论进行可靠的实证检验。而根据科学精神，一个不能被证实也不能被证伪的理论将是没有任何意义的。

为了修补哈耶克理论的这一重要缺陷，杨（Young, A. T.）提出了一个方法，即用一个产品在所有生产中的平均迂回程度来刻画它的等级。还是以水为例，如果有50%的水被用作消费品（即一级产品），有20%的水被用作二级产品，30%的水被用作三级产品，那么水这种产品的平均等级就是 $1\times50\% + 2\times20\% + 3\times30\% = 1.8$ 级。当然，为了避免小数点级别的等级出现，研究者可以自行对这些等级进行标准化，或者将迂回程度类似的几类产品归结为同一个等级。有了这种方法，人们就可以以此为基础对奥地利学派的经济理论进行实证检验了。

杨本人利用自己提出的这一方法，以及2002—2009年的美国投入产出表，计算了美国各产业产品的平均迂回程度，并在此基础上检验了奥地利学派的经济周期理论。其结果显示，实际数据基本支持了奥地利学派经济周期理论的预言。

资料来源：Young(2011).

16.2.2 迂回生产和企业家预期

迂回生产：
人们并不直接生产最终的消费品，而是先生产资本品，然后再用它来生产消费品的生产方式。

奥地利学派的经济学中有一个重要的概念——“**迂回生产**”（roundabout production）。[4]所谓迂回生产，即人们并不直接生产最终的消费品，而是先生产生产资料（资本品），然后用它来生产消费品。通过这种“迂回”的方式，生产效率可以得到提高。随着新生产工具和新资本品的不断出现，生产的迂回程度将会越来越高，社会生产率也会随之不断提升。[5]

在哈耶克三角中，迂回程度的提升表现为三角形底边的延长。例如，在图16-5中，小的直角三角形被用来表示原来的生产方式，在这种生产方式中，消费品需要经过五个阶段被生产出来。而新的生产方式则用更大的那个直角三角形来表示。这时，生产消费品所需的阶段由五个增加到了七个，生产变得更加迂回了，并且在每个阶段上使用的资本品也增加了，生产的资本化程度提升了，最后的消费品产出也变得更高了。

图16-5　生产迂回程度的提高

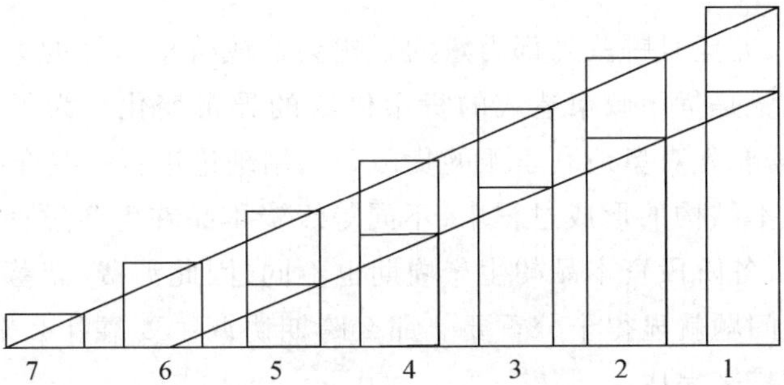

随着新生产工具和新资本品的不断出现，生产的迂回程度越来越高。

需要说明的是，生产迂回程度的提高意味着需要有更多的资本投入，但这并不同于主流宏观经济学中依靠投资拉动需求的逻辑。在主流宏观经济学中，投资是一个总量，它在什么产业、什么企业分配是不重要的。而奥地利学派经济学特别重视新的投资究竟被用到了哪些生产阶段，特别强调资本结构对于经济的影响。这一点我们将在后文中详细加以说明。

那么生产的迂回程度是如何提升的呢？这取决于企业家的预期。具体来说，生产第二等级产品的企业家需要预测最终消费品的需求状况，并根据预测来制定产量；而生产第三等级产品的企业家需要预测第二等级产品的需求状况，并根据预测来制定产量……以此类推，生产第 $N+1$ 等级产品的企业家需要预测第 N 等级产品的需求状况，并考虑自己是否进行生产、进行多大规模的生产。因此，如果市场上对最终消费品的需求很旺盛，则生产更高等级产品的企业家就更可能投入生产或者更有可能扩大产量，这时生产的迂回程度就会变得更高。

在奥地利学派的经济理论中，时间的重要性是被不断强调的。由于各资本品处于不同的时间段上，从最初资本品的投产到最终消费品的市场价值实现，需要经过一段漫长的过程。因此，处在任何一个生产阶段的企业家都不可能准确预期市场的走向，而需要依靠价格信号来做出自己的判断，并进行生产决策。他们当然都可能会犯错误，因此市场上就会不断出现某些商品、某些产业供求不一致的状况，而这就是市场波动的来源。

经济周期：由于市场遭受了外部力量的干扰，使价格信号不再能正确、有效地传递市场信息，从而企业家出现集体判断错误的周期性现象。

如果不存在外部力量的干扰，那么企业家们的错误就是短暂的，他们会很快调整自己的判断，纠正自己的决策。这时，市场就会向供求平衡回归，波动会自行消失。但是，如果市场遭受了强大外部力量的干扰，价格信号不再能正确、有效地传递市场信息，那么企业家就可能会出现集体的判断错误，此时**经济周期**（business cycle）就会出现。

16.2.3 货币和信用

那么,究竟是哪些外部力量的干扰会造成价格信号的失灵呢?最重要的力量是货币政策造成的货币供给的异常变化。为了说明这一点,我们需要先对奥地利学派的货币和信用理论进行一些介绍。

在资本结构的形成过程中,不同等级资本品在生产过程中所处的时间不同,各阶段资本品的生产周期也不同,因此消费、储蓄和投资的跨期协调问题就显得十分重要。那么跨期协调主要靠什么来完成呢?主要靠信贷来完成。

通过前面章节的学习,我们已经知道以货币表示的总收入可以分为消费和储蓄两个部分,而储蓄可以通过信贷市场贷给需要资金的企业。这样,信贷市场上的需求就由企业的投资需求引致,而供给则由储蓄提供,市场上的利率调节着信贷资金的供求状况。

自然利率: 使信贷市场上的实际供给(储蓄)和需求(投资)正好相等的利率。

货币利率: 信贷市场上实际的利率水平。

奥地利学派的经济理论强调对两种利率的区分。[6]第一种利率是"**自然利率**"(natural rate of interest),是指使信贷市场上的实际供求正好相等的利率。在均衡状态下,这个利率应该正好等于储蓄者的时间偏好率,也正好等于投资者的预期利润率。第二种利率是"**货币利率**"(money rate of interest),这是信贷市场上实际的利率水平,它受到货币供求的影响。

如果利率完全是由市场的供求自发决定的,那么使货币市场均衡的货币利率就应该等于自然利率,即图 16-6 中的 r^*。但在中央银行主导的货币信用体系下,就可能出现货币利率和自然利率不一致的情况,此时货币市场就会出现失衡。如果中央银行推行了扩张性的货币政策(例如增加基础货币的发行、调低法定存款准备金率、降低再贴现率等),那么市场上的可贷资金就会增加,货币利率就会降到自然利率

图 16-6 信贷市场的均衡

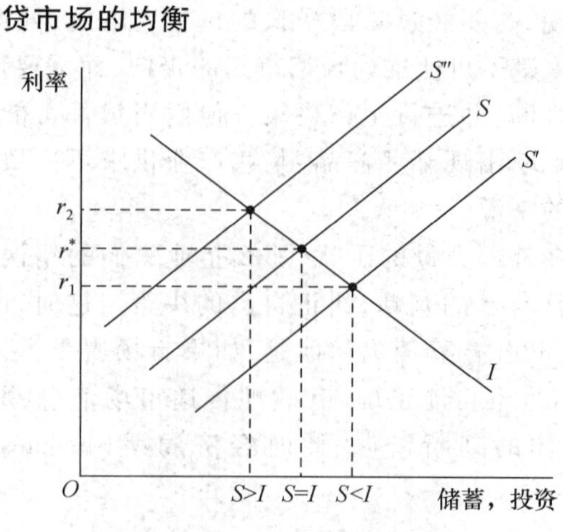

以下,如图16-6中的 r_1,此时市场上的投资 I 将高于储蓄 S。而如果中央银行出台了紧缩性的货币政策(例如提高法定准备金率、提高再贴现率等),那么市场上的可贷资金就会减少,此时货币利率就会提高到自然利率以上,如图16-6中的 r_2,此时市场上的投资 I 将低于储蓄 S。

16.3 关于增长和周期的分析

16.3.1 加里森综合

在分别对生产结构、迂回生产及信贷市场的理论进行了介绍后,我们可以将这些理论综合在一起,并且用它来对经济增长和经济周期进行统一的分析。[7]

图16-7描述了某经济的生产、消费状况及信贷市场状况。这一图示是加里森首先提出的,因此在文献中被称为"**加里森综合**"图示。我们假设在这个经济中不存在政府的干预,居民按照其时间偏好进行储蓄,企业家按照其对利润的预期状况进行投资。这样,信贷市场上的利率就是自然利率,如图16-7(c)所示。在这一利率水平下,总收入中的一部分被用于储蓄,而另一部分则被用于消费,这可以用图16-7(b)中的消费-储蓄可行性边界加以表示。此外,生产各等级商品所能获取的不同利润率状况也引导着企业家将资本在它们之间进行分配,在均衡时生产各等级商品所能获取的利润率将正好等于自然利率水平,资本结构也由此内生决定,图16-7(a)就表示了这一情况。给定经济的初始状态如图16-5所示,我们可以对经济增长和经济周期分别进行讨论。

加里森综合模型:
综合描述一个经济的生产、消费状况及信贷状况的模型。

图16-7 "加里森综合"图示

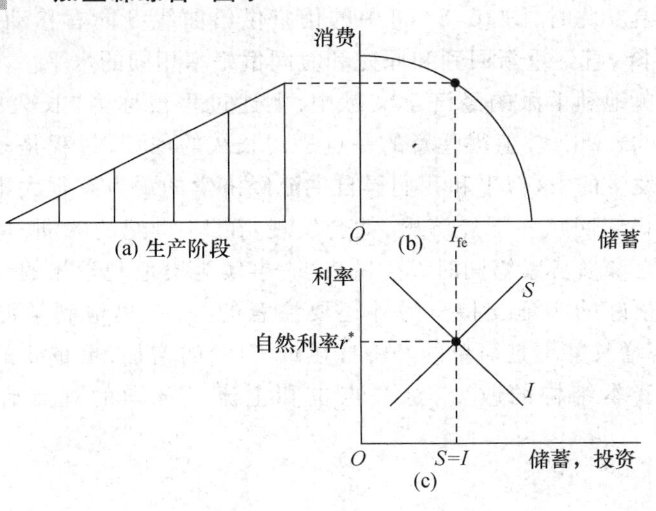

16.3.2 对增长的分析

先看经济增长问题。如图16-8(b)所示,如果在某一时刻,技术发生了进步,或者资源禀赋出现了外生增加,那么生产可能性边界就会发生外移,此时消费和储蓄同时增加成为可能。随着需求的增加,生产过程会变得更为迂回,生产阶段变得更多,资本结构会变得更加复杂,表现在图16-8(a)中"哈耶克三角"的底边会变得更长。随着需求的上升,信贷需求曲线也会相应增加,这就会引起图16-8(c)中信贷需求曲线 I 向右移动,此时自然利率 r^* 会出现暂时的上升。不过,如果货币的供给没有发生变化,那么根据"交易方程式",货币需求的上升会导致货币价值的上升,相应地,通货紧缩会出现。此时,相同

"长久的增长"与通货紧缩同时发生。

图16-8 "长久的增长"图示

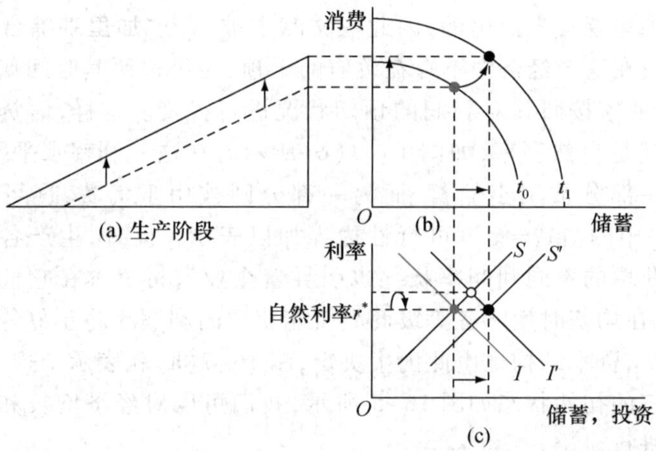

面额的货币的实际价值将会变得更高,这就相当于增加了信贷市场的货币供给。此时,图16-8(c)中的信贷供给曲线 S 向右移动,自然利率 r^* 下降,直到重新回到和原先和时间偏好率相同的水平。

在奥地利学派的经济学文献中,上述过程被称为"长久的增长"(secular growth)。值得注意的一点是,"长久的增长"过程是和通货紧缩同时发生的,这似乎和我们得自主流经济学的观点有很大不同。但是如果我们回顾一下经济史,就会发现,在19世纪的欧洲,持续的增长确实是和通货紧缩同时发生的,这一事实为奥地利学派的经济理论提供了很好的实证支持。另外还要注意的是,在奥地利学派的理论中,经济增长并不是简单的经济产出或GDP的增加,更重要的是生产结构和资本结构的改变,这一点也和主流经济学的观点有很大的不同。

政策透视

通货紧缩意味着衰退吗

在主流经济学中,“通货紧缩”是一个令人谈虎色变的名词。一旦经济中出现了通货紧缩,也就是物价水平的下降,那么央行和财政部的官员就要严阵以待——因为主流经济学的知识告诉他们,这意味着萧条即将到来。

但是,现实果然如此吗?如果读者对于经济史比较熟悉,就可以举出很多反例。例如,从1873年到1896年,西方各国的价格水平平均下降了2%左右,但萧条并没有到来,相反,在这一时期内这些国家的产出保持了年均2%~3%的增长。又如,从1870年到1879年,是美国历史上增长速度最快的“黄金十年”,但在这十年里价格水平却以每年1.8%的速度在下降。由此看来,通货紧缩未必就意味着衰退。

2004年,加州大学洛杉矶分校的阿特克森(Andrew Atkeson)和明尼苏达大学的基欧(Patrick J. Kehoe)撰写了一篇学术论文,对通货紧缩和衰退的关系进行了更为严格的统计检验。在论文中,两位作者详细考察了17个国家自1820年以来的经济走势,结果发现通货紧缩与经济萧条并没有明显关联。自1820年以来,73次通货紧缩中的65次中没有伴随着经济萧条,而29次经济萧条中有21次没有发生通货紧缩。相比之下,伴随着通货膨胀的经济萧条其实要比伴随着通货紧缩的经济萧条多很多。

那么,通货紧缩这个词究竟是如何被“妖魔化”的呢?这主要来自于凯恩斯主义的误导。在凯恩斯主义的宏观经济学中,总需求的作用被过分强调了。总需求的不足会导致价格水平下降,因此通货紧缩就理所应当地被当作了衰退的前兆。但事实上,这一理论的想象和现实经济是并不符合的,而依据这一理论制定的宏观政策也可能是十分危险的。

资料来源:Atkeson & Kehoe(2004).

16.3.3 对周期的分析

下面我们继续用上述框架讨论经济周期问题。和主流经济学不同,在奥地利学派经济学中,经济波动和经济周期有十分严格的区分。在奥地利学派的学者看来,**经济波动**是由于企业家之间的短暂协调失灵导致的,是经济中的常态,随着时间的流逝可以自行调节;而**经济周期**则是企业家集体犯错误,是系统性的偏差。

那么是什么力量导致了企业家集体犯错误呢?奥地利学派认为

货币政策是其中的重要根源之一。图 16-9 刻画了扩张性的货币政策造成的影响。当政府采用扩张性的货币政策时,一方面,信贷市场上的货币供给增加了。此时,如图 16-9(c)所示,货币供给曲线由 S 移动到了 S',货币利率被压低到了低于自然利率 r^* 的 r'。本来,生产更高等级的产品的利润率相对较低,因此这些产品不会被生产。但随着货币利率的下降,企业家会错误地认为生产这些产品会有利可图,因此就会投资于这些产业,此时生产会变得更加迂回。在"哈耶克三角"中,这表现为底边的延伸,如图 16-9(a)所示。在这个过程中,原材料和资本品价格以及工资都会上升。另一方面,扩张性的货币政策会带来所谓的"货币幻觉",人们会错误地认为自己变得更富有了,因此会

扩张性货币政策虽然会在短期内增加投资和消费,带来繁荣,却会在长期内带来衰退。

图 16-9　扩张性货币政策引发的经济周期图示

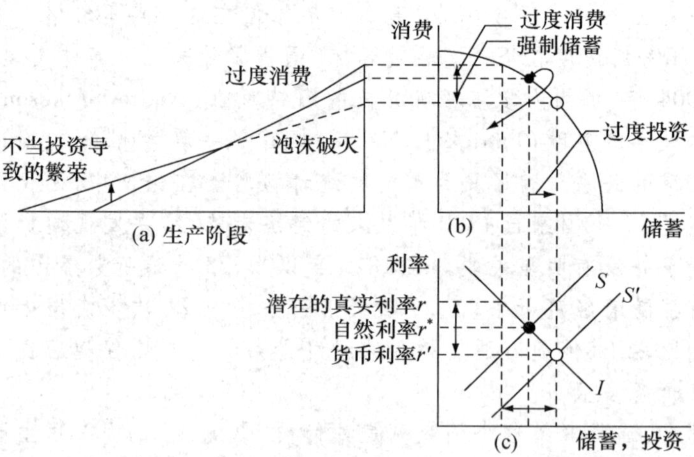

让人们更多消费、更少储蓄,消费品价格也会随着上升。综合以上两方面,我们容易知道当扩张性的货币政策实施后,在一段时间内投资和消费会同时提高,并且很多原本没有的新产业也会被开发出来,物价和工资都会上升,因此从表面上来看经济进入了繁荣。

但是,这种由扩张性货币政策带来的繁荣从一开始就注定要破灭。由于投资(即信贷市场的需求)增加了,而储蓄(即信贷市场的真实供给)却减少了,因此信贷市场的真实利率水平应该会提升。在图 16-9(c)中,利率水平 r 就是潜在的真实利率水平。一旦货币扩张在下一期停止,那么货币利率就会向这一利率水平回归,在繁荣期间投资的很多产业将不再划算,因此将被迫中止建设,与之伴随的企业倒闭和失业就会大规模出现,物价和工资开始下跌。此时,货币扩张带来的繁荣将会终结,经济将会陷入萧条。

综合以上分析,我们不难看到,奥地利学派的宏观经济理论已经很好地解释了本章开头提出的经济周期的三大特征。首先,在上述过

程中,正是政府的扩张性货币政策对信贷市场原有的均衡产生了影响,干扰了企业家的预测。这就解释了为什么会出现企业家集体犯错的情况。其次,正如我们前面指出的,对于更靠近直接消费品的低级产品,其需求往往是比较稳定的,而更高等级的产品对于生产消费品来说只是一种可能的选择,而不是必需的,因此其需求相对不稳定。生产过程的迂回程度有多高,取决于企业家对高等级产品利润率的预期和市场上的利率情况。一般来说,越是高等级产品的产业,资本密集程度越高,建设周期越长,因而对利率的敏感度也越高。当货币利率足够低时,更多逐利的资本会涌入生产高等级产品的产业,这些产业所需要的投入品的产量和价格会以更高的幅度上升;而当利率上升时,这些产业的利润率首先会受到影响,资本也会首先退出,因此相对于低等级产品而言,这些产品的产量和价格波动会显得更大。最后,由于在繁荣期,过多的信贷扩张刺激了本不该有的投资项目,在信贷扩张结束后这些项目可能依旧没有完成,但却难以找到更多的资金投入。项目不能完成,欠银行的贷款和供应商的货款就没有办法支付,债务链相继断裂,普遍的"钱荒"就出现了。

如果政府用进一步加大刺激的办法维持繁荣,短期内可以掩盖问题,但长期看,只能使危机变得更为严重。这是因为,投资资金不是来自真正的储蓄,人为的信贷扩张一定导致严重的通货膨胀,通货膨胀一定会迫使政府停止刺激。诺贝尔经济学奖得主哈耶克曾用一个比喻诠释了货币扩张和经济周期的关系。他说,政府用货币政策刺激经济就如同抓住老虎的尾巴,它的难处就在于如果放开,很可能成为老虎的美餐,但如果紧抓不放,跟着老虎跑,最后也会被累死。

政策透视

奥地利学派视野下的2008年全球金融危机

正如奥地利学派的商业周期理论所表明的,2008年全球金融危机的根源和1929年的危机没有什么大的区别,都是中央银行惹的祸。美联储实行持续的低利率政策和信贷扩张政策,扭曲了市场信号。一方面,误导了企业家过多地从事本来无利可图的资本品投资,导致原材料价格和工资的大幅度上涨,造成股票市场泡沫;另一方面,又误导了消费者增加消费,减少储蓄,使得原本不该借钱的人开始借钱,原本不该买房子的人开始买房子,导致了房地产泡沫和不可持续的高消费,但社会的真实资源并没有增加。当过度投资和过度消费转变为严重的通货膨胀(物价上升)压力时,政府(美联储)不得不停止货币扩张,利率上升(如果政府继续扩大货币供给,将导致恶性通货膨胀和货币体系的崩溃)。此时,建立在沙滩上的大厦开始坍塌,股票和房地产泡沫破灭,原来的资金沉淀在不可变现的固定资产(如厂房和地产)中,资金突然不足,投资项目纷纷下马,银行贷款难以收回,信贷收缩,萧条由此发生。次贷危机就是因为在低利率和房地产泡沫的诱惑下,不该借钱买房的人借钱买房,但它是导火索,不是经济危机的根源。当利率信号被政府扭曲之后,无论金融资产还是实物资产,定价机制都会失灵,比如,股票的市盈率不再是判断股票价格合理与否的合适指标,因为利润本身是扭曲的。利润之所以是扭曲的,是因为产品价格是扭曲的。产品价格之所以是扭曲的,是因为利率是扭曲的。这完全是政府和中央银行的货币政策的错误,与放松金融管制无关。美国经济的高度杠杆化是美联储信贷扩张政策的结果,而不是其原因。

上述由信贷扩张引发危机的道理可以用米赛斯的一个比喻来说明。设想一个人准备建一栋房子,他拥有的资源只够建一栋小房子,但他却错误地认为可以建一栋大房子,所以开始按大房子的计划施工。显然,他对自己的错误发现得越早越好,因为这样他就可以及时调整计划,不至于造成太大的浪费。但如果由于错误信号的引导,直到资源用光时他才发现这个错误,就不得不将房子推倒重来。在上述例子中,美联储就扮演了发送错误信号的角色。

此外,美国政府对房地产的刺激和担保的担保政策也起到了推波助澜的作用。美国国会通过的《社区再投资法》(Community Reinvestment Act)及自克林顿政府开始推行的"居者有其屋"政策,严重扭曲了住宅信贷中的商业谨慎原则。由于政府的担保,放款人不再担心借款人的资信好坏和还款能力,借款人知道被担保之后也就开始放心借钱。这种"道德风险"问题在很大程度上加速了危机的蔓延。

资料来源:张维迎,"危机中的选择",载《市场的逻辑(增订版)》,上海人民出版社 2012 年版,第 321—335 页。

16.4 奥地利学派宏观经济理论的启示

奥地利学派的宏观经济理论从与主流经济学理论完全不同的视角对宏观经济现象进行了分析,提出了很多洞见,也为我们留下了很多启示。

16.4.1 应该用结构化的思维看待经济

主流宏观经济理论被称为"整体的科学",它试图用 GDP、CPI、失业率等一些加总的指标来刻画经济的整体走势。而奥地利学派的宏观经济理论却另辟蹊径，将关注点集中在经济结构上，突出了它的重要作用，这对于我们理解经济的运行是十分重要的。

经济结构是复杂的，不同等级产品的生产特征可能完全不同，用单一的 GDP 指标来刻画经济的产出具有很强的误导性。就像将一个苹果和一枚铁钉无法简单相加一样，简单地把消费和投资加在一起得到一个 GDP 也是完全没有意义的。一个消费等于 80、投资等于 20 的经济，与一个消费等于 70、投资等于 30 的经济是完全不同的，尽管二者的总量相等。凯恩斯主义者从国民经济核算的恒等式推导出了“三驾马车”的分析框架，认为如果消费不足，就可以转而用投资和出口去拉动 GDP 的增长，但在这个过程中，他们不仅早已忘却了经济增长本身的价值，更忽略了这种刺激方案对经济结构及未来经济增长潜力的损害。

奥地利学派理论的启示之一：不能只关注 GDP、CPI 等总量指标，而应将关注点更多地放在经济结构上。

同样，另外一个重要的加总指标 CPI 也是很有误导性的。现在的政策制定者对这个刻画价格总量的指标倾注了太多的关注，无论是 CPI 走高了还是走低了都会引起他们的担忧。但从奥地利学派的经济理论看，我们却不应该将注意力集中在这一总量指标上，相反，我们更应当关注相对价格的变化，尤其是利率和资本品价格的变化。因为绝对价格不能准确地传递资源配置信号，只有相对价格才能做到这一点。正如我们在前文中指出的，如果政策制定者为了维持 CPI 的稳定，就经常用货币政策对经济进行干预，那么就可能对企业家的投资决策造成干扰，从而造成资本结构的扭曲。这种为繁荣所做的努力，最终反而可能成为危机的根源。

总而言之，根据奥地利学派的经济理论，我们必须改掉用整体指标理解经济的习惯，转而更多地从结构的角度来理解经济，这样我们对经济本质的理解将会更为深刻。

16.4.2 应该谨慎使用宏观经济政策

当前在宏观经济学中占据主流的是凯恩斯主义理论。这一学派在产生时主要是用来应对危机的，是“萧条经济学”，但在现实中它却一直被当作刺激经济的“繁荣经济学”在加以使用。根据凯恩斯主义理论，政府可以通过扩张性的财政政策和货币政策，来使经济获得持久的增长。

但是，根据本章的介绍，这种政府刺激出的繁荣是不可能持续的。以货币政策为例，正如我们指出的，在扩张性货币政策推出的初期，经济中的消费和投资确实会同时增加，这时繁荣就会出现。但这样的措施会对信贷市场造成干扰，从而在繁荣开始时就已埋下危机的根源。从这个意义上讲，凯恩斯主义经济学的政策本身并不能带来长久的繁荣，它只是以未来的衰退为代价，换取当前的繁荣而已。

奥地利学派理论的启示之二：应谨慎使用宏观经济政策，不应以未来的衰退换取当前的繁荣。

和凯恩斯主义不同,奥地利学派的宏观经济理论主张慎用宏观经济政策调节经济。例如,现代奥地利学派的代表人物之一德索托就主张实行全额准备金制度,借用这种手段阻断政府利用货币政策刺激经济的可能。[8]尽管这样的政策主张看起来过于消极,但作为一种反主流的声音,其价值却是值得我们加以重视的。

政策透视

繁荣与萧条:谁是因,谁是果

经济周期表现为繁荣与萧条的交替。那么,究竟是繁荣引起萧条,还是萧条引起繁荣?在这个问题上,以米塞斯和哈耶克为代表的奥地利学派和以弗里德曼为代表的芝加哥学派有着截然不同的看法。

按照奥地利学派的观点,"有升必有降",人为的繁荣必然导致萧条,经济萧条的原因是前期的通货膨胀,而且,信用货币膨胀得越剧烈,随之而来的崩溃也就越剧烈——"爬得越高,跌得越重"。相反,芝加哥学派认为,"有降必有升",萧条时间长短和严重程度与事前的扩展没有明显的相关性,相反,恰恰是紧缩的时间长短和严重程度与后续的扩张具有很强的关联性。以此为出发点,两派对1929年的大危机解释完全不同。奥地利学派经济学家指出,特别是1927年和1929年,美联储降低利率,目的在于帮助英国保持黄金储备,结果形成了在制造业和资产市场上的不恰当的繁荣,最后导致了大萧条。芝加哥学派的经济学家认为,仅仅是美联储进一步的通货紧缩举措使得1929—1930年的经济停滞演变成为20世纪最严重的经济危机。

许多历史事例证明了奥地利学派的商业周期理论。例如,在20世纪50年代和60年代早期,美国的通货膨胀相对温和,经济波动也小。但是,在通货膨胀明显发生并快速上升的20世纪60年代后期和70年代,其结果是经济的剧烈波动。扩张越显著,收缩也越剧烈,正如奥地利学派模型所预测的。

日本20世纪80年代和90年代的事实,同样验证了奥地利学派的观点。如果日本中央银行采用弗里德曼的货币规则,把每年的货币增量限定在3%~4%,奥地利学派的学者预测到的只是温和的通货膨胀和相应的萧条。但是,日本中央银行在20世纪80年代采取了极度宽松的货币政策,4年内基础货币扩大了11%,人为保持低利率。结果是:80年代后期出现了巨大的经济增长,随之而来的是90年代的崩溃和长期的经济萧条。这些数据都支持了奥地利学派的论断。事实上,日本经济学家铃木泽加雄接受了奥地利学派关于日本经济繁荣-破灭周期的解释,他说:"正如哈耶克教导我们的,宽松的货币政策并不一定能提高商品和服务的价格水平，但是，一定会导致经济结构的失衡，尤其是资本市场的失衡……这才是日本真正发生了的情况。”铃木泽加雄还提供了一个重要的脚注，他说：“在作为货币经济学家40年的经历中，我从没有像今天这样强烈地感觉到，需要回到哈耶克的商业周期理论。”

另一个例证是20世纪90年代后期和2001年早期的繁荣–萧条周期。什么力量在20世纪90年代后期助长了超越了真实的通信技术进步和计算机技术进步的非理性的高新技术繁荣和股市泡沫？奥地利学派指出，是美联储的货币政策。2002年9月28日出版的《经济学人》最先承认奥地利学派的周期理论，认为奥地利学派周期理论尽管长期失势，但是它似乎对1995—2003年的繁荣–萧条周期做出了令人信服的解释。“这次周期……是投资引致的繁荣，并埋下了繁荣破灭的祸根。当前的周期在美国和日本都显示出了奥地利学派所揭示的诸多特征。”

资料来源：马克·史库森，《朋友还是对手？奥地利学派与芝加哥学派之争》，上海人民出版社2006年版，第6章。

本章要点总结

主流的宏观经济理论无法对经济周期的三大特征加以解释。这三大特征分别是：企业家集体犯错；上游产业的波动比下游产业大；在衰退时，整个经济系统出现“钱荒”。为了对这三大特征进行解释，就需要诉诸奥地利学派的宏观经济理论。

和主流宏观经济学不同，奥地利学派的理论特别强调经济结构的意义。在奥地利学派的经济学中，产品被划分为不同的等级，离最终消费品越远的产品等级越高。在各等级的产品的生产之间，存在着时间的间隔，因此企业家的预期对于生产的协调是十分重要的。在没有政府干预的前提下，信贷市场上的供求会达成均衡，均衡利率会等于自然利率。企业家根据这一利率和各产业预期利润率的高低来决定资本在各产业之间的分配，经济中的资本结构也会因此被内生决定。但是，如果政府试图通过扩张性的货币政策对经济进行刺激，那么在短期内可能使消费和投资同时增加，并且会使生产的迂回程度变得更高，这时繁荣就会到来。但是，这一政策同时也会降低经济中的储蓄，从而提升潜在的真实利率水平。这样，一旦扩张性的货币政策停止，衰退就会到来。从这个意义上讲，刺激性的政策虽然在短期内会造成繁荣，却会在长期内带来衰退。

奥地利学派的经济理论对于我们理解经济有很多启示。它提醒我们，不能只将眼光盯在GDP、CPI这些总量指标上，而应该将关注点更多地放在经济结构上。此外，它还警示我们，对于宏观经济政策应当谨慎使用，不该用长远的衰退换取眼前的繁荣。

本章重要术语

经济周期　生产过程　资本结构　哈耶克三角　迂回生产　自然利率　货币利率　加里森综合模型

延伸阅读

关于奥地利学派经济周期的经典论述,可以参考 Hayek(1931)。希望对奥地利学派经济周期理论的最近发展有所了解的读者,可以参考 Garrison(2001)及 De Soto(2012)(中文版:赫苏斯·韦尔塔·德索托,《货币、银行信贷与经济周期》,电子工业出版社 2012 年)。此外,罗斯巴德《美国大萧条》(上海人民出版社 2009 年版)是用奥地利学派经济理论解释美国 1929 年大萧条的经典之作。张维迎《市场的逻辑(增订版)》第三编结合 2009 年的全球金融危机和中国应对金融危机的政策,对奥地利学派的商业周期理论有通俗的解读。

思考与练习

1. 用主流经济学解释经济周期时,存在着什么问题? 有哪些经济周期的特征不能得到解释?

2. 什么叫资本结构? 资本结构在"哈耶克三角"中如何进行表示? 如何在"哈耶克三角"中表示生产迂回程度的提高?

3. 试用奥地利学派的经济理论解释扩张性政策是如何造成经济周期的? 请用这套理论来解释美国 2009 年的经济危机。

4. 你认为奥地利学派的宏观经济理论对于你理解宏观经济运行有何值得借鉴之处? 请谈谈你自己的感受。

本章注释

[1] 参阅默里·罗斯巴德:《美国大萧条》,上海人民出版社 2009 年版,第一章。

[2] 在《价格与生产》的原文中,用垂直方向代表生产阶段,用水平方向代表处于各等级的资本的价值,参考 Hayek(1931)。这里,我们采用了加里森的做法,将三角形的方向加以旋转,其目的是和后面的加里森综合模型表述一致。

[3] Cohen(2003).

[4] 这一概念是由庞巴维克(Eugen Böm-Bawerk)于 1889 年提出的。最初,庞巴维克是用它来解释利息存在的原因。见庞巴维克:《资本与利息》,何崑曾、高德超译,商务印书馆 2010 年版。

[5] 在主流经济学中,迂回生产的思想也在一定程度上被吸收了。例如,在罗默的内生增长理论中,就将分工深化、中间产品增多作为增长的重要来源。不过,在这些文献中,并没有将迂回生产在时间上的继起性加以清晰地表示。

[6] 这种区分最早来自于瑞典经济学家魏克赛尔。参考纳特·魏克赛尔:《利息与价格》,蔡受百、程伯撝译,商务印书馆 2013 年版。在现代的主流经济学家中,伍德福德也对这一理论进行过强调,见迈克尔·伍德福德:《利息与价格——货币政策理论基础》,刘凤良等

译,中国人民大学出版社2013年版。

[7] 本节的分析框架主要来自于Garrison(2001)。

[8] 根据德索托的论述,部分准备金制度是一种欺诈行为,因为它意味着银行有可能不兑现支付承诺,政府把部分准备金制度合法化,然后又用中央银行承担“最后的贷款人”,又实行存款保险制度,从而埋下了危机的祸根。见赫苏斯·韦尔塔·德索托:《货币、银行信贷与经济周期》,电子工业出版社2012年版。

参考文献

英文部分

Acemoglu, D. , 2009, *Introduction to Modern Economic Growth*, Princeton University Press.

Acemoglu, D. , and Robinson, J. , 2012, *Why Nations Fail: the Origin of Power*, Prosperity and Poverty Crown Publishers.

Aghion, P. , and Howitt, P. , 1992, A Model of Growth Through Creative Destruction, *Econometrica* 60: 323—351.

Akerlof, G. , 1970, The Market for "Lemons": Quality Uncertainty and the Market Mechanism, *Quarterly Journal of Economics*, 84(3): 488—500.

Armentano, D. , 1972, *The Myths of Antitrust*, New Rochelle, N. Y. : Arlington House.

Atkeson, A. , and Kehoe, P. , 2004, Deflation and Depression: Is there An Empirical Link? NBER Working Paper, No. 10268.

Auerbach, A. , and Gorodnichenko, Y. , 2011, Fiscal Multiplier in Recession and Expansion, NBER Working Paper, No. 17447.

—, 2012, Measuring the Output Responses to Fiscal Policy, *American Economic Journal: Economic Policy*, 4(2): 1—27.

Barro, R. , and Redlick, C. , 2009, Macroeconomic Effects from Government Purchases and Taxes, NBER Working Paper, No. 15369.

Barro, R. , and Romer, P. , 1987, Ski-Lift Pricing, with Applications to Labor and Other Markets, *American Economic Review*, 77: 875—890.

Barro, R. , and Sala-i-Martin, X. , 2003, *Economic Growth*, The MIT Press.

Baumol, W. J. , 2002, *The Free-Market Innovation Machine: Analyzing the Growth Miracle of Capitalism*, Princeton University Press.

Beinhocker, E. , 2006, *The Origin of Wealth: Evolution, Complexity and the Radical Remaking of Economics*, Boston: Harvard Business School Press.

Berg, J. , Dickhaut, J. , and McCabe, K. , 1995, Trust, Reciprocity, and Social History, *Games and Economic Behavior*, 10: 122—142.

Beugelsdijk, S. , and Noorderhaven, N. , 2004, Entrepreneurial Attitude and Economic Growth: A Cross-section of 54 Regions, *The Annals of Regional Science*, 38(2): 199—218.

Bresnahan, T. , and Reiss, P. , 1991, Entry and Competition in Concentrated Markets, *Journal of Political Economy*, 99(5): 977—1009.

Cass, D. , 1965, Optimum Growth in an Aggregative Model of Capital Accumulation, *Review of Economic Studies*, 32(3): 233—240.

Chen, Y. et al. , 2014, Welfare Costs of Inflation: Evidence from China, *Social Indicators Research*, 119

(3): 1195—1218.

Cheung, S., 1973, The Fable of the Bees: An Economic Investigation, *Journal of Law and Economics*, 16: 11—33.

Coase, R. H., 1960, The Problem of Social Cost, *Journal of Law and Economics*, 3:1—44.

—, 1974, The Lighthouse in Economics, *Journal of Law and Economics*, 17(2):357—376.

Cohen, A., 2003, The Hayek/Knight Capital Controversy: The Irrelevance of Roundaboutness, or Purging Processes in Time? *History of Political Economy*, 35(3): 469—490.

De Soto, J., 2012, *Money, Bank Credit and Economic Cycles* (3rd ed.), Ludwig von Mises Institute.

Dollar, D., and Wei, S., 2007, Das (Wasted) Capital: From Ownership and Investment Efficiency in China, NBER Working Paper, No. 13103.

Dupuit, J., 1849, *On Tolls and Transport Charges*, London: Macmillan.

Easterlin, R., 1974, *Does Economic Growth Improve the Human Lot? Some Empirical Evidence*, New York: Academic Press.

Fama, E., 1970, Efficient Capital Markets: A Review of Theory and Empirical Work, *Journal of Finance*, 25 (2): 383—417.

Fan, S., Wailes, E., and Cramer, G. L., 1995, Household Demand in Rural China: A Two-Stage LES-AIDS Model, *American Journal of Agricultural Economics*, 77(1):54—62。

Friedman, M., 1968, The Role of Monetary Policy, *American Economic Review*, 58(1): 1—17.

Garrison, R., 2001, *Time and Money: The Macroeconomics of Capital Structure*, London: Routledge.

Glaesar, E., 2007, Entrepreneurship and the City, NBER Working Paper, No. 13551.

Grossman, S., and Stiglitz, J., 1980, On the Impossibility of Informationally Efficient Markets, *American Economic Review*, 70: 393—408.

Hall, R., and Jones, C., 1999, Why Do Some Countries Produce So Much More Output Per Worker Than Others? *Quarterly Journal of Economics*, 114(1): 83—116.

Hardin, G., 1986, The Tragedy of the Commons, *Science*, 162: 1243—1248.

Hayek, F., 1931, *Prices and Production*, New York: Augustus M. Kelly.

Hébert, R., and Link, A., 1989, In Search of the Meaning of Entrepreneurship, *Small Business Economics*, 1(1): 39—49.

Helpman, E., 2004, *The Mystery of Economic Growth*, the Belknap Press of Harvard University Press。

Hsieh, C., and Klenow, P., 2009, Misallocation and Manufacturing TFP in China and India, *Quarterly Journal of Economics*, 124(4): 1403—1408.

—, 2010, Development Accounting, *American Economic Journal: Macroeconomics*, 2: 207—223.

Human Development Report Office, 2014, *Human Development Report 2014-Sustaining Human Progress: Reducing Vulnerabilities and Building Resilience*, HDRO (Human Development Report Office) United Nations Development Program.

Jensen, R., and Miller, N., 2008, The Impact of Food Price Increases on Caloric Intake in China, *Agricultural Economics*, 39: 465—476.

Klamer, A., 1984, *Conversations with Economists*, Totowa, N. J: Roman and Allanheld.

Klein, B. and Leffler, K., 1981, The Role of Market Forces in Assuring Contractual Performance, *Journal of Political Economy*, 81: 615—641.

Klein, D., 1997, Trust for Hire: Voluntary Remedies for Quality and Safety, in Klein, D. (ed.), 1997, *Reputation*, University of Michigan Press.

Koopmans, T., 1965, *On the Concept of Optimal Economic Growth*, *The Economic Approach to Developing Planning*, Chicago: Rand NcNally.

Kreps, D., 1986, Corporate Culture and Economic Theory, in *Technological Innovation and Business Strategy*, edited by Tsuchiya, M., Nippon Keizai Shimbuunsha Press; also, in *Rational Perspective on Political Science*, edited by Alt, J. and Shepsle, K., Harvard University Press, 1999.

Kruger, A., 1974, The Political Economy of the Rent-seeking Society, *American Economic Review*, 64: 291—303.

La Porta, R. et al., 1997, Trust in Large Organizations, *American Economic Review*, 87:333—338.

Mankiw, G., 2013, *Macroeconomics* (8th ed.), New York: Worth Publishers.

Milgrom, P., North, D., and Weingast, B., 1990, The Role of Institutions in the Revival of Trade: The Law Merchant, Private Judges, and the Champagne Fairs, *Economics and Politics*, 2 (1): 1—23.

Moser, P., 2005, How Do Patent Laws Influence Innovation? Evidence from Nineteenth Century World's Fairs, *American Economic Review*, 90(4): 1214—1236.

North, D., 1990, *Institutions, Institutional Change and Economic Performance*, Cambridge University Press.

Ostrom, E., 1990, *Governing the Commons: The Evolution of Institutions for Collective Action*, Cambridge University Press.

Ouyang, M., and Peng, Y., 2015, The Treatment-effect Estimation: A Case Study of the 2008 Economic Stimulus Package of China, *Journal of Econometrics*, Forthcoming.

Phelps, E. S., 1967, Phillips Curves, Expectations of Inflation and Optimal Unemployment over Time, *Economica* 34(135): 254—281.

Phillips, A. W., 1958, The Relation between Unemployment and the Rate of Change of Money Wage rates in the United Kingdom, 1861—1957, *Economica* 25(100): 283—299.

Porter, M., Sachs, J., and McArthur, J., 2002, Executive Summary: Competitiveness and Stages of Economic Development, In M. Porter, J. Sachs, P. K. Cornelius, J. McArthur, and K. Schwab (eds.), *The Global Competitiveness Report 2001—2002*, New York: Oxford University Press.

Ramsey, F., 1928, A Mathematical Theory of Saving, *Economic Journal*, 38(152):543—559.

Romer, P., 1990, Endogenous Technological Change, *Journal of Political Economy*, 98:S71—S102.

Rothbard, M., 2006, *Economic Thought Before Adam Smith*, the Ludwig von Mises Institute.

—, 2010, *What Has Government Done to Our Money*, the Ludwig von Mises Institute.

Rothschild, M., and J. Stiglitz, 1976, Equilibrium in Competitive Insurance Markets, *Quarterly Journal of Economics*, 90: 629—649.

Simon, H., 1991, Bounded Rationality and Organizational Learning, *Organization Science*, 2 (1): 125—134.

Smith, A., 1766, Lectures on Jurisprudence, in Klein, D. (ed.), 1997, *Reputation*, University of Michigan Press.

Solow, R., 1956, A Contribution to the Theory of Economic Growth, *Quarterly Journal of Economics*, 70: 65—90.

—, 1957, Technical Change and the Aggregate Production Function, *Review of Economics and Statistics*, 39:312—320.

Spence, A., 1973, Job Market Signaling, *Quarterly Journal of Economics*, 87:355—374.

Stigler, G., 1971, The Theory of Economic Regulation, *Bell Journal of Economics and Management Sci-*

ence, 2(1): 3—21.

Stiglitz, J., and Weiss, A., 1981, Credit Rationing in Markets with Incomplete Information, *American Economic Review*, 71: 393—410.

Tirole, J., 1988, *The Theory of Industrial Organization*, Cambridge: The MIT Press.

Tollison, R., 1997, Rent seeking, in Mueller, D. C. (ed.), *Perspectives on Public Choice: A Handbook*, Cambridge University Press.

Trakman, L., 1983, *The Law Merchant: The Evolution of Commercial Law*, Fred B. Rothman & Co.

Tullock, G., 1967, The Welfare Costs of Tariff, Monopolies, and Theft, *Western Economic Journal*, 5: 224—232.

Vigna, S., and Hermle, J., 2014, Does Conflict of Interest Lead to Biased Coverage? Evidence from Movie Review, NBER Working Paper No. 20661.

Woodford, M., 2010, Simple Analytics of the Government Expenditure Multiplier, NBER Working Paper, No. 15714.

Yang, X., and Ng, Y., 1995, Theory of the Firm and Structure of Residual Rights, *Journal of Economic Behavior and Organization*, 26: 107—128.

Young, A. T., 2011, The Time Structure of Production in the US, 2002—2009, *Review of Austrian Economics*, 25(2): 77—92.

中文部分

〔英〕阿尔弗雷德·马歇尔:《经济学原理(上卷)》,朱志泰译,商务印书馆 1964 年版。

〔英〕安格斯·麦迪森:《世界经济千年史》,伍晓鹰等译,北京大学出版社 2003 年版。

〔美〕保罗·海恩等:《经济学的思维方式(修订第 12 版)》,史晨等译,世界图书出版公司 2012 年版。

〔美〕贝茨·克拉克:《财富的分配》,陈福生、陈振马华译,商务印书馆 2009 年版。

〔美〕彼得·蒂尔、〔美〕布莱克·马斯特斯:《从 0 到 1:开启商业与未来的秘密》,高玉芳译,中信出版社 2015 年版。

〔英〕布莱恩·斯诺登、〔英〕霍华德·R. 文:《现代宏观经济学:起源、现状和发展》,佘江涛等译,江苏人民出版社 2009 年版。

〔美〕布里安·辛普森:《市场没有失败》,齐安儒译,中央编译出版社 2012 年版。

〔英〕大卫·李嘉图:《政治经济学及赋税原理》,郭大力、王亚南译,商务印书馆 1987 年版。

〔美〕戴维·沃尔什,《知识与国家财富》,曹蓓等译,中国人民大学出版社 2010 年版。

〔美〕丹尼尔·史普博(编):《经济学的著名寓言:市场失灵的神话》,余晖等译,上海人民出版社 2004 年版。

〔美〕道格拉斯·D. 戴维斯,〔美〕查理斯·A. 霍尔特:《实验经济学》,连洪泉、左聪颖译,中国人民大学出版社 2013 年版。

〔美〕道格拉斯·诺斯:《制度、制度变迁与经济绩效》,杭行译,格致出版社 2008 年版。

〔美〕弗兰克·奈特:《风险、不确定性与利润》,安佳译,商务印书馆 2010 年版。

〔英〕弗里德里希·冯·哈耶克:《自由秩序原理》,邓正来译,三联书店 1997 年版。

〔美〕格里高利·克拉克:《应该读点经济史》,李淑萍译,中信出版社 2009 年版。

〔美〕格里高利·曼昆:《经济学原理(第 7 版)》(微观经济学分册,宏观经济学分册),梁小民、梁砾译,北京大学出版社 2015 年版。

〔西〕赫苏斯·韦尔塔·德索托:《货币、银行信贷与经济周期》,葛亚非等译,电子工业出版社 2012

年版。

〔西〕赫苏斯·韦尔塔·德索托:《社会主义:经济计算与企业家才能》,朱海就译,吉林出版集团有限责任公司 2010 年版。

〔美〕J. E. 克伍卡、〔美〕L. J. 怀特:《反托拉斯革命:经济学、竞争与政策(第四版)》,林平、臧旭恒等译,经济科学出版社 2007 年版。

〔美〕贾雷德·戴蒙德:《枪炮、病菌与钢铁:人类社会的命运》,谢延光译,上海译文出版社 2006 年版。

〔英〕杰弗里·法兰克尔、〔英〕彼得·奥萨格(编):《美国 90 年代的经济政策》,徐卫宇等译,中信出版社 2004 年版。

〔美〕克莱顿·克里斯坦森:《创新者的窘境》,胡建桥译,中信出版社 2014 年版。

〔美〕克里斯·安德森:《免费:商业的未来》,冯斌等译,中信出版社 2009 年版。

〔美〕肯尼斯·彭慕兰:《大分流:欧洲、中国及现代世界经济的发展》,史建云译,江苏人民出版社 2007 年版。

〔美〕拉斯·特维德:《逃不开的经济周期》,董裕平译,中信出版社 2013 年版。

〔英〕莱昂内尔·罗宾斯:《论经济科学的性质和意义》,朱泱译,商务印书馆 2000 年版。

〔奥〕路德维希·冯·米塞斯:《货币、方法与市场过程》,戴忠玉、刘亚平译,新星出版社 2007 年版。

〔奥〕路德维希·冯·米塞斯:《人的行动:关于经济学的论文》,余晖译,上海人民出版社 2013 年版。

〔美〕罗伯特·墨菲:《第一本经济学》,程晔译,上海财经大学出版社 2011 年版。

〔美〕罗纳德·H. 科斯:《论经济学和经济学家》,罗君丽、茹玉骢译,格致出版社、上海三联书店和上海人民出版社 2010 年版。

〔美〕马克·史库森:《朋友还是对手?奥地利学派与芝加哥学派之争》,杨培雷译,上海人民出版社 2006 年版。

〔德〕马克斯·韦伯:《新教伦理与资本主义精神》,阎克文译,上海人民出版社 2012 年版。

〔美〕迈克尔·波特:《竞争战略》,陈小悦译,华夏出版社 2005 年版。

〔美〕迈克尔·伍德福德:《利息与价格——货币政策理论基础》,刘凤良等译,中国人民大学出版社 2013 年版。

美国金融与经济危机起因调查委员会:《金融危机调查报告》,王欣红等译,社会科学文献出版社 2013 年版。

〔美〕米尔顿·弗里德曼、〔美〕罗丝·D. 弗里德曼:《自由选择》,张琦译,机械工业出版社 2013 年版。

〔美〕默里·罗斯巴德:《美国大萧条》,谢华育译,上海人民出版社 2009 年版。

〔美〕穆雷·罗斯巴德:《权力与市场》,刘云鹏等译,新星出版社 2007 年版。

〔瑞典〕纳特·魏克赛尔:《利息与价格》,蔡受百、程伯撝译,商务印书馆 2013 年版。

〔美〕内森·罗森伯格:《探索黑箱:技术、经济学和历史》,王文勇、吕睿译,商务印书馆 2004 年版。

〔奥〕庞巴维克:《资本实证论》,陈端译,商务印书馆 2009 年版。

〔奥〕庞巴维克:《资本与利息》,何崑曾、高德超译,商务印书馆 2010 年版。

〔美〕威廉·鲍莫尔:《企业家精神》,孙智军等译,武汉大学出版社 2010 年版。

〔美〕威廉·J. 鲍莫尔、〔美〕艾伦·S. 布林德:《经济学:原理与政策》(第 9 版),方齐云等译,北京大学出版社 2006 年版。

〔美〕威廉·N.戈兹曼、〔美〕K. 哥特·罗文霍斯特(编著),《价值起源》(修订版),王宇、王文玉译,万卷出版公司 2010 年版。

〔英〕亚当·斯密:《国民财富的性质和原因的研究》,郭大力、王亚南译,商务印书馆 2009 年版。
〔古希腊〕亚里士多德:《政治学》,吴寿彭译,商务印书馆 2009 年版。
〔古希腊〕亚里士多德:《尼各马克伦理学》,廖申白译,商务印书馆 2009 年版。
〔美〕伊斯雷尔·柯兹纳:《竞争与企业家精神》,刘业进译,浙江大学出版社 2013 年版。
〔美〕伊斯雷尔·柯兹纳:《市场过程的含义》,冯兴元译,中国社会科学出版社 2012 年版。
〔以色列〕尤瓦尔·赫拉利:《人类简史:从动物到上帝》,林俊宏译,中信出版社 2014 年版。
〔美〕约翰·罗尔斯:《正义论》,何怀宏等译,中国社会科学出版社 2001 年出版。
〔英〕约翰·梅纳德·凯恩斯:《就业、利息与货币通论》,高鸿业译,商务印书馆 1981 年版。
〔美〕约瑟夫·熊彼特:《经济发展理论》,何畏、易家详等译,商务印书馆 1991 年版。
〔美〕约瑟夫·熊彼特:《资本主义、社会主义与民主》,吴良健译,商务印书馆 2009 年版。

陈永伟:"危险的年度奇书:"劫富济贫"就是真的平等吗?",《中欧商业评论》,2015 年第 1 期。
—:"玉米为什么不能救明朝?",《东方早报》,2014 年 9 月 30 日。
—:"资源错配和生产率——理论和实证",北京大学 2013 年博士论文。
陈永伟等:"哥伦布大交换终结了'气候—治乱'循环吗?",《经济学(季刊)》,第 13 卷第 3 期。
陈永伟、胡伟民:"价格扭曲、要素错配和效率损失:理论和应用",《经济学(季刊)》,2011 年第 10 卷第 4 期。
戴建中:《电子商务概念(第二版)》,清华大学出版社 2012 年版。
房树人:"转轨时期中国银行业产业组织问题研究",中共中央党校 2010 年博士论文。
高辉清:"美国页岩气革命及其对我国的影响",《发展研究》,2012 年第 12 期。
高美:"盘点各国赌城与拥堵费",《新京报》,2013 年 9 月 15 日。
国家统计局国民经济综合统计司(编):《新中国六十年统计资料汇编》,中国统计出版社 2010 年版。
姜国华:"基于会计信息的证券投资策略研究:分析与展望",《会计研究》,2005 年第 11 期。
李宏彬、李杏、姚先国、张海峰、张俊森:"企业家的创业与创新精神对中国经济增长的影响",《经济研究》,2009 年第 10 期。
李晓西:《宏观经济学(中国版)》,中国人民大学出版社 2011 年版。
林颖:"欧洲人工作时间延长了",《世界新闻报》,2004 年第 199 期。
刘树林、王明嘉:《拍卖基本理论与扩展》,科学出版社 2011 年版。
罗敏夏:"私人监狱公司:靠囚犯也能挣钱",《南方周末》,2012 年 9 月 5 日。
潘璠:"为什么房价不应该计入 CPI",《第一财经日报》,2007 年 11 月 23 日。
潘士远、史晋川:"内生经济增长理论:一个文献综述",《经济学(季刊)》,2002 年第 1 卷第 4 期。
彭志龙:"关于中国消费统计的几点看法",国家统计局网站,2009 年 12 月 2 日。
邱晓华、郑京平主编:《解读中国经济指标》,中国经济出版社 2003 年版。
王国静、田国强:"政府支出乘数",《经济研究》,2014 年第 9 期。
王小鲁、樊纲、刘鹏:"中国经济增长方式转换和增长可持续性",《经济研究》,2009 年第 1 期。
"为何美国人工作时间比欧洲人长",《中国证券报》,2006 年 8 月 11 日。
薛之白:"新常态爆红的背后",《联合早报》,2014 年 8 月 12 日。
杨继东:"通货膨胀与消费需求——基于省级面板数据的实证研究",《财贸经济》,2012 年第 8 期。
易纲、张帆:《宏观经济学》,中国人民大学出版社 2008 年版。
张曙光:"发改委贪腐案背后的医药利益链",FT 中文网,2014 年 12 月 16 日。
张维迎:《博弈与社会》,北京大学出版社 2013 年版。

—:“反思经济学(上、下)”,《经济观察报》,2014 年 4 月 29 日和 5 月 6 日。

—:《市场的逻辑(增订版)》,上海人民出版社 2012 年版。

—:“市场化改革与收入分配”,载张维迎主编,《改革》,上海人民出版社 2013 年版。

—:《市场与政府》,西北大学出版社 2014 年版。

—:“未来中国的经济增长与产业整合”,载张维迎,《竞争力与企业成长》,北京大学出版社 2006 年版。

—:《信息、信任与法律(第二版)》,三联书店 2003 年版。

“张维迎谈市场与企业家”,《东方早报》,2012 年 5 月 22 日。

张维迎、陈永伟:“经济发展视野下的企业家”,中国企业家论坛工作文稿 2014 年。

张维迎、邓峰:“信息、信任与连带责任:对中国古代连坐、保甲制度的法和经济学解释”,《中国社会科学》,2003 年第 3 期。

张维迎、盛斌:《论企业家:经济增长的国王》,三联书店 2004 年版。

—:《企业家:经济增长的国王》,上海人民出版社 2014 年版。

张五常:《经济解释》,中信出版社 2015 年版。

中国证券业协会(编):《证券市场基础知识》,中国金融出版社 2012 年版。

中华人民共和国国家统计局(编):《国际统计年鉴 2013》,中国统计出版社 2013 年版。

—(编):《中国主要统计指标诠释(第二版)》,中国统计出版社 2013 年版。

—(编):《中国统计年鉴 2014》,中国统计出版社 2014 年版。

周长才:“宏观调控与失业”,《数量经济技术经济研究》,2002 年第 1 期。

邹沛江:“奥肯定律在中国真的失效了吗?”,《数量经济技术经济研究》,2013 年第 6 期。

人名索引

英文文献作者

中文文献作者

其他重要人物

关键词索引

D

E

F

G

H

J

T

W

X

Y

Z